アンソニー・ギデンズ
フィリップ・サットン

社会学

第九版 上

訳者　宮島　喬　宇都宮京子　鈴木智之　田邊　浩
本田量久　小ヶ谷千穂　西口里紗

SOCIOLOGY 9th edition vol. 1
Anthony Giddens and Philip W. Sutton

JIRITSU SHOBO
而立書房

SOCIOLOGY 9th edition
by Anthony Giddens and Philip W. Sutton

First edition published in 1989 by Polity Press.
Ninth edition first published in 2021 by Polity Press.
This Japanese edition is published in 2025
by Jiritsushobo Ltd., Tokyo
by arrengement with Polity Press Ltd., Cambridge
through Japan UNI Agency Inc., Tokyo.

社会学　第九版

上

本書について（訳者まえがき）

本書は、Anthony Giddens and Philip W. Sutton, *Sociology*, 9th Edition, Polity Press, 2021 の翻訳である。ただし、同原書に掲載されている二〇〇余葉の写真と若干の図版（イラスト、マンガ）、および巻末の索引（Index）は、割愛している。

同書 5th edition の邦訳は松尾精文、西岡八郎、藤井達也、小幡正敏、立松隆介、内田健の六氏によって行われ（而立書房刊）、アンソニー・ギデンズ『社会学 第五版』として二〇〇九年に刊行されている。これと、本書（第九版）の間には、フイリップ・サットンが著者に加わり、内容的にも増補、アップデートされているという違いがあるが（くわしくは「訳者解題」を見られたい）、それでも 5th edition における記述の相当部分が 9th edition にも継承されている。そこで、翻訳を進めるに当たり、第五版の訳を参照し、原文も同一である場合は、その訳文を使用させていただいた。巻末の「用語解説」の訳においても、ほぼ同様とさせていただいた。これを了とされた松尾氏ほかの第五版訳者の皆様に謝意を表したい。

（宮島 喬）

上巻｜目次

[下巻]

ブックデザイン　中 新

第九版はしがき

筆者は、二〇二〇年一一月末、本書『社会学 第九版』の序文を執筆している。第九版は、世界が地球規模で拡大するパンデミックの渦中にいるなかで完成した初めての重版である。この意味で第九版は特別であると言ってよい。イギリスをはじめとする各国政府は、新型コロナウイルスを原因とするCovid-19と名付けられた病気の拡大を抑制するために、かつてない多くの制限をなおも課している。読者が本書を読むときまでに、パンデミックによる最悪の事態が収束し、「ノーマルな生活」に向かう兆しがみえてくることを期待したい。そのころには、社会学者をはじめとする研究者の貢献によって、私たちは世界全体が混乱に陥っているこの危機的状況から教訓を学んでいるはずである。

急速にCovid-19が世界中に拡大したのは、人間世界が地球規模でつながっていることを示している。パンデミックが発生する以前は、一日平均で一七万六千便が就航し、ビジネス、就労、移住、観光、家族訪問などを目的として、年四〇億人以上の人びとが世界各地に移動していた。地球政府は存在しないが、今日の世界はますます小さく、どこにでもアクセスしやすくなったという感覚が強まり、単一の人間コミュニティとして経験されるようになった。卒業式で学生は「世界はあなたの手中にある」という楽観的な助言を必ず聞くであろうが、時を経るごとにこの言葉はますます現実的になっている。

しかし、このようなすばらしい機会にリスクが伴わないはずがない。地球温暖化が長期にわたって人間社会に最も深刻な脅威になるだろうと広く認識される時代にあって、航空産業は持続可能ではない化石燃料を大量に使用し、地球温暖化を悪化させている。私たちが海外旅行を愛し、国際移動を必要とするとき、そこにある固有の機会とリスクはどのように調整されるだろうか。航空は、人間が創出した「ハイリスクだが、好機も多い」世界を示す一例にすぎない。同様に、私たちはデジタル革命が進行する最中にいる。デジタル革命は、体系的かつ持続的に人びとを結びつけ、かつてないほどにコミュニケーションやネットワーキングを図る機会を与えてくれる。しかし同時に、今日のデジタル環境は、トラッキング、監視、データ収集の新たな可能性を生み出している。国家や企業は、これらのデジタル技術を利用して、個々人の生活やライフスタイルの奥深くに潜入している。デジタル時代の恩恵にあずかるためには、プライバシーの剝奪は必然であると考えるべきだろうか。社会学的な調査を実施し、理論化を図ることによって、以上のような問いを通じて思考することが可能になる。

社会学的な研究においては、個人的な信念や見解を排する訓練が求められる。ほとんどの学生や社会学者は、経験によって自分たちは成長してきたと言うだろうが、そのように「社会学的に考える」方法を学ぶことは、深い知的・感情的課題であり、葛藤を伴うだろう。また、社会学という専門領域では、自分たちや他者の行為をもたらす原因とその帰結に関する理解を深めるために、個々人が営む生活という間近なコンテクストを越えて、新たな視点から私たちの社会を考えなければならない。私たちは、社会学を通じて、まったく異質な社会の生活様式に導かれ、世界中の人間経験に関する理解を広げることができる。本書によって、読者のみなさんはこの旅の第一歩を踏み出すことになるだろう。

（本田訳）

謝辞

調査を実施し、本書を執筆・出版できたのは、筆者である私たち二人だけではなく、さまざまな人たちの創造的な共同作業によるところが大きい。本書における誤りはすべて筆者が責任を負うという慣習的な注意書きを記しておくが、そのうえで、まず22章の原稿に目を通し、批評してくれた人たちに感謝したい。このような批判的かつ建設的なコメントは、専門知識の貴重な源泉であり、そのおかげで本書は現代的な調査や理論研究の最前線に立ち続けることができている。また大学の授業で実際に第八版を講読し、その教育上の経験や改善すべき点を教示してくれた多くの大学教員や大学生にも感謝したい。本書は、最新の調査と教育・学習過程を結びつける媒介となるべきであるし、実際にそうなっていることが多いようである。

いつものように、ポリティ出版のスタッフが尽力してくれたおかげで、本書の出版過程における苦労は相対的に小さかった。特に本書の刊行に貢献してくれたニール・ドコート、サラ・ドブソン、ブレフニ・オコナーの名前を挙げなければならない。キャロライン・リッチモンドは、常にユーモアを忘れることなく、私たちの誤記や矛盾を辛抱強く指摘してくれた。彼女の尽力に感謝したい。ジョナサン・スケレットは、私たちが重要な決断をする際に、有益な助言を与え、正しい判断を示してくれた。いつものように彼に謝意を表したい。最後に、ほぼすべての面で支えてくれたパット・サットンに感謝したい。

アンソニー・ギデンズ、フィリップ・W・サットン

（本田訳）

この本について

社会と社会生活を研究し、これを理解しようと試みる学問領域としての社会学は、じっと立ち止まっていることができない。同時代の諸問題や諸関心にたいして的確に関わろうとするのであれば、社会学は社会とともに動かなければならない。それをやり損ねると、社会的世界に関する時代遅れで不適切な説明に頼ることになるだろう。本書の課題の一つは、自らが形作ろうとしている世界を理解することを助ける説明と枠組みをすべての人に提供することである。それは、社会学者が、自らの育んできた理論と視点を調査研究によって集められた証拠に基づいて常に検証していくものであることを意味する。もしも自らの理論に足りないものがあることが分かれば、私たちはそれを修正することを覚悟し、しばしばそうであるように、新たな、より適切なものを考案しなければならない。それゆえに、私たちの学問領域では、理論が頻繁に変化するように見えるのである。

『社会学』第九版はこれまでの八つの版と同じ目的を有している。すなわち、環境、労働、不平等、メディアから、戦争、健康、ジェンダーの問題にまで至る、この学問領域の全体にわたる最も刺激的な研究のいくつかを紹介することによって、新しい世代の社会学者たちに着想を与えることを目指す。これまでと同様に、抽象的な議論や、読者にとっては不必要であると思われる学術的専門用語《ジャーゴン》を避けるように努めてきた。他方で、科学的探究としての社会学は、学生がそれを馴染みのものとすることを求められる固有の技術的言語を有しており、私たちはこれを注意深く、習得しやすい形で紹介することを目指している。

以下の諸章は、読者が社会学の様々な領域に少しずつ習熟していくことができるように考えて、順序だてられている。しかし同時に、非常に多くの相互参照関係があり、必要だと感じられた章から読み始められてもよい。私たちはまた、考え方や概念や理論を、主に社会学的研究からとられた現実世界の諸事例を使って説明している。理論と経験的証拠の組み合わせは、何と言っても、優れた社会学であることを示すしるしである。学問領域の最先端から引き出された知見を、現代の出来事や問題やデータと共に提示し、それらを公平に、ただし無差別に並べるのではない形で扱うように努めよう。

社会学は社会諸科学の中の中心的な位置を占め、現代の知的生活の中で鍵となる役割を負っている。本書を支えているのは、社会学全体の探求が個人生活をより広い文脈のうちに位置づける最善の道であり、それによって私たちは個人と社会のつながりをよりよく理解することができるという、共有された考え方である。

■ 四つの中心的テーマ

本書は22章からなり、章ごとに特定の研究領域を扱っている。しかし、本書全体にまたがるいくつかの重要な論点がある。それは四つのテーマとして特定される。すなわち、グローバリゼーション、社会的不平等、デジタル革命、アイデンティティの四つであり、これらは今日の社会学の多くの分野で重要な意味を持っている。

◎ グローバリゼーション

グローバリゼーションという概念が今日広く共有されるものとなっており、第4章ではこの主題について詳しく論じられる。しかし、政治の領域におけるナショナリズムへの支持の高まりが示すように、地球全体のより密接な統合のプロセスは既に行き詰っており、反転してさえいると論じる人々もいる。この主張は正確ではないと私たちは診断する。当然のことながら、社会生活のグローバリゼーションはいくつかの方面からの抵抗を呼び起こし、他方で、グローバリゼーションがもたらすと考えられた恩恵は明らかに、すべての人にとって好都合なものとはなってこなかった。しかし、私たちの見るところ、経験的証拠の全体的なバランスにおいては、私たちがそれについてどんな思いを抱くにせよ、人々の営みのグローバリゼーションは進行しており、世界中の諸社会をより密接なものとして系統的に結びつけていることが示されている。

二〇〇八年の財政破綻や二〇一九—二〇二〇年の新型コロナウィルス感染症の世界的流行《パンデミック》は、私たちのすべてがグローバル経済システムとグローバルな輸送基盤を共有しており、それらは各国の経済を一つにつなぎ、世界中に大量の人口移動を促していることを例証した。社会生活のグローバリゼーションは、社会学者が世界レベルでの社会的、経済的、政治的変動に目を向け続ける必要性を示す、ひとつの明白な理由である。

第九版におけるグローバリゼーション

グローバリゼーションのすべての影響を単一の章、第4章「グローバリゼーションと社会変動」だけで論じ尽くすことはできない。しかし、グローバルな諸問題やグローバリゼーションに関する簡単なレファレンスガイドを示すことで、関連する章に読者を導く助けになるだろう。

第1章「社会学とは何か」——社会学におけるグローバリゼーション（論）への導入とコーヒーの事例の提示。

第3章「理論と観点《パースペクティヴ》」——植民地主義とその遺産、ポストコロニアル理論と脱植民地化の社会学、コスモポリタニズムと市民権。

第5章「環境」——グローバル・リスク社会、地球温暖化、生態学的近代化のグローバリゼーション。

第6章「グローバルな不平等」——地球全域的な不平等、グローバルな不平等の言説とモデル、グローバルな富の配分、グローバルサウス／ノースにおけるライフチャンスの不平等、グローバルな人口趨勢、開発理論とポスト開発の立場からの批判。

第7章「ジェンダーとセクシュアリティ」――グローバルな人身取引とセックス・ツーリズム、グローバルなジェンダー秩序、グローバルノース／サウスにおけるフェミニズムの運動と理論、世界中のLGBTQ+の権利。

第8章「人種、エスニシティ、人の移動」――グローバルな「国際移民の時代」、植民地主義と奴隷貿易、グローバル・ディアスポラ。

第9章「社会階層と社会階級」――現代の奴隷制、グローバリゼーションと階層システム。

第10章「健康、病い、障害」――グローバル文脈における障害、グローバリゼーションと健康パンデミック。

第11章「貧困、社会的排除、福祉」――作られつつある「グローバル階級」としてのプレカリアート、グローバリゼーション下での福祉国家改革。

第13章「都市と都市生活」――グローバリゼーションの中のグローバル・シティ、グローバル・ジェントリフィケーション、グローバルサウスにおける都市の発展。

第14章「ライフコース」――世界の平均余命、世界中の高齢化。

第15章「家族と親密な関係性」――家族傾向のグローバル化、グローバル文脈での家族。

第16章「教育」――グローバル文脈での教育、グローバリゼーションとe大学。

第17章「労働と雇用」――製造業のグローバリゼーション、経済的グローバリゼーション。

第19章「メディア」――「グローバル・ヴィレッジ」という考え方、地球全体でのインターネットの普及と使用、グローバル・コミュニケーションに対する反動《バックラッシュ》、グローバル音楽産業とデジタル化、メディア帝国主義と抵抗。

第20章「政治、政府、社会運動」――民主主義の世界的広がり、グローバル・ガバナンスの見通し、反グローバル化運動、グローバリゼーションと社会運動社会。

第21章「国家、戦争、テロリズム」――植民地主義とポストコロニアル・アイデンティティ、グローバリゼーションとナショナル・アイデンティティの侵食、グローバル文脈での人権、グローバルなテロ組織ネットワーク、グローバリゼーション下の「新しい戦争」。

第22章「犯罪と逸脱」――グローバルな犯罪組織、オンラインでの「サイバー犯罪」。

◎ 社会的不平等

本書の第二のテーマは**社会的不平等**である。これは、19世紀におけるその創設以来の社会学の基本問題である。しかし、これが本当に今日でも主要テーマとなりうるだろうか。答えは端的にイエスである。単一の社会の中でも異なる社会の間でも、不平等は今日においても過去とまったく同様に、ある意味ではかつて以上に重要な意味を持つ。現代においては目覚ましい生産力と富が存在するにもかかわらず、報酬の配分ははなはだしく不均等であり続けている。近年のいくつかの調査は、全体として見て、世界中の富は地球人口のほんのわずかな割合の人々の手に偏って蓄積されていることを示している。第6章「グローバルな不平等」でこの問題を最も直接的に論じるが、多くの他の章もまたこの論点を扱っている。経済的不平等は、今日社会学者が見いだしている不平等の一形態に過ぎない。人種やエスニシティ、ジェンダーやセクシュアリティ、障害や年齢にかかわる不平等もまた、本書の様々な箇所で論じられる。今日の多くの研究は、表向きには別個の不平等が、実は相互に関連しあって、個々人の生活経験に多様な組み合わせを生みだしていることを見いだしている。社会学者にとっては今や、主要な社会的不平等が「交差する」様式を探求しようとするのが当たり前になっている。

グローバルな不平等の最も際立った形は、グローバルサウス諸国とグローバルノース諸国の間にあり、その原因の多くは植民地主義の有害な遺産に帰せられる。ポストコロニアリズムとして知られる重要な運動が存在する。それは、ヨーロッパ諸国による植民地主義がグローバルな不平等のパターンをいかに形成することを促したのかを理解しようと試みており、この運動から生まれた研究もまた、本書のいたるところに提示されている。

第九版における社会的不平等

社会的不平等という論点はこれまでの社会学的研究において基本的なものであったし、また現在でもそうあり続けているので、社会学のすべての専門領域に浸透していると言うことができる。本書にとってそれは、すべての章に不平等についての何らかの議論が含まれることを意味している。しかし、いくつかの章では、その他の章に比べて、この問題により系統的に焦点化がなされている。以下に、それらの箇所をリスト化する。

第1章「社会学とは何か」——カール・マルクスの階級に基づく不平等論、社会学における葛藤理論、ジェンダー間の不平等に関するフェミニスト理論への導入。

第3章「理論と観点《パースペクティブ》」——社会階級に関するマルクスとウェーバーの相違、不平等に関するインターセクショナルな分析への導入。

第4章「グローバリゼーションと社会変動」——歴史上の諸社会における不平等、グローバルな不平等を議論する際に用いられる用語についての論争、ウォーラースティンの世界システムにおける不平等論。

第5章「環境」——環境的公正の運動、環境レイシズム、地球温暖化と不平等、環境政策の社会階級的基盤。

第6章「グローバルな不平等」——グローバルな不平等の全側面、グローバルサウスへの焦点化。

第7章「ジェンダーとセクシュアリティ」——ジェンダー間の不平等の詳細、ジェンダー間の不平等に関する諸理論、インターセクショナルな分析、LGBTQ＋の市民権。

第8章「人種、エスニシティ、人の移動」——人種とエスニシティ全体に関わる不平等、人種的不平等の諸理論、人種とエスニシティに関するインターセクショナルな研究。

第9章「社会階層と社会階級」――階層と社会的不平等の全域。

第10章「健康、病い、障害」――健康上の不平等、階級、人種、エスニシティ、障害と健康。

第11章「権力、社会的排除、福祉」――貧困の定義、貧困リスクに直面する社会集団、社会的排除。

第12章「社会的相互行為と日常生活」――ジェンダー間の不平等と日常の中の性差別。

第13章「都市と都市生活」――人種差別と都市の貧困、ハーヴェイによるグローバルサウスの不均衡発展論、都市の監視と不平等、都市暴動。

第14章「ライフコース」――ジェンダーの社会化と不平等、年齢差別と高齢期の不平等。

第15章「家族と親密な関係性」――ジェンダー間の不平等と家事労働。

第16章「教育」――教育における社会的分化、文化的再生産と不平等の理論、就学と教育におけるグローバルな不平等と植民地主義の遺産、デジタルの不平等。

第17章「労働と雇用」――職場におけるジェンダー不平等、雇用不安とギグ・エコノミー、トレードユニオンと不平等。

◎ デジタル革命

第三のテーマは**デジタル革命**である。それは、グローバルな接続を容易なものにし、私たちの暮らし方、働き方、余暇の楽しみ方のほとんどすべての側面を変化させてきた。若い「デジタル」世代は、その親や祖父母たちにとってはしばしば文字通りSF的空想であったコミュニケーションの機会を自明のものと見なしている。インターネット、ワールドワイド・ウェブ、ソーシャル・メディア、スマートフォン、ロボット、人工知能、さらに多くのものが私たちの世界の形を変えつつある。とどまるところを知らないマイクロプロセッシングの発展は、パーソナル・コンピューターを極めて強力なものとし、各個人が、わずか三五年前に企業全体が使用することのできたものよりもさらに強力なコンピューター利用の力を有している。

人工知能（AI）、ロボット、および「ビッグデータ」の使用がさらに速度を上げ、「モノのインターネット」の出現を可能にしている。多機能の情報処理端末《スマートデバイス》の使用が超高速のWi-Fiによって可能となったのである。私たちは、完全に自動操作化された工場、自動運転の車、遠隔操作されたドローンによる配達、家事用ロボット、および家庭における自動操作システム、AIが生成させるメディア・コンテンツ等々の時代に入りつつある。様々な課題、さらには仕事の全てが人間なしに遂行できるようになった時、労働にはどのような影響が生じるだろうか。工場労働者やタクシー・ドライバーやジャーナリストや医師たちが、自らの役割の一部を、あるいはそのすべてを奪われた時、最も基本的な問い、「我々はどうすれば生きていけるのか」という問いが新たに発せられるだろう。私たちはまだ、デジタル革命の入り口に立っているだけなのかもしれない。しかし、本書では、すべての個人と社会に及ぶかもしれない、その深甚な帰結について論じている。

第九版におけるデジタル革命

デジタル革命は、私たちの生活のすべての諸相に影響を及ぼしつつある。そのため、デジタル・コミュニケーションとその端末機器の存在、人工知能、ロボット工学、ビッグデータ分析、監視の強化とデジタル不平等は、本書では過去の版よりも大きく取り上げられている。こうした主題についての主な議論は以下の通りである。

第2章「社会学の問いを発し、その問いに答える」――デジタル社会学という新しい分野。

第4章「グローバリゼーションと社会変動」――デジタル基盤の発展、グローバリゼーションにおけるデジタル技術の役割、クウェートにおけるソーシャル・メディアの使用。

第10章「健康、病い、障害」――新しい保健技術、パンデミックとビッグデータ分析。

第12章「社会的相互行為と日常生活」――ソーシャル・メディアとオンラインでの相互行為、ネットいじめ、日常生活へのデジタル端末の組み入れ、オンラインでの相互行為規範と「ネチケット」。

第13章「都市と都市生活」――デジタル・スマート・シティ、持続可能な都市への移行におけるデジタル技術。

第16章「教育」――学習のデジタル化、デジタル学級、教育における情報技術格差《デジタル・デバイド》。

第17章「労働と雇用」――デジタル化と知識経済、デジタル技術と「労働の終焉」、プラットフォーム資本主義とギグ・エコノミー。

第19章「メディア」――デジタル革命とテレビ、音楽、新聞、その他のメディアに対する影響、ソーシャル・メディアとフェイク・ニュース、デジタル・デバイドと不平等、デジタル・メディアと検閲、参加型文化。

第20章「政治、政府、社会運動」――社会運動の組織化とソーシャル・メディア、カステルによるネットワーク化された社会運動論。

第21章「国家、戦争、テロリズム」――デジタル技術とテロリズム。

第22章「犯罪と逸脱」――ＡＩと予測的取締り、サイバー犯罪とサイバーセキュリティ。

◎ アイデンティティ

本書の四つ目のテーマは**アイデンティティ**である。この概念は、諸個人の経験をより広範な社会的文脈に結びつける。アイデンティティについて語るということは、「私は誰か」、「あなたは誰か」、「あなたについての私の見方はあなたのアイデンティティについてのあなた自身の見方と合致しているか」という問題を考えることを意味する。私たちの個人的アイデンティティは時間の経過とともに変わるだろうか。もし変わるとすれば、いかにして。社会学者にとっての出発点となるのは、個人的ないし「人格的アイデンティティ」は生物学的所与ではなく、社会的相互作用の中で社会的に作られるものだということにある。ありふれてはいるが全面的に革命的でもある結論は、私たちが何をどれほど強く感じているにせよ、私たちのアイデンティティは極めて重要な点において他の人々によって形作られているというところにある。すべてのアイデンティティは社会的アイデンティティなのである。

私たちのアイデンティティ構築のもととなる多くの資源が存在する。国籍、エスニシティ、社会階級、ジェンダー、職業、政治的帰属、宗教、セクシュアリティ、音楽の趣味等々。私たちは、様々な時代ごとに、これらの要素のうちの一つが他の要素以上に、本当の「真正な」アイデンティティを規定していることを見いだすかもしれない。しかし、その点についての見方が変化するとして、それは私たちのアイデンティティが変化したということなのだろうか。社会学的研究は、アイデンティティをめぐる問いが今日かつて以上に重要なものとなったことを示しており、本書にはこの主題についての多くの議論が含まれている。

第九版におけるアイデンティティ

個人的及び社会的アイデンティティ構築の重要性の高まりを理解することが、社会学的分析の重要な一部となってきた。グローバリゼーションとデジタル革命が進行し、深化し続けるに伴って、社会化過程とアイデンティティに及ぼすその影響力もまた高まっている。アイデンティティに関する主要な議論は以下の通りである。

第3章「理論と観点《パースペクティブ》」――社会的自己とアイデンティティ、アイデンティティ形成の諸理論。

第4章「グローバリゼーションと社会変動」――ナショナル・アイデンティティに対するグローバリゼーションの影響、グローカリゼーション、近代性、再帰的個人主義。

第5章「環境」――リスクとアイデンティティ、生態学的自己の諸理論。

第7章「ジェンダーとセクシュアリティ」――ジェンダー・アイデンティティ、セクシュアル・アイデンティティの諸理論、ジェンダーの流動性とトランスジェンダーのアイデンティティ、男性性／女性性とアイデンティティ。

第8章「人種、エスニシティ、人の移動」――エスニシティとアイデンティティ、黒人アイデンティティと「新しい」エスニシティ、インターセクショナリティとエスニックアイデンティティ、多文化主義とアイデンティティ形成の多様な資源、ディアスポラとアイデンティティ。

第9章「社会階層と社会階級」――交差領域的《インターセクティング》な不平等とアイデンティティの諸形態、階級に基づくアイデンティティ、消費者のライフスタイルとアイデンティティ、労働者階級への自己同一視の拒否。

第10章「健康、病い、障害」――摂食障害と個人的アイデンティティ、病いと自己アイデンティティのとらえ方の変化、障害とアイデンティティ。

第12章「社会的相互行為と日常生活」——アイデンティティの社会学理論、身体化と個人的アイデンティティ、ジェンダー・アイデンティティの諸理論、オンライン環境におけるアイデンティティ。

第14章「ライフコース」——自己形成と社会化の諸理論、ジェンダー化されたアイデンティティの諸理論、社会的役割とアイデンティティ、加齢とアイデンティティの変化。

第16章「教育」——学校とセクシュアル・アイデンティティ、文化的再生産とジェンダー・アイデンティティ。

第17章「労働と雇用」——労働と自己アイデンティティ、消費主義とアイデンティティ構築、失業がアイデンティティに及ぼす影響。

第18章「宗教」——アイデンティティ・キットとネオ・トライブ、生きられた宗教と個人的アイデンティティ。

第19章「メディア」——音楽とアイデンティティ構築、マスメディアにおける障害アイデンティティ。

第20章「政治、政府、社会運動」——イデオロギーとアイデンティティ形成、ナショナル及びトランスナショナルなアイデンティティ形成、社会運動とアイデンティティ変容、新しい社会運動におけるアイデンティティ。

第21章「国家、戦争、テロリズム」——ポピュリズムとナショナル・アイデンティティ、基礎的アイデンティティの資源としてのナショナリズム、グローバルサウスにおける植民地化の遺産とナショナル・アイデンティティ、ナショナル・アイデンティティへの挑戦としてのグローバリゼーション。

第22章「犯罪と逸脱」——ラベリング論の視点と自己アイデンティティ、犯罪と最優勢の地位、なりすまし犯罪。

■本書のアプローチの基本的な考え方

本書における社会学への広範なアプローチの中に繰り返し見られる三つの特徴がある。第一に、本書では、小規模の、ミクロレベルの社会的出会いを大規模の、マクロレベルの社会制度や社会と結びつけることを試みる。個人間の相互作用はより広い世界の社会制度に影響を及ぼしうるが、後者もまた私たちの日常生活にきわめて深く影響を及ぼしている。こうした双方向的なやり取りが多くの社会過程の核心にある。包括的な社会学的分析のためには、ミクロレベルとマクロレベルの双方において理解されるべき状況や出来事を問わなければならないと私たちは考える。

第二に、本書は比較的で歴史的な視点を採用する。今日のグローバル時代において、社会学は、様々な社会相互の関係と、それらが互いに影響を与え合う多様な様式を探求しなければならない。広範にわたる分析素材が、世界中の多くの社会から取られ、呼び込まれる。とりわけ、ほとんどの章でグローバルサウスとグローバルノース双方の社会が論じられ、それによってより包括的な理解が目指されている。今日のグローバル化する社会的世界を理解するためには、比較的で歴史的な社会学が不可欠であると私たちは考えている。

第三に、本書では継続的に社会的なものと個人的なものを結びつけようとしている。この意味において、私たちはアメリカの社会学者C・ライト・ミルズを先導者としている。彼によれば、社会学は失業や離婚といった個人的な困難を、経済構造の転換やジェンダー関係の変化のようなより広い社会的問題に結びつけるものである。社会学者の課題は、より一層の理解に到達するために、人々の個人的経験を社会変動のパターンに結びつけていくことにある。

社会学の研究は、私たちの想像力を広げ、身につけるべき新しい考え方や視点をもたらし、自分自身のそれとは大きく異なる社会生活や文化の諸領域に対する気づきを生みだすような、解放的な経験となりうる。社会学はまた、慣れ親しんだ生活の諸相を新たな形で検討し、これまで自分が強く抱いていた意見を問い直すような力にもなりうる。これは、社会学的な考え方、あるいは社会学者が社会学的想像力と呼ぶものを発展させるための出発点である。

■ インタラクティヴな特色

第九版は、読者が能動的にテクストに参加できるようにインタラクティヴな特色を備えている。〔古典研究〕のコラムでは、社会学の中でも最も高い影響力を持つ作品のいくつかを紹介する。ただし「古典的」とは「古い」という言葉の言い換えではないことに留意されたい。社会学は、この学問を構成する膨大な数の調査研究や雑誌論文や書籍の中で、考え方や理論や方法を絶えず検証することによって進歩してゆく。もちろん、調査研究の大半は「古典」の地位には決して到達しないが、それはそれらが価値を持たないということを意味しない。しかしながら、時に、重要な新しい発見がなされたり、新しい調査方法が考案されたり、新しい理論が学問全体の方向性に大きな影響を及ぼしたりすることがある。このような場合に、それらの研究は社会学の専門家たちから「古典」として承認されうる。したがって、「古典」はいかなる時代にもありえ、本書における選択はその点を反映している。誰もが私たちの選択に同意するわけではないだろう。しかしそれらは、単純に任意の個人的な選択であるわけではない。私たちは多くの匿名の書評者、講師、読者の意見を聞き、それらが重要なものとして認められていることを確認している。

その他にも、本書の全体にわたって、いくつかのインタラクティヴな要素がある。〔批判的に考える〕の枠には「立ち止まって考えてみる」べき点が示されている。そこで読者は、本書において学んだことの意味をふり返り、じっくりと考えることができるだろう。本書から多くのものを得るためにも、これらの枠を活用して学ぶことを強く推奨したい。〔グローバル社会〕のコラムは、一見すると特定地域に限られているような、あるいは国内的なものに見える問題についても、学生たちがグローバルな視点で考えることを促している。〔社会学的想像力〕と名づけられたコラムはしばしば、その章に見いだされるテーマを例示したり展開させたりするための特異な、または注目に値する素材を含んでいる。〔用語解説〕は、社会学者たちが共通通貨となる新しい概念を考案するのに応じて、さらに拡張されている。〔用語解説〕に挙げられた語はすべて、参照しやすいように、章内では太字で強調されている。

　各章の最後に示した「社会学的ワークショップ」は、教える側にも学ぶ側にも役に立つものを提供してきたが、今回もまた更新されている。〔本章をふりかえって問う〕では章の内容に基づく質問が立てられている。読み終わってすぐにこれを活用してもよいし、後日の復習に役立ててもよいだろう。〔実際に調べてみよう〕は調査研究の方法と現実世界での研究へのその応用に焦点を置いている。ここでは、現代の調査研究の成果を、通常は雑誌論文の中から選んで読者に指示し、これを見つけ出して読み、読書ノートを取ることを求めている。そして、一連の問いを通じて読者は、様々なタイプの調査や方法について、それらの方法が何のために使われたのか、いかなる点で成果を挙げたのかを考えることができる。調査方法についての理解は、社会学を「する」ために本質的に重要である。

　〔さらに考察を深めるために〕の演習では、理論や説明に関する論点を提起している理論的論文やオンラインでの議論や新聞の記事を選んで取り上げている。そこでの活動の一部は、読者が用いられている概念や論文の意味を確実に理解するためのものである。かなり多くの学生が「理論」は把握することが難しいと言う。それは主に、理論が抽象的で自分の生活からかけ離れているように見えるからである。そこで本書では、理論と日常生活の表向きの分断を架橋するために、現実の出来事を直接的に論じている理論的作品を選別している。

　〔芸術作品に描かれた社会〕は、私たちを社会科学の学問領域から外に連れ出し、芸術や人文学の世界へと導く。ここでは、映画やテレビ番組や演劇、小説、美術や彫刻、音楽や展覧会を提示する。本書で推奨されているものはすべて、その章の内容と密接に関わっており、読者は、社会についての自らの理解がそれらによってどのようにつけ加えられるのかを考えることが求められる。これらの芸術に特異なことは何か。「現代の」社会生活はどのように芸術に表象されるのか。芸術は世界について、社会科学が語りえなかった何か別のことを私たちに教えているだろうか。私たちは読者がここでの演習において、こうした問いを注意深く考えるように促したい。

　最後に、〔読書案内〕も更新され、短いコメントが付されている。これによって読者は、何を読むのかについて、より多くの情報に基づく選択が可能になるだろう。同様に、〔インターネット・リンク〕も、読者が今オンラインで利用することのできる素材を探索しやすいように、再確認され更新されている。また、本書もまた自らのウェブサイトを持っている。www.politybooks.com/giddens9。ここで、さらなる研究のための資源や教育と学習のためのサポートを見いだすことができる。


（鈴木訳）

第1章

社会学とは何か

第1章｜目次

今日の社会的世界は、旅行、仕事、レジャーなどの興奮に満ちた機会を提供し、個人に自由と選択の自覚を高めている。それでいて同時に、多くの人びとは自分たちの現代的な生き方にひそんでいる諸々のリスクについて不安と懸念を抱いている。広く普及したインターネットとソーシャルメディアによる大陸間を超えてのコミュニケーションと接触の維持は、かつてなかった即時のものになり、ルーティンになっている。しかしまた、経済的、社会的不平等は存続し、狂暴な犯罪、地球規模でのテロリズム、民族紛争、戦争も後を絶たない。現代世界は多くの機会と可能性を秘めているが、また、危険な帰結を予想させるリスクをはらんでいる。それは全地球規模のパンデミック、強まる大気汚染、気候変動、核および化学兵器のもたらす脅威である。私たちは「ハイリスク、ハイリウォード」の社会に住んでいて、この社会は、全体を視野に入れる政治的権威も制御もなく、極端から極端へと大きく浮遊しているように見える。

グローバルノースに位置する相対的に富める国々に住む国民たちは、物質的にはかつてなく豊かになっているが、世界の他の地域、とりわけ**グローバルサウス**では、おびただしい人びとが貧困のなかに暮していて、子どもたちが、基礎的栄養、安全な水、初歩的健康管理のような基本的な必需条件の欠如のため、命を落としている。なぜこんなことが起こりうるのか。人類全体が、先行諸世代では想像もできなかった程度にまで自身の運命・行く末を制御できるようになっている時代なのに。そうした世界がどのようにして生まれたのか。なぜ人間世界は富と収入の途方もない不平等に引き裂かれているのか。今日の社会は、将来どこに向かうのか。これらの大きな問いが、現代生活において基本的役割を演じるべき研究分野である社会学の中心的関心事に入ってきている。

社会学を、単純に、社会集団、全体社会、そうしたものとしての人間世界の科学的研究だと規定することもできる。社会学の領域はきわめて広く、街角での個人間の束《つか》の間の出会いから、家族生活に生じる変化や、個人的、社会的アイデンティティの新形態まで、そして諸国民国家間の関係にまで及んでいる。私たちの多くは、世界を、自分の家族、友人関係、労働生活など、自身のなじんだ情景にかたどって認識している。社会学が強調するのは、私たちが現に行っているような仕方で振舞うのはなぜかを理解するには、より広い、より長期的な視野に立たなければならないということである。社会学はこう教える。私たちにとって当然で、不可避で、善で、真であると見えることは、そうでないかもしれず、私たちが当然視する事柄は、実は、歴史的事実や社会的過程によってかたちづくられたものであること、私たち個人の生活が私たちの社会的経験の諸々の文脈を反映する、きわめて鋭敏で、しかし複雑で深みのある方式を理解すること、それは社会学者のものの見方の基本をなす。

■ 社会学への一序論

この章は、全部合わせて社会学という学問分野への幅広な入門にしようとする三つの部分の内、その一つをなす。すなわち、社会学とは何か、それは過去から現在にかけてどう発展したか、社会学者たちはその仕事をどう進めてきて、どんな種類の説明を用いているかを問う。社会学とは何か、いかに、なぜ社会学が生まれたか、社会学は何に役立つとされたか、につき、簡潔な序論を置く。次いで第2章では、社会学の実際の活動に目を向け、社会学者たちがかれらの主題を実際にどう研究しているかを見ている。また、かれらが発する問いと、その問いを向けるのに通常もちいる広範囲に及ぶ**研究方法**、および得られた研究結果をかれらがどう評価するか、を記述している。この章はまた、社会学は「科学的」でありうるか、あるべきかという、トゲを含んだ厄介な問題にも取り組んでいる。

第3章は、社会学的諸理論に目を向ける。理論は、あらゆる科学的な学問の本質的に重要な部分をなす。なぜなら、理論こそが、関係する事実を単に並べて挙げる記述ではなく、説明をもたらすからである。例をあげよう。オーストラリアで今日就業している既婚女性の比率が一九五〇年代よりも高いことを知るとしよう。この何ということもない統計は、それとして有用にちがいないが、しかしまさしく説明を求めている。《なぜ》、今日、過去よりも多い既婚女性が働いているのか、と。すぐれた理論は説明を提供してくれる。すなわち、《なぜ》、あることが起こったのか、または変わったのか、を私たちに教えてくれ、それによって私たちの知識を広げてくれるのだ。第3章では、マルクス主義、フェミニズム、機能主義、構造主義の理論、ポストコロニアリズム、ポストモダニズムなどを含む、いくつかの重要な社会学理論を紹介する。しかし、あなた方はこれらのラベルに惑わされる必要はない。これらは、社会的世界を解釈し、理解しようとする社会学者たちのそれぞれのグループを描き分ける省略的表現にほかならないからである。

この章のその他の部分では、まず、一旦あなた方がわがものとし、取り消すのが非常にむずかしいような世界についての《思考の方法》としての社会学について論じる。要するに、一旦社会学者になれば、つねに社会学者なのだ。一旦社会学的見方や考え方を発展させれば、世界の出来事、政治的論争、個人的関係、家族生活、これらのもののすべて、およびそれ以上の多くのものを、別の光の下に見るようになろう。

第二に、19世紀および20世紀初頭の社会学思想家で、この学問をアカデミックな領域科学として確立した何人かの思想を紹介する。それらの思想家を、かれらが生きた時代に結び付ける。かれらが解決しようとした社会的諸問題の出現、およびかれらがそれにどう取り組んだかを証示するためである。その上で、以後に生まれる社会学のアプローチのいくつかについて論じることとする。ただし、それは包括的なリストではない。より最近の理論については、第3章「理論と観点《パースペクティブ》」を読む必要があろう。

第三に、社会学の有用性と用途の若干に目を向ける。多くの学生は、他者を援ける、「民衆に顔を向ける」のにふさわしい職業に就きたいと思い、社会学に関心を寄せる。社会学を修めた学生の若干は、ソーシャルワーク、学校教育、刑事裁判関係のようなケア的な職業に就いていく。そうでなく、自らの調査技術と知識を有効に活かして経営マネジメント、マーケットリサーチ、地方および国の政府の行政職、あるいは調査コンサルタント業に就く者もいる。しかし、社会学を学ぶことが報酬の得られる満足すべき職に就く第一ステップになるにせよ、個人によっては、社会学を、たんに自分たちの住んでいる世界をよりよく理解したいがために学ぶという者もいる。これは個人的啓発としての社会学であり、比較的、特定職業進路と結びついていない。

社会学者のなかには、自分の訓練とスキルを活かしてきわめて実際的なやり方で、現存状況に変化をもたらすため介入することで、人びとの生活条件を改善しようとする者もいる。

社会学のこの分野は「応用社会学」として知られ、そこではホームレス生活、貧困、失業、薬物中毒、自傷行為などに関する多くの研究が、諸々の介入施策をみちびいている。応用研究者たちは、かれらの調査結果にもとづき小規模に解決可能性を試すこともあれば、政府の政策やサービス提供に変更を求める勧告を行うこともある。

この章の終わりに、社会学が社会により大きな影響力をもつために、社会学者は一般民衆とメディアにいっそう関わる必要がある、という近年の考え方に触れる。私たちは最近、心理学者、歴史家、政治学者が専門家としてラジオ・テレビニュース、ドキュメンタリー番組に登場するのを見るようになっているが、社会学者を見るのはまれである。この部分では、なぜそうなのか、社会学者はそれについて何ができるか、何をなすべきか、を考える。

とはいえ、私たちは、それが何を意味するか要点を述べながら、「社会学を行う」という実践にとって基本的前提要件である「社会学的に考える」ことをはじめたい。

■社会学的想像力

社会学を学ぶことは、たんに本書のような書物から知識を獲得するといった型にはまったプロセスではない。社会学的に考えるとは、独特な仕方で私たちの想像力を養うことを意味する。社会学者は、自分自身の置かれている個人的環境条件の直接性から身を解き放ち、より広大な社会的脈絡のなかでものを見ることができなければならない。社会学の実践は、アメリカの社会学者C・W・ミルズの有名な言葉（Mills 1970）、**社会学的想像力**と呼んだものの発揮のいかんにかかっている。

社会学的想像力は、慣れ親しんだ日常生活のルーティンから「自分を引き離して、考える」ことを要求する。それというのも、私たちがそれらを、少なくとも、一見したところ奇異に感じられる新しい観点から見ることができなければならないからだ。これを例として示す最善の道は、あまりにも日常茶飯のことであるため何の言及もなく済まされてしまうこと、たとえば一杯のコーヒーを飲むという行為、に目を向けることである。そんな陳腐で面白くもない行為について社会学は一体、何か言うことを見いだせるだろうか。

まず第一に、コーヒーは心地よい飲み物かもしれないが、これは私たちの日々の社会的活動の一部として象徴的価値をもっている。たいていの場合、コーヒーを飲むことと結びついた儀礼が、飲料そのものを消費するという行為以上に、重要である。多くの人にとって、モーニングカップのコーヒーは、毎日の日課のなかで中心的位置を占め、一日をスタートさせる重要な一歩となる。朝のコーヒーの後にも、日中よく他の人たちと一緒にコーヒーを飲むことがあるが、これは社会的儀礼の基盤となる。二人の人間がコーヒーのために会いましょう、と約束をするとき、二人はたぶん自分たちが実際に飲むものよりも、社会化し、おしゃべりをすることに関心がある。事実、ものを飲んだり食べたりすることは、どの社会でも、社会的相互行為の機会をあたえる。そうした社会的相互作用が、社会学研究の豊かな研究材料となるのだ。

次に、コーヒーは、カフェインを含み、脳に興奮作用をもたらす薬物である。多くの人は、それがもたらす「特別な高揚感」のためにコーヒーを口にしている。一定の時間にコーヒーブレイクがあってこそ、長いオフィス労働の一日や、深夜遅くまでの図書館での勉強がより耐えられるものになる。コーヒーは常用癖を生じさせる物質だが、コーヒー常用者は、「薬物常習者」とはみなされない。コーヒーはアルコール飲料と同様に、社会的に容認できる合法的薬物となっていて、それに対し、たとえばコカインやヘロインはそうではない。しかし、コカインの吸引を黙許し、それでいて、コーヒーとアルコール飲料には眉をひそめる社会も存在する。社会学者は、なぜこんないちじるしい差異が存在するのか、それがどう広がるか、変化がみられるか、に関心を寄せる。

第三に、一杯のコーヒーを口にする一個人は、世界中に広がる、きわめて複雑な、一連の社会的・経済的関係のなかに巻き込まれることになる。コーヒーは、この世界における最富裕地域と最貧困地域を結びつける。比較的裕福な国で主に消費されるが、これを主に栽培しているのは比較的貧しい国々である。およそ一億二千五百万人の労働者がコーヒー貿易に依存しつつ、日々の暮らしを支えている（Fairtrade Foundation 2020）。だが、多くの労働者の賃金は安く、貧困のなかに暮している。ブラジルでは約半分の労働者は、正規の雇用契約を交わしていず、労働監察官は多くの労働者が得ているのは法定最低賃金以下であることをつかんでいる。かれらの摘む60リットル袋一杯のコーヒーにたいし、14レアル（3.43米ドル）が支払われるが、これは若干の女性にとっては丸一日の労働分にあたる（Teixeira 2019）。ネスレ、ジェイコブズ・ダウエグバーツ、スターバックスを含む最大手のコーヒー会社のいくつかが認めるには、かれらの扱うコーヒー豆の幾分かは、子どもや奴隷的労働者を使うブラジルのプランテーションからやってきていた（Hodal 2016, Canning 2019）。

コーヒーは世界的に取引のされる最も価値ある農産物商品の一つをなしていて、中南米諸国、メキシコ、アフリカ、アジア、オセアニアの多くの国で最大の外貨獲得源となっている（ICO 2018）。その生産と輸送と供給には、これを飲用する個々人から何千マイルも離れた多数の人びととの間の、絶えざる取引がなければならない。そうしたグローバルな結びつきの研究は、社会学の重要な課題となる。

第四に、一杯のコーヒーをするという行為は、「自然の」行為ではなく、過去の長い社会的・経済的・政治的発展過程のすべてを前提として生まれている。紅茶、バナナ、ジャガイモ、白砂糖のような今やおなじみの西洋の日常の飲食物とならんで、コーヒーが広く消費されるようになったのは一八〇〇年代の後期にすぎない。ただし、それよりかなり前からコーヒーは社会的エリートの間では流行していた。この飲み物は中東地域に起源があるとはいえ、その大量消費は、2世紀以上前の西洋の領土拡大期にはじまる。事実上、今日私たちが飲むコーヒーのほぼすべては、かつてヨーロッパ人が植民地支配した地域（南米やアフリカ）で生産されている。いかなる意味でも、「もともとあった」西洋的食品の一部ではない。それが、今日の人びとにはコーヒーを買い、飲むことは普通のありふれた行為と映っている。

そして、コーヒーはもう「ブランド化」され、国際的フェアトレード、人権、環境破壊をめぐる論争のなかで政治化されてきた。たとえば、人によって、有機栽培のコーヒーしか飲まない、「デカフェ」のそれしか飲まない、または、発展途上国の小規模コーヒー生産者に市場価格をフルに支払うという仕組みによる「フェアトレード」コーヒーしか飲まないようになっている。そのほか、たとえばスターバックスやコスタのような「企業化された」チェーン店ではなく、むしろ「独立自営」のコーヒー店をひいきするといった選択をする人もいる。コーヒーの選択は、たんにライフスタイルを決定するだけでなく、政治的な意味ももつのだ。

社会学的想像力をはたらかせはじめると、朝のコーヒーは、私たちが新たな理解方法をもってアプローチする、大いに魅力的なものとなる。じっさい、本書全体を通して分かるように、最良の社会学的研究はつねに、以前には知ることのなかった何ものかを私たちに教えてくれ、なじみのルーティンや生活パターンを新しい仕方で見るようにさせてくれる。

▼ 批判的に考える

家または職場にある瓶詰コーヒーを手に取って、会社のウェブサイトからそのコーヒーの苗の生育がどこでなされたか、その生産のプロセスは何を伴ったか、どれほど多数の労働者が生産に関わったか、という情報を探ること。どんな社会的・経済的・政治的要因が、あなたまたはあなたの友人に自身のコーヒーの選択を思い直させるだろうか？

◎人びとと社会の研究

社会学はたんに「社会の科学」である、とよくいわれる。しかし、いったい「社会」とは何を意味するのか。社会学者が**社会**について語るとき、かれらが一般に意味しているのは、言語、**価値**、行動の**基本的規範**のような共通の文化的特徴を分けもつ、限られた境界内に生きている人びとの集団である。それゆえ、私たちは南朝鮮社会を、ナイジェリア社会を、またスペイン社会を論じることができる。けれども、「社会」はまた、特定の型の政府、教育制度、家族の諸形態など諸々の制度を内包し、さらに社会間の比較的安定した関係も保っている。人びと、集団、制度の関係によって形成される持続的なパターンが、社会の基本的な**社会構造**をなす。私たちが、社会、制度、社会構造の概念を通して社会生活について考えることをスタートさせるとき、社会学的想像力を用い、「社会学的に考える」ことをはじめている。

社会学的想像力を用いることで、個々の人に関わる出来事が、実はより大きな社会的問題を反映していることを知ることができる。たとえば離婚。これは、離婚を経験する人にとっては、おそらく感情的にトラウマをもたらすもので、ミルズがパーソナルな悩み事と呼んだものとなる。だが、離婚も多くなれば無視できない「公的イッシュー」となる。離婚は、年金の備えにも、福祉の給付にも、住宅の必要にも影響を与えるからだ。同じく、失業もそうで、すぐに新たな仕事を見つけられない人にとってはおそらく個人的悲劇だろう。しかし、その社会で数百万の人びとが同じような境遇にあるとなると、それは個人的な絶望事といったものをはるかに超える。失業は、大規模な経済的・社会的趨勢を表示する公的な問題となるのだ。

社会学的想像力をあなた自身の生活に差し向けてみてほしい。それは必ずしも心悩ます出来事のみを考えるということではない。なぜ自分はこの本のページを繰っているのか、なぜ社会学を学ぶことに決めたのか。あなたはやる気のない学生で（もちろん、そうではない?）、法曹、教職、ジャーナリズム、経営といったキャリアに就くのに必要な卒業要件を満たすためにこのコースをとったかもしれない。あるいは、たんに自分が住んでいる世界をよりよく理解することに熱をあげていたかもしれない。その動機づけは何であれ、あなたは他の社会学専攻学生と共通するものを数多くもっていたかもしれない。これは、自身の私的な決定が、より広い世界のなかにあなたの置かれている位置を反映しているからこそ、である。

以下のような特性のいずれかは、あなたにあてはまるか。あなたは若者か、白人か、専門的職業やホワイトカラーの家庭の出身か。また、あなたは収入を増やすために何かアルバイトをしたことがあるか、今もしているか。卒業後はよい仕事に就きたいと思っていて、しかし今勉強には特に打ち込んではいないか。以上のような設問全部に、イギリスの読者の四分の三以上は「はい」と答えるだろう。大学の学生は、人口全体を代表しているわけではなく、より恵まれた家庭環境の出身であるという傾向を示す。また、大学生の態度は通例、その友人、知人たちのとる態度を反映している。私たちの生まれ育った社会的背景は、私たちがどんな**ライフスタイルの選択**をするかに大いに関係してくる。

けれども、仮にあなたが、右の諸特性のどれにもあてはまらないとしよう。あなたはエスニック・マイノリティ集団、または労働者階級家族、相対的に貧しい階層背景の出身であるかもしれない。または中年層か高齢層の人かもしれない。いずれにせよ、たぶんあなたについて次のような仮の判断がなされよう。あなたは、大学生という今の地位を得るために、おそらく懸命な努力をしなければならなかっただろう、大学に進学したいという意向を友人などに話した際に、かれらがあなたが上品な仕事に就くのをよもや諦めないだろうと思い、示された反感にたぶん打ち克たねばならなかっただろう、と。あるいは、高等教育の受講と、休みなく遂行する親の役割をあなたは両立させているのだろう、と。社会学者にとっては、どんな他者も参考にせず選択を行うような「孤立的個人」はありえないのだ。

私たちはすべて、自分がいま置かれている社会関係的脈絡からの影響を受けているとはいえ、だれ一人として、そうした脈絡によって単純に自分の行動を決定されている者はいない。社会学の仕事は、社会が私たちをそうさせる事柄と、私たち自身が自分自身をそうさせる事柄との結びつきを究明することにある。私たちの活動は、私たちを取り巻く社会的世界を構造化する――明確なかたちを与える――と同時に、その社会的世界によって構造化されてもいる。私たちの生活の社会関係的脈絡は出来事や行為のたんなるランダムな寄せ集めではなく、構造化されている。パターン化されている。私たちの行動の仕方や、互いにかたちづくる関係には、一定の規則性を見ることができる。

「構造」の観念は、建造物を思い起こさせるが、社会構造は、一旦つくられると人びとの行為とは無関係に独立して存在する物理的構造のようなものではない。人間の社会はつねに**構造化**の過程にあるのだ（Giddens 1994）。人間社会は、それを構成する、あなたや私のような人間がそれである「建築石材」そのものによって、時々刻々建て直されている。もう一度、コーヒーを例に考えてみたい。一杯のコーヒーは、自然にあなたの手元にやってくるのではない。あなたは、たとえば特定のコーヒーショップに出かけて行くことを《選択し》、そこでカフェラテにするか、カプチーノ、またはエスプレッソにするかを《選択する》。そうした決定を他の何百万の人とともに行えば、あなたは、コーヒー市場を形成し、遠く離れた国々で暮す、あなたの決して相まみえることのないコーヒー生産者の生活に影響を及ぼすことになる。

最近の数十年の間に、社会構造の展性にとんだ性格が劇的に証明されてきた。東ヨーロッパの共産主義体制が、旧ソ連も含めて一九八〇年代後期および一九九〇年代に急速に崩壊した。一般民衆が街頭に出て、自由や経済発展の欠如に抗議したのだ。一見強固で、ゆるぎないと見える共産主義の社会構造が、民衆が体制およびその指導者たちの正統性を奪ったからといって、崩れ去るとは、だれも予想しなかった。二〇一一年には、中東と北アフリカの国々で、同地域における権威主義的政府にたいして、数々の反乱が見られた。民衆はその不満を公然と表し、変革を訴えた。リビアでは42年にわたるムアンマル・カダフィ大佐が終焉を迎えた。エジプトでは、ホスニ・ムバラク大統領が、民衆による首都カイロのタ―リル広場の占拠があって後、辞職をよぎなくされた。こうした出来事はつねに成功するわけではないが、社会構造は、たとえ強固で「自然のもの」とみえようとも、つねに「生成途上」にあることを、私たちに示してくれる。

＊ここで記したことも含めての最近の政治の動向は、後の第20章「政治、政府、社会運動」、および第21章「国家、戦争、テロリズム」でも論じている。

社会学的思考の展開

多くの学生は社会学の理論はむずかしいと言う。理由は、この科学がなぜこれほど多様な多くの理論をもっているのか理解できないから、というのではない。そもそも社会学は、単一の思想体系が妥当なものとして万人に受け容れられるような科学だったためしはない。社会学者たちは、人間行動をどのように研究するか、調査の結果をどのように解釈すべきか、につきしばしば見解を異にしてきた。これはまったく当たり前のことで、あらゆる科学的な学問の一側面をなしている。とはいえ、社会学は、物理学や化学と異なり、私たち自身の研究を含んでおり、これは長年維持されてきたものの見方や態度への厳しい挑戦になりうる。社会学は揺らぎと動揺をもたらしうる。にもかかわらず、少なくとも「社会学を行う」プロセスにいるかぎり、私たちは自らの感情的・政治的な対象関与を遠ざけるべく、全力を尽くさねばならない。そうしなければ、私たちは間違った方向へ行き、研究結果も妥当性を欠くものになる恐れがある。

◎理論と理論的観点《パースペクティヴ》

朝、一杯のコーヒーをあがなったこと、それにはコストとして一定額のお金を要すること、それをつくるためのコーヒー豆はブラジルで栽培されたこと、は一個の事実である。しかし、社会学では、《なぜ》物事が生じるのかを知りたいと思うし、そのことは、事実そのものを説明してくれる理論を構築しなければならないことを意味する。いまや何千万の人びとが友達とつながっているためにインターネット、ソーシャルメディアを用いていることを、私たちは知っている。だが、次のような問いが起こされたのはごく最近のことにすぎない。なぜインターネットはこんなに急速に普及したのか。どのようにしてオンラインのソーシャルメディアが生まれ、なぜこんなに多くの人びとがそれに熱中するのか。なぜ若い人びとが年のいった人びとよりもソーシャルメディアを使うのか。ソーシャルメディアのサイトがそれ以前のコミュニケーション形式に与えているインパクトはどのようなものか。こうした問いに答えるため、私たちは証拠資料を収集し、組み合わせ、理論化にとりかからねばならない。

理論化すること、それは、経験的ないし事実的な状況の幅広い多様な展開を説明してくれる、一連の論理的に関連した言説を用いての、出来事の抽象的解釈を構築することを意味する。たとえば、ソーシャルメディアについての**理論**は、情報とコミュニケーションのテクノロジー（ＩＣＴまたはたんにＩＴ）がいかに発達してきたかと、それらの成功の前提要件が何だったか、を同一化することの関心とかかわっていよう。最良の社会学においては、事実についての調査研究と、説明的な理論が、密接に関連づけられている。妥当な理論的説明を展開できるのは、それらを経験的調査によって検証できる場合である。すなわち、社会学的説明は、たんなる思弁であってはならないのだ。一般に信じられていることと反対に、事実がそれ自体で語ることは《ない》。事実は解釈される必要があり、解釈は、一連の基礎的な理論的仮説の範囲内で行われる。多くの社会学者はまず第一に、事実の調査のプロジェクトにしたがって作業する。だが、それが何らかの理論の知識にみちびかれないかぎり、その作業は、かれらの見出す複雑なものに満足に《説明を与える》ことはできないだろう。このことは、厳格に実際的な目的のために行われる調査についてもいえる。

多くの人びとは自分を、「地に足が着いた」現場的人間とみなしていて、日常から縁遠いと思われる理論や理論家をうさん臭く思いがちである。しかし、実際上の決定はすべて、何らかの理論や仮定に基づいている。企業経営者のなかには、「理論」にはほとんど注意を払わない者がいるかもしれない。それでも、従業員たちは金銭的報酬に動機づけられていて、その約束があるから一生懸命働くのだ、と思っているかもしれない。これは、人間行動についての単純かつ基礎的な理論的な解釈であり、これを経営者は気付きも自認もなく、自明視している。それにとって代わる見方は、多くの人びとは自分の家族のために見苦しくない生活をさせるために働いており、金銭報酬は、この個人主義的ではない目的のための手段にすぎないというものである。一旦人間の行為についての満足な解釈を探りはじめると、私たちは理論に関心をもたねばならなくなる。

私たちは、何らかの種類の理論的アプローチを欠いては、調査研究をはじめることはできないし、調査研究の過程の最後にその結果を解釈する際に、何を探求したらよいのかさえわからないだろう。理論的思考は、まず第一に、いかに社会生活が研究されうるか、かつ研究されねばならないのかという一般的問題にも取り組まねばならない。いったい社会学的方法は自然科学をモデルにすべきか。私たちは、人間の意識、社会的行為、社会制度をどのように考えるべきなのか。社会学者は自らの研究結果に個人的バイアスが入りこむのをどうすれば避けることができるか。自らでこころみるべきか。これらの問いには容易な回答はなく、19世紀の社会学の登場以来、さまざまな異なったやり方で回答がなされてきた。

◎ 社会学の創始者たち

何千年もの間、人間行動を理解しようとする試みは世代を超えて伝えられた思考方法に頼ってきた。近代科学の興隆の以前には、「フォークウェイズ」なる、世代から世代へと伝達される伝統的な知識と慣行が、大部分のコミュニティを支配していて、それらは20世紀にまで存続した。一例をあげると、健康と病いについての民衆の理解がそれである。コミュニティのフォークウェイズに豊富な知識をもつ古老は、病いをどう予防し、かかったらどう治療するかにつき助言を与えたものだ。ローレンス郡やケンタッキーでのアメリカの子ども時代を振り返って、カーティス・ウィリアムスは、当時のアパラチア文化の香りを伝えてくれている。

紐につるされた鉛板を眠っている子どもの首の周りにかける。風邪を引かぬように、魔除けとして。悪夢にうなされる子どもたちはこれら鉛の魔除けを身に着け、安心して甘美な眠りにつき、楽しい夢をみる。なぜなら、悪夢は魔女と悪魔のたぐいにより引き起こされるが、鉛のあるところではそれらは働かないからだ。いびきと悪夢に見舞われがちのおとなは、その軽減のため、寝に就くとき。汚れた靴下の匂いをかいだものである。

今日では、こんな方法を奨めたり、類似の信条を持ちつづけている人はまずいない。その代わり、健康と病にたいしてより科学的なアプローチがとられる。子どもたちは共通の病にたいしては予防接種を受けることとされ、悪い夢をみることも異常ではなく、害もないことが教えられた。薬局は普通にはいびきかきを治すための匂う靴下も売っていない。社会生活についての系統だった研究の起源は、ヨーロッパにおける一七八九年のフランス革命と18世紀中葉の**産業革命**が先導した一連の広範な変化にあった。これらの出来事は、古い伝統的な生活様式を破砕したのであり、社会学の定礎者たちも、そうしたラディカルな変動がどのように生じたかを理解しようとした。そうすることで。かれらはまた、因習的宗教信条に挑戦する社会的・自然的な世界へのより体系的・科学的な見方を発展させた。

次の節では、何人かの初期の思想家たちの中心思想を見ることにするが、かれらはつい最近まで、並ぶ者なき社会学の主たる「定礎者」として通ってきた。これら初期の社会学者が、社会学的観点《パースペクティヴ》の発展と、社会学の正統なアカデミックな領域科学としての確立において、重要な役割をはたしたことは疑いを容れない。しかしながら、かれらが焦点に置いたのは、論及するのが第一義的にヨーロッパと北米であるかぎり、近代世界の発展であって、これは社会学者たちが《モダニティ》と呼ぶところのものである。最近の25年前後、**ポストコロニアリズム**の名で知られる運動が、モダニティと社会学の起源のこれまで受け容れられてきた説明に疑義を呈している（Bhambra 2014）。この挑戦には多くの要素が含まれており、それらについては第3章「理論と観点《パースペクティヴ》」で論じることにするが、この節の以下の部分を読むとき、特に二つの要素に留意しておくべきだろう。

一つ目は、ポストコロニアル派の学者は、社会学は一般的にいわゆる「南」の国々への植民地支配の圧倒的なインパクトを十分に考慮に入れていない、と論じていることである。これは、現在における**搾取**だけでなく、植民地支配の遺産が、独立達成後長い時間が経つこれらの国々を毒しつづけていることを含意する。二つ目は、社会学の形成と発展においてグローバルサウスへの視点が欠けていて、それがこの科学に基本的にヨーロッパ中心の立場をとらせることになり、その立場は、往時も今も主にグローバルノースの産業化国家に焦点をあてている、というものである（Connell 2018）。社会学をグローバルサウスの研究者たちの研究に開放することは、この状況が意識されはじめうる一つの道である。私たちとしては、本書を通じてさまざまな点で、社会学とポストコロニアリズムの引き続きの関わり合いの何ものかを含めることにした。

本書の諸章では、社会学の特定領域における「古典研究」を紹介する。それらは、この科学分野に大きな影響を与えた調査研究、理論、斬新な方法の諸断片である。ただし、それは私たちの選択によるもので、選ばれてしかるべきものはもっと沢山あった。古典研究のコラムは、短い批判的コメントも含んでおり、それは読者にこれらの研究の限界に目を向けさせるためである。以上の必要な留保条件をふまえ、著名な西欧の社会学の定礎者に目を転じたい。

＊産業化のプロセスについては、第4章「グローバリゼーションと社会変動」および第13章「都市と都市生活」で論じている。産業化の有害な結果の若干については第5章「環境」で概観している。

オーギュスト・コント　たった一人で社会学すべての研究分野を基礎づけることはできず、多くの人びとが初期の社会学的思考に寄与した。とはいえ、通常、「社会学」という言葉を一八四〇年頃に創案したオーギュスト・コント（1798-1857）には特に栄誉が与えられている。コントはこの新科学を叙述するのに、初め、

「社会物理学」という用語を使ったが、競争相手の他の知識人の若干もこの名称を用いていた。そこで、自分のアプローチを他の人びとのそれと区別するため、「社会学」という名称を造語した。社会的世界の体系的な研究という意味をこめて。

コントの思考は、その生きた時代の激動するさまざまな出来事を反映している。かれは、自然科学が自然界の諸法則を発見したように、社会的世界の「法則」を発見するような社会の科学を創ろうと望んだ。どの科学にもそれぞれ独自の研究対象をもつことを認めたが、それらに同じような論理と科学的方法が適用されるべきだと考えた。人間社会を支配する法則の発見は、われわれが自分たちの運命をかたちづくり、人類の福祉を向上させるのにおそらく役立つ。

コントは社会学が「実証的科学」となることを欲した。それは社会学が、天文学や物理学や化学のように、同じ厳密な方法を用いるということである。**実証主義**（positivism）、それは、科学が経験によって直接知ることができる観察可能な実体だけを問題にすべきであると主張する説である。注意深い観察にもとづいて人は、観察された現象どうしの関係を説明するための法則を類推できるようになる。科学者は、出来事どうしの因果関係を理解することで、次に将来の出来事がどのように生じるのかを予見できるようになること。社会学の実証的アプローチは、観察と比較、実験から得られた経験的証拠にもとづく、社会についての知識の生産をめざす。

コントが論じるには、世界を理解しようとする人間の努力は、神学的、形而上学的、実証的という三つの大きな段階を経てきた。神学的段階では、人びとの思考は宗教的な観念、および社会は造物主の意志の表れであるという信念からみちびかれていた。形而上学的段階では、社会は、超自然的タームではなく自然的タームで解されるようになり、出来事は自然法との関連で説明される。実証的段階では、コペルニクス、ガリレオ、ニュートンによって先導され、科学的方法の応用が推奨される。コントは、社会学を、最後に発達する科学であるが、すべての科学のなかで最も重要な、また複雑な科学であるとみなしていた。

晩年、コントは、自らが生きた社会の現状にたいして鋭い問題認識をもっていた。工業化が生み出しはじめている不平等状態と、そうした不平等状態が社会的結束におよぼす脅威を懸念した。かれの考えでは、長期的解決策は、その間に新しい型の不平等が現れるにせよ、社会を規制するため、つまり社会を一つにまとめるのに役立つ、あらたな「人類の宗教」を通して、道徳的一致を生み出すことにあった。オーギュスト・コントの構想はまったく実現されなかったが、社会の**科学**を定礎する上でコントがおこなった貢献は、その後、社会学が正統なアカデミックな学問として専門化する上で重要であった。

エミール・デュルケム　もう一人のフランスの社会学者エミール・デュルケム（1858 - 1917）は、コントよりももっと継続的に影響を社会学に及ぼした。デュルケムは社会学を、伝統的な哲学的な問題を社会学的な問題へと転換させる新科学とみなしたが、その社会学的問題とは、現実世界の——経験的な——調査研究を要求するというものである。かれは、社会生活を、科学者が自然世界を研究するのと変わらない事物対象性をもって研究しなければならないと論じた。これを要約するものとして、有名な命題「社会的事実を物のように研究せよ」がある。これによってかれが言おうとしたのは、社会制度は硬い、客観的な実在性をもっていて、自然界の対象物と同じように厳密に分析することが可能なのだということである。

では、しかし、**社会的事実**とは何か。デュルケムは、社会的事実は、人間の行動を拘束し、または方向づける制度や規則の総体であると説明する。個人にとっては、社会的事実は、むしろ外からの圧力と感じられるが、それでいて、多くの瞬間、それらは「自然の」「当たり前の」生活の一部として、たんに当然視されている。たとえば、貨幣制度は私たちがほとんど意識しない社会的事実である。私たちは金銭で給与を受けとり、車や家を買うのに銀行からお金を借りる。そして、もしもお金の扱いがまずいと、「ハイリスク」の客とみなされ、お金を借りることができなくなろう。しかし貨幣制度は、私たちの生まれる前からあったわけだし、自分たちの社会に参加したければ、その制度を使わないわけにはいかず、その規則に従わねばならない。この意味で、制度は私たちの行為を拘束し、または型に入れる。これはあらゆる社会的事実のなかで典型的なもので、個人からは独立して存在し、個人の選択と行為を成形する。

その自殺率の分析において、なぜいくつかの国では他の国々よりも自殺率が高いのかを説明するのに、デュルケムは社会的事実の概念を用いた（以下の「古典研究1.1」をみられたい）。自殺は、純然たる個人的行為、すなわち極端な不幸やおそらく深いうつ状態の帰結のようにみえる。しかし、宗教、結婚、離婚、社会階級のような社会的事実が自殺率に影響を及ぼすことを示してみせた。そして、異なる国々を通して規則的なパターンが認められる以上、それらのパターンは、心理学的にではなく、社会学的なやり方で説明されなければならない、とした。

デュルケムは、かれの生きた時代において社会変容をうながす諸変化に関心を寄せ、特に社会的・道徳的な**連帯**に関心を向けた。社会を共に結束させるものは何か、と。連帯は、諸個人が**社会集団**のなかに統合され、一連の共有価値と慣習によって規制されているとき、維持される。その『社会分業論』（1984［1893］）においては、産業時代の到来はまた、新しい型の連帯をみちびくと論じた。

デュルケムによれば、**分業**（労働の配置のような役割の専門化）の度合いの低い旧来の文化は、**機械的連帯**によって特徴づけられる。社会のほとんどの成員が類似した職業に従事するため、人びとは共通の経験と共有された信念によって一つにまとまっていた。しかし近代の産業化と都市化の拡大は、分業も拡大し、機械的形式の連帯を崩壊にみちびく。職務や役割の専門化が進むにつれ、新しい型の**有機的連帯**が創りだされた。分業が拡大するにつれて、人びとは、だれもが他の職業に就く人たちの供給する物品やサービスを必要としているため、ますます互いに依存するようになる。ちょうど人間の「有機的」肉体のように、社会全体や身体の全体が適切に機能するのに、それぞれの部分または器官が他の部分、器官に依存しているように。

けれども、デュルケムは、近現代世界における**社会変動**は、あ

エミール・デュルケムの自殺の研究

調査研究の問題

　私たちの生活におけるより感情的に心乱される側面といえば、自殺の現象であり、それはしばしば後に遺された者に、答えよりも多くの疑問を残していく。なぜある人びとは命を絶つ決心をするのか。かれらが実際に経験している圧力はどこからくるのか。個人と社会のあいだの関係を探る初期の社会学の古典の一つが、エミール・デュルケムの自殺率の分析である『自殺論――社会学研究』(Durkheim 1952, 1897) だ。たとえ人びとは自分自身を自由意志と選択を行使する個人とみなしていても、デュルケムの研究は、自殺のようなきわめて個人的な行為でも、より広い社会的世界で起こっていることの影響を受けることを示した。

　デュルケム以前にも、自殺にかんする調査研究は行われてきた。しかし、かれは自殺の社会学的説明の必要を強く主張した最初の人である。それ以前の著者たちも、人が自殺する可能性を説明する際に「人種タイプ」、気候、精神障害の影響を認めていた。しかしデュルケムは、自殺率――人口10万人あたりの割合――は、それら以外の社会的事実によってのみ説明されうること、自殺率は世界中の諸社会を通して大きく異なっていること (Fig.1.1をみよ) を説いた。

　フランスの公式統計を検討して、デュルケムは、いくつかの社会集団では他の集団でよりも人びとが自殺にはしりやす

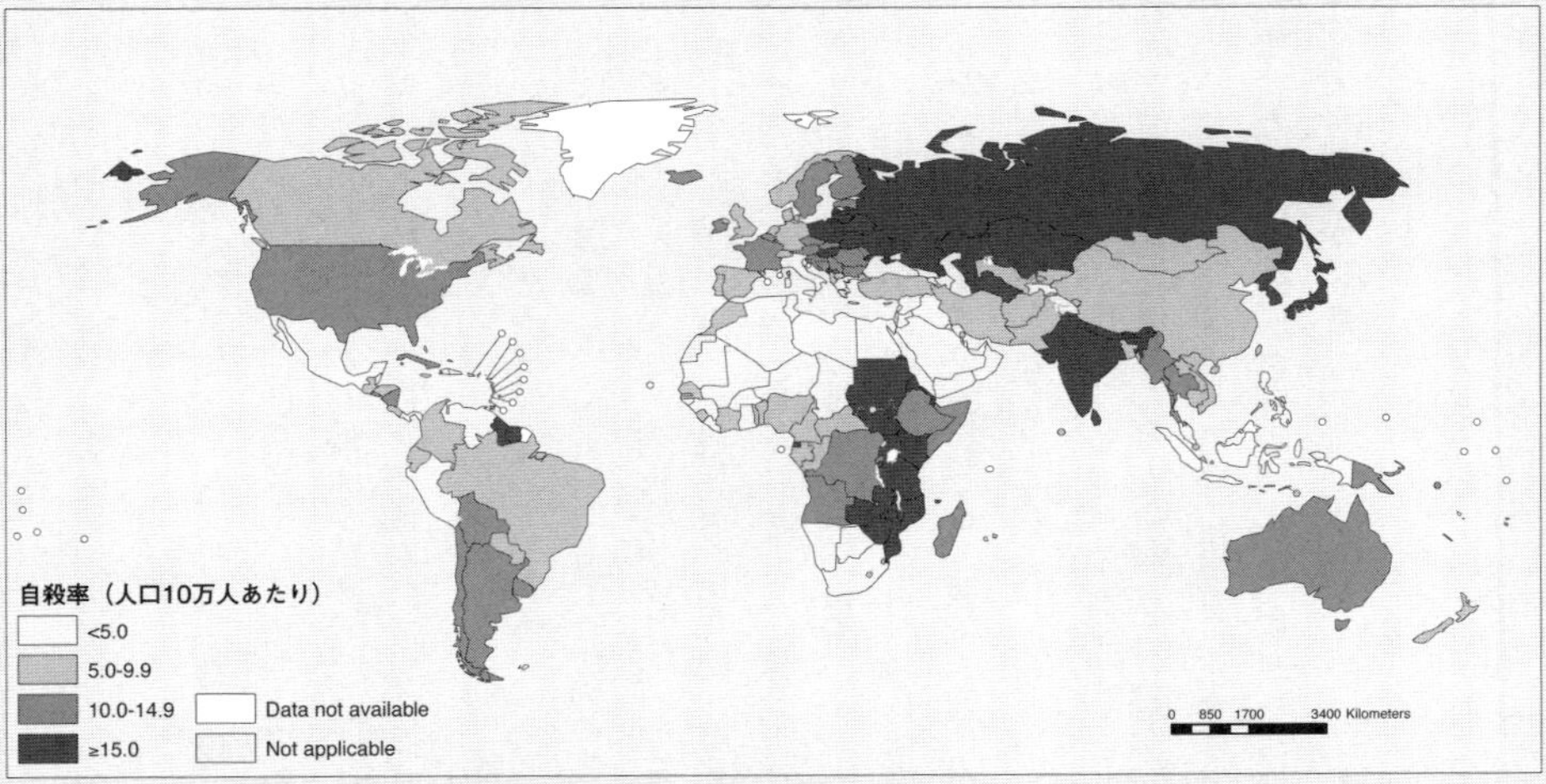

Fig. 1.1　2016年の自殺率 (男女、年齢調整済み)　出典：WHO (2018a)

いことを明らかにした。そしてかれが見いだしたのは、男性が女性よりも自殺しやすく、プロテスタントはカソリックよりも、富める者は貧しい者よりも、未婚者は既婚者よりも自殺しやすいことである。

デュルケムの説明

右記のような発見事項は、デュルケムをして、自殺率に影響を及ぼす《個人に外在する》社会的な力が存在する、と結論させた。デュルケムは、この説明を、社会的連帯という考え方や、社会的統合と社会的規制という社会内部での二種の絆と関連づけている。社会集団のなかに強く統合されている人びとや、社会規範によって欲望や願望が規制されている人びとは自殺しにくい、とデュルケムは考えた。そこからかれは、統合と規制の有無の度合いにしたがって、四つの自殺類型をみちびいた。

1. 《自己本位的自殺》は、統合の度合いが低いことを示し、人が孤立していたり、またはその人と集団との結びつきが弱まっていたり断たれている場合に、発生する。たとえば、カソリック教徒の低い自殺率は、かれらのかたちづくる強い共同体によっておそらく説明できる。それにたいして、プロテスタントの有する人格的・精神的自由は、かれらが神の前で「独りで立っている」ことを意味する。結婚は、個人を安定した社会関係に組み入れることで自殺を防ぐが、独身者たちは社会のなかで孤立したままである。

2. 《アノミー的自殺》は、社会的規制の欠如を原因とする。ここでデュルケムは、アノミーの条件にふれ、急速な変動や経済的不安定の結果として人びとが「無規範」に陥ってしまう時だとする。経済的激変や、離婚のような個人的苦悩の時のように、社会の規範と個人の願望にかんする確固たる準拠点を失うと、人びとの置かれている環境条件と、かれらがどう実現してよいかもはや分からない願望との間のバランスがくつがえる可能性がある。

3. 《集団本位的自殺》は、個人が「過度に統合されている」ときに生じる。つまり、社会的絆があまりに強すぎて、かれ自身よりも集団に高い価値を置く場合に、発生するのである。そのような場合、自殺は「もっと偉大な美徳」のための犠牲となる。日本の神風特攻隊員や、イスラム原理主義者の「自爆テロ」は、集団本位的自殺の具体例である。デュルケムは、集団本位的自殺を、機械的連帯が支配的である伝統社会の特徴だとみなしていた。

4. 最後の自殺類型は、《宿命的自殺》である。デュルケムは、これは今日的意味はほとんどもたないとしたが、個人が社会によって過度に規制されている場合に生じると考えた。独裁体制の下にある個人への抑圧は、無力さと絶望の感情を生じる可能性がある。

自殺率は、社会によって異なるが、それぞれの社会の《なかでは》時間を超えて、一定の傾向を示している。デュルケムは、このことを自殺率に影響を及ぼす社会的な力がつねに存在する証拠とみなし、それゆえ、一般的社会的傾向は、個人の行為のなかにも探り出せることがわかるとした。

いくつかの問題点

『自殺論』の公刊以降、デュルケムの研究には多くの反論が寄せられてきた。特に、公式統計の無批判な使用、自殺への非社会的なものの影響の無視、自殺をすべて類型化したと主張していること、に反論が加えられてきた。いくつかの批判は、検死官の定義と基準が第一段階で「自殺」として記録される死の数に影響を及ぼすため自殺のデータ収集のなかに含まれる社会過程を理解することが実際上重要であることを示した。自殺統計は社会によって非常に異なっており、それはデュルケムの示唆したことだが、しかし、それは必ずしも自殺行動の相違にはよらず、むしろ「不明の死」の記録にあたって検死官の採用するやり方の多様性によることもある。自殺統計は、当の社会において妥当で信頼できる自殺の範囲を私たちに示してくれないかもしれない。

現代的意義

かれの批判者たちの議論は正当である。けれども、デュルケムの研究は依然として社会学の古典であることをやめない。これは、社会学を、社会的事実の研究というかれ自身の主題を伴う一ディシプリンを確立するのに貢献した。そしてその基本的な主張は多くの力をなお保持している。それは、個人のこのうえなく私秘的な行為でも、それを完全に把握しようとすれば、個人的動機の探求にねざす説明よりも社会学的説明が求められるというものである。デュルケムによる自殺《率》の研究主題化は、今日広く受け入れられている。その研究はまた、社会現象は厳密な方法論を用いての体系的科学的分析になじむものであることの証明のためにも重要である。

▼批判的に考える

三つの自殺のケースを報じているローカルニュースを注意してみてみよう。与えられている情報から、要因として呈示されている詳細のいずれかが、死を「自殺」として説明するのに役立つだろうか。なぜ検死官はえてして、自殺という判定を避けるのか、そうしたやり方は、個々の社会に固有の自殺率があるのだとするデュルケムの主張に影響するだろうか。さらにFig.1.1のWHOの統計は、「社会的事実」として受け容れるべきだろうか。

まりにも急調だったため、重大な社会的困難を生み出したと考えた。社会変動に伴い、ライフスタイル、道徳、信念、既存の行動パターンもまた変わる。だが、変化が急速で、絶え間なく続く場合、新しい価値が確立されていないのに、旧来の価値の民衆への支配力が失われる。デュルケムは、このような不安定な混乱した状態を**アノミー**と呼んだ。つまり目標喪失、不安、絶望の深い感情である。多くの人びとが行為の明確な指針もなく自分の生活が意味も構造も欠いていると感じながら、打ち棄てられている。大きな問題は、いったい人びとは絶えざる急速な変化を、近代の条件における生の「正常な」条件として慣れていくことができるのか、である。

カール・マルクス　カール・マルクス（1818-83）の考え方は、コントやデュルケムのそれと明らかに対照的である。しかし、かれもまた、産業革命の時代を通じて生じた諸変動を説明しようと努めた。マルクスは青年時代の政治活動がもとで、ドイツの政府当局と対立した。そのため、フランスに短期間滞在したのち、イギリスに定住し、生涯にわたる亡命生活を送った。その地でかれは工場や工業生産の発達とともに、その結果生じた不平等状態を目の当たりにした。マルクスが抱いたヨーロッパの労働運動や社会主義思想への関心はその著作に反映され、その研究は政治・経済的問題に集中された。しかしかれは経済の問題をつねに社会制度と結びつけて考えようとしたため、研究は社会学的洞察に富んでいた。

マルクスは広範囲の人間の歴史について書いている。その第一義的な焦点は、先行したすべての経済と根本的に対照化される生産システムである**資本主義**の発達に置かれた。マルクスは、資本主義の二つの主要な要素を特定している。一つは資本であり、すなわち将来の資産を形成するために利用したり、投資できる資金、機械類、さらに工場を含むすべての資産がそれである。資本の蓄積は、二つ目の要素である賃金労働と相い携えて進行する。賃金労働者とは何らみずからの**生産手段**を所有せず、資本の所有者たちが提供する雇用を見いださねばならない労働者の一団を指す。マルクスは、資本を所有する者、すなわち**資本家**は、支配階級を形成するのにたいして、住民の大多数は賃金労働者という種別、つまり**労働者階級**を構成する、と論じた。工業化の拡がりにともない、かつては農業に従事し生計を立てていた大量の農民が、拡大を続ける都市に移住し、都市を基盤とする工業労働者階級の形成を促進した。マルクスはこれを**プロレタリアート**とも呼んだ。

マルクスにとっては、このことは、資本主義が、二大階級の関係が根底的な対立によって特徴づけられるような**階級**システムとなることを意味する。資本の所有者と労働者は相互依存の関係にあり、資本家は労働者を必要とし、労働者は賃金を必要とする。ただしこの依存関係はバランスを欠いている。労働者は自分たちの労働をほとんどあるいは全く管理できないが、雇用主は、労働者の労働の成果をわが物として、利潤を生みだすことができ、労働者には、かれらの労働に値するもの以下しか支払わない。

マルクスは、階級間の闘争が歴史の発展の動因となると考え、それこそが「歴史の原動力」であると見た。かれとエンゲルス（2008［1848］）は、「共産党宣言」の冒頭で、「これまで存在してきた社会すべての歴史は、階級闘争の歴史にほかならない」と書いた。マルクスによれば、一連の歴史の段階が存在してきたのであって、それは、狩猟・採取民の「原始共産制」社会に始まり、古代奴隷所有社会、土地所有者と農奴からなる封建制を経る。あらたに商業的・資本主義的階級が登場し、土地貴族にとって代わる。そして、まさに資本家たちが封建的秩序を打倒したように、資本家たちもプロレタリアートによって打倒されることになる。

マルクスは、労働者の**革命**は、所有者と労働者の大規模な分裂がもはや存在しない新しい社会をもたらす、と理論化した。この歴史的段階をかれは**共産主義**と称した。そうなると人びとの間の不平等が魔法のようにすべてなくなる、と言おうとしたのではない。むしろ、社会は、経済的・政治的権力を独占する少数者の階級と、自らの労働の生み出す生産物からほとんど得るもののない大多数の人びとにもはや分裂することはない、と言おうとしたのだ。経済制度は共同所有の下に置かれ、最も人間的な平等主義的な社会が徐々に実現されていくだろう、と。

マルクスの思想は、19世紀に広く影響力をもった。わずか一世代前まで、地球上の人口の三分の一以上が、その政府がマルクスの思想の影響を受けている社会に住んでいたのだ。しかし、一九八九年にポーランドで始まった革命の波は、東ヨーロッパを通じて共産主義体制を一掃し、果ては、一九九一年に、その最強のとりでだったソビエト連邦における共産主義も崩壊した。共産党がなお政治権力を握っている中国でも、資本主義的経済発展が揺るぎないものになっている。世界中への資本主義の拡がりにもかかわらず、マルクスが展望していた労働者階級の革命は、かれの生きた時代以上に近づいているとは思われない。

マックス・ウェーバー　マルクスと同様、マックス・ウェーバー（1864-1920）も、たんなる社会学者ではなかった。ウェーバーの興味と関心は多くの専門分野を横断していた。ドイツに生まれ、学者としての経歴のほとんどをドイツで送り、その著作は、社会学だけではなく、経済学、法学、哲学、比較歴史学をも網羅している。ウェーバーはまた、近代資本主義の発達と、近代諸社会がそれ以前のタイプの社会とどのように異なるかを問題にした。一連の研究では、近代の**工業社会**の基本的特徴をいくつか明示し、今日の社会学者にとって引き続き中心的位置を占めるような社会学の重要な論点を定めていった。

ウェーバーは階級対立の認識をもっていたが、マルクスほどそれを重視しなかった。かれの見方では、経済的要因は重要であるが、理念や価値もまた社会変動を引き起こす。その有名な、多くの論争の的となった著作『プロテスタンティズムの倫理と資本主義の精神』（Weber 1922 [1904-5]）は、宗教的価値観、とりわけピューリタニズムと密接に結びついた価値観は、資本主義的な見地を創出する上で根本的に重要であった、と主張している。ウェーバーは、初期社会学の他の思想家たちと異なり、社会学者は、社会的行為——他者に向けられた主観的に意味付けられた人びとの行為——の研究をすべきだとした。それら個人的行為すべての背後にある意味を理解するのが、社会学者の仕事である、と。

ウェーバーの社会学的視野における一つの重要な要素に、**理念型**がある。理念型は、私たちに何らかの社会現象を気付かせ、それを理解するのを助けてくれるモデルである。これらの仮説的な構築は、研究者にある主題に目を向けさせるときに大いに役立つ。たとえば、私たちは、「テロリスト集団」の単一の理念型を、これまで出会った最も耳目を引く諸側面から構成するかもしれない。

それは、北アイルランドのＩＲＡ〔アイルランド共和軍〕、スペインのＥＴＡ〔バスク祖国と自由〕、イタリアの赤い旅団、ＩＳＩＳ〔イスラム国ダーイシュ〕のグローバル・ネットワークなどのケースである。私たちはここで、これらの集団がすべて、主流政治の外側で活動していること、また、かれらは暴力を国家に差し向けるが、しばしばその威勢を見せつけるため民間人も対象とすること、を指摘することができよう。そうすることで、理念型を用いて、政治的暴力の他の現実世界の諸例を分析することができる。

もちろん、実際には、これら四グループの間には多くの違いがある。赤い旅団はコミュニストだったし、ＩＲＡは、アイルランド人のナショナリスト集団、ＥＴＡはバスク人の分離主義者組織だった。ＩＳＩＳは、グローバルなイスラム過激派ネットワークである。それでも、この理念型を用いるなら、それらの相違を突き合わせ、調整することができ、またそれらをひとまとめに「テロリスト集団」として記述するに足りるだけの特徴を共有していると認めることができる。「理念」型によって概念づくりが完璧な、または望ましいものになるとウェーバーが考えていたわけではないことは是非言っておきたい。理念型は、現実の社会現象の「純粋」ないし「一面的」なかたちである。しかし、テロリズム（何か他のものでもよい）の理念型を、観察された多くのケースの共通の諸側面から構成することは、実際のテロリスト集団をその他のテロリスト集団のひな型として用いるよりも、効果的で有効である。

ウェーバーの見解では、近現代社会への移行は、社会的行為の型の重要な変化をともなった。人びとは迷信、宗教、慣習、長く続いた習慣にもとづく伝統的信念から離脱していた。

それらに代わって、人びとは効率と、将来の結果を斟酌する合理的、道具的な計算にたずさわるようになる。工業社会では、感情が入りむ余地はほとんどなかった。また、物事の対処の仕方は、それが「いつもそのように行われてきたのだから……」というだけの理由で受け容れられる余地もほとんどなくなる。科学、近現代のテクノロジー、**官僚制**の発達を、ウェーバーはひとまとめに**合理化**として記述した。合理化とは、社会生活や経済生活を、効率性の原則にしたがい、また専門技術的知識に基づき運営することである。伝統社会では宗教や長く続く慣習が人びとの態度や価値観をおおむね規定してきたとすれば、近現代社会は、政治から宗教、経済活動にいたるまで、さらには音楽さえも、合理化によって特徴づけられている。

ウェーバーは、合理化過程の帰結について大いなる関心を抱いた。かれが懸念したのは、官僚制が拡がるにつれ、この最も効率的な管理の形式が、創造性を押しつぶし、個人を、逃れるチャンスの少ない「鉄の檻」に閉じ込めてしまわないか、ということである。この官僚制の支配は、合理的な諸原理にもとづくとはいえ、生活のあらゆる側面の過剰規制によって人間精神を押しつぶしてしまう恐れがある。ウェーバーにとっては、たぶん、18世紀啓蒙の時代の進歩のアジェンダ、科学の進歩、富の増大と幸福の増進は、またそれとともに、新たな危険をともなう暗黒面をもたらすということだろう。

◎三つの理論的伝統

すでに見たように、デュルケム、マルクス、ウェーバーは異なる研究アプローチをとった。デュルケムは、共有価値と合意を生む上での社会的事実のあらがいがたい強さを強調した。マルクスもまた、社会構造が強力なものであることを認めたが、しかし不平等があらゆる社会で広く見られることを主張した。他方、マックス・ウェーバーは、社会生活と個人の社会的行為の有意味的な特徴に注意を焦点化した。これら基本的相違が、社会学の歴史を通して存続し、機能主義（デュルケム）、葛藤理論（マルクス）、社会的行為ないし相互行為論アプローチ（ウェーバー）という三つの大きな伝統へと発展をみた。

この三つの伝統については以下で簡潔に紹介するが、読者は、それらから引かれた議論や思想に本書を通じて随所で出会うことになる。しばらくすれば、読者は、どんな個別の調査研究に出会っても、それがどの伝統に最も近いかを見きわめられるようになるはずである。

＊フェミニズム、ポストモダニズム、関係構造的研究のような最近発展をみた理論的アプローチについて、詳しくは第3章「理論と観点《パースペクティブ》」でみることにする。

機能主義　**機能主義**は、社会とは、そのさまざまな部分が、安定性を生み出すために協調し、作動する複雑なシステムであり、社会学はそれら諸部分の関係を研究しなければならないと考える。たとえば、宗教的信念や社会の慣習は、それらが社会内部の他の制度とどのように関係するのかを明らかにすることで、分析できる。なぜなら、社会の個々の部分は、互いの緊密な関係のなかで発達していくからである。コントやデュルケムを含む機能主義者は、社会の活動を生物有機体のそれになぞらえるため、有機体アナロジーをよく使った。社会の各部分は、ちょうど人体のさまざまな部分がそうであるように、社会全体の利益のために協調して作動する、と機能主義者は論じる。心臓のような身体器官を研究するためには、その器官が身体の他の部分とどのように関係するのかを明らかにする必要がある。心臓は、血液を身体の隅々に送り込むことで、人間という生き物の生命維持にきわめて重要な役割をはたす。同じように、ある社会制度、たとえば教育制度の機能を分析することは、その項目が、社会の円滑な機能化において果たす役割を明らかにすることを意味している。

機能主義は、社会における秩序と安定性を維持する上で、**道徳的一致**の重要性を強調する。これは、社会のほとんどの人びとが同じ価値を共有している場合に見いだすことができる。機能主義者は、秩序と均衡を社会の正常な状態とみなすが、こうした社会均衡状態は、社会成員のあいだで道徳的一致が存在することにもとづく。たとえば、デュルケムは、宗教が社会の中心的価値への人びとの信奉を再確認し、それが社会の結束を維持するのに寄与する、と考えていた。

一九六〇年代まで、おそらく社会学では機能主義が他をリードする理論的伝統をなしていたといえる。特にアメリカではそうである。タルコット・パーソンズ（1902－79）とロバート・K・マートン（1910－2003）の二人が最も有力な信奉者だった。マ

無視された創始者たち

多くの学問分野と同じく、社会学も、その研究成果が本質的価値をもつといった重要な研究者すべてに敬意を払うという理想を必ずしもつねに実現してこなかった。19世紀から20世紀初期の社会学の「古典期」を通して、女性や民族的マイノリティグループの成員たちは、職業的社会学者になる機会を与えられなかった。くわえて、現在においても色褪せない重要な社会学的研究をおこなう機会に恵まれた人がごく少数いたが、社会学ではしばしば無視されてきた。ここでは、近年、研究業績が注目されている三人の重要な学者を紹介してみよう。

ハリエット・マーティノー（1802-76）

ハリエット・マーティノーは「最初の女性社会学者」と呼ばれてきた。けれども、マルクスやウェーバーと同じく、彼女を社会学者とだけとらえることはできない。イングランドで生まれ、教育を受け、数多くの論稿とともに50冊以上の著書を刊行している。今日、マーティノーは、社会学の基礎となったコントの『実証哲学』を翻訳し（Rossi 1973）、イギリスに社会学を紹介したことで、功績が認められている。さらにマーティノーは、一八三〇年代のアメリカを隈なく広範囲に旅行しながら、みずからの手でアメリカ社会の体系的研究を行い、その調査の結果が、著書『アメリカの社会』（Martineau 1962 [1837]）の題材となった。マーティノーは、いくつかの理由から、今日の社会学者にとっても重要な存在である。

まず、彼女は、社会を研究する際に、主要な政治制度や宗教制度、社会制度を含め、社会のすべての側面に焦点をあてる必要があると述べた。第二に、社会の分析に女性たちの生き方の理解を含める必要があると主張したが、これはようやく一九七〇年代にフェミニストの発言と主張によって主流社会学でも一般化されたものである。第三に、マーティノーは、結婚生活や子ども、家庭生活、宗教生活、人種関係を含め、それまで無視されてきた問題に社会学の目を向けた最初の人物である。かつて彼女が書いたように、「子ども部屋、女性の私室、キッチンはいずれも、人びとの徳やモラル、マナーについて学ぶことのできる素晴らしい学校である」（Martineau 1962 [1837]）。そして、社会学者は単に観察するだけでなく、それ以上のことをしなければならない。社会学者はまた社会のためになるように行動すべきである、と彼女は主張した。結果として、マーティノーは、女性の権利と奴隷解放の両方の積極的な提唱者となった。

W・E・B・デュボイス（1868-1963）

デュボイスは、アメリカの社会学者、歴史学者、公民権活動家、ハーバード大学で博士号を取得した初めてのアフリカ系アメリカ人（一八九五年）であり、アトランタ大学で歴史学、社会学、経済学の教授として教鞭を執った。デュボイスの研究業績は、経験的研究、哲学、社会学理論、歴史学など多岐にわたり、『フィラデルフィアの黒人』（一八九九年）、『黒人のたましい』（一九〇三年）、『アメリカにおける黒人による再建』（一九三五年）という学術的意義の高い三つの著書によって特徴づけることができる。

『黒人のたましい』は、一八六〇年代のアメリカにおける奴隷廃止が人種平等を実現できなかったことを中心とした内容となっている。デュボイスの議論によれば、南部州における黒人は「二重意識」をもって生きている。かれらは「自分の仲間にののしられたり唾をかけられたりすることもなく、また目の前で〈機会〉のとびらを荒々しく閉ざされたりすることもなく」、黒人であると同時にアメリカ人でもあることが認められるべきだ、というのがデュボイスの主張であった（Du Bois 1903：2-3）。かれは、来たる二〇世紀の主要な問題は、白人と黒人を隔離する「カラーライン（皮膚の色による境界線）」の問題であるとした。黒人が集住するフィラデルフィアの貧困地域についてデュボイスが詳細に論じた経験的な社会学的研究（Du Bois 2007［1899］）は、都市の貧困問題を解明するという意欲的なものがあった。デュボイスは、黒人に開かれる分野や職業が白人レイシズムによって効果的に限定されており、それゆえに黒人の貧困が怠惰や生得的な知能欠陥に起因するという認識が誤りであることを経験的研究によって論証した。今日、ほとんどの研究者は、シカゴ学派の社会学的研究に先立つ重要な先駆的研究としてデュボイスのこのフィラデルフィア調査を評価している。

最後に、レマート（Lemert 2000：244）の議論によれば、デュボイスに対するマルクス主義の影響が最も強く現れているのは、労働者とプランテーション農業主の間に構造化された奴隷解放以降の関係を明らかにした『アメリカにおける黒人による再建』である。同書でデュボイスが示したのは、カラーラインは「労働者階級と有産階級の間のみならず、労働者階級においても貫かれている」ということである。アメリカにおいてさえも、デュボイスの研究業績が社会学史に現れることはほとんどなかった。しかし、ポストコロニアル研究、社会学の脱植民地化を目指す試みの結果として、近年、その研究業績に対する関心が急速に高まっている。

イブン・ハルドゥーン（1332-1406）

ムスリムの学者イブン・ハルドゥーンは、今日のチュニジアに当たる所に生まれ、その歴史的、社会学的、政治－経済的な研究によって有名になった。かれには多くの著書があるが、そのなかで最も広く知られているのは、一三七八年に完結した『ムガディマー（歴史序説）』六巻である。これは、若干の今日の学者からは、本質的に最初期に社会学を基礎づけた仕事だと見られている（Alatas 2006を参照）。同書は既存の歴史的アプローチと方法について、記述のみ扱うものと批判し、出来事の根底の意味に到達できる新たな「社会組織の科学」ないし「社会の科学」の発見が大事であるとした。

イブン・ハルドゥーンは、その時代の「遊牧民《ノマド》」社会と「定住」社会の主要な特性の理解にもとづく社会紛争の理論を考案した。この理論の中心点をなすのは「集団感情」ないし連帯性（asabiyyah）の概念である。強力な集団感情を有する集団および社会は、より弱い形式の内的連帯しかもたない集団、社会を支配し、統御することができた。かれは、これらの観念を、マグレブやアラブの諸国家の興隆と衰退を説明する試みのなかで発展させ、その意味で、かれは、近代西洋の歴史社会学の主要な関心事である、国家形成のプロセスを研究していたともみなされよう。遊牧民ベドウィン族は非常に強力な集団感情をもつ傾向にあり、それゆえ、弱い町の定住民を撃破し支配し、新王朝を打ち立てることができた。しかし、そこからベドウィンはより都市的なライフスタイルに落ち着くようになり、以前のような強い集団感情や軍事的な力量も低下させていき、再び外敵の攻撃にさらされやすくなる。このようにして、国家の興隆と凋落の長期的サイクルが完結する。19世紀末から20世紀初めにかけての西洋の歴史家や社会学者もイブン・ハルドゥーンの著作に言及したが、それが有意義な可能性を秘めていると認められたのは、ごく最近のことにすぎない。

▼批判的に考える

以上の三人の人物の内の一人につき、オンラインで調べよ。彼らの著作が20世紀のほとんどを通じ社会学者たちに無視されてきたことはどう説明されているか。

ートンによる機能主義の解釈はとりわけ大きな影響力をもった。かれは、**顕在的機能**と**潜在的機能**の区別をおこなう。顕在的機能は、特定の種類の社会的活動に参加する人びとがよく知っている、また意図している機能である。潜在的機能は、活動の参加者たちが気づいていない、その活動のもたらす帰結である。この区別を具体的に説明するために、マートンは、アメリカのアリゾナ州とニューメキシコ州のホピ族の催す雨乞いダンスを例に引いている。ホピ族は、この儀式が作物に必要な降雨をもたらす（顕在的機能）と信じていた。しかし、雨乞いダンスはホピ族の社会の凝集性を高める効果をもっている（潜在的機能）と論じた。マートンによれば、社会学的説明の重要な役割は、社会的活動や社会制度の有する潜在的機能を暴露することにある。

マートンはまた、機能と**逆機能**を区別する。社会行動のもつ逆機能的側面を究明することは、ものごとの既存の秩序に挑戦するような、社会生活に見られる特徴に焦点をあてることを意味する。たとえば、宗教はつねに機能的であり、もっぱら社会的凝集性に寄与する、と想定するのは間違いである。複数の宗教集団が相互間に不一致を生じ、結果として大きな社会紛争となり、社会的対立を広げていくことがある。こうして宗教コミュニティ間でしばしば戦争が起こった。ヨーロッパでのプロテスタントとカトリックの間のそれ、中東でのスンニ派とシーア派の間のそれのように。

一九七〇年代の後期以降、機能主義は、その限界が明らかになるにつれ、人気が衰えだしている。マートンはそうではなかったが、機能主義思想家の多くは、安定性、社会秩序に焦点を置き、階級、エスニシティ、ジェンダーといった要因にもとづく社会的分裂や不平等をごく軽視してきた。機能主義者はまた、創造性のある社会的行為が社会のなかで果たす役割を、さほど重視していない。機能分析は社会が備えてもいない特質を社会に付与している、と機能主義の批判者の多くは論じる。「ニーズ」や「目的」といった概念は個々の人間に当てはめた場合にはじめて意味をなすにもかかわらず、しばしば機能主義者は、あたかも社会が「ニーズ」や「目的」をもつかのように論じていた。見逃せないことに、一九六〇年代、七〇年代にいわゆる新しい社会運動の波が起こり、そのなかで、わけても学生、環境保護派、平和運動などが登場すると、特にこれらを理解し説明するのに、機能分析は備えを欠いていた。

葛藤理論　**葛藤理論**を用いる社会学者は、機能主義者と同じく、社会内部に見いだされる構造の重要性を強調する。同時にまた、葛藤理論の社会学者も、社会がどう作動するのかを説明するために、包括的な「モデル」を提示する。とはいえ、葛藤理論の論者は、機能主義がおこなう合意の強調をしりぞけ、社会における分裂の重要性に光を当てる。その際、かれらは権力や不平等、闘争の問題に注意を集中させる。そして、社会を、自らの利害関心にしたがう個々の集団から構成されているとみなす傾向がある。このことは、紛争への可能性がつねにあることを意味する。葛藤理論の論者は、社会の内部における優勢な集団と不利な立場にある集団のあいだの緊張状態を調べ、支配関係がどのように確保され、維持されるのかを理解しようとする。

マルクス、および後のマルクス主義のアプローチは、葛藤理論に大きな影響を与えてきた。ただし、葛藤理論がすべてマルクス主義的だとは決していえないことは、言っておくに値する。たとえば、フェミニズムは、葛藤理論の一つの形式であり、大部分の社会で見られる男性と女性の地位の不平等というジェンダー不平等を集中的に論じている。フェミニスト理論家のなかには、ジェンダー不平等は階級を基礎とする不平等よりも重要で、はるかに長い歴史をもっているとする者もいる。女性の積極的な政治活動は多くの生活領域にインパクトを与え、平等の一つの基準を生んではいるが、社会の男性支配は今日なお続いている（Abbott et al. 2005）。

社会学における葛藤への視点としてのフェミニズムは、以前の社会学者が無視してきた問題に注意を向けさせている。特にフェミニストの調査研究と理論化は、大きな社会構造のマクロ世界とともに、ミクロなレベルに向けられている。たとえば、フェミニストたちは、家庭内の状況、その他のプライベートな生活領域（性関係のような）、一九六〇年代、七〇年代の問題的な動き（Rahman and Jakson 2010）における不平等なジェンダー関係を研究してきた。また、フェミニストたちは、ジェンダーステレオタイプの使用や相互行為における言葉づかいへと調査研究を進め、多くの当然視された「男性優位」仮説（女性より男性を上に置く）を指摘し、異議を申し立てている。そうした仮説は、世界をいかに叙述し、思考するかという構造に組み入れられている。このことは、数々の日常語や日常表現にみることができる。（人間そのものを論じるというのに）chairman, mankind, man-made

などがそれである。以上は、社会における女性の従属的地位が、無意識の男性支配の言語用法に反映されている無数のケースの単純な例証である。

フェミニストたちはマクロなレベルも無視してはいない。フェミニストの研究は、法制度、教育、学校、政府、政治、その他多くの近現代的社会構造の内にもジェンダー不平等が埋め込まれていることを明らかにしてきた。同じく、ジェンダー不平等の広がりとそれへの視点を明示するため、フェミニストの仕事は公式統計を使って、長期間にわたる変化のパターンを調べ上げている。**フェミニズムの理論化**は、ひきつづき進められてきて、新しい領域、タイプの理論へと発展をみている。それらについて、より詳しくは本書の後段で触れる。

＊フェミニストの調査研究と理論化については、本書のさまざまな章で知ることができる。しかし、フェミニスト理論とその展開についての重要な議論は、第3章「理論と観点」と第7章「ジェンダーとセクシュアリティ」で行われる。

象徴的相互行為論　ウェーバーの社会的行為アプローチは、多くの「相互行為論的」形式の社会学に影響を与えた。その影響が最も顕著だったのは、**象徴的相互行為論**であるが、これはまたアメリカの社会哲学者ジョージ・ハーバート・ミード（1863－1931）にも多くを負っている。象徴的相互行為論は、言語と意味にたいする関心から生まれた。ミードはこう論じる。言語は、自分自身の個別性を意識し、他者が私たちを見るように自分自身を外側から見られるようにすることで、私たちが自己意識的な存在となることを可能にする、と。このなかで、キー要素をなすのは、象徴である。象徴とは、他の何かを代わりとなって示すものである。たとえば、対象物を指し示す言葉は、私たちの意味するものを代わりに示してくれる象徴である。「スプーン」という言葉は、私たちがスープを飲むのに用いる道具を記述するために用いる象徴である。言葉によらない身振りや非言語コミュニケーション形態もまた、象徴である。誰かに手を振ったり、乱暴な素振りをすることにも象徴的な意味がある。

象徴的相互行為論は、人びとの相互行為の細部と、さらに私たちがそうした行為の細部を他者の言動を理解するためにどのように利用しているのか、という問題に、われわれの注意を向ける。象徴的相互行為論の影響を受けた社会学者たちは、多くの場合、日常生活の場面での対面的相互行為に焦点を当てている。かれらは、そうした役割相互行為が、社会や社会の諸制度を創出する過程で果たす役割を強調する。マックス・ウェーバーは、この理論的アプローチに間接的にだが、重要な影響を与えた。なぜなら、かれは、社会構造の存在を認めていたとはいえ、それらの構造は一人一人の行為を通して創出されると考えていたからである。

象徴的相互行為論の視座は、日常の社会生活の流れのなかで私たちの行為のもつ性質について多くの洞察を生みだすことができるものの、権力や社会構造をめぐるより大きな問題や、権力や社会構造が個人の行為をどのように束縛するかといった問題を無視している、と批判されてきた。しかし、社会における権力や構造の問題を考慮に入れた、非常にすぐれた象徴的相互行為論の研究例がある。それはアーリー・ホックシールドの『管理される心——感情が商品になるとき』（一九八三年）である。ホックシールドは、アメリカ、アトランタにあるデルタ航空の客室乗務員研修センターで、訓練講座を参観し、インタビュー調査を行った。彼女は、客室乗務員が、いろいろな技能を修得するだけでなく、自分の感情を管理できるように訓練されていく様子に注目した。訓練講座で、インストラクターの一人であるパイロットの発した言葉がこう想起されている（Hochschild 2012［1983］: 4）。「それでは皆さん、前に出て、実際にニッコリ微笑んでください」「皆さんの笑顔は一番の財産です。現場に出たら、笑顔を活かしてください。ニッコリしてみましょう。心を込めて、微笑んでください」

ホックシールドの研究は、欧米の経済がますますサービスの供給に基礎をおくようになってきたため、私たちの行う労働の感情表現様式が了解される必要が増したこと、を気付かせた。彼女が「顧客サービス」訓練について行った研究は、ファストフードレストラン、小売店、バーなどで働いた経験のある人はだれでも身近に感じるだろう。彼女はこのような訓練を「感情労働」の一形式と呼んだが、それは誰もが目にできるかたちで、だれもが好ましいと認められるかたちで顔や身体の表現をつくりあげるため、自分の感情の管理が求められる労働である。ホックシールドによれば、もろもろのサービスを提供する会社は、たんに労働者の身体動作だけでなく、かれらの感情表現も会社のものだと主張する。

この調査研究は、ほとんどの人が当然のことと考えている生活の一側面に考察を加え、社会学はその理解をさらに深めることができることを示した。サービス職の労働者は、肉体労働者と同じように、仕事の際に譲り渡す自己の特定の側面から自分自身が距離化され、ないし**疎外**されているとの感覚をいだくことが多いことを、ホックシールドは発見した。たとえば、肉体労働者は、自分の腕が機械の部品になったような感覚に陥り、何かが起きないかぎり、腕が自分の身体の一部であることを意識しない。これと変わらず、サービス職の労働者たちも、自分の笑顔が自分の内から出たものではなく、自分に課されたものだ、とよくホックシールドに言っていた。言い換えると、かれ／彼女らも、自分たちの感情からの隔たりを感じていたのだ。ホックシールドのこの著作は、象徴的相互行為論の応用として大きな影響を与え、他の多くの研究者が、彼女の考え方に拠りながら、象徴的相互行為論の伝統を押し広げている。

伝統と理論　機能主義、葛藤理論、象徴的相互行為論——これらを取り上げ、社会学の主題に対する全般的、包括的な方向付けをえがいてみた。しかし、これら幅の広い《伝統》と、そこから発展してきた個々の《理論》とは、区別することができる。理論は、焦点をより狭く当て、特定の社会状況なり、出来事なり、社会変動なりについて説明しようとする試みである。たとえば、フェミニズムは、フェミニストたちが男性と女性の利益対立は社会の基本的な対立とみなすとき、葛藤の伝統の一部となる。けれども、フェミニスト社会学者たちは、**ジェンダー関係**（男性と女性の間のパターン化された関係）の特定の側面を説明するための多くの狭い理論を工夫し案出してきた。たとえば、なぜ既婚女性のほうが有償労働に就くのか、とか、なぜ依然として女性が育児に責任があると見られるのか、さらには、なぜ学校教育において若年男子は若年女子より成績が劣るのか、といった側面である。この種の理論の多くは、社会学者が研究するそれぞれ異なった生活分野のなかで発展してきている。

社会学が単一の理論的伝統によって支配されていないという事実は、その弱さのしるしだと見る向きもあろうが、そうではない。ライバルの伝統や理論が角突き合わせること、それは、社会学的な企ての活力を表わすものである。私たち自身がそれである人間というものの研究では、理論的多様性があってこそ、ドグマと停滞に陥らずにすむ。人間の行動には多くの面があり、単一の理論的視座でそのすべての側面をとらえることはまず不可能だろう。理論的思考の多様性は、思考の源泉を豊かにするのであり、この豊かさが、社会科学的作業の進歩にとってきわめて重要な、創造的能力を刺激してくれる。

◎ 分析のレベル——ミクロ社会学とマクロ社会学

さまざまな異なる理論的視座のあいだの区別として重要なものの一つは、それぞれの理論的視座が目指している分析のレベルである。対面的相互行為の場面における日常行動の研究は、通常、**ミクロ社会学**と呼ばれている。**マクロ社会学**は、大規模な社会構造や長期的な変動の分析である。一見すると、ミクロ分析とマクロ分析は、あたかも別個のもののように思えるかもしれない。しかし、実際にはこの二つは緊密に結びついている（Knorr-Cetina and Cicourel 1981; Giddens 1984）。

私たちが日々の生活の制度的背景を理解しようとする場合、マクロ分析は必要不可欠である。人びとがどのように日常生活を送るかは、幅広い制度的枠組みの影響を受ける。それは、私たちがその下で生きている教育制度や政治的枠組みや法制度が私たちの生活に及ぼすインパクトを考えてみれば、明らかだ。同様に、私たちは、Eメールで知人にメッセージ送る選択をするかと思うと、週末を友人と過ごすため飛行機で数千マイル先に出かけることとを選択することもある。このいずれの通信・交通方法も、現代世界と驚くほど複雑な地球規模のインフラストラクチャなしにはかなわない。また、それらを構築し運用するために必要な多数の人、組織、制度なしには不可能だろう。

それに対し、ミクロ分析は、幅広い制度的様式の詳細を明らかにするために必要である。対面的相互行為は、その規模がいかに大きくとも、あらゆる形式の社会組織の明らかな主要基盤をなしている。仮にある企業について研究しているとしよう。対面的行動を調べるだけでも、その企業の活動をかなり理解できよう。たとえば、役員会議室での取締役たちの相互行為、さまざまなオフィスで働く者たちや、工場現場の労働者たちの相互行為を分析することは可能である。このやり方では、企業全体の完全な姿を描き上げることはできないかもしれないが、組織が「現場で」いかに作動するのかを理解する上で、まちがいなく重要な寄与をなすことができる。

もちろん、人びとは孤立した個人として生を生きているのではなく、その生は大規模な社会構造によって完全に決定されているわけでもない。社会学は、日々の生活が、家族、社会集団、コミユニティ、近隣関係のなかで生きられていることを私たちに教える。このレベル、つまり社会のメゾ（または「ミドル」）レベルで、ミクロ、マクロ両レベルの現象の影響と効果を見ることができる。地域コミュニティを扱った多くの社会学的研究は、経済の構造再編といった甚大な社会変動のマクロ社会学的インパクトを扱うが、また、個人、集団、社会運動がいかにこうした変動に立ち向かい、それをかれらの有利な条件に変えていくかをも探っている。

たとえば、二〇〇八年の金融危機［リーマンショック］は、失業の急増、生活水準の低下を結果したが、これはまた、ある人びとには新しい技術を学ばせたり、自身の小ビジネスをスタートさせることを強いた。個人は、たんに大規模な社会経済変動に翻弄されるのではなく、それに創造的に適応もする。社会生活をコミュニティのレベルで研究すると、それは、それを通して社会のミクロレベルとマクロレベルの相互作用を観察できる一つの窓を開くことになる。この社会的現実の《メゾ》レベルで、社会学における多くの応用的研究（実際的目的をもった調査研究）がおこなわれている。

後の諸章で、ミクロな文脈での相互行為がもっと大きな社会過程にいかに作用し、逆にマクロな制度が社会生活のもっと限定された場面にいかに影響を及ぼすのかについて、多くの事例を目にすることになる。ところで、本章で取り組むべき一つの基本的問題が残されている。いったい社会学は何の役に立つのか。

社会学は何に役立つか

C・ライト・ミルズがかれの社会学的想像力の概念を展開しながら強調したように、社会学は、私たちの生活に役立つ実践的な意味をもっている。第一に、社会学は、私たちに文化的差異に気付かせてくれ、それによって多くの視座から社会的世界を見ることを可能にしてくれる。ほとんどの場合、私たちは、他の人たちがどのように暮らしているかを正しく理解すれば、同時にまた、その人たちの抱える問題が何であるかをよりよく理解できるようになる。実際の政策は、その政策が影響を及ぼす人びとの生活様式に関して豊かな情報にもとづく認識に基盤を置かなければ、成功する見込みはほとんどない。だから、たとえばロンドン南部のラテン系住民が多い地区で活動する白人のソーシャルワーカーは、イギリスで異なるエスニック集団の成員間に見いだされる文化的差異への感受性を養うことなしに、おそらく地区住民の信頼を得ることはできない。

第二に、社会学の調査研究は、立案された政策がもたらす結果を査定評価する際に、実際に有用な手段となる。実際の改革計画は、計画立案者が求めた事柄を達成するのに失敗したり、好ましくない**意図せざる結果**をもたらす可能性がある。たとえば、第二次世界大戦終結後の数年間に、多くの国で都市中心部に大規模な公営住宅団地が造成された。これらの団地は、スラム地区出身の低所得者層に高い水準の住宅施設を供給しようと計画された。しかし、後に行われた調査研究によれば、以前の住まいから大規模な高層のアパート街区に転居した人びとの多くは、孤立感をいだき、幸せではないと感じていることが明らかになった。高層アパート街区は、しばしば荒廃にまかされ、犯罪の温床になっていった。

第三に、多くの社会学者が専門職業人として、実際の問題に関心を寄せていることにも言及すべきだろう。社会学教育を受けた者は、他の多くの職種に加え、産業コンサルタント、都市計画プランナー、ソーシャルワーカー、人事管理者になっていたりする。社会および社会関係への理解をもつことは、法律、刑法、ジャーナリズム、ビジネス、医療・保健専門職にも役に立つ。

第四に、ある意味で最も重要な点であるが、社会学は、私たちにたいして自己啓発ないし、より一層の自己理解をもたらすことができる。私たちが、なぜ自分が今おこなっているように行動するのかについて、また自分たちの社会の総体の働きについて、知れば知るほど、私たち自身の将来についておそらくより一層影響を及ぼすことができるようになる。社会学はたんに権力をもつ集団や政府を補助するものではない。社会学者が産みだす知識は、だれにでも役立つものであり、しばしば人びとの自由な行動にも、慈善活動にも、それぞれのケースで変革を進める社会運動にも、活用される。ただし、社会学的調査研究から得られた知見は、ニュートラルなものである。すなわち、それらは、社会がどのようなものであり、どのように「機能」し、どのように時間と共に変動するかを、私たちに教えてくれる。しかし社会がそのままである《べきか》、について助言してはくれない。それは、すべての者が関わり合う政治的・道徳的な論争的討議の主題なのだ。

◎ 公共社会学と職業的社会学

最近のことだが、社会学は公共の問題に十分に関わらずに、内向きの職業上の議論に明け暮れてきた、と若干の社会学者が論じている。二〇〇四年のアメリカ社会学会の年次大会の会長講演で、マイケル・ブラウォイは、新しい「公共社会学」のために弁じ、社会学は、大学の中の狭い世界を越えて、一般聴衆との関係をつくりあげるだろう、と述べた。20世紀における社会学の職業化は、利益をもたらしたが、また社会学者をして、外にいる公衆に語りかけるよりも、社会学者相互間で語り合うことを多くさせた、と言う（Burawoy 2005）。

ブラウォイによれば、四つのタイプの社会学が存在する。職業的社会学、政策社会学、批判的社会学、公共社会学がそれである。《職業的社会学》は、型通りの、大学で教えられる学術的社会学であり、大規模な調査研究計画や知識体系を生み出し、大学教員・研究者を養成している。《政策社会学》は、社会問題に取り組もうとする財団や政府の諸部門のような顧客の定める目的を追求するあらゆる研究を括るものである。《批判的社会学》は、「職業的社会学の良心」であり、調査研究や職業的社会学のもっている異論の余地のある前提仮説を、指摘してくれる（Burawoy 2005 : 9）。フェミニズム理論は、この系統の理論の一例であり、科学的社会学とそれが暗黙裡にもっている偏ったものの見方とのギャップに、注意を向けさせる。《公共社会学》は第四のタイプであり、対話に基礎を置くものである。すなわち、労働組合、社会運動、信仰集団、**市民社会**の諸組織などの社会集団と対話し、将来社会の向かうべき方向について真摯に語り合うものである。この意味で示唆されてくるのは、あらゆる社会学者が支持するものではなくとも、より政治にコミットした社会学が必要だということである。

ブラウォイと他の社会学者にとって、公共社会学はなお職業的社会学に依存するものであるが、この二つは「敵対的相互依存」の関係にある。学術的社会学は、学問的関心のない聴衆に関わりをもつ公共社会学にとっても必要な調査法、経験的知見、理論を産みだす。しかし、公共社会学は、職業的社会学とちがい、それらの聴衆との対話を全面的に開放し、社会学という学問分野を一部、社会学徒でない人びとの関心によってつくり上げることもよしとする。

以上はあまりに硬直した分割線ではないか、と指摘する批判もある。実際には、今日の職業的社会学の多くはすでに、一般社会成員や周辺的位置に立つ聴衆と関わりをもとうと懸命に試みている。さらに先に述べた四つのタイプの社会学には重なり合う要素がある（Calhoun 2005; Ericson 2005）。たとえば、多くのフェミニズム研究は、たんに学術的社会学を批判するだけでなく、自身経験的であり、調査法を用い、質問票を使い、職業的社会学にも貢献している。また、社会学という学問分野が、社会運動と活動家集団の政治的動機に従属してしまう危険があるとする批判もある。もしも職業的社会学のイメージや評判がそのように堕ちれば、逆説的にも、この学問分野への公的な援助に深刻な結果がもたらされよう。もしも公共社会学が実際に、科学的信頼を得にくい職業的社会学に依存しているとなれば、公共社会学もまた傷つくだろう。

それでも、これらの批判にもかかわらず、職業的社会学は一般の人びとの悩みや不安に十分に関わっていない、という基本的な議論は、きわめて広く聞かれてきた。社会学にとって民衆のプレゼンスの欠如は、社会学の理論と検証事項への一般の人びとの認知を損なうとみられている。理論と実証のこのギャップは、政治学、歴史学、心理学など他の学問分野で埋められるべく残されている。たとえばイギリス社会学会のような職業専門家の学協会は、社会における社会学の地位・声望を高めるため、講じる手段として、会員にメディアに登場することを奨励している。この傾向はたぶん続くのだろう。

■まとめ

一個のディシプリンとしての社会学の発展は、私たちや他の人びとの生活の営みに及ぼされる種々の影響をより注意深く看て取ることができるように、自らの個人的な世界観は脇に置くかたちで、進められた。社会学は、近代社会の発展に歩を合わせて、きわだった知的な力業として登場し、そうした社会の研究がなお社会学の主要な関心事となっている。しかしながら、いよいよ相互的な結びつきを強めているグローバル世界にあっては、社会学者は、この世界を適切に理解し説明すべきだと考えるなら、自分の研究主題を同じくグローバルな視野でとらえなければならない。社会学の創始期には、社会の主要な問題は、社会階級、紛争・対立、富の分配、貧困の低減、近代化過程の先陣を切ったのはどこかという問題、などだった。

現代という時代にあって、これらの問題、争点は依然として残っている。しかし社会学の中心的問題は他に移っているということができよう。今日、他の次のような問題もある。急速なグローバリゼーション、国際的テロリズム、健康パンデミック、環境破壊、重大な結果を招く恐れのあるグローバルリスク、多文化主義とジェンダー不平等。このことは、社会学者がこう自問しなければならないことを意味する。かつての時期に問題を把握するようにつくられた理論は、はたして今日の新しい諸問題をつかむのになお何らかの効力をもっているのか、と。もしそうでなければ、新しい理論をデザインしなければならない。カール・マンハイムが、「これら新時代の秘密」と呼んだところのものをよりよく認識できる新理論を、である。古典的社会学理論の地位、およびそれらのもち続けている意義をめぐっての論議は、本書全体を通して展開される。

社会学はたんなる抽象的な知的分野ではなく、人びとの生活に実践的に関わる示唆をもたらすものである。社会学者になるための学習は、漫然とした、退屈な努力であってはならない。そうならないための最善の道は、主題に想像力をはたらかせながらアプローチし、社会学的思考と得られた知見を自分自身の生活の状況と関連づけることにある。このような道をとり、社会生活、社会、より広い人類世界のよりよき理解とともに、自分自身についても重要なことを学ばなければならない。

本章をふりかえって問う

1. 人、個人個人のものの見方とは違う、社会学的想像力を際だたせる側面は何か。社会学の主な主題とは何か。
2. 初期の社会学者たちが理解し、解決しようとした社会的・経済的・政治的問題は何だったか。
3. 社会学を創建するにあたって、オーギュスト・コント、カール・マルクス、エミール・デュルケム、マックス・ウェーバーがなした主な貢献を挙げよ。四人すべてによって共有されていた社会の見方はどのようなものだったか。またかれらの見方はどのように分かれていったか。
4. 理論的な論争に解決をもたらすことは自然科学でもむずかしいが、では、社会学においてこれを特にむずかしくしているものは何か。
5. 欧米の社会学理論における主な三つの理論の概要を述べよ。社会学が研究成果を上げるにはその三つの理論を必要とすると言うのは適切だろうか。それとも三つの内の一つの伝統が、社会的現実をよりよく把握するだろうか。三つの伝統のいずれもがうまく取り込むことができなくなった20世紀後半以降、どのような問題が顕著になったのか。
6. エスニシティまたはジェンダーを例に用い、社会生活のミクロレベルとマクロレベルがどのように結びついているか、説明せよ。社会生活のメゾレベルとは何を意味するか。
7. 社会学的調査の実用上の意味と応用とはどのようなものか。社会学が社会生活の改善に貴重な貢献ができるとすれば、どのような方法によってか。列挙せよ。

8. 社会学者は、政策に影響を及ぼすために政治的な議論にもっと参加すべきか、それともたんに調査をうまく進めることに努め、調査結果をどう使うかは他者の決定にゆだねるべきか。社会学者がなぜ自らの調査結果を、政治的理由で伏せてしまうか、その理由をあなたは思いつくか。かれらはそうすべきなのか。

実際に調べてみよう

初めてアーリー・ホックシールドによって展開された感情労働の概念は、象徴的相互行為論の伝統に由来するものであることはすでに見た。感情労働に従事する労働者はしばしば、これは消耗的な仕事だと語る。にもかかわらず、なぜそういうことがなされるのか。セチェルスキーとストーリー（2010）は、この問題を、アメリカにおける学校アドバイザーと関連づけて調べている。

かれらの論文（左記）をオンラインで読み、続く質問に答えてみよ。

Sechelski, A. N., and Story, C. V. (2018) 'So Th is is Why I'm Exhausted: Emotional Labor Explained', *Academic Advising Today*, 41(2); www.nacada.ksu.edu/Resources/Academic-Advising-Today/View-Articles/So-Th is-Is-Why-Im-Exhausted-Emotional-Labor-Explained.aspx.

1. これはどういう種類の調査か。調査実施者は、証拠資料をどこから収集しているか。
2. 感情労働との関連で考えると、「皮相な行為」と「深い行為」の意味するものは何だろうか。
3. なぜ著者は深い行為は皮相な行為よりも消耗の度が低いと述べるのだろうか。
4. 学校アドバイザーは、消耗感や「燃え尽き」感に陥るのを避けるため、何ができるだろうか。あなたは著者の結論に賛成か。

さらに考察を深めるために

社会学の諸理論はこれまで久しく、社会構造、人間行為、社会がその成員である人びとを造形する範囲またはその逆、のどれに主要に焦点をあてるかによって、相互に区別されてきた。アンソニー・ギデンズは、構造化の過程に着目することで、われわれは構造か、行為か、どちらに焦点を置くか、という択一から抜け出すことができると言う。本章のなかであげた例は、一九八〇年代後期と一九九〇年代における共産主義体制の崩壊の仕方と、二〇一一―一二年の中東と北アフリカを通じて起こった民衆反乱の既存権威への挑戦の仕方である。

この二組の出来事をあなた自身で調べてほしい。これら歴史的な反乱とそこから生じ得る結果の間の主な類似点と差異点はどこにあるか。いったい、既存の社会構造の変動を見通す観測装置はつねにあるといえるだろうか。社会構造は、構造化理論のいうように本当に発展性に富むものなのだろうか。構造化理論は、下からのラディカルな変革の力に抵抗する既存権力の力を過小評価していないだろうか。

芸術作品に描かれた社会

次の一文を精読されたい。

……芸術と社会理論を対等のパートナーとして語ることは、……芸術が実存的な社会的知識の一源泉を代表している、と告げることになる。つまり、それ自身固有の価値をもち、社会科学の知識に劣るものではない源泉をなす、ということである。それは、芸術が、社会科学が教えられない何ものかを、私たちに教えることができることを意味する。小説、演劇、映画、絵画、デッサン、これらは、社会生活について、一片の社会科学の調査が教えてくれるものとは異なるものを告げ知らせることができる。それも、これら異なるものを教えてくれる範囲に対し、《それ以上のもの》を教えてくれるのだ（Barrington 2004 : 3)。

あなたが最近読んだり、見たり、聴いたりした小説、演劇、映画、絵画およびその他の芸術作品のことを考えてほしい。その作品は、(a)社会学が教えることと異なっていて、(b)社会学的知識以上の、社会生活に関する何ごとかを私たちに語っているか。その作品がもたらしてくれる知識は、社会科学の研究結果としての知見と比較できるか、それとも比較のための共通尺度がないと思うか。

読書案内

社会学の初学者にとっては、ジグムンド・バウマンとティム・メイの『社会学の考え方』*Thinking Sociologically*, 3rd edn, Chichester: Wiley Blackwell, 2019（第二版：ちくま学芸文庫）が、その社会学的想像力を広げ、使用させるアップ・トゥー・デートな入門書となっており、多くの日常生活の事例も含んでいる。社会学についての個人的見解に多少近いものは、リチャード・ジェンキンスの『社会学の基礎――人間世界のよりよき理解を目指して』*Foundations of Sociology: Towards a Better Understanding of the Human World*, Basingstoke: Palgrave Macmillan, 2002 に見ることができる。同書は、グローバリゼーションの時代における社会学と社会学者の役割を探っている。

その他の得るところの多い文献として、すぐれた社会学辞典がある。それは、ジョン・スコットの『オックスフォード社会学辞典』*Oxford Dictionary of Sociology*, 4th edn, Oxford: Oxford University Press, 2014 と、ブライアン・ターナーの『ケンブリッジ社会学辞典』*The Cambridge Dictionary of Sociology*, Cambridge: Cambridge University Press, 2006 であり、両者は信頼できる文献で、相補的な関係にある。社会学的著作で用いられる若干のキー概念については、本出版社（ポリティ）刊のギデンズ、サットン『社会学コンセプト事典』*Giddens and Sutton's Essential Concepts in Sociology*, 3rd edn, Cambridge: Polity, 2021（第二版：丸善出版）を参照されたい。

社会学の領域をカバーするリーディングス集としては、右の関連書である『社会学——入門読本（第四版）』*Sociology: Introductory Readings*, 4th edn, Cambridge: Polity, 2021を参照せよ。

インターネット・リンク

本書に関する追加情報とサポート（ポリティ）
www.politybooks.com/giddens9

国際社会学会　世界の社会学者の代表といえる
www.isa-sociology.org/

ヨーロッパ社会学会　ヨーロッパの問題を研究している
www.europeansociology.org/

イギリス社会学会　研究者のキャリアに関する役立つ情報
www.britsoc.co.uk/what-is-sociology/sociologist-careers.aspx

SocioSite　アムステルダム大学に拠点を置く社会科学情報システム
www.sociosite.net/index.php

公共社会学　マイケル・ブラウォイによる公共社会学とその批評のいくつか
http://burawoy.berkeley.edu/PS.Webpage/ps.mainpage.htm

（宮島訳）

第2章

社会学の問いを発し、その問いに答える

男性同士の、匿名で即席のセックスを求める行動は世界中でなされている。結婚している者も結婚していない者も、アイデンティとしては異性愛者である者もゲイを自認する者も含め、多くの男性が、見ず知らずの人とのセックスを求め、多くは感情的な結びつきや関わりのない性的興奮を期待している。こうした出会いは、人目につくことを避けるために、しばしば、公園の中の特定のエリアや公衆トイレのような公共の場所でなされる。一九七〇年代のアメリカでは、こうした出会いがなされるトイレの区画をゲイ・コミュニティが「ティールーム」と呼び、イギリスでは「コテージ」と呼んでいた。現代の中国では、一部のサウナやクラブや公衆トイレや、北京の東単公園のような公園の一部が、男性とセックスする男性（しばしばMSMと略される）のための出会いの場として知られている。

一九六〇年代末まで、公共の場所での同性間の性行動は、相互行為の一形態としてはごく稀にしか研究されなかった。アメリカの社会学者ロード・ハンフリーズが「ティールーム」に入って行った調査は、その最も早い研究のひとつであり、著書『ティールーム・トレード』（Humphreys 1970）として刊行され、当時物議を醸した。中国では、同性愛は一九九七年まで犯罪として扱われていたが、二〇〇一年以降はすでに「精神障害」としても定義されなくなった。同性間の関係は、過去に比べれば許容されているが、他の諸社会に見られるような法的権利の平等は中国には存在しない。**家族**への義務を重んじ性的関係を異性間の婚姻に限定する伝統的な信念は、一九七〇年代の政治的改革や経済的発展やインターネットへのアクセスの増加以来、やはりある程度弱まってきた。こうした社会変動にもかかわらず、中国社会では、同性愛はずっと逸脱的な性の形と見られ、スティグマ化されたままである。一九七〇年代のアメリカと現在の中国ではともに、同性間の性的関係に付与された**スティグマ**のために、社会学者がティールーム現象を理解しようとしても、これに関わる人びとに接近するのは困難であった。

ハンフリーズの研究は、一九八〇年代にエイズが出現する以前になされたものであり、彼が当時目撃した行動のいくつかは今日ではより大きなリスクを伴うものと見なされている。例えば、中国では、性的な出会いのために公共の場所を使う男性たちは、HIV感染のリスクが高いことが明らかにされている（Shang and Zhang 2015）。中国でのMSMの出会いの多くはまだ、コンドームの使用のような安全なセックスへの配慮を欠いた形でなされている。尚と張（Shang and Zhang）は、MSMの45.7％が、無防備なセックスを行ったことがあると回答したと記録している。李ほか（Li et al. 2010）は、その一つの理由が中国の主流文化の中にあると論じている。そこでは、直接的な肉体的接触にたいする欲望という意味での肉欲という概念が、「愛し合う」ことを意味するものとして広く使われているのである。他の男性との、任意の、深い関わりをもたないセックスを求める男性にとっては、コンドームは肉欲に達することを妨げるものと思われるのであろう。ある調査協力者が調査者に語ったように、「コンドームがどれほど薄くても、そこにはまだ一枚はさまっていて、それ（セックス）は肉と肉の接触じゃない」（Li et al. 2010: 1481）。

ハンフリーズ（Humphreys 1970）も李ほか（Li et al. 2010）も、

多くの人びとが正確には知らなかった、あるいは存在することすら知らなかった社会生活の一側面を研究している。社会学的研究は、実際に多くの人の視野から隠されている社会生活の多くの領域についての、よりリアルな知識をもたらす重要な源泉となってきた。ハンフリーズは公衆トイレの調査のためにさらに期間を延長して情報を集め、観察を行い、インタビュー調査を実施している。彼が発見したのは、他の点では「ノーマルな」生活を送っている多くの男性たちもまた、受け入れ難いと見なされているような性的行動に及ぶための手段、及び場所を見いだしているということであった。社会学における調査研究は、しばしば、ごくわずかしか理解されてこなかった、もしくは人びとがまったく知らなかった行動に光を当てる。ハンフリーズはまた、もしも社会が同性愛を受け入れるならば、それは男性たちが互いに自尊心を与えあい、支え合うことを容易にするだろうと主張した。このことは、研究のもう一つの重要な側面に光をあてる。研究は、前向きな社会的及び政治的変化を推奨することにつながりうるのである。

研究計画は通常、研究者が答えを与えたいと思う問いによって促される。なぜ公衆トイレがセックスのために男性と男性が出会う場所になったのか。異性同士で結婚している既婚の男性はすべて異性愛者なのか。なぜ、中国における一部の男性は、それに伴うリスクを知りながら、安全なセックスをしないのか。こうした問いを呼び起こすためには、社会学者が社会生活に関わっている、あるいは「巻き込まれて」いなければならないし、多くの研究計画は、研究者の個人的な経験や観察、またはその政治的な関心に由来している。例えば、人権や貧困や社会的不平等や環境の持続可能性に関する研究の多くは、貧困や不平等を減らすことや、環境問題に取り組むための方法を見いだすことへの研究者自身の関与と結びついている。こうした事柄への感情的及び政治的な結びつきがあるのは当然のことであり、それは社会学的研究の一側面を形作っている。

しかしながら、データを集め、証拠の分析を行い、発見を報告する際には、研究者たちは、当初の感情的及び政治的な関わりが判断に影響を与えて偏った結論を導かないように努めなければならない。李ほかの研究では、その計画自体が、なぜMSMはコンドームの使用を避けるのかを理解し、《かつ》これを変えることを促したいという欲求によって立ち上げられたにもかかわらず、相対的に「距離を置いた＝公平無私な」形でデータが精査され、報告されている。彼らは、伝統的な文化的信念が21世紀においても持続していること、そしてオンラインのソーシャルメディアと共同体に基礎を置く伝統的介入とが結びついて、コンドーム使用の促進が妨げられていることを示したのである。

四〇年以上の隔たりをもつこの二つの研究から明らかになるのは、社会学者は人間である以上不可避的に、感情的及び政治的に《巻き込まれ》ながら、その時代の社会問題を理解し、説明し、解決策を提示しようとしているということである。しかし、その研究の過程では、研究者たちは同時に、自らの個人的信念にたいして相対的に《距離を置こう》と努めており、その関与と距離の間で生産的なバランスを達成することが、すべての優れた社会学にとって重要なのである（Elias 1987b）。しかし、それは容易なことではないし、私たちがのちに見るように、哲学者たちはすでに長い間、社会諸科学において公正無私であること、あるいは「客観性」が可能であるのかどうかについて議論を重ねている。
次に私たちは、経験的研究を行う社会学者が直面するいくつかの倫理的ジレンマについて見る。そして、個別科学としての社会学の特徴を探求する前に、「科学」とは何を意味するのかを検討する。そこから研究プロセスの検証に移り、最も広く用いられている研究方法とその適用例を簡潔に要約する。最後に本章は、社会の中での社会学の有用性に関する議論によって締めくくられる。のちに見るように、科学的探究の理想と、否応なく多くの障害に対処しなければならない現実の研究との間には、いくつかの大きな差異がある。社会学的研究を考える上での賢明な方法は、それを、すべての科学と同様に、可能なことをなしとげる技として見ることである。

■人を対象とする研究、倫理的諸問題

人間存在に関わる《全て》の研究は、研究者にたいして倫理的ジレンマ、すなわち道徳的権利と悪の問題を突きつける。この一面において、社会諸科学は、自然諸科学のほとんどの研究が経験することのない問題に直面する。研究者が、その研究の本当の目的について研究対象者を騙すことは正当化されうるだろうか。協力者が研究に関わることについて、真の説明に基づく同意を与えたことを確かなものにするために、どのような手続きが取られてきただろうか。これは子どもや弱い立場にある社会集団について研究を行う場合には、特に重要な問題となる。研究者はいかにして、協力者のプライバシーや匿名性を守っていくのか。個人情報はどのように、またいつまで保管されるのか。協力者が、研究によって否定的な影響を受けるリスクはないのか。そして、リスクがあるのなら、どのようにしてそれを管理するのか。いかなる研究計画が提示される時でも、その倫理的な含意についてよく考えておくことが重要である。なぜなら、研究チームが十分に倫理的問題を見定めておかない限り、その研究を進めていくことはできなくなるのであるから。

ハンフリーズの方法論は非倫理的であると批判された。彼のフィールドワークは偽装され、研究対象者たちから真の説明に基づ《インフォームド》く同意《コンセント》を得ることなくなされていたからである。倫理的問題は今日、かつて以上に重要視されており、研究協力者は、研究のプロセスの中での位置づけが明確に限定されている単なる「研究対象」ではなく、研究者は、そうした研究協力者の事情に精通している唯一の専門家とは見なされなくなっている。しだいに、協力者自身が研究のプロセスに関わり、問いの明確化を助け、研究者の解釈にコメントし、最終的な研究報告の原稿を受け取るようになっている。

社会生活における他の多くの関係（医師と患者、大学における講師と学生のような）と同様に、一世代か二世代前のように自動的に「一般人」と「専門家」とが対置されるわけではない。こうした広範に及ぶ社会過程は、研究実践の形を変えつつある。実際に、研究費の支給団体は今日、研究チームにたいして、直面しうる倫理的問題を予測し、どのようにしてこれに対処するのかを示すこと、詐称が行われないこと、協力者をリスクから守るために

どのような手立てが準備されているか、研究の終わりに結果がどのようにフィードバックされるのかを明確化することを求めるのが通例となっている。明らかに、研究実践は常に社会的及び歴史的文脈の中に埋め込まれており、その文脈によって、正当に研究されうることとされえないことが決められる部分がある。

ハンフリーズは自らの調査研究を行う際に、自分が社会学者であることを明らかにしておらず、ティールームにやってきた男たちは彼が自分たちと同じ理由でそこにいるのだと考えていた。彼は直接的な嘘をつかなかったとしても、自分がそこにいる本当の理由を開示しなかったことに変わりはない。彼の行動は正当なものだっただろうか。調査のこうした一面は、男たちの内の誰をも《直接的には》リスクにさらしてはいない。その点ではおそらく正当化されうるだろう。それ以上にハンフリーズの研究プロジェクトが物議を醸したのは、彼が研究対象者の車のナンバープレートを書き写し、車両登録部局に勤める友人から彼らの家の住所を入手し、公衆トイレでの行動とは関係のない調査を行うと偽って自宅を訪問したことにあった。研究のこうした要素は倫理的だろうか。そもそもこれは正当化されうるだろうか。彼が男たちの家族にティールームのことを何一つ明らかにしなかったとしても、彼が収集した情報は損害を《与えかねない》ものであった。彼が観察した同性間の性行為は当時は違法であったし、警察官が男たちの身元について情報の引き渡しを要求してもおかしくなかった。彼より未熟な調査者が家族へのインタビューの際にうっかり口を滑らせてしまうかもしれなかったし、ハンフリーズによるノートが他の誰かに見られてしまったかもしれない。

中国の広州における李ほか（Li et al. 2010）の調査方法は、一九七〇年代以降、研究倫理とその管理が、どれほど大きく変化してきたかをよく示している。彼らの研究チームは、研究協力者の生活史を明らかにするために半構造化インタビューを行っている。ハンフリーズ同様、彼らもまた、公衆トイレを含む様々な場所で参与観察を行っており、一人のメンバーは、対象となるコミュニティとの関係を築くために、ボランティアの支援グループに参加している。そのようにして、サンプルはこうした社会的ネットワークを通じて集められていったのである。しかし、ハンフリーズとは異なって、彼らは研究協力者たちと関わる際に、自分たちの研究計画やその目的や彼らが提供した情報の扱い方を明らかにしていた。「研究課題の概要を示した上で、協力者たちから説明に基づく同意を得ており、協力者たちには、秘密が守られること、偽名が使われること、データが安全に保管されることについて約束がなされている」（ibid.:1482）。

研究過程で問題となるかもしれない多くのことを考慮して、今日の研究者たちはハンフリーズの方法を正当なものとは見なさない。欧州科学財団やイギリス経済社会研究会議（ＥＳＲＣ）のような研究費支給団体や諸大学は、かつてに比べて強く厳格な倫理指針や実践規範を定めている。研究目的の詐称を含む表向きを偽った調査が、今日、公式に承認されるとは考えられない。しかし、ハンフリーズは、社会生活のある隠れた一面を研究した最初の社会学者のひとりであり、彼の説明は、既存の知識の蓄積を大きく超えるような、研究対象についての人間性に富んだ論じ方を示していた。

▼批判的に考える

ハンフリーズの『ティールーム・トレード』の最初の2章と、研究対象者にたいしてすべてを明らかにするのではなく、《表向きを偽って》調査を行う理由のリストを読むこと。社会生活のいかなる側面が、今日のより厳格な調査規範を遵守することでアクセスすることが困難になり、決して理解することができないものになっているか。いかなる基準にもとづいて、表向きを偽った研究の提案を正当化できるだろうか。

■科学と社会学

社会学者が関心を向ける諸問題は、しばしば、他の人びとをも悩ませている問題である。結局のところ、社会学者もまた社会のメンバーなのだ。優れた研究は、私たちが社会生活をよりよく理解すること、そして多くの場合に、それを新たな仕方で見ることを助ける。『ティールーム・トレード』は、社会学者が立てる種類の問いの好例をもたらしている。公衆トイレでなされている活動を見るなかで、ハンフリーズは、そこが公衆トイレであるというような私たちが自明のものと見なしていることも、人びとがそれをどのように使用しているのかに応じて、実際には《社会的に構築されて》いることを発見した。**社会構築主義**は、社会的現実は「自然なもの」と見なすべき何かではなく、諸個人と諸集団の間の相互作用による産物であるという前提から出発するひとつの見方である（第12章「社会的相互行為と日常生活」及び第5章「環境」を参照せよ）。このケースの場合、ほとんどの人びとが、明白な機能を持った公共の建物であると信じていたものが、特定の集団にとっては《何よりもまず》性的な活動を求める場所であったのだ。

社会の研究は時に驚くべき結果をもたらし、しばしば「常識」的信念に反するものとなる。ティーンエイジャーは、実際のところ自分のスマートフォンを何に使っているのか。カナダにおけるエスニック・マイノリティや性的マイノリティを取り巻く状況は時の経過とともに改善されてきたのか。アメリカにおいて、一部の少数者が莫大な個人的富を獲得している一方で、広範な貧困が今も存在しているのはなぜか。欧州連合の各地で、多くの人びとが伝統的な政党政治への信頼を失ったのはなぜか。社会学者はこれらの、そして他の多くの問いに答えを与えようと試みるが、その判断は決して最終的なものとはなりえない。社会は常に変化の過程にあり、のちの研究が新しい発見を生むからである。しかしながら、思弁の域を超え、私たちの理解をデータの上に基礎づけることが理論化と研究の目的である。優れた社会学は、リサーチ・クエスチョンをできるだけ精確なものとし、実態についてのデータを収集した上で、一般化された結論にたどりつこうとする。その目的に到達するために、私たちは最も有益な研究方法を選択し、与えられた研究のためにこれを使用し、結果の分析のためにどうすることが最適であるのかを知らなければならない。

社会学者はしばしば、経験的な問いまたは**実態の問い**を立てる。例えば、中国の公園や公衆トイレにやってくるＭＳＭの中にはどのような職業や家族関係を持つ人が最も多いのか。参加者の内のどれほどの割合を警察は逮捕しているのか。この種の実態に関する問いでさえ、答えを出すのは難しいことがある。例えば、ティールームやサウナや公園における性的活動については、公式の統計が存在しない。同様に、公式の犯罪統計は、社会の中での犯罪行為の「現実」の水準を明らかにしているかどうかにおいて、その価値が疑わしいものであることが明らかにされてきた。犯罪の研究者によれば、警察が記録している犯罪の数は、犯罪のはるかに大きな「氷山」の目に見える一角でしかない（Simmons and Dodds 2003）。実際に、犯罪行為のある部分は、その犠牲者によって、「犯罪」でも何でもない純粋に私的な問題と見なされることがある（犯罪統計に関する議論については、第22章「犯罪と逸脱」を参照せよ）。

ひとつの国民社会についての事実情報は、私たちが異例のケースを扱っているのか、より一般的な社会的影響力の集合を扱っているのかについて、何も教えてくれない。そこで、社会学者はしばしば、一社会から得られた発見を他の社会的文脈に関連づけたり、世界中の様々な社会から引き出された対照的な事例を用いたりすることによって、**比較の問い**を立てる。例えば、ロシアとイタリアと韓国とでは、社会的、法的システムに大きな違いがある。典型的な比較の問いは次のようなものである。犯罪行動と法的強制力のパターンは、これら三か国の間でどれほど異なっているだろうか。この問いに答えることで、私たちはさらに次のような問いに導かれるかもしれない。法的強制のシステムは時代とともにいかに発展してきたのか、そして、これらの国における刑事司法体制はどれほど近似的、または異質なのか。

社会学では、現代の諸社会を比較するだけでなく、現在と過去を比較し、社会の発展についての理解を深めることもまた必要である。その場合、私たちは歴史的な問い、または**発展の問い**を立てる。私たちはいかにして、過去から現在へとたどり着いたのか。近代世界の特徴を理解するためには、それ以前の社会の諸形態と社会変動の過程を考察しなければならない。私たちは、例えば、最初の刑務所がどのようにして始まり、それは今日どのようなものとしてあるのかを、その発展の重要な段階や変化の諸局面をたどることによって探究することができる。それによって私たちは、説明の重要な一部分を手にすることができる。

事実がどれほど重要で興味深いものであるとしても、社会学的研究は単なる事実の収集には終わらない。社会学では決まり文句として「事実はそれ自らについては何も語らない」と言われる。事実は常に解釈されることを必要とする。それは私たちが、《なぜ》物事が現にあったようにして起こったのかに関わる**理論化の問い**の立て方を学ばねばならないということを意味している。一部の社会学者が何よりもまず経験的な問いに取りかかっているとしても、その研究が何らかの理論的知識に導かれていなければ、彼らの発見は特に何かを解明するものにはならないだろう（Tab. 2.1 参照）。同時に、社会学者は理論的知識それ自体を目的として追求するわけではない。それは、データから遊離した単なる思弁に陥ってしまう危険性をはらむからである。信頼に足る社会学的知識は、基本的に、理論的かつ経験的な性格を持つ。理論化に並行する経験的研究との組み合わせが、すべての科学的学問

Tab. 2.1　社会学者が発する問いの道筋

実態の問い	何が生じたのか	中国では、一部の男性が同性の性的パートナーを見つけるために、出会い系アプリを使用していると報告されている。
比較の問い	この現象は他のどの場所でも生じたのか	これは、広く見られる現象なのか、それとも中国だけで起こっているのか。それは自らをゲイと自認する男性に限られた行動なのか。
発展の問い	この現象は時間をかけて生じてきたのか	過去に男性たちは同性の性的パートナーを見つけるためにどのような方法を使っていたのか。それらは、出会い系アプリの使用と基本的に類似の方法なのか、それとも異なる方法なのか。
理論化の問い	この現象の根底には何があるのか	なぜ男性たちは今日、古くからある方法でなく、出会い系アプリを使っているのか。この行動の変容を説明するものとして、私たちはいかなるファクターに目を向けるべきか。

を特徴づける鍵であり、社会学もその例外ではない。

◎「科学」とは何か

19世紀初め、オーギュスト・コントは社会学を、すでに成果を挙げている物理学や化学のような自然科学の方法を採用すべき、新生の**科学**として描き出した。デュルケムやマルクスや他の創設者たちもまた社会学を、科学の一領域と見なした。しかし、今日、多くの社会学者はそれほど確信を持てなくなっている。社会生活は科学的方法で研究しうるのだろうか。そうすべきなのだろうか。ロード・ハンフリーズのティールームでの観察は科学的だろうか。いったい「科学」とはなんだろうか。この最後の問いに単純な、あるいは合意された答えが存在しないことは、おそらく驚くべきことなのだろう。その理由を理解するための最善の道は、科学哲学と科学史の研究の主要な議論を一巡りしてみることにある。それは、社会学の学問的な地位の理解を助けることになるはずである。

第1章「社会学とは何か」において見たように、コントは、人間の知識の実証的段階は信頼に足る妥当な知識を生み出し、それは最終的に、自然や社会への進歩的な介入を可能にするのだと論じた。科学は、知識を得るためのそれまでのすべての道よりも優れており、近代社会における発展の前提条件となる。コントにとって、科学は本質的に単一の試みである。すなわち、すべての科学は同様の方法を用い、それは社会科学と自然科学は基本的に異ならないことを意味する。科学は観察とデータ収集に始まり、その上で、観察された事実の中にあるパターンを検討し、さらに、その根拠に説明をもたらす一般的理論の発展へと進む。こうした「積み上げ」型の研究プロセスは**帰納**と呼ばれる。しかしながら、コントの議論は科学についての理想像に根差しており、科学者たちの実際の実践に基づいているものではない。20世紀の初頭から、科学についてのこうした帰納的記述は覆されるようになった。

実証主義と科学哲学　一九二〇年代のオーストリアで、ウィーン学団として知られる影響力のある哲学者の集団が、コントの実証主義的な立場に重要な修正を提示した。とりわけ彼らは、「科学」とは何を意味しているのか、科学者が世界について立てる言明がなぜ「真実」として受け入れられるのかを明確にしようと試みた。彼らは単純な帰納ではなく、論理的で演繹的な推論を重視し、そのアプローチを**論理実証主義**として描き出した。そこで認識されているのは、科学者たちはデータ収集に明け暮れ、そののちに自分たちの発見したものを説明しようと試みている（帰納法）のではない、ということである。そうではなくむしろ、科学者たちは仮説、すなわち現実のある側面についての明確に枠づけられた問いや言明を立てるところから《始め》、その上で、それを検証する経験的な証拠を集めに行くのである（**仮説‐演繹法**）。科学的に妥当であるためには、科学的言明や理論は常に、証拠によって検証されなければならない、と彼らは主張する。この点で、その他の「認識」の形式とは異なっている。例えば、どれほどその問題について議論を重ねても、貧困に関する何らかの道徳的立場や何が美しいのかに関する美的な判断が「真実」であると言うことは端的に不可能である。こうした領域での言明は、世界についての真実を明らかにするものではなく、したがって科学的には無意味なのである。

論理実証主義者たちは、真理についての対応理論を採用する。それは、言明が現実世界に存在するものと正確に「対応する」場合にのみ、その言明を「真」と認めるものである。したがって、妥当な知識にとっての鍵は経験的検証にあり、自らの言明を支持する証拠を常に探し求めることが科学者の仕事になる。論理実証主義は、何が知識への科学的接近を定義するのかについて、強い影響力を及ぼした。しかし、一九三〇年代の終盤から、検証というその中心的原理が批判を受けることになる。

カール・ポパー卿（1902-94）は、かつてはウィーン学団の一員であったが、論理実証主義にたいする最も系統的な批判を提示している。彼は、検証は最も強力な原理ではないと主張した。ほとんどすべての理論は、どれほど現実離れしていても、自らの議論を支持する《何らかの》証拠を見いだすことができるからだ。検証は、決して最終的に理論的論争を決着させることができない。これよりも強力な一つの原理は《反証》である。一般性を有する理論は、少なくとも原理的に、誤っている可能性を持つ仮説を導かねばならない。したがって、科学者は、自らの仮説を反証する、もしくはその誤りを立証する事例を積極的に探し求めるのである。そのようにして、一つの反証事例は、幾千の検証の論拠がなしえる以上に、世界について多くのことを教えてくれる（Delanty 1997: 31-2）。例えば、「すべての白鳥は白い」という仮説を立て、この言明を検証しようとすることができる。しかし、どれほど多くの白鳥を観察しても、この仮説が正しいとは決して証明されえない。白くない白鳥がなお存在する《かもしれない》からだ。だが、私たちの仮説の誤りを立証するためには、たった一羽の黒い白鳥を発見するだけでよい。それによって、世界についてのシンプルな真実を発見することができる。すべての白鳥が白いわけではない、と。

ポパーは、最良の仮説は用心深く立てられたものではなく、重要な知識を獲得する潜在的可能性をもたらす「大胆な推測」であると主張する。しかし、ほとんどの科学的知識は、常に（潜在的に）誤っている可能性に開かれているので、決して普遍的な「真理」としては受け入れられない。五〇年後にすべての黒い白鳥が死に絶えてしまうかもしれず、そうなれば、私たちが受け入れていた白鳥についての真実（そのすべてが白いわけではない）は、正しくなくなってしまう。私たちが語りうることは、現時点で受け入れられている科学的理論や説明は、それらが「まだ」誤っていると立証されていないがゆえに、私たちの持ちうる最善のものなのだということにとどまる。こうした考えは、科学についての弱い捉え方に見え、科学とはゆるぎない事実と普遍的な自然の法則を生み出すものだという、広く行き渡った常識的な理念とは相容れないものかもしれない。しかし、ポパーの見方に立てば、科学的知識の「開かれた」性格と、科学者たちの開かれた精神はともに欠かすことのできないものである。しかしながら、一九六〇年代と七〇年代には、科学史家たちによる詳細な研究が、ポパー的な科学観を問い直すことになる。

科学史の教え　おそらく、開かれた企図としての科学というポパーのモデルにたいする最も重要な批判は、今も、トーマス・クーンの『科学革命の構造』（Kuhn 1962）である。クーンは、科学がいかにある《べき》かについて哲学者が考えたことよりも、科学とその理論の実際の歴史と発展から私たちが学びうることの方に、より多くの関心を寄せた。彼によれば、自然科学の歴史は、科学者たちが特異な理論的枠組み、すなわちパラダイムを全域にわたる前提として研究するものであることを示している。例えば、物理学におけるニュートン力学は、18世紀と19世紀を通じて、科学者たちを惑星の軌道やさらに多くのものを正確に計算しようとするところへと導いた。科学者たちは、「自分たちの」パラダイムを拡張することに専心するようになり、問題解決型の「通常科学」を実践していった。それは、パラダイムの自明の基盤を拡張し、それを真剣に問い直すことなく、その前提を新しい科学者たちに教えていくものだった。通常科学は、科学的研究の大部分に説明を与えるのだとクーンは言う。

　時が経つ中で、既存のパラダイムには単純に「適合」しない、異例の事実が発見されることがある。ニュートン力学を例にとれば、決定的な失敗はその**パラダイム**が光の運動を説明できないことにあった。しかし、科学者たちは、既存のパラダイムに異議を唱えるのではなく、そのかわりに、データやそれを生み出した実験に疑問を抱くこともできる。つまり、ポパーは科学者たちが開かれた精神で研究をすることを期待していたのにたいし、クーンは、実際には科学者たちが断固として自分たちのパラダイムを擁護し、反証的な証拠を退け、完全に正当な異議を振り払ってしまったことを発見したのである（Benton and Craib 2001:58-61）。科学者たちはなぜそうするのか。その答えは社会学的なものだ。科学は孤立した企てではなく、パラダイムを擁護することに共有の利益を有する学者たちのコミュニティの内部で行われており、その中で彼らはキャリアと名声を築き、高い地位を得ていくからである。

　クーンは次のように論じる。鍵となる時期には、特定のパラダイムに縛られたりコミットしたりすることが少ない若い科学者が、浮上する異例の事実に取り組み、それらを説明する新たな理論を考案し、代替的なパラダイムを構築するようになる。20世紀初頭、アインシュタインの相対性理論という革命的な新理論が展開され、それは光の運動に十分な説明を与えるものだった。この新しい理論が新しいパラダイムの中核をなし、再び「通常科学」が生起することを可能にする（Weinberg 1998）。クーンはこの動きを「革命科学」と呼ぶ。その時期には、パラダイムシフトの現実的な可能性が存在する。しかしそれは、ポパーが思い描いていたような累積的な科学の進歩ではない。クーンは、新たなパラダイムが発展する時でさえ、それは古いパラダイムの誤りが完全に証明されたからではないということを指摘しようとしている。通常、新旧のパラダイムは通約不可能なものであって、単純に比較することができないのだ。そうではなく、ますます多くの科学者が新しいパラダイムに引き寄せられるにしたがって、単に、古いパラダイムへの関心が薄れて消えていくのである。こうした説明に従えば、科学的実践は、哲学者によって提起された純粋な方法論のいずれとも根本的に異なっているのである。

これよりもさらにラディカルな立場がポール・ファイヤーベントによって取られた。彼は、最も重要な科学的発見がどのようにしてなされたのかに関心を持っていた。**科学哲学**は、そうした発見が適切な科学的方法の厳密な遵守と長年にわたる綿密な研究の結果であるはずだと思わせる。しかし、ファイヤーベントはそうではないと主張する。実際に、彼が記述するエピソードはしばしば、偶然によってもたらされたり、科学者が確立された科学的実践から逸脱した時に生じたり、さらには、科学者共同体からは全く離れたところで一般の人が発見をすることによって生まれたりしている。これにふさわしいタイトルを冠した著書『方法への挑戦』（Feyerabend 1975）において、彼は、方法と論理形式の双方において科学についての一切の哲学的な観念とは違って、歴史は私たちに、証明された方法論上の原理はただ一つしか存在しないことを教えているのだと結論づける。それは「何でもあり」という原理である。科学的な発見は、ありとあらゆる種類のやり方でなされてきたのであり、研究者たちに一群のルールの固守を強いるのは、進歩を促すのではなく、むしろそれを妨げることになるのである、と。

社会学は科学的か　科学の本質に関する議論は、社会学の科学的地位について何を教えているのだろうか。第一に、科学は何らかの一方法、または固定された方法論上のルール一式によって定義されうるものではないということ。実際に、科学者たちは自らの知識の追求において、様々な方法を採用している。ポーソン（Pawson 2013: xi）は以下のように述べる。

科学が単に、お決まりの手順とそこから外れることへの疚《やま》しさ、従順にルールに従うことでしかなくなってしまったら、それは、あらかじめプログラムされすでになされていること、あるいは、準備されたルートの中で完成を待つことにすぎなくなるだろう。現実には、科学的研究は、新たな発見がなされ、新しいフィールドが開かれるたびに、絶えず変化を経験していくのである。したがって、方法論上のルールを石に刻んで固定することはできない。（……）研究者が研究計画を思い描き、研究費の支給に応募し、フィールドに入り、結論を導き、観察し、論文を執筆するたびに、その人は方法論上のルールに微細な修正の種をまくのだ。

ポーソンの議論は自然科学にも社会科学にも適用されるのであるが、彼はファイヤーベントのアナーキーな結論に同意はしていない。そうではなく、彼は、方法論上のルールは確かに常に発展の過程にあるのだが、それらは相互に全く無関係なわけではないと論ずるのである。

第二に、（哲学者たちが考えたような）単一の科学的方法や方法論上の原理が存在しないとしても、科学には理論的思考、議論の論理的評価、系統的な**経験的探究**、データの厳密な分析、及び、知識の累積体を発展させるために研究上の発見を刊行することへの責任といったいくつかの重要な要素がある。それは、社会学や心理学を含む社会諸科学もまた、科学的なものと見なされなければならないことを意味している。量的及び質的調査は、こうした要素のすべてを含んでいるからである。

しかしながら、第三に、私たちは社会学に自然科学と《正確に》同一の探求方法を採用することを期待するべきではない。それは、人びとや社会集団や社会が、他の動物や物理的世界における出来事と、重要な点において大きく異なっているからである。特に、人間は、自分がなすことにたいして意味と目的を付与する、自覚的存在である。人びとが自らの行為に適用している意味をはじめに把握しないかぎり、私たちは社会生活を正確に《記述する》ことすらできない。例えば、一つの死を「自殺」として記述するということは、その人が死んだ時に何を意図していたのかを知っているということを意味している。ある人が車の前に飛び出してきて死んでしまった時、客観的な観察によって自殺であったと考えることができるかもしれないが、それは、その人の行為が事故ではなかったかどうかをはっきりさせることができる場合に限られている。意図と意味は、人間の行為の説明にとって欠かすことのできない特徴であり、社会学者は自らの説明を妥当なものとするためにこれを無視することができない。

第四に、社会科学と自然科学の間にこうした重要な差異を認めると、社会学者が際立った不利を負っているように見えるかもしれない。一個人の「心の内に入り込む」ことを試みるのは、言うまでもなく困難なことであるし、難題を追加することになるように思われる。しかし、そこには大きな利点もある。社会学者は研究対象となる人びとと、他の人間たちに直接問いかけること、そして自分たちにも他の研究者たちにも理解可能な答えを得ることができるからである。例えば生物学者は、その行動を解釈しようとしている動物たちと、そのような直接的なコミュニケーションをすることができない。研究者の説明を認めたり批判したりすることのできる研究協力者たちと会話する機会を持つということは、社会学者の発見が、可能性として、多くの自然諸科学に比べて、より《信頼できる》（他の研究者も同じ結論に至りうる）、より《妥当である》（研究が、想定されたものを実際に測定している）ことを意味している。

同時に、人間存在を研究することは、自然科学者を悩ませることのない問題を引き起こす。自分たちの活動が調査されていることに気づいた人びとは、いつもの行動や意見を変え、研究者の結論の妥当性を奪ってしまうかもしれないのである。研究協力者は、意識的にであれ無意識的にであれ、自己呈示のしかたを操作し、時には、期待されていると思われた答えを与えることで研究者を「手助け」しようとすることすらある。社会学者はこうした問題を自覚し、それらに対処する術を施さなければならない。化学物質の働きやカエルの行動を研究する科学者は、こうした余分な問題に対処する必要がない。

結論として、私たちは、科学的研究を他の種類の探求から区別する基準が存在するということについて、科学哲学者たちに同意することができる。ただしその基準は固定的なものではなく、時とともに、調査計画や研究が進んでいくに伴って変化していくものである。私たちはまた、科学は共同体の中で、広範な理論的枠組みやパラダイムの中で行われるということについて、歴史家たちに同意することができる。社会学は、対抗的な視点相互の競合的な争いを通じて前進してきたし、時間の経過とともに、視点や理論的総合命題の数は増えてきた。しかしながら、そこに多様性や競合があるとしても、ファイヤーベントが取ったアナーキーな立場に反して、大半の社会学的研究に共通する研究プロセスへの道筋は存在している。これを次節において概説しよう。

▼批判的に考える

いかなる学問領域が「科学的」であるかを規定することに多くの哲学者や歴史家たちが関心を向けてきたが、それは本当に重要なことなのだろうか。例えば、社会学者の中には、「ソーシャルスタディーズ」という表現が自分たちの研究をより適切に性格づけるのだと言う人がいる。もしも、社会学が科学的な学問領域だとは見なされないとしたら、大学の中で「社会学をする」という実践に生じうるであろう三つの帰結を挙げよ。

◎研究過程

社会学において行われる研究にはいくつかの段階がある。それは、研究課題を特定し、方法論を案出するところから、結果を発表して他の研究者からの批判に応えるところにまで通じている(Fig. 2.1を見よ)。しかし、すべての研究は、社会的世界の何らかの側面を知りたい、もしくはよりよく理解したいという欲求とともに始まる。

研究課題を明確にする　すべての研究は、課題あるいは問いからスタートする。それは、時として、実態がよく分かっていない領域にある。特定の制度や社会過程や文化についての知識を、単純に深めたいと望むことがあるのだ。研究者は、例えば「今日、人口の何割ぐらいが熱心な信仰を抱いているだろうか」、あるいは「女性の経済的地位は今もなお男性にどれほど立ち遅れているだろうか」といった問いに答えを示そうとするかもしれない。こうした問いは必要かつ有益である。

しかしながら、最良の社会学的研究は、それ自体が謎であるような問題とともに始まる。謎は、単に情報が欠けているだけでなく、《私たちの理解の空白部分》でもある。価値のある社会学的研究を生み出す上で重要な手腕は、正確に謎を特定することにある。「そこで何が起きているのか」という問いに単純に答えるのではなく、謎を解いていく研究は、出来事が《なぜ》そのような形で生じるのかを理解することに寄与しようとする。例えば、私たちは次のように問うことができる。「近年の選挙における投票率の低下を説明するものは何か」、「なぜ地位の高い仕事に就く女性の数が少ないのか」。こうした問いは、単なる実態についての問いではなく、私たちが見いだすデータに《説明》を与えるために、もう一つ先の段階に進むことを要求するのである。

研究のいかなる要素も単独では成立しないことに留意することが大切である。研究課題は、継続中の作業の一部として生じるのであり、一つの研究計画は研究者が事前には考えていなかった論点を呼び起こすので、容易に次の研究計画を導くことになる。社会学者は、書籍や専門雑誌の中で他の研究者の仕事を読むことによって、あるいは社会の中の潮流に気づくことによって、謎を発見していくこともあるだろう。

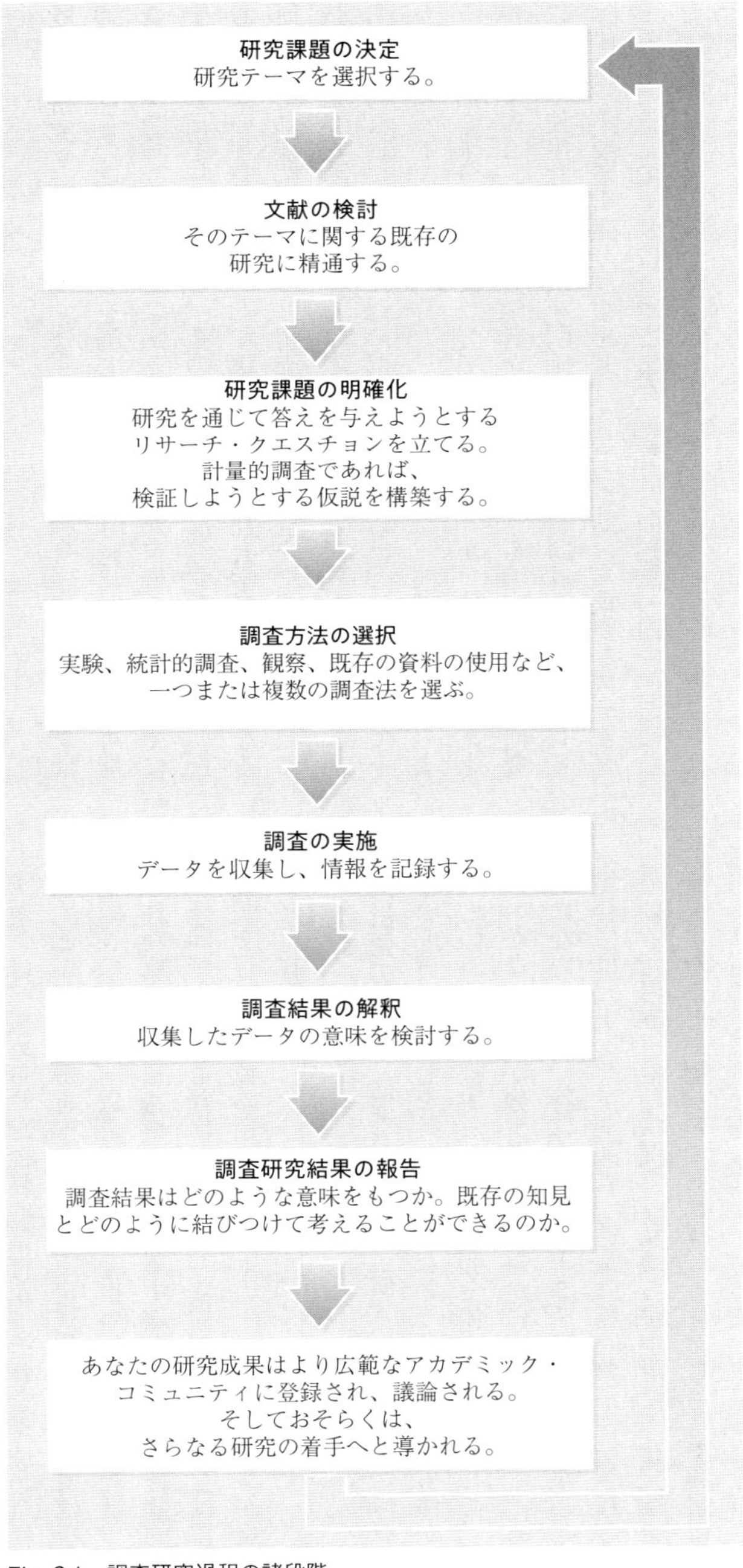

Fig. 2.1　調査研究過程の諸段階

既存の研究文献の検討　課題が特定されたら、次のステップは通常、既存の文献の検討を通じて、特定の分野において利用可能なデータを検討することにある。先行研究が自分の問いにすでに十分な答えを与えており、そのプロセスを反復する必要はないかもしれない。しかし、そうではなくとも、社会学者は、いかなる研究であれ現にあるものは精査し、それが自分たちの目的にどれほど有益であるのかを見ることが必要である。先行する研究者たちは、同じ謎に取り組んだのだろうか。彼らはどのようにしてそれを解こうとしたのだろうか。彼らの研究は、問題の内のどのような側面を未分析のままにしているのだろうか。他の人の考えを参考にすることは、社会学者が、取り上げうる論点と自らの研究において使用しうる方法を明確にすることを助ける。文献のレビューは、不要な重複や反復を避けることを助ける重要なステップである。そしてそれによってまた、私たちの知識の内のどこになお欠落が存在するのかを指し示すことができる。

研究課題の明確化　第三の段階では、研究課題の明確な定式化を行うことが必要になる。関連する文献がすでに存在するのであれば、研究者は、その研究課題にどのように取り組むかについて十分に考えをまとめて図書館から戻ってくることができるだろう。問題の本質に関する直観は、しばしばリサーチ・クエスチョンに置き換えられる。それは、進行中の事柄に関する経験や知識に基づいた推量に根ざしながらも、正確な言葉で明確にそれを言い表すものである。研究を有効なものにするために、リサーチ・クエスチョンは、集められた経験的素材が、それを支持したり否定したりするような証拠をもたらす形で定式化されなければならない。世論調査のように、数量的データを集め分析する研究は、明確に表された仮説の正しさや誤りを確認する方法として統計的検証を好む傾向がある。これにたいして、質的調査はしばしば言葉による説明を行い、研究の過程でリサーチ・クエスチョンが現れてくることを許容する。

研究計画の立案　研究者は次に、研究の素材をいかに収集すべきかを明確に決定しなければならない。多様な調査方法があるため、どの方法を選択するかは、研究全体の目標に応じて、また行動のいかなる側面が分析されるべきかに応じて変わる。ある種の目的にたいしては、特に大量のデータを集めることが必要とされる場合には、アンケート調査（通常は質問票が使用される）が適しているだろう。他の状況で、私たちが小規模の社会集団を詳細に研究することを望むのであれば、インタビューや観察による研究がより適切であるかもしれない。これらの、またその他の研究方法については、本章の中でまたのちに学ぶことにしよう。

調査研究の実施　調査を進めていく時点で、予見されなかった実施面での問題が生じることがあり、実際にそれはよく起こる。例えば、質問票を送付すべき人や研究者がインタビューしたいと思っている人の何人かと連絡が取れないことが分かったりするかもしれない。企業や学校は、機密に属する情報が漏れてしまうことを懸念して、研究者が計画した作業を実施させることを望まないかもしれない。こうした困難によって、研究者は部分的なサンプルにしかアクセスできなくなるので、それは**バイアス**をもたらし、全体として誤った結果を導くことになりかねない。例えば、企業が障害者のための機会の均等プログラムをどこまで遵守してきたのかを調べようとすれば、それを遵守してこなかった会社は調査されることを望まないかもしれず、しかしそうした企業を省くと研究の結果に系統的なバイアスが生じることになる。

バイアスはほかの形でも、研究過程に入り込んでくることがある。例えば、調査が研究参加者の意見を調べていこうとする時、調査者は、意図せずにであっても、議論を特定の方向に推し進め、調査者自身の視点によって質問を導いてしまうかもしれない。あるいは、インタビューを受けた人びとが、単純に答えたくないと思う質問をはぐらかしてしまうこともある。質問の文言を固定した質問票を用いることでインタビューのバイアスを引き下げることができるが、それでもバイアスを完全に排除することはできないだろう。バイアスのもう一つの源泉は、調査への協力が見込まれた人びとが、例えば任意の質問票を配布した場合などに、自分はこれに参加しないと決めた時に生じる。これは、《無回答のバイアス》と呼ばれ、一般的に、サンプルの中での無回答者の割合が高くなればなるほど、実際に参加した人びとの調査結果にゆがみが生じている可能性が高いと見なされる。調査におけるバイアスを低減させようとするあらゆる手立てがとられた場合でも、調査の一過程を遂行する際に社会学者が行う観察は、調査者自身の文化的前提を反映しがちなものである。実を言えば、社会学者もまた人間であり、社会学者であると同時に社会のメンバーであるのだから、《観察者のバイアス》は取り除くことが難しいし、おそらくは不可能である。本章ではのちに、社会学的研究のいくつかの他の落とし穴や困難について検討し、いかにそれらを回避しうるのかについて検討しよう。

結果を解釈し報告する　分析のための素材がすべて集められたからといって、調査者の苦労が終わるわけではない。データの含意を考察し、研究課題に結びつけ直すことが容易であるのは稀なことだ。当初の問いにたいする明確な答えにたどり着くことは可能であるかもしれないが、多くの研究者は最後まで完全に最終的な結論にはいたらない。調査結果は、通常報告書や雑誌論文や書籍として刊行され、調査の性格についての説明を示し、いかなるものであれ導かれた結論を正当化しようとする。ただしこれは、個別の研究プロジェクトとしての最終段階でしかない。多くの報告は同時に、答えられていない問いを指し示し、さらなる研究が将来において有益になされうることを示唆する。個々の探求のすべては、国際的な社会学コミュニティの中で行われる継続的な研究過程の一部である。

ここまでに述べてきた一連の段階は実際の研究プロジェクトの中で生じることを単純化したものである（Fig. 2.1 を見よ）。現実の研究においては、これらの段階がこれほどきれいに段階を追っていくのはまれであり、ほとんど常に、「なんとか切り抜け」なければならない部分がある。調理本のレシピに従っていくことと実際の調理過程の間にある差異と大きく変わらない。調理の経験を積んでいる人はしばしばレシピ通りには作らない。しかし、その人たちの料理は、レシピに忠実な人が作ったものよりもおいしいかもしれない。ファイヤーベントが見たように、一連の段階を厳格に追っていくことは過度に制限をかけることになりかねず、社会学的研究の多くの優れた作品はこうした厳密な順序に従っていない。とはいえ、上に論じた諸段階のほとんどがどこかに存在していることであろう。

■ 原因と結果の理解

調査研究の方法論において、とりわけ統計的検証に基づく計量的調査において取り組むべき主要な課題の一つは、原因と結果の分析である。二つの出来事や状況の間にある**因果関係**とは、一つの出来事や状況がもう一つのそれを引き起こすという結びつきを指している。下り坂の上に駐車していた車のハンドブレーキを緩めたら、車は斜面を転がりだし、次第にスピードを速めていくことだろう。ブレーキの解除は、この出来事の直接の原因であり、その理由は、これに関わる物理的原理を参照することですぐにも理解されうる。自然科学と同様に、社会学もすべての出来事には原因があるという想定に立っている。社会生活は、偶然に起こることのでたらめな配列ではない。社会学的調査研究と理論化の主要な課題の一つは、原因と結果を特定することである。

◎ 因果律と相関関係

因果律は相関関係から直接に推論することができない。**相関関係**は、二組の出来事または変数の間に規則的関係が存在することを意味する。**変数**とは、これに沿って諸個人や諸集団が多様性を示すなんらかの様相である。年齢、ジェンダー、エスニシティ、収入、社会階級上の位置などが、社会学者が研究する多くの変数の内に含まれる。二つの変数が密接に結びついている、または相関していることが発見される時には、一方が他方の原因であるように見えるかもしれない。しかし、かなり多くの場合にそうではない。多くの相関関係は、これに関わる変数間の因果関係と対応しない形で存在する。例えば、第二次世界大戦後の長い期間にわたって、パイプ喫煙者の減少と、映画の常連観客数の低下の間には、強い相関関係が見られる。しかし明らかに、一方の変化が他方の変化の原因となっているわけではなく、両者の間には遠隔的な因果連関さえ発見することは難しいだろう。しかし観察された相関関係が因果関係を含意しないということが、これほど明白でない事例も存在する。そうした相関関係の罠にはまって、安易に、疑問の余地のある、もしくは誤った結論を導いてしまうことがある。

一八九七年刊の古典的著作『自殺論』（第1章で論じた）において、エミール・デュルケムは、自殺率と年間の季節の間に相関関係を見いだした。自殺率の水準は、一月から六月か七月頃まで次第に上昇し、一年の残りの月には下降していく。ここからは、気温または気候の変化が諸個人の自殺傾向と《因果関係を有する》ように思われるかもしれない。気温が上がるにつれて人びとはより衝動的になりカッとしやすくなって、自殺率の上昇につながるのだと推測することもできる。しかし、ここでの因果関係は、気温や気候とは《直接的に》は何ら関連がない。春や夏には、多くの人びとが、冬の数か月に比べるとより濃密に社会生活に関わる。その中で、孤立していたり不幸だったりする人は、周囲の他の人びとの活動のレベルが上がるにつれて、そうした感情の高まりを経験しがちである。それによって、そうした人びとは、社会活動のペースが緩む秋や冬よりも、春や夏に自殺傾向を強めるのである。私たちは、相関関係が因果律を伴っているのかどうかを判断する際にも、いかなる方向で因果関係が生じているのかを見極める際にも、常に用心を怠らないようにしなければならない。

因果のメカニズム　特定された相関関係に内包される因果連関を明らかにすることは、しばしば難しい作業である。例えば、現代の社会では、学業成績の水準と職業的成功の間に強い相関関係がある。学校でよい成績を達成すればするほど、卒業後により報酬の高い職に就くことができるだろう。この相関関係を説明するものは何だろう。研究が示すところによれば、その理由は表向きの学校生活そのものの内にはない。学業成績の水準は、それ以上に、その人の出身の家庭のタイプによって影響を受けている。両親が子どもたちの学びに強い関心を持ち、本がふんだんにあり、勉強部屋が存在するような裕福な家庭の子どもたちは、こうした条件が整っていない低所得グループ出身の子どもたちに比べて、学校でうまくやっていける可能性が高い。ここでの因果のメカニズムは、子どもの勉強のために両親が与えることのできる便宜にあるのだ。

社会学における因果連関は、あまり機械的な形で理解されるべきではない。人びとが取る態度、自分の行う行為にたいする主観的な理由づけが、社会生活における諸変数間の関係において、因果的な要素となる。そして、諸個人がいかにその世界を解釈するのかを深く理解しようとするのであれば、質的な研究が求められる。マックス・ウェーバー（Weber 1979［1925］: 13）は明確に、社会学的探究はこうした個人的で相互行為論的な水準において説明されねばならないとしていた。その水準において、有意味な社会的世界が産出されているのである。

＊社会生活における因果のメカニズムを確立することに照準を置いた、近年の「批判的実在論」のアプローチに関する議論は、第5章「環境」において見ることができる。

統制　量的調査において、ある相関関係を説明する一つもしくは複数の原因を特定する際には、通常、従属変数と独立変数を区分することが必要である。**独立変数**は、他の変数に作用を及ぼす変数である。作用を受ける変数が**従属変数**と呼ばれる。先にあげた例では、学業成績が独立変数で、仕事による収入が従属変数となる。その区別は、因果関係の方向を指示している。しかしながら、同じファクターが、ある研究では独立変数になり、別の研究では従属変数となることがある。それは、どのような因果の過程が分析されるのかによって変わる。仕事による収入の差異が人びとのライフスタイルに及ぼす影響を調べているのであれば、仕事による収入は従属変数ではなく独立変数となるであろう。

変数間の相関関係が因果連関を表しているかどうかを明らかにするために、私たちは**統制**という方法を用いることができる。それは、いくつかの変数を一定に保つことで、他の変数の作用を調べることを意味する。そうすることで、因果関係と非因果関係を識別し、観察された相関関係についての複数の説明について正否の判断を下すことができる。例えば、喫煙行動を研究している医療研究者が、18歳から24歳までの若年成人において、電子煙草の吸引が従来の煙草の喫煙の減少につながる、つまり、電子煙草の使用と禁煙の間に因果関係があるという仮説を提示するとしよう。それを明らかにするために、私たちは、この年齢集団の中から従来の煙草の喫煙者のサンプルを集め、これをランダムに二つのグループに割り振ることができるだろう。実験グループには電子煙草が与えられ、統制グループには与えられない。実験期間ののち、二集団における喫煙行動を測定する。もし、電子煙草を用いた実験の後で、実験グループでの喫煙が統制グループよりも少なくなっていたら、その減少の原因を電子煙草に求めることができる。

これは、変数分析における統制グループの使用の原理を示す単純化された事例であり、現実には、ここに示されているよりも事態は込み入っていて複雑である。本当に、電子煙草の吸引が喫煙の減少の原因だったのだろうか。この研究の期間に、友人や家族から喫煙をやめようとすることを積極的に称賛する言葉をかけられ、それがより強力な要因となった可能性はないだろうか。

原因の特定　相関関係の内に含まれる因果関係を確立することがいかに難しいのかを示す事例は、喫煙と肺がんについての長い研究の歴史によってもたらされている。調査は一貫して、両者の間の強い相関を明らかにしてきた。喫煙者は非喫煙者よりも肺がんにかかりやすく、ヘヴィスモーカーは少量の喫煙者よりもさらにかかりやすい。相関関係は逆の向きにも表されうる。肺がんの患者は高い確率で喫煙者であるか、過去に長期間にわたって喫煙者であった。これまでにこうした相関関係を確認する非常に多くの研究がなされ、今日では、そこに因果連関が伴っていることが一般に受け入れられている。しかし、《正確な》因果のメカニズムはこれまでのところほとんど未解明である。

ある問題に関してどれほど多く相関関係を分析しても、可能性のある因果関係については常に何らかの疑問が残り続ける。相関関係についての別の解釈は、少なくとも理論上可能である。例えば、肺がんになりやすい体質の人は同時に喫煙を好む体質を持っているのだという考え方が提示されたことがある。この見方に立てば、肺がんを引き起こしているのは喫煙そのものではなく、喫煙と肺がんの双方につながる生得的な生物学的性向だということになる。因果関係の特定は、通常、目前の主題に関するこれまでの研究によって導かれる。もし私たちが、相関関係に含まれる因果のメカニズムについて、何らかの理に適った考え方をあらかじめ有していなければ、実際にどのような因果連関が存在するのかを発見するのは、おそらく非常に難しいことになるだろう。一言で言えば、何を求めて検証すればよいのかが分からなくなってしまうのである。

■ 社会学的調査の諸方法

社会学においては、一般的な区分として、しばしば、**量的調査**

法と**質的調査法**が、それぞれに伝統を有するものとして区別される。量的方法は機能主義や実証主義と、質的方法は相互行為論や意味と理解の研究と結びついている。その語が示唆しているように、量的調査法は、社会現象を《計量》しようと試み、現象を説明するために数学的モデルを用い、しばしば統計的分析を行う。質的調査法は、社会生活の文脈の中での個別の行為を深く理解することができるように、詳細にわたる豊かなデータを収集しようとする。社会学的研究方法の多様な広がりについての概略的で手軽なガイドとして、この区別は有益な出発点となる。多くの社会学者がいずれかを専門に用い、さらには一方を他方よりも好む傾向にある。しかし、この二つの伝統が、研究へのまったく異なるアプローチを伴った、敵対する「陣営」と見なされてしまうのは危険である。それはあまり生産的ではないし、現状を適切に記述することにもならない。

実際に、多くの研究プロジェクトが、研究主題についてのより包括的で多角的な理解を得るために、量的なものと質的なものの両方からなる**混合法**を用いている。量的調査と質的調査から別々に得られた知見を組み合わせることもできる。例えば、一部のフェミニストの研究者は質的調査法を好んでいる。質的調査法は女性たちの本当の声を聴くことを可能にしており、量的調査法は明らかにこれには適していないと彼女たちは主張する。この最後の点は疑いなく正しい。しかし、量的調査なしには、社会の中にあるジェンダー不平等の全体的な広がりを測ることも、それら個々の女性たちの声をより広い社会的文脈の中に位置づけることもできなかったであろう。社会学者は、自分たちが答えようとしている特定の問いにとって最も適切な方法を使用できるように準備しなければならない。

以下に私たちは、社会学者がその研究でよく用いる多様な調査方法のいくつかを見ていこう（Tab. 2.2 を見よ）。

◎ エスノグラフィー

ロード・ハンフリーズや中国における李ほかのアプローチはいずれも、**エスノグラフィー**という形をとっていた。それは、主な調査研究の方法として**参与観察**や**インタビュー**を用いるようなフィールドワークまたは直接人間に接しての研究である。そこでは、調査者が集団や組織やコミュニティを訪れ、活動や生活を共にし、時には、人びとの活動に直接参加する。

うまくいけば、エスノグラフィーは集団や組織やコミュニティの中の人びとの行動についてだけでなく、その人びとがいかに自分たちの行動を理解しているのかについても情報をもたらしてくれる。ある集団の内側から物事がどのように見えるのかが分かると、その集団だけでなく、研究されている状況を超えた社会過程についても、より多くの理解を得ることができる。エスノグラフィーは、相対的に規模の小さな社会現象について深い知識と理解を得ることを目的として社会学において用いられる、数多くの質的調査法の一つである。

従来のエスノグラフィー調査では、加わっている研究者自身については多くの情報が示されることなく、記述がなされてきた。エスノグラファーは、研究される社会についての客観的な記述を提示しうると考えられていたからである。しかし近年では、エス

Tab. 2.2　社会学的調査研究で広く用いられている4つの方法

調査研究法	強み	限界
フィールドワーク	通常、他の方法よりも豊かで深い情報をもたらす。	比較的小さな集団やコミュニティの研究でしか利用できない。
	エスノグラフィーは、社会過程についての良質な理解を与える。	得られた知見は研究された集団にのみあてはまる。単一のフィールドワーク研究にもとづいて容易に一般化することはできない。
統計的調査	多数の人びとについてのデータを効率的に収集することができる。	収集されたデータは表面的なものになりやすい。質問票が高度に標準化されている時、回答者の視点の間にある重要な差異が見逃される可能性がある。
	回答者の回答を正確に比較することができる。	回答は、人々が実際に信じるものでなく、信じていると公言するものである可能性がある。
実験	特定の変数の及ぼす影響を、調査者が統制することができる。	社会生活の多くの側面は実験室の中に呼び込むことができない。
	通常、後続の研究者によって、比較的容易に反復することができる。	研究対象者の反応は、その実験状況に影響されるかもしれない。
資料調査	研究される記録資料の種類に応じて、多数の事例についてのデータをもたらすことも、素材についての詳細なデータをもたらすこともできる。	研究者は現存する資料に依存するが、それは偏ったものであるかもしれない。
	研究が全体的に歴史的なものであったり、明確に歴史的次元を有する場合には、しばしば不可欠のものである。	ある種の官庁統計の場合にそうであるように、資料がどこまで現実の傾向を表わしているのかについて解釈が難しいこともある。

ノグラファーは次第に、自分たち自身について、また研究対象となる人びとと自分たちの関係の性質について論じるようになってきた。時としてこうした**再帰的反省**は、自分自身のエスニシティや階級やジェンダーがどのように研究に作用し影響を与えているのか、あるいは、観察者と被観察者の間にある権力の格差が両者の対話にどのような力を及ぼしているのかを考えようとすることになる。

　エスノグラフィーによる研究にはいくつかの限界がある。ごく小さな集団やコミュニティしか研究できない。関係する人びとの信頼を得る上で個々の研究者の技量に大きく依存してしまう。この技量がないと、研究を離陸させることがまったくできなくなってしまうだろう。逆のこともまた起こりうる。研究者が集団にたいしてあまりにも近い位置を取ってしまうと、過度に「内部の人《インサイダー》」となってしまい、外部の観察者の視点を失ってしまうことがある。特定の個人の技量に多くのものが依存してしまうと、その研究を再現することが難しくなり、発見された事実の信頼性に疑問が向けられることにもなりうる。

　社会学者はまた**フォーカスグループ**を利用することがある。これは、以前にはマーケティングの代理店や世論調査の領域で用いられたものである。フォーカスグループは基本的に、準備された「グループ・ディスカッション」であり、そこでは、特に選ばれた個人からなる小集団が集められて、ある主題について議論し意見を交換する。研究者は司会者として行動するが、議論を導くために、研究課題に関わる特定の問いを投げかけたりもする。その、相互作用的で柔軟な性格ゆえに、フォーカスグループは、どこに誤認がありうるのかを明確にし、それによって、知見の妥当性を高めることを可能にする。しかしながら、批判者からは、フォーカスグループの中の研究者が中立的な観察者ではなくむしろ参加者となってしまい、回答に大きく影響を与えかねないことが指摘される。それによって、参加者が研究者の期待に応じてふるまってしまう危険があるのだ。ただし、この問題はフォーカスグループという方法に固有のものではなく、すべての研究者が考慮しなければならない事柄である。

◎ 統計的調査

フィールド研究の成果を解釈する際には、通常、一般化の問題が生じる。少数の人だけを研究していると、一つの文脈で発見されたことが他の文脈にもあてはまるという確証を得ることができない。さらには、二人の研究者が同じ集団を研究する時に同じ結論に至るかどうかも定かではない。こうした問題は、大規模な**統計的調査**ではより小さなものになる。**統計的調査**では、選択されたグループの人びと、時には数千人に及ぶ人びとに、質問票が送付されたり、直接インタビューが行われたりする。社会学者は、そのサイズがどうあれ、この選択されたグループをサンプルとして対象化する。

エスノグラフィーによる研究が社会生活の小さな部分を深く研究することに適しているのにたいし、統計的調査は、それほど詳細ではないが、より広い領域に適用可能な情報を産出しようとする。統計的調査は、最も広く用いられている種類の量的調査法であり、社会現象を測定し、数学的モデルや統計的技術を用いてそれを分析することを可能にする。多くの政府機関や私的調査機関は、大規模な統計的調査を用いて、人びとの態度についての知識を獲得し、社会の人口全体の状態、大きさ、多様性についての正確な描写を生みだす。それは、こうした統計的研究がなされなければまったく不可能なことである。

サンプリング　社会学者はしばしば、非常に多数の人びとの持つ性格、例えば、オーストラリア人の政治的態度について関心を抱く。しかし、二五〇〇万人の人口のすべてに直接関わるのは不可能であるので、こうした状況において研究者は**サンプリング**を行い、サンプル、すなわちこの人口全体の小さな一部分に調査を集中するのである。通常、サンプルとなった集団から得られた結論は、それが適切に選ばれている限り、母集団全体に一般化しうると考えられる。例えば、二〇〇〇人から三〇〇〇人についての調査だけで、人口全体の態度や投票の意図についてきわめて正確な指標がもたらされうる。しかし、こうした正確さに達するためには、サンプルが**代表性**を持たなければならない。すなわち、調査対象者の集団が母集団全体の典型を表していなければならないのである。代表性を有するサンプルの抽出は見た目以上に複雑であり、統計学者はサンプルの正確な大きさと性格を検討するための公式を開発してきた。

サンプルの代表性を確保するために用いられる特に重要な手続きが**無作為抽出法**である。そこでは、母集団のすべてのメンバーが同じ確率で含まれるようにサンプルが選択される。無作為抽出のサンプルを得るための最も洗練された方法は、人口の各メンバーに数値を割り振り、コンピュータを使って、例えば、10番ごとに選び出すという形でそこからサンプルを抽出するための乱数表を発生させることである。

社会学者によって用いられる他の種類のサンプリングも存在する。ある種の研究においては、**便宜的抽出法**を用いることが必要になるだろう。それは、可能であればどこからでもサンプルを取ることを意味している。便宜的抽出法は、他の種類のサンプリングに比べて体系的でも厳密でもないので、そこからもたらされた結果は注意して扱わねばならない。しかしながら、自ら進んで姿を表すことをしない、例えば、薬物使用者や自傷行為者のような、アクセスの難しい社会集団に向けられる調査あるいは研究においては、それが適切なサンプルを集める唯一の実用的な方法かもしれない。便宜的抽出法なしには、ある種の社会集団の声はまったく聴かれなくなってしまうことになるだろう。同様に、既存の研究協力者の知人や友人のネットワークを介して他の協力者をリクルートしていく**スノーボール・サンプリング**も、そうしなければアクセスすることができないより大きなサンプルに接近するための試行錯誤の方法である。

統計的調査の利点と限界　社会学において統計的調査が用いられるいくつかの理由がある。質問票への回答は、他のほとんどの研究方法によって集められた素材に比べ、容易に計量化され、分析されうる。多数の人びとを研究することができ、充分な資金があれば、研究者は、回答を集めるために調査業務を専門とする業者を使うことができる。この種の調査は、研究される現象についての統計的測定を研究者にもたらすがゆえに、量的調査のモデルとなる。

しかしながら、今日、多くの社会学者が統計的研究法にたいして批判的である。彼らは、ほとんどの統計的調査の回答が相対的に表面的であるがゆえに、発見された事実に《見かけ上》の正確さが与えられたとしても、その精度は疑わしいのではないかと主張する。特に質問票が郵便で送られ返送される時には非回答の率が高くなり、それが調査の代表性を損なってしまいかねない。未回答者に連絡を取り直したり、他の人に置き換えたりする努力は通常払われているのだが、サンプルの半数をわずかに超えたぐらいの回答から導き出された結果に基づいて研究成果が刊行されることも稀ではない。調査に回答しないことを選ぶ人、あるいはインタビューを拒否する人については、わずかなことしか分からない。とはいえ、調査はしばしば迷惑で時間を取られるものとして経験される。こうした問題があるとしても、統計的調査は社会学者が手にしている武器の中で、重要な方法の一つであり続けている。

質問票——標準化するか、自由回答にするか　統計的調査では、二種類の質問票が使用される。ある種の質問票は、標準化された、または選択肢が固定された質問群からなる。それらの質問には、与えられた範囲の回答のみが可能である。例えば、「はい／いいえ／わからない」、「とてもそう思う／そう思う／そうは思わない／まったくそうは思わない」という形で。標準化された質問票は、少数のカテゴリーだけに関わるので、回答を容易に集計して比較することができるという利点がある。他方で、それらは微妙な回答や言葉の表現を許容しないので、もたらされる情報が限定されやすく、時には誤読を招きかねない。

これとは異なる質問票は自由回答方式で、固定された選択肢に限定されず、回答者が自分の考えを自分の言葉で言い表す機会をより多く提示するものである。自由回答方式の質問票は、一般的に、標準化されたものに比べてより詳細な情報をもたらす。他方で、標準化されていないということは、回答を統計的に比較することがより難しくなりがちであることを意味しており、研究から一般的な結論を導き出す試みが制限されることになる。

質問項目は通常、インタビュアーのチームがあらかじめ決められた同一の順序で質問し、回答を記録することができるようにリスト化される。そして、すべての項目は、インタビュアーにもインタビューイーにも同じように容易に理解可能なものでなければならない。政府機関や民間調査組織によって定期的に行われる大規模な全国的調査においては、インタビューが国中でほぼ同時に実施される。インタビューを行う者とその結果を分析する者が、質問や回答の中の曖昧なところを絶えず相互チェックしなければならないとしたら、彼らは自分の仕事を効果的に行うことができないだろう。

質問票調査ではまた、回答者の特徴を考慮に入れなければならない。回答者は、特定の質問に答える時、研究者が想定している論点を読みとるだろうか。回答者は、回答をもたらすために必要な情報を充分に有しているだろうか。そもそも、その人びとは回答することができるだろうか。質問票に用いられている用語や概念は、回答者には馴染みのないものかもしれない。例えば、「あなたの婚姻上の地位は何ですか」という質問に戸惑う人もいる。「あなたは未婚者ですか、既婚者ですか、別居中ですか、離婚経験者ですか」と問う方がより適切であろう。多くの統計的調査では、先立って**パイロット・スタディー**が行われる。そこでは、上記のような曖昧な点を探し出し、主要な調査が行われる前に、調査者が予期していなかったような問題を取り除くために、ごく少数の人びとに質問票に回答してもらう。

◎ 実験

実験は、研究者によって設定された、強く統制された条件の下で**仮説**を検証しようとする試みである。実験は、他の研究手順に比べてより大きな利点をもたらすので、自然科学や心理学ではいたるところで行われている。実験の場面では、研究者が研究の行われる諸条件を直接統制することができる。個人の行動を検証する心理学者は、実験室を拠点とした実験を広範囲で用いている。しかしながら、これらの諸科学と比べると、社会学において実験の行われる余地はかなり限定される。ほとんどの社会学的研究は、個人の行為に関するものであっても、ミクロとマクロの社会現象の間の関係を調べようとする。実験を目的として諸個人をその社会的文脈から連れ出してしまうことは、多くの研究者にとって、たとえあったとしても、ごくわずかな意味しか持たない。

しかし、社会学者がグループ・ダイナミクス、すなわち集団の中での個人の行動の仕方を探求しようとする時には実験が実現可能であるかもしれない。そうであっても、ごく小さな集団しか実験室に連れてくることができないし、そのような実験の場では人びとは研究されていることを認識し、いつもとは異なる行動をとる可能性がある。研究対象者の行動におけるこのような変化は「ホーソン効果」と呼ばれる。一九三〇年代、シカゴ近郊のウェスタン・エレクトリック社のホーソン工場で生産性についての研究を行った調査者たちは、彼らが課した実験的条件（照明の明るさ、休憩の取り方、仕事上のチームの大きさ等）とは無関係に、労働者の生産性が上がり続けることを発見し、驚いたのであった。労働者たちは調べられていることを知って、通常の仕事のペースよりも加速し、それによって実験の土台を掘り崩してしまったのである。しかしながら、「古典研究2.1」が示すように、社会心理学における小規模の実験から社会生活についていくつものことを学ぶことが可能である。

◎ 生活史調査

実験とは対照的に、**生活史調査**は社会科学だけのもので、自然科学には存在しえない。生活史調査は、この何十年の間に社会学の中では次第に広く行われるようになり、そこには、オーラル・ヒストリー、ナラティヴ研究、オートバイオグラフィ、生活史研究、ライフヒストリー研究が含まれる（Bryman 2015）。これらの方法は、諸個人がいかに社会生活や社会変動の時期を経験するのか、変動する世界の中で他者との関係をいかに解釈するのかを明らかにするために用いられる。こうしたやり方で、生活史的方法は社会学的研究の中に新たな声を呼び込むことを可能にしている。ライフヒストリーがその好例である。

ライフヒストリーは、特定の諸個人についての、通常はその個人自らが想起した生活史を素材とする。ライフヒストリー研究は、高い重要性を持つ社会学的研究において使用され、成果を挙げてきた。初期の有名な研究の一つが、W・I・トマスとフロリアン・ズナニエツキによる『ヨーロッパとアメリカにおけるポーランド農民』で、一九一八年から一九二〇年までの間にその内の五巻が刊行された（Thomas and Znaniecki 1966）。トマスとズナニエツキは、移民の経験について、感性に富んだ繊細な記述をもたらしたが、それは、彼らが収集したインタビュー記録や手紙や新聞記事がなければなしえなかったことであろう。生活史研究は、生活がいかに経験されるのかを私たちに感じ取らせようとするものであり、それは、大規模な調査や統計的検証によっては決して到達しえない。他の諸方法は、通常、時の経過の中での信念や態度の展開について、これほど多くの情報を生みだすことがない。ライフヒストリー研究が、そのすべてを人びとの記憶だけに依存するのは稀である。通常は、個人がもたらす情報を膨らませ、その妥当性を検証するために、手紙や同時代の報道や新聞の記事などの他の資源が用いられる。

生活史研究法の価値に関する社会学者の評価は多様である。有益な情報を提供するには信頼に乏しく、主観的であると感じる人もいれば、他の研究法では得られない洞察の源泉を提供するものと考える人もいる。また実際に、一部の社会学者は、自らの調査研究の中での自分自身の経験についての省察を、自らの理論的想定の起源や発展について洞察をもたらす手段として提示し始めている。

古典研究 2.1

監獄生活の社会心理学

研究課題

大半の人は監獄での生活を経験したことがなく、人びとが「獄中」でいかに行動しているのかを想像するのは難しいと感じる。あなたならどうやって暮らすだろう。どんな種類の刑務官になるだろう。厳しく規律を守らせるだろうか。そうではなく、受刑者にたいしてもっと人道的な接し方をするだろうか。一九七一年、フィリップ・ジンバルドーが率いる研究チームが、監獄という環境が「普通の人びと」に及ぼす影響を明らかにしようと試みた。

米国海軍から資金の援助を受けて、ジンバルドーは、軍隊において支配的だった「性向仮説」を検証しようとした。この仮説によれば、受刑者と看守との間に争いが絶えないのは、看守と収容者の対立しあう個人的性格、彼らの人格的性向の帰結である。ジンバルドーは、それが誤っているだろうと考え、明らかにするために監獄実験を準備した。

ジンバルドーの説明

ジンバルドーの研究チームは、スタンフォード大学に偽物の拘置所を設置し、監獄生活の研究に参加する男性ボランティアを公募し、お互いのことを知らない二四人の、主として中産階級出身の学生を選び出した。各参加者は、ランダムに、看守または囚人の役割を割り振られた。服を脱がされ、虱《しらみ》を駆除され、裸で写真を撮られることを含む、標準的な収監プロセスを経て、囚人は一日24時間拘置室にとどめられ、他方、看守は交代で働き、仕事の後は帰宅できた。標準の制服が双方の役割に用いられた（Haney et al. 1973）。目的は、異なる役割を演じることが、態度と行動にいかなる変化をもたらすかを見ることにあった。そこに起こったことは、調査者たちに衝撃を与えるものだった。

看守の役を演じた学生たちはすぐにも権威主義的なふるまいをとり始め、囚人たちにたいして本物の敵意を見せ、彼らに命令を下し、口汚くののしり、脅しつけた。囚人たちは対照的に、無関心と反抗の入り混じった態度を見せた。これは現実の監獄での研究でしばしば記録される反応である。こうした影響があまりに顕著で、緊張のレベルが高くなりすぎたので、参加者が苦痛を示したことを理由に、十四日間の実験はわずか六日で中止された。その前にすでに、五人の「囚人」が、極度の不安と情緒的な問題を見せたために解放された。しかしながら、多くの「看守」は研究が早々に終了したことを喜ばなかった。それは彼らが実験によって与えられた権力を楽しんでいたことを示している。

これらの発見をもとに、ジンバルドーは、性向仮説は参加者の反応を説明しえないと結論づけた。これに代わるものとして、彼は「状況による」説明を提示した。監獄における行動は監獄という状況そのものによってもたらされているのであって、そこに関わっている個人の性格によるものではない。特に、演じられた役割に結びついている期待が人びとの行動を形作る傾向があった。看守たちの行動のある部分は悪質化した。彼らは囚人たちを痛めつけ、くり返し罰を与え、囚人が苦しむことに喜びを覚えているようだった。ジンバルドーによれば、これは拘置所が打ち立てた権力関係によるものである。囚人の生活を統制することが、すぐにも看守の喜びの源泉になったのだ。他方、短い反抗期間の後、囚人たちは「学習性無力感」と従属的態度を示した。この研究は、監獄の中で、また含意としては「全制的施設」(Goffman 1968 [1961]) の中で、なぜしばしば社会関係が悪質化するのかについて重要なことを教えてくれる。それは、ほとんど個人の人格に由来することではなく、監獄的状況の社会構造とその中での社会的役割にずっと大きく関わっているのである。

批判点

批判者は、この研究には重大な倫理的問題があると主張する。参加者は研究の目的について完全な情報を与えられていなかったし、彼らが本当に「説明にもとづく同意《インフォームドコンセント》」を与えられたのかも疑わしい。そもそも、この研究を進めることを許可すべきだったのだろうか。また、選ばれたサンプルはすべて学生で、またすべて男性であったのだから、明らかに全体としての人口を代表するものではなかった。したがって、こうした小さな、代表性を持たないサンプルにもとづいて、「監獄生活」の影響について一般化を行うのは極めて難しい。状況が作られた性格のものであることも、発見された事実を現実世界の監獄体制に一般化する上で説得力を弱めるかもしれない。例えば、参加者たちは自分たちの拘置が十四日間しか続かないことを知っていたし、実験への参加にたいして一日15ドルを支払われていた。人種差別、暴力、性的虐待といった監獄における周知の事実も存在しなかった。したがって、実験は現実の監獄生活との有意味な比較にはならない、と批判者は言う。

現代的意義

もともとこれは実験であったのだから、状況は多少なりとも人為的に作られたものである。それでも、ジンバルドーの発見した事実は、一九七〇年代以降、広く参照されてきた。例えば、ジグムント・バウマンの『近代とホロコースト』(Bauman 1989) は、第二次世界大戦中のナチスによる強制収容所における収容者と看守の行動を説明するために、この研究に助けを求めている。近年では、イングランドのケア・ホームにおける高齢者や障害者の虐待やいじめという問題が、一連のスキャンダルの中で明らかにされ、職員の解雇や起訴という帰結を招いている。ジンバルドー (Zimbardo 2008) 自身も、実験と、二〇〇三‐〇四年のアブ・グレイブ刑務所におけるイラク人収容者への虐待と拷問を含む現実世界の出来事との、いくつかの並行関係について論じ、焦点を置くべきは「腐ったリンゴ」を見つけることではなく、「悪い樽」を作り直すことであると述べている。制度的セッティングが社会関係と行動を形作るという彼の最も一般的な命題は、今も強力なものであり続けている。

▼批判的に考える

学生の一部が予定よりも早く離れ、実験が途中で打ち切られたという事実は、実験の影響が甚大なものであったことを示唆している。しかし、監獄生活のどのような側面を、この種の実験は《決して》複製しえないのだろうか。人間を対象とした実験を行うことを社会学者に認めることの有益性を説明する立場からレポートを書け。それにたいしてどのような反論ができるだろうか。

◎ 比較研究と歴史的研究

比較研究は、社会学において中心的重要性を有している。比較することによって、社会生活の特定の領域において何が起こっているのかを明確にすることができるからである。多くの先進社会における異性カップルの離婚率を例にとってみよう。一九六〇年代の初め、イングランドとウェールズでは、一年間に三万件以下の離婚数であったが、二〇〇三年までに、その数字が一五万三〇〇〇件にまで上昇している。しかし、二〇〇三年から年間の離婚数が下がり、二〇一七年には一〇万一六六九件となっている。《離婚率》もまた低下し、婚姻者千人当たり八・四人が離婚しているが、これは一九七三年以後最低の水準である（ONS 2018a）。こうした変化は、イギリス社会に固有の特徴を反映しているのだろうか。私たちは、イギリスの離婚率を他の諸国のそれと比較することによって、それを明らかにすることができる。他の西洋諸国の数値との比較は、全体的傾向が事実としてきわめて類似していることを示してくれる。西洋諸国の大半では、20世紀の後半を通じて離婚率が着々と上昇し、それは21世紀の初頭にピークに達したように見え、その後、最近では安定または減少している。イングランドとウェールズについての統計は、近代化した西洋社会を通じて広範に見られる傾向もしくはパターンの一部であると、結論づけることができるだろう。

私たちは、特定の問題に関して収集した資料やデータに意味を与えるためにしばしば《時間的視座》を必要とするので、社会学的研究においては歴史的視座もまた重要である。社会学者は一般に、過去の出来事を直接に調べたいと思う。ある時期の歴史は、その経験者がまだ生きている間は直接的な形で研究することができるし、第二次世界大戦中のヨーロッパにおけるホロコーストについては、いくつかの洞察にあふれた研究が存在している。**オーラル・ヒストリー**の研究では、人びとが過去の人生で経験した、もしくは目撃した出来事について、人びとにインタビューを行う。この種の直接的な証言は、最大で六〇年から七〇年の時間を遡って得ることができる。

それ以前の時代についての歴史的研究のためには、社会学者は記録資料の研究に頼り、しばしば図書館やその他の公文書館の特別コレクションに含まれる文字記録を用いる。使用可能な記録資料の幅は広く、日記のような個人的資料も、政策文書のような公的資料も、生誕や死没の記録も、納税記録も、企業やボランティア組織のような私的機関からの文書も、さらにはまた雑誌や新聞もこれに含まれる。リサーチ・クエスチョンに応じて、これらの歴史的記録資料はすべて、戦争体験者のインタビュー記録のデータと同じように、**一次的資料**を構成する。しかし、歴史社会学者は同時に**二次的資料**も使用する。それは、歴史的な出来事について、その出来事の《後に》人びとによって書かれたものである。多くの記録資料研究は、一次的資料と二次的資料の双方を用いる。しかしながら、それらの資料を用いる時、社会学者は歴史学者と同様の問題に直面する。その記録資料はどこまで真正なものか。そこに含まれる情報は信頼しうるものか。偏った視点を示すものに過ぎないのか。記録資料の研究は、資料とその解釈にたいして、忍耐強く系統的に接していくことを要求する。

歴史的記録資料を用いた興味深い事例の一つに、第一次世界大戦中の塹壕戦に関するアンソニー・アッシュワースの研究がある（Ashworth 1980）。アッシュワースは、公的な戦史、その時代の公式の刊行物、兵士たちのつけたノートや記録、戦争経験についての個人的報告といった、様々な記録資料にもとづいて研究を進めた。彼は、塹壕内での生活に関する豊かで詳細な記述を展開することに成功し、そこにはいくつかの驚くべき事実が含まれていた。例えば、大半の兵士がどれほどの頻度で戦闘に参加しようとするのかを自分自身の考えで決めて、しばしばルールや上官の命令を無視したことを明らかにした。

アッシュワースの研究は、一九一四年から一九一八年までの比較的短い期間に集中していたが、歴史的文脈の中での比較研究を用いることによって、より長期間にわたる社会変動を調査した研究も多数存在する。比較による歴史社会学の現代の古典の一つがシーダ・スコッチポル（Skocpol 1979）による社会革命の研究である。これについては、「古典研究2.2」において論じよう。

◎ヴィジュアル社会学

人類学は写真や映画フィルムといったヴィジュアル資源を長く使用してきたが、社会学は文字テクストを重点的に扱おうとする傾向があった（Harper 2010）。しかし、社会学者が自らのヴィジュアル素材を生みだしていないわけではない。数量的及び統計的情報の提示は、読みやすい円グラフや表や図による表現に変換されているし、他方、エスノグラフィー調査の結果はしばしば写真とともに示される。しかし、こうしたヴィジュアル要素は、ほとんど常に、主たるテクストに付随するものであり、テクストが論文や著書のより重要な部分をなし、それを通じて社会学者の議論は構成されている（Chaplin 1994）。

より最近になって、一部の調査研究で、アクセスの難しい社会生活の領域を記録するために、デジタル技術やデバイスが使用されるようになった。例えば、バンクロフトほか（Bancroft et al. 2014）は、女子学生を募って、スコットランド、エジンバラの若い女性たちの飲酒文化を調べることを目的とした調査に動員した。学生たちは実際に、協力者兼研究者となり、スマートフォンのカメラを使って、夜の時間に自分たちが楽しみを求めて行っている活動を記録していったのである。おそらく今後、この種のアプローチはあるタイプの研究企画において、より一般的なものとなると予測できる。

一部の社会学者は、しだいに「ヴィジュアル社会学」に関心を抱きつつある。そこでは、写真、映画、テレビ番組、ビデオなどが、それ自体において研究の対象となっている（Tinkler 2013）。かくして、家族の写真アルバムが世代間の移行を理解するための

シーダ・スコッチポルによる社会革命の比較

研究課題

社会学や歴史学の学生であれば誰もが学んでいるように、一七八九年のフランス革命はフランス社会を決定的に変化させた。なぜそれはあの時起こったのか。それは単に歴史上の偶然なのか、それとも不可避的なものだったのか。中国やロシアにおける20世紀初頭の革命は、単にこれらの国を共産主義社会に転換させせただけでなく、近代世界そのものの方向性を明確に形作るものでもあった。ここで再び、なぜその時に、が問われる。アメリカの社会学者シーダ・スコッチポル(1947-)は、これらの革命期の間にある類似と差異を明らかにすることを試みた。彼女の野心的な企みは、詳細な経験的研究にもとづいて、革命の起源と本質に関する一般理論を生みだすことにあった。その成果が、長期にわたる社会変動についての古典研究の一つとなった『国家と社会革命』(1979)である。

スコッチポルの説明

スコッチポルは、三つの異なる歴史的文脈の中で革命のプロセスを検討した。一七八九年のフランス革命(1786-1800)、一九一七年のロシア革命(1917-21)、中国における革命期(1911-49)。立てられた本質的に歴史的な問いにたいして、彼女の取った主たる方法は、広範にわたる一次的及び二次的記録資料を用い、これを丁寧に解釈していくことにあった。三つの事例の間には多くの差異があるにもかかわらず、その基底的な構造的原因は実際に類似していると彼女は主張する。彼女は、革命を大衆の意志の所産、階級を基礎とした強い不満に根差す運動と見なすマルクス主義の考え方を拒否する。それに代わって彼女は、革命はなされるのではなく、到来するのだと論じる。すなわち、社会革命とは主として、意図的な人間の行為の意図されざる帰結がもたらすものなのである。例えば、ロシア革命の前には、様々な政治集団が既存の体制を転覆させようと試みていたが、それらの集団は、結果として権力の座についたボルシェヴィキも含めていずれも、実際に起こった革命を予想してなかった。一連の衝突と対立が、誰も予見していなかったほど深く、また根源的な社会変動の過程を呼び起こしたのである。

スコッチポルの説明によれば、三つの革命はすべて、農業中心の社会で起こり、既存の(行政的及び軍事的な)国家構造が、他の国家からの強い競合的圧力の下で破綻した時にはじめて可能なものとなった。こうした文脈の中で、農民の反乱と大衆の動員がフランスと中国とロシアにおいて社会革命をもたらしたのである。このようにしてスコッチポルは、農民は「革命的大衆」ではないという広く行き渡った考え方に異を唱えている。一定の類似性は、ヴェトナムやキューバやメキシコやユーゴスラヴィアにおける他の革命においても見ることができる。スコッチポルの因果論的説明は、国家構造に焦点を置いている。国家構造が破綻し始めた時、権力の空白が生まれ、国家はその正統性を失い、革命勢力が権力を掌握することが可能になるのである。

スコッチポルの研究は、19世紀半ばにジョン・スチュアート・ミルが描いた、比較研究のための「科学的実験の論理」を用いている。彼女は、非常に異なる国家的文脈の中に置かれた三つの類似した出来事（革命）をとり上げ、ミルの「類似法」を使用する。これによって、複数の事例に通ずる《独立変数》として特定されうる重要な類似性を検討することが可能になり、政治革命の原因の説明がもたらされるのである。

批判点

スコッチポルにたいする何人かの批判者は、彼女の命題の構造論的性格にたいして疑問を挙げてきた。それによれば、彼女の議論は人びとの行為主体としての能動性にごくわずかな余地しか認めていない。農民集団は《いかにして》反乱を起こしたのか。指導者たちは革命において役割を演じなかったのか。もしも、個人行為者や集団が、異なる行為の道筋を選択していたら、事態は別様に展開しえたのではないか。構造的圧力に直面する中で変化に影響を及ぼす個人の力はそれほどに弱いものなのか。

また別の批判は、この文脈においてスコッチポルが用いる「原因」という概念に関わっている。なかには次のように主張する者がいる。彼女の議論がたどり着いたものは、彼女が研究した諸事例に関する洗練された一組の一般命題である。そして、それらの一般命題は、これら特定の事例には非常によく当てはまるが、社会革命の一般的因果理論としてはうまく機能しない。彼女の命題は、例えば一九七九年のイラン革命や、一九八九年の（かつての）チェコスロヴァキアにおける「ヴェルヴェット革命」や、二〇一〇年から一一年にチュニジアから広がった中東及び北アフリカの「アラブの春」にもそのまま適用されうるだろうか。したがって、批判者たちが言うには、社会革命の基底的な原因や本質を明らかにしているのではなく、結局のところ、スコッチポルの研究は、それぞれの革命がそれ自体において研究されねばならないことを示したのである。

現代的意義

スコッチポルの研究は二つの理由で現代の古典となった。第一に、それが、革命の基底をなす社会構造的条件を強調し、革命的な変化の強力な因果的説明を展開したこと。しかも、これほどに強力な中心命題が、一次的及び二次的な記録資料についての非常に詳細な分析によって下支えされている。このようにして、スコッチポルは、比較による歴史社会学が、大規模な長期にわたる社会変動の研究を、歴史的事実についての「地に足のついた」経験的探究に結びつけうることを見事に証明したのである。実際のところ彼女は、マクロ社会学的な側面とミクロ社会学的な側面とを一つの理論枠組みの内で結びつけている。第二に、スコッチポルは、革命についての私たちの理解にきわめて大きな貢献を行っている。彼女は、複数の革命の間には、社会変動の一般理論の追求を正当化するに足るだけの類似性があることを示した。このようにして、彼女の論は、主流の歴史研究と革命の社会学の間の隔たりを架橋したのである。

重要な資源となり、映画や芸術の歴史が、かつての時代の社会規範やドレスコードやマナーについて何事かを語るものとなる。しかし、ヴィジュアル素材が生みだされる生産過程もまたひとつの研究領域を形作り、それについて私たちはいくつかのおなじみの問いを投げかけることができる。誰がそれを作成したのか。何のために。どのようにしてそれは作られたのか。何が取り込まれ、何が省かれたのか。ヴィジュアル素材の生産の研究が、文化生産についてのより広い研究領域の一部を形作る。それを通じて私たちは、様々な社会がその生活様式をそのメンバーにたいしてどのように呈示するのかについての理解を深めることができる。

ヴィジュアル社会学は、《すべての》専門領域において社会学的研究を高め、広げる可能性を有しているという人もいる。すべての専門領域に、何らかの形の視覚的データや証拠資料が伴っているからである。パウウェルス（Pauwels 2015:5）が言うように、「ヴィジュアルな社会科学の最終目標は、社会調査の正統な方法として確立されるという（単なる）欲望を超え、社会科学者の社会についての見方や考え方をより深いものへと変えていこうとすることにあるだろう」。いずれ社会学者は、既存のヴィジュアルデータを集め、使用し、自らヴィジュアル素材を作り出し、自らの知見をより視覚的な形で伝えていくエキスパートになっていくかもしれない。

◎ デジタル社会学

インターネットとワールドワイド・ウェブの出現は、社会学者たちに新たな機会と課題を提示している。一つの新たな機会は、数回クリックするだけで、世界中から他とは比較にならないほど広範な情報にアクセスできるという点にある。インターネットは、論文、著書、調査報告書、政府の記録資料、議会での討論（実況映像であれ文書形式であれ）、歴史資料、公文書、さらにもっと多くのものにアクセスするために用いることのできる、計り知れない価値をもった研究ツールとなった。これによって、学術的なやりとりはスピードアップし、限定された地域の研究が国際的な研究者コミュニティにたやすく届けられるようになった。セルウィン（Selwyn 2019: vi）が記しているように、「こうした大量のオンライン情報は、学問と知識の移り変わりやすい性格を反映している」のである。

この情報への《接近のしやすさ》は、情報の《正確さ》と誤解される危険性を有する。学生も研究者も、常に批判的な目を持ち、他のすべての資料についてなされるのと同じ問いを投げかけなければならない。それは誰が作ったものなのか。それはどのように作られたのか。他の学者による再検討の対象となってきたのか。その資料がどれほど信頼に値するのか。その資料は、バイアスにつながるような、情報への直接的な利害関心を含んでいるか。多くの教員が、オンライン資料の効果的な使用を可能にするために求められるスキルを学生たちに教える仕事にたずさわっている（Ó Dochartaigh 2009）。研究者は、自らの研究計画の一部として、様々なアプリ、メール、スカイプ、オンラインアンケート、ウェブカメラによるインタビューを利用することができる。一方で、膨大な数のオンライン・コミュニティは、従来の社会集団やコミュニティの中で行われたのとほぼ同じやり方で、調査を行う可能性を提供している（Hewson et al. 2002）。チャットルームやフォーラムや他のソーシャルメディアは、特定の利害集団がオンラインで人を集めるために用いられているし、結果として、特定の主題に接する最良ないし唯一の方法を示している。

デジタル技術の急速な普及は、社会学の実践がデジタルの時代においてどのように影響を被るのかについての議論を促し、その議論は、**デジタル社会学**と呼ばれる最近の下位領域の一部をなすようになった。人びとは、オンラインでのニュース配信、バンキング、ソーシャルメディア、検索エンジン、ゲーム、ビデオ配信（ストリーミング）などに関わっており、デジタル・デバイスや技術は人びとの日常の生活様式の内にすでに埋め込まれている。これらと並んで、「インターネットに接続可能な」スマートテレビ、冷蔵庫や家電機器、家庭の照明や電子機器、センサーやプログラマーがあり、これらをあわせて「**モノのインターネット**（IoT）」の出現と名づけられるようになった。これらすべてのことが意味するのは、社会生活が「根底からデジタル化され、デジタルなものとしてあり」、デジタル・システムの中で、またそれを通じて生きられるようになるということである（Selwyn 2019:2）。一つの重要な変化は、デジタル化によって今日では、テクストメッセージや通話記録や検索履歴やクレジットカードの取引を含む膨大な量のデータが定常的に収集され、そこには、GPSによる位置データが付随しており、人びとが何をしているのかだけでなく、どこでそれをしているのかが記録されていることにある。

こうした大量のデジタル・データは、社会学者が社会生活や社会関係についてこれまでよりもずっと多くのことを発見すること、そして、社会学が新たな現実の域外に取り残されてしまう危険を回避することを可能にすると言う人もいる（Marres 2017）。そして、統計的調査やインタビューやフォーカス・グループといった、ある意味で人為的な手法によって生み出されたデータに頼ることに比べて、デジタル・データは、人びとが日々の生活の中で行っている膨大な相互作用ややりとりの一部として「自然に生じている」ものだと言われる。サヴェージとバロウズ（Savage and Burrows 2007）は、こうしたデータを探求することによって社会学者は、複雑な社会生活の細部をかつてなかったほどきめ細やかに記述する方向に進んでいけるのであって、おそらくそこに社会学を《実践する》新たな道がしるされるのだと主張する。

しかしながら、デジタル化はまた、社会生活に介入して変化を引き起こす可能性を開くものでもある。マレス（Marres 2017:7-10）は、その一例としてサマリタンズレーダーについて報告している。これは、自殺のリスクを有している可能性のあるソーシャルメディアの利用者を特定しようとして開発されたソーシャルメディアのアプリである。このアプリは、X（Twitter）のメッセージをリアルタイムでモニタリングし分析を行い、リスクを有していると思われる人物のフォロワーに警告を発し、どのようにしてサポートするべきかをアドバイスすることができる。こうした介入の可能性は、人間の行動を予見し形成することのできる科学という、長らく否定されてきた19世紀の実証主義の理想が、デジタル時代に甦りうることを示唆している。しかし、こうした考え方で走り出してしまう前に、社会学における近年のデジタル的転回にたいするいくつかの批判をたどり直しておかねばならない。

第一に、社会学がデジタルな方法に有益な可能性を見るようになったのはごく最近のことにすぎないと考えるのは正確ではない。コンピュータの使用は少なくとも一九六〇年代から社会学的分析の主要素であった。それぞれ量的分析と質的分析のための標準的なソフトウェア・パッケージであるSPSSやNVivoを使ったことのある人であれば、誰もがそう証言するであろう。リサーチツールとしてのデジタル・テクノロジーの新しさが誇張されるべきではない。他方で、デジタル化は明らかに、フィールドワークまでも含めた、伝統的な方法に影響を与えており、特定の集団との間でオンラインでなされうるフィールドワークもある。

第二に、デジタル・データは「自然に生じている」という主張に異議が唱えられてきた。グーグルのような主要な検索エンジンに使用されるアルゴリズムは、企業の従業者によって作られたものであり、デジタル・データは人間の行動の産物である。ラプトン（Lupton 2015:8）は「データ生産の各段階で人間の判断が介在している」のだと主張している。「何がデータを構成するのか。いかなるデータを収集し集計することが重要なのか。データはいかに分類され、階層化されるべきか。データは『クリーン』なのか『ダーティ』なのか、などを決める際に」判断がなされている。同様に、デジタル・データは分析されるのを待っている単なる生データではなく、これに関わるデバイスやシステムについて何事かを語り、またそれらを用いる人びとの行動についてもまた語ろうとしている。マレス（Marres 2017:22）は言う。「特定のアプリが特定のユーザー・グループによって頻繁にダウンロードされている時、それは、そのユーザーたちについて何かを語っているのだろうか。それとも、彼らが利用しているプラットフォーム上のアプリによるお奨めやランキングについて語っているのだろうか」。したがって、社会調査におけるデジタル・データの不用意な使用に、私たちは注意しなければならないのである。

第三に、デジタル社会学は、すべての社会学的研究と同様に、機密の維持、プライバシーの保護、データの正当な収集と使用に関する倫理的問題を生じさせかねない。サマリタンズレーダー・アプリがその一例である。このアプリは、アカウントの保有者の同意なくフォロワーに情報を与えることが人びとにスティグマを付与し、プライバシーの侵害を起こすという批判を受けて閉鎖された。しかし、ソーシャルメディア内でのデータ共有の遍在性と、**データ監視**、すなわち人びとのオンラインでの活動に関する系統的なモニタリングとデータ使用の広がりを所与のものとすれば、まさにこのプライバシーという概念が再考を求められているのかもしれない。イギリスにおけるウェルカム・トラスト（Wellcome Trust 2013）の統計調査が示すように、人びとは、国家の安全を理由とした政府による犯罪防止策の中でモニタリングが行われ、データが使用され、政府のサービスが改善されることについては広く肯定的であるが、データの盗用、ハッキング、ターゲット広告、プライバシー侵害の可能性については懸念が表されている。オンラインでの調査が匿名の形で、対面的接触なしに行われることを踏まえて、プライバシーや機密の保護やリスクの問題が、専門の社会学における調査実践を統括する諸機関によって再考される必要が生じるかもしれない。

デジタル社会学という下位領域はごく最近に成立したものであり、この名称での出発点は、二〇〇九年及び二〇一〇年の初期の著作に遡ることができる。そして、この領域での研究が立て続けになされてきたにもかかわらず、どこまでの範囲を扱うべきか、それにふさわしい方法とは何かをめぐる基本的な問題が今も未解決のままである。既存の研究方法は今日の社会生活を理解することができるのか。それとも、社会学者はデジタル時代の社会生活をよりよく語ることのできる新たな方法を発展させるために、デジタル技術を用いるべきなのか。この問いにたいする答えは、デジタル社会学だけでなく、社会学全体のこれからの実践にとって意味を持つものである。

▼批判的に考える

実際のところ社会学者は、ソーシャルメディアからどのような種類の有益な情報を集めうるだろうか。それは、ジェンダーの不平等や、諸政党への支持の広がりを明らかにする一助となりうるだろうか。それは、《なぜ》人びとが特定の政党を支持するのか、あるいは、人びとがジェンダーの不平等を《いかに》理解しているのかについて、より深い洞察を与えるだろうか。

三角測量法と方法の混合　すべての研究方法に利点と限界があり、それが認知されることによって今日、社会学者が調査研究の一つの行程の中で諸方法を組み合わせ、それぞれが他の方法を補完し、チェックするものとして使用することが珍しくなくなった。このプロセスは、**三角測量法**と呼ばれている。三角測量法の提唱者たちは、それが、単一の調査研究法よりも信頼のおける、妥当な、包括的な知識をもたらすと主張する。ただし、デンジン(Denzin 1970)はその中に、四つのタイプの三角測量法を区別している。《データの三角測量》が行われるのは、同一の研究プロジェクトの中で、データがいくつかの異なる時点において収集され、おそらくは異なるサンプリング戦略を用いている時においてである。《調査者の三角測量》は、一人ではなく、研究者のチームがフィールドワークを行う場面でなされる。《理論的三角測量》は、より論争的なもので、データの解釈の際にいくつかの理論的アプローチを使用する。最後に、《方法論的三角測量》は、一つの調査研究の一部として、複数の方法論を採用するものである。私たちは、再びロード・ハンフリーズの『ティールーム・トレード』を考察することによって、諸方法を組み合わせることとの潜在的価値、またより一般的には、実際の社会学的研究の持つ問題や落とし穴を見ることができる

ハンフリーズが答えようとした問いの一つは、「いかなる種類の男性がティールームを使っているのか」にあった。しかし、彼が実際に行うことができたのは観察することだけだったので、これを明らかにすることは非常に困難であった。沈黙を守るというルールがあって、質問すること、さらには話をすることさえ難しかった。そしてもし彼が参加者に個人的な質問を投げかけたとしたら、非常に奇妙に見えたことであろう。先に見たように、ハンフリーズはそこにいた人びとの車のナンバープレートを書き写し、そのナンバーを、車の所有者の住所を管理していた車両登録部局

の友人に渡した。数か月後、彼はセント・ルイスのワシントン大学の研究仲間を説得し、彼らが一戸ずつを回って性的習慣についての訪問調査を行い、彼自身が集めたティールームのサンプルに氏名と住所を加えていったのである。調査員を装って、ハンフリーズは、そのバックグラウンドや生活についてより多くを知るために、家庭にいる男性たちにインタビューし、さらにはその妻や家族たちにもインタビューを行ったのである。

彼が用いた方法が慣習に反し倫理的に疑わしいものであることを脇に置いてみれば、ハンフリーズは、一種の方法論的三角測量を行っていた。彼は、［インタビューによる］社会調査を加えることで、参与観察の限界を乗り越え、結果を組み合わせることで、より豊かで、より詳細かつ強力な調査過程を生みだすことができた。方法の混合は、まさにこの理由によって、今日珍しいものではなくなった。しかし、それは万能薬ではないし、すべての社会学者に受け入れられたり採用されたりしているわけでは決してない。

■ 社会学の影響力

社会学者はしばしば、ほとんどの人びとが何らかの個人的経験を有することについて研究しているので、社会学的知識とは、われわれがすでに知っていることを抽象的な専門用語で言い直したものにすぎない、と考えることも可能である。しかし、そうであることは極めて稀である。社会学的知見は証拠にもとづいていなければならないので、それらは決して単なる個人的な意見や推量ではない。実際に、良質の社会学は、自明なものと思われる物事についての私たちの理解をより鮮明なものとしたり、われわれの常識的な見方を完全に変えてしまったりする（Berger 1963）。いずれの場合でも、社会学は冗語でも、自明なものの言い直しでもない。社会学的研究は私たちが、それまで知らなかった社会の諸側面を見ることを可能にしてきた。そして、研究によって得られた知見はしばしば、社会集団や個人や制度についての私たちの個人的な信念に異論を唱える。

同様に、社会学は、多くの人びとがすでにその答えを知っていると思っている問題からスタートすることがある。犯罪は実際に悪質化しているのだろうか。なぜ中学校では少年たちが成績不振になるのだろうか。なぜ今でも女性が男性より家事を担っているのだろうか。こうした問いを立てる時、社会学者は決して、逸話的証拠や個人的信念や新聞の描く物語やテレビのニュース報道で満足することがない。社会学者は常に、調査方法を用いて証拠を集め、理論的な考え方を用いてそれらを分析し解釈し、研究されている現象についてのより深い理解を呼び起こしてゆく。このようにして社会学はしばしば、「自明の」もしくは単純な答えに異論を唱え、私たちのローカルな知識をより広い参照枠組みの内に、最近では世界規模の社会的相互作用の内に位置づけていく。

社会学的研究が社会学者の共同体だけの関心に基づくことは稀である。研究資金のかなりの部分は政府の財源から拠出されており、社会課題や社会問題と直接に結びついている。例えば、犯罪や逸脱の研究は、犯罪に伴う諸問題により有効に取り組んでいくことができるようにするために、より質の高い理解を得ることを目指して、特定の違反行為やある種の違反者を対象として行われる。社会学者はまた、ボランティア機関や公的組織や企業とともに仕事をし、自分たちの調査技術を用いて、その組織によって設定された問いに取り組んでいく。これらの多くは**応用社会調査**である。応用社会調査では、より正確な知識を産出することだけではなく、社会生活のある側面を改善することを目的とした介入のあり方を示すことが目指される。例えば、親の飲酒が子どもに及ぼす影響を調べる研究者は、特定の対処プログラムがアルコールの濫用をなくすことに効果を持つかどうかについて関心を抱いていることだろう。

社会学的研究から得られた知見は社会全体に拡散されるものでもある。強調しておかねばならないことだが、社会学とは単に社会についての《研究》にとどまるものではなく、諸社会における《持続的な生活》の重要な要素である。結婚や性や家族に関して生じている変化を考えてみよう（第7章、14章、15章で論じられる）。多くの人は、社会科学的研究の知見が社会の中に浸透していった結果として、これらについて何らかの知識を有している。つまり、私たちの思考や行動は、複雑な、時に微妙な形で社会学的知識に影響を受ける。しかし、私たちの行動が変わるとともに、社会もまた変わる。それこそが社会学的探究の主題である。私たちの専門用語を用いてこの双方向的な現象を記述する様式は、社会学が、その行動を研究対象としている人間存在にたいして「再帰的関係」を取っていることを物語る。再帰性については第3章で検討するが、それは社会学と社会生活の間のやり取りを描きだすものである。社会学的知見がしばしば常識的感覚と近接することに、私たちは驚くべきではない。ただしそれは、私たちがすでに知っていることを社会学が語っているからではない。むしろ、私たちがすぐにはそれに気づかないことがあるとしても、社会学的研究はまず第一に、社会についての私たちの常識的知識を形作ることを助けているのである。

本章をふりかえって問う

1. ハンフリーズの調査研究『ティールーム・トレード』（Humphreys 1970）で使用された調査方法とは何か。このプロジェクトがなぜ「議論の余地のある」ものと見なされたのか。
2. 以下の諸主題の内には、社会学者にとって実質的に「立ち入り禁止」のものがあるだろうか。
   (a) 出会い系アプリの登録と利用におけるジェンダー差
   (b) 18歳から19歳の新たに権利を得た投票者の投票意図
   (c) 介護施設における高齢者虐待の広がり
3. 以下のそれぞれが意味することを説明せよ：比較研究、発展研究、応用社会調査
4. 社会学の研究者が考慮しなければならない倫理的問題をリストアップせよ。それらは、自然科学者が直面する問題とどのように異なっているか。
5. 「社会学は科学的な学問か」。二人の科学哲学者を選び、この問いにたいして彼らがどのように答えたのかを概説せよ。
6. 相関関係と因果関係の違いは何か。真正な因果関係の一例を挙げよ。

7.「量的調査は科学的で質的調査は科学的ではない」。この言明がなぜ誤っているのかを説明せよ。
8. 以下の諸方法のそれぞれについて適切な主題となる、現実世界の一例を挙げよ：エスノグラフィー、生活史法、ヴィジュアル社会学、統計的調査、歴史研究
9. 以下の主題について調べるための、二つの調査方法を含む研究戦略を立てよ。あなたはそこにどのような倫理的及び実践的な問題を予測するか。そしてどのようにしてそれを乗り越えようとするか。
(a) 女性の同性間の関係におけるドメスティック・バイオレンス
(b) 11歳から16歳までの生徒における自傷行動の広がり
(c) 男性の「無期刑囚」が取る対処戦略
10. デジタル社会学とは何を意味するのか。どのような種類のデジタル・データが社会学者にとっては有益か。

実際に調べてみよう

社会学を学ぶ学生の多くは、この学問の古典的諸研究について知ることだろう。しかし、社会学は、現在進行中の調査プログラムや研究の中に存在するものであり、その多くはある範囲の学術雑誌に刊行されている。雑誌論文（「ペーパー」と呼ばれる）は、データ収集や理論構築や知識の蓄積の継続的なプロセスの一部である。

人類学者や社会学におけるエスノグラファーは長らく、調査過程で研究対象者に近づきすぎてしまうことの危険性に自覚的であった。それは自らの客観性を脅かし、研究上の知見を台無しにしてしまうかもしれないからである。しかし、こうした用心を施すことは実際に正当であろうか。調査者と研究対象者が友人関係を築き、それが研究を台無しにしてしまうのではなく、実際に有益なものとなることは可能だろうか。

以下のペーパーは、オート／バイオグラフィー調査における個人的関係の問題について考察している。この論文を読み、以下の問いに取り組むこと。

O'Donoghue, C.T.(2014) 'Friendship in the Field: Ethics and Reflexivity in Auto/biographical Research', Journal of Postgraduate Research[Trinity College Dublin]: 177-91; www.tara.tcd.ie/handle/2262/73634.

1. このペーパーが取り組もうとしている主要な問題とは何か。
2. このペーパーのためのサンプルはどのように集められたか。
3. 他の調査方法に比して「ライフヒストリー」法にどのような利点があると主張されているか。
4. 調査者は、調査過程の外で、どのように「友人としての調査者」であり続けようとしているか。このペーパーに示された証拠から、その戦略はどこまで成功したと言えるか。
5.「傷つきやすい観察者」によって意味されるものは何か。
6.「調査協力者たちは彼らの語りが私にたいして及ぼす衝撃に気づいていた。私は『単なるノートテーカー』以上のものであ

った……」。このことが、調査にたいして悪影響を及ぼしえたという根拠は存在するだろうか。

さらに考察を深めるために

社会学的研究は通常、問題あるいは問いから始まり、研究計画はいくつかの段階を踏んでいく。調査過程の最初の四段階(Fig. 2.1 を参照)を採用して、自分自身の小規模な研究計画を作成せよ。

・関心のある主題を選択し、次にこれを特定のリサーチ・クエスチョンに絞っていくこと。
・その主題に関わるいくつかのキーワードを特定し、それらの語を用いている関連文献について、文献検索を行うこと。そして、最も近接的に適合するものを一〇点挙げること。
・これらの文献の内最初の三点を参照しながら、あなた自身の研究計画のための仮説を立てること。自分が実際に発見したいと思っていることは何か。
・ここで、《どのように》調査研究を実施するのかを厳密に考えること。どの方法、または諸方法が、答えをもたらすのに最もふさわしそうか。複数の方法を用いるべきだろうか。
・最後に、この研究が走り出した時どのような障害が予見されるか。そしてあなたはそれをどのように乗り越えるだろうか。

芸術作品に描かれた社会

1. アメリカの写真家シェルビー・リー・アダムスは、三五年以上にわたってケンタッキー州の、生活条件が厳しく相対的に貧しいアパラチア山岳地方の人びとやコミュニティの生活を写した写真で広く知られている。自らをヴィジュアル・アーティストであると述べながら、アダムスは、自分の作品は「人びとをまっすぐに受けとめ、脱神秘化し、ステレオタイプを破壊することで表層的な見方を乗り越えること、この地方の人びとにたいする、ひいてはすべての人びとと一般にたいする、地域及び国民の誤解や先入観を明らかにすること」をねらいとしていると論じる。彼の作品と理念の諸事例は、彼自身のサイトに見ることができる。: http://shelby-lee-adams.blogspot.com/

ジェニファー・バイチウォルのドキュメンタリー映画『写真の真実の意味:シェルビー・リー・アダムスのアパラチア』は二〇〇二年に公開された。この映画は、芸術作品による社会集団の表象をめぐる議論とその政治的インパクトを探求している。この事例において、アダムスの映像は彼自身の目的を達成しているのか、それとも、以下のオンラインの記事が示したように、貧しいコミュニティや家族についての既存の否定的なステレオタイプを強化しかねないものなのか。

https://hyperallergic.com/28555/capitalist-realism-or-poverty-porn/

あなた自身でアダムスの仕事について調べ、以下の問いについて論述しなさい。「シェルビー・リー・アダムスの作品から、伝統的な社会学の方法によっては到達できなかったような、アパラチア・コミュニティについての社会学的洞察を獲得することができるとすれば、それはどのようなものか」。このようなヴィジュアルな記録が私たちの理解を増すのは《なぜ》なのかを必ず説明すること。

2. インタビューは、社会学者だけでなく、ジャーナリストや市場調査者やテレビ・ドキュメンタリーの制作者によっても行われ、すべてのインタビュアーは、自分が求める情報を聞き出すための実践的な方法を見いだしていく。調査取材を行うジャーナリスト、ルイ・セローは、調査対象者から情報を引き出すために《非構造化インタビュー》を用いることを好む。彼は以下の短いインタビューの中で自らの調査技術について語っている：www.youtube.com/watch?v=pzC6NbVN1Xk

ここで、スチュアート・カブが監督した『ルイ・セロー：柵格子の向こう』を見よう。そこでセローは、カリフォルニア州サンフランシスコのサン・クエンティン州立刑務所の看守と受刑者にインタビューを行っている：https://archive.org/details/BehindBarsInSanQuentin-LouisTheroux

この場面で、非構造化インタビューの方法はうまく機能しているだろうか。インタビューは、看守と受刑者の関係について私たちの理解を助けているだろうか。受刑者は、真実を語るというよりも、よいテレビ番組むけの回答を示して「カメラに向けて演じていた」のだろうか。もしもあなたが、監獄という状況で自分自身の調査を行おうとしたら、どのような調査方法を用いるか。それはなぜか。

読書案内

調査研究法については、優れた入門レベルのテクストを含めて多くの著書がある。ここに選び出したものだけで十分というわけではないが、これらはすべて大変に有益である。あなたにとって最も近づきやすいものを見つけるために、いくつかを読んでみること。

社会学の初学者には、情報に富んでいると同時に実用的なテクストが必要である。そこで、ジュディス・ベルとスティーヴン・ウォルターズの『はじめての人のための調査ガイド』*Doing Your Research Project: A Guide for First-Time Researchers*, 7th edn, London: Open University Press, 2018 などが手始めにふさわしい。同様にキース・F・パンチ『社会調査入門――量的調査と質的調査の活用』*Introduction to Social Research: Quantitative and Qualitative Approaches*, 3rd edn, London: Sage, 2014（川合隆男監訳・慶応義塾大学出版会、二〇〇五年）も、そのタイトル通りのものを示している。ヘレン・カラ『社会科学における創造的調査方法――実用ガイド』*Creative Research Methods in the Social Sciences: A Practical Guide*, Bristol: Polity Press, 2016 は、テクノロジーや次第に一般的になりつつあるその他の方法を使った混合法による調査についての近年の展開についても述べている。

これよりも少し詳細で包括的なものとしては、アラン・ブライマンの『社会調査の方法』*Social Research Methods*, 5th edn, Oxford: Oxford University Press, 2016 を読んでみること。これは多くの教員が講義で使用しているものである。ニコラス・ウォリマンの『社会調査の方法』*Social Research Methods*, 2nd edn, London: Sage, 2016 は詳細かつ包括的である。

統計とSPSSソフトパッケージへの入門としては、ニール・J・サルキンドとブルース・B・フレイの『統計嫌いの（と思っている）人のための統計学』*Statistics for People Who (Think They) Hate Statistics*, 7th edn, Thousand Oaks, CA: Sage, 2019 が初心者にとっても経験者にとっても楽しく、手に取りやすい。もう一冊の価値ある本は、ダレル・ハフの『統計でウソをつく法：数式を使わない統計学入門』*How to Lie with Statistics*, London: Penguin, 1991（高木秀玄訳、講談社、一九六八年）である。これは、「これまでに書かれた、最もよく売れた統計書」である（J.M.Steele(2005), *'Darrell Huff and Fifty Years of How to Lie with Statistics' Statistical Science*, 20(3):205-9 参照）。それはおそらく、その礼をわきまえない口調のためではない。本書は、統計的情報の誤用についての優れたガイドであり、重要なメッセージを有している。

優れた辞典は投資に値する。そして、ヴィクター・ジュップの『セージ　社会調査の方法辞典』*The Sage Dictionary of Social Research methods*, London: Sage, 2006 が最も多くのトピックをカヴァーしている。

調査方法や様々な方法論的アプローチに関する原書文献をまとめた関連書『社会学――入門読本（第四版）』*Sociology: Introductory Readings*, 4th edn, Cambridge: Polity, 2021 を参照せよ。

インターネット・リンク

本書に関する追加情報とサポート（ポリティ）
www.politybooks.com/giddens9

イギリス調査研究センター　方法に関する多くの情報源と論文を含む、非常に有益なサイト
www.ncrm.ac.uk/

欧州社会科学データアーカイヴ　様々な種類の調査をカバーした多くの社会科学データのアーカイヴを収めている
www.nsd.uib.no/cessda/home.html

イギリス国家統計局　多くの統計的調査だけでなく、その他のタイプの調査も含んでいる
www.ons.gov.uk/ons/index.html

アメリカ社会学会　有益な調査方法セクション
www.asanet.org/topics/research-methods

イギリスデータアーカイヴ　多様な主題についてのデジタル・データの大規模コレクション
www.data-archive.ac.uk/

マーケット調査と社会調査に焦点化した合併会社（Ipsos

UK and MORI)
www.ipsos-mori.com/

（鈴木訳）

第3章

理論と観点《パースペクティブ》

第３章｜目次

前アメリカ大統領ドナルド・トランプは、人類発生的あるいは「人間が引き起こした」気候変動の理論を信用しないと長い間主張してきた。二〇一七年にかれは、二〇二〇年にパリ気候変動協定から撤退すると宣言した。それから、二〇一九年のイギリスへの公式訪問後のインタビューでは、（以下のように）述べた。

私は、気候には変化があると信じていますが、また気候は両方向に変化すると思っています。忘れてはいけません。地球温暖化と呼ばれてきた変化、それは起きていません。だからそれは、気候の変化と呼ばれたのです。今や、それは、実に異常気象と呼ばれています。なぜなら、異常気象という語で、あなた方が間違えては困るのですが、……私はこの程度のアメリカにおけるトルネードを思い出すのではなく、あなた方が四〇年前を振り返るときの、私たちが体験した、かつて体験したなかでも最悪のトルネードの大騒ぎを思い出すからです。一八九〇年代には、私たちは最悪のハリケーンを体験しました。（Cited in Weaver and Lyons 2019; BBC News 2019e）。

ドナルド・トランプは、圧倒的多数の自然科学者たちと意見を明確に異にしている。それらの自然科学者たちは、人間活動による（人間が推し進めている）地球温暖化の理論を裏づける証拠がますます増加していると述べている。トランプは、その証拠と理論の両方に異議を唱えるが、一方で、他の懐疑論者たちは、温暖化の証拠は受け入れても、人間活動を原因とする見解は拒否している。そして彼らは、温暖化と寒冷化の「自然な循環」が気候変動の説明となると論じている。この特殊な理論的論争は、実際的で深刻な帰結をもたらしている。「気候の緊急事態」は存在しているのか否か。私たちは、化石燃料を段階的によりすばやく廃止すべきだろうか。私たちは、ガソリン車とディーゼル車をあきらめて、その代わりに迅速にオール電化へと移行するのだろうか。現在、科学者たちは、大統領の見解にたいして論争で勝利しているように見える。

＊「環境」、気候変動に関する広範囲にわたる議論のために第5章を参照せよ。

自然科学におけるのと同様に、社会科学者たちは、自分たちが集めた証拠を説明するために、抽象的な解釈、すなわち理論を考案する必要がある。もしも社会科学者たちが、取り組もうと焦点を当てている課題を適切に定式化しようとするならば、また、調査の初めに、理論的方法を用いる必要がある。しかし、社会学的理論化は、孤立したアカデミックな象牙の塔のなかでは行われない。このことは、その学問分野の創設者たちによって提起された課題からも明らかである。それらの課題は、その時代の主要な社会的かつ政治的な論点に関係している。マルクスは、資本主義経済が貧困を引き起こし、社会的不平等が増大するダイナミクスを説明しようとした。デュルケムの研究は、工業社会の特徴と宗教の未来を調べたが、他方、ウェーバーは、資本主義の出現と個人に対する官僚制組織の影響を説明しようとした。しかし、これらは、今日もまだ中心的な課題だろうか。

多くの社会学者は、中心的な課題は今日では著しく異なっていると考えている。例えば、グローバリゼーションの社会的・経済的・政治的影響とは何だろうか。どのように、なぜ、そしてどのような結果を伴って、ジェンダー関係は変容しつつあるのだろうか。多文化社会にとっての未来とは何なのだろうか。気候変動と地球環境問題の観点から見た、世界中の人間集団にとっての未来とは、実際、何なのだろうか。これらの諸問題に取り組むために、社会学者は、古典的理論を再評価し、これらの古典的理論が欠けていると思われるところでは、彼ら自身の新しい理論を展開することを余儀なくさせられてきた。

社会学の初心者にとって、歴史的な見方は、きわめて重要である。それは、どのようにその学問領域が出現し、現在の形へ変化したかを理解することを助けるだけでなく、私たち全員が分かりきった（理論的な）ことを、その必要がないときには最初からやり直さないように促してくれる。社会学的理論化の批評家たちは——その領域自体のなかからかなり多くの人が——非常に多くの「新しい」理論が、実は、単に「古い」理論を新しい言葉で飾り立てているに過ぎないと不満を述べている。長期にわたる社会学的理論の発展を正しく理解するとき、私たちはこの批評にたいして敏感になる。

■ 理論、理論家、諸観点《パースペクティブ》

社会学における理論の領域は、いくつかの理論が「社会学理論」と表現され、他の理論が、「社会理論」と表現されているので、かなり複雑である。これは単に細かいことにこだわっているだけだろうか。単刀直入に言うと、**社会学理論**は、経験的な発見を説明しようと努め、社会学者の仕事を妨げる個人的な信念や政治的な関わりを避けようとする。**社会理論**は、必ずしも社会学の範囲内に起源があるのではなく、しばしば社会的で政治的なとり決めの規範的な批評を含み、政治的に中立的な社会学は不可能であると主張する。この章を通読するあいだ、この区分を心に留めておきなさい。これから見るように、この基本的区別は、例外を許さないものではなく、一部の学者たちは、この二つのタイプのあいだを移動し、社会的生活の諸相を理解し、説明するために社会学理論を考案し、さらに、致命的な不平等と見なすものの批評もしている。

社会学における諸理論や諸観点の配列と折り合いをつけることは、困難な仕事である。もしもすべての社会学者たちがその周りで研究することができるような、一つの中心的な理論があれば、それはもっと容易だっただろう。一時、一九五〇年代と一九六〇年代には、タルコット・パーソンズの構造的機能主義の手法が、まさにもう一歩のところまで来ていた。しかし、今の時代は、理論的手法と諸観点の多様性によって特徴づけられており、それは、競い合う諸理論を評価するという作業をかつてより難しくしている。しかし、理論的多元主義はまた、ほぼ間違いなく私たちの社会生活についての全般的な理解を深めるので、社会学理論に活力をもたらしている。そして、今日の社会学は、社会生活の極めて特定の側面を説明しようとする数多くの「中範囲」の諸理論を含んでいる（Merton 1957）一方で、社会構造あるいは人間社会の長期間の発展を説明しようとする**グランド・セオリー**のための余地もまだある（Skinner 1990）。

この章は、社会学に着手しようとしている学生たちに確固たる基盤を提供する、本書巻頭の一連の三つの章を締めくくるものである。第1章において、私たちは、社会学が、科学的知識の総和に何を加えるのかを探究した。第2章では、社会学者たちによって使われているいくつかの主要な調査方法と技術、いわば「商売道具」を示した。そしてこの章では、私たちは、19世紀以降の社会学的理論化の歴史と発展について簡単な説明を与える。もちろん、この短い章においてはすべての重要な理論家たちを扱うことはできないので、例えば、ピエール・ブルデューやマニュエル・カステルはここでは取り上げていない。彼らの業績は、彼らの影響が強く反映される後の章で紹介する。ブルデューの考えは、詳細に第16章の「教育」で扱い、カステルの考えは、第12章の「社会的相互行為と日常生活」、そして第17章の「労働と雇用」において扱う。

私たちの提示の仕方は一般的に年代順であるが、独創性がなくて年代順になっているのではない。私たちがマルクスの紹介をするとき、その議論は、19世紀中期から20世紀とそれ以降のマルクス主義者の見解へと広がっていくことは避けがたい。フェミニズムの理論の概説は、同様に長い期間に渡る。私たちの判断では、この方法は、より筋の通った説明をもたらし、読者たちに、どのようにそしてなぜ理論的観点《パースペクティブ》が、そのような仕方で発達したのかをより容易にわかるようにできるのである。

次の二つの節では、社会学の分野における研究の主要なヨーロッパ的伝統を創始したと見なされている人びとの業績を通して、社会学理論の出現と社会学の創設の足跡をたどる。それから、この章を終える前に、一九七〇年代以降のすばやく広範な社会変動が、社会学者に新しい理論的諸観点を考案するように強いたその方法を一瞥しながら、主要な理論的議論がそれをめぐって見方を変えた、繰り返し発生する二つの理論的難問を探究する。アウトウェイト（Outhwaite 2015）は、古典的理論家や、彼らの広い視野で研究をしている人びとによって創作された「形式理論」と、一九七〇年代と一九八〇年代以降、多くの社会学的理論家によって考案された「より形式的ではない」理論、あるいは、まさに「非形式的な」理論とを区別した。

古典的な社会学は、パラダイムのように見える極めて形式的な理論体系によって特徴づけられていたが、より形式的ではない同時代の諸理論は、もっと柔軟に、新しい観念を通して社会的現実の説明にしっかりと根を下ろしていた。その新しい観念とは、グローバリゼーション、リスク、ポストモダニズム、再帰的近代化、ハビトゥス、リキッド・モダニティ、ハイ・モダニティ、そして、複合的モダニティのような観念である。理論家たち自身は、広く行き渡った認識を謳歌していたのであるが、アウトウェイト（Outhwaite 2015：614）は、理論的諸観点は、（古い、形式的な諸理論と比べて）相対的に説得力がないという意味で、この研究業績の大部分を、「有名人社会理論」と表現した。例えば、学生たちは今日、アンソニー・ギデンズ、ウルリッヒ・ベック、ジュディス・バトラー、ミシェル・フーコー、ピエール・ブルデュー、

1750	♠ヨーロッパの啓蒙運動の哲学者たち (1750-1800)
1800	♣オーギュスト・コント (1798-1857)　♤ハリエット・マーティノー (1802-76)
1850	♥カール・マルクス (1818-83)　♠ハーバート・スペンサー (1820-1903)
1900	♣エミール・デュルケム (1858-1917)
	◆マックス・ウェーバー (1864-1920)
	◆ゲオルグ・ジンメル (1858-1918)　♠エドムント・フッサール (1859-1938)
1930	◆ジョージ・H・ミード (1863-1931)　◆アルフレッド・シュッツ (1899-1959)
	◆シカゴ学派 (1920年代)　♥アントニオ・グラムシ (1891-1937)
	♡W. E. B. デュ・ボイス (1868-1963)
1940	♣タルコット・パーソンズ (1902-79)
	♥フランクフルト学派 (1923-1960年代)
	♤シモーヌ・ド・ボーボワール (1908-86)
1950	♣ロバート・マートン (1910-2003)
1960	◆アーヴィン・ゴッフマン (1922-82)
	♤ベティ・フリーダン (1921-2006)
	◆ハワード・ベッカー (1928-)
	◆ハロルド・ガーフィンケル (1917-2011)　♡ノルベルト・エリアス (1897-1990)
1970	♥ユルゲン・ハーバマス (1929-)
	♧ミシェル・フーコー (1926-84)
1980	♥ピエール・ブルデュー (1930-2002)
	♥イマニュエル・ウォーラーステイン (1930-2019)
	♧ジャン・ボードリヤール (1929-2007)
1990	♡アンソニー・ギデンズ (1938-)　♡ウルリヒ・ベック (1944-2015)
	♤ジュディス・バトラー (1956-)　♤バンダナ・シバ (1952-)
	♧ジグムント・バウマン (1925-2017)
2000以降	♡マニュエル・カステル (1942-)　♠スラヴォイ・ジジエク (1949-)

〔手がかり〕

さまざまな社会学的観点に関わり、着想を得ている、
選りすぐりの理論家たちは、次のように識別される。

♠＝哲学的思想家
♣＝機能主義
♥＝マルクス主義
◆＝相互行為論
♤＝フェミニズム
♧＝ポストモダニズム/ポスト構造主義
♡＝理論的統合

Tab. 3.1　主要な社会学的理論家と学派の1750年から現在までの年表

そしてジグムント・バウマンの名前を容易《たやす》く認識する。
Tab. 3.1は、特定の影響力のある理論家たちと諸学派を通して、理論と諸観点の出現と展開を説明する単純な年代順の図表である。その配列における個人の場所は、彼らの主要な出版物の日付によっておおよそ決定されており、あるいは、学派の場所は、それらの設立の日付によって、おおよそ決定されている。これはもちろん単に選択されたものであり、網羅的であることが意味されているのではなく、その表は、全体として、この章と本書の両方のためのいくつかの案内標識を与える。

■社会学に向けて

明確な社会学的観点は、ヨーロッパにおける革命的な変化から現れた。第一に18世紀後半と19世紀の産業革命が、生活と労働の物質的条件を急進的に変えて、それとともに都市の過密状態、貧弱な衛生設備、病気と産業公害のような新しい社会問題をもたらした。改革者たちはこれらの問題を軽減し、解決する方法を探したが、そのことが彼らに調査を実行させ、変更のための事例を補強するために、それらの問題の範囲と性質に関する証拠を集めさせた。

第二に、一七八九年のフランス革命は、解放と自由、市民権という新しい共和主義者の理想が前面に出てくることで、古いヨーロッパ的農業制度と絶対君主制の終焉の象徴となった。この革命は、ある程度は18世紀中頃のヨーロッパの啓蒙思想の成果であると見なされることが多い。つまり啓蒙思想は、理性や合理性、批判的思考についての哲学的・科学的見解を、人間の進歩への必須の手段として促進しつつ、伝統的・宗教的権威に挑戦したのである。これらの革命的発展が、**近代**《モダニティ》すなわち、合理化、民主化、個人化、科学的思考と迅速で持続的な技術的発展への高まる信頼の組み合わせによって特徴づけられる一時代へと至るヨーロッパ的な近代化過程を引き起こしたと見なされている。社会学は、この意味で、このような根本的な変化がどのように起きたのか、そしてその結果は何だったのかを試し、理解するために発達した「近代の」学問だった。

啓蒙運動の哲学者たちは、自然科学、特に、天文学、物理学、化学における信頼できる知識の進歩が、進むべき道を示していると考えた。イギリスの物理学者であるアイザック・ニュートン(1643-1727)は、自然法や科学的方法についての観念を、啓蒙主義の学者たちに訴えた典型的な科学者として名が挙げられている。啓蒙主義の学者たちは、社会的・政治的生活においても自然科学と類似した方法を用いれば、原則として、類似した法則を発見することが可能なはずだと論じた。この観念は、科学における実証主義哲学の基礎である。

▼批判的に考える

近代という概念は、21世紀においては、どのようになっているのだろうか。

科学的知識、工業的過程、そして技術的変化には「暗黒面」もあるということに、私たちがより気付くようになったことを示唆するいくつかの例を列挙せよ。

◎ 実証主義と「社会的進化」

オーギュスト・コント（1798-1857）は社会の**科学**を「社会学」と呼んだが、自然科学と本質的に類似していると見なした。彼の実証主義的手法は直接の観察という原則に基づいており、因果的で、法則性のある一般論の擁立を目指す理論的記述を伴っていた。社会学の仕事は、社会的世界についての予測を立てるためにそれに関する信頼できる知識を得ることであり、その予測に基づいて社会的世界に介入し、進歩的な方法で社会的世界を形作ることであった。コントの実証主義哲学は、明らかに自然科学の成果に触発されたのだが、その自然科学は、大変実用的な応用を伴った信頼できる知識を生み出していた。

しかし、これまで、そのような信頼できる予言的な知識が、人間行動との関係で獲得され得ただろうか。今日のほとんどの科学者たちは、それをできないと思っており、コントが言う意味での「実証主義者」を自称する科学者は極めて少ない。コント的な実証主義は、人びとが形成され操作されうるとするような、多くの人びとが不可能、危険、またはその両方と見なす見解を示唆しているように見えるから拒否されるのである。自己意識的な人間存在は、たとえば、カエルと同じように研究されることはできない。というのは、自己意識的な人間存在は、私たちの予測に意識的に反するような仕方で行為をすることができるからである。たとえコントが正しくて、人間が科学的に研究されることが《できて》、彼らの行動を予測し、積極的な介入を行うにしても、誰がその介入を行うのだろうか。科学者、政治家、宗教的権威者だろうか。この種の中心的支配は、民主政治と矛盾しないだろうか。

＊ コントの観念についてより長く議論するために、第1章「社会学とは何か」を参照せよ。

社会学についてのコントの解釈は今日ほとんど支持されていないが、社会科学のための論拠を確立したという点で、彼が果たした形成的役割を記憶に留めることは重要である。科学の発達についての彼の理論は、数多くの他の理論に活気を与えたし、実証主義は、19世紀後半まで影響力をもっていた。コントは、人間の知識の支配的な形式は、三つの段階を通過すると見なした。それらは、神学的（または宗教的）段階、形而上学的（または哲学的）段階、そして最後に、実証的（または科学的）段階である。科学の歴史は、この漸進的な動きを明示し、そして社会生活は、実証的段階へと移行する最後の領域なので、社会学は、最後の科学的学問であることが運命づけられていた。

イギリス人の哲学者であり社会学者であるハーバート・スペンサー（1820-1903）はコントの考えを利用し、自然世界が、生物学的進化の支配下にあるのと同様に、社会は、**社会的進化**の支配下にあると論じた最初の人である。これは、《構造的分化》のかたちをとるが、この構造的分化を通して、社会が外的環境に適応するにつれて、単純な社会はより複雑な形態へと、ますます多様化する社会制度と《機能的適応》を伴いながら発展する。スペンサーは、19世紀の工業社会は、本質的に社会的進化を示しており、それに先立つより静的で階層的な社会から出現したと論じた。スペンサーは、また、「適者生存」は生物学的進化と同様に社会的進化にも当てはまると考えており、弱い者、不利な条件に置かれた者を支援する国家介入には反対した（M.W.Taylor 1992）。

スペンサーの社会的進化の理論は、一般に歓迎されたが、20世紀には、進化論が衰退するのが見られ、今日、社会学の授業では、進化論についてわずかに言及するものもほとんどない。このことは、もう一人の19世紀の偉大な「進化論的」理論家であったカール・マルクスと全く対照的である。そして、マルクスの社会学、政治学、世界史への影響は、いくら過大評価してもし過ぎることはない。

◎ カール・マルクス——進化でない革命

階級闘争と社会変動に関するマルクスの観念は、第1章で紹介したが、ここで、これらの観念についての理解を改めて深めておくとよいと思う。マルクスと彼の仲間、フリードリヒ・エンゲルスは、決して彼ら自身を専門的な社会学者であるとは考えていなかった。しかし彼らは、社会についての科学的な理解を得ようとまさに努力しており、この科学的な理解から長期にわたる社会変動を説明しようとしていた。マルクスは、彼の科学的仕事を、思弁哲学およびすべての哲学的思考と決別することだと見なしていた。そして「哲学者たちは、世界を様々な仕方で解釈してきただけだが、重要なことはそれを変えることだ」と論じていた（Marx and Engels 1970［1846］：123）。ヨーロッパの工業労働者階級への彼の関心と関与は、資本主義とそのはたらきについての彼の研究に密接に関係していた。

マルクスの理論的手法——唯物史観　マルクスの仕事は、多くの点で社会学にとって重要であるが、ただ一つのこと、資本主義の分析に焦点を当てて考えていく。それは、歴史の原動力としての階級闘争という彼の広い理論の一部である。この「グランドセオリー」は、多くの後の諸研究と理論的発展の基礎を形成した。マルクス主義の理論は、また、再解釈され、20世紀の数多くの政治運動と政府によって利用されもした。それらには、以前のソビエト連邦、東ヨーロッパ、キューバ、ベトナム、そして中国の共産主義政権が含まれている。マルクス主義は、明らかに単なる学術的理論をはるかに超えている。

マルクスの観点は、時々、唯物史観と呼ばれる、より正確に言うと、おそらくそれは、**史的唯物論**である。これは観念論、すなわち社会の歴史的発展は自由や民主主義のような抽象的な観念あるいは理想によって推進されるという哲学的教義に、マルクスが反対していたということを意味している。その代わりに、マルクスは、一つの時代の支配的な観念や理想は、実際は、支配的な生活様式の反映、特に社会の**生産様式**の反映なのだと論じている。たとえば、絶対的専制君主が統治していた時代には、支配的な観念が、王と王妃は、「（神から授かった）神聖な統治権」を持っていると示唆したことは驚くようなことではない。他方、自由市場資本主義という私たち自身の時代においては、支配的な観念とは、「自由な」選択を行う主権者である諸個人がもつ観念である。時代の支配的観念とは、支配する集団を支える観念である。マルクスの「唯物史観」は、第一に、人びとがどのように集団で共に生きる生活を生み出すのかということに関心を持っている。彼らはどのように食物、住まいやその他の物資を生産し、またそのように生産することを可能にするにはどのような種類の分業が存在するのだろうか。

生産の連続する様態——成功を収めたグランドセオリー　人間社会の歴史的発展は、無原則的でも混沌としているのでもなく、構造化されている。マルクスは、古代には、小規模の人間集団が、発達した財産所有制度なしに存在していたと論じている。その代わりに、すべての獲得された資源は共有され、階級区分は存在しなかった。マルクスは、これを、《原始共産主義》の形態と呼んだ。しかし、集団がより多く生産するにつれて、この生産様式は、事実上失われ、新しい様式が出現し、今度は、古代のギリシアやローマにおけるのと同様に、(奴隷所有を含む) 何らかの私的財産の所有を伴っていた。

ここから、社会は定着した農業に基礎を置き、封建的な財産関係が発達した。ヨーロッパの《封建主義》の中世的な制度は、土地所有者と土地を持たない農場労働者と小作人の間の基本的な階級区分に基礎をおいていた。土地を持たない農場労働者と小作人たちは、生き残るために土地所有者のために働かせられていた。しかし、生産の封建的な方式もまたその生産的限界に達し、私たちが現在よく知っている《資本主義社会》に取って代わられた。初期資本主義者たちは、16世紀には工場と製造業に投資をし始め、一七八九年のフランス革命の頃には数多かつ強大になり、歴史に残る革命的な勢力となった。

資本主義のもとでは、社会が「二つの大きな陣営、すなわち財産所有者(資本家または《ブルジョアジー》)と労働者(またはプロレタリアート)に分かれ」、階級対立は非常に単純化された。資本主義革命は、資本家たちが、労働者の労働力を利用して利益を引き出すことができるように、より厳しい規律と長い労働時間を要求することで、伝統的な封建的生産の限界を突破した。実際、マルクスとエンゲルス(Marx and Engels 2008 [1848]：13-14)は、社会の革命的な変化としての資本主義について熱く語っている。資本主義は、その最初の一〇〇年間は、「すべての先行する世代を一緒にしたよりも、より大量でより膨大な生産力を生み出した」が、これは、労働者からの非情な搾取によって達成されたのであり、労働力を根強い疎外へと至らしめた。マルクスの理論においては、資本主義的関係は、開発と成長をより促進するのではなく、社会‐経済的発達の速度を落とし、抑制するように働くあるポイントに到達する。マルクスは、これを、生産関係と生産力とのあいだにある根本的矛盾と呼んだが、それが最終的に革命を引き起こすのである(Glyn 1990)。

マルクスは、資本主義は、まさに封建主義と同様に、生産のもう一つの様式、すなわち共産主義に道を譲るだろうと期待した。それは階級意識、すなわち自分たちが搾取されている立場の自覚が発達して、不満を抱いた労働者たちによってもたらされるのである。共産主義の下では、私的財産は廃止され、真の共同体的な社会関係が築かれるだろう。原始共産主義とは異なって、近代的共産主義は、資本主義によって伝授された生産性の高い工業システムがもつすべての利点を保持しているだろう。この近代的共産主義は、共同生活の、進歩した、人道的で洗練された形式を生み出し、「その能力に応じて各々から、その必要に応じて各々に」（Marx 1938 [1875]: 10）という共産主義の原則を実現することができるだろう。バスタニ（Bastani 2019）は、ごく最近の研究のなかで、すべての人のために**オートメーション**や人工知能やロボット工学の可能性を利用すれば、「完全に自動化された高級な共産主義」、すなわちマルクスの発展理論の終着点の現代的修正再表示に到達することができるだろうと示唆している。

論　評　マルクスにとって、工業主義の理論は《本質的に》意味をなさない。工業の発達は工業主義者を必要とし、彼らは資本主義的起業家でもあった。工業システムを理解するということは、少数を利して大多数に損害を与える新しい社会関係を理解することを意味する。さらにマルクスの観点は、スマートフォンやロボットやインターネットを備えた工場や作業場や事務所は、何もないところからものを生み出すことはないという有益な注意喚起のメッセージを与えている。それら工場や作業場や事務所は、合意ではなく葛藤に根ざした、対立的な社会関係システムの産物なのである。

マルクスの観点は、私たちに、グランドセオリー化は、有益でありうるということを示す。「生産様式」という概念は、様々に入り乱れた歴史的事実を普遍的な枠組みへと入れることを可能にし、それらの歴史的事実をより容易に理解させる。多くの社会科学者たちは、この枠組みを拡張し、精緻化し、あるいは批判しながら仕事をしてきた。マルクスの理論は不備があるかもしれないが、大多数の社会学者たちは、それらの不備を見つけることは、その分野全体にとって非常に有意義であったということに賛同するだろう。

マルクスの仕事はまた、グランドセオリーに伴う主要な問題を説明している。すなわち、それらのグランドセオリーを実証的検証の対象にすることの困難さである。私たちは、ある理論が間違っているということを最終的に証明するためには何を見つけねばならないのだろうか。『共産党宣言』（1848）が出版されてから一七〇年以上のあいだ、工業化された諸国では共産主義革命が起こらなかったという事実は、理論の中心となる予言は、見当違いだったということを示しているのだろうか。のちのマルクス主義者たちは、共産主義革命がなぜ起こらなかったのかを正確に説明しようと努め、その際に、マルクスの考えを修正した。以下の「古典研究3.1」では、一つの特に影響のあった集団――フランクフルト学派の批判的理論を見てみる。

■ 社会学を確立する

コント、スペンサー、マルクスと他の初期の理論家たちは、社会学の発展のために幾つかの基礎を築いたが、彼らの時代には、アカデミックな社会学は存在していなかった。そして、その科目は、大学の中に制度的に存在していなかった。もしも社会学が、コントの「科学の階層」の一部となるならば、アカデミーのなかに自然科学と並んで場所を確保する必要がある。そこでは、社会学的な研修が学生たちに提供されうる。簡潔に言えば、社会学は、高い地位になる必要があった。そして、エミール・デュルケムの

古典研究 3.1

ネオ・マルクス主義——フランクフルト学派の批判理論

マルクスは、労働者階級の革命が間近だと予言したが、それは彼が生きているあいだには実現しなかった。それから、一九一七年に、第一次世界大戦の混乱の最中に起きたロシア革命は、マルクスの予言が正しいということがまもなく証明されることを示すように見えた。しかし共産主義は、工業化された諸国には広がらなかった。その代わりに、一九三〇年代には、イタリアではファシズムが、ドイツではナチズムが台頭し、そのどちらも反共産主義的な運動を積極的に行った。これらの新情勢は、マルクス主義者にジレンマを与えた。マルクスの理論は、資本主義の新情勢を理解するのに依然として適しているのだろうか。もしも適しているならばその時、マルクス主義の正統な形は有効なままだろうか。一方、もし適していないのならば、マルクス主義の新しい形（いわゆるネオ・マルクス主義）を理論化することが必要とされるだろう。

マルクス主義思想は、実際、20世紀のあいだ、特に「西洋マルクス主義者」のなかでは幾つかの方向に発展したが、その「西洋マルクス主義者」は、ソビエト型の共産主義を拒絶した（Kolakowski 2005）。西洋マルクス主義の内の一つのグループであるフランクフルト学派の批判理論は、著しく影響力をもっていた。フランクフルト学派は、もともとは、フランクフルトにおけるマックス・ホルクハイマーを所長とする社会調査研究所を拠点としていた。しかし、社会国家主義者が、大学のスタッフの約三分の一を追放した時、多くの批判的理論家たちはドイツを強制的に追われ、ヨーロッパとアメリカへと移住した。ナチスは、組織的に大学を弱体化し、多くのユダヤ人知識人を解任するか、追い出した。

フランクフルト学派は、マルクスやフロイトやイマニュエル・カントの哲学を参考にして、資本主義、ファシズム、大衆文化、そしてアメリカにおいて新たに出現した**消費社会**についての一連の重要な研究を生み出した。たとえばテオドール・アドルノ（Adorno 1976［1950］）と彼の同僚は、ファシズムの出現と人気を、一つには、強いリーダーの引きつける力によって影響を受けやすい権威主義的パーソナリティタイプの増加の結果として分析した。ヘルベルト・マルクーゼの『一次元的人間』（Marcuse 1964）は、「本当の」人間の欲求と多くの「偽りの」欲求とを区別した。後者は工業資本主義の消費者形態によって生み出され、魅惑的な宣伝とともに、人びとの批判的に考える能力を抑圧し、その代わりに、一元的で無批判的な思考形式を生み出していた。

私たちはこれらの研究のなかに、フランクフルトの思想家たちが、マルクスの研究とは大きく異なるかたちの資本主義を受け入れようと試み、彼らの関心の中心を経済よりもむしろ文化の領域へと移したのを見ることができる。同時に、消費者－資本主義社会においては、革命に対する障害が増大していることがわかるにつれて、労働者階級の革命という楽天的なマルクス主義の未来図は色あせはじめた。

社会学に影響を及ぼした最近の批判的理論家は、ドイツの社会哲学者ユルゲン・ハーバマスである。ハーバマスは、一見単純に見える見解に基づいた「コミュニケーション的行為」の理論を考案した。それは、人びとが互いに陳述をする時（「言語行為」）、彼らは理解されていると思っている。しかし、非対称的な権力関係が、根本的な誤解と議論の欠如を引き起こしながら、組織的にはたらいてこのようなコミュニケーションをゆがめる。たとえば、雇用主と労働組合との話し合いにおいては、権力の不均衡さが雇用主に有利にはたらく。したがって労働争議は、より良い議論によって合理的に決着されるのではない。雇用主たちは、権力を使って議決を押し付けることができるからである。しかし解決策は、一部のポストモダンの思想家たちがもっていたような合理的思考という近代的方法を放棄することではない。解決策は、民主主義を擁護し、拡張することによって近現代性を深化させ、平等で合理的な議論を阻《はば》む権力や、状況がもつ不平等性を排除することである。

一九九一年にソビエト連邦の共産主義体制が崩壊した後、マルクスの考え、そしてマルクス主義理論は、一般的に、社会学における場所を失った。マルクス主義思想における危機について、実存している社会主義と共産主義の崩壊の結果（Gamble 1999）であると語る者さえいた。しかしながら、二〇〇八年の信用危機とその後の経済不況は、資本主義は周期的な好景気と不景気で成長する経済システムであるということを学者たちに気づかせた。革命についてのマルクス主義理論は不十分に見えるかもしれないが、総括的なマルクス主義の資本主義経済についての分析は、社会変動についての議論においてまだ役割を果たしている。たとえば、スロベニアの哲学者スラボイ・ジジェク（Žižek 2011. 2012）は、一部のマルクスの考えについては批判的だが、他の諸理論とは融合しており、依然として共産主義は資本主義に対する唯一の真の代替案であると論じている。21世紀においてさえも生まじめな学者たちは、まだマルクスとの論争に関わっているように思われる。

▼批判的に考える

マルクスによって予言された共産主義革命は、なぜ実現しなかったのだろうか。労働者階級が資本主義に対抗して革命を起こすことを阻んだすべての要因を列挙せよ。この理論が、決定的に明確に反証されたと、私たちは言えるだろうか。

フランスにおける研究は、これを実現することに向けて長い道のりを歩んだ。しかし、他の場所で社会学が確立されるようになるには、もっと長い時間を要した。

◎エミール・デュルケム——現実の社会的レベル

デュルケムは、アカデミックな社会学の発展において極めて重要な人物である。彼はマルクスと同様に哲学から決定的に離れた。デュルケムは哲学を、その時代の現実の問題からはるかにかけ離れていると見なした。そして、フランス社会が直面している道徳の問題を明らかにすることができる社会科学へと向かった。デュルケムは、社会科学の初代教授としてボルドー大学で勤めた後、パリにあるソルボンヌ大学へと転任し、「教育学と社会学」の史上初の教授になった（Coser 1977）。社会学は、アカデミックな施設における足場を獲得しつつあった。

デュルケムは、その科目自体の性質にも影響を与えた。彼はとりわけ、《社会的》現象についての研究は、個人の相互行為を超えた人びとの行動を研究するときにはいつも必要とされると考えた。社会移動、組織または家族のような、社会的制度や社会的形態は、そこに生きている特定の個人たちより長く存在するから、それら自身の実在性を持たねばならない。この実在性は、個人主義的心理学や抽象的哲学では、充分に理解することができない。デュルケムの用語では、私たちが「社会的なもの」とか社会生活とか呼ぶものは、個人の行為に還元されることができない、あるいは、個人の精神の単なる合計として考えることのできないような、《それ自体で》実在性のレベルにあるのである。

デュルケムは、自殺率や社会的連帯や宗教のような集団現象や**社会的事実**に焦点を当てた。人びとは社会的事実を、むしろテーブルや橋や建物のような個人の外部にある「もの」として経験した。テーブルや橋や建物などはすべて人間の創作物であるが、そこに存在するものとして考慮しなければならず、なくしてしまうことはできない。同様に、社会的事実も「もののような」存在であり、個人個人が受け入れ、それらの行動を考慮にいれなければならない。

この社会的事実のもののような現実は、個人の心理が社会学にとって適切な対象ではないということを、そしてそれが、集合的現象に関係しているということを意味している。たとえば、『社会分業論』（1893）の中でデュルケムは、より複雑ではない社会に見出される《機械的な》形態の連帯と、大規模で近代的で工業的な社会を特徴づける《有機的な》形態の連帯とのあいだの区別を概説した。**機械的連帯**は、個人主義が最小化され、個人が集合体のなかに包摂される時に存在する。それにたいして、**有機的連帯**は、工業社会における広範囲の分業によって発生する。そして工業社会は、作業内容や役割や地位における多くの差異を生み出すが、大きく異なった産業における個人の大グループは、互いに依存し始めるので、強い形態の結合が獲得される。

それゆえにデュルケムは、工業主義は否応なく社会的連帯を破壊し、社会の構造を揺るがすという、当時もその後も共通である考えを拒絶する。実際、相互依存の《より強い》結束が、連帯の有機的形態のもとで創造され、個人差と集団目標のあいだのより良い均衡を作り出す可能性を持っている。ここで、デュルケムの科学的社会学的分析が、当時の道徳と社会的問題、すなわち個人主義の拡大する時代において工業社会はいかに団結できるかという問題と、密接に結びついていたことがわかる。

論　評　デュルケムの社会学への手法は、**機能主義**として、社会と社会の制度が結びつく、その仕方と変化についての研究として知られている。しかし、機能主義は、過去においては非常に影響力を持っていたが、後退している。それにはいくつかの理由がある。

多くの人びとは、機能主義は〈なぜ社会はまとまるのか〉といった意見の一致を説明するのは得意であるが、対立や急激な社会変動を説明するにはそれほど有効ではないと論じてきた。他の人びとは、デュルケムの機能主義は、社会の拘束を優先させて、個人の創造的な行為のための十分な余地を与えていないと論じている。機能分析はまた、「目的」と「必要性」を社会自体に帰する傾向がある。たとえば、教育制度の機能は、若い人びとを現代社会の《必要性》のために訓練することであると言えなくもない。このことは、社会が、人びとがもっているのと同じような仕方で「必要性」をもっていると示唆しているように見える。しかし、これは本当に説明の適切なかたちだろうか。近代経済学は、特定の技術を要求するかもしれないが、現在の教育制度は、特定の技術を提供する唯一の、いや、ことによると最良の方法であるのだろうか。私たちが本当に知りたいことは、教育制度は、まさに現在の形へとどのように発達したのか、そして、物事は異なるようになることはできなかったのだろうかということである。機能主義はこのような質問を優先させることはしない。

▼批判的に考える

デュルケムは、社会学者は個人的心理学を研究すべきであるという考えを拒絶した。彼は、正しかっただろうか。社会学者にとって、何が適切な主題なのだろうか。

◎20世紀の構造機能主義

一九四〇、一九五〇、一九六〇年代には、**構造機能主義**として知られている構造主義的理論の見解は、完全に支配的にはならなかったが社会学の中心的な枠組みとなった。社会学を《どうにも》多元的で、理屈っぽく、理論的に多種多様な科目と見ている今日の学生にとって、当時社会学を《学ぶ》ことが、今の時代に《学ぶ》こととどのように違うかを正確に理解することは難しい。社会学と構造機能主義は、しばしば一つの同じものであると見なされた(Davis 1949)。二人のアメリカの社会学者が、この時期、目立っていた。ロバート・マートンと彼の指導教官タルコット・パーソンズである。

パーソンズは、デュルケムとウェーバーとヴィルフレート・パレートの考えを結合して、彼自身の構造機能主義という区分へと組み込んだ。構造機能主義は、いわゆる社会秩序問題から始まった(Lee and Newby 1983)。この社会秩序問題は、その社会のなかのすべての個人が利己的で彼ら自身の欲求や必要性を追求し、しばしば他者を犠牲にする時、どのようにして社会は一つにまとまり得るのかと問うている。トマス・ホッブス(1588-1679)のような哲学者たちは、この問題に、すべての警察と軍事力を伴う近代的国家の出現が欠かせない要素であると答えた。国家は、個人を互いから、そして外在する敵から守り、そのお返しに市民たちは、自分たちに権力を行使する国家の正当な権利を容認する。

パーソンズはこの解答を拒否した。社会的規則への服従は、罰への《後ろ向きな》恐怖から単純に生み出されるものではない。他者に社会の道徳的規則を教えるという《前向きな》方法においても人びとが従うことを、パーソンズは認めていた。このような秩序ある社会への前向きな参加は、社会的規則が、個人に作用する外的な力としてあるのみでなく、社会化される過程において《内面化される》ようになったことを示している。社会は、「外側」にだけでなく「胸の内」にも存在している。

パーソンズは、社会的秩序の社会学的理解の優位性を確立した後、社会システム全体に目を向けた。彼は、AGILパラダイムとして知られているモデルを考案した（Parsons and Smelser 1956）。もし社会システム（または社会）が存続するならば、それが果たさねばならない四つの機能がある。第一に、その環境に適応し、そうするための十分な資源を集める能力がなければならない。第二に、達成されるべき目的と、それらの成就のためのメカニズムを定めて配置しなければならない。第三に、そのシステムは統合されねばならず、多様なサブシステムが効果的に連携されねばならない。最後に、社会システムは、その価値と文化を保存し、新しい世代に伝える方法をもたねばならない。

より抽象的ではない言葉で言えば、パーソンズは、《経済的》サブシステムは《適応》機能を果たし、《政治的》サブシステムは社会の《目的》の設定とそれらを達成する手段を定めており、《共同体》サブシステム（「社会的共同体」）は《統合》作業を行い、《教育的》サブシステム（と他の社会化する機関）は《文化と価値》を伝える潜在機能であると見なした（Fig. 3.1 を参照せよ）。構造機能主義は、全システムに優越性とその「必要性」を与えた理論であり、合意と同意を強調しすぎるという非難にたいしてはいつも脆弱だった。この問題を解決する仕事は、ロバート・マートンへと引き継がれ、彼は、機能主義のより決定的な説明を追求した。

マートンは、多くの社会学的研究は社会のマクロレベルか社会的相互作用のミクロレベルかのどちらかに焦点を当てたが、マクロとミクロの「間隙を埋める」ことには失敗をしたと理解した。このことを修正するために、彼は、特定の領域におけるメゾレベルあるいは具体的な対象に関するメゾレベルについての中範囲の理論を論じた。一つの優れた例は、労働者階級の犯罪行為と逸脱についての研究である。なぜ労働者階級のあいだでは非常に多くの窃盗犯罪があるのか。マートンの説明は、こうである。アメリカ社会においては、物質的成功という文化的目標を推進してはいるものの、下層階級集団にたいして合法的な機会をほとんど提供していない。労働者階級の犯罪は、多くの若者たちが置かれた境遇への適応を示している。彼らが制度によって奨励される物質的成功をめざした事実は、彼らが悪くないことや改善できないことを意味している。むしろ変わる必要があるのは社会の構造である。この主張は、マートンが機能主義を新しい方向へと展開しようとしていたこと、そうしながら彼が葛藤理論へと近づいて行ったことを示している。

マートンは、**顕在的機能**と**潜在的機能**もまた区別した。すなわち、顕在的機能は、行為の観察可能な結末であり、潜在的機能は、暗黙のままにとどまっている行為の結末である。マートンは、潜在的機能を研究することで、私たちは、社会がはたらく仕方についてより多く学ぶことができると論じた。たとえば私たちは、部族の人びとのあいだの雨乞いの踊りを観察することがあるかもし

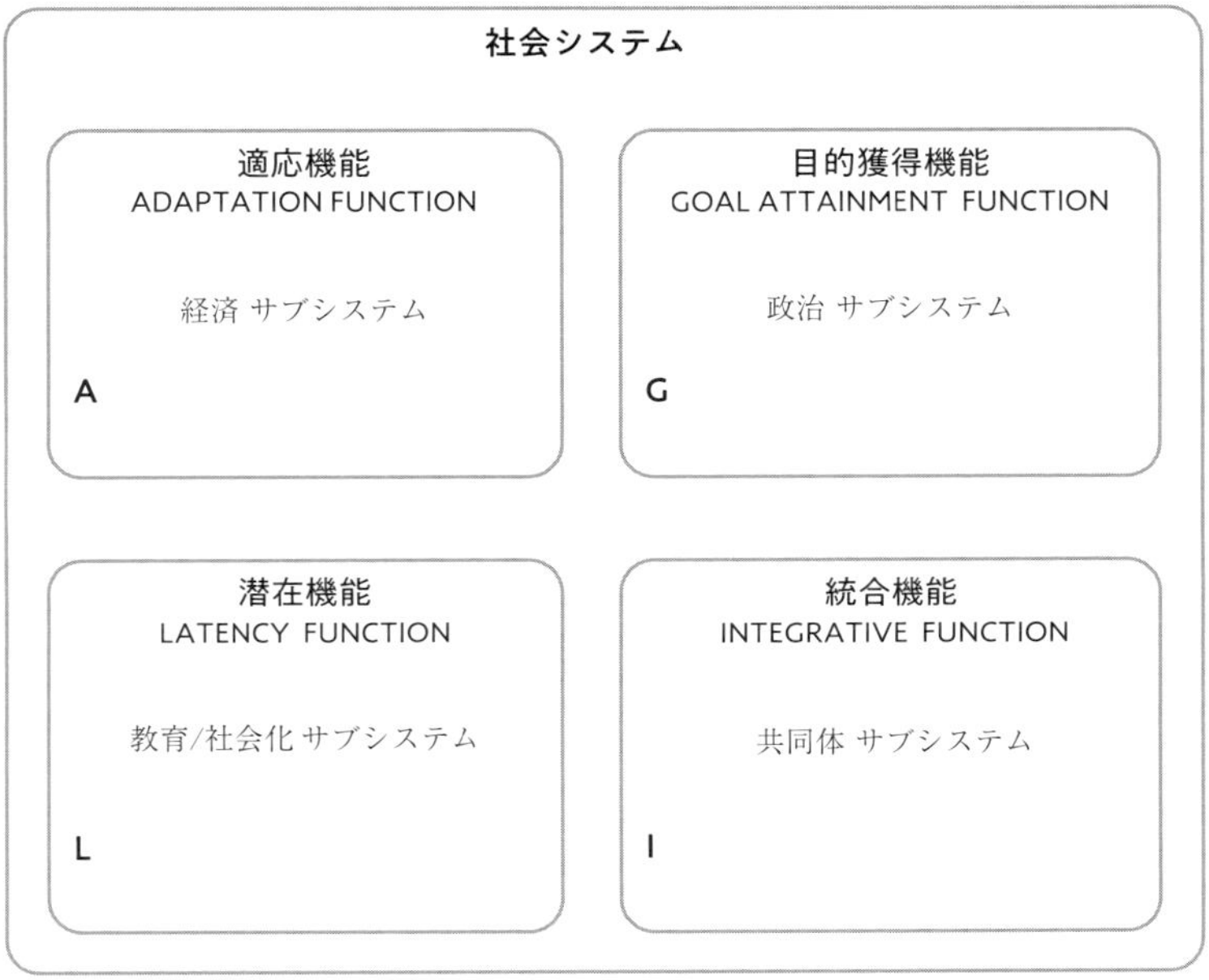

Fig. 3.1　パーソンズのＡＧＩＬ図式

れない。雨乞いの踊りの顕在的機能は、雨をもたらすことだろう。とはいえ経験的には雨乞いの踊りが雨をもたらすことはめったにない。それでも依然として実行され続けているのはなぜか。マートンは、その潜在的機能は集団の連帯意識を形成して維持できることであり、それが、雨乞いの踊りが続いている必要条件であると論じた。同様に、制度は緊張を生み出す一定の**逆機能的**要素を含むと論じ、これらの要素の存在が、マートンに、パーソンズにはできなかった方法で紛争の潜在性を論じることを可能にした。

*マートンのアイデアについてのより詳しい議論と批判のために、第22章「犯罪と逸脱」を参照せよ。

構造機能主義はどうなったのか。一九七九年のパーソンズの死後、ジェフリー・アレクサンダー（Alexander 1985）は、その手法を見直して復活させようとし、その理論的欠陥に取り組むことを目指した。しかし、一九九七年までに、アレクサンダーでさえも、自分の「新しい」、あるいは新機能主義の「内的矛盾」は、解決することができないと受け入れざるを得なかった。その代わりに、アレクサンダーは、機能主義の前提を超えた社会学理論の再構成を論じた（Alexander 1997）。それゆえ、パーソンズの構造機能主義は、どこから見ても主要な社会学の内部では消滅した。

パーソンズの考えは、先進社会について、次第に富と政治的合意が増加するという、先進社会の一九四五年以降の状況について論じたため、非常に影響力を持つようになった。しかし、一九六〇年代末と一九七〇年代には、新しい平和運動や反原発運動、べトナムへのアメリカの軍事介入に対する抗議、そして、ヨーロッパと北アメリカで台頭した過激な学生運動に伴って闘争が増え始めたので、パーソンズの考えは根拠を失った。その時、マルクス主義のような闘争理論は、新しい状況についてのより良い解釈を提示したので、再活性化した。後で見るように、グローバリゼーション、多文化主義、転換するジェンダー関係、リスクや環境破壊を理解することは、今日の理論化が新たに始まることにつながった。

◎マックス・ウェーバー——資本主義と宗教

マルクスやデュルケムと並んで、三番目に伝統的によく引き合いに出されるヨーロッパ社会学の「創設者」は、マックス・ウェーバーである。彼の考えは、多くの行為者中心主義を後押しした。彼の最も有名な業績である『プロテスタンティズムの倫理と資本主義の精神』（Weber 1992[1904-5]）は、なぜ資本主義は西洋に起源があるのかという基本的問題に取り組んだ。古代ローマの没落以後ほぼ13世紀ものあいだ、他の文明が、西洋における文明より重きをなしていた。中国、インド、そして中東のオスマン帝国はいずれも強大な国であったが、ヨーロッパは、世界のあまり重要ではない部分であった。とりわけ中国は、技術や経済の発達水準で見ると、西洋社会にはるかに先行していた。それでは、ヨーロッパ経済はどのようにしてこのように活発になったのだろうか。

その解決の手がかりは、何が近代資本主義を経済活動の初期の型から異ならせたのかを示すことであると、ウェーバーは論じた。富を蓄積したいという欲望は歴史上の多くの文明に見出すことができ、人びとは、富が快適さや安心、権力、享楽をもたらすことができるがゆえに、富に価値を置いてきた。通俗的に信じられていることに反して、資本主義経済は、単純に個人的な富への願望の、自然な副産物ではない。何か異なるものが働いているに違いない。

資本主義の精神における宗教　ウェーバーは、西洋の経済的発展における重要な相違点は、歴史上、他のどこにも見出されなかった富の蓄積に向かう態度であると論じた。彼は、この態度を「資本主義の精神」——初期資本主義の商人や製造業者によっていだかれた一連の信念や価値観——と呼んだ。しかしながら、他の文明の富裕層とまったく異なり、これらの企業家たちは、蓄積した富を贅沢で物質的なライフスタイルに使わなかった。反対に、彼らの多くは、今日私たちが見慣れている裕福さの象徴とは無縁で、倹約的、克己的に真面目に暮らしていた。この大変まれな組み合わせは、西洋のすばやい経済的発展にとって重要だった。初期の資本家たちは、彼らの富を、彼らの事業のさらなる拡張を促進するために再投資し、収益の継続的な再投資が、投資、生産、収益、再投資というサイクルを生み出し、資本主義が迅速に発展することを可能にした。

ウェーバーの理論の論争の的になっている部分とは、「資本主義の精神」は本当にその起源を宗教の中に持っていたのかということである。プロテスタンティズムと、とりわけプロテスタンティズムの種類のひとつであるピューリタニズムの強い影響が、その本質的に動機づける力となった。初期の資本家たちは、ほとんどがピューリタンであり、多くはカルヴィニズムに加入していた。カルヴァン派の信者たちは、人間はこの世における神の道具であり、全能の神によって天職、すなわち神のますますの栄光のための職業に就いて働くことを要求されていると信じていた。彼らはまた、予定説を信じており、それによれば、ただ一部の個人だけが「神の選民」であり、死後に天国に入れる。カルヴァンの本来の教義では、人はこの世で何を行おうと、彼らが神の選民のひとりであるか否かを変更することはできない。神の選民のひとりであるか否かは、神によってあらかじめ決められている。しかし、この信仰とともに生きることは難しく、信徒のあいだに多くの不安を生み出し、救済への切望を鎮めるために選ばれていることの「しるし」を絶えず求めることになった。

人びとが天職に就いて働く時にますます繁栄することによって示されるその成功は、かれらが選ばれた少数者の一員であるしるしと見なされるようになった。したがって、収益性への意欲は、宗教的信奉の意図されない結果として引き起こされたのであり、逆説的な結果を生み出した。ピューリタンたちは、贅沢は悪であると確信していたので、彼らの富の蓄積への衝動は、厳格で地味なライフスタイルと結びついた。このことは、初期の資本家たちは、自覚的な革命家だったのではなく、資本主義革命を生み出そうとしたわけではなかったということを意味している。今日、召命による労働という観念は、次第に姿を消してしまい、成功している企業家たちは、並外れた量の物財を持ち、贅沢なライフスタイルで暮らしている。有名な一節で、ウェーバー（Weber 1992［1904-5］：182）は述べている。

ピューリタンは、天職について働くことを欲した。自分たちはそうせざるを得ないと思っていた。……禁欲主義が世俗を改造し、世俗内でその理想を達成しようとするうちに、物質的財は、歴史上かつてなかったほど強力になり、ついには逃れ得ない力を人びとのうえにふるうようになった。……天職義務という理念は、廃れた宗教信仰の亡霊のように、私たちの生活のなかを徘徊している。

論評　ウェーバーの理論は、多くの立場から批判されてきた。「資本主義の精神」は、12世紀のイタリアの初期商業都市において、カルヴィニズムのずっと前に見られ得たと論じる立場がある。ウェーバーがプロテスタンティズムと結びつけた「天職に就いて働く」という考えは、すでにカトリックの教義のなかに存在していたと主張する立場もある。けれども、ウェーバーの説明の主要点は、多くの人によって受け入れられており、彼が打ち出した主張は、独創的であり啓発的であり続けている。仮にウェーバーのこの主張が妥当であれば、近代の経済的、社会的発達は、そうした発達とはまったく無縁とみえるもの、いわば一連の宗教的観念の影響を決定的に受けてきたことになる。

ウェーバーの理論はまた、社会学における理論的思考にとっての重要な基準を満たしている。第一にそれは、常識と袂《たもと》を分かつ解釈を提示し、問題に沿った新しい視座を展開する。ウェーバー以前のほとんどの学者たちは、宗教的観念と資本主義の起源とのあいだをつなげることが可能であるということに思いをはせることはほとんどなかった。第二にその理論は、他の方法では不可解なことがらを、この場合でいえば、なぜ諸個人は、一方で富の蓄積に多大な努力を傾けながら、つましく生きることを欲したのかということを理解させる。第三にその理論は、当初それが説明するように創作された以上の状況を解き明かす。ウェーバーは近代資本主義の起源を把握しようと試みたが、ずっと後で資本主義となる社会の一部に、対応する価値観があっただろうと推測することは理に適っている。最後に、良い理論というものは、妥当なだけでなく、新しい観念を生み出し、さらなる研究を促すという点で実り多い。ウェーバーの理論は、すべてこれらの点において大いに成功しており、大量の調査研究と理論的分析の糸口を与えている。ウェーバーの社会学への手法はまた、人間行為をその分析の中心に据えるのちの多くの理論にとって重要な刺激となった。これらの理論のいくつかを私たちは次の節で確認する。

▼批判的に考える

多くの学生たち（そして彼らの教員たち）は、資本主義の宗教的起源の理論が限りなく魅惑的であることに気づく。だがそうであるとしても、それは、今日のグローバルな消費資本主義のはたらきを理解することと、どう関連しているだろうか。

◎ 象徴的相互行為論、現象学とエスノメソドロジー

この節では、人間行為者と社会的相互行為を分析の中心に置いているいくつかの重要な観点を概説する。この観点をとる重要な初期の代表的人物はゲオルグ・ジンメル（1858-1918）であり、近代の都市生活経験に基づいている彼の仕事により、しばしば「最初の近代《モダニティ》についての社会学者」と記述されている（第13章「都市と都市生活」において論じられている）。ジンメルは社会学を、主として社会的相互行為あるいは「社交」（Frisby 2002）の異なる形式と関係する学問と見なした。彼の広範な相互行為に関する考えは、多くの同僚や将来の社会学者たちの仕事に影響を与えた。この節では、象徴的相互行為論、現象学とエスノメソドロジーからいくつかの鍵となる考えを見てみる。これらの観点の間に重要な差異はあるけれど、これらは社会学における構造主義理論と対照的な、一つのグループであると私たちは今まで見なしてきた。

ジョージ・ハーバート・ミード（1863-1931）は、《象徴的相互行為論》として知られる手法の基礎を築いたと考えられている。象徴的相互行為論とは、言語とシンボルに焦点を当てて社会的相互行為を研究する手法につけられた一般的通称である。相互行為論者たちは、社会構造が客観的に存在するという考えを拒否することが多く、彼らの研究においては、社会構造に焦点を当てない。ハーバート・ブルーマー（「象徴的相互行為論」という用語を新しく作った人物）は、個人とその相互行為だけが実際に「存在する」と本当に言えるので、社会構造や社会システムについてのすべての話は不当だと主張した。

象徴的相互行為論（象徴的相互作用論）は、ミクロレベルの相互行為と、意味が構成され伝達される方法とに焦点を当てる。ミード（Mead 1934）は、個人というものは実際、生物学的に与

えられたものではなく、むしろ相互行為の過程において生み出された**社会的自我**であると主張した。彼の理論は、幼少期の一連の段階を経て自我が出現し発達することを明らかにしたが、社会的自我についての彼の考えは、多くの相互行為論的研究を下支えした（ミードの考えの詳しい議論のために、第14章、「ライフコース」を参照せよ）。人間が、コミュニケーションにおいてシンボルを使用することを認識することは、その手法の基本的前提である。

シンボルは、他の何かを指すかまたは表すものであり、その結果、言葉、ジェスチャー、対象はすべて、相互行為中に意味を運ぶために使用されうる。しかし、同じシンボルは同じ設定においてでさえ、異なった意味を運びうる。たとえば結婚指輪は、一人の人によって愛と約束のしるしとして解釈されるかもしれないが、一方で彼らの配偶者によって自由の喪失を意味すると解釈されるかもしれない。人間のコミュニケーションの象徴的な性質は、人間のコミュニケーションを、客観的な刺激に対する反応を含んでいるようなほとんどの動物の行動と異ならせている。人間の相互行為は、単なる自動的な行動的反応であるのではなく、意味を創造する際のシンボルを含んでいる。

一九五〇年までの三〇年余りのあいだ、象徴的相互行為論の中心地は、（シカゴ学派として知られている）シカゴ大学の社会学部であった。もっとも決してすべてのシカゴ社会学者たちが相互行為論者だったわけではなかったが。その学部はまた、ルイス・ワース、ロバート・E・パーク、アーネスト・バージェスの「生態学的」手法の本拠地だった（この手法についての討論のために、第13章「都市と都市生活」を参照せよ）。それでもなお、制度的基盤をもっていることは、象徴的相互行為論の手法を普及させる際には重要だった。

ほぼ間違いなく、もっとも成功した象徴的相互行為論者は、アーヴィング・ゴッフマン（1922-82）である。ゴッフマンの精神的「保護施設」、スティグマ化の過程と人びとが彼ら自身を社会的出会いにおいて提示するその仕方についての研究は、それらの研究結果と同様にそれらの方法論と観察の仕方のゆえに、社会学的古典となった。ゴッフマンの、劇場の比喩と連携する「**ドラマツルギー分析**」が発展するなかで、彼は、世界全体の社会学の学生に広い影響力を持っていった。

＊ゴッフマンの立場についての議論のために、第12章「社会的相互行為と日常生活」を参照せよ。

現象学は、社会生活が実際に経験されるその方法を論じる行為者中心的観点である。現象学は文字通り、私たちの経験の中に現れる現象－事物の組織的な研究である。社会学におけるその起源は、ドイツの哲学者エドムント・フッサールの哲学的研究にある。けれども、社会学的研究においては、オーストリア生まれの哲学者であり社会学者であるアルフレッド・シュッツ（1899-1959）がより重要である。シュッツは、人びとの日常生活の経験と、この経験が、**生活世界**、すなわちいつものように経験され、「自然なこと」として生きられる世界の部分として「当たり前」になるその方法に注意を集中した。シュッツは、世界をいつものやり方で受容することを、「自然的態度」をとることだと言った。彼にとって、現象学的社会学の仕事とは、どのようにこの自然的態度が生じ、その結果は何であるかをより良く理解することであった。シュッツは、《類型化》、すなわち経験された現象が以前の経験に従って分類されるその方法に関心を持った。**類型化**は、ごく普通のことである。私たちは誰か人と会ったとき、「彼女は《あの》種の人だ」とか「彼は正直なタイプに見える」などと考える。類型化は、私たちの世界を秩序づけ、それをより予測可能にし、その結果、より「安全」にすることを助ける。しかし、もしもこれがステレオタイプ化するならば、それもまた危険である。すなわちそれは、単にある特定の社会的グループの一員であるということだけに基づいて、人びとについて不当に一般化をすることになるからである。ステレオタイプの例は、レイシズム、性差別主義、そして、身体に障害のある人びとに対する否定的な態度である。しかしながら、シュッツの研究の焦点は、これらの相互行為過程が類型化を生み出す方法にあったのであり、肯定的だったり否定的だったりする類型化の結果にあったのではなかった。

個人はまた、誰もが自分とほぼ同じようにものを考えると思い込み、対人コミュニケーションの問題をすっかり忘れても差し支えないと思い込みがちである。一度この種の思い込みが内面化されると、それらは意識の表面下に沈みこみ、自然的態度の基礎を形成する。このように人びとは、言語や文化のような社会的世界の重要な側面を、客観的かつ自分自身の外にあるものとして体験する。そして「社会」は、（デュルケムが示唆したように）もののような実在として解釈され、個人から分離する。現象学は、社会学にたいしていくつかの他の観点と同じような影響力を持ってはいなかったが、エスノメソドロジーを生み出した。

エスノメソドロジーすなわち、「ネイティヴ」（特定の社会の一員）が、社会的世界を構成するために使用している方法の組織的な研究は、第三の相互行為論的立場である。その起源は、現象学的哲学にさかのぼることができるが、一九六〇年代になってはじめて、ハロルド・ガーフィンケル（1917-2011）やアアロン・シクレル（1928-）の調査研究をもって有名になった。エスノメソドロジストは、主流の社会学を大いに批判し、特にパーソンズの構造機能主義を批判した。ガーフィンケルは、パーソンズの構造機能主義のことを、人びとを創造的な行為者ではなく、まるで「文化中毒者」、すなわち社会化する動因《エージェント》の受動的な受取人であるかのように扱っていると考えた。ガーフィンケルはまた、社会学者は、「社会的事実をもののように扱う」べきだとするデュルケムの有名な発言に反論した。ガーフィンケルにとっては、社会的事実は探究の出発点であるべきで、探究に先だって前提されるべきではなかった。エスノメソドロジーは、社会的事実が、どのように社会の構成員たちによって創り出され、どのようにそうしたもののような性質をもつようになるのかをまさに見抜こうとする。その分析の多くは、会話についてのものであり、そのことがエスノメソドロジーを他の相互行為的社会学と異ならせている。

＊ エスノメソドロジーは、第12章「社会的相互行為と日常生活」においてより広範囲にわたって論じられている。

他の多くの行為者志向型の立場とは対照的に、マックス・ウェーバーの研究は、個人的行為と社会構造の両方を探究している。彼は、社会的相互行為と社会生活のミクロレベルに関心をもっていたが、彼の世界宗教、経済社会学、そして法システムについての研究は歴史的に提供され、断固として比較に基づいており、社会の大局的な発展と方向性に関心をもっていた。これはウェーバーの後に発達し、社会生活のミクロレベルにいっそう多く焦点を当てるようになった相互行為論的伝統とは対照的である。この節における取り組みでは、社会学の長年にわたる理論的分裂の一つであり続けている、古典的社会学におけるミクロ－レベル的立場と構造（マクロ－レベル）的立場のあいだの基本的差異を概説する。

主流的社会学に挑戦する研究

社会学の三つの大まかな伝統の関連性が引き続き存在しているという問題は、理論的な課題が現れると、より鋭く焦点が当てられるようになった。そのうちのいくつかは学問分野を変質させたが、他のものは今日もその過程にある。この節では、社会学理論が女性の経験をこれまで軽視してきたことを強調するフェミニズムの見地から、社会学にたいするいくつかの重要な批判を概説する。次に、ポストモダン理論やポスト構造主義理論を扱い、そして、ポストコロニアル理論でこの節を終える。このポストコロニアル理論は、ほとんどの社会理論や社会学理論のなかにある、固有のヨーロッパ中心的偏見に焦点を当てている。

◎男性中心の社会学に対抗するフェミニズム

（我々が第1章で見たように）社会学において公認されている創始者たちは、みな男性だった。そして彼らは、男性と女性の異なる経験やジェンダー関係のどちらにも十分な注意を払わなかった。いずれにせよ、彼らの考えは、記述的であり理論的には不十分な傾向があった。たとえば、女性と男性のあいだの差異は、デュルケムの諸作品のなかで時折論じられていたが、一貫した社会学的態度ではなかった（Rahman and Jackson 2010: 56）。デュルケム（Durkheim 1952［1897］）は、男性は「ほとんど完全に」社会の産物であるが、女性は「かなりの程度まで」自然の産物であり、個性、味覚、好みの基礎が異なっていることの原因である。社会学者たちは今日、このステレオタイプな結論を受け入れてはいないが、この結論は、非論理的に女性の固有性の要点を述べているのである。

マルクスとエンゲルスの考えは、デュルケムの考えと大いに食い違っている。マルクスとエンゲルスにとって、権力と地位とにおける男女間の差異は、主に他の区分、特に階級区分を反映している。マルクスによれば、人間社会の最初期の形態（原始共産制）においては、ジェンダーも階級区分も存在しなかった。女性に対する男性の支配は、階級区分が出現した時に初めて生じた。その時、女性は結婚制度を通して男性に所有され、「私的財産」の一種と見なされるようになった。女性にとって彼らを束縛する状況から自由になる唯一の方法は、資本主義が廃止され、階級区分が除去される時だろう。

この場合もまた、今日の社会学者のほとんどは、こうした分析を受け入れないかもしれない。階級は、男女間の関係に影響を及ぼすような社会区分を形成する唯一の要因ではない。他にエスニシティや文化的背景がある。たとえば、いくつかのエスニック・マイノリティ集団における女性は、エスニック・マジョリティにおける女性に比して、エスニック・マイノリティ集団の男性とより多くの共通性をもつとおそらく主張できる。近年、社会学者は、インターセクショナリティ（交差性）に多くの関心を寄せるようになってきている。**インターセクショナリティ**（交差性）とは、階級やジェンダーやエスニシティの区分が結びつくか「交差」するかして、社会的不平等性の複雑な形態を生み出すその方法のことを指す（Brewer 1993; P.H.Collins 2000）。インターセクショナリティ（交差性）は、階級分析の終わりを意味するのではなく、伝統的な理論的境界を横断する、より多くの研究が必要であることを指摘している。

ジェンダーの問題をより確立された形式の理論的思考に関連付ける古典的遺産はほとんどなく、社会学者の前には難しい問題が残った。どのようにして存在している社会学理論のなかに、「ジェンダー」を普遍的カテゴリーとして持ち込むべきだろうか。ここにある問題は重要で、フェミニストの学者が断念してきた挑戦に直接関係する。非常に多くの社会学が過去に、女性を無視するかジェンダー関係について不十分な理解で作業をしてきたことに異論はない。しかしながら、女性研究を社会学の中へと持ち込むことは、ジェンダー問題を扱うことと同じではない。なぜならジェンダーは、女性《と》男性とのあいだの関係に関わっているからである。たとえば、ジェンダーの研究は、女性性と同様に男性性の形式を変えることも探究してきたし、**クィア理論**の出現とともにジェンダーの観念自体の変わりやすさも露呈してきた。

次の節では、フェミニズムの理論化が社会学に与えた強い影響についてかなり簡潔な概略を提供するが、ジェンダーについての広範囲な議論は、第7章「ジェンダーとセクシュアリティ」にある。まとめると、これらの節は、社会における、そして社会学にとってのジェンダーの意義を紹介する。

フェミニズム理論　多くの法令変更を求めて起こされた一九六〇年代と一九七〇年代における女性運動は、社会における女性の不公平な地位と取り組むことを目指していた。いったん、フェミニズムの学者が大学内のアカデミーの一員になると、**フェミニズム理論**は、男性優位的あるいは**男性中心の社会学**に挑戦した。男性中心の社会学は、社会学的理論化の際に知覚された男性バイアスを含んでいる。その社会学的理論化は、普遍的結論を男性の経験から引き出しており、女性の経験を把握するようには企画されていない研究方法である。社会学の主題は、（男性優位的）公的領域に焦点を当てており、家庭や家族という女性中心と認識されている私的領域を無視している。当時のフェミニズムの一つのスローガンは、「個人的なことは、政治的である」だったのであり、したがって、以前に私的な事柄と思われていたことが、社会学にとっての正当な主題になった。

一部のフェミニズムの社会学者はまた、全学問分野の包括的な再構築も要求した。その再構築は、社会的世界についての満足い

く分析のために、ジェンダーの重要性を強調しながらその中核を形成するという中心的課題を含んでいた。要するに、

男性中心社会学に対するフェミニズムの挑戦は、企画全体の内容と方法論の根本的な再考を要求するものである。その再考とは、社会を男性の立場からと同様に女性の立場からも見る必要性だけでなく、世界を基本的に性差があると見なす必要性を認識する、ということである。(Abbott et al. 2005: 3)

社会学がどの程度この方向に進んだかは、議論を引き起こしている。たとえば、二〇〇三年になってもまだ、サラ・デラモントは、主流の社会学者にフェミニズムの理論化を認めさせる彼女の闘いは、「勝利からは遠い」と論じていた。(Delamont 2003: ix)。しかし、また、どのようにジェンダー問題が理論化されるべきかあるいは理論化できるかについて、フェミニズムの観点の至る所で多くの不一致があるというのが実情である。「フェミニズム理論」は、増加しつつある一連の立場を含む言葉であり、少なくとも六つあるいは七つの異なる観点を伴っている。これらは、自由主義的、社会主義的/マルクス主義的、そして急進的フェミニズムの初期理論から、二重システム的フェミニズム、批判的フェミニズムを経て、ポストモダン/ポスト構造主義的フェミニズム、黒人とポストコロニアルのフェミニズムまで及んでいる。これらの観点のほとんどは、より詳しく、第7章「ジェンダーとセクシュアリティ」で論じられている。

フェミニズム理論は多様であるため、単一のまたは統一された「社会についてのフェミニズム理論」を語ることはできない。しかし、知識が性とジェンダーの問題に関連していること、および女性が家父長制社会で抑圧に直面しているということについては、すべての理論で一致していると言える。とはいえ女性の立場に関する理論的な説明は一致しておらず、場合によっては著しく異なる。たとえば、急進的フェミニズムは、家父長制を抑圧の主な原因と見なすが、二重システムの理論家は、家父長制と資本主義の両方が組み合わさって男性支配を再生産すると論じる。黒人フェミニズムは、人種、レイシズム、エスニシティがフェミニズムの理論化の一部である必要があると主張し、根本的に異なる生活条件にもかかわらず、すべての女性が本質的に同様の興味を持っていると仮定する初期の理論を批判する。

男性と女性は異なる経験を持ち、異なる視点から世界を見るため、同じ方法で世界の理解を構築することはない。男性中心の社会学理論は、知識の「ジェンダー化された」性質を否定もしくは無視しており、おそらく男性(たいてい白人)の特定の経験から普遍的な結論を導き出していると、フェミニストは主張している。男性は、ほとんどの社会で慣習的に権力と**権威**のある主要な地位を占有しており、特権的な地位を維持するための投資を行っている。こうした状況下では、ジェンダー化された知識は、確立された社会的取り決めを永続させ、継続的な男性支配を正当化するのに不可欠な力となる。

ポスト構造主義やポストモダン的な思考(以下で論じる)に影響を受けた、ダナ・ハラウェイ(Haraway 1989、1991)、エレー

ヌ・シクスー（Cixous 1976）、そしてジュディス・バトラー（Butler 1990、1997、2004）らを含む一部のフェミニズムの学者は、「男性」あるいは「女性」が、興味や特徴に関して、全く異なったグループであると想定することはまちがっていると論じた。バトラー（Butler 2004）によれば、ジェンダー自体は固定されたカテゴリーあるいは本質ではなく、人びとが何《である》かよりもむしろ人びとが《行う》ことを通して提示される流動的なものである。もしもバトラー（Butler 1990）が論じたように、ジェンダーが「なされた」あるいは行われた何かであるならば、その何かが一つのグループによってもう一つの別なグループに権力を及ぼすために使用されるときにはまた、「取り消される」こともできる何ものかであることになる（第12章「社会的相互行為と日常生活」を参照せよ）。

実際、本質的にジェンダー化された存在《というもの》は存在するのだろうか、それとも固定された生物学的基盤はなく、「ジェンダー」は社会構築の継続的な過程の中にあるのだろうか。こうした基本的な疑問は、どこまでフェミニズムの思考が進んだのかを示しているが、これらの問題は、特に発展途上国における不平等に取り組み、女性の生活の物質的状況を改善するのに二次的な重要性があると見る者もいる（Shiva 1993）。ラーマンとジャクソン（2010: 81）は、以下のように論じている。

> 私たちは今日、極度に厳しく、悪化した不平等という特徴があるグローバルな状況の中で生きている――そして、グローバルとローカルのあいだの開発の交差によって不利益を被っているのは女性である……女性のあいだにおける差異は、単に「文化的」なのではない。それらのなかで最も重要な差異は、制度化されたレイシズムと、何世紀もの奴隷制度、植民地主義、帝国主義、そして、労働におけるローカルとグローバルの区分の遺産に由来する、真の物質的な不公平さに基づいている。

フェミニズム理論は、明らかに一九七〇年代以降に発展し、今日、追い求められているテーマのいくつかは、「第二波」のフェミニズム運動内に現れた物質的フェミニズムとは極めて異なっている。しかし、これらの異なる立場が示したものは、フェミニズム的思考が、静かに立ち止まっていたのではなく、発展し続け、新しい領域へ拡張し続けているということである。

＊フェミニズム運動は、第20章「政治、政府、社会運動」においてさらに論じられている。

▼批判的に考える

女性の多様な経験とジェンダーの可変性についての認識が増加していることは、フェミニズム内で新しい論議を生み出した。しかし、「男性」と「女性」という中心的カテゴリー自身が挑戦を受けているとすれば、今日、フェミニストであるということは何を意味するのだろうか。

◎ポスト構造主義とポストモダニティ

ミシェル・フーコー（1926-84）、ジャック・デリダ（Derrida 1976, 1978）そしてジュリア・クリステヴァ（Kristeva 1984, 1977）は、**ポスト構造主義**として知られる知的運動においてもっとも影響力のある人物である。しかしながらフーコーの考えは、社会学と社会科学にもっとも影響を与えた。犯罪と身体、狂気、セクシュアリティに関する著述のなかで、フーコーは監獄や病院、学校といった近現代制度の出現と、それらによる人びとを監視し、統制する役割がますます増加してきたことを分析した。彼は、個人の自由という啓蒙主義の理想には、規律と監視に関わる影の側面があることを示したかった。フーコーは、近現代の組織化されたシステムにおける権力、イデオロギー、そして言説のあいだの関係について重要な考えを提示した。

権力の研究は、社会学における根本的な重要性を持っている。そしてフーコーは、古典的社会学において一部の思想系列の先駆けであり続けている。**言説**《ディスクール》は、フーコーの思索の中核的役割を果たしており、彼は、共通の想定によって結びつけられた特定の主題をめぐる談話や思考のあり方を指し示すためにこの言葉を用いた。フーコーは、たとえば、中世の時代からずっと現代まで狂気に関する言説が劇的に変化したありさまを明示した。中世においては、精神異常者は害をなさないと一般的にみなされていたし、一部の人たちは、精神異常者が知覚力についての特別な「天賦の才」を備えているかもしれないとさえ信じていた。しかし、近代社会において「狂気」は、病いと治療法を強調する科学的で医療化された言説によって作り出された。この言説は、医師、医療専門家、病院、専門家協会、そして医療専門誌が構成する、高度に発達して強い影響力をもつネットワークによって支えられ、定着している。

＊フーコーの業績は、より詳しく第10章「健康、病い、障害」において論じられている。

フーコーによれば、権力は、言説《ディスクール》をとおして作動し、公共の態度を形作る。権力や権威をもった人たちによって確立される専門家の言説に反論できるのは多くの場合、競い合っている専門家の言説でしかない。このように言説は、別な考え方や話し方を制限する有力な手段として利用されることが可能であり、知識は管理をするための力になる。フーコーの著述に一貫して流れる重要なテーマは、権力と知識が、監視や強制、規律管理のテクノロジーと関連している様式である。この観点は社会学においては、多くの領域における権力関係について、社会学者が考える仕方を拡張してきた。

一九八〇年代半ば以降、**ポストモダニズム**の支持者は、古典的な社会思想家が、歴史には形がある、それは「どこかへ進み」進歩する、という考えから、彼らのインスピレーションを得たと主張する。しかし、この考えは今や崩壊し、もはや何らかの意味をなす「**大きな物語**」、すなわち歴史または社会の全体的概念は存在しない（Lyotard 1984）。ポストモダンの世界は、マルクスが望んだような、調和のとれた社会主義の世界になる運命にはない。同様に、科学が否応なく社会的発展を引き起こすという考えは、核兵器と地球温暖化の時代には、なおさらもっともらしくない。民主主義は世界中に広まったが、多くの発達した政治的組織において、投票者は無関心で、政治家は非難されている。要するに、多くのポストモダンの理論家にとって、近代《モダニティ》の壮大なプロジェクトは窮地に陥ってしまった。

ジャン・ボードリヤール（1929-2007）にとって、ポストモダンの時代は、人びとが現実の人や場所ではなく、むしろメディアの送り出すイメージに反応するような世界である。だから、たとえば一九九七年に、ウェールズのダイアナ妃が亡くなったとき、世界中でおびただしい悲しみの感情のほとばしりが見られた。しかしこれは、ダイアナ妃という実在の人物を弔ったのだろうか。ほとんどの人びとにとって、ダイアナ妃はマス・メディアをとおしてしか存在しなかったし、彼女の死は、現実の生活における出来事ではなく、むしろ連続メロドラマのなかでの出来事のように提示されていた。存在するものすべてが「超現実」、すなわち現実と表象の絡み合いであるとき、現実を表象から分離することは、不可能になっている。

＊ボードリヤールの議論と超現実のために、第19章「メディア」を参照せよ。

ジークムント・バウマン（1992）は、ポストモダンについて考える二つの方法のあいだの有用な区別を提案している。私たちは、ポストモダニティの社会学あるいはポストモダン社会学を必要としているだろうか。第一の見解は、社会的世界が急速にポストモダンの方向に動いたということを受け入れる。マス・メディアの膨大な発展と普及、新しい情報技術、より流動的な人びとの世界中の移動、そして多文化的社会の発達――これらすべては、私たちはもはや、現代世界に生きているのではなく、ポストモダン世界に生きているのだということを意味している。しかし、このように考えると、社会学がポストモダン世界の出現を表現し、理解し、説明することができないと考える納得できる理由は存在しない。

第二の見解は、資本主義、工業化、そして国民国家の近現代世界を首尾よく分析したタイプの社会学は、脱中心化され、多元的で、メディア漬けの、グローバル化されたポストモダンの世界を取り扱うことはもはやできないということ、さらに新しい理論や概念が案出されねばならないだろうことを示唆している。要するに、私たちは、ポストモダンの世界のための《ポストモダン社会学》を必要としているのである。そのような社会学がどのようなものであるかは、不明瞭なままである。

バウマンは、ヨーロッパの啓蒙主義に端を発する、社会を合理的に形成するという近現代のプロジェクトは、少なくともコント、マルクス、あるいは他の古典的理論家たちによって可能だと考えられたような仕方では、もはや意味もなさないことを認めた。しかしバウマンは、世紀の変わり目からは、「ポストモダン」という言葉が多様に使われすぎて元の意味が損なわれたと論じて、この言葉から離れ、代わりに私たちの時代を「リキッドモダニティ」と表現した。この表現は、私たちの時代に（現代の）秩序と安定性を押しつけようとするすべての試み《にもかかわらず》、私たちの時代が絶えず変動と不確かさのなかにあるという事実を映し出している（Bauman 2000, 2007）。

多くの社会学者は、私たちがそもそもポストモダン時代に入っていると信じない。一人の断固たる批評家は、ユルゲン・ハーバマス（Habermas 1983）であり、彼は、近代《モダニティ》を「未完のプロジェクト」と見なした。私たちは、近代を歴史というゴミ箱に入れる代わりに拡大して、《もっと》民主主義を、《もっと》自由を、《もっと》合理的な政策を推し進めるべきである。ポストモダニストは本質的に悲観主義者であり、敗北主義者であるとハーバマスは論じる。どちらの見方をあなた方がより妥当だと思おうと、実際、ポストモダン分析は、グローバリゼーションの理論のための地盤を失ってしまった。そのグローバリゼーションの理論は、今日の社会変動の方向を理解するための支配的な背景になっている。社会学の発展についてグローバルな視野から見ることは、新しい批判を引き起こすことにつながった。その批判はすなわち、社会学はヨーロッパ中心主義であったし、依然としてヨーロッパ中心主義のままであり、植民地主義が知識の生産と普及に及ぼす影響を認識し損なっているとと論じている。

▼批判的に考える

ポストモダニティの理論を支持するようなすべての社会変化を列挙しなさい。これらは、結局、彼らが同一視するような基本的な社会変形ということになるのだろうか。それとも、それらを表現する代わりの方法があるのだろうか。

◎脱植民地化の社会学

フェミニズムの研究は、社会学と社会学理論が、ジェンダーの中心的問題を無視していると非難した。似たようなことは、障害、セクシュアリティ、そしてエスニシティに関しても議論されたかもしれないが、今日では、これらの全ての領域で多くのことが変化した。とはいえ問題は、社会学におけるさらにもうひとつの「失われた革命」に関して提起され続けている。すなわち、社会と社会学の発達に、植民地主義が与えた重要で持続的な影響の無視である。たとえばこの節における私たちの社会学の発達についての説明は、そのヨーロッパ中心主義、すなわちヨーロッパ（そして幾人かの北アメリカ）の理論家の貢献に焦点を絞っており、その一方でアジアやアフリカや世界の他の地域出身の学者の貢献は無視している、ということで批判されるかもしれない。後者のアジアやアフリカや世界の他の地域出身の学者の貢献を社会学の説明のなかへと戻しいれることは、ポストコロニアル社会学またはは脱コロニアル社会学の発展の一側面である（Bhambra 2007）。

ポストコロニアル理論は多様であるが、その中心的関心は、植民地が独立を果たしたずっと後でも、ヨーロッパの植民地主義の遺産が、社会とアカデミックな学問の両方で、依然として機能しているその仕方を探究するということである。ポストコロニアル研究は、この存続している遺産を暴露し、その学問の中心概念と理論を変換しようとしている。この研究は、以前には、植民地主義とポストコロニアルとの関係を考慮し損なっていた。たとえば、社会学の起源についての標準的な説明（第1章「社会学とは何か」を含む）は、産業革命とフランス革命を社会学の形成要素として列挙するが、近代社会の形成における植民地主義と帝国主義の意義は重視しない。同様に、ポストコロニアルの批評家たちは、社会学がヨーロッパの近代《モダニティ》の不可欠な部分として出現したので、社会学的眼差しはヨーロッパ中心的なものであり、「近現代」社会の分析に限定され、植民地化された社会の経験を組み込むことができなかった、と論じている。社会学とそのカリキュラムは、どうしても「脱植民地化」が必要だと、彼らは述べている（Connell 2018）。

並行して、社会学理論は、近代《モダニティ》の出現を説明し、以前の社会との根本的な違いを分析することに焦点を当てた。このことは、西洋の資本主義に関するマルクスの研究、機械的連帯と有機的連帯に関するデュルケムの研究、そして、プロテスタンティズムと資本主義の起源に関するウェーバーの見解において明らかである。しかし、そうする中で、初期の社会学者は非ヨーロッパ社会を、事実上「前近代的」または何らかの形で「伝統的」と特徴付けた。このことは19世紀後半から、近現代の工業社会に焦点を当てた社会学と、非ヨーロッパ的で非近代的な世界を取り扱う文化人類学という、学問上の区分を創り出した（Boatcă and Costa 2010）。文化人類学は、植民地体制とその後のポスト植民地的状況の影響を認識せざるをえなかったが、社会学は、植民地主義、帝国主義、そして国家間のポストコロニアル的関係について、体系的に関わることを避けた。

多くのポストコロニアルの報告は、過去に疎外された人びとや見解、すなわち**サバルタン**を、対等な立場で社会学のような学問の再形成に関与できるようにしようとしている。その問題は、初期の古典的なポストコロニアルの研究、エドワード・サイードの『オリエンタリズム』（1978）において、はっきりと表現されている。本書は、「オリエント」あるいは「東洋」についての西洋のアカデミックな研究を批判した。サイードは、オリエンタリスト――すなわち19世紀後半と20世紀初期のいわゆる地域研究の伝統を受け継いで中東、アフリカ、アジアを分析した学者たち――に反論した。彼らのオリエントについての議論は、オクシデント（「西洋」）との著しい対照性に依存しており、そこでオリエントは、「正常」で優れているオクシデントにたいして、風変わりな「別なもの」と見なされていた。これを別な言葉に言い換えると、西洋の学者は、東洋についての権威ある説明とされるようなものを提示したが、そこには現地の人びとや学者からの情報は取り入れていなかった。

サイードの主張によれば、オリエント研究は、東洋社会は集団としてまとめて論じることが可能な本質的類似性を共有しており、それは西洋文化と大きく異なるという前提をもってなされている。この対比は、オリエントが近代化することに失敗したと「説明する」ために使用された。社会における言説《ディスクール》という権力についてのフーコーの考えにならい、アカデミックなオリエンタリズムは、西洋の優越性という社会に広がった言説《ディスクール》の一側面である、とサイードは見なした。そして、このオリエンタリズムが、現地の植民地体制を政治的、経済的に支えていたのである。オリエンタリズムは、客観的で政治的に中立な、そして学問的な活動などでは決してなく、西洋が東洋の国々にその権力を行使する一つの方法であった。

　グローバリゼーションにより、社会学者はより広い視野を持ち、工業化された国だけでなく発展途上国も研究する必要に迫られている。そのため現代の社会学は、初期のヨーロッパ中心主義をはるかに超えて進んでいると考えられているかもしれない。しかし、ポストコロニアルの理論家は、現代の理論でさえ古い考え方にとらわれたままであると論じている。たとえば、多くのグローバリゼーション理論では、資本主義と工業主義が西洋から「残りの」世界に広がることに伴って、西洋文明の基本的な特徴を取り入れたというプロセスが見られる。このように見ると、社会学的理論化は、その中心概念や理論を修正することなく、「いつものように仕事」を続けることができる。この結論がどこまで正確かについては、あなた自身で結論を出さねばならないだろう。

　最近のフェミニズムとポストコロニアルの批評は、社会学の基礎そのものの再考を求めている。ただし、これが可能または必要であるとすべての人が同意しているわけではない。第一に、本書などが、ジェンダー関係、フェミニズム理論、障害、セクシュアリティ、エスニシティ、そして世界的不平等、国家とナショナリズム、戦争などなど、多くのことを扱っているという事実は、社会学が社会的傾向、理論の発展、姿勢の変化に無縁ではなかったということを示している。実際、社会学は、社会的世界の迅速な変化に関わるためには、変化し、「時代と共に展開」《しなければならない》分野である。問題はそれが、十分な距離と速さで展開できるかどうかである。

　第二に、フェミニズム理論とポストコロニアリズムにおける内部論争は、社会学についての批評もまた、時の流れとともに変わってきたということを意味している。マクレナン（McLennan 2010: 119）が論じているように、「現実主義的であること、そして、いかなる威圧的な道徳主義にも抵抗することが重要である。すべての思考体系は、焦点、スタイル、利用可能な専門知識において必然的に自民族中心主義的である。さらに、社会学を『脱植民地化』または『ポストコロニアル化』するということが何を《意味する》のかさえ、まだまったく明瞭になっていない」。同様に、ポストコロニアル理論は、「近代《モダニティ》」という中心的な社会学概念についての批判や拒絶を含意する。「近代」は、ほとんどの西洋社会の経験を特徴づけることを目的とし、それに関連した近代化のプロセスが世界の「残り」へと外に広がるものとして提示した。この状況のヨーロッパ中心主義が認識されたことは、多くの社会学者にその概念を完全に捨てさせた。それでも、フーリエ（Fourie 2012: 53）が論じているように、「テレビのスイッチを入れ、新聞を開き、あるいはどこかの都市を散策すると、間違いなく『近代《モダニティ》は、かつてないほど街角に溢れている』（Kaya 2004: 47）という言葉やその変種に出くわすだろう。そんなふうに私たちは周りの世界の理解を形成し続けている」のである。

　近代《モダニティ》、近代化、そしてポストコロニアズムなどのそれに代わるものをめぐって進行している論争は、社会学の基本的な概念でさえも疑問視されて、再び探究のために開かれる可能性があることを示している。どのように社会学が実践できるか、実践すべきかという重要課題は、すべての批評と変動のさなかで存続しているようだ。これらのうち二つだけを考察していく。

▼批判的に考える

文化人類学者は、慣例的に、工業化された世界以外の社会を研究する。だから社会学はその成り立ちからすると近現代社会の研究に最も適しているのだと、社会学者は単に認めるべきなのだろうか。グローバリゼーションは、労働についてのこの学問的な区分を、効果的に取り除くだろうか。

■ 持続する理論的ジレンマ

社会学はその初めから、いくつかの理論的ジレンマ、すなわち、頻発する論争と議論の問題に直面してきた。これらの問題は、私たちがどのように社会学を「行う」ことが《できる》のか、あるいは「行う」《べき》なのかと問いかける普遍的手法に関係している。そして、構造《ストラクチャー》と行為主体性《エージェンシー》の問題と、合意《コンセンサス》対葛藤《コンフリクト》の論点という二つの課題は非常に根強く存在し続けていることが分かった。

最初のジレンマは、私たちが社会構造と人の行為主体性に与えるであろう相対的な重要性に関係している。個人は、どこまで自らの生活条件を統制できる創造的な行為者なのだろうか。私たちが行うことの大部分は、個人の統制の範囲を超えた社会的な支配力の所産なのだろうか。これが「問題」と考えられるのは、研究の焦点をどこに当てるべきかについて、社会学者たちの意見が分かれているためである。行動指向的手法は、人間の行動の積極的で創造的な側面を強調するが、機能主義と一部の亜流のマルクス主義は、社会構造の制約的な性質を強調する。

二番目のジレンマは、合意と葛藤に関係している。一部の理論は、人間社会に内在する秩序と調和を、ほぼ永続的な側面と見なす。この見方をとると、時間の経過とともに社会がどれほど変化するにしても、持続性と合意が、社会の最も顕著な特性である。他の理論では紛争の蔓延を異常な、または一時的な局面としてではなく、むしろ社会生活の基本的な構造の一部と見なしている。社会は、社会的分裂、緊張、そして闘争で引き裂かれており、人びとがほとんどの場合友好的に過ごしていると信じることは、甘い考えだと彼らは論じている。このジレンマを順々に取り扱おう。

◎ 社会構造と人の行為主体性

社会は、個別的行為の総和以上の存在なので、個々人に優先するとデュルケムは主張した。それは物質的環境における構造に類似した「堅固さ」なり「固体性」を備えている。扉がいくつかある部屋のなかにいる人を想定してみたい。部屋の構造は、その人がとり得る活動の範囲を拘束する。壁や扉の配置は出入口への経路を規定している。デュルケムによれば、社会構造は、壁や扉の配置と同じように、私たちが個人としておこない得ることがらに制限を設け、私たちの活動を拘束する。社会構造は、部屋の壁がそうであるように、私たちに「外在」している。

デュルケム（Durkheim 1982 [1895]: 50）は、その核心を、このように表明している。

私が、兄として、夫として、あるいは市民としての務めを果たしたり、以前に交わしていた約束を実行する際に、私は、法や慣習のなかに規定されており、したがって自分や自分の行為に外在している義務を果たすことになる。……同じように、信者は、自分の信仰生活上の信条や実践を、出生時から既成のものとみなしてきた。だから、そうした信条や実践が、信者の存在に先立って存在することは、それらが信者に外在することを意味する。私が自分の考えを表現するために用いる記号の体系にしても、借金を返すために用いる貨幣制度にしても、商取引で用いる信用手段にしても、職業生活でしたがう慣行にしても、これらはすべて、私がそれらを利用しようと利用しまいと、それとは関係なく機能している。

この構造に関する見方は、多くの信奉者を得ているとはいえ、同時にまた厳しい批判も受けてきた。仮に社会が数多くの個別的行為の混成物でないとすれば、いったい「社会」とは何だろうか。ある社会集団を研究する場合、集団という集合的実体や「事物」を見ず、互いにさまざまな仕方で相互行為をする多くの個々の人間を見るだけである。同様に、私たちが言う「社会」とは、たんに相互の関係のなかで一定の仕方で行動する個人の総計でしかない。相互行為論者によれば、人間には何をおこなうにしても理由があり、また、彼らは、意味によって構成されている社会的世界のなかに生きている。社会現象は、「事物」のような存在《ではなく》、私たちがその社会現象に付与する象徴的意味に依存している。そして、そのことは、私たちが、外的「社会」のなすがままになっているのではなく、その代わりにそれの創造者であるということを意味している。

しかしながら、この構造と行為主体性という二つの見解のあいだの相違は過大視されている可能性があり、双方の見解のあいだにはかなり容易に関連性を認めることができる。社会制度は、個人に先行し、拘束を加えている。たとえば私は、私が利用している貨幣制度を発明したわけではないし、また、仮に私が金銭で購入できる商品やサービスを得たいと思っても、私にはその貨幣制度を使用するか否かを選択する余地はない。他方、物理的世界がそうであるように、社会が「外在」していると想定するのは、明らかに誤りである。物理的世界は、誰一人生きていなくてもなおも存在しつづけるだろうが、貨幣制度はそうではないだろう。さらに、「社会的事実」は、私たちの行動を完全に《規定する》わけではない。生きていくのが非常に困難であるにしても、私はお金を使わずに生きることを選択できるだろう。人間として、私たちは確かに選択をおこなうことができ、出来事にたんに受動的に反応しているわけではない。

構造と行為主体性を超えて　構造と行為主体性の観点の分裂は、多くの社会学者によって非生産的と見なされ、それら二つの観点を一つの理論的観点へとまとめようといういくつかの試みがなされてきた。ここでは、成功した試みのうち、ノルベルト・エリアスとアンソニー・ギデンスの対照的な二つの手法にしぼって簡単に見てみる。同じように影響力のあるピエール・ブルデューの考えは、第16章「教育」において詳しく扱う。

ノルベルト・エリアスと関係構造《フィギュレーション》社会学　ドイツ人の社会学者ノルベルト・エリアス（1897-1990）は、構造－行為者ジレンマを、初期の哲学的思考方法以来の後遺症であり、克服されるべき障害であると見なした。社会学はこの「課題」を哲学から受け継いでおり、その哲学は、精神－身体、個人－社会、ミクロ－マクロのような他の一連の**二元論**を残した。社会学の理論家は、論理の問題や知識についての主張の妥当性を評価する際、哲学者の知見に従いがちであった。しかしエリアスにとって社会学は、より経験的に適切な知識を生み出す、明確な理論的－経験的科学であり、それゆえ、社会学者は、彼らのために判断する哲学者を必要としてはいない（Kilminster 2007）。

構造－行為主体性ジレンマは、（すべての他のこうした二元論のように）役に立たないし不正確である。たとえば、個人と社会の区別は、それぞれが「もののような」存在をもち、個人が、社会とは異なることを意味している。しかし、これらの用語を用いて社会生活を論じることは人を惑わす。なぜなら「それらは、社会がそれ自身、すなわち個人の外側にある構造で構成されており、同時に個人は社会に囲まれているが、何らかの見えないバリアによって社会から切り離されているという印象を強める」（Elias 1978: 15）からである。

エリアスは、社会学は《人びと》（複数形）を研究するが、それらの人びとは、いつもネットワークあるいは相互依存関係のなかにいると論じている。エリアスは、これらの相互依存的ネットワークを**関係構造**《フィギュレーション》と呼び、彼が開発したその手法は、**関係構造研究**あるいは、プロセス社会学（Mennell 1998）として知られている。この理論的動向は、一見単純に見える。しかし、もしも私たちが、社会的関係構造から《始める》ならば、その時には、過激な結論が得られる。個別の人間は自律的でなく、物理的な身体の中に埋め込まれた「閉じた」存在で、相互行為のあいだだけ他者と触れ合う。それはビリヤードボールの衝突に少し似ている。エリアスは、人間存在は「開いている人びと」であり、彼らの個人的アイデンティティと「自我」は、社会的関係のネットワークのなかで社会的に生み出されているのであり、彼らは、社会的自我である（Burkitt 2008）と論じている。

他方、日常的に「社会」と呼ばれている「ものごと」は、ものでは全くなく、実は、絶えず推移する関係構造の長期間にわたる社会的過程である（Van Krieken 1998: 5-6）。私たちが現在や自身についての現実的な理解に到達できるのは、過去における社会的生活の発達の跡をたどることによってのみなので、長期にわたる展望が必要である。関係構造的な観点は、この持続的な社会的過程に焦点を当てているのであり、「社会」を静的なもののような実体として論じる理論を明らかに超えていると、エリアスは主張している。

たとえば、『文明化の過程』（Elias 2000 [1939]）のなかで、エリアスは、ヨーロッパの中世以降の夕食の食卓でのエチケットのような、マナーの「文明化された」規則《コード》の発達をたどっている。これらの規則《コード》は、最初は人びとが自分の行動や感情をコントロールすることが期待されていた宮廷で発達し、その後、地位争いのプロセスを通して、他の社会階級へと広がった。したがって、過去の時代における幾分見慣れない人びとの習慣や慣習は、近現代の生活に関係のない、単に歴史的に珍しいものではない。実際、それがどのように長期に渡り発達してきたかを知ることなしに、私たちが「自然なもの」として受け入れている基準がなぜ存在するのかを決して理解することはできない。

＊第21章「国家、戦争、テロリズム」の「古典研究21.1」を、エリアスの「文明化過程」理論について討論するために参照せよ。この章は、どのように彼が、社会構造と個人的行為を論じたかを示している。

エリアスの関係構造の観点は、社会学における構造－行為主体性のジレンマに「橋渡し」をしようとはしていない。むしろその観点は、「問題」全体を効果的に解決している。社会学者は、ミクロレベルの小規模な相互行為や、マクロレベルの社会構造や制度に、もっぱら焦点を絞る必要はない。相互依存している人びとによって形成される変化する関係構造を理解するということは、私たちが、個人的人格から国民国家あるいは都市という概念によって表現される大きな関係構造まで、人生のすべての局面に関心を持たねばならないということを意味している。

しばしば繰り返される批判の一つは、エリアスが「社会」を、主として多くの意図的な行為の意図されない結果であると見なしがちだということである。しかし、これでは、国家や社会運動や多国籍企業のような非常に大きな権力をもつ行為者が、自分たちの利益のために社会を形成する際の影響力を十分に重視していないかもしれない（Van Krieken 1998）。それにもかかわらず、関係構造社会学は、いくつかの魅力的な研究を生み出す活気ある調査の伝統へと発達した。

アンソニー・ギデンズと構造化理論　このジレンマに取り組むもう一つの方法は、アンソニー・ギデンズによって展開された。エリアスと違って、ギデンズ（Giddens 1984: vii）は哲学を拒否せず、社会学は哲学的問題に「敏感」でなければならないと論じている。「社会科学は、その実践者たちによって哲学的問題と直接に関連づけられないとしたら道に迷う」。哲学の議論は、社会生活についての理解に貢献できるので無視されるべきではない。一方でギデンズは、個人的行為の《構造化》活動にも焦点を当てた。それは、エリアスの社会的過程に対する関心に幾分か類似している。

ギデンズの手法は、人びとが日々の活動の過程において社会構造を能動的に組成し、再組成していることを認識することから始まる。たとえば、私が貨幣制度を利用するという事実は、小さい貢献ではあるが、しかし本質的に、その制度の存在そのものに貢献している。もし誰もが、あるいは大多数の人びとが、ある時期に貨幣を使用しないと決定をしたならば、「もののような」貨幣制度は、崩壊するだろう。そのような過程を分析するのに有用な概念は、**構造化**である（Giddens 1984）。構造化理論では、「構造《ストラクチャー》」と「行為《アクション》」とは必然的に互いに関係し、正反対のものではないと考える。社会、共同体《コミュニティ》、集団《グループ》は、人びとが規則正しく、かなり予測できる仕方で行動する場合にのみ「構造」を有することができる。他方「行為」は、各個人が、個人としての彼らに先立って存在している膨大な量の、社会的に構造化された知識を身につけているがゆえに可能になる。

言語の例を取り上げよう。言語は、仮にも存在するためには、構造化されなければならない。すなわち、すべての話者が守らねばならない特性がなければならない。誰かがある特定の文脈で述べることがらは、一定の文法規則に従わないかぎり意味をなさない。しかしながら、言語の構造的特質は、個々の言語使用者が言語使用の場で、こうした文法規則に実際にしたがう限り存在できる。言語は、他の社会制度と同様に、つねに構造化の過程にあるということができる。

相互行為論者は、人間という行為主体は、高度な知識を身につけている役者であると指摘するが、極めて的確な指摘である。社会生活では、見知らぬ人が街ですれ違ったり出会ったりしたときに守るしきたりのような、複雑な一連の慣例に従うことが求められる。一方で私たちは、そうした知識を自分たちの行為にたいして適用するとき、私たちが利用するそれらの規則や慣例に、強制力や意味内容を付与していく。構造化は常に、この「構造の二重性」を前提としている。すべての社会行為は、構造の存在を前提としているのだ。しかし同時に、人間の行為があっての構造である。構造は人間のふるまいの規則性に依存しているからである。

こうした構造－行為主体性の問題への解決策には、批判者がいる。一つの問題点は、特定の設定における構造と行為主体性に与えている相対的な重みである。ギデンズの構造化理論は、その構造－行為主体性の区分に橋渡しをしようとする見事な試みにもかかわらず、まさに社会生活を形成する行為主体性の構造化力を非常に重視しているように見える。社会構造は、有効だと見なされているにもかかわらず、たとえどんなに力強くまた長く社会構造が制定されるとしても、構造化理論は、人という行為主体に社会構造を変えて作り直す能力があるとまだ見なしている。しかし、どこまでこれが真実であるかは、具体的な状況の経験的調査に先駆けて決定することはできない。

マーガレット・アーチャー（1995,2003）は、構造化理論に共感しているが、ギデンズの理論的議論は、説明的であり過ぎると見なしている。構造と行為主体性が相互構成的（一方は他方を必然的に伴う）ということに単に言及するだけでは十分ではない。社会学的説明は、構造あるいは行為主体性が、特定の状況において社会的現象の《原因》であるかどうかを証明する必要がある。ギデンズが正しく確認した、構造と行為主体性との持続する相互作用は、時系列的に配列された明確な順序を持っている。すなわち、存在している社会構造→個人的行為→修正された社会構造などである。特定の研究におけるこの持続的な配列をたどると、構造あるいは構造体がもっと有効であるかどうかを知ることが可能であるはずである。

そもそも構造－行為主体性問題は、すべての社会学者が満足するように解決されることはありそうもない。特に多様な観点や理論が、そのジレンマのどちらか一方に片寄っている時には、そう思われる。個々の社会学者は、また、彼自身の社会的背景や人生経験に応じて構造的観点あるいは行為主体性的観点に傾いている。とはいえ、以上で論じられた二つの手法は、長年にわたるこの問題の過熱をいくらかでも沈静化したいという願いの証である。

▼批判的に考える

エリアスの関係構造社会学は、構造と主体性の間の区分を橋渡しする必要性を本当に無視しているのだろうか。ギデンズの構造化理論によれば、社会構造とは、そもそも何なのだろうか。

◎ 合意《コンセンサス》と葛藤《コンフリクト》

第二の永続的なジレンマは、合意と葛藤のそれである。すべての機能主義者は、社会を、相互に密接に絡み合う諸々の構造あるいは制度から組成される、統合された全体としてとらえている。こうした見解は、デュルケムが「社会的事実」の拘束的、「外在的」特徴に焦点を当てていたこととまさに合致している。とはいえ、ここで類推されているのは、建物の壁ではなく、人間の身体の生理機能である。

身体は機能分化したさまざまな器官（たとえば、脳や心臓、肺、肝臓等）から構成されており、それぞれの器官は、生命体全体の命を維持するために働いている。これらの器官は、当然、相互に協調して作動しなければならない。そうしなければ、その生体組織の命は危うくなる。同様に、社会が長期にわたり存在し続けるためには、政治システム、宗教、家族、教育システムなど社会の専門分化した諸々の制度が、相互に協調して機能しなければならない。これが合意的観点であり、どのように社会がまとまるかに焦点を当てている。

主として葛藤に焦点を当てる人たちは、まったく異なる見地に立っている。彼らが指針とする想定は、マルクスの階級闘争についての理論に見ることができる。マルクスによれば、社会は不平等な富によって階級に分裂しており、著しい不平等が存在するために、社会システムのなかに「組み込まれた」勢力の分割がある。これらの対立は、ある時点で激しい社会変動を引き起こす。マルクス以来、ジェンダーやエスニックの区分あるいは政治的意見の相違が、対立のもとであると特定した人もいる。葛藤の理論家によれば、どの社会的集団が他の集団より強いかに関係なく、社会には分割と緊張関係がいやおうなく含まれている。

構造と行為の場合と同じように、この理論的論争は、完全に解決できるとは考えにくい。しかし、繰り返すが、合意の観点と葛藤の観点のあいだの開きは、思われているほどには広くないかもしれない。すべての社会はおそらく、価値をめぐっていくばくかの緩いおおまかな合意をもっており、どの社会も確実に葛藤を内包している。通例、社会学者は、社会内における合意と葛藤のあいだの関連性を検討せねばならない。個々の集団がいだく価値や、その成員が追及する目標は、多くの場合、共通する利害関心と対立する利害関心の交錯状態を映し出している。たとえば、マルクスの階級闘争についての理論においてさえ、労働者が賃金を支給する資本家に依存しているように、資本家は自らの事業の労働力に依存する。両者が共有するものは、時として両者の差異を圧倒する傾向があるので、公然とした対立は長く続かない。この理由のため、マックス・ウェーバーは、労働階級の未来は、資本主義から譲歩を絞り出すことにあるのであって、それを転覆しようとすることにあるのではないと論じた。

マルクスとウェーバー――近代世界の形成

マルクス主義のおおまかな考え方

1．近代の社会発達の主要な原動力は、資本主義的経済メカニズムの拡大である。
2．階級的不平等が近代の社会を引き裂いており、階級的不平等は、近代社会の本質そのものにとって基本的なことである。
3．男女の立場の違いに影響を及ぼすものなど、主要な権力の分化は、最終的には経済的不平等に由来する。
4．近代社会（資本主義社会）は、過渡的な社会類型であり、将来、近代社会を根本的に再編成することが期待できる。最終的には、社会主義が資本主義にとって代わっていく。
5．欧米社会の影響力が世界中に拡がったのは、主に資本主義企業の拡張主義的傾向の結果である。

ウェーバー学派のおおまかな考え方

1．近代の社会発達の主要な原動力は、生産の合理化である。
2．階級は、近代社会に見いだすさまざまな不平等、たとえば、男女間の不平等の一類型である。
3．経済システムに見いだされる権力は、他の権力の源泉から分離できる。たとえば、男女間の不平等を、経済的観点から説明することはできない。
4．合理化は将来、社会生活のすべての領域でさらに進展することは間違いない。すべての近代社会は、社会的および経済的組織が同一な基本的様式に依存する。
5．欧米社会のもつグローバルな強い影響力は、優勢な軍事力に加え、工業資源を自由に駆使できることから生じている。

▼批判的に考える

マルクスとウェーバーの主要な考え方は、本当に相容れないのだろうか。上記の対比を利用しながら、両者を区別する点もより共通する点が多いという議論を構成することができるか考えてみよ。

葛藤と合意の相互関係を分析するための有用な概念は**イデオロギー**、すなわち、力の弱い集団を犠牲にして、力の強い集団がその立場をより確実にする上で役立つアイデア、価値感、信念である。権力、イデオロギーと葛藤は、つねに密接に結びついている。イデオロギー的概念の内面化によって人びとは機会、身分、状況のひどい不平等を受け入れるので、イデオロギー支配はしばしば見せかけの合意を創り出すことができる。権力を握る集団は、自分たちの権勢を維持するためにもっぱらイデオロギーの支配力に依存するが、必要な時には、武力の行使も可能である。封建時代には、貴族の支配は、少数の人たちの「統治するために生まれた」という観念に支えられていた。しかし、貴族である統治者は、自分たちの権力に敢えて反抗する人たちにたいしては、しばしば暴力を行使していた。

最近では、二〇一〇〜一二年のいわゆるアラブの春において、中東と北アフリカという一見安定した社会が、抑圧された欲求不満と内在する利害対立を表明する抗議行動やデモで溢れていた。リビア、バーレーン、シリアでは、国家の威信と連帯の共有に訴えることに失敗した時、統治体制は、抗議を鎮めようと軍事力に頼った。この例は、合意も葛藤も「自然な」ものではなく、どちらも社会的プロセスの結果だということを示している。

■〈変化における〉社会と社会学

社会学は、その歴史の大部分で、資本主義社会の特徴と未来に関するいわゆるマルクス-ウェーバー論争によって著しく影響を受けてきた。マルクスとウェーバーの両者にとって、資本主義の出現は、世界中の社会の方向を決定づける運命的な展開だった。マルクスは資本主義を、いかなる先行する経済体制の型よりもよりダイナミックであると見なした。資本家は彼らの商品を、消費者に売るべく競争し、競争の激しい市場で生き残るために、会社はできる限り商品を安く効率的に生産しなければならない。競争相手に勝つように努力をするので、絶え間なく技術革新を引き起こす。また、資本主義の会社は、商品、安い原材料、より安い労働力の供給源のための新しい市場を探し出す。マルクスにとって、資本主義は、地球上のすべての部分に拡散しながら、休みなく拡大する制度である。

マックス・ウェーバーは、もっとも鋭いマルクスの批評家の一人であり、彼の研究は「マルクスの亡霊」、すなわち、マルクスが残した知的遺産との生涯にわたる格闘を伴っていると表現されてきた。ウェーバーは、経済的要素は社会変動において重要な役割を果たしたが、観念やイデオロギーのような《非経済的》要素もその役割を果たしていると認めた。たとえば、ウェーバーは（マルクスと同様に）物質的利害が歴史の主要な駆動力だと論じたが、ウェーバーによると、これらの利害は、観念によって特定の方向に導かれる。鉄道のジャンクションにおいて重量級の電車を方向づける「転轍手」のように、観念ははたらくのである。近代社会とそれらの発展方向についてのウェーバーの理解は、マルクスの理解と著しく対照的である。

ウェーバーによれば、資本主義は、社会発展の単なる一局面に過ぎず、ある意味では科学と官僚制の影響の方がより重要であった。科学は近代技術を形成し、未来の社会主義社会においてもそうあり続けるだろう。一方で官僚制は、大人数の人びとを効果的に組織化するもっとも能率の良い方法であり続けている。官僚制は合理化、すなわち技術的知識に基づく効率性の原則に従った社会と経済生活の組織化の重要な源となり、近現代の生活とともに必然的に拡大する（以下の「グローバル社会3.1」を参照せよ）。ウェーバーはまた、マルクスに抗して、資本主義は実際には、官僚制支配の、人を無気力にする「圧力《デッドハンド》」に対抗する創造性のもとを提供するとも論じている。

社会変動のどの解釈が正しいのだろうか。おそらく今日、これはもっとも差し迫った問題ではない。マルクス、デュルケム、ウェーバーの古典的理論と、それらの後身は、変化するジェンダー関係、多文化社会、グローバリゼーション、技術発展、加速する気候変動という現代の課題の最良の指針ではないかもしれない。私たちは今、社会学を別な方向に向かせるような、古典を超えた新しい理論を必要としているのだろうか。

◎〈再帰性、リスク、コスモポリタン〉理論

古典的思想家――マルクス、デュルケム、ウェーバー――の考えは、社会的・政治的・経済的大変動の時代に形成され、彼らの視点は、その大変動を理解しようとした。ほぼ間違いなく、私たちはグローバルな変化の時代を生きている。それは世界のより多くの地域で、同じように深く、しかしより広く感じられている。私たちの理論的視点を再生させ、更新することは、もしも社会学が、重要なままでありたいならば、ますます欠くことができないように思われる。グローバリゼーションの理論は、広範囲に第4章で論じられるので、ここでその議論を先取りするつもりはない。その代わりに、グローバリゼーションは人間社会を変えつつあると想定する、三つの重要な学説に目を向ける。これらは、近代《モダニティ》の死というポストモダンの考え方を拒否する社会学者の代表として選ばれている。

社会的再帰性に関するアンソニー・ギデンズ　ギデンズは、今日の世界で起きている革新的な変化に関する理論的見解を発展させた（Giddens 2002, 2011）。私たちは、ギデンズが「暴走する世界」と呼び、ウルリッヒ・ベック（Beck 1999）によって概要が説明されたような、新しいリスクと不確実性によって特徴づけられる世界のなかで生きている。デジタル、情報の時代を生きるということは、また、社会的再帰性の増加を意味する。**社会的再帰性**とは、私たちが、人生を送っているその状況について常に考え、振り返えらねばならないという事実を指している。

社会が慣習と伝統によって形成されていた時、人びとはもっと無反省な形で物事を行い、世間に認められたやり方に従うことができた。今日、古い世代の人たちにとっては当たり前のことだった生活の多くの側面は、開かれた意思決定事項となった。たとえば数百年もの間、人びとは家族の規模を制限する効果的な方法をもっていなかった。現代的な避妊法やその他の形態の技術的な生殖への関与によって、親は何人の子どもを産むか選択できるだけでなく、その子どもの性別を決定することさえもできる。

しかし、暴走する世界という考えは、私たちが《不可避的に》未来のコントロールを失ってしまったということを含意してはいない。グローバルな時代において国家は、かつてはあった権力の一部を確かに失っている。二〇〇八年の金融危機は、かつてほど各政府が自国の国民経済への影響力をもってはいないということを証明した。しかし、多くの政府が協力して戦略を策定し、最悪の被害を受けた国に資金を提供したので、この危機は、各国が協力して影響力を行使することができるということも示した。

正規の政治の枠外にある、有志のグループや社会運動も重要な役割を担うが、彼らは正統な民主政治に取って代わろうとはしていない。これらのグループは、異なった要求をもち、違った関心をもっているから、民主主義はまだ重要である。たとえば、妊娠中絶の容認を求めて活発に運動をしている人びとがいるし、全く反対のことを信じている人びともいる。民主政治はさまざまな要

グローバル社会 3.1

マクドナルド化は合理化か

自国だけでなく、外国のマクドナルドで食事をしたことがある人はみな、多くの類似性に気づいただろう。室内装飾は多様で、話される言語は違うだろうが、レイアウトや、注文のための手順、スタッフのユニフォーム、そして「笑顔でサービス」は、本質的に類似している。多くの他のレストランと比べると、マクドナルドのはっきりとした違いの一つは、行程全体がどのように効率的であるかにつきる。店員たちは分化した単純な任務をやっている。ある者はフライド・ポテトを作り、もう一人はバーガーをひっくり返し、三人目はバーガーを丸パンのなかに入れてサラダを付け足す。多くの行程もまた自動化されており、ボタンを押すとミルクシェイク、設定温度で作動する揚げもの鍋、品目毎のボタンを備えたレジスターのように、店員は、食品の価格を学ぶ必要さえない。

しかし、いったいなぜ社会学者たちは、ファストフードに関心を示すのだろうか。ジョージ・リッツア（Ritzer 1983, 1993, 1998）は、マクドナルドは、最近の経済的変化や文化的変化の生き生きとしたメタファーを提供していると論じる。彼が言うには、私たちが目撃しているのは、社会の「マクドナルド化」である。ファストフードレストランの基本的原理は、社会の他の領域を支配するようになってきている。マクドナルドの四つの基本理念、すなわち《効率》《計算可能性》《画一性》、そして《自動化による管理》を利用して、近現代社会はさらに「合理化される」ようになり、マクドナルドは、その過程の最良の例に過ぎないと、リッツアは論じている。「マクドナルド化」は、「バーガーキング化」あるいは「スターバックス化」よりももっと的を射ている、とリッツアは指摘している。

ウェーバーと同様にリッツアは、**合理化**の長期的なプロセスは、逆説的に非合理的な結果を生み出す可能性があると主張している。ウェーバーは、官僚制が一人歩きをし、社会生活を通じて広がり、有益な結果だけでなく、有害な結果ももたらすと考えた。同様に、リッツアは、一見したところ合理的なマクドナルド化の過程は、一連の非合理的なもの、すなわち、「高カロリー、脂肪分、コレステロール、塩と糖を含む」食事による私たちの健康へのダメージ、そして、毎回の食事後に捨てられる包装容器による環境へのダメージを引き起こすと論じている。とりわけ、マクドナルド化は、「非人間的」である。人びとは、コンベアベルトの上にいるかのように列を進み、店員は、ロボットのように同じ業務を何度も繰り返す。

リッツアの見解は、社会学に大変影響を与えてきたが、近年、マクドナルドは、グローバル経済のなかで競争するために、その慣行を変更せざるを得なくなっている。「商品」を世界中の特定の市場の地域文化に合うように調整している。これは、実際、**グローカリゼーション**の非常に優れた実例である。

求と関心を評価し、対応しなければならない。

　学問分野としての社会学は、これらの社会変動によって影響されないし、社会学者たちは、彼ら自身の研究実践やその参加者への影響について、より内省的になってきている。アカデミックな「専門家」と無知な「素人」とのあいだの区分は、今日ではあまり厳密ではなくなっているように思われる。インタビュー、調査のために抽出されたグループ、質問票などに参加する人びとは、適切な質問について助言したり、倫理的問題を見分けたり、研究報告書の原案を読んでコメントしたりするなど、調査プロセスの他の側面にますます組み込まれている。このより深い取り組みは、研究者たちが、確固たる結論に到達する前に、解釈を参加者たちと共にチェックすることができるので、研究成果の妥当性を向上させることができる。現在の動向では、再帰性は、社会生活のより多くの領域へと広がり続ける可能性が高い。

ウルリッヒ・ベック――第二のモダニティにおけるリスク

ドイツの社会学者ウルリッヒ・ベック（1944-2015）も、ポストモダニズムを拒否している。私たちは、「モダンの向こう側にある」世界を生きているというよりも、むしろベックが「第二の近代《モダニティ》」と命名した局面に移行しだしている。「第二の近代《モダニティ》」というベックの社会理論とは、近現代の諸制度がグローバル化していくにつれ、毎日の生活が伝統や慣習の支配から自由になりだした現実を指称している。旧来の工業社会は消滅し、「**リスク社会**」に置き換わっている。

　ベックは、今日の世界が前の時代以上にリスクに満ちていると主張するのではない。そうではなく、私たちの直面しなければならないリスクの性質が変わりだしている。今日のリスクは、自然界の脅威や危難よりも、私たち自身の社会発達や、科学とテクノロジーの発達に由来する。たとえば地球温暖化は、おそらく今日もっとも深刻な環境問題である。しかし科学的に一致した意見は、これは単なる自然災害ではなく、過去二五〇年にわたる産業公害や近現代の乗り物の排気物質からの過剰な温室ガスの結果ということである。大衆的なサイエンスライターたちは、こうした問題を「自然の復讐」と呼んだ。

　科学とテクノロジーの進歩は、前の時代とは異なる、新たなリスク状況を創りだしている。科学とテクノロジーは、明らかに私たちに多くの利益をもたらすが、その一方で測定困難なリスクを創りだしている。遺伝子治療やナノテクノロジーのような新しい技術の発達が、どのようなリスクをともなうのかを、誰も完全に知ることはできない。たとえば、遺伝子組み換え作物を支持する人たちは、それはせいぜい世界の最貧国における栄養不良状態を終わらせ、すべての人に安価な食糧を供給する可能性をもたらすだけだと主張している。遺伝子組み換え作物に懐疑的な人たちは、それが健康面で危険な、意図しなかった帰結をもたらす恐れがあると主張している。

＊リスクに関するベックの見解は、より詳しく第5章「環境」で論じられている。

　ベックによれば、リスク社会の重要な側面は、その危険性が空間的・時間的・社会的に限定されないことである。今日のリスクは、すべての国に、すべての社会階級に影響を及ぼす。つまり、グローバルで、単に個人的な帰結にとどまらない。テロリストの攻撃は、人びとが自分たちの地域社会が、極度の暴力の危険にさらされていると考えるところまで影響を与えている。テロの恐れは、とくに二〇〇一年九月（9／11）の同時多発テロ以降の数か月間、企業が大規模な投資を渋ったために、世界の至るところで経済活動を不活発にした。テロ攻撃はまた、市民の行動の自由と安全とのバランスについて、国家が下してきた査定評価をも変えていった。それは、潜在的なテロリストの脅威の監視を強化するために多くの市民の自由を制限することとなった。

日常生活レベルで行われる多くの意思決定もまた、リスクで満ちはじめている。多くの不確実性が男女間の関係性のなかに入り込んでいるので、リスクとジェンダーの関係は、実際には密接に結びついている（第15章「家族と親密な関係性」を参照せよ）。一世代前、先進社会では、婚姻は未婚であることから既婚であることへの移動という人生のかなり単純な移行の過程であり、これはほとんど永続する状態だと思われていた。今日、多くの人が結婚をせずに一緒に暮らし、また離婚率は比較的高くなっている。相手との関係をじっくりと考える人は誰でも、これらの事実を考慮に入れなければならないし、不確実な背景にたいして、自分の幸せや安心感が確保できる可能性を判断しつつ、リスクを計算しなければならない。

コスモポリタニズム　ベックの後期の研究は、他の社会学者たちの研究（Vertovec and Cohen 2002; Benhabib 2006）の後を追って**コスモポリタニズム**の理論（Beck 2006; Beck and Grande 2007）に移った。ベックの見解は、「国民国家に基づいた」考え方、すなわち、（国家的な）社会を分析の主要な単位として使用する理論への批判から始まっている。ベック（Beck 2006: 18）は、この「国家観」では、「政治的・経済的・文化的行為を把握できず、（意図的であれ非意図的であれ）その帰結には国境がないことも把握できない」と論じている。グローバリゼーションと環境危機の時代には、国境がより透過的になり、個々の国家の力が弱くなり、社会的現実は、完全にコスモポリタンの方向に変化している。そしてその過程は、社会学者の背後で起きている。もし方向性なしに発達することが許されるならば、コスモポリタン化は、特により安価な労働力と最大限の利益を探し求めて地球を横断する多国籍企業によって搾取される人びとにとって、チャンスと同じだけ多くの脅威を生じさせる。

ベックは、地球温暖化のような新たなリスクに対処していく場合や、二〇一九年後半と二〇二〇年に流行した新型コロナウィルス感染症（Covid-19）のような地球全体の健康のパンデミックに効果的に取り組む場合に、国民国家の狭い視点は妨げになると論じている。ベックは、私たちは、文化的多様性の認識とその容認にもとづいた、コスモポリタン・システムを必要としていると論じている。コスモポリタン国家は、たんにテロリズムと闘うだけでなく、世界のテロリズムの《原因》とも闘わなければならない。ベックにとって、コスモポリタニズムは、地球規模の問題をうまく処理する最も建設的な方法を与える。なぜなら、地球規模の問題は、個別の国家レベルでは解決できないように見えるかもしれないが、国家間の協力によって管理運営できるからである。私たちが、「サブ政治」という領域の出現を目にするとき、新たなかたちの積極行動主義もまた台頭しつつある。このサブ政治とは、民主制政治のフォーマルな機構の外側で影響力を発揮している、たとえば環境保護団体や、消費者保護団体、人権擁護団体のような集団や機構の活動のことを指している。

ベックは、ユニバーサルとかコスモポリタンという言葉を使って考えることは、実は新しいことではないと認めている。以前には、国民国家を超える市民権という観念は、自分たちをたとえば「ヨーロッパ人」あるいは「世界市民」と見なすことを《自ら進んで》選ぶような、よく旅行をして広い人脈を持っている社会的エリートの領分だった。ルードメットフ（Roudometof 2018）は、この言葉の最初の使用を「少なくとも二〇〇〇年」前まで遡り、近現代の概念が、フランス啓蒙主義の時期に「世界市民」を指して広く使用されていたとしている。今日のコスモポリタニズムは、グローバルなプロセスに強いルーツをもつがゆえに、少なくとも潜在的にはより効果的なのだ。ベックは、社会学者が、単にコスモポリタン的世界社会の出現を分析するだけでは十分ではないと論じており、もしグローバリゼーションと関連した問題に取り組む場合、社会学者たちは、それを前向きな方向で形成することにも関わるべきだと論じている。

▼**批判的に考える**

この節の理論は、本当に社会学的古典から発展しているのだろうか。あなたは、マルクス主義、機能主義、あるいは相互行為論の何らかの痕跡をこの節の理論のなかに見出すだろうか。同様に、それらのうちのいくつかは、合意と葛藤の理論の特性評価に一致しているだろうか。

■結論——発展中の社会学理論

この章では、いくつかの影響力をもった理論や動向や批判について簡潔な議論を例示しながら、社会学の理論化の歴史を急ぎ足でめぐった。

そして、社会学理論が緊密な交流や、相互の競争において発達したというのは事実である。しかしながら、もしも社会学理論がそのような内部の論争を通してのみ発達したのならば、成功を収められていない。社会学理論は、私たちに現代の重要な問題に対する洞察を与え、内部構造において首尾一貫しているだけでなく、経験的にも適合していなければならない。

社会学理論の歴史は、成功した観点はいつも発達過程にあり、静止したままではないということを示している。たとえば、ネオ・マルクス主義の理論は、今日、マルクスが創始した考えであると十分に認識できるほど似通っているが、変化する情勢によって途中で変更、修正され、更新されてきた。同様の再考と改訂のプロセスが、デュルケムやウェーバーの考えについても起こったが、それらは今日、過去におけるほど形式的でも体系的でもない。同時に、現代の社会学理論の多様性は、古典理論と近現代理論のへだたりを超えて、理論を組み合わせることに導いた。実際、理論的統合は、古典的伝統の最良の部分を維持しながら、今日の世界にふさわしくそれらを更新するという、この上ない希望をもたらすと言ってもよい。最後の節で示したように、もっとも優れた現代理論は、私たちにその時代の最も重要な問題と真剣に取り組む手助けをしてくれる。

本章をふりかえって問う

1. 「どの科学的社会学も実証主義者であるように努力せねばならない」。なぜ、大部分の社会学者たちは、この言明に賛成しないのだろうか。非実証主義的社会学は、それでも「科学的」でありうるのだろうか。
2. マルクスは、階級闘争は革命と資本主義の終焉を引き起こすだろうと論じた。後のネオ・マルクス主義者たちは、労働者階級がその「歴史的役割」を果たしそこなったことをどのように説明してきたのだろうか。
3. エミール・デュルケムによれば、社会的事実とは何なのか。いくつか例を出しなさい。その社会的事実の概念は、他の社会学的観点からどのように批判されてきたか。
4. 資本主義の起源における宗教の役割に焦点を当てながら、マックス・ウェーバーの「プロテスタンティズムの倫理」論文の要点を述べなさい。この論文は、21世紀の資本主義の特徴について、何を教えてくれるのだろうか。
5. 「象徴的相互行為論」における象徴的とは何か。現象学とエスノメソドロジーのあいだの主な違いをいくつか挙げよ。
6. エリアスは、人間関係構造によって何を意味しているのだろうか。関係構造の実例をいくつか提示せよ。
7. ギデンズによれば、「構造の二重性」を構成しているものは何だろうか。この考えを説明する例をいくつか提示せよ。
8. フェミニズム理論家たちは、どのように男性中心の社会学を批判したのか。そのような批判のあとで、どのように社会学は変化したのか。社会学は、ジェンダーの概念をまだ完全には学問分野に組み込んでいない、と一部の人びとが主張しているのはなぜだろうか。
9. ポストコロニアル理論、ポストモダン理論、そして、ポスト構造主義理論の接頭辞「ポスト」は、主流の見地への批判を暗に意味しているが、何も建設的なものがないという説について討論しなさい。近代《モダニティ》は終わったというポストモダンの考えが単純に間違っているという根拠は何だろうか。
10. ウルリッヒ・ベックに従えば、「製造されたリスク」とは何か。例をいくつか示しなさい。リスク社会という語によって何が意味されているのか。私たちは今日、リスク社会で生きているのだろうか。
11. 私たちは、デュルケム、マルクス、そしてウェーバーの古典的社会学理論を、21世紀には不向きだとして捨てるべきなのだろうか。彼らの研究のどの側面が、今日重要であり続け、それらは、何を理解することを依然として助けるかもしれないのか。

実際に調べてみよう

古典的社会学の理論と観点は、21世紀のグローバルな問題を私たちが理解することに何かを貢献するのか、という問いが相変わらず適切であることに変わりはない。マルクスは、ＡＩやロボットが出現し、労働力に影響を与えるということを予測できなかった。ウェーバーは、地球温暖化を予見しなかったし、デュルケムの研究は、ポストコロニアル理論の最良の例ではない。

20世紀後半から21世紀初頭にかけて、一連の理論家たち（何人かはこの章で論じた）が、このような新たな問題をより良く理解するための新しい観点と構想を開発しようとした。以下の論文は、今日の社会学が向き合っている挑戦について発表している雑誌の特別号を紹介している。それを読んで、（そしてことによると、この号のなかの他の論文も読んで）以下の質問に答えよ。

ポッサマイ・イネセディ・A、ロウ・D、スティーブンソン・D（2017）「21世紀の社会学――新旧の課題」、『社会学雑誌』

Possamai-Inesedy, A., Rowe, D., and Stevenson,D. (2017) 'Socilogy in the 21st Century: Challenges Old and New', *Journal of Sociology*, 53(4): 723-9; https: //doi.org/10.1177/1440783317747443.

1. この記事のなかの「問題点と課題」のリストを、社会的にかつ社会学という学問領域の観点から作りなさい。これらのうちのどれが、正真正銘「新しい」だろうか。
2. この筆者たちは、社会学についてのポストコロニアル批判と取り組むために、どの概念や理論を利用しているのだろうか。
3. 筆者たちは、社会学を行うのに必要な「古く、実証済みのスキル」に「背を向けて」はこなかったと示唆している。これらのスキルとは何であり、そして、なぜ未だにこれらは重要であると彼らに思われているのかを説明しなさい。
4. 筆者たちは創造的な新しい展開を主張しているにも関わらず、古い理論や概念や考えの一部はまだ有効であるというこの論説には、どのような根拠があるだろうか。
5. 「社会学は、その設立の際の先入観に堅く固定されたままである」。筆者たちはこの結論と、新しい手法の必要性という全体的な焦点とを、どのように適合させているのだろうか。

さらに考察を深めるために

主流の社会学についてのポストコロニアルの批判は、今日の社会学者にとって「平常通り」という考えに伴ういくつかの基本的問題を提起するような説得力のあるものである。一つの重要な論点は、「近代《モダニティ》」という中心的な概念を問題にすることであり、そしてその概念は、長いあいだ、マルクスからギデンズ、ベック、バウマン、そして、その他多数の研究者たちにいたる社会学理論の焦点であり続けてきた。この近代という概念は、

「歴史のごみ箱」へと運命づけられているのだろうか、それとも、その概念を修正し、救う方法があるのだろうか。この概念は、救われるに値するのだろうか。

過去数十年間にわたって、その概念をしっかりと捉える一つの方法は、世界中の国々によってとられた、広範囲にわたって相違し、分岐している近現代化の方向に言及するということだった。それらは、「多元的近代」に関する一連の観念につながった。以下の論文は、これらの多様な試みを要約し、なぜ、それらが予想されていたようには、影響力を持ってこなかったのかを説明しようとしている。その論文を読んで、近代という概念の擁護を、この章における以前のポストコロニアル批判を考慮に入れながら書きなさい。特に、もしこの概念が放棄されたなら社会学は何を失うのか、そして、多元的近代の方へと移行するならば、グローバル化世界における近代化理論を再活性化させることはできるのかどうかを議論しなさい。

フーリエ・E（2012）「多元的モダニティ理論の未来――新しいモダニゼーション理論からの洞察」,『社会科学情報』

Fourie, E. (2012) 'A Future for the Theory of Multiple Modernities: Insights from the New Modernization Theory', *Social Science Information*, 51(1): 52–69.

芸術作品に描かれた社会

マーガレット・アトウッドの一九八五年の小説『侍女の物語』は、思索的なフィクション、環境破壊と内戦の後のUSA――ギレアデ共和国と改名されている――における出来事を描いている作品として説明されることが多い。アメリカ社会は、聖書の非常に独特で原理主義的な読みに根ざした厳格な神政独裁制の支配に従っている。ギレアデでは、ジェンダーの役割が明確に定義され、また、残酷なまでに確立されていて、すべての個人の生活を形成する新しい社会的カテゴリーが創造されている。この本は、二〇一九年現在、（小説を追い越して）第三シーズンが放送されたテレビ番組の原典である。本を読むか、一シーズン分のテレビを見るか、どちらかをしなさい。

多くの人びとは、この作品をフェミニズム小説として解釈してきた。男性と女性のあいだの完全な権力不均衡があり、階層の底辺にいる女性が、その組織に抵抗する新しい方法をそれにもかかわらず見つけるからである。しかしながら、この話には、他の社会学的テーマがある。特に、あなたがこの小説を読むかテレビで見るかする時、これまでに紹介した合意対葛藤や構造対行為主体性といった主要な理論的課題に留意せよ。

1．階級闘争に関するマルクスの考えに従うと、ギレアデ社会において中心的に組織化された闘争とは何だと思うか。どのように、この闘争的社会はまとまり、合意に基づくものとして表現されているだろうか。最終的に内部からの社会革命を誘発するギレアデ内に、何らかの理論的矛盾はあるだろうか。

2．ギデンズの構造理論、エリアスの関係構造についての考え、あるいはデュルケムの社会制度や社会的事実についての概念のどちらかを、アトウッドのギレアデにあてはめてエッセイを書きなさい。この社会の大規模な軍事化についてや、どの社会的カテゴリーが、個人的行為主体性に最善の見通しを提供するのか、そして、これらのカテゴリーは、完全に男性支配的であるのかどうかについて考慮に入れよ。

読書案内

社会学的理論、社会理論を取り扱っている多くの書籍があるので、あなたは、気に入るものを見つけるために少数のタイトルを拾い読みしてみることができる。

社会理論を実世界に応用することを目指している包括的なテキストは、ミッチェル・ディロン『社会学理論入門――理論家、概念とそれらの21世紀への応用』*Introduction to Sociological Theory: Theorists, Concepts and their Applicability to the Twenty-First Century*, 3rd edn, Chichester: Wiley-Blackwell, 2019。ピップ・ジョーンズとリズ・ブラッドベリー『社会理論入門』*Introducing Social Theory*, 3rd edn, Cambridge: Polity, 2018 もまた非常に良い。

古典理論向けでは、ケネス・モリソン『マルクス、デュルケム、ウェーバー――現代社会思想の形成』*Marx, Durkheim, Weber: Formations of Modern Social Thought*, London: Sage, 2006 は、信頼できるが、他方で、ジョージ・リッツアとジェフリー・ステニスキー『古典的社会理論』*Classical Sociological Theory*, 7th edn, Thousand Oaks, CA: Sage, 2017 は、優れた本である。現代理論向けでは、アンソニー・エリオット『現代社会理論――入門』*Contemporary Social Theory: An Introduction*, 2nd edn, London: Routledge, 2014 は、良く書かれており、包括的である。

いつか、重要な理論家たちの原典を読む必要があるが、それらのほとんどは、あなたが思うほどには困難ではないということを覚えておきなさい。結局のところ、もしあなたが、それらの相対的な長所について自分自身の解釈を行い、評価を下そうとするならば、これは必要な要件なのである。

社会学理論に関する原書文献をまとめた関連書『社会学――入門読本（第四版）』*Sociology: Introductory Readings*, 4th edn, Cambridge: Polity, 2021 を参照せよ。

インターネット・リンク

本書に関する追加情報とサポート（ポリティ）
www.politybooks.com/giddens9

社会学者――死者と生存者 さまざまな社会学理論家の優れた情報源
www.d.umn.edu/cla/faculty/jhamlin/4111/Sociologists.html

フェミニズム理論のウェブサイト バージニア工科大学に拠点を置く研究者によるフェミニズム理論と観点
www.cddc.vt.edu/feminism/enin.html

現象学オンライン 現象学者とエスノメソドロジスト

www.phenomenologyonline.com/

現代理論家の論文をテーマにしているウェブサイト

ジャン・ボードリヤール

https://baudrillardstudies.com/

ジグムント・バウマン

https://baumaninstitute.leeds.ac.uk/

ジュディス・バトラー

https://bigthink.com/u/judithbutler

ウルリッヒ・ベック

https://webarchiv-ulrich-beck.sociologie.uni-muenchen.de/en/

ノルベルト・エリアス

http://norbert-elias.com/en/

ミシェル・フーコー

https://michel-foucault.com/

アンソニー・ギデンズ

www.thoughtco.com/anthony-giddens-3026484

アーヴィング・ゴッフマン

https://people.brandeis.edu/-teuber/goffmanbio.html

(宇都宮訳)

第4章

グローバリゼーションと社会変動

人類が地球上に誕生してまだ五〇万年足らずにすぎない。この人類が地球上に存在するようになって以来の全期間を24時間で考えてみると、農業が出現したのは23時56分、すなわち午前0時まであと4分であり、文明は23時57分に誕生したことになる。工業社会の発展は23時59分30秒に始まったにすぎないし、人類の最後の30秒で、それに先行するすべての時代以上の急速な人口成長と社会環境の変動が起こったことになる。

本章を通して見ていくように、社会学者が**近代（モダニティ）**と呼ぶ時代は、組織的な取引や長距離の経済交流、国際的な政治協定、グローバルな観光旅行から電子コミュニケーションや大規模な移住まで、さまざま形で大規模な社会を互いに密接に接触させるようになった。これらすべての方法により、人びとはかつてないほど相互に接続され、依存し合い、地理的に移動するようになった（Sheller and Urry 2004; Urry 2007）。

＊ 移住と社会学における「移動性」という研究課題は、第8章「人種、エスニシティ、人の移動」で議論される。

近代という時代の変動の激しさは、人口成長率に明らかである。リヴィ‐バッチ（Livi 2012）は、グローバルな人口とその長期的な成長を研究している。紀元前一万年に《六〇〇万》人ほどと推定された世界人口は、二〇〇〇年までに《六〇億》人以上へと増大し、二〇一九年には七七億人にまで達した。しかしながら、人口成長のペースは一様ではなく、工業化の時代の始まりである一七五〇年ごろから加速している。ここでもっともきわだった人口動態の特徴は、世界人口が「倍になる期間」が短縮したことである。一七五〇年までに人口が倍になるのに千年かかっている。一九五〇年までに、これは一一八年に減り、二〇〇〇年にはほんの四〇年になった。リヴィ‐バッチ（Livi 2017: 26）が計算しているのだが、このペースで進むと、成長のペースの鈍化が始まっているとはいえ、世界人口は今世紀の終わりまでに一一〇億人に達する見込みで、それは国連（UN DESA 2019c: 5-6）が人口のピークと評価しているものである。

一一〇億という人口が持続不可能に思えるなら、19世紀には、七〇億人が地球上で生存することが文字通り想像もできないことだったが、それはすでに達成され、超えてしまってさえいるということを思い起こす必要がある。こうした空前のレベルを維持できるかどうかは、自然環境の収容力だけではなく、経済、テクノロジーの発展と社会組織、政治的意思決定にも左右されるのである。

＊ 第5章「環境」は急速な人類の拡張がもたらした環境への影響をより注意深く見ていく。

本章では、**グローバリゼーション**という概念に付与されるさまざまな意味を検討する前に、モダニティの重要な側面の広がりについて見ていく。基本的な作業定義として、グローバリゼーションは、世界の社会や人びとをより緊密な相互依存関係に結びつける一連のプロセスと、人びとの行動様式に影響を及ぼすグローバルな意識の高まりの両方によって特徴づけられるといえる。二〇一九年から二〇年にかけて、Covid-19ウィルスが世界中に拡散したスピードは、グローバリゼーション時代における人とモノの地理的移動が非常に高いレベルであることを示している。多くの社会科学者は、現代のグローバリゼーションの発展段階こそ、人類の未来を形作る上で最も重要だと考えている。

＊第6章「グローバルな不平等」では、人口統計学分野のいくつかの主要な証拠や理論について、詳細に検討する。

この章の後半では、グローバリゼーションの意義は大きいのか、それともやや誇張されているのか、また、その影響はどのようなものなのか、といった議論を展開する。その前に、現在のグローバリゼーションの議論をもっと長い時間軸に置き、超長期的な人類の発展について概略を述べる。これは、近代工業・資本主義社会の発展が、人類世界を現在のグローバルな軌道に乗せたことをより深く理解するために必要なことだ。

＊グローバリゼーションは本書の四つの中心的テーマの一つである。本書の「はじめに」には、主要な節と議論の場所を示すガイドが掲載されている。

■ 初期の社会と文明

今日、私たちは人口密度の高い都市や市街地に住む数千万の人びとの社会に慣れ親しんでいる。しかし、このことは歴史的にきわめて例外的なことである。人類の歴史の大半では人口はもっと少なく密集してもいないし、最近になって初めて人口の《大多数》が都市居住者から構成される社会が存在するようになったのである。近代工業化以前に存在した社会の形態を理解するためには、社会学的想像力の歴史的次元を参照しなければならない。

◎ 人類の起源と移住

現在のところ、古代の道具や化石、分子遺伝学の証拠が示唆するのは、《ホモ・サピエンス》が二〇万年から三〇万年前の間にアフリカで始まったということである。コーウェン（Cowen 2001: 20-4）が論じるところによると、おおよそ一〇万年ぐらい前に、小さな採食集団が生きていくために移動を始め、最初にアフリカを横断して移住し、まずは中東やインドに、その後、ニューギニアやオーストラリア、アメリカにも拡散し、そしてヨーロッパに広がっていった。一万年ぐらい前では、定住の共同体も存在するにはしたが、あらゆる大陸で狩猟がいまだ支配的であった。しかしながら、五〇〇〇年前までには、はるかに多くの集団が穀物を育て、定住社会を形成し、最初の都市社会が確立されたのであった。

15世紀初頭から、ヨーロッパの探検家、貿易商、宣教師たちが、さまざまな人間の社会、文化、生活様式を報告した。彼らは、小規模で遊牧しつつ、野生動物や植物を食べて生き延びてきた、二〇人から三〇人ぐらいの狩猟採集集団について記録している。南アメリカ、北アメリカ、そして東アジアの一部では、農業や耕作を基盤とした大規模な定住共同体が形成されていた。中国やそ

人類と火の管理・利用

人類の歴史の過程で、人間は自然環境をよりうまくコントロールする術を徐々に学び、この有用な知識を地理的に離れた集団や、自分たちの若い世代に伝えることができるようになった。オランダの社会学者であるヨハン・ハウツブロム（1932-2020）は『火と文明化』（Goudsblom 1992）で、特に重要な発展は火の発見と、火を制御下において作り、管理し、維持する技術を発明したことであった、と論じている。

火を作り、使い方を学んだ人間の集団は、それをしない人類にたいして優位に立った。ついには、あらゆる人間社会が火を作り、使うことができるようになり、それで他の動物種を支配することができるようになったのである。ハウツブロムによる火の発達の歴史は、社会が人間自身の便宜のために自然環境を操作し、管理しようとするやり方を示している。けれども、その過程で、社会組織を変えるよう圧力がかかることもある。

暖房や調理に使われる小さな家庭内の火から現代のセントラル・ヒーティング・システムや大規模な発電所まで、火をおこす手段が徐々に拡大するにつれ、複雑な社会組織の形態が必要となっていった。初期の人類が小さな火を起こし、管理する方法を学ぶと、火を絶やさず監視し、同時に安全に保つように組織しなければならなかった。ずっと後になって、家庭で家事に用いるために火が使われ始め、消防団や防災のアドバイザーといった火を管理する専門家が社会には必要となった。大規模な発電所の出現とともに、軍事的必要があれば、潜在的な攻撃からこれらを防護することが重要になった。今日ではかつてないほど多くの人びとが、容易な火の利用と管理に依存している。

ハウツブロムは火の家事使用のその先の帰結、すなわち変容する個人の心理について記している。火を使うために、人びとはかねてからの火への恐怖を克服せねばならなかった。火への恐れはおそらく自然に起こる茂みの火災、落雷、あるいは火山といったものを見ることから生じていた。それを克服するのは、容易ではなかった。それは、火を使うことで得られる利益を活用するために、恐怖や感情をコントロールすることを意味していた。こうした感情のコントロールは、徐々に「自然なこと」となり、今日の人びとは、人間が感情をこれほどコントロールできるようになるまでどれほど時間を要したか、ほとんど考えなくなった。

現在でも、火は森、家や家族、そしてビジネスを破壊する有害なものである。火災は、人間社会の管理がいかに強固に確立されていても、つねにその管理から逃れる脅威である。この研究から得られる社会学的教訓は、人間社会と自然環境との関係が避けられない双方向的過程であるということである。人間社会が自然環境を管理しようとする一方で、自然環境もまた人間社会に一定の制約と要求を課すのである。

の他のところでも、都市、階級集団、宮殿、軍事力を伴った帝国が発見された（Harris 1978）。

このさまざまな人間集団や社会は、おおよそ三つの主要なカテゴリーにまとめられる。《狩猟採集社会》、より大きな（農業ないし家畜化された動物の世話を含んだ）《農耕と牧畜社会》、《伝統的国家と文明》である。Tab. 4.1 に示すように、歴代の社会類型は世界の人口規模を増大させる傾向があった。

紀元前二万年ごろ、つまり最後の氷河期のピークに、**狩猟採集社会**の一部が家畜を飼い、一定の区画の土地を耕して生計を立てるようになり、紀元前五〇〇〇年頃には世界中の多くの集団や社会が農耕によって生活するようになった（Mithen 2003）。家畜を主体とする社会を**牧畜社会**、作物を栽培（農業の実践）する社会を**農耕社会**というが、多くの社会は牧畜経済と農耕経済が混在している。

牧畜民は環境に応じて、牛、羊、山羊、ラクダ、馬などの家畜を飼い、牧畜を行う。現在も多くの牧畜社会が存在し、特にアフリカ、中東、中央アジアの一部に集中している。これらの社会は通常、草原が密集する地域、砂漠や山間部など、農業には適さないが家畜を養うことができる地域に存在する。牧畜社会は、季節の変化に応じてさまざまな地域に移動する。遊牧民は、狩猟採集民よりも物質的に複雑な生活を営んでいるが、遊牧民の生活様式から、通常、多くの物質的財産を蓄積することはない。

ある時点で、いくつかの狩猟採集民の集団が穀物の種子を撒きはじめた。こうした作付けは最初に「園芸」として発展したが、鍬や掘削機を使って小さな面積を耕すようになった。牧畜と同様、園芸は狩猟採集よりも安定した食料供給を可能にし、より大きな共同体を支えることができた。また、定住化が進んだことで、狩猟採集や牧畜に比べ、より多くの財産を蓄えることができるようになった。Tab. 4.2 が示すように、今日、先進工業国ではごく少数の人びとのみが農業労働に従事しているが、多くの発展途上国（その多くはアフリカ）では、農業がなお重要な、あるいは主要な雇用源であり続けている。アフリカで誕生して以来、長期的に見て人類の生活は定住型農業の方向へ向かっており、その結果として世界人口は上昇の一途を辿ってきた。

◎ 伝統文明

考古学者は、紀元前六〇〇〇年あたりから、以前に存在したよりもはるかに大きな社会が出現した証拠を発見した（Fig. 4.2 参照）。これらの社会は、都市の発展を基盤として、王ないし皇帝の支配に伴う富と権力の著しい不平等が存在した。そうした社会は、書字、科学、そして芸術が盛んとなり、通常、《文明》と呼ばれるようになった。

最古の大きな文明は中東の大抵は肥沃な河川流域で発展した。中国の帝国は紀元前二〇〇〇年ぐらいに誕生し、現在のインドとパキスタンのあたりにも強力な国家が作られた。メキシコとラテンアメリカには、メキシコのアステカ族、ユカタン半島のマヤ族、ペルーのインカ族など、多くの大規模な文明が存在した。伝統的な文明のほとんどは《帝国》でもあった。つまり、他の民族を征服し、組み入れることで拡大していったのである（Kautsky 1982）。例えば、伝統的な中国やローマがそうであった。ローマ

Tab. 4.1　前近代の人間社会の類型

類型	存続期間	特徴
狩猟採集社会	紀元前5万年から現在まで。今日、消滅の危機に瀕している。	狩猟、漁撈、食用植物の採集から生計を得ている人が少数いる。不平等は少ない。格差は年齢とジェンダーに限られる。
農耕社会	紀元前12,000年から現在に至るまで。現在では、そのほとんどが大きな政治組織の一部となり、独自のアイデンティティを失っている。	町ないし都市を持たない小さな農村をベースにしている。 農業で生計を立て、狩猟や採集で補うことが多い。 狩猟採集民より不平等の度合いが大きい。 首長による統治。
牧畜社会	紀元前12,000年から現在に至る。現在ではほとんどが大きな国家の一部となっている。伝統的な生活様式は損なわれつつある。	規模は数百人から数千人に及ぶ。家畜の世話をすることで生計を立てている。顕著な不平等によって特徴づけられる。 首長または戦士の王によって支配されている。
伝統社会ないし文明	紀元前6000年から19世紀まで。現在、すべての伝統的な文明は消滅している。	規模が非常に大きく、数百万人規模になるものもある。 貿易や製造業が盛んな都市もある。 主に農業を基盤としている。 階級によって大きな不平等がある。 国王や皇帝を頂点とする独立した政府機関。

Tab. 4.2　農業雇用（労働力率）、選択された諸国、2019年

国	農業労働者の比率
ブルンジ	92
チャド	81
中央アフリカ共和国	72
マラウィ	72
モザンヴィーク	71
	産業化のインパクト
オーストラリア	3
日本	3
オランダ	2
アメリカ	1
ドイツ	1

注：入手可能な最新の国内推計値に基づく数値
出典：ＣＩＡワールドファクトブック・オンライン（2019）から作成

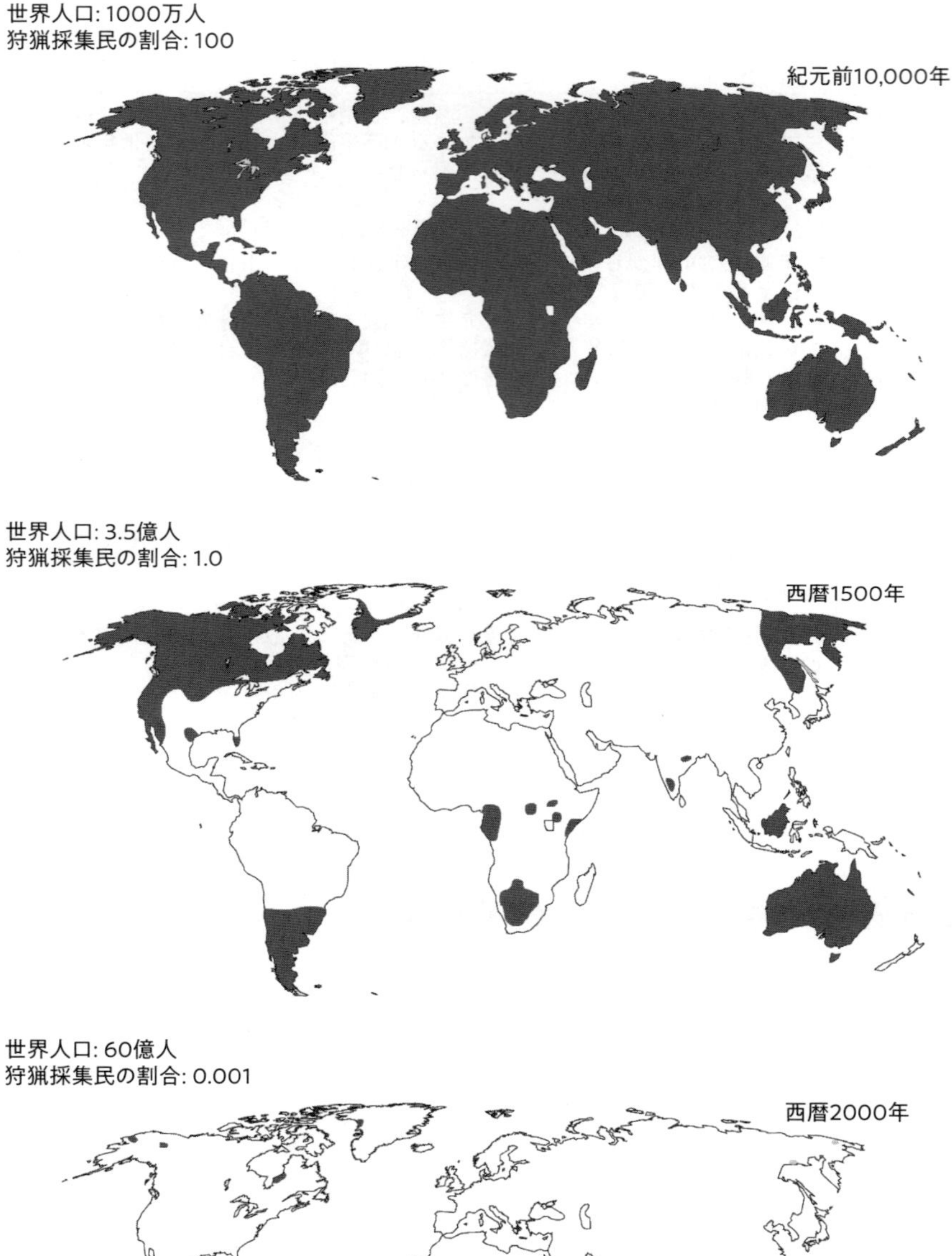

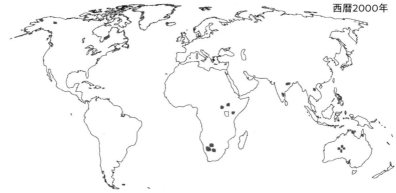

Fig. 4.1 狩猟採集社会の衰退　出典：Lee and De Vore（1968: ii）

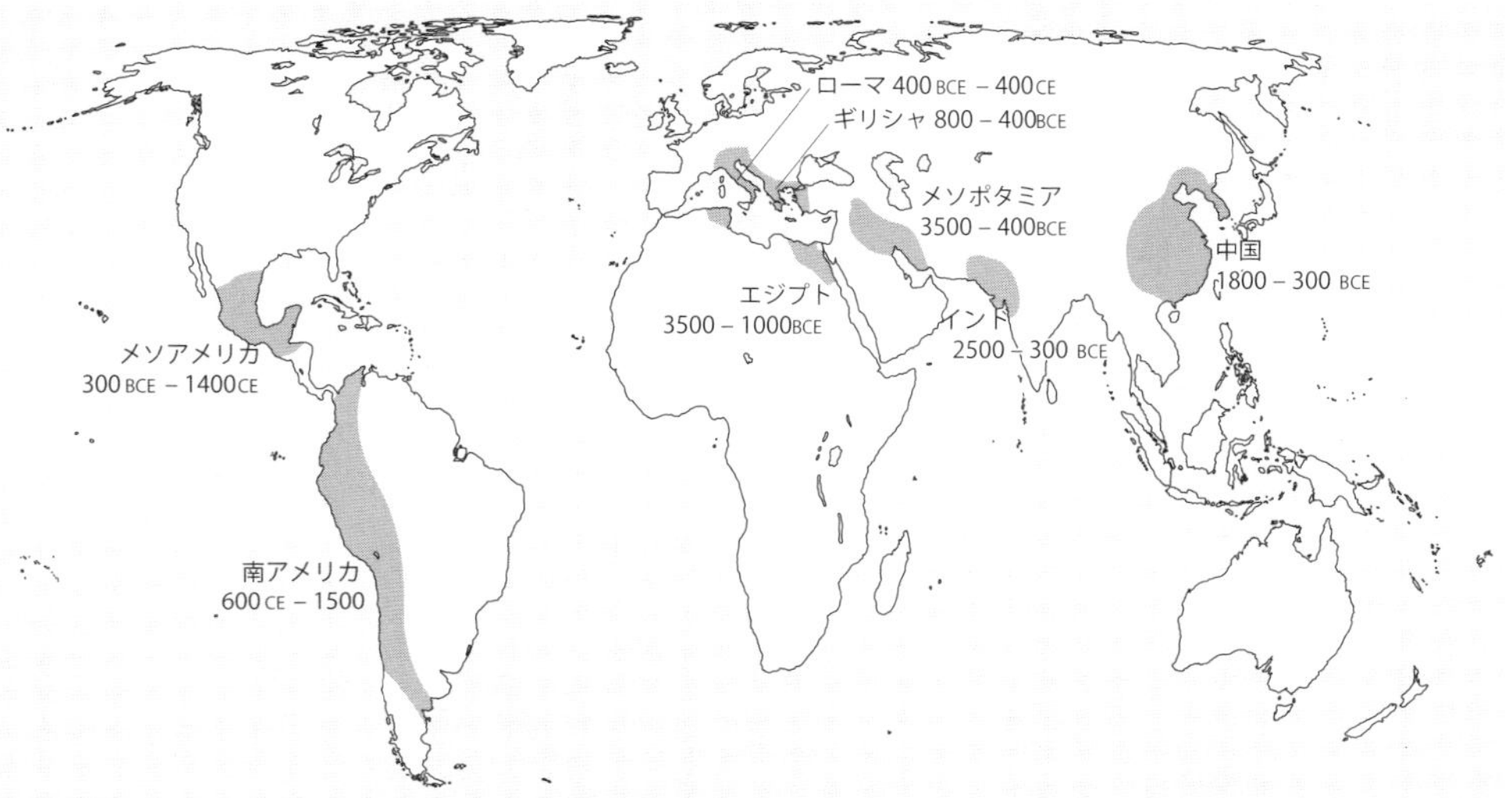

Fig. 4.2　古代世界の文明

帝国は、その最盛期である紀元1世紀には、ヨーロッパ北西部のイギリスから中東の向こう側まで広がっていた。中華帝国は、20世紀初頭まで二〇〇〇年以上続き、現在の中国が占める東アジアの大部分を占めていた。

大規模な文明や帝国の出現は、人類の長期的な拡大プロセスが、協力や相互交流と同様に、侵略、戦争、暴力的な征服も含んでいたことを示している（Mennell 1996）。一七五〇年の工業化の黎明期までに、人類はすでに地球上のあらゆる場所に定住していたが、世界人口は七億七一〇〇万人と、まだ比較的少なかった（Livi 2012: 25）。しかし、根本的に変わる直前だった。

■ 諸社会の変容

人類の歴史の大部分を占めていた社会類型を変えた出来事とは、何だったのだろうか。その答えとなる大きな要因は**工業化**である。工業化は、これまで労働に従事した人間と動物に代えて、蒸気や電気のような無生物動力資源を可能な限り広範囲に利用することに基づく機械生産が始まったことを意味する。**工業社会**（しばしば「近代」社会ないし「先進」社会と呼ばれる）は、以前に存在したあらゆる社会秩序の類型とはまったく異なっており、その拡張はまさに革命的な帰結を伴うものであった。

◎ 近代と工業テクノロジー

もっとも進んだ伝統文明であっても、テクノロジーの発展レベルが低いと、農耕の仕事を免れることができる人の数はごく少数だった。近代のテクノロジーは人口の大多数が享受している生活様式を変えることになった。経済史家デイヴィッド・ランデス（Landes 2003:5）は、以下のように観察を示している。

近代のテクノロジーは、より多く、より速く生産するだけではない。少し前までの方法では、どんな状況でも製造できなかったものも作り出す。インドの優秀な手紡ぎ職人でも、ラバの糸ほど繊細で規則正しい糸は作れなかった。18世紀キリスト教圏のどの鍛冶場でも、現代の圧延機で作られるような、大きくて滑らかで均質な鋼板を作ることはできなかった。最も重要なことは、カメラ、自動車、飛行機、ラジオから高速コンピュータ、あらゆる電子機器、原子力発電所に至るまで、工業化以前の時代には考えられなかったようなものを、近代のテクノロジーが生み出していることである。

それにもかかわらず、全体としてグローバルな不平等が引き続き存在しているということは、このテクノロジーの発展が世界の諸社会にわたって平等に共有されているわけではないことを意味している。

現代社会に特徴的な生活様式や社会制度は、最近でも過去のものとは根本的に異なっている。3世紀弱という人類史のほんのわずかな期間に、人びとは何千年も続いた生活様式から脱却した。例えば、いまや就業人口の大部分は農業ではなく、サービス業、工場、オフィス、商店などで働いており、他方で大都市は、伝統文明に見出されるどんな都市的居住よりも密集し、大規模である。

＊新しいグローバルな秩序における都市の役割は、13章「都市と都市生活」で議論される。

伝統的な文明では、ほぼ自給自足の地方の村に住む臣民の習慣や慣習に、政治的権威（君主や皇帝）が直接影響を与えることはほとんどなかった。しかし、工業化に伴って、輸送とコミュニケーションがはるかに迅速になり、より統合された「国民」共同体が形成された。工業化社会が、国民国家を誕生させたのである。**国民国家**は政治的共同体であり、従来の国家のような曖昧な辺境ではなく、明確に区切られた国境によって互いに分けられている。国家は国民生活の多くの側面で大きな権限を持ち、国境内のすべての人びとに適用される法律を制定している。今日、世界のほぼすべての社会は、このような国民国家である。

＊国民国家については、第20章「政治、政府、社会運動」、第21章「国家、戦争、テロリズム」でより詳しく解説している。

工業テクノロジーは、決して平和的な経済発展に限定されたものではない。初期の段階から、工業は軍事的に利用され、社会が戦争を行う方法を根本的に変え、以前の文化よりはるかに高度な武器と軍事組織を作り出したのである。経済力、政治的結束力、軍事的優位性が一体となって、過去二五〇年間にわたり「西洋的」生活様式を世界中に広めた。今一度、グローバリゼーションは単なる貿易ではなく、しばしば戦争、暴力、征服、不平等を特徴とするプロセスであることを認識しなければならない（第21章「国家、戦争、テロリズム」参照）。

▼批判的に考える

現代の工業国が以前の社会と根本的に異なる点として、最も重要な三つの側面をあげるとしたら、どのようなものだろうか。

◎世界の諸社会の分類

類似性と相違性を基準として国や地域をグループに分類することとは、常に論争の種になる。なぜなら、そのような図式はすべて価値判断を含んでいる可能性があり、またそう受け取られる可能性があるからである。例えば、第二次世界大戦以後、ソビエト連邦とアメリカという超大国間の**冷戦**が発展すると、**三世界モデル**が学術研究で広く用いられるようになった。このモデルでは、「第一世界」はアメリカ、ドイツ、イギリスなどの先進国を含み、ソビエト連邦（ＵＳＳＲ）や東欧の共産主義国が「第二世界」を構成し、相対的に平均所得が低い非工業国が「第三世界」を構成していた（第三世界の概念の政治的起源の議論については、第6章「グローバルな不平等」を参照されたい）。

中立的な分類として提示されているけれども、第一世界は第二世界より何らかの形で優れており、第二世界は第三世界より優れているということを暗に示しているように見えることなしに、これらの用語を用いることは難しい。要するに、この図式は、第一世界の学者によって採用されたものであり、彼らは自分たちの社会を、他のすべての人びとが目指すべき模範とみなしていたのである。一九八九年以降の東欧共産主義の崩壊と第三世界の急速な工業化により、このモデルは経験的に適切でなくなり、今日、この図式を無批判に使う社会科学者はほとんどいない。

現在でも広く使われている別の図式が、先進国と発展途上国という単純な、おそらくは過度に単純な区分である。オーストラリア、ノルウェー、フランスなど、徹底した工業化の過程を経て、一人当たりの国内総生産（ＧＤＰ）が高い国が**先進国**に該当する。他方で、**発展途上国**は、大部分は植民地体制によって搾取され、未開発におかれ、結果的に工業化が進んでおらず、一人当たりの国内総生産（ＧＤＰ）は低い水準で、経済改革の長期的な過程を経験している。例えば、ニジェール、チャド、ブルンジ、マリがこのカテゴリーに含まれる（UNDP 2019b: 300-3）。この基本分類は、国連や「開発研究」の分野で活動する人びとによって長年にわたり使用されてきたが、広く合意された基準に基づいているとは言えない。むしろ、国際比較を可能にする統計情報の収集ができるよう設計されており、その結果、発展途上国の人びとのライフチャンスを改善する目的での介入を容易にしている。

＊ ＮＩＣｓについての詳細な議論は第6章「グローバルな不平等」で見つけることができる。

国連は、二〇一〇年以降、各国の平均余命、就学年数、一人当たり国民総所得（ＧＮＩ）を組み合わせて、世界各国の状況を総合的に評価する基礎として人間開発指数（ＨＤＩ）を作成してい

社会学的想像力 4.1

新興工業国

発展途上国という広いカテゴリーのなかで、工業化の急速なプロセスに成功した国もあり、これは開発ランキングにおける国の位置づけが変化する可能性を示唆している。このような国々は、**新興工業国**（NICs）、あるいは新興工業経済地域（NIEs）と呼ばれており、現在では、ブラジル、インド、マレーシア、メキシコ、フィリピン、南アフリカ、タイ、トルコ、インドネシアが含まれる（World Population Review 2020）。これらは、香港、韓国、シンガポール、台湾のいわゆる四つのアジアの虎（または龍）の例に続くものであるが、それらの国々は一九六〇年代から一九九〇年代後半にかけて、欧米の工業国経済の数倍の年間経済成長率を達成した（Sarel 1996）。

東アジアの新興工業国は持続的な経済的繁栄の水準を示し、国内での成長を促進するだけでなく、海外への投資も行っている。韓国の造船業やエレクトロニクス産業は、世界でもリーダーの地位にあり、シンガポールは東南アジアの金融・商業の中心地となりつつあり、台湾は製造業やエレクトロニクス産業で重要な存在となっている。一部の経済学者は、以前は貧しかった国々の再分類、殊にブラジル、ロシア、インド、中国（「BRICs」諸国）の急速な発展は、発展途上国に有利に働くグローバルパワーの変化の兆しではないか、と主張している（O'Neill 2013）。しかし、確信を持ってこの結論を導き出すには、おそらく時期尚早であろう。

にもかかわらず、新興工業国はわずか三〇～四〇年の間に、低所得国や発展途上国から高所得国や先進国へと経済を転換させ、実に驚くべき成果をあげた。二〇〇八年の金融危機と景気後退は経済の縮小を招いたが、初期の新興工業国は不況を乗り切り、他の長い歴史を持つ先進国経済よりも迅速に回復した。例えば、シンガポールと台湾は、二〇一〇年のGDPがそれぞれ14.5%と10%という目覚ましい上昇を遂げた（CIA 2012）。新興工業国は、持続的な経済と社会発展が可能であることを論証しているが、すべての発展途上国が同じ道をたどることを期待するべきではない。途上国によって出発点と状況は大きく異なるがゆえに、新興工業国の経験がアフリカの途上国全体で繰り返される可能性は低い。

▼批判的に考える

いつから経済が発展し始めたのか、どのような産業が発展を促進したのか、国はどのように発展を促したのか、グローバリゼーションによってどのように急速な発展を遂げたのか、上記の新興工業国から一つを選び、自分で調べてみよう。

る。ＨＤＩは、各国の人間開発を「非常に高い」、「高い」、「中程度」、「低い」の四つのカテゴリーに分類している。したがって、「開発」という基本概念が、この構想の中心をなしている。これは経験的データに基づいた中立的な分類方法のように見えるが、すべての人が同意するものではないことを言い添えておく。

＊第6章「グローバルな不平等」では、ＨＤＩの測定と開発の問題に関して詳細に論じている。

発展途上国は先進工業国によって提示された既存のモデルに向かって「発展」していると見なされ、先進国の「発展」形態がほかの可能な代替案よりも優先されてしまうというバイアスが、いまなお残っているとも言える。また、この図式からは、多くの発展途上国における平均所得、平均余命、学校教育への公的支出の低さが、植民地支配下で積極的に低開発にされていたことの遺産の一部であるという感覚も得られない。世界銀行は、二〇一六年に先進国／途上国という分類をやめ、一人当たりの所得に基づく分類（低所得、中の下の所得、中の上の所得、高所得）を採用し、国の経済状況の改善や衰退に応じて分類し直すことが可能となった。しかしながらこの改訂された図式は、純粋に経済的な基準に基づき、ＨＤＩに含まれるような他の指標は考慮されなくなった。現在、先進国／途上国という基本的な対比は、開発研究の仕事や、多くのＮＧＯと援助機関などで、いまだに広く使われている。

もうひとつの方法は、マジョリティ世界とマイノリティ世界を対比させることである。この図式は、先進国と発展途上国の認識されている立場を逆転させるもので、世界人口の大半は実際には「発展途上」国に住んでおり、「先進」国の住民はマイノリティであることを思い起こさせる（Dodds 2018）。また、おそらくポスト植民地時代といわれる現在でも、世界人口の大半が不利益を被っているのにたいして、世界の富の大部分をそのマイノリティが所有し支配し続けている事実を、厳然かつシンプルな方法で明らかにしている。このように、この区別は、発展途上国に有利な規範的なバイアスを設定することを目的としている。これまでのところ、**マジョリティ／マイノリティ世界**という対比は定着しておらず、グローバルな不平等と権力関係を論じる最新ながら発展途上の方法は、グローバルサウスとグローバルノースを対比させるというものである。このアプローチは、以前の図式に比べ、公然とポスト植民地主義的である。

17世紀から20世紀初頭にかけて、欧米諸国は圧倒的な軍事力と技術力を背景に、それまで伝統社会が存在していた地域に植民地を建設した。北米、オーストラリア、ニュージーランドなど、狩猟採集民が疎《まば》らに居住していた地域では、ヨーロッパの入植者が人口の大部分を占めるようになった。一方、アジア、アフリカ、南米の大部分では、地域住民がマジョリティを占め、マイノリティの支配下におかれている。現在、グローバルサウスに位置する多くの国々は、アジア、アフリカ、南米など、植民地支配に直面した地域にある。

旧植民地が独立して独自の国になるまで、**植民地主義**の政策と実践が世界地図を形成してきた。植民地化された地域の中には、かなり早い時期に独立を果たしたところもある。例えばハイチは、一八〇四年に初の黒人自治共和国となった。南米のスペイン植民地は一八一〇年に、ブラジルは一八二二年にポルトガルの支配から解放された。しかし、植民地化された国々の多くが独立国家となったのは一九四五年以降のことであり、欧米の植民地主義者に対する血生臭い反植民地闘争の末であることが多い。インドや、ビルマ、マレーシア、シンガポールなどのアジア諸国、ケニア、ナイジェリア、タンザニア、アルジェリアなどのアフリカ諸国では、民族主義運動と民衆の蜂起が、欧米の植民地支配の経済力、軍事力への挑戦として重要な意味をもっていた。

一般に、これらの国々は植民地主義以前とは大きく異なっている。その政治体制は、西洋で最初に確立された政治体制、すなわち国民国家をモデルとしている。また、人口の多くは依然として農村部に住んでいるが、多くの国では急速に都市化が進んでいる。同様に、農業は多くの国で主要な経済活動であるが、作物は純粋に地元で消費するためではなく、世界市場で販売するために生産されている。はっきりしているのは、「発展途上国」は先進国に「遅れた」だけの「原始的」な社会ではないということである。欧米の植民地主義は、これらの国々の資源を略奪するために、計画的に「低開発」の状態にし、その結果、欧米は急速な経済発展を遂げることができた。植民地体制は、既存の経済・社会システムを弱体化させ、旧植民地は独立時に著しく不利な状況に置かれた。

＊植民地主義の遺産と社会学のポスト植民地主義的批判は、第３章「理論と観点《パースペクティブ》」で議論されている。

世界的に見ると、発展途上のマジョリティ世界が南半球に位置し、それらを総称して**グローバルサウス**と呼び、先進国のマイノリティ世界を**グローバルノース**として対比することがある。地理的には、これは大雑把な一般論であり、例えば、オーストラリア、ニュージーランド、チリはグローバル「サウス」に位置するが、グローバル「ノース」に典型的な高所得あるいは中の上の所得の先進国である（World Bank 2020a）。また、グローバルサウスの国々が経済的に発展し続けると、この単純な地理的区分は正確ではなくなる。

しかし、この用語の設定は、単なる記述の変更を意図したものでは決してない。むしろ、グローバルな相互依存をめぐる議論への政治的介入を意味するものであり、とりわけ、グローバリゼーションを通じて国家間の結びつきを強めれば、すべての国々に利益をもたらすという考え方に立っている。ダドスとコンネル（Dados and Connell 2012: 13）は、「グローバルサウス」という言葉は、「生活水準、平均余命、資源の入手手段における大きな不平等が維持される植民地主義、新帝国主義、および差別的な経済変動や社会変動の歴史全体を指し示す」と論じている。実際、マーラー（Mahler 2018: 32）は、グローバルノース内の一部の地域も不利な立場に置かれ、搾取されている一方で、富と権力はマイノリティに流れ続けていると論じている。簡単に言えば、「地理的な北には南があり、地理的な南には北がある」のである。

このような方法でグローバルな関係性を構成することは、地理的な位置に関係なく、グローバル資本主義によって悪影響を受けているすべての人びとの間で連帯感を築くことを目指すものであり、これが「中立的な」分類を生み出そうとする試みでないことは明らかである。このモデルは、世界の国々を分類するのではなく、国家社会間および国家社会内における不平等、権力、支配の関係に基づいている。この意味で、このモデルは、グローバルな問題に対する見方や考え方を大きく変えるものであり、前述した他の分類方法とは直接比較することはできない。

どの分類にも長所と短所があることは明らかである。では、どうやって選べばよいのだろうか。今後、より一般的になるかもしれない一つの方法は、世界の多様なタイプの社会を切り刻み、整理し、並べ替えるような、広範で一般化された分類図式のどれにも積極的には関わらないことである。その代わりに、その時々に議論していることの文脈が何を意味しているのかを、より明確にするよう努めることだ。トシュコフ（Toshkov 2018）はこのことを強引に言い立てて、「世界の最貧国20か国という意味なら、グローバルサウスの国々ではなく、世界の最貧国20か国と言いなさい。技術的に低開発な国を意味するのであれば、第三世界の国々ではなく、技術的に低開発な国と言いなさい。豊かな西ヨーロッパの旧植民地宗主国を指すのであれば、『グローバルノース』ではなく、そのように明確に言いなさい。少し言葉が増えるが、より正確で誤解を招きにくいだろう」と主張している。

社会学は、利用可能な証拠と一致している、最も広範で正統な、一般的結論を導き出そうとする学問であり、ここに見られた一般化アプローチは重要かつ必要である。しかし、トシュコフの議論は説得力があり、将来的にはより広く採用されるかもしれない。

本章の残りの部分（および他の箇所）では、ある程度この方向性で進めていくが、情報源の資料が先進国／途上国の枠組みを採用している場合には、それを使うことが多いだろう。適切な場合には、マジョリティ／マイノリティ世界、高／中／低所得国、植民地主義とポスト植民地主義、地理学的な意味でのグローバルサウスとグローバルノースの区別なども使用する予定である。

▼批判的に考える

それぞれの分類の主な点を挙げ、相違点と類似点を探しなさい。これらのさまざまな分類はすべて、実際には同じことを単に異なるやり方で語っているだけなのだろうか、それとも、実のところ、まったく異なった課題と問題に焦点を合わせているのだろうか。

＊第6章「グローバルな不平等」でも、不平等に関連する分類図式について議論している。

◎いかに社会は変動するのか

社会学の創立者たちはみな、近代を、重要な点で、それまでとは根底的に異なった場所とみなしてきた。けれども、社会変動を定義することは困難であって、それは社会が変化する、あるいは時間とともに「進行する」ものだからである。社会学者は、新しい社会形態や社会構造につながる根本的な社会変動がいつ起こったのかをつきとめ、なにがそのような変化をもたらしたのかを説明しようとする。主要な変動を同定するということは、特定の時代で制度ないし社会の《基礎構造》に変化があったということを示すことを意味する。社会変動のあらゆる説明はまた、変化を測定する基準として、安定したままであるものを示さなければならない。オーギュスト・コントは、この種の分析を社会《動学》（変動の過程）と社会《静学》（安定した制度的パターン）の研究として記述した。

急速に変化する現代の世界には、遠い過去との連続性がある。例えば、キリスト教やイスラム教などの主要な宗教は、古代に始まった思想や習慣との結びつきを保っている。しかし、現代社会のほとんどの制度は、初期の文明のそれよりも急速に変化しており、社会変動のパターンに一貫して影響を与える主な要素として、《経済》発展、《社会文化的》変動、政治的組織を挙げることができる。これらは個別に分析することができるが、多くの場合、ある要素の変化が他の要素の変化をもたらすのである。

経済発展　多くの人間社会や集団は、世界でもっとも過酷な地域であっても繁栄し、富を生み出している。他方で、意のままに天然資源を利用しなくても、うまく生き延びている人々もいる。例えばアラスカの人びとは、石油や鉱物資源を開発することで経済発展を遂げてきたが、他方で狩猟採集文化の人々は、牧畜民や農民になることもなく、肥沃な地域でのびのびと暮らしてきた。

物理的環境は、可能となるある種の経済発展を促進したり、あるいはそれを制約したりする。オーストラリア大陸では、通常の栽培に適した植物や、牧畜に適した動物がほとんど存在しなかったため、先住民が狩猟採集をやめなかったのである。同じように、世界の初期の文明は、河川デルタ地帯のような農耕地が豊かな地域で生まれた。また山脈やジャングル、砂漠などで遮断された社会も、長い間、比較的変化しないことが多い。

物理的環境は制約だけではなく、原材料が有用なもの、あるいは販売可能なものに変わることで、経済活動と発展の基礎を形成する。近代という時代の主要な経済的影響は、資本主義的経済関係の出現であった。資本主義は、以前の生産システムとは根本的に異なっており、それは生産の《絶えざる》拡大と限界なき富の蓄積を伴う。伝統的なシステムでは、生産水準は、習慣的で、慣習的な必要性に合わせられていたのでかなり安定していた。しかし、資本主義は、生産技術の絶え間ない見直しを促し、その過程に**科学**をどんどん取り込んでいる。近代産業における技術革新の速度は、以前のどのタイプの経済よりもはるかに大きく、生産過程においては、以前の時代には考えられないほど大量の原材料が使用されている。

情報とコミュニケーションのテクノロジー（ＩＣＴ）について考えてみよう。この数十年で、コンピュータの力は何千倍にも増大した。一九六〇年代の大型コンピュータは、何千もの手作りの接続装置で構成されていたが、今日の同等のデバイスははるかに小さく（しばしば携帯可能で）、集積回路中のわずかなシリコンチップを必要とするだけである。科学技術が私たちの生活に与える影響は、経済的な要因が大きいかもしれないが、経済圏を超えたところにも及んでいる。科学技術は文化的、政治的な要素に影響を与え、またその影響を受ける。科学技術の発展は、ラジオ、テレビ、インターネットといった現代的なコミュニケーション手段の創造に貢献し、これらの電子形態は政治のあり方を変え、私たち全員が世界にたいしてどのように考え、感じるかを形成する一因となっている。

社会‐文化的変動　社会‐文化的変動は、最低限でも、宗教と信仰、コミュニケーションとリーダーシップの社会生活に与える影響を含むものである。宗教は保守的な力にも革新的な力にもなり、伝統的な価値観や行動の継続を強調することもあれば、積極的に変化を促進することもある。マックス・ウェーバーが示したように、宗教的信念は社会を変革する力を動員する重要な役割を担ってきた。ウェーバーの「プロテスタンティズムの倫理テーゼ」が最もよく知られた例であるが、最近では、多くの人から本質的に保守的とみなされているカトリック教会が、共産主義政権を打倒したポーランドの独立自主管理労働組合「連帯」の運動を支援するうえで重要な役割を果たした。同様に、二〇一〇年から一二年にかけての「アラブの春」に参加した多くの活動家は、自分たちの行動を、腐敗した政治指導者や権威主義政権から自国のイスラムを取り戻すための試みの一部であるとみなしている。

コミュニケーション・システムは、社会の基本的な性格を変える重要かつ永続的な役割を担ってきた。例えば、文字の発明は、記録の保持を可能にし、物質的な資源の支配を強め、大規模な組織の発展を可能にした。文字は、過去、現在、未来に対する人びとの認識を変えた。記録を残す社会には歴史があり、その歴史を理解することで、社会全体の発展が感じられるようになった。インターネットの登場により、コミュニケーションのスピードは格段に上がり、距離も大きな障害ではなくなった。また、**コスモポリタン**的な視点と呼ばれるグローバルな社会に対するより効果的な認識を生み出し、クラウドファンディングによる世界的慈善活動キャンペーンや、資本主義、そして逆説的に自由市場のグローバリゼーションに抗する最近の世界的運動という形で具現化された。

リーダーシップは、社会変動の社会文化的要素のうえをいくもので、ウェーバーがカリスマの概念を通して探究したものである。個々のカリスマ的なリーダーが、世界史において重要な役割を果たしてきた。イエスやムハンマドのような宗教的指導者、ユリウス・カエサルのような政治的軍事的指導者、あるいはアイザック・ニュートンのような科学と哲学における革新者たちは、いずれも社会の変化に影響を与えてきた。ダイナミックな政策を展開し、大衆の支持を集め、既存の思想を根本的に変えることのできるリーダーは、既成の秩序を覆すことができるのである。

＊ウェーバーのリーダーシップの概念は、18章の「宗教」で議論される。

けれども、個人がリーダーシップを発揮できる立場に到達し、実効的なものとするには、好ましい社会条件の存在が必要となる。例えば、アドルフ・ヒトラーは一九三〇年代にドイツで権力を握ったが、その時代に国を襲った緊張と危機が一因で、ヒトラーの一見単純な解決策を遥かに魅力的なものとしたのである。それとは異なるが、一九四七年の独立を導いた時代に、インドで有名な無抵抗主義のリーダーであったマハトマ・ガンジーも実効的な指導者であった。一九三九年から四五年の戦争やその他の出来事が、インドにおけるイギリスの植民地制度を不安定なものとし、変化のための政治的機会が生まれたためである。

近代という時代では、科学の発展と社会生活の世俗化が変化の要因として影響力をもち、それらは近代の展望の批判的かつ革新的な性格に貢献した。人びとは、伝統的な**権威**があるからといっても、もはや習慣や慣習を受け入れるのではなく、合理的で科学的な議論に説得されやすくなった。また、考える《仕方》だけでなく、思想の《内容》も変化した。自己啓発、個人の自由、平等、民主主義的参加などの理想は、現代生活の一部となっている。これらの理想は西洋において特殊な形で発展してきたのかもしれないが、その適用範囲は真に普遍的なものとなり、世界のほとんどの地域で社会的、政治的変革を促している。

政治組織　根本的な社会変動の第三の要素は、政治組織である。ほとんどの社会類型では、首長、領主、王、政府のような明確な政治機関の存在が、社会の発展過程を形成するうえで非常に重要である。政治システムは、マルクスが主張したように、単に基礎をなす経済的組織の直接的な表現ではなく、非常に類似した経済システムをもつ社会においても、異なるタイプの政治秩序が存在することがある。例えば、産業資本主義社会の中には、権威主義的な政治システム（ナチス・ドイツや**アパルトヘイト**下の南アフリカ）をとるものもあれば、民主的な参加に基づいているもの（アメリカ、イギリス、スウェーデン）もある。

国家間の政治的・軍事的闘争が、近代の社会変動の原動力となってきた。伝統的な文明では、政治的な変化は一部のエリートに限られ、例えば、貴族の一族が支配者として入れ替わるだけで、大多数の人びとの生活はほとんど変化しなかった。しかし、現代の政治システムはそうではない。政治指導者や政府高官の活動が常に人びとの生活に影響を与える。外的にも内的にも、政治的な意思決定は社会の変化を効果的に促進し、方向づける。政府は、経済成長を促したり、時には抑制したりするうえで大きな役割を担っており、あらゆる工業社会において、経済に対する国家の介入は高い水準にある。一見「自由市場」経済であっても、労働組合は市場の力を規制するのに役立ち、政府は企業が活動するための法的枠組みを設定する。

マルクスは、19世紀に政治経済学を研究した。その後、その意味は変化したが、一般に政治経済学とは、政治制度と経済システムが互いに影響し合うあり方を徹底的に研究することを指す。社会変動について、経済的側面、政治的側面、社会－文化的側面を分けて分析することはしばしば重要であるが、社会的世界の現象は、これらの異なる領域の複雑な混合体であることを忘れてはならない。このことは、社会生活を一変させ、個々の国民国家の長年の自治権に肉迫するグローバリゼーションの多面的プロセスを把握しようとするときほど、重要な意味を帯びてくる。

■ グローバリゼーション

グローバリゼーションの概念は、アカデミックな研究、政治的議論、ビジネス戦略、そしてマス・メディアに共通した流行である。しかし、この概念が引き合いに出されるとき、それはしばしば異なったことを指している。ある人びとにとって、グローバリゼーションとは、グローバルノースのエリート集団が追求し、自分たちに有利な世界貿易を促進することを目的とした政治的経済的プロジェクトのようなものである。これは、多くの怒りと抵抗を引き起こす解釈である。政治的右派にとって、グローバリゼーションは貴重な国民意識を脅かし、最終的には弱体化させるものである。左派にとっては、新しい地域を略奪し、搾取し、結果として不平等を深め、よい仕事を破壊する資本家主導の運動と見なされることが多い（Crouch 2019a）。

多くの社会学者にとってグローバリゼーションは、地球を横断するモノ、人、情報の多方向の流れを伴う、ほとんど無計画な一連のプロセスを指している（Ritzer 2009）。しかし、この定義では、現代世界の流動性ないし液状性の高まりが強調されているが、多くの学者は、グローバリゼーションを、個人、企業、グループ、国家が単一のグローバル・コミュニティの一部として、これまで以上に《相互依存的》になっているという単純な事実としてとらえている。本章の冒頭で見たように、グローバルな相互依存の高まりは、人類の歴史の中で非常に長い期間にわたって起きており、ここ数十年に限った話ではないことは確かである（Nederveen Pieterse 2004; Hopper 2007）。セルボーン（Therborn 2011: 2）は、この点をうまく指摘している。

人類の一部は、長い間、地球規模、あるいは少なくとも大陸や海を越えて接触してきた。約二〇〇〇年前の古代ローマとインド、インドと中国の間には交易のつながりがあった。二三〇〇年前にマケドニアのアレキサンダーが中央アジアに進出したことは、大英博物館に展示されているギリシャ風の仏像を見れば明らかである。新しいのは、大量の接触、多数の人びとの交際、多数の人びとの旅行、多数の人びとの自己コミュニケーションである。

セルボーンが示唆するように、現代の社会学的な議論は、現代のグローバリゼーションのペースと激しさに焦点が当てられている。このプロセスの激化という主題が、この時代を他と分けて特徴づけるものであり、以下の議論の主な焦点となる。グローバリゼーションのプロセスは、主として経済現象として描かれることが多く、国境を越えて活動し、グローバルな生産プロセスや国際分業に影響を与える超国籍企業の役割が注目されている。また、グローバル金融市場の電子的統合や、グローバル資本の莫大な移動、かつてないほど広範な商品とサービスが取引される世界貿易の比類なき規模を指摘する人もいる。これから見ていくように、現代のグローバリゼーションは、政治的、社会的、文化的、経済的な要因が一体となったものとして捉えた方がよいだろう。

◎ グローバリゼーションの要素

グローバリゼーションのプロセスは、世界中の人びとの相互行為の範囲と速さを拡大した情報通信技術の発展と密接に結びついている。ロシアで開催された二〇一八年のサッカー・ワールドカップを考えてみよう。衛星テクノロジー、グローバルなテレビ回線、海底通信ケーブル、高速ブロードバンド接続、コンピュータアクセスの拡大によって、世界中の数十億の人びとが試合を《生中継》で見ることが可能になった。この単純な例は、グローバリゼーションというものが、世界のより多くの地域で、より多くの人びとの日常のルーティンのなかにいかに埋め込まれているのかということを示しており、それが紛れもなくグローバルに共有された経験、すなわちグローバル社会の発展のための一つの重要な先行要件を作り出しているのである。

情報技術　グローバルコミュニケーションの急拡大は多くの重要なテクノロジーの進展によって促進された。第二次世界大戦以降、遠距離コミュニケーションの流れの範囲と強度が大きく変化した。伝統的な電話コミュニケーションは、機械的なクロスバー交換機の助けを借りて電線とケーブルで送られるアナログ信号によるものだが、莫大な量の情報が圧縮され、デジタル転送される統合システムに置き換えられた。ケーブル技術はより効率的で安価になり、光ファイバーケーブルの開発により、伝送可能なチャンネル数が劇的に増加した。

最初期の大西洋横断ケーブルは一九五〇年代に敷設されたものであり、一〇〇未満の電話回線を伝送できるものであったが、一九九二年までに一本の大西洋横断ケーブルで約八万回線を伝送することができるようになった。二〇〇一年には、大西洋横断海底光ファイバーケーブルが敷設され、それは驚くべきことに九七〇万電話回線に相当するものを伝送できる。今日、こうしたケーブルは電話通信のみならず、インターネット通信、ビデオ、その他多くの種類のデータを伝送している。また、地球を周回する通信衛星の普及も一九六〇年代から始まり、国際通信の拡大に大きな役割を果たした。現在では、二〇〇機以上の衛星が軌道上に配置され、世界中に情報を伝達しているが、通信の大部分は、より信頼性の高い海底ケーブルを介して行われている。

高度に発展した遠距離コミュニケーションのインフラをもつ国では、家庭とオフィスが外部の世界と多次元的なリンクを有しており、それは固定電話、携帯電話、デジタル、衛星、ケーブルテレビ、電子メール、インターネットを含むものである。インターネットは最速で成長したコミュニケーションツールである。一九九八年半ばで、全世界でほぼ一億四〇〇〇万人がインターネットを利用していた。二〇〇〇年末には三億六〇〇〇万人、二〇一九年半ばには四五億人を超える人びとがインターネットを利用しており、それは地球上の人口のほぼ60％にのぼるものである(Tab. 4.3)。

これらの技術は、ハーヴェイ（Harvey 1989）が「時間と空間の圧縮」と呼ぶものを促進する。地球の反対側、例えば東京とロンドンにいる二人が、リアルタイムで会話をするだけでなく、文書、音声、画像、映像等々を送ることができる。したがって、場所と場所の間の相対的な距離は劇的に縮小し、経験する世界は事実上収縮し、人びとは単一のグローバルな人間社会を意識することができるようになる。

インターネットやスマートフォンの普及により、従来は孤立していた地域や通信手段の乏しい地域も含め、より多くの人びとが

古典研究 4.1

イマニュエル・ウォーラーステインの近代世界システム論

研究課題

多くの学生が、大きな問題への答えを求めて社会学にやってくる。なぜ、ある国々は豊かであるのに、他の国々はひどく貧しいのか。以前に貧しかった国のあるものが相対的に豊かになり、他の国々はそうではないということは、いかにして起こるのか。グローバルな不平等と経済発展のこうした問題は、アメリカの歴史社会学者イマニュエル・ウォーラーステイン（1930-2019）の仕事の土台となっているものである。これらの問題に取り組むにあたって、ウォーラーステインはグローバル時代を検討するためにマルクス主義の社会変動論に学ぼうとしている。一九七六年に、ウォーラーステインはニューヨーク州立大学ビンガムトン校のフェルナン・ブローデル経済・史的システム・文明研究センターの設立に協力したが、それは彼自身の世界システム研究の中心的存在となった。

ウォーラーステインの説明

一九七〇年代以前に、社会科学者は世界社会を第一世界、第二世界、第三世界によって議論する傾向があったが、それは資本主義企業、工業化、都市化の水準に基づくものであった。それゆえに、第三世界の「未開発」を解決するには、資本主義、工業化、都市化を進めることであると考えられた。ウォーラーステインはこうした社会をカテゴリー化する支配的なやり方を拒否し、その代わりに一つの世界経済が存在し、そのなかのあらゆる社会が資本主義的経済関係によって結びつけられている、と論じた。彼は、この複雑に絡み合った経済を「近代世界システム」と表現し、今日のグローバリゼーション論の先駆けとなった。世界システムがどのようにして生まれたかについての彼のおもな主張は、マクロ社会学的な視点を打ち出した三巻の著作『近代世界システム』（1974, 80, 89）にまとめられている。

近代世界システムの起源は16世紀および17世紀のヨーロッパにあり、植民地主義によってイギリス、オランダ、フランスのような国々は、植民地化した諸国の資源を搾取することができた。これにより資本が蓄積され、その資本は経済に再投資され、生産と発展を推進した。このグローバルな分業は一群の豊かな国々を作り出

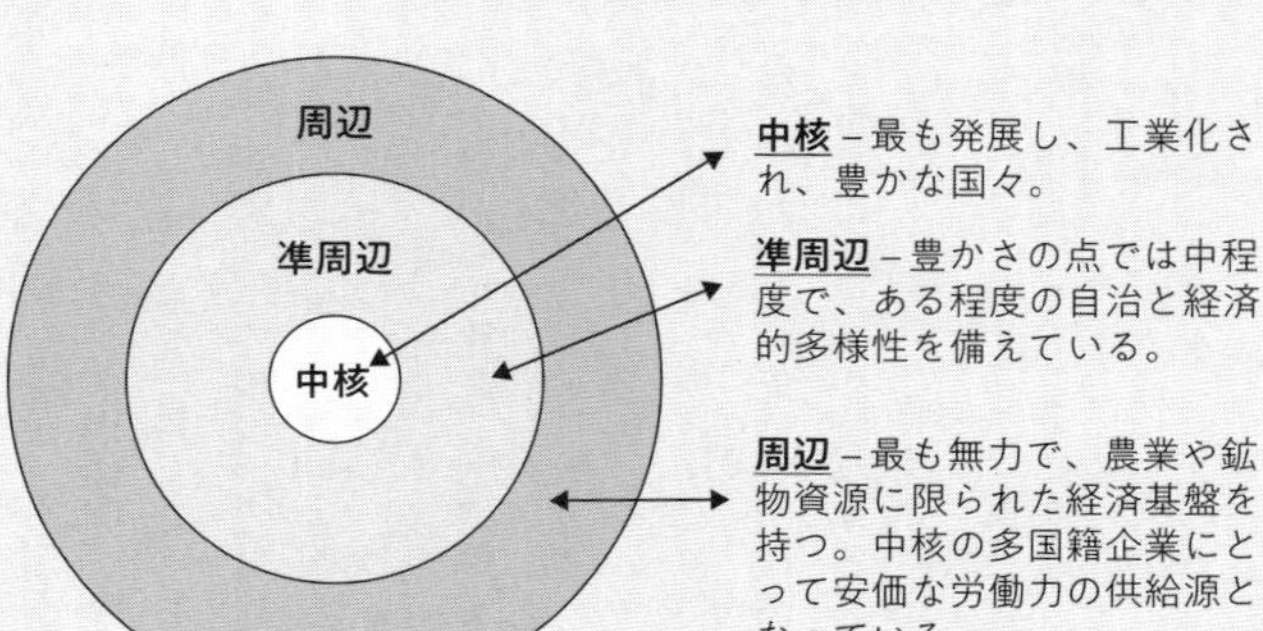

Fig. 4.3　近代世界システム

し、それ以外の国々を貧困化し、その発展を妨げた。そのプロセスは《中核》《周辺》《準周辺》から構成される世界システムを生み出した（Fig. 4.3を参照）。個々の国にとって中核に「上昇」（up）する、あるいは準周辺ないし周辺に「下降」（down）することは明らかに可能であるが、近代世界システムの基本構造は恒常的なままである。

ウォーラーステインの理論は、発展途上国がなぜその地位を改善することがそれほど困難なのかを説明しようとするものだが、それはまたマルクスの階級を基礎とした闘争理論をグローバルなレベルに拡張するものでもある。グローバルな用語では、世界の周辺は「労働者階級」になり、中核部は搾取を行う「資本家階級」を形成する。このことは、マルクス主義理論において、未来の社会主義革命が、当初マルクスが予測した豊かな中核部ではなく、発展途上国で起こる可能性が高いことを意味する。ウォーラーステインのアイデアが反資本主義、反グローバリゼーション運動の政治活動家によって歓迎されたのは、そうしたことが理由である。

＊反グローバリゼーションと反資本主義運動に関する詳細は、第20章「政治、政府、社会運動」を参照せよ。

批判のポイント

マルクスとマルクス主義の仕事を起源とする世界システム論は、いくつかの類似した批判に直面してきた。第一に、この理論は、社会生活の経済の次元を強調し、社会変動の説明における文化の役割を過小評価する傾向がある（Barfield 2000）。例えば、オーストラリアとニュージーランドが他国よりも容易に周辺国から脱却できた理由の一つは、イギリス工業化との《文化的》結びつきが強く、工業文化がより早く根づいたため、と論じられることがある。

第二に、この理論は、エスニシティの役割を軽視しており、エスニシティは世界システムのグローバル化する力に対する反動とみなされている。したがって宗教と言語の目立った違いは、特に重要視されていない。最後に、ウォーラーステインのテーゼは、国家を分析の中心単位として集中的に扱っており、過度に国家中心的なものとみなされている。しかしこれでは、国民国家の境界を越えて活動する超国籍企業や利害関係者が関与するグローバリゼーションのプロセスを理論化することが難しくなってしまう（Robinson 2011）。もちろん、ウォーラーステインとその支持者たちは、近年、こうした議論に反論を試みている。

現代における意義

ウォーラーステインの研究は、資本主義世界経済の相互連関性とそのグローバリゼーション効果について、社会学者たちに注意を喚起するうえで重要であった。したがって、経済活動に重点をおいた彼の考え方には限界があると見なされてはいるものの、グローバリゼーションのプロセスの重要性を早くから認識したことは評価されなければならない。ウォーラーステインのアプローチは、多くの学者を魅了し、その結果、世界システム論は、フェルナン・ブローデル・センターという組織的基盤と、『世界システ

Tab. 4.3　グローバルに広がったインターネット利用、2019：中間評価

世界の地域	人口 (2019年推定)	インターネット利用者 2019.6.30	普及率 (% 人口)	増加率 (%) 2000–2019
アフリカ	1,320,038,716	522,809,480	39.6	11,481
アジア	4,241,972,790	2,300,469,859	54.2	1,913
ヨーロッパ	829,173,007	727,559,682	87.7	592
中東	258,356,867	175,502,589	67.9	5,243
北米	366,496,802	327,568,628	89.4	203
ラテンアメリカ/カリブ諸国	658,345,826	453,702,292	68.9	2,411
オセアニア/オーストラリア	41,839,201	28,636,278	68.4	276
世界全体	**7,716,223,209**	**4,536,248,808**	**58.8**	**1,157**

出典：www.internetworldstats.com/stats.htmから改作

ム研究ジャーナル』（一九九五年創刊）という学術誌によって、今や確立された研究伝統となっている。

▼批判的に考える

「中核」内の国々が準周辺国、あるいは周辺国に転落した歴史的な例はあるのか。二〇〇八年の金融危機で、多くの国が世界システムの中核から追い出されるようなことがなかったのはなぜだろうか。

相互に接続され、グローバリゼーションのプロセスが深化・加速している。急速な通信インフラの普及は一様ではないが、グローバルな通信ネットワークにアクセスできる国の数は増えており、Tab. 4.3が示すように、21世紀にインターネットアクセスが最も急速に増加するのはアフリカ、アジア、中東、ラテンアメリカ、カリブ海地域で、これらの地域が他の地域に追いつき始めている。

〔情報の流れ〕　**情報技術**の普及は、世界中の人びとの文化的接触の可能性を広げると同時に、人びとや出来事に関する情報の流れを容易にした。毎日、ニュースや情報が人びとの家庭に届けられ、外の世界と直接、継続的に結ばれているのである。一九八九年のベルリンの壁崩壊、中国の天安門広場での民主化運動と弾圧（同じく一九八九年）、二〇〇一年のアメリカ同時多発テロ、二〇一一年の「アラブの春」によるエジプトのタハリール広場の占拠など、最近の最も衝撃的（かつ不穏）な出来事は、真の意味で世界中の人びとの前で展開された。デジタル技術の双方向性によって、「市民ジャーナリスト」がインターネットを通じて世界の出来事を「現場から直接」報道し、ニュースの制作に協力するようになった。

グローバルな視点への移行には、二つの重要な側面がある。第一に、人びとは自分たちの責任が国境にとどまらないことを認識するようになっている。世界中の人びとが直面している災害や不公平は、もはや取り組むことのできない不幸ではなく、行動や介入の正当な根拠となる。「国際社会」は危機的な状況において、個人の人権を守るために行動する義務があるとする考え方が広まってきた。自然災害の場合、介入は人道的救済や技術支援という形で行われる。また、近年では、内戦や民族紛争への介入や平和維持軍の派遣を求める声も強くなっている。このような動員は、自然災害の場合と比べ、政治的な問題がある。

第二に、グローバルな視点は、多くの人びとのナショナル・アイデンティティを脅かし、あるいは損なわせているように思われる。国民国家の伝統的な保持が大きく変容しつつある中で、ローカルな文化的アイデンティティが力強い復活を遂げている。ヨーロッパでは、スコットランドやスペインのカタルーニャ地方の人びとは、イギリス人やスペイン人ではなく、スコットランド人やカタルーニャ人、あるいは単にヨーロッパ人であると認識する傾向が強いかもしれない。二〇一四年九月に行われたスコットランドのイギリスからの独立を問う住民投票は否決されたが、45％の人が「独立賛成」に投票した。二〇一七年十月に行われたカタルーニャ自治州での非公式投票では、92％がスペインからの独立に賛成票を投じた。地域によっては、グローバリゼーションによって人びとの居住する国家への志向が緩み、国民国家への帰属意識が薄らいでいるのかもしれない。

文化と経済の織りなすもの

一部の社会主義者やマルクス主義社会学者は、文化と政治がグローバリゼーションのトレンドの一翼を担っているものの、その基盤となっているのは資本主義経済のグローバリゼーションと継続的な利益追求であるとする。例えばマーテル（Martell 2017: 4）は、「グローバリゼーションの多くの領域において、グローバリゼーションが生みだされたり受け取られたりするときに発生する平等や権力関係に影響を与える基礎的な経済構造、もしくは金儲けに関わる経済的インセンティブが、その背後に存在しないということは考えにくい」と論じている。この視点は、グローバリゼーションの多元的な特徴を受け入れているが、文化的、政治的、経済的な要因が等しく重視されるべきという考え方を否定している。このネオ・マルクス主義の観点では、「物質的利益」とその追求方法を分析することが、グローバリゼーションを理解するための鍵であり続けている。

もちろん、これに反対する人びともいる。広義の文化主義の立場をとる人びとは、グローバリゼーションは世界経済の継続的な統合に依存しているが、それは純粋な経済的方法ではなく、さまざまな文化的方法で達成されると主張している。観光は世界中で巨大な「産業」であり、二〇一七年には約一三億四〇〇〇万人の海外旅行者は、自国以外の国で四兆四〇〇億米ドルを費やした（World Bank 2017）。旅行して新しい光景や文化を体験したいという欲求は、純粋な物質的関心だけでなく、観光客の文化的嗜好の変化に影響を受けるもので、アーリとラーセン（Urry and Larsen 2011）は、これを「観光客のまなざし」と呼んでいる。この命題は、「グローバル社会4.2」で概略が示される。

ウォーターズ（Waters 2001）は、文化や象徴の形態によって、経済や政治の発展が地理的制約から解放されることがあるので、グローバリゼーションにとって文化の領域は極めて重要と論じている。たとえば、いわゆる無重力の経済とは、コンピュータ・ソフトウェアなどの情報製品や、ゲーム、映画、音楽、オンライン・ストリーミング・サービスなどのメディアやエンターテインメント製品を基盤にした経済のことである。このような新しい経済状況は、しばしば「知識社会」あるいは「情報化時代」と呼ばれる。**知識社会**の出現は、コンピュータ、エンターテインメント、遠距離コミュニケーションの進歩を日常生活に取り入れる、技術的リテラシーの高い消費者の幅広い裾野の開拓につながるものである。その最たる例がオンラインゲーマーで、彼らは最新のゲームやアップデートを心待ちにしており、もちろんその対価としてお金を払う用意がある。

この「電子経済」は、より広範な経済のグローバリゼーションを下支えしている。銀行、企業、ファンドマネージャー、個人投資家は、ワンクリックで資金を国際的に移動させることができるようになった。電子マネーを瞬時に移動させることができるようになったことで、より大きなリスクが発生するようになった。巨額の資金の移動は、経済を不安定にし、国際金融危機を引き起こす可能性がある。また、グローバル経済の統合が進むにつれ、世界の一部で金融破綻や災害が発生すれば、遠く離れた国の経済にも甚大な影響を与える可能性がある。二〇〇八年のグローバル金融危機はその最たる例で、危機は米国から他のグローバル経済システムへ急速に拡大した。

グローバル経済の運営は、情報化時代に起こった変化を反映している。競争力を高めるために、企業や法人は、旧来の官僚組織のようなヒエラルキー型組織ではなく、より柔軟でネットワーク化された組織に再編されてきた（Castells 1996b）。生産方式と組織形態はより柔軟になり、他の企業との提携はより一般的になり、世界的な流通ネットワークへの参加は、急速に変化するグローバル市場において必要不可欠となっている。

〔**超国籍企業**〕　グローバリゼーションを推進する多くの経済的要因の中で、超国籍企業の役割は、その数は比較的少ないものの、特に重要である。**超国籍企業**（ＴＮＣｓ）とは、複数の国にまたがって商品を生産したり、サービスを販売したりする会社のことである。これらの企業は、自国以外に一つか二つの工場を持つ比較的小さな企業である場合もあれば、世界各地に展開する巨大な国際的ベンチャー企業である場合もある。ウォルマート、アップル、アマゾン、エクソンモービル、ネスレ、アルファベット（グーグルの親会社）など、世界中に知られた企業が最大の超国籍企業である。超国籍企業は、国内に拠点を置いていても、グローバルな市場と利潤追求を志向することに変わりはない。

一九四五年以降、超国籍企業の存在感はますます大きくなった。戦後間もない頃は、アメリカに拠点を置く企業が中心であったが、

国際観光の相互作用

あなたは今までに海外の人と直接会話したり、海外のサイトに接続したりしたことがあるだろうか。ビジネスや休暇で他の大陸に旅行したことがあるだろうか。もし「はい」と答えたなら、あなたはグローバリゼーションの結果の一つを経験したことになる。グローバリゼーションは、異なる国の人びとの間での相互作用の頻度と性格の両方を変えてしまったのである。歴史社会学者のチャールズ・ティリーは、こうした変化の観点からグローバリゼーションを定義している。ティリー（Tilly 1995: 1-2）によれば、「グローバリゼーションとは、局所的に影響を及ぼす社会的相互作用の地理的範囲が拡大することを意味する」。言い換えれば、私たちの相互作用のより大きな割合が、直接的または間接的に他国の人びとを巻き込むようになるのである。

グローバリゼーションは、他国への関心を高め、国境を越えた観光客の移動を容易にすることによって、海外旅行の可能性を大きく広げた。国際観光が盛んになると、さまざまな国の人たちが直接交流する機会が増える。ジョン・アーリ（Urry 2002; Urry and Larsen 2011）は、「観光客のまなざし」、つまり、海外旅行中に何を経験するかという観光客の側の期待が、こうした相互作用の多くを形成していると論じている。

アーリは、観光客のまなざしをフーコーの医学のまなざしの概念と比較している（第10章「健康、病い、障害」参照）。彼は、観光客のまなざしは、専門家により社会的に組織され、その適用も体系化され、医学のまなざしと同様に客観的であるが、観光の場合は「エキゾチック」な体験を探求する、と論じている。それは、社会的相互作用や物理的環境との相互作用がどのように進行するか、日常的な予想を乱す経験である。

しかし、極端な体験を求める人は別として、ほとんどの観光客は、あまりエキゾチックな体験を望んでいない。例えば、パリで若い観光客に人気のある目的地はマクドナルドである。クエンティン・タランティーノ監督の映画『パルプ・フィクション』のセリフに出てくる、フランスではメートル法を使っているため、マクドナルドの「クォーターパウンダー・チーズ」ハンバーガーは「ロワイヤル・チーズ」と呼ばれているという話の真偽を確かめるために行く人もいる。海外を旅行するイギリス人の多くは、居心地の良いイギリス風やアイルランド風のパブで、食事や飲酒をしたくてたまらないことが多い。観光客のまなざしの中心にあるのは、エキゾチックなものと慣れ親しんだものに対する、こうした矛盾した要求である。

観光客のまなざしは、観光客と地元の人びとの間の顔の見える交流に負担をかけるかもしれない。観光産業の一員である地元の人びとは、経済的な利益を評価するかもしれないが、観光客の要求の高い態度や、人気のある観光地で起こる過剰な開発にたいして憤慨する人もいるかもしれない。グローバリゼーションのほとんどの側面と同様に、こうした異文化間の出会いがもたらす全体的な影響は、プラスとマイナスの両方がある。

▼批判的に考える

自分の旅行計画や観光客に必要なインフラは、その国の生態系にどのようなダメージを与えるだろうか。グローバル・ツーリズムの文化的利益は、引き起こされる環境破壊を上回るだろうか。

一九七〇年代には、ヨーロッパと日本の企業が海外に投資するようになった。一九八〇年代後半から一九九〇年代にかけて、超国籍企業は三つの強力な地域市場を確立し、飛躍的に拡大した。ヨーロッパ（欧州単一市場）、アジア太平洋（二〇一〇年までに自由で開かれた貿易を保証するボゴール宣言）、北米（北米自由貿易協定）の三つの強力な地域市場の確立により、超国籍企業は飛躍的に拡大した。一九九〇年代初頭から、世界の他の地域の国々もまた外国投資への規制を自由化し、21世紀の始まりまでに、超国籍企業の手の届かない経済圏はほとんどなくなった。近年では、発展途上国や東欧諸国にも進出しており、中国が次の大きな課題でありチャンスでもある。

超国籍企業は経済のグローバリゼーションの中心に位置し、世界貿易全体の三分の二から四分の三を占めている（Kordos and Vojtovic 2016: 152）。彼らは、世界中への新しいテクノロジーの普及に貢献し、金融市場の主要なアクターとなっている（Held et al. 1999）。二〇〇一年に一〇〇億ドル以上の年間売上高を記

Fig. 4.4　アメリカ企業の売上高上位25社と選定国のGDPの比較（US億ドル）
出典：Foreign Policy（2012）

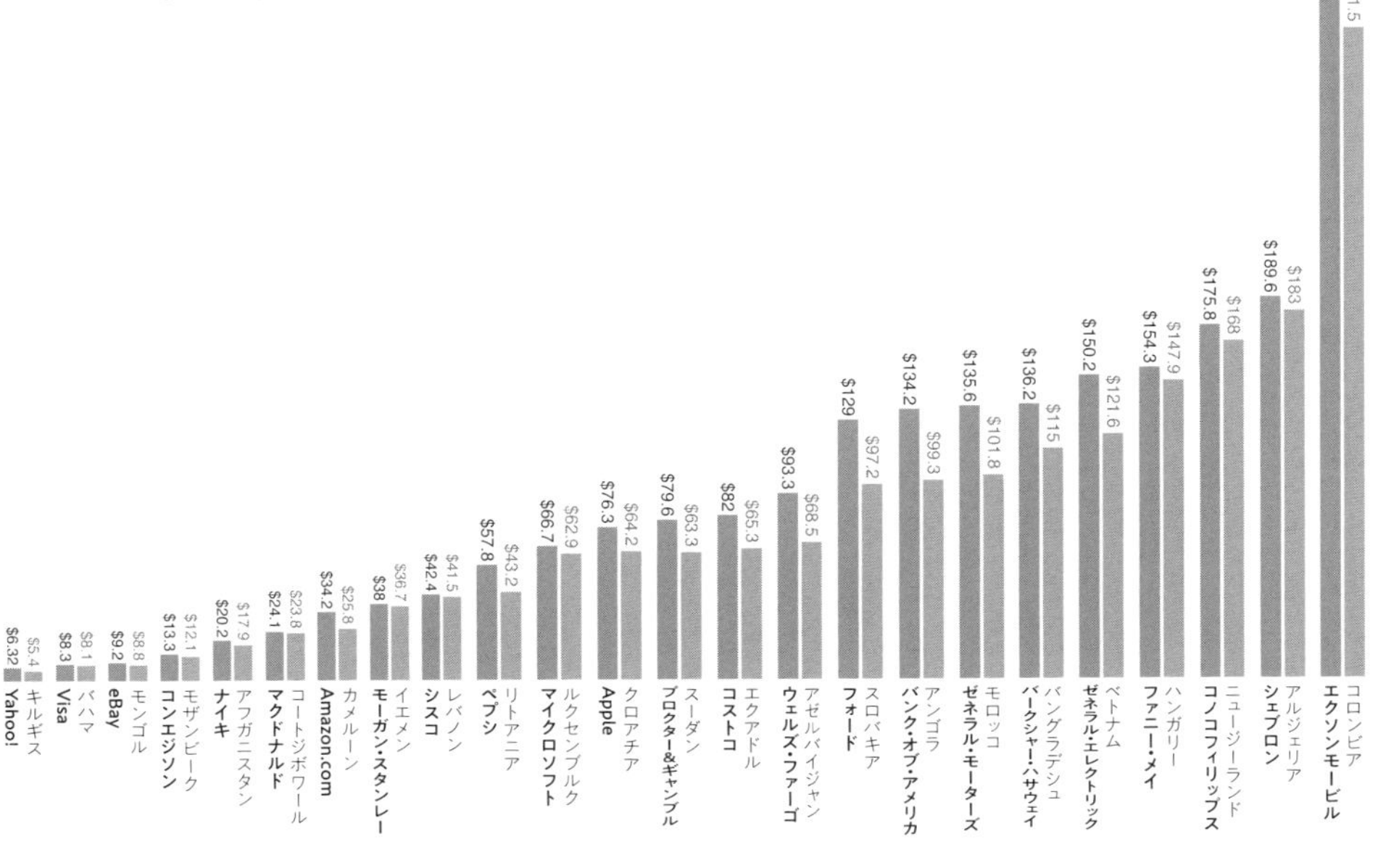

社会学的想像力 4.2

「バービー」とグローバルな商品連鎖の発展

グローバルな商品連鎖の一例として、歴史上最も収益性の高い玩具であるバービー人形の製造が挙げられる。六〇年前の一〇代であるこの人形は、かつて一秒間に二個の割合で売れ、アメリカのロサンゼルスに本社を置くマテル社に、一〇億ドル以上の年間収益をもたらした（Tempest 1996）。初期には、主にアメリカ、ヨーロッパ、日本で売られていた人形が、現在では世界一五〇か国以上でバービーを見つけることができる（Dockterman 2016）。比較的高い労働コストを避けるため、バービーは米国で製造されたことはない（Lord 2020）。最初の人形は、一九五九年に日本で製造された。しかし、その後、製造はアジアの低賃金国へ移った。バービーの製造は、グローバルな商品連鎖について多くのことを物語っている。

バービーはマテル社のカリフォルニア本社でデザインされ、マーケティングや広告戦略も練られ、利益の大半を稼いでいるが、モノとしての製品は常に世界中から様々な部品を調達しているのである。

テンペストが報告するところによると（Tempest 1996）、一九九〇年代後期において、バービーのボディはサウジアラビアで産出される石油から作られ、そこでエチレンに精製され、台湾の台塑集團がポリ塩化ビニールペレットに変換している。このペレットは、アジアにある四つの工場、中国南部に二つ、インドネシアとマレーシアに一つずつある工場の一つに輸送される。ボディを成形するプラスチック射出成形機は米国で作られ、アジアの工場に出荷される。バービーのナイロンの髪は日本から、綿のドレスは中国の綿で作られる（人形のほとんどが作られた国から来た唯一の原材料）。そして、製造に使われるほぼすべての材料は、香港に運ばれ、トラックで中国の工場に運ばれる。香港と中国南部の玩具工場の間を毎日二万三〇〇〇台のトラックが行き来し、完成した人形が同じルートで出発する。最近では、ノア（Noah 2012: 100）が、「同じパターンが今日も続いているが、今日の『中国製』製品のその量や技術的な洗練度は、以前よりはるかに高い」と述べている。

バービーに関しては、二〇一三年に売上が6％減少したが、二〇一九年には再び上昇し、第4四半期には12％増となった（Whitten 2019）。これは、伝統的に金髪のスリムな白人であるオリジナル版の多様化を受けたものである。バービーは現在、さまざまな肌の色や体型（「小柄」「背が高い」「曲線美」など、ビヨンセやキム・カーダシアンなどの世界的なセレブの影響を反映した体型）で販売されており、宇宙服など、さまざまな職種に基づいた衣装も用意されている（Kumar 2019）。次のステージでは、実写映画化も予定されており（二〇二三年公開）、本書の第十版にバービーが登場しないなどということがあり得るだろうか。

バービーの生産と消費が示すものは、世界の経済をつなぐグローバリゼーションの有効性である。しかし、それはまた、一部の国が他の国の犠牲のうえに利益を得ることを可能にする、グローバリゼーションの不均衡を示している。グローバルな商品連鎖が、それに関係する社会の連鎖を越えて、必然的に急速な経済発展を促すと考えることは不可能である。

▼**批判的に考える**

グローバル・バービーは、豊かな先進国以外の人びとに仕事と賃金を提供するグローバリゼーションのポジティブな可能性の一例だろうか。この人形のグローバルな商品連鎖の運営から最も恩恵を受けるのはどの社会集団、組織、国なのかを考えてみよう。

録した超国籍企業は五〇〇社ほどあるが、少なくともその額の国内総生産を誇れるのは七五か国だけである。言い換えれば、世界の主要な超国籍企業は、ある意味では、世界の多くの国よりも規模が大きい（Fig. 4.4 参照）。

製造業がますますグローバル化しているという主張は、しばしば、**グローバルな商品連鎖**（完成品を生み出す労働と生産プロセスの世界的なネットワーク）という言葉で表現される。このようなネットワークは、原材料から最終消費者に至るまで、緊密に連動した「連鎖」を形成する生産活動で構成されている（Appelbaum and Christerson 1997）。例えば、中国は、工業製品の輸出国としての役割により、低所得国から中所得国へと移行した。二〇一八年までに、中国とインドが商品連鎖の雇用総額の最大シェア43.4％と15.8％を占め、米国が主な輸出先となっている（Suwandi et al. 2019）。しかし、商品連鎖の中で最も収益性の高い活動であるエンジニアリング、デザイン、広告などは主に高所得国に残り、工場生産などの収益性の最も低い側面は低所得国で行われているため、グローバルな不平等に挑戦するというよりは、むしろ再生産しているのである。

政治のグローバリゼーション　グローバリゼーションは、単にテクノロジーの進化や国境を越えた資本主義のネットワークの成長が生み出したというわけではない。それは政治の変動にも結びついている。一つの重要な移行となったのは、一九八九年から東ヨーロッパで起った一連の劇的な革命と、一九九一年にソビエト連邦の解体に至った共産主義の崩壊である。それはいわゆる冷戦の実質的な終結を表すものであった。それ以来、旧ソ連圏の国々（ロシア、ウクライナ、ポーランド、ハンガリー、チェコ、バルト三国、コーカサス諸国、中東アジア諸国など）は、西洋型の政治・経済体制に移行している。共産主義の崩壊はグローバリゼーションによって早められたが、同時にグローバリゼーションの過程を促進した。中央計画経済と共産党のイデオロギー的・文化的統制は、グローバルメディアと電子的に統合された世界経済の出現の時代には結局生き残ることができなかったからである。

第二の政治の展開は、国際的および地域的な統治メカニズムの成長であり、国民国家を一つにまとめ、国際関係を新しい形のグローバル・ガバナンスの方向へと押し進めるものであった。例えば、マクグルー（McGrew 2020: 22）が記しているように、「今日、グローバル・ガバナンスのシステムを構成している常設の政府間組織が二六〇を超えており、その機関の中核には国連がある」。国際連合と欧州連合は、共通の政治的フォーラムで統合された諸国民国家のおそらく最も顕著な例である。国際連合は個々の国民国家の連関を通じてこれを実現し、他方で欧州連合は、加盟国どうしの利益を獲得するために、国家が**主権**の一部を放棄する超国家統治形態の先駆けとなった。EU加盟国の政府は、EUの共通機関から出される指令や規則、裁判所の判決に拘束されるが、EU単一市場への参加により、経済的、社会的、政治的な利益を享受している。

国際的政府間組織（IGOｓ）と**国際的非政府組織**（INGOｓ）もまた、増大しつつあるグローバルな政治の重要な形態である。IGOｓは、参加国政府によって設立され、国を超えた特定の活動領域を規制または監督する責任を与えられた機関である。一八六五年に設立された国際電信連合が最初だが、それ以降、民間航空から放送、有害廃棄物の処理に至るまで、数多くの類似した組織が設立されている。その中には、国連（UN）、国際通貨基金（IMF）、北大西洋条約機構（NATO）などが含まれる。

INGOｓは、統治機構と関連していない点で、IGOｓとは異なっている。INGOｓは独立しており、政策策定や国際的問題の取り組みで政府機関とともに活動する。グリーンピース、国境なき医師団、赤十字社／赤新月社、アムネスティ・インターナショナルのような最もよく知られたもののいくつかは、環境保護、ヘルスケア、人権監視に関連している。しかし、それらほど知られていない何千という集団の活動も、国や地域のコミュニティに結びついている。

超国家的政治団体の増大から生じたものは、本質的に政治のグローバリゼーションの一形態であり、その中心的な課題は、純粋に国家の自己利益に関連するのではなく、国際的でグローバルな課題や問題に関わるものである。モデルスキーとデヴェザ（Modelski and Devezas 2007）は、このことをグローバルな政治の進化とみており、今はまだ形の定まっていないものと理解している。

◎グローバリゼーション論争の枠組み

社会学におけるグローバリゼーションの説明は、一九九〇年代を通じ、21世紀初頭に推移した三つの広い傾向ないし「波」として理解されてきた。それ以来、グローバリゼーションの特定の局面に関する多くの仕事が現れたけれども、その議論の構造はこれらの基本的立場を横断して流れ続けている。グローバリゼーションには、マーテル（Martell 2017: 14）が「第四の波」と呼ぶような、既存のものを研究する**言説分析**の形態に基づくアプローチもある。グローバリゼーションの物語と、グローバリゼーションそのものを枠にはめ、議論し、形成する方法である（Cameron and Palan 2004; Fairclough 2006）。しかし、大半の研究は、重要な物質的変化が国際的に起きていることには同意しているものの、これらをグローバリゼーションの傘のもとに束ねることが正確かどうか、あるいは有効かどうかについては、意見が分かれている。このため、また、紙面の都合上、本節では、最初の三つの波に焦点を当てることにする。

この議論における三つの主要な立場について、影響力のある議論を展開しているのが、デイヴィッド・ヘルドとその同僚たち

Tab. 4.4　グローバリゼーションの概念：３つの傾向／波

	積極的グローバリゼーション推進論 大前 1990,1995; オルブロー 1997	懐疑論 Bボワイエとドラッヘ 1996; ハースト 1997; ハーストとトンプソン 1999	変容論 サッセン 1991; ロズノー 1997; ヘルド編 1999
新しいのは？	グローバルな時代	貿易圏、以前の時代より弱い地政学的ガバナンス	歴史的に見ても前例のないレベルのグローバルな相互結合性
支配的な特徴は？	グローバル資本主義、グローバル・ガバナンス、グローバル市民社会	1890年代より相互依存の少ない世界	「厚い」（集中的で広範な）グローバリゼーション
国家の権力は？	衰退ないし侵食	強化ないし増進	再構成、再構造化
グローバリゼーションの推進力は？	資本主義とテクノロジー	政府と市場	モダニティの連結力
階層化のパターンは？	旧来のヒエラルキーの侵食	増大するサウス（南）の周辺化	世界秩序の新しい構成
支配的な主題は？	マクドナルド、マドンナなど	国益	政治共同体の変容
グローバリゼーションの概念は？	人間行為の枠組みの再秩序化	国際化と地域化	地域間関係と距離のある行為の再秩序化
歴史的軌跡は？	グローバル文明	地域ブロック／文明の衝突	不確定要因：グローバルな統合と分断
要約論点	国民国家の終焉	国際化は政府の同意と支援に依存する	統治権力と世界政治を変換するグローバリゼーション

出典：Held編（1999:10）から改変

(Held,D. et al. 1999）である。この議論では、積極的グローバリゼーション推進論、懐疑論、変容論という三つの学派が提示されており、Tab. 4.4 に要約されている。各派に引用されている著者は、彼らの著作にその派のアプローチを定義する重要な論点が含まれているために選ばれている。それぞれの波を順番に見ていくことにする。

積極的グローバリゼーション推進論　第一波の積極的グローバリゼーション推進論者は、グローバリゼーションを、国境を越えた貿易と生産の強力な流れにのりながら、新しい世界秩序を生み出す広範な影響をもたらす、きわめて現実的な進行中のプロセスとみなしている。大前（Ohmae 1990, 1995）は、グローバリゼーションが「国境なき世界」をもたらし、市場の力が国家の政治よりも強力になると考えている。こうした議論の大部分が、国民国家が自身の運命をコントロールする力を失っているという認識によるものである。ロドリック（Rodrik 2011）は、世界貿易の膨大な増加のために、個々の国はもはや自国の経済を監督することができなくなり、一方で、政府は不安定な世界の金融市場、投資決定、移民の増加、環境の危険、テロリストのネットワークにたいして権限を行使できなくなりつつある、と論じている。また、市民は政治家がこれらの問題に対処する能力が限られていることを認識しており、その結果、既存の国家統治システムに対する信頼を失っている。

積極的グローバリゼーションの議論は、各国政府が挟み撃ちにされ、上（欧州連合や世界貿易機関などの地域・国際機関によって）からと、下（国際的な抗議運動、世界的なテロリズム、市民自らの責任ある決定）から挑戦を受けている、と指摘する。

まとめると、これらの移行は、グローバルな意識が発展し、政府の影響力が低下する時代の幕開けを告げるものである（Albrow 1997）。その帰結の一つは、社会学者が、従来は境界のある国民国家を意味していた「社会」の概念から離脱しなければならなくなることである。アーリ（Urry 2000）は、社会学は国境を越えるグローバルなネットワークと多種多様な流れの研究に根ざした「ポスト社会的」な課題設定をする必要があると主張している。

懐疑論　第二波の議論は、グローバリゼーションは誇張されすぎているという懐疑的な見方に根ざしている。懐疑論者に言わせれば、ほとんどのグローバリゼーション論は、かなり長い年月を経たものについて多くのことを語っているに過ぎず、その一方で、説明されている変化の多くはまったく「グローバル」なものではない（Hirst et al. 2009）。たとえば、現在の**経済的相互依存性**の水準は、前例のないものというわけではない。19世紀の世界貿易と投資に関する統計に基づいて、現代のグローバリゼーションが過去と異なるのは、国民国家間の相互作用の激しさにおいてのみ、と主張する人もいる。そうであれば、グローバリゼーションというよりむしろ「国際化」と言ったほうが正確であり、国民国家がこれまでも、そしてこれからも中心的な政治主体であり続けるだろうという考え方が保持される。たとえば、トンプソン（Hirst et al. 2009所収）は、二〇〇八年の「グローバル」な金融危機のさい、実際には自国の経済を保護するために「最後の貸し手」として介入した各国政府や規制システムが存在していた、と論じている。各国政府は、経済活動の規制と調整に関与し、貿易協定や経済の自由化を促進する政策を推進しているため、依然として重要な役割を担っている。

以前の時代よりも諸国間により多くの接触がありつつも、単一のグローバル経済を構成するには十分でないことに、懐疑論者は同意する。なぜなら、貿易の大部分は、真のグローバルな文脈ではなく、ヨーロッパ、日本／東アジア、北アメリカという三つの地域グループで行われているからである。例えば、欧州連合（EU）加盟国は、主に加盟国間で貿易を行っており、他の地域グループも同様であるため、グローバル経済という概念は無効である（Hirst 1997）。

結果として、多くの懐疑論者は、地域金融・貿易圏の出現を含む世界経済における《局域化》のプロセスに注目している。実際、**局域化**の進展は、世界経済の統合が進んだというよりも、むしろ後退したことを示す証拠である（Boyer and Drache 1996; Hirst et al. 2009）。一世紀前の貿易パターンと比較すると、世界経済の地理的な広がりは小さくなり、活動が集中的に行われるようになった。この意味で、積極的グローバリゼーション推進論者は歴史的な証拠を読み間違えている。

変容論　変容論者は、積極的グローバリゼーション推進論者と懐疑論者の中間のような立場をとり、グローバリゼーションが外と内、国際と国内の間の既成の境界を壊しつつあると主張している。しかし、多くの古いパターンは残っており、中央政府はかなりの権力と影響力を保持している。国民国家は主権を失うどころか、非領土的な経済・社会組織の新たな形態に対応して、主権を再構築し、共同管理しているのである（Thomas 2007）。これには、企業、社会運動、国際機関などが含まれる。変容論者の主張は、われわれはもはや国家中心の世界に生きているのではないが、しかし、グローバリゼーションという複雑な状況のもとで、国家はより積極的かつ外向きの姿勢で統治に臨んでいる、というものである（Rosenau 1997）。

この議論では、本格的なグローバリゼーションが必然であり、市民や政府のコントロールが及ばないものであると考えることも間違いである。実際、グローバリゼーションは動態的で開かれたプロセスであり、多くの影響を受け、常に変化している。この見方では、グローバリゼーションは一様ではなく、しばしば矛盾した形で進行し、互いに相反する傾向を内包している（Randeria 2007）。イメージ、情報、影響力はグローバルからローカルへ、またその逆へと双方向に流れる。世界的な移民、国際的な観光、マスメディア、遠距離コミュニケーションは広く多様な文化的影響の拡散に貢献し、ロンドン、ニューヨーク、東京などの世界の活気ある「グローバル・シティ」は、民族や文化が交差し、共有し、隣り合って暮らす、徹底した多文化共生を実現している（Sassen 1991）。

要約すれば、変容論者はグローバリゼーションを、多方向に作用する結びつきと文化の流れによって特徴づけられる、脱中心的で再帰的なプロセスとして捉えているのである。グローバリゼーションは、数多くのグローバルなネットワークが絡み合った結果であるため、アメリカ（アメリカ化）、「西洋」（西洋化）、あるいは世界のどの地域によっても推進されるものではない（Held et al. 1999）。また、グローバリゼーションは植民地主義や帝国主義の新しい形態でもなく、そのプロセスは世界のあらゆる地域からの影響に開かれている。しかし、オスターハメルとピーターソン（Osterhammel and Petersson 2005）は、世界各地の関係が「一定の規則性と安定性」を獲得し、「それがごく少数の人びとにとどまらない影響を与える」場合にのみ「グローバリゼーション」という用語を使用すべきだと主張している。将来、このプロセスがより恒久的なものとなり、人間の営みを形成する支配的な要因となるためには、グローバルなネットワークと関係性がグローバルな制度に発展していく必要がある。

グローバリゼーション、局域化、あるいは何か別のもの？

二〇〇八年の世界金融危機は、新たに出現した「国境なき経済」に内在するリスクを再認識させた。欧州連合（ＥＵ）では、アイルランド共和国、キプロス共和国、ギリシャ、ポルトガルに対する巨額の経済救済措置が、単一通貨と「より緊密な連合」の論理に対する新たな疑問を引き起こした。これは、EUの統合を緩めるという分権的な傾向が徐々に生じ始めたことを示す初期の兆候なのだろうか。21世紀における二つの大きな世界的危機——二〇〇八年の金融危機と二〇一九〜二〇年のパンデミック(Covid-19)——は、市民が超国家機関に頼るのではなく、依然として自らの国民国家に解決を求めていることを示したのだろうか。

多くのヨーロッパ諸国では、ヨーロッパへの移民の増加やEU内の移動の自由の原則に対する反発が起こっている。近年、ハンガリー、スロバキア、ポーランド、チェコ共和国では、ポピュリスト、ナショナリストの政党が台頭し、選挙で成功を収めている(Gosling 2019)。二〇一六年には、EU諸国からの大規模な移民に対する懸念が、イギリスのEU離脱投票の要因にもなった。多くの有権者が、移民流入に対する追加的な様々な管理を支持したからである。積極的グローバリゼーション推進論者が予測する国境なき世界は、政治上、「国家」への帰属意識の継続やナショナリスト感情の高まりと相反している。

右派の政治運動や政党は、グローバリゼーションがもたらすいかなる利益よりもナショナル・アイデンティティを優先するが、その他の政治・社会運動はグローバリゼーション《そのもの》に反対しているわけではない。一九九〇年代には、資本主義的な自由市場型のグローバリゼーションにきわめて批判的な運動が世界各地で展開されたが、グローバルなつながりの緊密化を否定したわけではない。これらの運動は、生態系の持続可能性、人権、コミュニティ統治がグローバリゼーションの中心にあった場合、それはどのようなものになり得るかという代替的な構想を推進した。その結果、世界経済フォーラムを含むさまざまなグループや組織は、単にグローバリゼーションに反対するのではなく、**オルタ・グローバリゼーション運動**と総称されるようになった。

＊ポピュリズムと反グローバリゼーション運動ないしオルタ・グローバリゼーション運動については、第20章「政治、政府、社会運動」で取り上げている。

歴史的に見ればグローバリゼーションは、協力や相互扶助である一方、紛争、戦争、侵略の産物でもあり、グローバルな趨勢が国家経済保護主義へと反転することはつねにあり得る。紛争はグローバリゼーションに大きく寄与してきたが、同時にグローバリゼーションを逆行させる可能性も持っている。グローバリゼーションの議論における三つの立場はいずれも、主に現代の急速なグローバリゼーションのプロセスとその将来への帰結に焦点を当てている。しかし、これまで述べてきたように、グローバリゼーションのプロセスをもっと長い歴史的時間枠の中に設定することも可能である。この考え方によれば、人間社会の発展の延長線上には、よりグローバルな相互依存関係のパターンが存在するが、これは昔も今も必然的なことではない(Hopper 2007)。

＊第21章「国家、戦争、テロリズム」では、戦争と紛争について幅広く議論している。

◎グローバリゼーションの帰結

社会学は、慣例的には、先進工業国に焦点を当て、それ以外の社会は人類学の領域とされてきた。しかし、グローバリゼーションの進展に伴い、この学問的分業は成り立たなくなってきている。グローバルサウスとグローバルノースは、植民地拡大と帝国建設の歴史が示すように、長い間相互につなぎ合わせられてきた。先進国の人びとは途上国の原料や製品に依存し、発展途上国は先進国との貿易によって経済発展を遂げてきた。グローバリゼーションが意味するのは、マイノリティとマジョリティの「両世界」が、一つのグローバルな人間の世界の一部としてますます認識されるということである。

結果として、世界の文化地図も変化する。すなわち、人びとのネットワークは国境や大陸さえ越え、母国と国籍を取得した国との間に文化的なつながりをもたらすことになる（Appadurai 1986）。地球上では五〇〇〇から六〇〇〇の言語が存在すると言われているが、これらのうちの98%は世界人口のほんの10%によって使用されているにすぎない。世界の言語システムを支配するようになったのは、それぞれ一億人以上の話者を持つわずか十二種類の言語である。すなわち、アラビア語、中国語、英語、フランス語、ドイツ語、ヒンディー語、日本語、マレー語、ポルトガル語、ロシア語、スペイン語、スワヒリ語である。そして、単なる一つの言語にすぎない英語が、ほとんどの第二言語話者にとって第一選択肢となる「超中心的な言語」になっている。こうした「バイリンガル」こそが、今日存在するグローバルな言語システム全体を束ねているのである（de Swaan 2001）。

どんな社会でも、人間世界の他の残りから孤立して存在することはますます不可能であり、ラジオ、テレビ、携帯電話、コンピュータ、空の旅、そしてそれらがもたらす多くの観光客から逃れられるような場所は、地球上にほとんど残っていない。今日、あらゆる大陸の人びとが、中国やその他の製造拠点で作られた道具を使い、ドミニカ共和国やグアテマラにある衣料品工場で作られたTシャツや短パンを身に着け、ドイツやスイスで製造された薬を飲んで、「よそ者」との接触でかかった病気に対処する。けれども、私たちはソーシャルメディアを通じて個人の物語を世界中に発信し、衛星テレビを通じて世界中の文化製品を視聴することもできる。しかしグローバリゼーションは、主要な文化生産者、特にアメリカに有利となり、その結果世界の文化は一様になってしまうのだろうか。

グローバリゼーションではなくグローカリゼーション　デジタル技術とネット接続の急速な発展は、グローバリゼーション論の重要な側面であり、平等、言論の自由、民主的参加、消費者文化といった考えを広める可能性を秘めている。さらに、デジタル・コミュニケーションはそのような結果を助長しているように見える。グローバルなコミュニケーション、無制限で検閲されていない情報、即時の欲求充足、これらすべてワールドワイドウェブの特徴である。しかし、このようなことが原因で、差異が浸食され、西洋の理念と文化が世界を支配することに導かれたりはしないのだろうか。結論を出すには時期尚早かもしれない。

レゲエ――グローバルな音楽スタイルか？

ポピュラー音楽に詳しい人は、ある曲を聴いたときに、その曲がどのようなスタイルから影響を受けて作られたかを知ることができる。それぞれの音楽スタイルは、結局のところ、リズム、メロディー、ハーモニー、歌詞をユニークな方法で組み合わせたものなのである。例えば、ロック、ラップ、フォークなどの違いに気づくのは天才でなくてもできることだが、ミュージシャンは曲を作るさいに多くのスタイルを組み合わせていることが多い。異なる音楽スタイルは、異なる社会集団から生まれる傾向があり、これらがどのように組み合わせられ、融合しているかを研究することは、社会集団間の文化的接触を図式化するよい方法となるのである。

社会学者の中には、社会集団間の接触によって新しい音楽形態が生み出される過程をレゲエが例証しているとして、注目する者もいる。レゲエのルーツは西アフリカにさかのぼることができる。17世紀、大量の西アフリカ人がイギリスの植民地主義者によって奴隷にされ、西インド諸島のサトウキビ畑で働くために船で連れ込まれた。イギリスは、奴隷がアフリカの伝統的な音楽を演奏すると反乱の呼び水になると恐れて、演奏を禁止しようとしたが、奴隷たちはアフリカのドラムの伝統を、奴隷所有者によって押しつけられたヨーロッパの音楽様式と融合させることで、なんとか存続させることができた。ジャマイカでは、奴隷の一集団であるブル（the Burru）のドラム演奏は奴隷所有者によって公然と容認されていたが、それは奴隷の仕事のペースを保つのに役立ったからである。ジャマイカでは一八三四年にようやく奴隷制が廃止され、多くのブルの男性が農村地域から首都キングストンのスラム街に移住したが、ブルのドラム奏法の伝統は続いた。

このスラム街で、レゲエの発展に欠かせない新たな宗教的カルトが生まれ始めた。一九三〇年、ハイレ・セラシエはエチオピアの皇帝に即位した。世界中のヨーロッパ植民地主義に反対する人びとがセラシエの即位に歓声を上げるなか、西インド諸島の一部の人びとは、彼はアフリカの虐げられた人びとを自由へと導くために地上に送られた神であると信じるようになった。セラシエの名前の一つは「ラスタファリ王子」であり、彼を崇拝する西インド諸島の人びとは、自らを「ラスタファリアン」と呼んでいた。ラスタファリアン教団はやがてブルと融合し、ラスタファリアン音楽はブルのドラムのスタイルと抑圧と解放という聖書のテーマを融合させたものとなった。一九五〇年代には、西インドのミュージシャンがラスタファリアンのリズムと歌詞をアメリカのジャズや黒人のリズム＆ブルースの要素に混ぜ合わせるようになった。こうした組み合わせは、まず「スカ」音楽へと発展し、一九六〇年代後半には、比較的遅いビート、低音の強調、都市の困窮や社会意識の集合体の力についての物語を持つレゲエへと発展していったのである。ボブ・マーリーなど多くのレゲエ・アーティストが商業的に成功し、一九七〇年代には世界中の人びとがレゲエ音楽を聴くようになった。一九八〇年代と一九九〇年代には、レゲエはヒップホップ（またはラップ）と融合して新しいサウンドを生み出し（Hebdige 1997）、ウータン・クランやシャギー、ショーン・ポールの作品の中に聴かれるようになった。

レゲエの歴史は、このように異なる社会集団の接触の歴史であり、それらの集団が音楽を通じて表現した政治的、精神的、個人的なメッセージの歴史である。グローバリゼーションは、このような接触の強度を高めている。例えば北欧の若いミュージシャンが、ロンドンのノッティングヒルの地下室で男女不問で制作された音楽を聴いて育ち、メキシコシティから衛星中継されるマリアッチの演奏に深い影響を受けることも可能になっているのである。集団間の接触の数が音楽の進化の速度を決定する重要な要因であるとすれば、グローバリゼーションの進展に伴い、今後数年間は新しい音楽スタイルが大量に生まれることが予想される。

▼批判的に考える

グライム、ヒップホップ、K-POP、アラブポップなど、現在人気のある音楽スタイルの歴史と発展について、自分で調べてみよう。これは音楽のグローバリゼーションの一例だろうか、それとも国の影響がより大きいのだろうか。グローバリゼーション／グローカリゼーションについて、あなたの調べた事例からも何かわかるだろうか。

グローバルな力が、実際には伝統的な価値観やナショナル・アイデンティティの強化につながる可能性があることを示す証拠もある。グローバリゼーションがもたらす一見矛盾した結果を捉えるために、ロバートソン（Robertson 1992）は《グローバリゼーション》と《ローカリゼーション》の混合である**グローカリゼーション**という言葉を作り上げた。地域社会は、グローバルなプロセスを修正し、形成するうえで、受動的というよりはむしろ能動的であることが多い。同様に、超国籍企業も、現地の「現場」の状況を考慮して、製品やサービスを調整している。もしそうだとすれば、グローバリゼーションは必然的に画一的でグローバルな（西洋）文化につながるのではなく、むしろ世界の社会全体に文化的産物の多様性と多方向的な流れを許容するものなのかもしれない。

中東のクウェートは、伝統的なイスラム文化圏でありながら、近年はアメリカやヨーロッパの影響を強く受けている。ペルシャ湾に面した石油産出国であるクウェートは、一人当たりの平均所得が世界でもトップクラスに高い国である。国が大学まで無料で公教育を行っているため、男女ともに識字率や教育水準が高い。クウェートのテレビはアメリカンフットボールを放送しており、イスラム教の伝統的な礼拝の呼びかけを交えた放送もある。国民の40％以上が25歳以下であり、欧米諸国と同様、多くの人がインターネットや最新のデジタル機器を利用している。多くの点で、クウェートは裕福な「近代的」な国であるが、男女を区別して扱う伝統的なジェンダー規範が残っている。女性は一般的に顔と手しか見えない伝統的な服を着ることが求められ、夜間の外出や配偶者や親族以外の男性と人前で会うことは禁じられている。

インターネットは若者たちの間でますます人気が高まっているが、インタビューデータによると、その主な魅力は、若者たちが厳しく強制されるジェンダーの境界線を越えることを可能にすることであるようだ。デボラ・ウィーラー（Wheeler 2006）は、イギリスとアメリカで学ぶクウェート人学生の男女にインタビューを行い、ほとんどの人が以下のことを報告していることを発見した。インターネットカフェでも男女が隔離されているこの国では、異性とのコミュニケーションがインターネットの最も一般的な利用方法である。女子学生のサビハは、「（インターネットが）クウェートの若者に人気がある主な理由は、男子と女子が互いにコミュニケーションをとるのに最も効果的な方法だから」（Wheeler 2006: 148）と語った。また、別のインタビュー対象者であるブタイナは、「クウェートの多くの家庭では、特に女の子は男の子と友達としての関係すら築けないので、インターネットは彼女らにとって『安全な』場所なのだと思う。そして、両者がお互いを知らないからこそ、自分の評判を落とすことなく、また社会生活に影響を与えることなく、安心して自分の懸念や考えを口にすることができる」（同書：146）と述べている。しかし、一部のよく知られたチャットルームは、それ自体が露骨な会話で「悪い評判」を得ており、それを利用するだけで、少女や若い女性が「まともな女の子ではない」というレッテルを貼られる危険性があると話す女性たちもいる。

カポジ（Kaposi 2014）は、ウィーラーの研究以降、インターネット利用やソーシャルメディアが常態化し、今では若者が両親や親族も参加していることに気づいたと報告している。今回のエスノグラフィ研究の回答者の一人であるマリアムが、「私はX（Twitter）が大好きです。でも、家族や知り合いが参加するようになったから、書く内容には気をつけるようになったわ。というのも、その人たちは本当に保守的で、私はもっと開放的だから、とても大変なの」と述べている。カポジは、ゴシップ、噂、評判管理によるこの種のオンライン監視とコミュニティの取り締まりは、オンラインと現実の世界の境界がいかにあいまいであるかを示していると主張する。また、ゴシップのような物質的な社会的世界における従来の相互作用のメカニズムが取って代わられるわけではないことも示している。むしろ、デジタルなオンライン環境に無理なく移行しているのかもしれない。

それはまた、現代のソーシャルメディアを通じて、グローバルとローカルがどのように相互作用しているかを小宇宙的に示している。クウェートの文化は、オンラインで異なる信念や価値観に触れるだけで、簡単に変容することはないだろう。若者が潜在的には世界規模のチャットルームやソーシャルメディアに参加しているからといって、クウェートの文化が必然的に西洋の性的態度やジェンダーに対する態度を採用するとは限らない。このようなグローカリゼーションのプロセスから最終的に生まれる文化は、すぐにわかるほどにクウェートらしいままである可能性がある。

再帰的個人主義　グローバリゼーションというと、世界市場、生産と貿易、遠距離コミュニケーションといったマクロな変化が

古典研究 4.2

アンソニー・ギデンズ　モダニティのジャガノートに乗って

研究課題

グローバリゼーションは、人びとの日常生活にどのような影響を与えるのだろうか。グローバリゼーションは、私たちの住む現代世界をどのように変えていくのだろうか。アンソニー・ギデンズは、一九九〇年代初頭からの一連の著書、論文、講演において、出現しつつあるグローバルな形態のモダニティ（近代）の特徴と、それが日常生活にもたらす影響を探ろうとしてきた（Giddens 1991a, 1991b, 1993, 2001）。特に、伝統の衰退、リスク意識の高まり、人間関係における信頼の性質の変化に関心を寄せている。

ギデンズの説明

ギデンズは『近代とはいかなる時代か?』（Giddens 1991b）のなかで、近代のグローバルな広がりは、誰も、どの政府も、全体としてコントロールできないような「暴走する世界」を生み出す傾向があるとの見解を示している。マルクスが資本主義的な近代を怪物のイメージで表現したのにたいして、ギデンズはそれを大型トラックの上に乗っているようなものだと喩えている（同書：139）。

> 私が提案するのは、ジャガノート——巨大な力を持つ暴走機関——のイメージに代えてはどうだろうかというものであり、それは、人類として集団で、ある程度は運転できるが、制御不能に陥り、自ら引き裂かれかねない危険もあるものである。ジャガノートは、それに抵抗する者を押しつぶし、時には安定した道を進むように思えるが、その道が予想もしない方向へ不規則にそれていくこともある。それは決して不快なことでも、報われないことでもない。しばしば爽快で、希望にあふれた期待に満ちたものである。しかし、近代という制度が存続する限り、私たちは旅の道筋もペースも完全にコントロールすることはできないだろう。

グローバル化するモダニティの形態は、新たな不確実性、リスク、そして人びとの他者や社会制度に対する信頼の変化によって特徴づけられる。急速に変化する世界では、伝統的な信頼の形態が解体される。他者への信頼は、かつては地域社会に根ざしていたが、グローバル化した社会では、私たちの生活は、私たちから遠く離れた世界で生きている、私たちが決して出会いもしなければ知ることもない人びとから影響を受けるのである。こうした非人間的な関係は、食糧生産や環境規制の機関、あるいは国際的な銀行システムといった「抽象システム」を「信頼」し、信用するよう、私たちに迫ってくる。このように、信頼とリスクは密接に結びついている。私たちが身の回りのリスクに直面し、効果的な方法で対応するためには、権威への信頼が必要である。しかし、この種の信頼は習慣的に与えられるものではなく、反省と見直しの対象となるものである。

社会が慣習や伝統から得られる知識に依存していた時代には、

人びとはあまり深く考えることなく、物事を行う確立されたやり方に従うことができた。近代に生きる人びとにとって、以前の世代が当たり前のように行っていた生活の側面が、開かれた意思決定の対象となり、ギデンズが「再帰性」と呼ぶもの、つまり、日常の行動を絶えず振り返り、新しい知識に照らしてそれらを再形成することができるようになったのである。例えば、結婚するかどうか（あるいは離婚するかどうか）は非常に個人的な決定であり、家族や友人の助言も考慮に入れることができる。しかし、結婚や離婚に関する公的な統計や社会学的な研究も社会生活の中に入り込み、広く知られ、共有されることで、個人の意思決定の一部となるのである。

ギデンズは、これらの特徴から、グローバルなモダニティとは、それ以前とは非連続な社会生活の一形態であると結論づけている。多くの点で、近代のグローバリゼーションは、近代社会の終焉やそれを超える動き（《ポストモダニズム》のように――第3章を参照）ではなく、近代生活の中に埋め込まれた傾向をより広範囲なグローバルな段階へと導く、「後期」または「高度」近代という新しい段階を示すものである。

批判のポイント

ギデンズの批評では、近代とそれ以前の社会が断絶し、伝統と習慣が人びとの日常的な活動を構成し続けていると、おそらくは彼が誇張している点について論じられる。近代はそれほど特殊な時代ではなく、近代人もそれ以前の人びととそれほど異なった存在ではない、というのである。また、グローバル化するモダニティの彼の説明は、権力という中心的な社会学的問題を軽視していると考える者もいる。特に、世界の貧困層を犠牲にしてそのニーズを優遇する形態のグローバリゼーションを促進する超国籍企業の問題である。「モダニティ」という概念は、本質的に資本主義企業の権力を覆い隠している。

何人かの批評家は、ギデンズが、社会がより多くの選択肢に開かれたことから、再帰性をほぼ全肯定している、と論じる。こうした再帰性は、デュルケムが述べたように、「アノミー」のレベルを高めることにもなりかねず、その意味では、再帰性は、諸手を挙げて促進されるべき発展というよりも、解決すべき問題かもしれない。

現代の意義

グローバリゼーションの理論は比較的最近のものであり、ギデンズは近代生活の理論を発展させ続けているため、これらはまさに「進行中」である。彼が展開したアイデアは、他の社会学者によって実りある方向へと導かれており、その意味で、彼は若い世代が前進するための理論的枠組みといくつかの概念的手段を提供している。モダニティ、再帰性、信頼関係に関する彼の仕事に対する批評家の貢献からも明らかなように、ギデンズの理論は多くの社会学的な議論を挑発してきた。今後もそうであることは間違いなく、読者はそれについて自分なりの評価を下すことになるであろう。

連想されるが、グローバリゼーションの影響は私的な領域にも及んでいる。グローバリゼーションは単に「外」にあるものではなく、「内」にもあり、人びとの親密な生活や個人生活に多様な影響を及ぼしている。グローバリゼーションの力が、メディアや大衆文化などの非人間的な情報源や、他の国の人びととの個人的な接触を介して、地域の文脈、家庭、コミュニティに入り込むことで、必然的に個人の生活が変化してきた。

伝統や慣習が主な影響因子であった過去に比べ、現代では人びとは自分自身の人生を形づくる機会を多く持っている。社会階級、ジェンダー、エスニシティ、さらには宗教的な好みによって、人生の道は閉ざされることもあれば、開かれることもある。例えば、昔は仕立屋の長男として生まれたら、その若者は父親の技術を学び、生涯を通じてその技術を実践することができただろう。伝統的に女性の当然の居場所は家庭にあり、その人生とアイデンティティは主に夫や父親によって定義されていた。個人的なアイデンティティは、人びとが生まれたコミュニティの文脈の中で形成されていたのであり、コミュニティの価値、ライフスタイル、倫理は、相対的に固定された人生の指針となったのである。

グローバリゼーションの条件のもとで、人びとは自らのアイデンティティを積極的に構築する新しい《個人主義》に直面している。これまで人びとの選択と行動を導いてきた社会規範は著しく緩んでいる。あの仕立屋の長男は、自分の将来を構築するためにいくつもの道を選ぶことができるようになり、女性はもはや家庭内の領域に制限されることはない。女子はほとんどの教科で男子より成績がよく、高等教育では女性が生徒の大半を占め、一九六〇年代や一九七〇年代以前に比べてより多くの女性がフォーマル経済の領域で働いており、多くの場合、魅力的なキャリアパスのある仕事に就いている。古い世代のジェンダーに対する期待を導いてきた社会規範は、規範が変化し続けるなかで、もはや彼らの子どもたちの人生にとって適切なものではなくなってきている。

グローバリゼーションのプロセスは、人びとに、より開放的で再帰的な生き方、変化する環境への対応と適応を迫っている。着るもの、余暇の過ごし方、健康や身体のケアなど、日常生活における小さな選択でさえも、自己アイデンティティの創造と再創造の継続的なプロセスの一部なのである。単純な結論として、今日、多くの国の人びとは明確な帰属意識を失ったが、多くの選択の自由を得たと言える。これが「進歩」なのかどうかは、グローバリゼーションの是非を問う継続的な議論の一部である。

■ グローバルな社会を統治するやり方？

グローバリゼーションが進行するにつれて、現存する政治構造とモデルは、国境を越えようとする挑戦を多く受けるような世界では、不適切なものであるように思われる。とりわけ、各国政府は個々に原油やエネルギーの価格やパンデミックの蔓延をコントロールできないし、地球温暖化や組織犯罪に取り組むことができないし、うつろいやすい金融市場を規制することもできない。いかなる世界政府ないし世界議会といったものも存在しないし、誰もグローバルな選挙で投票することもない。けれども——

毎日のように郵便物が国境を越えて配達され、人びとは様々な交通手段を使ってある国から別の国へ移動し、商品やサービスは陸、空、海、サイバースペースを越えて運ばれ、その他あらゆる国境を越えた活動が、関係する人びと、グループ、企業、政府にとって安全で安心だと期待できるなかで行われている……この事実は、即座に難問を提起する。規範、行動規範、規制、監視、法令遵守制度を生み出す世界政府が存在しないにもかかわらず、世界はどのように統治されるのだろうか。(Weiss and Thakur 2010: 1)

この問いは適切だが、よく考えてみると、《政府》と《ガバナンス》を混同していることがわかる。政府とは、ある特定の領域にたいして行政権を持つ一連の制度であるが、ガバナンスはより目に見えにくいものである。世界政府は存在しないし、存在する見込みもないからこそ、グローバルな問題に対処する一つの方法として、より効果的な**グローバル・ガバナンス**を求める学者もいるのである。このテーマに関する最初の書籍は一九九三年に出版されたが、それ以来、グローバル・ガバナンスに関する学術書は五〇〇冊を優に超えている(Harman and Williams 2013: 2)。

グローバル・ガバナンスとは、地球全体の人類がその集合的諸関係を秩序立てるための規則や規範、政策、制度、慣行をすべて包含することを目的とした概念である。この意味で、私たちはすでに国際法、国連安全保障理事会、国際原子力機関、多国間条約、紛争と紛争解決の規範、そして国連、世界保健機関、国際通貨基金、世界銀行などの機関によってグローバル・ガバナンスを実現しているのである。一九九五年、ソビエト連邦の崩壊と冷戦の終結を受けて、国連の報告書『地球リーダーシップ *Our Global Neighbourhood*』は、グローバル・ガバナンスの一形態として「常に進化し、状況の変化に対応する、相互作用的意思決定の幅広く、動態的で複雑なプロセス」(UN Commission on Global Governance 2005 [1995]: 27) を提唱している。また、共有されたグローバルな市民倫理を開発する必要があることも示唆された。

しかしながら、グローバル・ガバナンスの構造は、真にグローバルなものというよりは、むしろ今なお根本的に国家間のものであることに変わりはない。二〇一九～二〇年のパンデミック(Covid-19)は、個々の国家が自国民を守るために様々な戦略を追求し、協調的な行動は見られなかった。WHOはウィルスの世界的な広がりに関するデータと、感染対策に関する一般的なガイダンスを作成したが、パンデミックにどう取り組むかについて重要な決定を下したのは国民国家の政府であった。同様に、EUは、スペインやイタリアなど、最も被害が大きかった国への財政支援に手間取り、どのように支援するか、どの程度のレベルで支援するかについて意見が分かれたが、最終的に五四〇〇億ユーロの復興基金に合意した(The Guardian 2020a)。各国政府が主導権を握っていたことは明らかである。

けれども、地球規模の問題や課題は、国家を中心とした国際システムから脱却しつつある。グローバル・ガバナンスを強化するケースは健全に見えるが、その実現は決して容易ではない。国民国家と大企業は互いに競争し、他方で「国家」に表象される想像上の共同体への市民の帰属は、論理的・合理的なものと同様に感情的な問題でもある。国民国家に基づく思考を超えることは、グローバリゼーションの理論に暗示されているが、グローバリゼーションがナショナリストやポピュリストの反動（上述）をも生み出すという証拠がいくつかある（Rodrik 2018）。また、一部の活動家はグローバル・ガバナンスという考え方そのものに疑念を抱いており、それが政治・経済的エリートによるいささか専制的な「世界政府」の出現をあらわす、危険ながら受け入れざるを得ない用語となることを懸念している（Sinclair 2012: 6）。

＊ 20章「政治、政府、社会運動」にグローバル・ガバナンスについての議論がある。

国民国家を超えたグローバルな倫理やグローバル・ガバナンスについて語ることは、楽観的で非現実的とさえ思われるかもしれないが、おそらくこれらの目標は、最初に聞くほど空想的なものではないだろう。グローバルな相互依存と変化の速いペースがかつてないほど私たちみなを結びつけている状況下では、新しい規則や規範、より効果的な規制機関の創設が間違いなく必要不可欠である。少なくとも見当違いではないだろう。実際、テロリズム、パンデミック対策、環境破壊、気候変動、国際犯罪ネットワーク、人身取引、世界金融危機などのグローバルな問題が示すように、よりよいグローバル・ガバナンスがますます必要になってきている。

本章をふりかえって問う

1. 狩猟採集社会、牧畜社会、農耕社会、それぞれの中心的な特徴はなにか。
2. 伝統国家や文明の都市は、現代の都市とはどのように異なっていたのだろうか。
3. グローバルサウス／グローバルノースの分類図式は、その支持者によって以前の図式の改良であると言われるのはなぜなのか。
4. ウォーラーステインの世界システム理論の要点を述べなさい。この理論は、新興工業国（NICs）の経験をいかに説明するのか。
5. 本章から、社会変動を生み出す《経済的》要因、《社会－文化的》要因、そして《政治的》要因の重要性を詳述する例を挙げなさい。
6. グローバリゼーションによって意味されるのはなんであるのか。2つの例を用いて、グローカリゼーションの概念がグローバリゼーションといかに異なっているのかを説明しなさい。
7. 現在のグローバリゼーションに寄与している要素を挙げなさい。経済的要因は、社会文化的要因と政治的要因のどちらを下支えしているだろうか。
8. 積極的グローバリゼーション推進論、懐疑論、変容論の主な論拠を概説しなさい。
9. グローバリゼーションがもたらした帰結をリストアップしなさい。それらは、グローバルサウスの「発展」にとって主としてポジティブなものか、ネガティブなものか、どちらの可能性が高いだろうか。

10. グローバル・ガバナンスとは何か。理解に寄与する例を挙示しなさい。グローバル・ガバナンスは地球温暖化に効果的に取り組むのに十分であろうか。

実際に調べてみよう

科学的方法に根ざした西洋の生物医学的モデルは、最も効果的な医療として広く認識されており、ほとんどの国の医療制度の基礎となっている。しかし、補完代替療法は先進国で人気を集めており、鍼灸《しんきゅう》やホメオパシーなど、部分的に生物医学健康システムに統合されているものもある。医学的知識と実践のグローバリゼーションを研究することは、グローバリゼーションとグローカリゼーションの提唱者の間の議論に有用な洞察を提供することができるだろう。

生物医学の成功は、グローバリゼーションが「西洋」から「それ以外」へと広がっていく例であることは明らかなように思われる。しかし、これは正しいのだろうか。逆の方向に進んでいる医学的成功例はないのだろうか。そして、もしあるとすれば、それらはその過程で変わったのか、あるいは生物医学の実践を変えつつあるのだろうか。以下の論文は、インドのアーユルヴェーダ医学の旅を探求することで、この問題にアプローチしている。「グローバルなアーユルヴェーダ」は存在するのだろうか。論文を読み、以下の質問に答えなさい。

Sujatha, V. (2020) 'The Universal and the Global: Contextualizing European Ayurvedic Practices', Society and Culture in South Asia, 6(1):52-73.

1. この研究にはどのような方法が用いられたのだろうか。どこで実施されたのか。
2. 著者は、一九八〇年代以降のアーユルヴェーダのヨーロッパ社会への移動について、三つの段階を挙げている。それは何なのか。
3. アーユルヴェーダの中で、グローバルに通用する可能性を秘めていると言われるのはどんな要素であるのか。なぜヨーロッパでは採用されにくい要素があるのだろうか。
4. アーユルヴェーダがどのようにヨーロッパに伝わったかを概説しなさい。その評判と普及に関連して、なぜ伝達方法が特に重要だったのか。
5. 「ヨーロッパにおけるアーユルヴェーダ医学の事例は、グローカリゼーションの一例である」。この命題について、本論文と（本章で取り上げた）ローランド・ロバートソンの考えを参考に、その賛成理由と反対理由をいくつか挙げなさい。

さらに考察を深めるために

かりにグローバリゼーションが現実的で実効的なものであるならば、学術研究もその影響を免れることはできない。例えば、

20世紀前半の社会科学の出版物はヨーロッパと北アメリカの学者によって支配されていたと思われるが、21世紀初頭には、世界中の研究が等しく影響を与えるようになっているだろう。

この論文を読みなさい。

Mosbah-Natanson, S., and Gingras, Y. (2014) 'The Globalization of Social Sciences? Evidence from a Quantitative Analysis of 30 Years of Production, Collaboration and Citations in the Social Sciences (1980-2009)」《Current Sociology》62(5): 626-46.

社会科学系雑誌の論文生産において、ヨーロッパと北アメリカが依然として支配的な勢力であるという本論文の主な論点を示し、以下について考察しなさい。

・私たちが予想したようなある種のブレイクスルーを他の地域が生み出さなかったのはなぜだろうか。
・「周辺的」な地域の研究者が「中核」地域の研究者にいまなお敬意を払っていることを示すために、著者はどんな証拠を紹介しているだろうか。
・この「中核－周辺」モデルはどのぐらいうまくいっているだろうか。
・強いて言えば、この論文からグローバリゼーションについて何を学ぶだろうか。

芸術作品に描かれた社会

音楽は、多くの場合、その生産方法、スタイル、内容、地理的広がりにおいて、社会経済的変化を体現する第一の芸術形式である。グローバリゼーションは、他の芸術形式よりも音楽のトレンドのなかにたやすく見ることができる。おそらくポピュラー音楽においては特に顕著であろう。ポピュラー音楽では地域の伝統や音楽のトレンドを、ミックスしたり融合したりしやすいからである。一つの単純な例として、世界各国の作曲家、歌手、バンド、プロデューサー、配給業者が、以前には困難だったやり方で協働している。

このテーマに関する二〇一九年のポッドキャストの議論を聞いて、以下の質問に取り組もう。

「二〇一〇年代：音楽のグローバリゼーション」二〇一九年一〇月三一日

www.npr.org/2019/10/07/767904453/the-2010s-the-globalization-of-music?t=1582886387558.

・今日のシングルジャンルのポップ・ミュージックの衰退を示唆するものとして、どんな事例やアーティストが議論されているのか。
・音楽における協働やスタイルの混合／調整が、アメリカやヨーロッパからの力関係のシフトを示す証拠はあるのか。
・デジタル技術、音楽ストリーミング、オンライン環境の出現と急成長は、音楽のグローバリゼーションをどのように促進したのだろうか。

・欧米のアーティストが、例えば韓国のK‐POPの音楽スタイルを取り入れたら、それはグローバリゼーション、グローカリゼーション、あるいは、より強力な文化による単なる横領の一形態のいずれであろうか。

・グローバリゼーションの経済的、政治的、文化的な形態についての議論に戻ると、これらの形態のいずれかが音楽のグローバリゼーションの主要な推進力になるという証拠があるのだろうか。

読書案内

本章の主題は非常に多岐にわたるため、一冊の本ではカバーしきれない。しかし、役に立つと思われる形式のものが二つある。一つは、グローバルな人類史と社会の発展をカバーするものである。ノエル・コーウェン『グローバル・ヒストリー』*Global History:A Short Overview*, Cambridge: Polity, 2001 はよくできた簡潔で包括的な本で、専門的な知識を前提としたものではない。ブルース・マズリッシュ『新しいグローバル・ヒストリー』*The New Global History*, London: Routledge, 2006 は、歴史学と社会学のアプローチを結びつけながら、グローバルな歴史とグローバリゼーションのプロセスを長期的に追跡している。

第二は、グローバリゼーションに関する現在の理論や議論を扱った本である。マンフレッド・B・シュテーガー『グローバリゼーション――簡易入門』*Globalization, A Very Short Introduction*, Oxford: Oxford University Press, 2017 や、ジョージ・リッツァとポール・ディーン『グローバリゼーション――基本教科書』*Globalization: A Basic Text*, 2nd edn, Oxford: Wiley Blackwell, 2015 は、グローバル・ガバナンスなど主要な議論を網羅したものである。ルーク・マーテル『グローバリゼーションの社会学』*Sociology of Globalization*, 2nd edn, Cambridge: Polity, 2017 は、広範囲にわたるレビューである。

ポール・ハースト、グラハム・トンプソン、サイモン・ブルームリー『問題のグローバリゼーション』*Globalization in Question*, 3rd edn, Cambridge: Polity, 2009 は本質的な批判を提供している。ポール・ホッパー『文化グローバリゼーションを理解する』*Understanding Cultural Globalization*, Cambridge: Polity, 2007 は、まさに題名の通りのものである。トーマス・G・ワイス『グローバル・ガバナンス――なぜ？ なに？ どちらへ？』*Global Governance: Why? What? Whither?* Cambridge: Polity, 2013 は、このテーマについて活発な議論を展開している。この三つを合わせると、経済的、文化的、政治的に重要なグローバリゼーションの側面が網羅される。

フランク・J・レクターとジョン・ボイル編『グローバリゼーション読本』*The Globalization Reader*, 6th edn, Chichester: Wiley, 2020 は、幅広い分野をカバーする非常に充実した解説書であり、『世界史辞典』*A Dictionary of World History*, 2nd edn, Oxford: Oxford University Press, 2006 は有用なリソースである。

インターネット・リンク

本書に関する追加情報とサポート（ポリティ）
www.politybooks.com/giddens9

狩猟採集民に関する時間地図の情報　狩猟採集民、農耕社会、初期文明をカバーする
www.timemaps.com/hunter-gatherer

一九九九年ＢＢＣリース講演　アンソニー・ギデンズの「暴走する世界」
http://news.bbc.co.uk/hi/english/static/events/reith_99/

グローバリゼーション国際フォーラム　グローバリゼーションのプロセスに関心を持つ活動家、学者、研究者の連合体
www.ifg.org/

イェール大学グローバリゼーション研究センター　看板に偽りなしのグローバリゼーション研究所
https://ycsg.yale.edu/

グローバリゼーション調査研究センター　カナダを拠点とする「シンクサイト」で、研究者や学者による多くのコメントが掲載されている
www.globalresearch.ca/

グローバル政策フォーラム　国連での政策立案を監視する
www.globalpolicy.org/

ＵＣＬグローバル・ガバナンス機構　グローバルな社会問題に取り組むための学際的な研究を行うＵＣＬ（ユニバーシティ・カレッジ・ロンドン）のセンター
https://www.ucl.ac.uk/global-governance/

ＢＢＣグローバリゼーションに関するワールド・サービス　「グローバル社会」の側面に関するいくつかの基本的な情報
www.bbc.co.uk/worldservice/programmes/globalisation/

（田邊訳）

第 5 章

環境

第５章｜目次

二〇一九年四月、ロンドン中心部の主要道路は、事実上、数日間にわたって環境保護団体エクスティンクション・レベリオン（XR）の直接行動主義者たちに占拠された。これは、オーストラリア、インド、アメリカ、および多くのヨーロッパ諸国を含む、少なくとも三三か国で実施された国際的抗議行動の一環だった。この抗議行動は、気候変動がもたらす深刻な結果を人びとに認識させ、より速やかな二酸化炭素排出量の削減を目指して一層の取り組みを実行するように政府に働きかけることを狙いとした。ロンドンの抗議行動はただちに一つの衝撃となった。イギリス議会は五月一日、「環境・気候緊急事態」を宣言するという動議を成立させ、このような行動に踏み切った最初の国になった。だが、「緊急事態」とは一体何だろうか。

　エクスティンクション・レベリオンの抗議行動では、気候変動を監視する国際的な科学者団体「気候変動に関する政府間パネル」（IPCC）による特別報告書（IPCC 2019）が直接的に言及されていた。本報告書は、もし地球全体の温暖化が産業革命以前の気温より摂氏1.5度を超えなければ、気候変動が自然エコシステムと人間社会に及ぼすリスクはより制御可能となるだろうと述べている。現在の趨勢が続くと、二〇三〇年と二〇五二年のあいだに1.5度という限界に達するだろうが、もし人間活動に起因する全世界の二酸化炭素排出量がただちに徹底して「実質ゼロ」にまで削減されれば、その水準で横ばいに保つことができるだろう（ibid.: 6）。エクスティンクション・レベリオンは、この目標達成を引き延ばしている各国政府を非難している。たとえば、イギリス、フランス、ニュージーランドは二〇五〇年、スコットランドとスウェーデンは二〇四五年、アイスランドは二〇四〇年までに、二酸化炭素排出量を実質ゼロまで削減することを目標としている（Energy and Climate Intelligence Unit 2018）。これらの目標設定は、二〇五〇年までに二酸化炭素排出量を実質ゼロまで削減することを目標とした二〇一五年のパリ協定には反していないが、エクスティンクション・レベリオンの抗議活動は、それよりももっと早い進行を望んだのである。

　気候変動ないしは地球温暖化（地球加熱と言われることもある）は、現代の決定的問題として広く言及されるようになり、若者たちは問題解決に向けた活動にいよいよ積極的になっている。しかしながら、注目に値する例外はあるにせよ、社会学は気候変動などの環境問題を主要な研究対象にするのを避けたことから、環境問題に「消極的であった」と言われても仕方ないだろう。その主な理由は、おそらく社会科学者よりも自然科学者の方が専門的に「環境」を研究する訓練を受けていると思われているからであろう。気候変動、海洋汚染、**生物多様性**の喪失について、社会学者たちは何を知ることができようか。

　確かにこの点はその通りであるかもしれないが、しばし考えてみると、気候変動が多分に人間活動に起因するもので《ある》とすれば、それを生じさせた人間社会と経済体制に焦点を合わせる研究領域は社会学であるということが分かるだろう。同様に、世界中の河川や海洋におけるプラスチック汚染、大規模な種の絶滅をもたらすその生息地の破壊は、人間社会が生み出した物質的な生活様式の帰結である。実際に、資本主義経済、消費文化、集合的行為、行動変容に関する社会学的知識なしには、環境問題の解決に向けた緩和戦略と政府主導政策の有効性を現実主義的に評価できないだろう。

本章では、地球温暖化に関わる社会学理論や社会学的視座に立ち返り、後述することにする。しかし、まずは「自然」と「環境」にたいする認識がどのように変化したのか、「環境問題」を構成するものが何なのかを論じ、これらに関する研究への社会学的アプローチの輪郭を示さなければならない。以下では、環境に関わるいくつかの重要な争点、消費者運動やリスク社会に関する社会学理論について論ずる。それとともに、環境的ディレンマの解決を目指す、持続可能な開発や生態学的近代化などの提案にも論及したい。本章を終えるにあたっては、いかに公正とシティズンシップを自然環境にまで拡張されるべきかを検討し、将来における社会と環境の関係を展望する。

■自然、環境、社会

◎自然から環境へ

環境問題は、つねに何らかのかたちで**自然**《ネイチャー》に関わっている。しかし、「ネイチャー」とは、単一の意味からなる単純な語ではない。実際に、辞書においても「ネイチャー」には十二ほどの異なった意味が記されている。レイモンド・ウィリアムズ(Williams 1987)によれば、自然《ネイチャー》という語は、その主な意味が社会の発展とともにしばしば変化してきただけに、英語において最も複雑で難解な語の一つになっている。

「ネイチャー」とは、人間、動物、物にとって《本質的》なものを意味しうる。たとえば、なぜある種類の鳥は毎年決まった時期に自分の巣をつくるのだろうか。これは本能的行動であって、その鳥がもつ「性質《ネイチャー》」の本質的な部分をなしていると言われるかもしれない。しかし、14世紀のヨーロッパで、「ネイチャー」の新たな意味が現れはじめる。「ネイチャー」は、世界を指揮し、なぜ物事が生起するのかを究極的に説明する《一連の諸力》と認識されるようになった。たとえば、今日も多くの人びとが占星術チャートに目をやり、誕生日にもとづく「星座」から人生の導きを知ろうとする。人びとが星占いをするとき、暗黙裡に人間界の諸事象を支配するのと同じ「本然たる諸力《ナチュラル・フォース》」という観念、すなわち、この場合、天体の運動に頼っているのである。

19世紀には、再び「ネイチャー」の主要な意味が変化した。このとき「ネイチャー」は、一連の諸力ではなく、非人間的な《物質的世界》の全体と認識された。自然界《ナチュラル・ワールド》は、動物、原野、山など、あらゆる《自然物》に満たされた世界になった。たとえば、「風景」を景観や絵画として眺める傾向が現れ、自然《ネイチャー》は、文字通りに人間の鑑賞や愉しみの対象となった。同様に、18世紀と19世紀の自然主義者は、自然の「物」を蒐集・分類し、今日もなお用いられている動植物の分類法をつくりあげた。

このような変化を促した相互関連的な二つの主要因は、**工業化**と**都市化**である。工業化は、土地での労働から人びとを引き離し、都市化は、土地での労働から明らかに分離された新たな生活環境と大規模な定住化をもたらした(Thomas 1984)。自然は、社会が進歩するために征服し、支配しなければならない障壁と認識されるようになった。今日、人間は、飛行機で移動し、船舶で海洋を渡り、さらには地球の周りを宇宙船で飛行するなど、先天的能力を欠きながらも、これらのことができるようになっている。カットンとダンラップの議論によれば、工業時代の技術的進歩は「人間例外主義」のイデオロギーを生み出した（Catton and Dunlap 1978）。人間例外主義とは、人類は、その他のあらゆる動物と異なり、事実上、自然の法則を免れ、これを克服できるという広く受け入れられたイデオロギーである。

しかし少数ながら、自然を征服する必要はないと考える人びとがいた。それどころか工業社会の方が問題であって、新しい都市的なライフスタイルを拡大するために自然を汚染・破壊していた。野生の自然は、飼い慣らすのではなく、保全すべきでした。とはいえ、自然征服派にも自然保護派にも、社会と自然はもはや《別々のもの》と認識されていた。自然とは社会ではないものであり、社会とは自然でないものである。このような意味づけは今日でも支配的である。ただし、かつてに比べると、より多くの人びとが自然保護主義者に同意するようになっているだろう。

一九五〇年代以降、「自然」という語の代わりに、**環境**という別の用語が優勢になっていった。辞書的な定義に従うならば、「環境」とは、人びとを取り巻く外的条件や周辺状況であり、特に人びとの生活環境や労働条件を意味する。デイヴィッド・ハーヴェイによれば、この定義はさまざまな状況に適用できる（Harvey 1993）。たとえば、労働環境、ビジネス環境、都市環境といったものがある。だが、本章は、環境という語が包括的で特別な意味をもつということを示唆しながら、汚染や気候変動などについて議論するだろう。環境とは、人類の存在を取り巻く、人間以外の自然物すべてを意味するものと想定され、「自然環境」と呼ばれることもあり、広義には地球全体を指す。本章では、これを環境の実用的定義として使っていこう。

▼批判的に考える

人間も自然界の一部を構成する動物だろうか。もしそうなら、なぜ都市や都市的地域は人工的なものとみなされるのか。もしそうでないなら、人間とは正確にはどのような存在だろうか。

◎社会学と環境

地震は決してめずらしいものではない。21世紀において、ニュージーランドのクライストチャーチの地震（二〇一一年）、ハイチ（二〇一〇年）、カシミールのムザファラバード（二〇〇五年）、インドネシアのアチェ（二〇〇四年）で地震が発生した。これらの地震による被害状況を合わせると、五〇万人以上が犠牲になり、一〇〇万人以上が住居を失った。地震が起こり、それに連動して津波が発生するとき、人間は、自然環境が社会生活や政治生活で演じられる劇の惰性的・受動的な背景幕ではないということを再認識させられるだろう。自然環境は、社会を形成するうえで重要な役割を演ずる生きた力なのである。

二〇一一年三月一一日、東北地方沖でマグニチュード九・〇という日本最大の巨大地震が発生した。この地震は、高さ四〇メートルの津波を引き起こし、これが東北地方沿岸部を襲った。津波は内陸部一〇キロに達し、家屋、自動車、電線、人びとなど、その進行方向にあるすべてのものを呑み込んでいった。少なくとも一万五〇〇〇人が死亡し、九〇〇〇人以上が行方不明になり、五〇〇〇人が負傷した。沿岸部に立地した東京電力福島第一原子力発電所では、冷却装置が作動せずに炉心溶融が起こり、深刻な原子力事故が発生した。緊急事態宣言が発出され、食料品、飲料水、土壌サンプルなど、すべてが放射性物質で汚染されていると報じられた。日本政府は、未来における国のエネルギー安全保障を確保するために、原子力エネルギーに依存したエネルギー政策を見直すと宣言した。このような環境問題を理解・説明するために、社会学者が果たすべき役割は何だろうか。

第一に、社会学は、環境問題がどのように発現しているかを理解するうえで有効である。たとえば、世界中の平均地表温度が上昇し、地球温暖化が進行すると、地球上のすべての人びとが影響を受けるが、地域によってそのかたちは異なっている。洪水は富裕国でも貧困国でも発生するが、低地にある貧しい国でははるかに多くの人びとが犠牲になっている。たとえば、バングラデシュの家屋や災害緊急時インフラは、ヨーロッパに比べると、厳しい悪天候に耐えることができない。ヨーロッパでは、高額の予算で洪水防止対策が実施されている。また、アメリカのような富裕国で地球温暖化が争点となるのは、移民の急増といった間接的影響である。たとえば、地球温暖化で食料安全保障上の困難が起こり、その直接的影響が発生している地域からアメリカに入国を試みる移民が増えているのである。

第二に、社会学者は、さまざまなパターンの人間活動がどのように自然環境を圧迫しているのかを説明できる（Cylke 1993）。本章で論ずるディーゼル車による大気汚染など、多くの環境課題がその事例として挙げられる。すでに産業国がもたらしている汚染がもし発展途上国でも反復されるならば、はるかに深刻な状況になっているだろう。もし世界中の貧困地域が豊かな地域に「追いつく」ことを目指すならば、富める世界で生きる市民は、絶えざる経済成長にたいする期待を見直さなければならないだろう。資本主義的な経済成長、グローバリゼーション、合理化に関する社会学理論は、どのように人間社会がその環境を変容させているかを理解するうえで有効である。

第三に、社会学は、環境問題の解決を目指す政策・提案を評価するうえで有効である。東日本大震災が発生する以前から、すでに多くの各国政府は、原子力エネルギーという選択肢の見直しをはじめていた。一九八〇年代の反核運動は、放射性廃棄物の地層処分にたいする安全上の懸念を人びとのあいだに呼び起こすことに成功した。その結果、最終的に原子力産業から撤退した政府もある。しかし、今日、石油・ガス供給やエネルギー安全保障が不安定になり、また地球温暖化の解決を図るべく二酸化炭素排出量を削減する必要が高まっていることから、原子力エネルギーという選択肢をめぐって論争が再燃している。原子炉から発生する二酸化炭素排出量がわずかであることを考えると、今日、安全性の問題は、環境的利益を踏まえて比較検討しなければならない。さまざまな集団が対立しうる要求をどのように提示しているのかを分析することで、環境問題をめぐる争点をより深く理解できるようになる。これは、充分な情報にもとづく公共討議を支える重要な前提条件である。

同様に、環境保護を訴える直接行動主義者や言論者のあいだには、富裕国の人びとは、生態的災害を回避するために、資本主義的な消費主義から離れて、自然に近いところで簡素な生活に回帰すべきであるという議論もある（Devall 1990; Cowie and Heathcott 2003; Elgin 2010）。このような環境保護派は、地球環境を救うためには、技術変革とともに社会変革が必要であると一貫して主張している。しかしながら、今日、地球規模の不平等が存在するなか、富裕国がもたらした環境問題を解決するために、貧困国がみずからの経済成長を犠牲にする可能性はまずないだろう。事実、富裕国による「贅沢な排出」と貧困国の「生存のための排出」は同列に論じられないと指摘する発展途上国もある。国際関係と世界的不平等を社会学的に解明することで、今日における環境問題の根底にあるいくつかの原因を明らかにすることができる。

マルクス、デュルケム、ウェーバーという社会学の創始者は、今日、「環境問題」と呼ばれている現象にほとんど注意を向けていなかった。人間社会と自然環境との関係は、彼らの中心的な関心事ではなかったのである。むしろ、彼らは、社会的不平等、貧困とその低減、産業発展の方向性に関する分析に焦点を合わせた。しかし、一九七〇年代、環境活動家に取り上げられた争点をめぐる社会学的研究がはじまると、古典社会学が環境問題に関心を示さなかったことが議論されるようになった。古典社会学は、人間と環境の関係について、何らかの洞察を与えることはないのだろうか。確かに、古典的社会学に立ち返って、環境問題に照らしてその再解釈を試みる社会学者もいることはいた（Dickens 2004; Dunlap et al. 2002; Murphy 1997）。けれども、ほとんどの社会学者はそうではなかった。環境に関する社会学的研究の多くは、《いかに》環境問題を研究すべきかという問題をめぐり、社会構築主義と批判的実在論のあいだで長期にわたる論争が展開されるなかで進展していった。

◎社会－自然関係の理論化

社会構築主義は、環境問題も含む社会問題を研究する一つのアプローチである。多くの社会問題はさほど重要であるとは考えられずにほとんど無視されるが、社会構築主義者は、ある環境問題が緊急措置を要する重要な課題であると認識される過程を研究してきた（Braun and Castree 1998; Hannigen 2006, 2014）。この問いは、いかに当の環境問題が政府の政策的対応を必要とする《問題として》位置づけられるかに大きく依存する。今日、重要性が高いとみなされている環境問題は、本当に極めて深刻で緊急措置を要するものだろうか。

＊社会構築主義については、第3章「理論と観点《パースペクティブ》」と第12章「社会的相互行為と日常生活」を参照のこと。

構築主義は、次のような一連の重要な問いを提起する。《問題の歴史》とは何だろうか。それはどのように展開してきたのだろうか。《誰》が「それは社会問題である」と主張するのだろうか。彼らは何らかの既得権益があり、このように主張することで、そこから利益を得る立場にあるのだろうか。その問題について《彼らは何を言っているのだろうか》。彼らは、その証拠を提示しているのだろうか。彼らは、そのことについて《どのように》述べているのだろうか。彼らは、科学的、感情的、政治的、道徳的な議論をしているのだろうか。彼らの主張にたいして、誰がどのような根拠で《反対している》のだろうか。もし彼らの主張が正しいと認められるならば、反対者の主張は負けたことになるのだろうか。根拠にもとづく反論ではなく、反対者の主張が負けたということが反対者という立場をつくりだしているのだろうか。これらの問いにより、社会学者は、環境問題の研究における明確な役割を果たすことになる。これは社会学以外の研究分野ではなしえないことである。また構築主義者は、環境問題を理解するうえで新たな視点を提示するだろう。

社会構築主義は、あらゆる環境問題が部分的に人間集団によって社会的に創造されたもの、または「構築」されたものであるということを想起させる。自然は決して「みずから語ることはしない」。自然に代わって語ることを要求するのは人間である。この環境問題の構築過程は、検証・理解・説明することができる。そうすることで、環境問題を訴える人たちが主張するように、その問題が本当に深刻であるかどうかについて、一般市民はより正しく評価できるようになるだろう。

ある社会学者によれば、構築主義は、争点となっている中心的問題にたいして「不可知論」になる傾向があり、この点で問題があるだろう（Irwin 2001）。たとえば、生物多様性の喪失や種の絶滅に関する構築主義的研究は、いかにしてこの問題が重要であると認識されるようになったのか、それについてどのような議論がなされたのか、この主張にたいして誰が反対したのかといった問いについて、多くを述べるだろう。だが、社会構築主義は、生物多様性の喪失が本当に緊急措置を要するほど深刻な問題であるのかという核心をなす科学的疑問に、直接的な答えを示さない。環境保護を訴える直接行動主義者や環境問題の解決に取り組む人びとにとって、これでは役に立たない。構築主義は、人びとや社会的相互行為については多くのことを説明するが、社会と環境の関係についてはほとんど何も論じないだろう。

「環境的実在論」（Bell 2004）、もしくは**批判的実在論**として知られるもう一つのアプローチは、社会科学や自然科学のさまざまな研究領域から根拠を収集し、環境問題が発生する理由を解明するなど、環境問題を科学的に研究する。批判的実在論は、可視的な根拠の表面下を探っていき、出来事と問題の根底ではたらく「因果的メカニズム」の解明を目指す（Benton 1994; Dickens 1996; Martell 1994）。社会構築主義者の不可知論とは対照的に、批判的実在論者は、みずからの分析において、積極的に自然科学や環境科学の知識と根拠を受け入れ、いつでも議論できる態勢にある。イギリスの牛海綿状脳症（ＢＳＥ）に関する「社会学的想像力5.1」は、批判的実在論におけるいくつかの主要な論点を示している。

批判的実在論のアプローチは、生物学、動物学、歴史学、社会学、政治学など、一連の学問領域からの知見を必要とする。このような方法によってのみ、なぜ一九八〇年代から一九九〇年代にかけてＢＳＥや変異型クロイツフェルト・ヤコブ病（ｖＣＪＤ）がこれほど大きな問題になったかを適切に説明できる。構築主義者と同様に、批判的実在論者も牛が自然的な被造物であるとともに社会的な被造物であることに同意するだろう。アラン・アーウィンは、構築主義者が取り上げた事例について論じ、「現代の牛は、何世代にもわたる、人間にコントロールされた畜舎における飼育・給餌の産物である」と述べる（Irwin 2001: 80）。しかしながら、批判的実在論者は、構築主義者とは異なる方法で《因果的メカニズム》を研究し、いつでも自然科学的に環境問題を探求・討議できる態勢にある。批判的実在論は、自然物と環境の《客観的現実》を考慮に入れながら、社会学的な理論と概念を再考するのである。

これら二つのアプローチを概観したうえで、次のようにまとめることができるだろう。社会構築主義は、伝統的な社会学的観点からその独自の概念と理論を用いて環境問題を探究する《環境の社会学》に向かって進んでいる。他方、批判的実在論は、社会と環境の複雑に絡み合った関係を考慮するように既存の社会学的アプローチに修正を求める《環境社会学》を目指している（Sutton 2007）。しかしながら、本章で論ずるように、環境問題に関する多くの調査研究は、明らかに分極化したこれら二つのアプローチのあいだで揺れ動く傾向がある。

■ 環境問題

現代世界は環境をめぐる多くの問題に直面している。ここでは、このような環境問題を表面的に論ずることしかできないだろう。地域特有の環境問題がある一方、国際的でまさにグローバルな規模で大きな影響を及ぼす環境問題がある。これらの問題をとりわけ**環境問題**たらしめている共通点は、いずれも社会関係と非人為的な自然現象の《両方》に関わっているということである。この意味において、環境問題は、社会と環境の《ハイブリッド》である（Irwin 2001: 26）。この点を意識しながら、本節を読み進めていこう。まず、現代の主要な問題となっている地球温暖化について議論してみたい。

◎ 地球温暖化

世界中の平均地表温度にもとづいて、記録上、最も温暖だったのは二〇一六年で、それに続いて、二〇一九年、二〇一五年、二〇一七年となっている。19世紀末に信頼できる記録が開始されてから、最も気温が高かった一〇年のうち、九年が二〇〇五年以降である（NOAA 2019）。一八八〇年以降、地球の平均気温は、約一度の上昇がみられるが、今後も温暖化の傾向は続くと予測されており、このような小さな気温上昇であっても、大きな影響をもたらす恐れがある（IPCC 2015: 2）。熱波による猛暑は甚大な被害を招きうる。環境問題シンクタンクのアースポリシー研究所は、二〇〇三年にヨーロッパで発生した熱波で、約四万人が死亡したと推定している。フランスの被害は最悪で、高温が原因で一万四八〇二人が死亡し、多くの高齢者が犠牲になった（Bhattacharya 2003）。地球温暖化で気候が変化するにつれて、将来、熱波がより頻繁に発生するだろうと予測されている。

気候変動の一形態である地球温暖化という環境問題は、まさに《グローバルな環境問題》を最も明瞭に示す一例であろう。程度の差はあれ、地球温暖化は地球上のあらゆる社会に影響を及ぼす

種の壁を越えた感染——イギリスの狂牛病危機

一九九六年、イギリスの政府高官は、変異型クロイツフェルト・ヤコブ病（vCJD）が原因で少なくとも一〇人が死亡したと公表した。vCJDは、一九八〇年代に牛海綿状脳症（BSE）の病原体に感染した牛肉を食した人間に発症したようである。この問題は、大きな衝撃をもたらした。数百万人がこの時期に牛肉を食しており、少なくとも理論的にはvCJDを発症する可能性があった。ところで、いかにしてこのようなことが発生したのだろうか。

BSEは、畜牛に発症する致命的な神経変性疾患で、運動障害、神経過敏、記憶障害、攻撃性といった症状をともなう。BSEの症状は、人間に発症するクロイツフェルト・ヤコブ病（CJD）の症状に似ている。牧羊の経験から、BSEが種の壁を越えて人間に伝染することはないと考えられていた。CJDは病気として知られているものの、人間に発症することは少なく、またBSEとの関係は確認されていない。イギリスは、BSEに関する調査（一九九八～二〇〇〇年）を実施し、一頭の雌牛（「雌牛133」と名付けられた）に起こった遺伝子の突然変異が原因で、畜牛のBSEが拡大したとの発表をした。BSEに感染した肉骨粉の飼料が畜牛に与えられていたことからBSEが《拡大》したというのが、最も広く認められた説明である（Macnaghten and Urry 1998: 253-65）。調査報告は「反芻動物の飼育における動物由来たん白質の再利用」を問題として指摘し、畜牛のBSEと人間のvCJDの関連が「明確にされた」と述べている。二〇一五年一一月二日、エジンバラ大学の国立クロイツフェルト・ヤコブ病調査監視ユニットは、一七七人がvCJDで死亡したと報告した。レンダリング（化製処理）された肉骨粉による牛の飼育は見直され、vCJDの再発を防止するために新たな規則が導入されたが、このような出来事によって、**科学**、政治、規制機関、食肉産業にたいする市民の信頼は大きく揺るがされた。

一見したところ、以上のことは、社会的過程とは関係なく、自然発生的に動物が病気になったという話のように思われるかもしれない。しかしながら、BSEの伝染と拡大は、動物飼料製造システムにおける意思決定の帰結であった。かつてBSEは種の壁を越えることはないと考えられたが、この想定が誤りであることが示された。BSEに感染した牛肉を食することで、人間はvCJDを発症した。畜牛を商業的な商品として扱い、草食動物であるにもかかわらず、死んだ動物の肉骨粉で飼育した結果、誰も予期しなかったことが起こったのである。

批判的実在論の主張に従うならば、この出来事を適切に理解するためには、雌牛はどのような動物か、つまり雌牛がどのような先天的能力を有するかを知っておく必要がある。また、vCJDがこのような破壊的影響を人間に及ぼす理由を知るためには、人間を理解することが求められる。BSEに感染した食品が人間の身体に侵入したら、どのようなことが発生するのだろうか。どのように食品生産システムは作動しているのだろうか。どのような政治的・経済的決定が下されて、死んだ動物を他の動物の飼料にしたのだろうか。そして、そもそもイギリスでは多くの消費者が大量の牛肉を食しているのはなぜか、という文化的特徴に関する知識が必要である。

▼批判的に考える

社会構築主義者であれば、上述したBSEの感染拡大とその帰結をどのように調査するだろうか。社会構築主義者による調査は何に焦点を合わせるだろうか。

だろう。このことを理解するためには、「環境」を広義に捉え、地球全体として認識することが必要である。なぜならば、大気は一地域のみならず、地球全体を覆っているからである。地球温暖化の問題は、近代科学を抜きにして理解することはできない。社会学者は、この問題について何か有益な発言をしたいと望むのであれば、気候変動の科学をめぐる議論に関わる必要がある。

地球温暖化とは何か　**地球温暖化**は、今日の最も深刻な環境問題であると広く認識されている。もし科学的な予測が正確であるならば、地球温暖化は、地球の気象作用を不可逆的に変更し、一連の破壊的影響を環境に及ぼす可能性がある。地球温暖化とは、大気中の化学組成が変化した結果、地球全体の平均地表温度が徐々に上昇することを意味する。現在、科学者のあいだで見解が一致しているのは、産業過程から排出された二酸化炭素などの気体が大気中に累積し、それが原因で地球温暖化が発生しているということである。

地球温暖化は、**温室効果**という概念と密接に関連している。温室効果とは、地球の大気中に熱を封じ込める気体が増加することで発生する現象である。その原理は単純である。太陽が発するエネルギーは大気を通過し、地球の表面を暖める。太陽放射エネルギーのほとんどは、そのまま地球に吸収されるが、その一部は反射される。温室効果ガスは、このはね返されるエネルギーにたいする障壁となり、温室のガラスパネルのように、熱を大気中に封じ込める。このような自然の温室効果は、地表温度を快適な摂氏15.5度くらいに維持してきた。もし温室効果ガスが熱を維持できなかったら、平均気温が氷点下17度になり、地球はいまとまったく異なる場所であっただろう。

大気中の温室効果ガスの濃度が上昇すると、温室効果が強まり、気温はより高くなる。工業化がはじまって以来、温室効果ガスの濃度は顕著に上昇している。主な温室効果ガスである二酸化炭素の濃度は、近代工業化がはじまる一七五〇年から約40％も上昇した。メタンの濃度は150％、亜酸化窒素は20％の増加となっている（IPCC 2015: 44）（「グローバル社会5.1」を参照のこと）。

ほとんどの科学者は、化石燃料の使用、工業生産、大規模農業、**森林伐採**、採鉱、ごみの埋め立て、自動車の排気といった人間活動によって、大気中の二酸化炭素が大幅に増加しているという見解で一致している。これらの産業過程が及ぼす全体的な影響は、人間活動に起因する**気候変動**と呼ばれる。18世紀から19世紀にかけて産業革命が起こり、世界中で工業化が拡大していくにつれて、世界史的な変化がもたらされた。

IPCCの第五次評価報告書によれば、自然の気候変動のみにもとづく第一の予測モデル、自然の気候変動と人間活動に起因する気候変動の《両方》にもとづく第二の予測モデルを用いて、実際の観測値を比較分析したところ、18世紀半ば以降に観測された気温上昇が人間活動の帰結である《可能性が極めて高い》との結論に至った。IPCCは、慎重な科学的表現でこの確率が95%以上であると述べている。第五次評価報告書の結論は、二〇〇一年の第三次評価報告書、二〇〇七年の第四次評価報告書が示した結論よりもはるかに強い内容になっている。Fig. 5.1は、IPCCのモデルに対応させながら、一九一〇年から二〇一〇年までの気温上昇を示している。

▼批判的に考える

ここで論じた人間活動に起因する地球温暖化の科学的根拠にどれくらいの説得力があるだろうか。友人に意見を聞いてみよう。全体的に共有された見解はあるだろうか。気候変動について知っていることを理由に、これまでとは異なる行動をするようになったという友人はいるだろうか。

地球温暖化によって起こりうる帰結　地球温暖化の影響は、場所によって不均衡に現れるだろう。つまり、その影響は必ずしも地球全体に同じように及ぶのではなく、ある国・地域においては、壊滅的な帰結がもたらされる。IPCCの第四次評価報告書は、一連の社会的影響を指摘している。そのうち、重要性が高いものを地域ごとにまとめて以下に提示してみよう。

1. アフリカでは、およそ七五〇〇万人から二億五〇〇〇万人が給水をめぐってより深刻な困難に直面するだろう。農業生産量が50%も減少し、その結果、充分な食料供給は困難になり、栄養失調に苦しむ人びとが増える可能性がある。IPCCの予測によれば、アフリカでは二〇八〇年までに5%から8%の土地が乾燥して農業に適さなくなり、また海面上昇によって、大規模人口を抱える低地沿岸部が影響を受けるだろう。
2. 中央アジア、東アジア、南アジア、東南アジアでは、二〇五〇年までに利用可能な水資源が減少し、水の安全保障に関わる問題が拡大すると予測されている。沿岸部では、川や海の氾濫が発生し、被害が広がる可能性が高い。地球温暖化が水循環に大きな影響を及ぼすにつれて、洪水や旱魃《かんばつ》の頻度が高くなるだろう。
3. 南米では、アマゾン東部で、土地が乾燥するにつれて熱帯林がサバンナに変わり、降水量が少ない地域で育つ植物もなくなる可能性が高まる。穀物や家畜の生産性が減少すると、食料の安全保障は損なわれ、栄養失調や慢性的な飢饉のリスクにさらされる人たちが増える恐れがある。降水パターンの変化は、飲料水や農業用水の安定供給に影響を及ぼすだろう。
4. オーストラリアとニュージーランドでは、グレート・バリア・リーフなどの重要な場所において、生物多様性が失われていくことが予測されている。オーストラリアの南部と東部、ニ

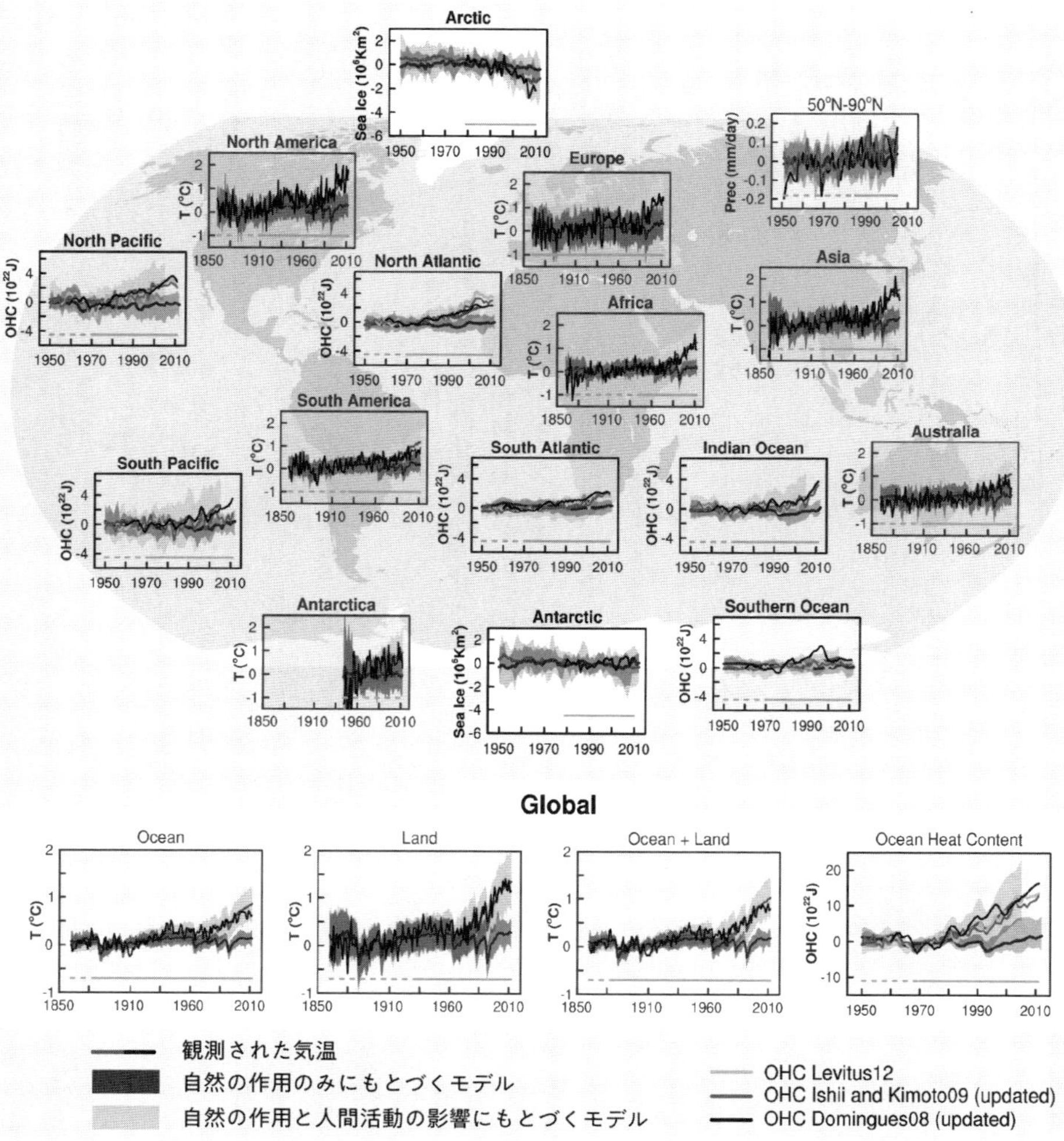

Fig. 5.1　グローバルな気温上昇と地域ごとの気温上昇——観測された気温上昇、自然の作用による気温上昇、自然の作用と人間活動の影響による気温上昇　出典：IPCC（2015:49）

注釈：10年ごとの平均気温を示す点をその中心に打っている。

グローバル社会 5.1

温室効果ガス

二酸化炭素などの温室効果ガスは自然に発生し、自然の過程と人間の活動をつうじて大気に排出される。それ以外の温室効果ガス（フッ素系温室効果ガスなど）は、ただ人間の活動をつうじて生成され、大気に排出される。人間の活動によって大気に放出される主要な温室効果ガスは、以下のものである。

・二酸化炭素（CO_2）―― 二酸化炭素は、化石燃料（石油、天然ガス、石炭）、固形廃棄物、木材、木製品の燃焼、その他の化学反応（セメント製造など）によって発生し、大気に排出される。また、二酸化炭素は、生物学的な炭素循環の一環として植物によって吸収されるとき、大気中から除去（もしくは「隔離」）される。

・メタン（CH_4）―― メタンは、石炭、天然ガス、石油を産出・輸送するときに排出される。メタンは、牧畜や農業活動からも排出され、地方自治体が運営する埋め立て処分場で有機廃棄物が腐敗することでも発生する。

・亜酸化窒素（N_2O）―― 化石燃料や固形廃棄物を燃焼するときだけではなく、農業活動や産業活動においても排出される。

・フッ素化ガス ―― ハイドロフルオロカーボン、パーフルオロカーボン、六フッ化硫黄は、さまざまな工業生産過程をつうじて人工的に生成される強力な温暖効果ガスである。フッ素化ガスは、オゾン層を破壊するフロンガス（たとえば、クロロフルオロカーボン、ハイドロクロロフルオロカーボン、ハロン）の代替物として利用されることがある。これらのガスが排出されるのは一般的に少量であるが、強力な温室効果ガスであるため、「地球温暖化係数が高いガス」と称されることがある。

出典：U.S. Environmental Protection Agency, www.epa.gov/ghgemissions/overview-greenhouse-gases.

ユージーランドのいくつかの地域において、水の安全保障は不安定になる可能性が高い。オーストラリアの南部と東部、ニュージーランドの東部では、旱魃と火事が増加していることから、農業生産量が減少するだろう。

5．ヨーロッパでは、海面上昇や強力な嵐にともなう沿岸部の氾濫や浸食がより頻繁に発生する見込みである。南欧では、これまで以上に気温が上昇し、旱魃が頻発するなどして、利用可能な水資源や農業生産量が減少するだろう。気温がより高くなると、度重なる熱波に起因する健康上の問題を悪化させる恐れがある。

6．北米では、都市部において、より厳しい熱波が頻繁に発生し、健康上の問題を拡大させる恐れがある。西海岸の森林地帯では、気温が上昇する結果、冬には洪水が頻繁に発生し、夏には水流が減少するだろう。

7．海面上昇によって、太平洋やカリブ海に浮かぶ多くの小さな島々は大きな困難に直面する恐れがある。嵐にともなう荒波はさらに高くなり、沿岸部の浸食が進行するなど、島々のコミュニティやインフラは脅威にさらされるだろう。

二〇一八年、ＩＰＣＣは『特別報告書』を発表し、産業革命以前から2度の気温上昇と1.5度の気温上昇がもたらす影響を比較分析した。『特別報告書』によれば、人間活動はすでに産業革命から0.8度から1.2度の気温上昇、すなわち約1度の気温上昇をもたらしている。過去および現在の温室効果ガス排出量にもとづき、一〇年間で0.2度の気温上昇を想定すると、二〇三〇年から二〇五二年までの気温上昇は1.5度に達する見込みである（IPCC 2019: 6）。即座にあらゆる温室効果ガスの排出を停止しても、それまでに排出された温室効果ガスが大気中にあるので、気温は上昇し続けるだろう。しかし、もしいますぐに温室効果ガスの排出を停止するならば、産業革命から1.5度の気温上昇には達しない見込みである。

ＩＰＣＣは、第五次評価報告書（IPCC 2015）のときと同じように、気温上昇を可能な限り1.5度まで抑制することができれば、地球温暖化がもたらす最も大きな損害を回避することができると論じている。もし気温上昇が2度に達すると、上述したような有害な影響はさらに悪化し、回復させることが困難になるだろう。このような事態を回避するためには、適合基準とともに温室効果ガス排出削減を目指したより体系的で広範囲にわたるグローバルなプログラムが必要になる。とくに世界全体の実質的な二酸化炭素排出量を二〇五〇年までに「ほぼゼロ」の水準まで削減しなければならないだろう。『特別報告書』では、この目標を達成するためには「エネルギー、土地、都市インフラ（交通や建造物を含む）、産業システムにおける迅速で広範囲の移行」が必要であり、それはかつてない規模で遂行されることが求められるとの認識が示されている（IPCC 2019: 17）。

エクスティンクション・レベリオンをはじめとする環境保護団体が政府にたいして早急に脱炭素社会の実現に取り組むように訴える際、温室効果ガスの実質排出量ゼロはそのスローガンになっている。そして、多くの国々で再生可能エネルギーへの移行が進み、化石燃料による交通システムが見直されるなど、大きな前進が展開されている。しかし、このような前進にもかかわらず、今後の課題はなおも大きいということが明るみになった。二〇一四年から二〇一六年にかけて、二酸化炭素排出量は横ばいに推移していたものの、二〇一七年には1.6％、二〇一八年には2.7％へと二酸化炭素排出量が再び上昇し、二〇一八年末には過去最高の記録となったと報告されている。このような二酸化炭素排出量の増加は、多くの国々で石油やガスが使用され続けたことが原因である。人口規模が大きい中国とインドでは、石炭利用がそれぞれ4.5％と7.1％の上昇となり、アメリカの温室効果ガス排出量は約2.5％の増加であった（Figueres et all 2018）。以上の概略からみえてくるのは、環境破壊をもたらす主要国を巻き込んだ《グローバル》な協調的行動なしでは、二〇五〇年までに世界全体で二酸化炭素の実質排出量ゼロは達成できないということである。

不利な条件で生きざるをえない世界中の人たちやコミュニティがすでに環境変化の脅威にさらされているように、地球温暖化の悪影響は不均衡に拡張している。後述するように、このようなことから、環境保護団体は「持続可能な開発」を訴え、温室効果ガス排出削減を図るうえで、グローバルな不平等を解決することが重要であると主張する。

科学を疑う　IPCCは、一九八八年に創設されて以降、産業汚染、車両のガス排出、森林伐採、化石燃料の燃焼など、大気中に温室効果ガスを排出する人間活動が地球温暖化をもたらしていると強く訴えてきた。地球温暖化に関する証拠は大量で多岐にわたり一貫性があるのだが、この問題とその含意をめぐってなおも論争が続いている。その結果、地球温暖化をめぐって合意された見解が少人数の「気候変動にたいする懐疑論者」と衝突している。

IPCCによれば、「地球温暖化が起こっているのは明白であり、一九五〇年以降に観察されている気候変動は、数十年から数千年にわたって先例のないようなものが多い」(IPCC 2015: 2)。しかしながら、地球温暖化が実際に起こっているという証拠に疑問を抱く専門家もいる。イギリス政府でエネルギー大臣と財務大臣を務めたナイジェル・ローソン男爵は、地球温暖化が人口過剰や資源枯渇に並ぶ「最新の不安扇動」になっていると論じている。ローソンの議論によれば、一九七〇年代以降に「ゆるやかな地球温暖化」が進行した。しかし、21世紀になると、地球温暖化は明らかに「停止」し、「小康状態」になった(Lawson 2009: 1)。ここで、気候変動にたいする懐疑論者は、気候学者が地球温暖化を反証しうる証拠を無視し、都合のよい証拠のみを取り上げるなど、適切な分析をしていないと非難する。だが、二〇一一年、サー・ジョン・ベディントン政府首席科学顧問は、ローソンと手紙をやりとりし、次のように反論している。ローソンの著書には気候科学の理解がみられない、短期的な気温変動は長期的な地球温暖化を論ずる際には意味があるとは言えない、複数の研究成果から得られた根拠は「地球温暖化の現実的なリスク」を明示しているというのがベディントンの主張であった(Boffey 2011)。

第二に、ある懐疑論者は、現実に地球温暖化が起こっているが、人間活動に起因する現象ではないことを示す証拠があると主張する。このような懐疑論者の主張によれば、地球温暖化は、恐らく太陽活動の変動に関係する自然現象である。また懐疑論者は二酸化炭素が重要な温室効果ガスではないと論じ、太陽活動が変動すると地球の気候も変動し、気温上昇が発生すると説明する。たしかに、太陽活動は地表温度に影響を与える。しかし、一九六〇年代以降、現在の地球温暖化を発生させるほどの活発な太陽活動があったことを示す証拠はないというのが科学界の一般的な認識である。二酸化炭素は《唯一》の温室効果ガスではないが、何十年間、さらには数世紀にもわたって大気中に残存し、産業活動によって着実に蓄積していく。大多数の科学者はこのようにして地球温暖化が発生していると説明する。

第三に、地球温暖化が現実に起こっており、部分的に産業化の結果として説明できるとしても、地球温暖化の帰結に関する予測は予想の域を超えることはなく、せいぜいまったくの誇張にすぎないという議論もみられる。とくに将来にわたる気温上昇を推定するとき、ＩＰＣＣが用いるコンピュータ・シミュレーション・モデルは信頼性が低いと評価されており、二一〇〇年までの気温上昇が6度になるという予測は不安を煽る結果を招いている。このような議論に従えば、不確実な「問題」に貴重な資源を浪費するのではなく、発展途上国における貧困をはじめとする、より喫緊な社会問題の解決を図る方が政治的・経済的・社会的に有益であろうということになる。

気候科学における最も極端な予測では、二一〇〇年までに6度の気温上昇が起こりうるとされる。しかし、このような予測は、炭素排出量削減に向けた政策上の変更は考慮に入れておらず、すでに時代遅れの前提にもとづいたものである。雲フィードバック、南極大陸やグリーンランドにおける氷床流動の変化、土地利用の変化、技術発展、エアゾール製品の影響、行動変化の程度、ある地域におけるデータの欠落など、正確性の高いシミュレーション・モデルの構築を妨げる不確定要素が気候予測にはたくさんあるということを銘記しておくべきだろう。

現在のグローバルな状況を考えると、今世紀のうちに地球温暖化がかつてないほどの急激な破壊的影響をもたらす可能性を完全に否定することはできない。それにもかかわらず、20世紀の環境政治史において、たびたびグローバル危機や壊滅的な社会崩壊を予測できなかったことから、社会科学者にとって、ＩＰＣＣが現在進行形で展開するプログラムなど、最善の科学調査と連携することは重要な意味をもつだろう。また、確かにコンピュータ・シミュレーション・モデルは現実世界の証拠と合致しないことがあるが、ＩＰＣＣの気候モデルは、世界中の研究成果から得られた根拠にもとづいて構築された複雑なものである。第四次評価報告書によれば、ＩＰＣＣの予測値は、一九九〇年から一〇年間で平均0.15度から0.3度の気温上昇となっており、この値は、一九九〇年から二〇〇五年のあいだに観測された0.2度の気温上昇とほぼ同じである。この証拠を踏まえると、ＩＰＣＣのモデルは現時点で最も正確性が高いと言えるだろう。

「社会学的想像力5.2」で論ずる「クライメートゲート事件」は、気候学者のみならず、研究者コミュニティ全体にとっても、有益な経験となっている。ますますグローバルな性格を帯びるようになった研究環境は、インターネットへの容易なアクセスと情報の自由という理想が結びつき、情報やデータに自由にアクセスできるという期待が創出された社会において機能する。そのような研究環境のなかで、科学的実践はこの潮流に追いつきつつあるようである。ただし、科学者の集団がみずからの研究成果を保護するために、生データを用心深く守ろうと努めるのはめずらしいことではない。また、「科学者コミュニティ」という言葉がよく使われるが、研究活動は、社会生活のあらゆる領域と同様に競争が厳しいということを忘れてはならない。少なくともしばらくは、確立された科学的実践と開かれた情報アクセスの文化のあいだには緊張が続くことになるだろう。

地球温暖化に応答する　現在、産業国は、発展途上国よりもはるかに大量の温室効果ガスを放出している。中国は、世界で最も大量の二酸化炭素を排出しており、アメリカを追い抜いている。しかしながら発展途上国、とくに急速な工業化を遂げている国々

社会学的想像力 5.2

クライメートゲート事件——教訓になる話題として

二〇〇九年、気候変動科学の信頼を揺るがす事件が発生した。イギリスのイースト・アングリア大学気候研究ユニットの電子メールシステムがハッキングされて、本ユニットの研究員と世界中の共同研究者のあいだで交わされたものも含む、約一〇〇〇通の電子メールがオンラインで公表された。今日、この事件は「クライメートゲート事件」として知られている。

流出したいくつかのメールのなかで、気候研究ユニット長のフィル・ジョーンズ教授は、気候変動に関するデータに「トリック」を施したことに言及し、時系列データにおける気温の「下降傾向を隠した」と述べている。また、ジョーンズは、批判的な研究者にデータを提供するように繰り返し要請されたものの、それを拒否し、IPCCの第四次評価報告書に関連するすべての電子メールを削除するように共同研究者に依頼したことを認めている。ただし、後にジョーンズは、電子メールの公表された内容は文脈から切り取られたものであったと主張した。ジョーンズの説明によれば、「トリック」とは、単に二つのデータセットを結合する創造的な方法をみつけたという意味であり、また気温の「下降傾向を隠した」というのは、操作データを含む結合データをつくり、一つのデータセットにおける誤った印象を修正したという含意があった（BBC 2010）。

地球温暖化にたいする懐疑論者によれば、人間の活動に起因する地球温暖化を証明することで研究者としての経歴や名声を得てきた多くの気候学者は、みずからの保身を図り、「まだ論証されていない」主張を擁護するために、公開性と査読制度という科学界の主要原則を犠牲にしようと考えており、このような姿勢はクライメートゲート事件で露呈した。それから二〇一〇年には、氷河学者からの批判を受けて、IPCC副議長はヒマラヤ氷河が「二〇三五年までに消滅する」という二〇〇七年の予測が誤りであることを認めた。このような失敗によって、IPCCがいかに多くの誤った予測をしているのかという疑念が浮上し、その結果、地球温暖化の存在そのものがあやしいという批判的な見解が聞かれるようになった。

「クライメートゲート事件」は、三つの独立調査の対象となった。議会調査、主要な科学論文一一本に関する大学調査、ハッキング後に流出した電子メールのやりとりに関する大学委託調査（ミューア・ラッセル委員長）が実施された。いずれの調査も、科学的不正行為、データの捏造、査読過程の妨害を示す証拠は確認できなかった。しかしながら、ラッセル調査報告書は、情報自由法にもとづき、データの提供を求めたとき、気候研究ユニットが非協力的で自己防衛的であったことを批判した（Russel 2010: 10-11）。また、イースト・アングリア大学や気候研究ユニットは、情報自由法が定める要件を正しく認識せず、またデータの提供を拒否したことで、気候研究や本大学に及びうる損害を過小評価していると同報告書は厳しく指摘した。二〇一〇年にオランダ政府が委託した独立機関が主要なIPCC予測を検証したところ、人間の活動に起因する気候変動が起こっているという研究成果を全面的に否定しうる過失は発見されなかった。

▼批判的に考える
地球温暖化の証拠が説得力をもつならば、なぜ気候調査ユニットは情報公開に慎重になり、データの提供を拒否したのだろうか。このようなハッキングは、気候科学の実践にどのような衝撃を与える可能性があるだろうか。

において二酸化炭素排出量が増加しており、二〇三五年前後には、先進産業国の二酸化炭素排出量に並ぶと予測されている。人口規模を考慮に入れ、また一人当たりの二酸化炭素排出量に着目すると、現在、中国とインドの二酸化炭素排出量は、アメリカ、ヨーロッパ、ロシア、日本よりも少ない。このようなことから、数か国の発展途上国は、すでに豊かになっている国々が「贅沢」のために排出する二酸化炭素と比べると、みずからの「生存のため」に排出する二酸化炭素ははるかに有害ではないと認識している。

また、地球温暖化の存在が広く認識されている一方、この問題に対処すべく、人びとがみずからの日常生活を変更する姿勢を示していないという状況がある。ギデンズは、このような状況を「ギデンズ的逆説」(Giddens 2011: 2) と呼んでいるが、それは驚くことではないだろう。「ギデンズ的逆説」とは、地球温暖化を放置したことによる明確な危険性が日常生活に及ばないならば、人びとはみずからの環境破壊的な行為を変更することはないという意味である。このことを示す好例が自動車依存であろう。しかしながら、もし地球温暖化の影響が人びとの生活に及ぶまで環境問題を放置するならば、手遅れで何もできなくなる恐れがある。手遅れになる前に、さまざまな社会制度や市民の日常的な事柄のなかに地球温暖化を抑止する方法を組み込んでいくことが求められる (ibid.: 3)。

大多数の市民一人ひとりが積極的に関与せず、政府の政策だけで地球温暖化の抑止効果を期待することはできないだろう。しかしながら、国家レベルで不均衡な経済発展が進行するなか、国際社会が連携して温室効果ガス排出を削減することはより困難になっている。その結果、いかに温室効果ガス排出削減と適合基準を調整するかについて、合意に至った点もあるが、意見が衝突することも多かった。

一九九七年、京都で国際連合気候変動枠組条約が締結された。本条約では、温室効果ガスの大気中濃度を安定化し、最終的にはその削減を目指すために、二〇一二年までに温室効果ガス排出量を大幅に削減することが合意された。温室効果ガス排出削減の数値目標は、ほとんどのヨーロッパ諸国が平均8%減、最も多いアイスランドが10%増、オーストラリアが8%増などさまざまである。当初、アメリカの削減目標は7%減であったが、京都議定書を批准することはなかった。京都議定書は、一九九〇年の温室効果ガス排出量を基準とした数値目標を設定した。しかしながら、グローバルサウスにおいて、京都議定書は、地球温暖化を引き起こした先進産業国の「歴史的責任」を考慮に入れておらず、よって責任追及を回避するなど、公平性を欠いていると認識された。また発展途上国がいつどれくらいの温室効果ガス排出削減を要請されるのかも明確にされていない。京都議定書は、発展途上国が先進産業国の経済水準に追いつくまで、不可避的に温室効果ガスを大量に排出するのを認めるのだろうか。もしそうでないならば、京都議定書は不公平で実行不可能であると認識されるかもしれない（Najam et al. 2003）。

二〇〇九年にコペンハーゲンで開催された国連気候変動枠組条約第一五回締約国会議（ＣＯＰ15）においては、辛辣な意見対立が起こり、拘束力のある合意に達することができなかった。しかし、これに続き、二〇一〇年にカンクンで開催された国連気候変動枠組条約第一六回締約国会議（ＣＯＰ16）は、大きく前進したものとして広く評価された。一九〇か国がコペンハーゲン会議で提示された自発的な数値目標を実行に移し、地球全体の気温上昇を2度以内に制限するという目標を受け入れつつ、1.5度以内に抑制すべく尽力することに同意した。また参加国は、発展途上国が環境を汚染しないかたちで前進できるように支援することを目的とした一〇〇〇億ドルの資金から「緑の気候基金」を創設することに合意した。合意全体は法的拘束力があるが、各国が約束する温室効果ガス排出削減など、個々の項目については法的拘束力がない（Goldenberg et al. 2015）。

二〇一五年、一九六か国が参加するパリ協定（ＣＯＰ24、国連気候変動枠組条約第二四回締約国会議）が成立し、重要な前進として広く歓迎された。パリ協定は、二〇五〇年までに地球温暖化を2度以内、なるべくならば1.5度以内まで抑制するために、温室効果ガス（とくに二酸化炭素）の排出を削減するように各国に要請する内容のものであった。しかし、二〇一七年、地球温暖化に懐疑的なドナルド・トランプがアメリカ大統領に就任すると、アメリカはパリ協定に参加することはなく、できるだけ早急に離脱すると発表した。石炭産業の再開を公約としていたトランプ大統領は、パリ協定がアメリカ経済にとって脅威になると認識したのである。さらなる経済成長を目指すか、それともグローバルな環境問題に取り組むか、いずれかを選択しなければならないという認識は、今日、誤った考えであると広く理解されている。後述するように、環境破壊的な産業から再生可能エネルギー技術に移行し、工業経済を「自然にやさしい」ものにすることで、生態学的近代化と経済成長を構想することは可能である。このような方向で経済を新たに構築することは、「グリーン産業革命」「グリーン・ニューディール政策」と呼ばれることが多い。

しかしながら、二〇一九年にマドリードで開催された国連気候変動枠組条約第二五回締約国会議（ＣＯＰ25）で、パリ協定で示された各国目標よりもさらに温室効果ガス排出削減を進めるという合意に達することができなかった。たとえ、温室効果ガス排出削減に向けた現在の目標がすべて達成できたとしても、二〇三〇年までの温室効果ガス排出量は、気温上昇を1.5度以内に抑制するというパリ協定で合意された目標を達成するために必要とされる数値よりも38％上回る見込みであった。アントニオ・グテーレス国連事務総長は、より積極的な環境保護プログラムを採択する重要な機会が奪われたと述べた（Carbon Brief 2019）。

その他の人工リスクと同様に、地球温暖化がどのような影響をもたらすかは誰も確証を得ることはできない。予測通りに温室効果ガス排出量が「大きい」という状況が続くとき、本当に広範な自然災害が発生するのだろうか。二酸化炭素排出量を安定化すれば、気候変動の悪影響から大半の人びとを防衛することができるのだろうか。これらの問いにたいして確実性をもって答えることはできないが、国際的な共同研究や政治過程こそがこの問題に対処するうえで最も実行可能性が高い方法を提供すると期待できる。それは、何よりもグローバルな対処方法である。さらに、地球温暖化は、根本的に人間活動に起因していることから、基礎的な環境科学だけではなく、社会過程に関する知識も要求されるだろう。

▼批判的に考える

「先進国の人びとは地球温暖化を招いた責任があり、急激に温室効果ガス排出量を削減するために、甘んじて生活水準を下げるべきである」。近代的な生活のどのような側面が抜本的に変革する必要があると非難されているのだろうか。

◎ 大気汚染と水質汚染

大気汚染　大気汚染は、二つの類型に分けることができる。主に工業の汚染物質や自動車の排気ガスがもたらす「屋外汚染」、暖房や調理のために住居内で燃料を燃焼させることで発生する「屋内汚染」である。従来、大気汚染は、主に生産規模が大きく自動車が広く普及する先進産業国に困難をもたらす問題であると認識されてきた。しかしながら、近年、発展途上国における「屋内汚染」の危険性が注目されている。発展途上国で使用される薪や牛糞といった燃料は、灯油やプロパンガスなどの近代的な燃料よりも空気を汚染している。

20世紀半ばまで、多くの国々における大気汚染は、広範囲にわたって石炭を燃やしたことが原因で発生した。石炭は、二酸化硫黄と高濃度の黒煙を排出する化石燃料である。多くの東欧諸国や発展途上国では、なおも石炭が燃料として広く利用されている。イギリスでは、もっぱら家庭暖房や工場生産のために石炭が利用されたが、一九五六年、煤煙汚染とスモッグ（煙と霧が合成した大気汚染）を規制する大気清浄法が成立した。石炭の代替燃料として、灯油、プロパンガス、天然ガスといった無煙燃料の使用が促進され、現在ではさらに広く利用されている。二〇一九年、イギリス政府は、本法を修正し、新たな大気清浄戦略を告知した。大気清浄戦略には、二〇四〇年までにガソリン車やディーゼル車の販売を停止し、たき火やストーブで使用され、深刻な大気汚染をもたらす石炭や薪を禁止するという約束が含まれていた。

一九六〇年代以降、大気汚染の主な原因は、自動車台数の増加である。二〇一五年、欧州連合の二八か国において、温室効果ガスの約四分の一が交通手段に起因し、約72％が道路上の交通手段から発生している（European Commission 2015a: Fig. 5.2を参照のこと）。道路上の交通手段は、工場の煙突よりもはるかに低い環境でガスを排出しているので、とりわけ有害である。その結果、都市部は、長いあいだ、歩行者や勤労者にとって最も汚染された環境となっている。たとえば、ディーゼル車が排出する窒素酸化物は、オゾンや微小粒子状物質を生成し、人間の健康に影響を及ぼす。イギリス政府によれば、空気中の窒素酸化物によって、毎年二万三五〇〇人の市民が若いうちに死亡している。そして、

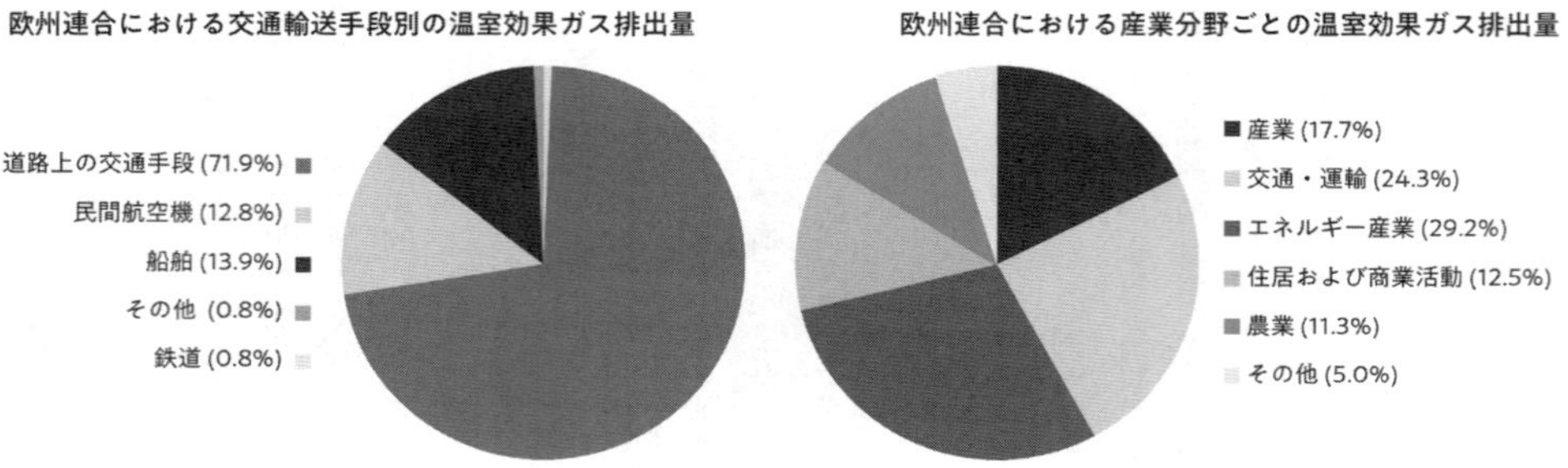

Fig. 5.2　欧州連合28か国における交通輸送手段別と項目別の温室効果ガス排出量 (2012年)
出典：European Commission (2015a)

欧州環境機関は、二〇一二年、ヨーロッパ全土で約四三万人が同じ原因で死亡したと推計している (Coghlan 2015)。

ヨーロッパでは、自動車が道路交通量の約80％を占めており、大量の二酸化炭素を排出している。同乗者なしで自動車を運転する場合、一人当たりの二酸化炭素排出量、移動キロメートル当たりの二酸化炭素排出量は、短距離路線にせよ、長距離路線にせよ、満席になった航空機よりも大きくなる (Beggs 2009: 77-8)。この理由から、大気汚染を緩和する取り組みとして、旅客鉄道、乗客定員数の多いバス、自動車の相乗りなど、汚染物質の排出量が少ない輸送手段の利用が注目されている。二〇〇八年以降、欧州連合などの地域では、石油価格の上昇と自家用車の燃費向上によって、道路上の交通手段が排出する温室効果ガスが減少傾向にある (European Commission 2015a)。しかしながら、二〇一五年の大きなスキャンダルが示したように、汚染物質の削減目標を強化しても、それ自体が現実世界における交通手段の温室効果ガス排出削減を保証するわけではない。

21世紀初頭、多くの自動車メーカーは、汚染物質の排出量が少ない「環境にやさしいディーゼル車」の開発に多額の投資をした。このようなディーゼル車が排出する窒素酸化物や二酸化炭素は充分に抑制されており、厳格な排気ガス検査を通過できると主張した。フォルクスワーゲンは、アメリカ政府の厳格な排気ガス検査を合格した新しいディーゼル車を断固とした決意でアメリカ自動車市場に売り込もうと試みた。しかし、二〇一五年、アメリカ環境保護庁 (EPA) は、フォルクスワーゲンの自動車が「路上」で走行したときに排出する汚染物質が同社実験室で実施した排気ガス検査の結果よりも高い値になっていることを確認した (同庁は二〇一四年に懸念を表明していた)。さらに悪いことに、同庁は、フォルクスワーゲンの自動車に「ディフィートデバイス」というソフトウェアが工場で搭載されていることを突き止めた。ディフィートデバイスは、自動車が停止し、ハンドル操作がなく、また気圧が同じであるなど、排気ガス検査の兆候を検知すると、自動車のモードを変更し、一時的に汚染物質の排出量を縮小する。環境保護庁は、新しいディーゼル車が路上で走行すると、アメリカが定める基準値の四〇倍もの窒素酸化物を排出していることを確認した。

フォルクスワーゲンは、不正に排気ガス検査制度を通り抜けようとして、約一一〇〇万台の自動車にディフィートデバイスを搭載し、そのうち八〇〇万台がヨーロッパで販売されたと認めた。フォルクスワーゲンの認識では、排気ガス検査は、汚染されていない空気を守るための方法ではなく、商業的成功を妨げる障壁に過ぎなかった。その後、日産、ボルボ、ルノー、クライスラーなどの自動車メーカーが製造するディーゼル車も、それまでに報告されてきた数値よりも一〇倍の窒素酸化物を排出することが発覚した。二〇一八年には、アウディがフォルクスワーゲンと同様の「容認しがたいソフトウェア機能」を搭載した自動車を販売していることを認めた（BBC News 2018e）。このような不正に関与した自動車メーカーには高額な罰金が課され、より実効性の高い排気ガス検査制度が導入された。以上のようなスキャンダルは、環境規制制度が環境汚染の削減と人びとの健康維持を追求する一方で、資本主義的な企業が常に新たな市場開拓と利益拡大を目指すという利害対立に警鐘を鳴らすものである。

＊企業の犯罪行為については、第22章「犯罪と逸脱」を参照のこと。

▼批判的に考える

個人所有の自動車を手放すように説得するのは困難であるが、それはなぜだろうか。考えうるその理由をすべて挙げてみよう。人びとは自動車を所有し、運転することを楽しんでおり、そのことが自動車を手放したくない理由なのだろうか。これらの理由のうち、電気自動車の購入者が少ないというこれまでの現状を理解するうえで示唆的なものはあるだろうか。

水質汚染　水は自然資源のなかで最も貴重で本質的なものであるが、何年にもわたって、ほとんど躊躇することなく、人間の排泄物や産業廃棄物などがそのまま川や海に廃棄されていた。たとえば、一八五八年、テムズ川であまりにもひどい異臭が発生し、ロンドンの活動が停止した結果、政治家が対策に乗り出さざるを得なくなった。いまから六〇年ほど前から、ようやく多くの国々が水質を管理し、それに依存する魚資源や水棲生物を保護するとともに、世界中の人びとがきれいな水を利用できるように努めるなど、体系的な対策を展開している。

水質汚染は、有毒な化学物質や鉱物、農薬、処理されていない下水などによって、水の供給源が汚染されている状況であり、発展途上国の人びとにとって大きな脅威になっている。世界中の貧困国では、下水施設が未整備であり、人間の排泄物がそのまま川や湖に排出されることもめずらしくない。近年では、世界中の海洋や沿岸部で確認されている大量のプラスチック廃棄物について、強い懸念が広がっている。このようなプラスチック廃棄物の大部分は、ペットボトル、レジ袋、包装袋といった「使い捨て」のプラスチックである。懸念が拡大しているにもかかわらず、水質汚染は、世界中の多くの地域でなおも深刻な問題であり続けている。

安全な飲料水の供給については、大きく改善されている。一九九〇年代、約一〇億人に安全な水が供給され、ほぼ同規模の人たちが下水施設を利用できるようになった。ただし、とくにアフリカのいくつかの地域では、地表水とともに無防備な井戸水や湧き水を飲料水としており、なおも安全な水の供給を確保することが課題となっている（Fig. 5.3）。いくつかの発展途上国では、水道事業が民営化され、料金の値上げで消費者の負担が大きくなっており、他方で、地球温暖化の影響で頻繁に旱魃が発生するなど、安全な水を供給できないという問題が悪化する恐れがある。

　二〇〇〇年に国連が設定した「ミレニアム開発目標」の一つに、二〇一五年までに「安全な飲料水にアクセスできない人たちの割合を半分にする」というものがある。この目標は、スケジュールよりも随分と早い二〇一〇年に達成された。二〇一五年には、世界人口の91％が安全性の向上した上水道にアクセスできるようになり、一九九〇年以降、その実数は二六億人に達している。しかしながら、二〇一五年時点で、コーカサス地方、中央アジア、北アフリカ、オセアニア、サハラ以南のアフリカは「ミレニアム開発目標」を達成できず、主に農村地域の人びとを含む、六億六三〇〇万人が安全性の向上した上水道にアクセスできていなかった（UNICEF/WHO 2015: 4）。発展途上国では、一年あたりの再生可能な水資源の70％から90％を確保しているが、多くの最貧国では、その規模は約4％にとどまっている（UNESCO 2009）。

　下水施設の整備は、上水道ほどは進んでいない。ミレニアム開発目標は、二〇一五年までに世界人口の77％が改善された下水施設を利用していることを挙げているが、その規模は68％に留まっている。このことは、ミレニアム開発目標が提示した数値よりも約七億人も少ないということを意味する。二四億人が改善された下水施設にアクセスできず、そのうち七割を占める農村地域の人びとは屋外で排泄している（UNICEF/WHO 2015: 5）。明らかに、ミレニアム開発目標は、安全な水の供給や下水施設の整備を推進し、その進展を評価するうえで有効な手段である。しかし、課題はなおも残っていることから、二〇一二年、ミレニアム開発目標に代わって、貧困の撲滅、ジェンダー平等の実現、気候変動にたいする具体的な対策、住み続けられるまちづくり、環境にやさしいエネルギーといった相互に関連した一七の目標から構成される持続可能な開発目標（SDGs）という新たな枠組みが採択された。

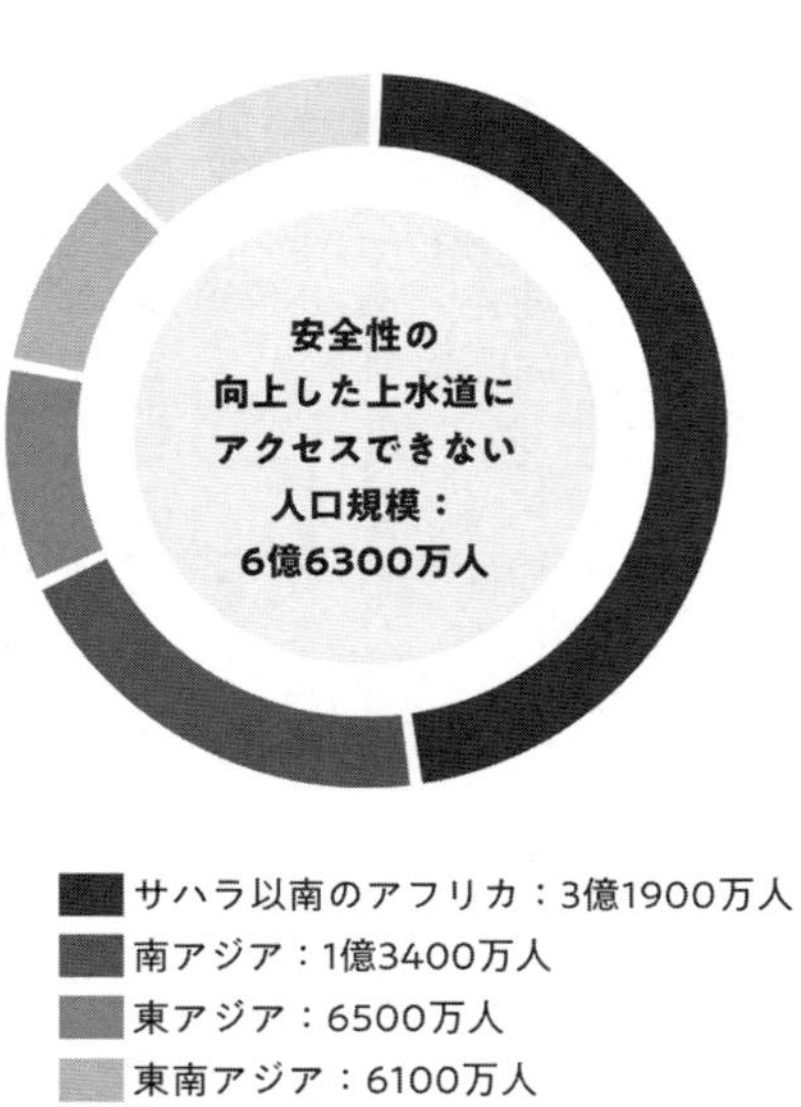

Fig. 5.3　安全性が向上した水の供給源にアクセスできない地域別人口規模（2015年）
出典：UNICEF/WHO (2015: 7).

◎ 固形廃棄物とリサイクル

　今日、包装のない商品を購入することはほとんどなくなっている。包装は、商品を魅力的にみせ、製品の安全性を保証するうえで明らかに利点があるが、同時に大きな問題もある。

廃棄物の量は、国の相対的な豊かさと密接な関係がある。たとえば、近年、欧米的な資本主義と消費文化の様式へ移行していったポーランド、ハンガリー、スロベニアにおける一人当たりのごみ廃棄量は、アメリカ、デンマーク、オーストラリアの半分以下である。しかしながら、今日、高度に発展した消費社会では、より効率的に廃棄物を処分している。Fig. 5.4が示すように、ドイツ、ノルウェー、アイルランドといった国々は、埋め立て処分場に向かう廃棄物の割合を徐々に縮小させている。欧州連合は、「リサイクル社会」の実現を目指しており、生産段階で商品の包装を減らすとともに、廃棄物のリサイクルや堆肥化を推進しようと努めている(ヨーロッパ経済圏に所在する自治体では、二〇二〇年までに廃棄物の半分をこのように処分することが計画された)(European Environment Agency 2013)。

先進産業社会は「使い捨て社会」と呼ばれることが多い。なぜならば、当然のように廃棄されるものが膨大な規模だからである。ほとんどの先進産業国では、廃棄物の収集事業はほぼ普及しているが、膨大な量の廃棄物を処分することがますます困難になっている。埋め立て処分場は廃棄物であふれつつあり、多くの都市では廃棄物を処分する場所が足りなくなっている。たとえば、スコットランドでは、二〇〇六年、家庭廃棄物の約90%がなおも埋め立て処分場に向かっている。スコットランド環境保護庁の報告によれば、家庭廃棄物は毎年2%ずつ増加している。

廃棄物は国際的に取り引きされており、リサイクルを目的として、プラスチック廃棄物が中国に輸出されていた。中国では、適切な規制がなく、自然環境の悪化をもたらす劣悪な状況のなかで労働者が手作業で廃棄物を分別していた。しかしながら、二〇一八年、中国は、リサイクルを目的として、プラスチックなどの固形廃棄物を輸入することを禁止した。その結果、廃棄物を輸出する各国政府は、固形廃棄物を処分する別の方法を模索せざるをえなくなった。中国に続いて、二〇一九年にインドとマレーシアが固形廃棄物の輸入を禁止し、二〇二一年にはタイが同様の措置を発表した(Lee 2019)。

イギリス政府が発表した統計資料によれば、二〇一〇年に40.4%であった廃棄物のリサイクル率は、二〇一七年に45.7%に上昇した。埋め立て処分場に向かう生分解性の廃棄物も割合的に縮小し、同時期に36%から21%へと推移した(Defra 2019b)。そのため、家庭廃棄物の規模は増大していったものの、時が経過するとともに廃棄物のリサイクル率は上昇している(Defra 2016)。廃棄物全体の規模にたいしてリサイクルされる廃棄物の量はなおも少ないと言えるかもしれないが、廃棄物の大部分は容易に再加工・再利用できない。食品の包装で使用されるプラスチックの大部分は、再利用できない廃棄物になり、処分場で埋められる。そして、プラスチック廃棄物は、何世紀にもわたって処分場に残存するかもしれない。リサイクルは、世界中で大きな産業になりつつあるが、世界に広がる「使い捨て社会」を変革するにはなおも課題が山積している。

発展途上国において、家庭廃棄物に関する最大の問題は、廃棄物回収事業が《実施されていない》ということである。発展途上国では、家庭廃棄物の20%から50%が回収されていないと推定されている。廃棄物処分システムが適切に運営されておらず、その

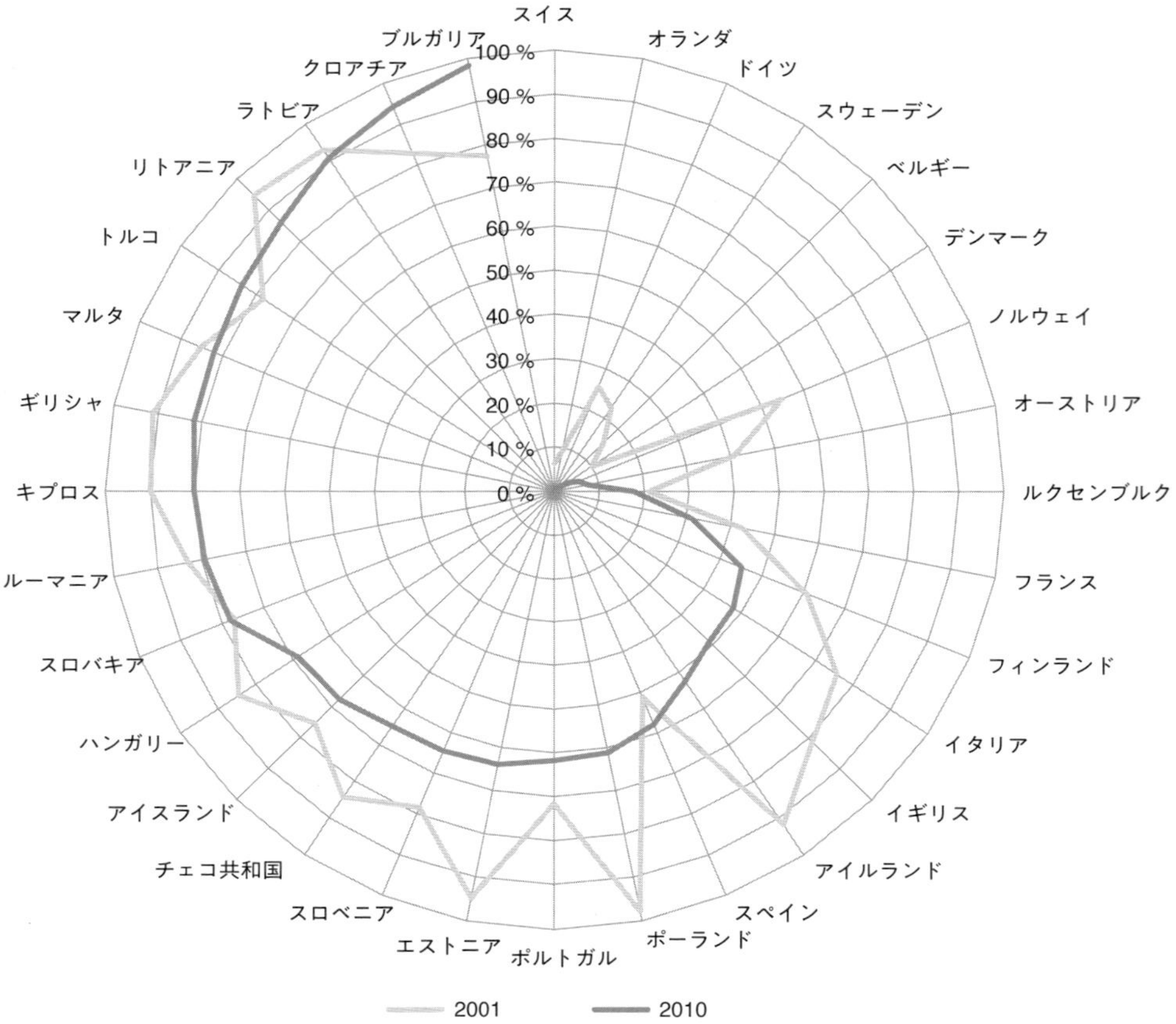

Fig. 5.4　ヨーロッパ経済圏における国別埋め立て廃棄物比率（2001年および2010年）
出典：European Environment Agency (2013:21)

結果、ごみが街頭に山積みになり、病気の蔓延につながっている。時の経過とともに、発展途上国は、先進産業国の現状よりもはるかに深刻な廃棄物処分の問題に直面する可能性が高い。なぜならば、社会が豊かになるにつれて、食品廃棄物などの有機的な廃棄物から、分解まではるかに長い時間を要するプラスチックや合成物質へと徐々に移行していくからである。

◎ 食料不足とバイオテクノロジー

世界で最も人口密度が高く、人びとが主食として食べている穀物（米など）の備蓄が次第に減少している地域がある。地球温暖化は、**砂漠化**を悪化させ、収穫に影響を与える可能性があり、食料不足がより拡大していくという不安につながっている。その結果、現在の農業技術では、人口規模が拡大するなか、充分な穀物を生産できないだろうと多くの人びとが懸念している。環境に関するさまざまな課題と同様、飢餓も不均衡に発生する。先進産業国における穀物生産は余剰になっているが、貧困国では、食料不足が慢性的な問題になる可能性が高い。

イギリスは、二年間にわたって食料供給や農業の未来に関する調査を実施し、その結果にもとづく将来予測報告書を発表した。本報告書によれば、現在のグローバルな食料システムは持続可能ではなく、飢餓の問題を解決できないであろう（Foresight 2011）。世界人口が二〇三〇年に七〇億人から八〇億人以上、さらに二〇五〇年に九〇億人にまで拡大すると、水、土地、エネルギーを求める競争が激化し、また地球温暖化は食料生産システムの負担を拡大するであろう。このようなさまざまな要素が結びついた結果、大きな脅威が発生し、緊急的な措置が要請される。小手先の措置や食料自給の達成を目指す取り組みでは、この問題は解決しないだろう。この将来予測報告書は、第一に持続可能なかたちでより多くの食料を生産する必要がある、第二に資源集約的な食料の需要を抑制しなければならない、第三に食料システムの全分野における廃棄物を最小化すべきである、第四に食料システムの政治的・経済的ガバナンスを改善する必要があると訴え、これら四つの場面で政策上のアプローチや措置を調整すべきであると主張した（ibid.: 12-13）。

またこの将来予測報告書は、持続可能な食料システムを追求する際に、政策オプションや科学技術を切り離して議論を進めるべきではないとも訴える。そして、バイオテクノロジーの発展が将来の食料危機を回避するカギになるかもしれないと認識する科学者や政治家もいる。主食穀物の遺伝組成を操作することで、その光合成能力を向上させて、生産量を拡大することが可能になる。この過程は、遺伝子組み換えとして知られ、このようにして生産される植物は**遺伝子組み換え作物**（ＧＭＯｓ）と呼ばれている。科学者は、たとえば、通常よりもビタミンを多く含有する遺伝子組み換え作物を開発している。また、昆虫の食害や真菌・ウィルスによる病気、周辺に生える雑草を一掃するために一般的に使用される農業用除草剤にたいして耐性が強い遺伝子組み換え作物もある。遺伝子組み換え作物でつくった食品、その痕跡のある食品は遺伝子組み換え食品として知られ、遺伝子組み換え作物は「遺伝子導入《トランスジェニック》」穀物と呼ばれることがある。

遺伝子組み換え作物は、異なる種のあいだで遺伝子を移植していることから、既存のものとは異なっている。この方法は、異種交配という従来の方法よりもはるかにラディカルな介入である。遺伝子組み換え作物は、植物のみならず動物のあいだで遺伝子を移植する際に用いられる遺伝子接合という技術によって生産される。たとえば、最終的には人間向けの移植用臓器を提供することを目指して、人間の遺伝子を豚などの家畜に導入する実験も実施されている。市場で売買されている遺伝子組み換え作物には、このようなラディカルな生体工学は用いられていないが、これまで人間の遺伝子が植物に接合されることもあった。

科学者は、「スーパーライス」の遺伝子組み換え種によって、米の生産が35％増になると主張している。また、世界中でビタミンAが欠乏する子どもたちは一億二〇〇〇万人以上になるが、「ゴールデンライス」と呼ばれる別の遺伝子組み換え種は、より多くのビタミンAを含有しており、このような子どもたちを減らすことが期待できる。これらのバイオテクノロジーの発展は、積極的に歓迎されていると思われるかもしれない。しかし、実際には、遺伝子操作は現代における最も論争的な問題の一つになっている。遺伝子操作の問題は、科学技術の利点と環境破壊のリスクが紙一重であることを示すだろう。

遺伝子組み換え食品をめぐる論争　一九九〇年代半ばに遺伝子組み換え食品をめぐる激しい論争が展開された。欧州連合で食品表示に関する規則が制定される前に、アメリカから遺伝子組み換えの大豆がはじめてヨーロッパに輸送されたのである（Horlick-Jones et al. 2009: 4）。グリーンピースやフレンズ・オブ・アース（FoE）は、遺伝子組み換えに反対する運動を展開し、ヨーロッパのスーパーマットにたいして遺伝子組み換え食品を仕入れないように圧力を強めていった。このようにとくにヨーロッパでは懸念が広がった（Toke 2004）。

アメリカ企業のモンサントは、遺伝子組み換え技術の開発を牽引していた。モンサントは、種子企業を買収し、自社の化学部門を売却すると、新たな遺伝子組み換え作物の販売に注力するようになった。最高経営責任者は、アメリカで大規模な宣伝活動を開始し、遺伝子組み換え作物の利点を農業従事者や消費者に訴えた。モンサントの宣伝活動によれば、遺伝子組み換え作物は、世界中の貧困層に食料を供給する一方、汚染をもたらす化学物質、とくに殺虫剤や除草剤に含有する化学物質を削減できる。また、バイオテクノロジーによって、農業従事者はより品質が高い穀物をより多く生産できると同時に、環境を維持・保護することが可能になるという。しかしながら、遺伝子組み換え作物は本質的に新奇性が高すぎて、自然環境のなかに導入されたときにどのような影響が及ぶのかは誰にも予測できず、多くの消費者団体は起こりうるリスクに懸念を表明した。

イギリスでは、多くの一般市民が遺伝子組み換え作物に反対する意思を表明した。二〇〇三年に実施された典型的な調査では、イギリス市民の59％が遺伝子組み換え食品は禁止すべきであると強く同意していることが明らかとなった（ONS 2005）。「**直接行動**」の参加者は、全国にある公式の治験農地で遺伝子組み換え作物を引き抜いた。同様の反応は、その他のヨーロッパ諸国でも起こった。イギリスでは、主要スーパーマーケット・チェーン八社のうち七社が遺伝子組み換え食品に関する方針を変更した。そのうち五社は、自社ブランド製品の原材料に遺伝子組み換え作物を使用することを完全に禁止し、現在もこの方針を変更していない。そして、八社すべてが原材料をより詳細に表示すると強調した。二大食品会社のユニリーバとネスレは、遺伝子組み換え食材の受け入れを撤回すると発表した。アメリカでも、遺伝子組み換え作物の大規模生産に従事していた農業従事者が従来の農業生産に戻っていった。

環境保護団体や消費者団体による異議申し立ては、モンサントの命運に影響を及ぼし、その市場占有率の縮小をもたらした。マツウラの議論（Matsuura 2004）によれば、バイオテクノロジー産業は初期段階で二つの失敗を犯した。第一に、一般市民の懸念を軽視したことである。遺伝子組み換えは感情的な問題であるのに、モンサントは、純粋に合理的な議論によってこの問題を対処しようと試みた。最高経営責任者はテレビに出演し、モンサントが重大な失敗を犯し、「憤慨し、敵意を抱いた人たちの方が納得した人たちよりも多かった」ことを認めた。このような最高経営責任者の発言は、驚くべき方向転換であった。そして、モンサントは、最も論争的であった計画の一つであった、「ターミネーター」と命名された遺伝子の使用を完全に中止せざるをえなくなった。この「ターミネーター」は、モンサントが農業従事者に販売する種子が一代限りで実を結ばなくなる遺伝子であった。モンサ

グローバル社会 5.2

スーザン・フラインケル
——プラスチックにたいする私たちの愛憎に満ちた感情

プラスチックは、世界全体で発生するごみの約10%に過ぎないが、それ以外のほとんどの廃棄物とは異なり、分解されずに残存する。その結果、世界中で実施されている海岸調査は、浜辺に打ち上げられたごみのうち、六割から八割くらいがプラスチックであることを一貫して明らかにしている。毎年、海洋自然保護団体オーシャン・コンサーバンシーは、国際海岸クリーンアップ・キャンペーンを主催し、現在は一〇〇か国以上が参加している。（中略）チリ、フランス、中国、いずれの海岸でごみ拾いをしても、ボランティア参加者がみつけるものは共通している。それは、プラスチック製のボトル、刃物類、プレート、コップ、ストローやマドラー、ファストフードの包装紙、パッケージなどである。喫煙関連製品のごみが最も多い。半合成ポリマーの酢酸セルロース繊維でできているタバコの吸殻は、あらゆる集計において一位を占めている。（中略）

漂流するプラスチック袋、捨てられたライター、投棄された漁網などは確かに危険であるが、最も深刻で、気づかれないままに進行する脅威は、世界中の砂浜や海洋に拡散する無数のマイクロ・プラスチックかもしれない。このような小さなごみは、まとめてマイクロ・デブリと呼ばれており、近年まで専門家にもあまり知られていなかった。（中略）マイクロ・デブリが増加している要因として、プラスチックの生産拡大を挙げることができる。この結果、マイクロ・プラスチックが増加し、環境に溶け込んでいる。現在、マイクロ・プラスチックは、海洋ごみ全体の約10%を占めていると考えられている。また、家庭用洗剤や美容洗顔料のスクラブ剤、船体洗浄剤として、小さなプラスチック・ビーズの使用が拡大していることも、マイクロ・デブリが増加する要因である。（中略）しかし、マイクロ・デブリの主な発生源は、恐らくマクロ・デブリである。マクロ・デブリは、太陽や波によって分解したプラスチックのごみで、マイクロ・プラスチックよりは大きい。包装用のひもやナイロン製の漁網は、アザラシ、サメ、さらにはクジラを窒息させることがあるが、それと同じくらい海洋生物にとって脅威となっているのはマイクロ・デブリであるという懸念が専門家のあいだで強まっている。

出典：Freinkel 2011: 127-8, 134-5より抜粋。

Fig. 5.5　2017年における発展途上国と先進産業国におけるバイオテクノロジー作物の分布
出典：ISAAA (2017).

ントは農業従事者を誘惑し、「バイオテクノロジーの奴隷」にするつもりではないかという批判もあった。

遺伝子組み換え作物をめぐる争点が明らかにしたのは、環境問題は常に自然的なものと社会的なものが複雑に結びついているということである。二〇〇〇年五月、イギリス政府は、遺伝子組み換え作物の花粉によって、農業従事者が従来のアブラナを栽培してきた何千エーカーの農地が「汚染」されたことを認めた。その数週間後に発表されたドイツの研究は、アブラナの遺伝子組み換えで一般的に使用される遺伝子が種の壁を越えてミツバチに入り込んでいると指摘した。このような研究成果によって、環境保護団体は**予防原則**を訴えるみずからの立場が支持されたと認識した。この予防原則は、新たな技術における潜在的リスクの有無に関して疑問の余地がある場合、その使用が承認される前に生産者自身が安全性を証明する責任があると提案するものである。ただし、このような予防原則はイノベーションを窒息させるものであり、歴史的に考えるとあまりに素朴であるという批判もある。実際のところ、多くの科学技術は、安全性が検証されていなくても、大きな恩恵をもたらしてきたのである。

環境保護団体の懸念にもかかわらず、遺伝子組み換え作物に関する法律が概して厳しくない発展途上国をはじめ、世界的に遺伝子組み換え作物を栽培する農地が拡大を続けている（Fig. 5.5）。二〇一〇年までに遺伝子導入《トランスジェニック》作物を栽培する農地面積は世界全体で一〇億ヘクタールに達した（Peng 2011）。そして、二〇一七年、遺伝子組み換え作物を生産する農業従事者は、二四か国で約一七〇〇万人であった（ISAAA 2017）。

遺伝子組み換え作物をめぐる論争は、「**人工リスク**」の好例であろう。人工リスクは、明らかに「自然」の問題であるが、人間の介入によって発生したものである。本章において、環境と関連したリスク概念について後述するが、まずは社会と自然の関係に着目した主要な社会学を詳しくみてみよう。

▼批判的に考える

未検証の新たな科学技術は慎重を重ねて利用すべきであるという予防原則はどれくらい現実的であろうか。安全性が証明されていない科学技術が成功をもたらすなど、予防原則に疑問を呈するような実例を考えてみよう。

■ 社会学理論における環境

環境問題に関する議論を率いてきたのは、自然科学者である。環境汚染、遺伝子操作、地球温暖化といった事例が示すように、環境問題は、《自然科学的》な調査や証拠に取り組むことが必要であるため、ほとんどの社会学的な主題とは異なる。しかしながら、環境問題の特徴は複合的であることから、自然科学者だけで議論できるものではないと言えるだろう。本章で簡潔に紹介した地球温暖化の問題は、環境問題の複合的な特徴を示す一例として取り上げることができる。

気候変動に関する政府間パネル（ＩＰＣＣ）の科学者は、産業化、都市化、グローバリゼーションの過程といった人間活動が主な原因となって地球温暖化が発生していると認識している。そして、これらの領域に関する専門家は、社会学、政治学、人文地理学、開発や国際関係に関連する領域で研究する《社会》科学者である（Urry 2011）。環境問題を正しく理解し、解決を図るためには、これまで以上に社会科学者と自然科学者が相互理解を深めるように努めなければならないだろう。

本節では、グローバルな環境問題の解決を図る主要なアプローチとともに、社会発展と環境破壊を結びつける社会学理論を取り上げてみよう。

◎ グローバル・リスク社会を生きる

人類は常にさまざまなリスクに直面しながら生きてきたが、今日のリスクはかつてのリスクとは質的に異なっている。最近まで、人間社会は**外的リスク**の脅威にさらされていた。外的リスクとは、人間活動とは関係なく自然界で発生する旱魃、地震、飢餓、暴風雨をはじめとする危険な状況を意味する。地震と津波が示すように、地球は多くの活発な自然過程によって特徴づけられることから、これからも外的リスクは続くものである。しかしながら、人類の知識や科学技術は自然界に影響を及ぼしており、その結果、創出されたさまざまな人工リスクがますます人類にのしかかっている。

遺伝子組み換え食品や地球温暖化をめぐる議論は、日常生活における新たな選択肢と課題を人びとに提示してきた。人工リスクの帰結に関して決定的な答えはないことから、それぞれ個人はどのようなリスクを受け入れるかを決定しなくてはならなくなっている。食品や原材料を生産・消費した結果、健康や自然環境に否定的な影響が及ぶのであれば、これらは回避されるべきなのだろうか。何を食べるべきかという一見して単純にみえる決定でさえも、生産物の相対的な利点と欠点をめぐる情報や見解が交錯するなかで下すことになる。

ウルリッヒ・ベックは、リスクやグローバリゼーションに関して幅広い議論を展開した（Beck 1992, 1999, 2009）。技術革新が加速し、新たな形態のリスクを創出するにつれて、常にこのような変化に対応・適応することが求められるようになる。現代的な社会生活において、雇用慣行の流動化、雇用保障の不安定化、伝統や慣習が自己アイデンティティに及ぼす影響力の低下、伝統的な家族形態の浸食、人間関係上の民主化といった一連の変化が連動的に生じ、今日のリスクが創出されている。過去と比べると、人びとの将来ははるかに流動的になっていることから、個人が下すあらゆる決定は本人にとってリスクになりうる。たとえば、結婚は、かつては生涯にわたる献身的な関係であったが、今日は高いリスクをともなう人生を暗示するものになっている。進学やキャリア形成に関する決定もリスクが高いという感覚を与える。急速に変化する経済において、どのような技能が評価されるかは予測が困難である。「古典研究5.1」では、とくに環境リスクに関連づけて、ベックの議論を紹介したい。

ベックは、人工リスク、とくに社会と環境のつながりに関連したリスクにたいする意識が高まっていると論ずる。このようなベックの議論は、この数十年間に環境をめぐって展開されてきた大規模な抗議活動を取り上げることで充分に説明できるだろう。たとえば、エクスティンクション・レベリオンの抗議活動や国際的に展開された気候のための学校ストライキは、人間活動とつながりがある地球温暖化や生物多様性に焦点を合わせることが多い。多くの環境保護団体は、国政の変更を目指す活動を展開しているが、グローバルノースが享受する大量消費的なライフスタイルの長期的な持続可能性に疑問を呈してきた。次に**消費社会**に着目し、なぜ消費者の行動を変化させることが環境意識を高め、環境にたいする人間活動の影響を縮小する方法につながる可能性があるのかを議論したい。

◎ 消費主義と環境破壊

重要な「人工リスク」の一つは、大衆的な消費パターンが引き起こす環境破壊である。消費とは、財、サービス、エネルギー、資源が人びとに使用されることであり、肯定的・否定的特性を帯びる現象である。世界的な消費規模の拡大は、過去に比べて生活環境が改善していることを意味するが、他方で大衆消費は否定的な影響をもたらしうる。消費動向によって、環境資源の土台が破壊され、不平等の傾向が悪化することもある。

工業的な資本主義は、社会を「生産の踏み車」に組み込み、その結果、環境破壊、自然資源の急速な枯渇、深刻な汚染と廃棄物をもたらしていると議論されてきた（Schnaiberg 1980）。しかしながら、20世紀において、この方向で「生産の踏み車」の稼動を高速化させたのは、近代的な消費主義であった（Bell 2011）。消費とは、人間が生存するために関与しなければならないことだが、近代的な消費は、それ以前の消費とはまったく性質が異なる。

大衆向けの生産は、必然的に大規模な消費をともなうものである。生産活動と消費行動は地理的に離れた場所で遂行されるかもしれないが、産業生産物は、購入・消費されなければならない。商品は、生産コストが最も低いところで製造され、最善の価格で販売できるところで消費される。よって、この六〇年間ほど、工業的な生産拠点は発展途上国に移動していった。グローバリゼーションの過程と結びついた、このような動向を明示したのは、香港、韓国、シンガポール、台湾など、一九七〇年代に台頭した新興工業国（ＮＩＣｓ）の急速な変容であり、それ以降に続く、インド、中国、マレーシアなどにおける産業的な発展であろう。

また社会学者は、思考様式、メンタリティ、もしくはイデオロギーとして消費主義を理解する（Corrigan 1997; Campbell 1992）。人びとが継続的に消費する動機と消費を欲望する理由を問うならば、消費主義のこのような側面を理解できるだろう。その理由は、単純に消費財が人びとにとって「使用価値」があり、時間と労力を省くうえで有益だからかもしれない。しかしながら、奢侈品《しゃしひん》に、このような説明は当てはまりにくい。奢侈品は、社会内部の社会的地位をめぐる競争に関わっており（第12章「社会的

古典研究 5.1

ウルリッヒ・ベックとグローバル・リスク社会

問題関心

本章では、ここまで産業化がもたらしたいくつかの環境的帰結とますますグローバルになっていく人間活動の軌跡について論じてきた。長期的観点から考えると、産業化の拡大は、環境リスクというかたちで副作用の肥大化と深刻化をもたらしていると認識できる。だが、近代的な生活は本当にかつてと比べてリスクが高くなっているのだろうか。それとも人びとの「リスク意識」が高くなっているだけだろうか。環境問題に関する人びとの不安は過剰と言えるだろうか。ドイツの社会学者ウルリッヒ・ベック（1944-2015）は、リスクに関する社会学理論の第一人者である。ベックによれば、かつて社会学者が認識していた以上に、リスクははるかに重要である。

ベックによる説明

19世紀から20世紀にかけて、近代社会の政治は、労働者と雇用者のあいだの大きな利害対立、マルクスの表現でいえば無産の労働者階級と有産の資本家階級のあいだで起こる利害対立で占められていた。労働組合や労働党が社会的に創出された富をより平等に配分することを主張したように、階級対立の焦点は富の配分にあった。もちろん、このような闘争は今日もなお存続している。しかし、ウルリッヒ・ベックは、環境リスクが顕在化するにつれて、富の配分をめぐる対立は重要性を失っていると論ずる（Beck 1992, 2002, 2009）。ベックによれば、もし「成果物」が環境破壊で汚染されるならば、「成果物」の配分をめぐる闘争は無意味になると認識する人びとが増えている（Beck 2002: 208）。ベックは次のように述べる。

> 富の源泉は「有害な副作用」の肥大化によって「汚染」されているという認識が拡大している。このような状況は新しいことではない。しかし、貧困問題の解決が図られるなか、長いあいだ、環境問題の深刻さは認識されないまま、今日に至っている。換言すると、リスク社会では、認識されることのない意図せざる帰結は、歴史や社会における支配的な勢力となっている。（Beck 1992: 20-1）

環境問題が累積するにつれて、産業社会の解体は徐々に進行する。このような状況は、経済成長や物質的繁栄を性急に追求した意図せざる帰結である。ベックの議論によれば、環境汚染は国境を越えて拡大することから、「世界リスク社会」が到来していると考えてよいだろう（Beck 1999）。世界リスク社会とは、リスク意識やリスク回避が中心的な特徴となる新たな社会形態である。どこで製品が生産・消費されようと、その影響は遠隔地にも拡張している。相対的に豊かな国であっても、産業的な汚染やグローバルな環境破壊の影響から免れない。しかしながら、科学や技術にたいする依存はこれからも続くであろう。なぜならば、科学や技術をつうじてのみ、産業における生産過程は安全かつ効率的に管理できるからである。

ベックは、政治的争点において優先度が低かった環境問題が重要性を増していることを示そうとする。人びとが直面するほとんどのリスクは、人間の活動がもたらした産物であって、純粋に自然発生的な災害とは言えない。このことは、環境が政治的な論争や意思決定の対象となっていることを意味する。一九七〇年代に環境保護団体や緑の党が創設されたのは、環境問題が政治における中心的課題になっていく第一歩であったと認識できるだろう。

批判

ベックが展開した全体的な議論にたいする主要な批判の一つに、環境リスクにたいする意識は確かに高まっているものの、ベックのいう**「リスク社会」**の到来を裏付ける充分な根拠が（まだ）あるとは言えないというものがある（Hajer 1996）。同様に、階級対立をめぐる旧来の政治が弱まり、新しいリスクに関する政治が重要になっているという考えは時期尚早だろう。ほとんどの国において、緑の党は既存の政党システムを打破していないし、富の創出・配分と環境保護の目標がぶつかるとき、依然として前者の方が優先されるのが世界的な傾向である。最後に、ベックの議論は、文化によってリスクの定義が異なるということを説明できていないと批判されている（Douglas 1994; Scott 2000）。ある社会において「リスク」と定義されていることが他の社会においても同じように定義されるとは限らない。たとえば、経済的に豊かな産業社会で汚染と定義されることが、経済的にさほど豊かではない発展途上国では健全な経済発展の象徴として認識されることは少なくない。

現代的意義

リスク概念は、環境問題や社会変動の方向性をめぐる今日の社会学的議論において特別な位置を占めている。ベックのリスク論は、環境保護運動が訴える懸念に耳を傾ける人たちがいる理由を説明しうることから有効性が高いと言える。ひとたび人びとがリスクに敏感な反応を示すようになると、環境保護団体の主張はますます意味をなすようになる。ベックの『リスク社会』は、これまでにないような新たな方向で展開する近代とそのありうる将来を社会学的に考察しており、その結果、社会学的伝統の再検討を迫っている。このような理由から、『リスク社会』は社会理論の近代的古典になっていると評価できるだろう。

▼批判的に考える

どのように人びとは日常生活におけるリスクを意識するだろうか。「あえてリスクを冒す活動」に関わることはあるだろうか。もしそうならば、どのような理由があるだろうか。リスクとは、常に近代生活の否定的な側面だろうか。それともリスクの肯定的な側面を考えることはできるだろうか。

相互行為と日常生活」を参照のこと）、近代的な消費主義のもう一つの側面を示すだろう。大衆消費の差異化が広がった結果、時代に合ったスタイルやファッションにしたがいながら、複雑で繊細な卓越化を図ることが可能になっている。人びとは、最新ファッションにたいして積極的に割り増し料金を支払うだろう。なぜならば、このような商品をもっていれば、みずからについて何かを語り、可視的な方法でみずからの地位や上昇志向を伝達することが可能になるからである。衣服のような明確な使用価値をもつ製品もファッション商品であり、着られなくなる前に処分・交換するだろう。ファッションが変化し、廃棄物が大量になると、環境負荷が高まる。

　時が経過するにつれて、消費者向けの商品は日常生活のなかに組み込まれ、自明視されるようになる。このような状況になると、他の可能性を認識することが困難になるだろう。プラスチック汚染と海洋生物にたいする影響が懸念されるようになると、レジ袋は有料になり、より丈夫な「生命を守るための買い物袋」が宣伝された。このような対応は、プラスチックの買い物袋は無料であるという人びとの日常感覚を打破すると同時に買い物客を教育することを目的としている。この一例は、具体的な目標を定めて、環境にやさしい行動を促すことを意図した簡単な取り組みである。今日、「ファストコーヒー」の紙コップ、ストロー、ふた、小売チェーン店のさまざまなプラスチック包装などに関連して、以上のような取り組みが継続されている。

「自動車システム」の脱炭素化？

おそらく最も環境破壊をもたらしている消費者向けの商品は自動車であろう。とくに自家用車は環境に及ぼす影響が大きい（Lucas et al. 2011）。一台、二台、さらには三台以上の自家用車を所有する世帯は多く、近所での買い物、子どもの送迎、近隣に住む友人や親戚の訪問など、近距離移動でも自動車を利用する。しかし、自動車の所有者や利用者が増加すると、大量の汚染や廃棄物が発生し、温室効果ガスが排出される主要な原因になる。なぜ自動車利用を減らすことは困難なのだろうか。

　ほとんどの運転者は、自家用車の所有が環境に及ぼす否定的な側面を示す証拠が蓄積しているにもかかわらず、純粋に環境保護を理由に、家族向け自動車、四輪駆動車、ＳＵＶ、ハッチバック車などを手放すということに消極的である。都市的地域では、自動車がもたらす低レベルの汚染によって何千人も死亡している。また、生活道路は、大半の地域住民が自動車を所有していることから荒廃している。しかしながら、自家用車は、人びとの日常生活に深く組み込まれている（Mattioli 2014）。このような状況は、近代的な生活を送るうえで自家用車は機能性が高いということから部分的に説明できるだろう。多くの都市は、自転車や徒歩ではなく自動車による移動を前提に設計されてきた。ショーブらが論ずるように、自動車所有は、「買い物、通勤、通学をはじめとする社会的実践の幅が広がり、自動車による移動が不可欠になった帰結である」（Shove et al. 2015: 275）。

　自動車所有に関する意識調査によれば、イギリス北西部にあるナショナル・トラスト保有資産を訪問する人たちは、いくつかの消費者タイプに分類できる（Anable 2005）。第一の類型は《不満を抱いた運転者》で最も多い。《不満を抱いた運転者》は、さまざまな側面において、みずからの自動車利用に不満を抱いているが、公共交通機関はあまりにも制約が大きく、真の選択肢になりにくいと認識していることから、自動車に乗り続けている。第二の類型は《自己満足的な自動車中毒者》で、自動車以外にも選択肢があると認めつつ、自動車を利用すべきではないという切迫した道徳的要請に従う必要はないと考える。第三の類型は《熱心な環境主義者》で、すでに自動車利用を減らしているが、自動車には利点が多いことから、自動車を手放すことはできないと認識している。第四の類型は《保守的な自動車愛好家》で、自動車を利用する権利があると考え、自動車の運転を楽しみ、バスや鉄道をはじめとする自動車以外の交通手段に否定的な感情を抱いている。第五の類型は《自動車を所有しない改革者》で、環境保護を理由にすでに自動車を手放し、肯定的な観点から自動車以外の交通手段を評価する。第六の類型は《消極的な同乗者》である。《消極的な同乗者》は、公共交通機関よりも自動車での移動を好むが、健康問題を含むさまざまな理由から自動車を運転できないので、他者が運転する自動車に同乗する。本研究は、人びとの環境意識が高まるなか、不特定多数に向かって、公共交通機関の利用や電気自動車への移行を宣伝しても効果は期待できないということを明らかにしている。「セグメンテーション・アプローチは、介入政策が効果をもつためには、さまざまな下位集団の異なる動機や制約条件に応答する必要があるということを示している」(ibid.: 77)。

　ある社会学者は、長期的観点から考えると「自動車の世紀」はいずれにしても終焉を迎えるだろうと論ずる。なぜならば、石油供給が上限に達し、地球温暖化の軽減を図るべく新たな「低炭素」技術の開発が推進されており、そして、人口増加によって、自動車所有の大衆化は持続可能ではなくなっているからである。現在、自動車、バン、バスなどが電気自動車に移行しつつあり、多くの人びとが生まれてからずっと慣れ親しんでいる移動の自由を維持しながら、二酸化炭素排出量を大幅に削減できるようになるかもしれない。

　しかしながら、電気自動車はなおも自動車であることを忘れてはならない。電気自動車は、製造して動力を供給しなければ走らないし、最後は廃棄しなければならない。また、駐車場や道路を整備する必要がある。交通渋滞をもたらすということも覚えておく必要があるだろう。それゆえ、電気自動車は、従来の自動車と同様の社会的・環境的影響を発生し続けるのである。さらに、電気自動車が環境保護に有効であるのは、ノルウェーの水力発電所をはじめとする低炭素排出エネルギー源、太陽光や風力などの再生可能エネルギー源から生産される電力を利用している場合に限られる。このような場合でも、電気自動車が大衆化すれば、発電能力を拡大することが必要になる。国のエネルギー構成比において、石炭、石油、ガスがなおも主要である場合には、電気自動車が環境保護に効果をもつかどうかは不明である。

　デニスとアーリによれば、多くの人たちがガソリン車を所有し、広範な道路ネットワークを走行するという20世紀の「自動車システム」は、現在のかたちで存続することはない（Dennis and Urry 2009）。そして、彼らが議論した通りになりそうである。

とはいえ、未来の「電気自動車システム」は、二酸化炭素排出量の削減に重要な役割を果たすものの、現時点では、従来のガソリン車と大差ないと思われる。少なくとも短期的ないしは中期的には、個人が所有する自動車は、自由と解放という近代的理想を具現化しつつ、自立的な人生と成人期への移行を示す象徴的価値を持ち続けるだろう。

消費主義——ロマン主義的な倫理　近代的な消費主義には、快楽をもたらすというもう一つの側面がある。しかし、《なぜ》近代的な消費主義は快楽をもたらすのだろうか。消費主義の快楽は、商品の《使用》ではなく、商品購入の《期待》にあると議論されてきた。コリン・キャンベルの議論によれば、商品にたいする欲求、あこがれ、追求、欲望など、商品購入までの《期待》こそが消費過程において最も快楽をもたらす要因である（Campbell 1992）。近代的な消費主義は、欲望やあこがれにもとづく、消費の「ロマン主義的な倫理」である。商品やサービスのマーケティングは、人びとの欲望を創出・強化する魅惑的な手法によって、このような予期的な消費主義を利用している。そのようなことから、人びとは絶えずより多くのことを追い求め、決して真に満足することはない。

環境の観点から考えると、「ロマン主義的な倫理」は大きな損害をもたらすものである。人びとは絶えず新しい商品を欲望し続ける。このことは、生産拡大を意味する。大量生産と大量消費のサイクルによって、さらなる深刻な汚染と天然資源の浪費が続いていくだろう。生産に向けたインプットにおいて、大量の天然資源が利用される。消費に至るアウトプットでは、消費者が便利なものを廃棄する。なぜならば、その商品が《役に立たない》からではなく、もはや流行遅れになっているからであり、また消費者が熱望する社会的地位を表象するものではなくなっているからである。

消費社会論は、産業化、資本主義、消費主義が結びつくことで、社会と環境の関係が変容してきたことを示している。多くの環境主義者、社会科学者、自然科学者は、無限に経済成長が続くことはないとの結論を示している。経済成長にともなう環境汚染が世界人口のごく一部に限定されていたならば、生態系に及ぶ影響はさほど深刻なものではなかったかもしれない。しかしながら、産業化は、地球全体に拡張し、大多数の人びとが大都市に居住している。また、資本主義的な多国籍企業が増加しているし、世界中の人びとは消費主義に魅了されている。そのような状況のなか、自然環境の再生力や回復力は著しく弱められている。

世界中の主な消費者は富裕層であるが、消費規模の拡大にともなう環境破壊は、貧困層に甚大な影響を及ぼす。本章で地球温暖化に関する議論をつうじて確認したように、一般的に富裕層は否定的な影響を回避しながら、貧困層よりも消費から多くの恩恵を享受しやすい。ローカルな水準では、富裕層は問題を抱える地域から逃れる経済的余裕がある一方で、そこに残された貧困層はそのコストを背負うことになる。化学工場、発電所、幹線道路、鉄道の線路、空港などは、低所得者が居住する地域の近くに立地することが多く、グローバルな水準でも同じような過程が進行している。**土壌荒廃**、森林伐採、水不足、鉛の排出、大気汚染などは、

自動車は死んだか？　それとも長生きするだろうか？

イギリスでは、二〇一六年における温室効果ガス排出量の約28％が輸送手段によるものであるが、自動車、バン、大型貨物車がその87％を占めている（Committee on Climate Change 2018: 150）。それゆえ、もしガソリン車やディーゼル車から電気自動車への移行を促進すれば、二〇一五年までに二酸化炭素排出量を実質ゼロにするというイギリスの目標を達成するうえで大きな貢献になるだろう。ただし、電気自動車の台数は増加しているものの、二〇二〇年に至るまで、その傾向は緩やかである。

イギリスとは対照的に、ノルウェーでは、二〇一〇年以降、電気自動車の所有台数は急速に増加している。二〇一九年三月、二次電池式電気自動車（ＢＥＶｓ）は、ノルウェーにおける新車販売台数の58.9％を占めた。他方、イギリスでは0.9％にすぎなかった（Browning 2019）。ノルウェーは、化石燃料で走行する自動車から電気自動車への移行を牽引している。交通アナリストは、ノルウェーの消費者が二次電池式電気自動車を選択するように促すことを目的とした多くの恩恵や政府主導のインセンティヴに注目する。たとえば、電気自動車の所有者は、購入時に25％の付加価値税を支払わなくてもよい、バス専用車線を走行できる、多くの駐車場を無料で利用できる、無料もしくは割引料金で有料道路を利用できるといった恩恵がある（Lindeman 2018）。

しかしながら、ノルウェーの経済的成功は、環境保護団体が望んだ夢とはまったく異なるものであった。一九八〇年代以降にノルウェーが達成した経済的成功は、実際には化石燃料に支えられていたのである。ノルウェーの輸出収入のうち、石油やガスが約半分を占めており、二〇一七年には、ロシアに次いで二番目のガス輸出大国になっている（Perrone 2019）。また、電気自動車の普及を図る寛大なインセンティヴも徐々に縮小されている。本書を執筆している現時点でも、二〇二〇年には付加価値税の免除措置を撤廃する、無料充電を廃止する、二次電池式電気自動車にも有料道路の通行料金を課するという計画がある。しかしながら、ガソリン車やディーゼル車は、二次電池式電気自動車よりも高額な税金や料金を支払い続けることになるため、後者の方が有利に競争できるだろう。その他の国々がノルウェーの取り組みに続くべく準備を進め、またそれを実行できるかどうかは、現時点ではまだ読めない。

▼批判的に考える

電気自動車への移行は、輸送手段や都市がもたらす温室効果ガス排出問題の賢明な解決方法のようである。しかし、電気自動車は、期待に反して、地球温暖化の解決策にはならないかもしれない。その理由は何であろうか。電気自動車を普及させる以外に、輸送手段が排出する温室効果ガスを大幅に削減することは可能だろうか。また、温室効果ガスの削減を実現するために必要な変革は何であろうか。

いずれも発展途上国で集中的に発生し、深刻化している。いま必要なことは、先進国と発展途上国を統一プロジェクトのなかに結びつけていく視点であろう。持続可能な開発は、まさにこのような視点を実践しようと目指している。

◎成長の限界と持続可能な開発

環境保護を訴える英誌『エコロジスト』のなかで、エドワード・ゴールドスミスらは産業拡大を非難し、『生存のための青写真』のなかで次のように述べている。「絶えず拡大を目指すエートスと結びついた産業的な生活形態は、持続可能ではないという欠陥があり、遅かれ早かれ、終焉を迎えることは間違いない」(Goldsmith et al. 1972: 15)。人類滅亡を予測するこのような立場は、かつて「終末論」と呼ばれ、環境保護運動においては異端であった。しかしながら、今日、このような終末論的な議論は、若者や公職者のあいだで広く共有されている。持続可能性は、人間活動が地球の生態系に悪影響をもたらさないことを保証し、環境保護運動に関与する動機を人びとに与える中心的な概念である。

環境保護運動を活発化し、環境にたいする人びとの関心を惹起した重要な要因は、一九七〇年代初頭に刊行された有名な報告書にさかのぼる。この報告書は、経済成長が無限に続くことはないという見解を表明した。この報告書の内容については「古典研究5.2」で議論しよう。

持続可能な開発　近年における開発は、ただ経済成長の抑制を訴えるのではなく、**持続可能な開発**という概念に向かっている。持続可能な開発という概念がはじめて用いられたのは、国連が設置した「環境と開発に関する世界委員会」の報告書『われらが共有する未来』においてであった(WCED 1987)。『われらが共有する未来』は、当時ノルウェー首相であったグロ・ハーレム・ブルントラント委員長にちなんで、ブルントラント報告書としても知られている。ブルントラント報告書の執筆者によれば、現世代による地球資源の利用は持続可能なものではなかった。

ブルントラント委員会の認識によれば、持続可能な開発とは「みずからのニーズを満たす将来世代の能力を損なうことなく、現世代のニーズを満たすことを目指した開発」(WCED 1987)である。簡潔な定義であるが、重要な意味を持っている。持続可能な開発が意味するのは、物理的な資源を使い尽くすことなくリサイクルし、汚染レベルを最小限に抑制するような方法で経済成長を達成すべきということである。何世代くらい先を考慮に入れるべきだろうか。五世代、十世代、もっと先の世代だろうか。現世代の「ニーズ」をどのように知ることができるだろうか。相対的に豊かな国々と発展途上国における人間のニーズをどのように比較できるだろうか。これらの問いをめぐる議論はなおも続いている。持続可能な開発という概念は、いかに問題があっても、多くの個人やボランティア団体に活動動機を与えている。

報告書『われらが共有する未来』が出版されると、「持続可能な開発」という概念が環境保護団体や政府によって広く用いられるようになった。この概念は、一九九二年にリオデジャネイロで開催された国連環境開発会議で用いられ、これに続いて、二〇〇二年にヨハネスブルクで開催された持続可能な開発に関する世界首脳会議などの国連会議でも登場している。持続可能な開発は、二〇一五年から二〇三〇年までに実現を目指す一七の持続可能な開発目標（ＳＤＧｓ）を支える国連枠組みである。具体的に、ＳＤＧｓには、貧困や飢餓の縮小、ジェンダー平等、安全な水とトイレの確保、責任ある消費と生産、陸上生態系の保護、気候変動にたいする積極的な取り組みなどが含まれる（UN 2019b）。

＊グローバルな開発に関する詳細な議論は、第6章「グローバルな不平等」を参照のこと。

しかし、持続可能な開発という概念はあまりにも曖昧で、貧困国に特有のニーズを無視しているといった批判もある。この概念は、豊かな国々のニーズだけに着目する傾向があり、どのように発展途上国における高水準な消費が発展途上国の人びとを犠牲にしたうえで満たされているのかを考察していないと論じられてきた。たとえば、インドネシアにたいして熱帯雨林を保全するように要求するのは不公平であろう。なぜならば、インドネシアは、先進産業国よりも収入源が必要であるのに、それを諦めなければならないからである。

生態学的な持続可能性という概念と経済発展という概念を結びつけるのは矛盾をともなう。この指摘は、とくに持続可能性と経済発展が衝突するときに当てはまる。たとえば、新たな道路や小売店の建設が検討されるとき、とくに**経済不況**においては、持続可能性よりも新たな雇用や経済効果の見込みが優先されることが多い。このような傾向は、より積極的な経済活動を展開する必要がある発展途上国の政策に強く現れるだろう。近年、持続可能な開発の概念や実践に関連した深刻な問題が発生し、それが一因となって、環境的公正や生態学的シティズンシップといった考えが広く注目されるようになっている（これについては後述する）。

持続可能な開発に向けた将来的な展望に懐疑的になるのはもっともである。持続可能な開発は、自然界における生態系の維持と人間活動の推進を両立させる方法を模索するが、それは実現不可能なユートピアにみえるかもしれない。しかしながら、持続可能な開発は、国民国家のあいだに共通認識を創出することを目指し、これまでにいかなるプロジェクトも達成しえなかった方法で世界的な開発運動を環境保護運動に結び付けている。持続可能な開発によって、ラディカルな環境活動家はあらゆる目標の完全実現を推進する機会を与えられるが、同時に穏健派は現場の活動に関わりながら、ある程度の影響力をもつことが可能になる。より科学技術を重視するアプローチは、生態学的近代化として知られており、持続可能な開発プロジェクトに近いものと考えることができるかもしれない。

▼批判的に考える

持続可能な開発は、「みずからのニーズを満たす将来世代の能力を損なうことなく、現世代のニーズを満たすことを目指した開発」である。どのように将来世代のニーズを知ることができるだろうか。このような定義から、持続可能な開発を目指す政策を考案しうるだろうか。

◎生態学的近代化

環境活動家は、資本主義的な近代化も、共産主義的な近代化も失敗であったと認識している。資本主義も共産主義もともに富と物質的成功をもたらしたが、それは甚大な環境破壊という代償をともなうものであった。近年、西洋諸国の社会科学者は、**生態学的近代化**に関する理論的視座（ＥＭＴ）を発展させてきた。生態学的近代化理論は、「これまで通り」はもはや可能ではないということを受け入れるとともに、産業縮小化を図るラディカルな環境主義の解決方法を斥ける。その代わりに、生態学的近代化理論が示す解決方法は、肯定的な結果をもたらす技術革新と市場メカニズムの活用に焦点を合わせることで、生産方法を変容し、環境汚染を根源から縮小することを目指すものである。

生態学的近代化理論は、経済成長に影響を及ぼすことなく、ヨーロッパの主要産業が天然資源の使用を縮小することに大きな可能性を見出している。このような立場は一般的ではないが、一定の論理性はあるだろう。生態学的近代化理論の議論によれば、単純に経済成長を否定するのではなく、《生態系にやさしいかたち》で成長を目指すことは理論的に可能である。触媒コンバーターや排ガス制御装置を自動車に設置したのがその一例である。この方法は短期間で導入されていき、先端技術が温暖化ガスを大幅に削減できるということを示している。とくに再生可能エネルギーの生産と輸送において、このような環境保護が本当に可能であるならば、これからも先端技術に支えられたライフスタイルを享受できるだろう。

また生態学的近代化理論の議論によれば、消費者が環境にやさしい生産方法と商品を求めるならば、市場メカニズムはその実現を試み、このような商品を提供せざるをえなくなるだろう。この議論の一例として、上述したようなヨーロッパにおける遺伝子組み換え食品に反対する動きを挙げることができる。スーパーマーケットは、遺伝子組み換え食品の在庫をなくし、また入荷を控え目にしている。なぜならば、多数の消費者が遺伝子組み換え食品は購入しないという意思表示をしているためである。

生態学的近代化理論によれば、以下に示す五つの社会的・制度的構造は、生態系にやさしいものに変容される必要がある。

1. 《科学と技術》――持続可能な科学技術の発明・供給に向けて研究を進める。
2. 《市場と経済主体》――環境にやさしい商品開発にたいするインセンティヴを導入する。
3. 《国民国家》――これが実現するような市場環境を形成する。
4. 《社会運動》――生態系にやさしい方向で企業活動や行政活動を続けるように産業界や国家に働きかける。
5. 《生態学的イデオロギー》――より多くの人びとに訴えかけ、社会の生態学的近代化に関与する動機を与える。

科学や技術は、生産システムの設計段階で生態学的配慮を組み込み、予防的解決を開発するうえでとりわけ重要な役割を果たしている。この結果、今日、環境汚染をもたらしている生産システムは変容するだろう。

古典研究 5.2

経済成長の限界をモデル化する

問題関心

産業化が確立すると、世界人口は肥大化していった。そして、環境負荷が高まり、土壌劣化、森林伐採、環境汚染がもたらされた。このような発展パターンは、とどまることを知らないのだろうか。食料供給は、高まる需要に対応できるのだろうか、それとも大規模な飢饉が発生するのだろうか。地球は、環境を破壊することなく、どれくらいの人口を支えることができるのだろうか。約四〇年前、世界的なシンクタンクであるローマ・クラブは、科学者にたいして、これらの重要な問題提起をした。研究成果として出版されたのが『成長の限界』である（Meadows et al. 1972）。

メドウズらによる説明

『成長の限界』の研究は、コンピュータ・シミュレーション・モデルを用いて、持続的な経済成長、人口増加、環境汚染、自然資源の枯渇がもたらす帰結を予測した。調査チームが構築したワールド3モデルは、一九〇〇年から一九七〇年のあいだに確立した動向が二一〇〇年まで続いた場合にどのようなことが起こるかを明らかにした。コンピュータ予測は、分析に用いる変数の成長速度を変更すると、それにともなって変化し、可能性として起こりうるさまざまな帰結を示した。調査チームは、一つの変数を変更すると、その結果として環境危機が発生するということを発見した。もし世界中の社会に変化がみられない場合には、二一〇〇年になる前に、資源の枯渇、食糧不足、産業の崩壊などによって、成長は終焉を迎えるだろう。

調査チームは、コンピュータ・シミュレーション・モデルを用いて、五つのグローバルな動向を分析した（Meadows et al. 1972: 21）。

- 世界中の加速する産業化
- 急速な人口増加
- いくつかの地域において栄養失調で苦しむ人たちの拡大
- 再生可能ではない資源の枯渇
- 自然環境の劣悪化

この研究は、以上のように明確化した問題のいくつかを解決するために、一二のシミュレーション・モデルを構築し、その妥当性を検証すべく実施された。このように研究を進めることで、調査チームは、人口規模、産業的な生産量、自然資源をどのように組み合わせれば、持続可能になるだろうかという問いを考えられるようになった。一九七二年、調査チームは、顕在化しつつあった環境危機を先延ばしにする時間はまだあるとの結論を示した。しかし、たとえシミュレーション・モデルにおける利用可能な資源が二倍になり、一九七〇年代の水準まで環境汚染が縮小され、新たな技術が導入されたとしても、もし何もせずに問題を放置すれば、二一〇〇年までに経済成長は停止するだろう。以上の結論から、産業社会は長期的に持続可能ではないというラディカルな環境主義的議論の妥当性が証明されたと主張する環境活動家もいる。

批判

多くの経済学者、政治家、産業界は、ローマ・クラブの報告書がバランスを欠き、無責任であり、その予測が実現しなかったことから単純に誤りであったとして厳しく非難した。シミュレーション・モデルは、政治や社会に関する変数が欠落しており、それゆえ、現実世界を説明するうえで限定的であった。後に調査チームはいくつかの批判が正当であるとの認識を示した。シミュレーションに用いられた方法は《物理的》な限界に焦点を合わせ、現段階における経済成長と技術革新の速度を仮定したうえで分析しているが、環境問題にたいする人間の対応力を考慮に入れていなかった。たとえば、市場原理の機能によって、資源の過剰搾取を制限することができるだろう。マグネシウムなどの鉱物資源が希少になるにつれて、その価格は上昇するし、そうなれば、その鉱物資源が利用されることは少なくなる。企業は、生産コストが急上昇することを懸念し、代替案を検討するかもしれない。また、多くの人びとの認識では、『成長の限界』は、現在の動向から将来を予測しようとする不確かな「未来学」と同様に、過剰に悲観的で破滅的な報告書であった。

現代的意義

『成長の限界』は、どのような限界があったとしても、公共的議論や環境保護運動に大きな影響をもたらしたのは間違いない。『成長の限界』は、環境汚染の拡大を許すことの危険性に警鐘を鳴らし、より多くの人たちに産業的な開発・技術が及ぼす破壊的な影響を意識させた。このように『成長の限界』は、現代的な環境保護運動を活性化する重要な触媒となった（より広い議論については、第20章「政治、政府、社会運動」を参照のこと）。二〇年後、研究チームは、『成長の限界』よりも悲観的な内容の報告書『限界を超えて』（一九九二年）を刊行した。『限界を超えて』は、《すでに》生態系は限界を「超えている」と論じ、無為に時間を浪費した世界中の政治家を厳しく非難した。二〇〇四年には、『成長の限界――人類の選択』を刊行し、環境意識や技術発展という点でいくらか前進があったとしつつも、自然環境が限界を「超えている」ことを示す証拠として、地球温暖化、海洋生物資源の縮小などが進行していると論じた。二〇〇五年の国連ミレニアム生態系評価も同様の結論を示しており、『私たちが制御できなくなった生活』という説得力のある題名が付けられている。『成長の限界』とそれ以降の報告書が示した基本的な結論はその後も共鳴し合っている。

一九九〇年代半ば以降、生態学的近代化の観点から三つの新たな議論の領域が生まれた。第一に、生態学的近代化に関する研究が発展途上国にまで広がっていくと、もともとの生態学的近代化理論にみられる欧米中心主義的な視点が大きく揺るがされていった。第二に、ひとたび欧米中心主義的な視点を越えた生態学的近代化理論が現れると、グローバリゼーション理論がより妥当性を高めていった（Mol 2001）。第三に、生態学的近代化が、消費社会学や消費社会の理論を考慮に入れ始めた。これらの研究は、いかに消費者が社会の生態学的近代化に関わることができるか、また、省エネ、水を含む希少資源の節約、リサイクルにより廃棄物削減するために、いかに家庭内の技術を改善できるかを議論している。

生態学的近代化理論が示す可能性は、廃棄物処分産業を取り上げることで説明できるだろう。廃棄物処分産業は、企業や消費者の廃棄物を処分する。近年まで、このような廃棄物のほとんどが簡単に処理されたあと、埋め立て処分場に向かった。今日、産業全体が大きく変容している。技術発展によって、パルプではなく、再生紙から新聞をつくった方がはるかに安くなっている。際限なく木を伐採する代わりに、紙を繰り返し再利用するのは、環境保護に有効であるとともに、経済的合理性が高いからである。個々の企業だけではなく、産業全体がすべての廃棄物をリサイクルし、それを将来的に商品の生産に利用することで、積極的に「廃棄物ゼロ」の目標達成を目指している。トヨタとホンダでは、自動車製造に必要な部品のうち、リサイクルされたものが85%を占めている。このような文脈において、廃棄物は、もはや単なる投棄された有害物質ではなく、産業資源であり、さらなる技術革新を推進する手段でもある。

カリフォルニアのシリコンバレーをはじめとする情報技術産業の集積地域がリサイクルや持続可能な開発に大きな貢献をしてきたというのは重要な意味をもつ。生態学的近代化理論には、多くの伝統的な産業生産とは異なり、情報技術は環境汚染をもたらさないという議論もある。つまり、情報技術が産業生産に関わるほど、環境に有害な影響がおよぶ可能性は縮小するというのである。しかしながら、このような楽観論は誤った認識にもとづいているのかもしれない。情報技術システム、インターネット、**クラウド・コンピューティング**はエネルギー消費量が大きく、巨大なデータ記憶装置が必要である。情報技術産業は「脱物質化経済」というよりは、新たな形態の「重工業」として認識されており、経済発展にともなう問題を簡単に解決できるものではない（Strand 2008）。

＊ 情報技術のエネルギー大量消費の問題は、第13章「都市と都市生活」で議論されている。クラウド・コンピューティングや関連事項については、第19章「メディア」を参照のこと。

生態学的近代化理論は、それ以外の視座とは異なり、グローバルな不平等にはあまり関心を示さなかったが、産業界、個人、非国家主体がいかに社会変容に関わることができるのかを積極的に論じている。これは、地球規模の不平等を減らすことが環境保護の前提条件であるとする持続可能な開発とは異なっている。生態学的近代化理論は、資本主義的な経済システムが環境保護のために機能するようになれば資本主義は存続するだろうが、そうでなければグローバル社会の生態学的近代化がすでに進行中であることから、必然的に資本主義とは異なる経済システムが現れると推測する。

生態学的近代化理論は、技術的解決に期待しすぎており、文化的・社会的・政治的対立については相対的に鈍感であるとの批判的な指摘がある。フォスターの議論によれば、生態学的近代化理論は、ヨーロッパにおける発展、技術的解決、自由市場に焦点を合わせており、このことから真の意味での環境社会学ではなく、それよりも以前にさかのぼる資本主義的な近代化理論に近いと言える（Foster 2012）。この意味において、生態学的近代化理論は、人間例外主義の観念へと逆行している。環境社会学者によれば、このような人間例外主義は、環境問題を社会学理論に組み込むのを妨げる主なイデオロギー的障壁になっている。また、ユーイング（Ewing 2017）によれば、生態学的近代化理論は、持続的な経済成長や利益拡大に焦点を合わせていることから、自滅を招きうる「グリーン資本主義」を提唱する枠組みになっている。「グリーン資本主義」は、緊急性の高い今日のグローバルな環境問題に対処することは不可能であり、それゆえに却下されるべきであるというのがユーイングの一貫した主張である。

確かに、生態学的近代化理論は、科学技術にたいする楽観的展望に満たされており、現状の社会を持続可能なものに変容させる方法に関して充分に議論に耐えうる理論になっていない。しかしながら、資本主義の未来をめぐって、みずからを「不可知論者」であると主張する生態学的近代化の提唱者もいる。つまり、もし資本主義が長期的に持続可能な社会への移行を支えることができるならば生き残るだろうが、もし資本主義がその障壁になるならば消滅するだろうし、それでよいだろう、ということである。おそらく生態学的近代化理論の意義は、実践的な科学技術と持続可能な社会の実現に向けた提案など、現実世界に無数の成果をもたらした点にある。グローバルノースとともにグローバルサウスにおいても財政的に実行可能であるならば、これらの成果はすべて環境問題の解決に大きな効果を生むだろう。

▼批判的に考える

環境問題にたいする生態学的近代主義アプローチをもたらした五つの社会的・制度的構造を再確認し、その展開の順序に従って並べてみよう。最も変容しているのはどの構造だろうか。また最も変容していないのはどの構造だろうか。環境に配慮した方向で社会構造を変容させるために、どのような障壁が乗り越えるのが難しいだろうか。

生態学的近代化の意義を強く訴える提唱者でさえも、グローバルな環境を救済するためには、現在、存在する社会的不平等の水準を改善させる必要があるということを認識している。貧困は、環境破壊をもたらす行動につらなる主要因である。経済的困窮のなかで生きる人びとは、現地で利用可能な地域資源を最大限活用する以外にないのである。これからは「公正な持続可能性」が必要になるだろう（Agyeman et al. 2003; Smith and Pangsapa

グローバル社会 5.3

太陽光発電――実践される生態学的近代化？

生態学的近代化の観点には、再生可能エネルギー計画などの環境にやさしい技術は温室効果ガス排出を抑止する効果があるという主張が含まれている。環境の甚大な劣悪化を引き起こした破壊的な産業形態の回避を支援すべく、発展途上国に再生可能エネルギー技術を提供することも可能である。

近年の事例として広く紹介されるのが、モロッコのワルザザートで建設中の巨大な太陽光発電所（実際には四つの敷地をつなぎあわせている）で、この発電所は、一〇〇万人のエネルギー需要を満たせる見込みである。再生可能エネルギーで国内電力の40％以上を供給するというモロッコの野心的な目標実現にとって極めて重要である。これまでモロッコが海外から輸入した石炭やガスなどの化石燃料に強く依存していたことを踏まえると、大きな転換である。この太陽光発電所が技術的に革新的であるのは、三五のサッカー場、もしくはモロッコの首都ラバトと同じ規模になる太陽光ミラーの行列だけではない。塩を活用した太陽光エネルギーの貯蔵方法も革新的である。

太陽光発電所が発生させる熱は塩を溶融し、これが熱を蓄える効果をもつ。このようにして蓄えられる熱は、夜通し発電タービンに蒸気を送り続ける。モロッコの高温砂漠気候は、このような事業計画を推進するうえで必要な環境である。太陽光ミラーは、従来の太陽光パネルよりも生産コストが高いが、日没以降も発電できるという大きな利点がある。熱を蓄えるこのシステムは、八時間にわたってエネルギーを保存できることから、連続的な太陽光エネルギー供給が可能である。

太陽光発電所が完成したとき、モロッコが充分なエネルギーを生産し、その一部をヨーロッパに輸出できるようになることが期待されている。この計画は官民連携事業である。その総費用は約九〇億ドルで、その大部分は、世界銀行、民間金融機関、公的金融機関が拠出している。もしワルザザート太陽光発電所が目標を達成できるならば、これまで展開されてきた生態学的近代化のなかで最も目覚ましく成功した実践的事例になるだろう。

出典：World Bank (2015); Harrabin (2015); Neslen (2015)

2008）。生態学的な持続可能性を実現するためには、国際社会が連携し、環境保護の必要条件としてグローバルな不平等の解決を図ることが求められる。

◎ 環境的公正と生態学的シティズンシップ

環境的公正とは、労働者階級のコミュニティで活動する草の根ネットワークが形成されたときに、アメリカで生まれた概念である（Szasz 1994; Bell 2004: ch.1; Visgilio and Whitelaw 2003）。草の根ネットワークの多くは、アフリカ系アメリカ人集住地区で形成され、こうした地域は、危険性が高い廃棄物の処分場やごみ焼却場の建設地に選ばれており、直接行動主義者はこれを「環境レイシズム」の一形態であると認識した（Bullard 1993）。環境的公正運動は、多くの環境問題がどのように「貧困層を集中的に苦しめている」のかに着目しながら、公民権に関する言説を環境問題の領域に拡張したものとして理解できるだろう（Agyeman et al. 2003: 1）。

環境的公正運動の基礎をつくった重要なものとして、一九七八年、ニューヨーク州のナイアガラの滝でロイス・ギブスが展開した活動を挙げることができる。ギブスは、ラブキャナル地区が建設された場所に二万トンの有害な化学物質が処分されていたことを知り、地域住民を移転させようと尽力した。一九八〇年、このコミュニティ活動は、有害物質が漏出する廃棄物処分場から九〇〇世帯の労働者を移転させることに成功した（Gibbs 2002）。環境の質を社会階級上の不平等と結びつけることで、環境主義は中間層だけの関心ではなく、労働者階級の利害に関連づけられることが明らかになった。環境主義は、社会的不平等や現実世界における「リスク上の地位」を考慮するのである。アメリカでは、相対的に市民団体の影響力が弱い黒人コミュニティやヒスパニック・コミュニティに有害物質を処理する廃棄物処分場が建設される傾向がある。しかし、ギブスが率いた運動は労働者階級が無力ではないということを示した。

環境的公正の実現を目指す活動団体は、大きな意義をもちうるだろう。環境的公正運動の出現は、現在、環境保護運動においてあまり注目されていない集団にまで環境政治の支持基盤を拡大させる可能性があることを意味する。たとえば、国際環境ＮＧＯフレンズ・オブ・アースなどは、環境負荷を軽減するつもりならば、社会問題を解決する必要があると認識し（Rootes 2005）、その議題《アジェンダ》を拡大させている。環境的公正の概念は、近代的な生活によって生ずる大量の産業廃棄物が集められる都市やインナーシティの問題を考えることにつながる。そうすることで、みずからの問題が「環境に関係するもの」とはまったく考えたことがない人たちにも環境政治が開かれていくだろう。

おそらく、環境的公正運動がもたらした最も重要な帰結は、先進国と発展途上国の環境政治を結びつける可能性を示したことである。ここで重要な一例を挙げてみよう。ナイジェリアの先住民オゴニが居住する地域で多国籍石油企業シェルが環境汚染を起こしたとき、それにたいする抗議活動がはじまった。一九九〇年に結成されたオゴニ民族生存運動は、国際的な支持を得ながら抗議活動を展開していった。オゴニ民族生存運動は、まさに環境的公正の概念を統一しうる一例であろう。ナイジェリア政府は抗議活動の鎮圧を試みて、人びとを拷問し、村を略奪した。一九九五年には、国際社会が非難するなか、作家のケン・サロ＝ウィワを含む九名の抗議活動指導者が処刑された（Watts 1997）。

このような出来事は、相対的に無力な人びとが環境汚染の被害を受けやすいという議論の妥当性を高めるだろう。環境的公正運動は、社会的不平等や貧困問題を環境問題に結びつける可能性をもち、環境主義が単なる自然保護運動よりも包括的なものになる展望を示している。近年では、企業とコミュニティの動態的関係を記述するために「ソーシャル・ライセンス」という概念が用いられるようになっている（Soyka 2012: ch.4）。たとえば、コミュニティや市民団体は、ある企業が採掘事業を計画し、新たな雇用と経済発展を約束するとき、継続中のソーシャル・ライセンスを非公式に「承諾」するかもしれない。しかし、そのような認可ないし「ライセンス」は、「不必要な環境破壊が発生した」「認識が変化した」「操業の規則違反が疑われる」という場合には取り下げられる可能性がある。ソーシャル・ライセンスが機能する必要があると認識されるならば、地域コミュニティは強い権限を得ることができるだろう。なぜならば、市民の承認による恩恵を得たい企業は、ソーシャル・ライセンスを取得し、それを守っていかなければならないからである。

ここで言及しておくべき最後の発展は、自然環境保護と結びつけられたシティズンシップの提案である（Syn 2014）。ある社会学者や政治学者は、新たな形態のシティズンシップが出現していると論じており、M・J・スミスはこれを生態学的シティズンシップ（Smith 1998）、ドブソンとベルは**環境シティズンシップ**（Dobson and Bell 2006）と呼んでいる。

＊シティズンシップについては、第11章「貧困、社会的排除、福祉」を参照のこと。

生態学的シティズンシップは、既存の市民的権利、政治的権利、社会的権利を超えた第四段階のシティズンシップであり、新たな義務をともなうものである。すなわち、人間以外の動物にたいする義務、人類の将来世代にたいする義務、自然環境保護にたいする義務である（Sandilands 1999）。動物にたいする義務とは、自然な生活を送り、生まれつきの性質を表出するという動物の権利を侵害しうる人間の動物利用を再考することを意味する。よって、生体解剖、狩猟、牧畜、繁殖はもちろんのこと、ペット飼育でさえも再検討が必要になるということである。人類の将来世代にたいする生態学的シティズンシップの義務とは、長期にわたり持続可能性に向けて尽力することを意味する。もし経済的な開発計画によって、将来世代がみずからのニーズを満たせなくなるならば、個別の開発計画を再設計する必要があるだろう。政治計画や経済計画は、短期的な利益を求めるレッセフェール的な自由市場アプローチではなく、未来志向的で長期的視点に立脚しなければならない。最後に、自然環境保護にたいする義務とは、あらゆる人間活動を自然環境に及ぼす影響という観点から検討し、そして《予防原則》を採択したうえで、生態学的な観点から開発行為を説明する責任を企業に課することを意味する。

生態学的シティズンシップの本質は、人びとにたいしてみずからの「エコロジカル・フットプリント」、すなわち、自然環境に及ぼす人間活動の影響に配慮するように新たな要求を提示した点にある。生態学的シティズンシップが近代社会に抜本的な変化を要求しているのは明らかである。そして、おそらく最も急激な変化が及ぶのは人間自身であろう。なぜならば、生態学的シティズンシップは、自然と自己が固く結びついているという人間経験の変容を要求するからである。政治的シティズンシップが確立するためには、人びとは権利を有する市民として自己認識しなければならなかったが、それと同様に、人びととのアイデンティティが「生態学的自己」を有するという経験を含まないのであれば、生態学的シティズンシップが成熟することはありえないだろう。

■人新世《アントロポセン》？

地質学者は、地球史において、氷河が後退する最終氷期に続く時期を完新世と呼ぶ。完新世は、一万二〇〇〇年前から現在に至るまでの時代を指す。21世紀になったいま、完新世は過ぎ去り、**人新世**《アントロポセン》と呼ばれる新たな時代に突入したと議論する科学者もいる（Crutzen and Stoemer 2000）。この文字が示す通り、人新世とは、人間活動が生態系や気候を左右するほどの圧倒的な力を帯びるようになった時代であり、地質学上の記録に刻まれるだろう。人新世という概念は、明らかに人間活動に起因する気候変動やその影響を示す科学的根拠と深く結びついているようである。

かつては生物学的領域と社会的領域というかたちで自然と社会が明瞭に分離されていたが、人新世においては、このような境界は崩れたようにみえる。本質的に自然と社会は絡み合っており、自然が自己完結的に発展する力をもっていた時代は終わっている（Walsh 2012）。人間活動は、今日どのように地球上の生命体が成長し、また今後どのように発達していくのかを左右する推進力になっている（Fletcher 2019: 523）。ある研究者によれば、人新世は、産業革命とともにはじまった。産業革命の時期に、動物や人間の労働力に代わって化石燃料や機械が登場し、温室効果ガス排出と環境汚染が拡大した。また、人新世が本格的にはじまったのは、消費文化が急速に拡大した一九五〇年代や六〇年代であると論ずる研究者もいる（Lidskog and Waterton 2016: 398）。この時期は、廃棄物の増加とともに、世界人口の急増、航空産業の大規模拡大、自動車所有の大衆化、農業の産業化が進行した。

人新世という新たに生まれた概念は、すべての人たちに受け入れられているわけではないが、人間による地球の「保全管理《スチュワードシップ》」に焦点を合わせてきた。たとえ人間社会が新たな時代を切り拓いたというのは受け入れるとしても、その発展は計画されたものではなかった。人新世は、いかに環境破壊をもたらそうとも、終わりのない経済成長を求める圧力が高まり、産業資本主義が進化していった帰結であった。現在、人類があらゆる責任を負った地球の保全管理《スチュワード》主体になっているということを受け入れるべきだろうか。それとも、自己完結した自然界を保全するために、地球にたいする人間活動の影響を大幅に削減する努力をすべきだろうか。人新世を提唱する研究者によれば、後者の選択肢はすでに回避されている。人類の影響から切り離された「自然」はもはや存在しないのである。

かつての古典社会学者は予見しえなかったのだが、今日では、近代的な産業、技術、科学の否定的側面を認識できるようになった。科学的・技術的発展が創出した世界は、巨大な利益を生み出すが、深刻な損失も招きうるという重大リスクに満たされている。しかしながら、世界の人口規模が拡大するなか、大多数の人びとが大地と触れ合いながら、より「自然」な生活に「回帰」するという考えは、まったく非現実的である。生態学的近代化理論が示唆するように、人新世の新たな時代において、先端技術や科学研究は、持続可能な解決を模索するうえで重要な要因になるだろう。

本章をふりかえって問う

1. 人間例外主義の観念を《反証しうる》論拠はあるだろうか。人類が自然界の一部であるならば、なぜ自然科学とは別に人間の行為や社会を研究する《社会》科学が必要なのだろうか。

2. 本章から一つの事例を取り上げて、社会構築主義が環境問題の理解にどのような有効性があるかを示してみよう。構築主義は、環境問題の現実にたいして不可知論であると言われることが多い。構築主義は、地球温暖化を理解するうえで妥当であろうか、それとも妨げになるだろうか。

3. 批判的実在論は、いかに社会構築主義を超えるものを提供しうるだろうか。実在論と構築主義は、環境社会学においてどのように結合しうるだろうか。

4. 人工リスクとは何だろうか。本章の事例を取り上げながら、人工リスクを自然リスクと比較し、その主要な相違を明らかにしてみよう。

5. 遺伝子組み換え食品に賛成する主要な議論はどのようなものか。このような遺伝子組み換え食品がこれまでずっとヨーロッパで拒絶されてきたのはなぜだろうか。

6. 二〇一八年、気候変動に関する政府間パネル（ＩＰＣＣ）が地球温暖化に関する報告書を発表すると、環境活動家は世界中の各国政府にたいして「気候非常事態宣言」を発出するように訴えた。地球温暖化に関する人びとの理解を深め、脱炭素社会の実現に向けた政策を推進するうえで、社会学はどのような貢献ができるだろうか。

7. 「生産と消費の踏み車」とは何であろうか。また、「生産と消費の踏み車」は、(a)先進国、(b)発展途上国にたいして、主にどのような環境上の影響を及ぼすだろうか。

8. 実践的な意味において、持続可能な開発に向けた取り組みは、主流の経済発展とどのような点で異なっているのだろうか。

9. 「生態学的近代化」とはどのような意味だろうか。政府は、生態学的近代化のどのような側面を採択し、どのような側面を却下するのだろうか。生態学的近代化は、本質的に一連の技術的解決にすぎないのだろうか。

10. 環境的公正の概念が「気候非常事態」の解決に向けた取り組みを妨げる可能性があるのはどのようなときだろうか。環境的公正の実現に向けて取り組むことなく、人びとが生態系に配慮した市民になることは期待できるだろうか。

実際に調べてみよう

余暇活動において新たな体験を求める人たちは、数日間、初めての場所で滞在することが多い。そのような余暇活動のうち、居住地の周辺にはない自然や景観に触れる体験を満喫するエコツーリズムと呼ばれるものがある。「前人未踏の地」を眺望する、高山を登る、自然環境に生息する「野生」の動物を観察するといったことを目的とした旅は一般的なものになっている。しかしながら、飛行機から大量の温室効果ガスが排出されたり、観光客が期待するような宿泊施設や近代的設備の整備によって、価値が高いとされる自然環境が破壊されたりするなど、環境にたいする影響に言及しながら、エコツーリズムの持続可能性に疑問を呈する批判的な指摘もある。

近年は、前人未踏の地と思われる自然を探求するのではなく、気候変動のグローバルな影響や生物多様性のさらなる喪失によって急速に消滅しつつある自然界を楽しむ形態のエコツーリズムがみられるようになっている。このような形態の観光は「人新世におけるツーリズム」と呼ばれている。たとえば、融解し続ける氷河、絶滅危惧種、海面上昇で消滅の危機にある海抜の低い島々などをみずからの目でみることを目的に旅するのである。社会学は、このような体験型災害観光の展開と魅力をどのように理解できるだろうか。次の論文を講読し、以下の問いに答えてみよう。

Fletcher, R. (2019) 'Ecotourism after Nature: Anthropocene Tourism as a New Capitalist "Fix",' *Journal of Sustainable Tourism*, 27(4): 522-35.

1. 本論文は、二次資料の分析をもとに執筆されている。著者の理論的立場はどのようなものだろうか。
2. 人新世と資本新世《キャピタロセン》の違いを説明してみよう。「災害資本主義」とはどのような意味であろうか。
3. 本論文で議論されている主な観光形態をいくつか取り上げ、それぞれ少なくとも一つの例を挙げてみよう。
4. 著者の議論によれば、資本主義は「創造的破壊」をつうじて自己再生する能力が圧倒的に高い。「人新世におけるツーリズム」と関連づけて、資本主義の再生が起こるいくつかの過程について議論してみよう。
5. 観光客がみずからの体験にたいしてどのように反応しうるのかを考えてみよう。このような体験型観光は、いかにグローバル資本主義にたいする抵抗を高めるだろうか。

さらに考察を深めるために

環境問題は、自然と社会の「ハイブリッド」であると言われることから、自然科学と社会科学を融合した学際的アプローチによって、前進の道が示されるというのは明らかであるようにみえる。しかし、そのような学際的な共同研究はあまりないのはなぜだろうか。なぜ、社会科学と自然科学は、それぞれ独自の路線で研究を進める傾向があるのだろうか。両者の研究方法はどのような点で異なっているのだろうか。社会科学と自然科学の社会的地位は同じであろうか、それとも異なるだろうか。これらの問いについて考察したうえで短い小論を書き、環境問題に関する学際的な共同研究が進むのかどうか、今後の展望について結論を示してみよう。

芸術作品に描かれた社会

クリス・ジョーダンの芸術作品は「環境芸術」と評価されてきた。環境芸術は、大衆消費文化が生み出した廃棄物から芸術作品を専門的に制作することが多い。たとえば、〈我慢できない美——アメリカ大衆消費の描写〉（二〇〇三～五年）において、ジョーダンは、捨てられて山積みになった携帯電話や充電器、コンピュータの回路基板やダイオードなどの電子廃棄物を使った写真を展示している。このような作品は、電子廃棄物の問題が深刻であることを示しつつ、消費廃棄物の奇妙な美しさを表現している。〈我慢できない美〉や、その他のプロジェクト、特に〈数える——アメリカの自画像〉（二〇〇六年～）を、ジョーダンが運営するウェブサイト（www.chrisjordan.com/gallery/intolerable/#cellphones2）から鑑賞してみよう。

一九六〇年代以降、展開されてきた環境芸術運動の背景を調査し、時間の経過とともにこのジャンルがどのように変化してきたのかを書いてみよう。ジョーダンの写真画像は、単なる自然の表象にとどまらず、持続可能性、消費主義、環境保護運動などをめぐる政治的議論に介入するものであることは明らかである。このような写真画像は、消費主義や持続可能な環境をめぐる人びとの理解に何をもたらすだろうか。もし被写体の最終段階ではなく、廃棄物が発生した時点の写真を撮影したならば、人びとの不安を惹起する効果は異なったものになったであろうが、その理由は何だろうか。山積みになった大量の廃棄物を美しい芸術作品に変容させる表現方法は、意図に反する効果をもち、現代的な資本主義文化に同化される恐れはないのだろうか。

読書案内

初学者向けの文献として、マイケル・M・ベルとロカ・アッシュウッドの『環境社会学への招待』*An Invitation to Environmental Sociology*, 5th edn, New York: Sage, 2015がある。本書は、多くの具体的な事例を紹介しながら主要な環境問題を説明している。フィリップ・W・サットンの『環境——社会学入門』*The Environment: A Sociological Introduction*, Cambridge: Polity, 2007は、環境社会学の初学者が理解しやすいように主要な社会学的なテーマを取り扱っている。ライリー・E・ダンラップ、フレデリック・H・バテル、ピーター・ディケンズ、アウヒュスト・ハイスバイツが編集した『社会学理論と環境——古典的基礎と現代的洞察』*Sociological Theory and the Environment: Classical Foundations, Contemporary Insights*, Oxford: Rowman & Littlefield, 2002は、環境社会学の領域で古典社会学が示すべきことを議論している。

ジョン・ハニガンの『環境社会学——社会構築主義的視座』*Environmental Sociology: A Social Constructionist Perspective*, 3rd edn, London: Routledge, 2014は、いくつかの事例研究を含む、卓越した文献である。ピーター・ディケンズの『社会と自然——自然を変革する、私たちを変革する』*Society and Nature: Changing Nature, Changing Ourselves*, Cambridge: Polity, 2004は、批判的実在論を採択し、その立場を明瞭に説明している。ライリー・E・ダンラップとロバート・J・ブルールが編集した『気候変動と社会——社会学的視座』*Climate Change and Society: Sociological*

Perspectives, New York: Oxford University Press, 2015は、地球温暖化に関する社会学的な論文を収録している。

持続可能な開発に関する包括的な内容で初学者に読みやすい文献にジョン・ブリューイットの『持続可能な開発を理解する』*Understanding Sustainable Development*, 3rd edn, Abingdon: Routledge, 2018がある。リスク社会については、ウルリッヒ・ベックの『リスクに直面する世界』*World at Risk*, Cambridge: Polity, 2009が理解しやすいだろう。アーサー・P・J・モル、デイヴィッド・A・ゾンネンフェルド、ガート・スパーガレンが編集した『生態学的近代化に関する入門読本――理論と実践における環境改革』*The Ecological Modernization Reader: Environmental Reform in Theory and Practice*, London: Routledge, 2009は、生態学的近代化の理論と実践について論じている。

環境的公正や生態学的シティズンシップについては、ベニート・カオの『環境とシティズンシップ』*Environment and Citizenship*, London: Routledge, 2015がまさに初学者向けの文献である。最後に、マーク・J・スミスとピヤ・パンサパの『環境とシティズンシップ――正義、責任、市民参加を統合する』*Environment and Citizenship: Integrating Justice, Responsibility and Civic Engagement*, London: Zed Books, 2008は刺激的な内容になっている。

自然環境や都市環境に関する原書文献をまとめた関連書『社会学――入門読本（第四版）』*Sociology: Introductory Readings*, 4th edn, Cambridge: Polity, 2021を参照せよ。

インターネット・リンク

本書に関する追加情報とサポート（ポリティ）
www.politybooks.com/giddens9

環境保護団体ウェブ・ディレクトリ　多くの有益な資料を含む、アメリカ拠点のリポジトリ
www.webdirectory.com/

欧州環境機関　興味深い調査成果などの資料
www.eea.europa.eu/

エクスティンクション・レベリオン　「地球を救う」ためにラディカルな活動を実践する国際団体
https/rebellion.global/

フレンズ・オブ・アース・インターナショナル　環境活動団体
www.foei.org/

グリーンピース・インターナショナル　環境活動団体
www.greenpeace.org/international/

気候変動に関する政府間パネル（ＩＰＣＣ）　『二〇一八年特別報告書』などの評価報告書

www.ipcc.ch/

経済協力開発機構（ＯＥＣＤ）　ＯＥＣＤ加盟国から収集された大量のデータを有する環境関連ウェブサイト

www.oecd.org/environment/

国際連合開発計画（ＵＮＤＰ）　人間開発に関する報告書、持続可能な開発目標（ＳＤＧｓ）など

www.undp.org/content/undp/en/home/sustainable-development-goals.html

（本田訳）

第6章

グローバルな不平等

第6章｜目次

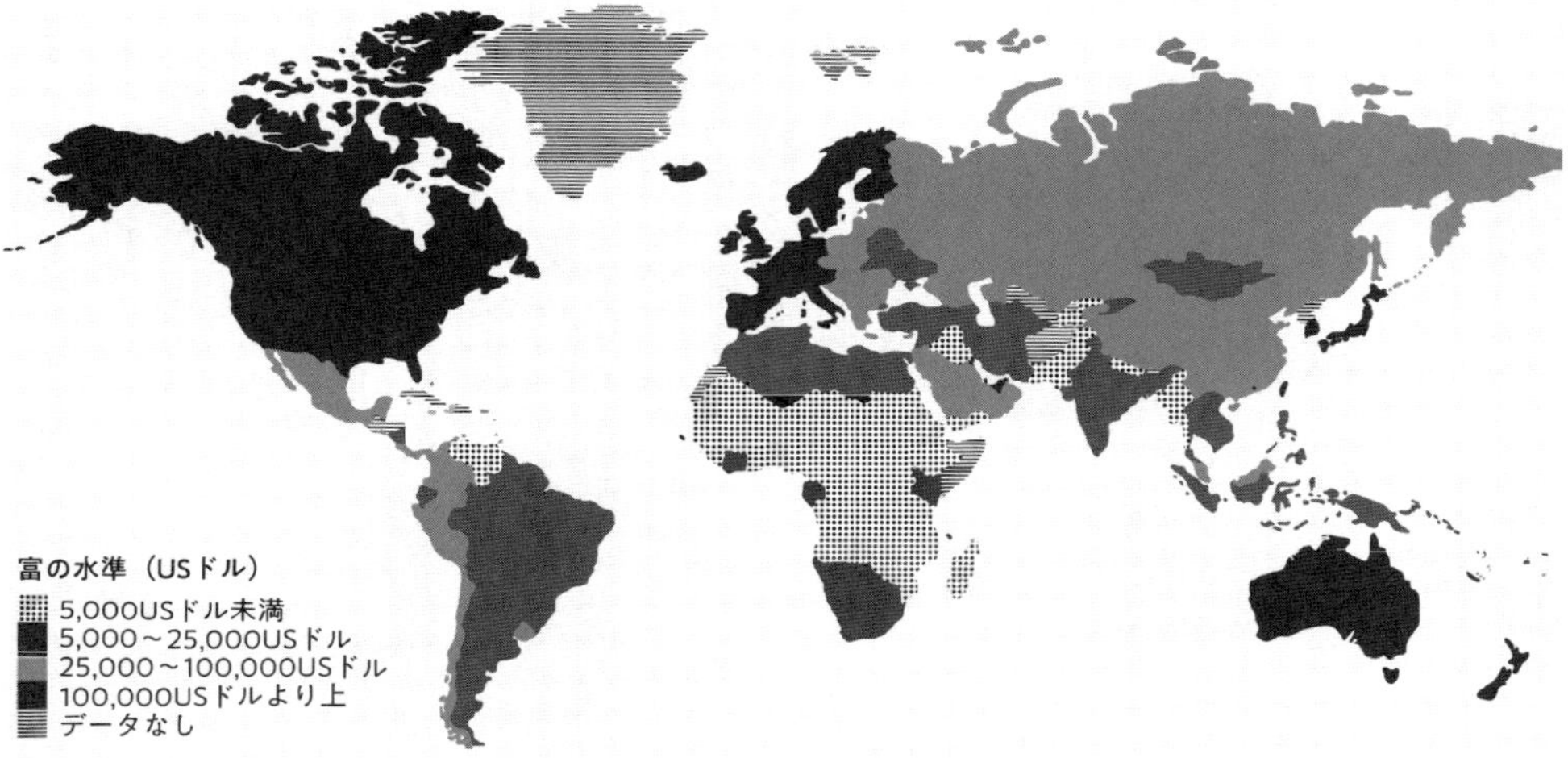

Fig. 6.1　ワールド・ウェルス・マップ2018：成人1人あたりの平均的な富（USドル換算）
出典：Shorrocks et al.（2018: 7）

あなたは世界で上位50％の富の保有者に入るだろうか。二〇一八年の純資産が４２１０ＵＳドルだった場合は、そうなる。おめでとう。あなたの個人資産は、世界人口の中で最も裕福な10％に入るだろうか。そのためには、９万３１７０ＵＳドルの純資産が必要である。もしあなたが先進工業国に住んでいて不動産を所有している場合、その基準を満たす《であろう》可能性は非常に高い。さらに、純資産が８７万１３２０ＵＳドル以上ある場合、地球上で最も裕福な1％の一人になるのである。

社会的不平等の研究は、社会学の根本的主題のひとつである。19世紀の資本主義的工業化は社会の富を増大させたが、富める者の所得・富と貧しき者のそれとの間で格差が拡大していくことをも浮き彫りにさせた。ある特定の国民国家社会内の不平等は、今も多くの社会学者たちにとって重要関心事であり続けている。しかし、グローバリゼーションの過程により、社会、そして人びとが互いにより緊密な接触に巻き込まれたがゆえに、グローバルなレベルでの社会間、個人間の不平等を考慮に入れるよう焦点は移行してきている。諸個人が生まれる場所——「生まれ合わせ」——は、彼らが快適で、金銭的にも安定した生活を送る見込みにたいし、重大なる影響を及ぼし得るのだ。

クレディ・スイス調査研究所が毎年公表するグローバル・ウェルス・レポートは、所得よりも富の保有の点での世界的な動向をたどっている。二〇一八年時点でこのグループは、次のように報告した。地球全体での成人一人あたりの平均的な富の量は６万３１００ＵＳドルであったが、ヨーロッパと北アメリカに住む全成人人口の17％が、世帯全体の富の60％を所有していた。成人一人あたりの平均的な富が最も高い（100,000USDより上）一〇か国は、（USドル換算で）以下のようであった。スイス（530,240）、オーストラリア（411,060）、アメリカ（403,970）、ベルギー（313,050）、ノルウェー（291,100）、ニュージーランド（289,900）、カナダ（288,260）、デンマーク（286,710）、シンガポール（283,260）、そしてフランス（280,580）である（Shorrocks et al. 2018: 7）。グローバルな富の配分で対極には、成人一人あたりの平均的な富が5000USドル未満の国々があり、主に中央アフリカ、中央アジア、南アジアに位置する。成人たちの下位50％が保有している富は、全ての富の1％にも満たなかったのにたいし、最も富める10％が85％を保有していた（ibid.: 9）。

諸国間の富の比較は異なった分析形態であり、諸個人の富についての研究とは全く別物と見えるかもしれない。しかし、今日、そうした区別はひどく浸食されてきている。世界でも相対的に少数である最も富める人びとや一族が保有している個人的な富が莫大であることが主な理由である。地球の全成人人口の最上層1％が、二〇一八年時点、世帯全体の富のおよそ47％を保有し、また、その占有率は上昇し続けてきている（Shorrocks et al. 2018）。二〇一四年、オックスフォード飢饉救済委員会は、世界で最も富める者85人が、地球全体の人びとの下位50％が保有している富と同量の富を保有しており、また、それまでの30年間、富める者はより富んでいった、と算定した（Oxfam 2014）。

＊労働と経済的不平等についてもっと知りたい場合は、第17章「労働と雇用」、第11章「貧困、社会的排除、福祉」を参照のこと。

二〇一九年、雑誌『フォーブス』は、合わせると8.7兆USドル――二〇一四年より2.3兆USドル多い――の富を保有している二一五三人の億万長者が世界にいることを確認した。これら大富豪である億万長者たちのうち、二四四人のみが女性であった。依然として、アメリカは『フォーブス』の富豪リストにおいて億万長者六〇七人と優位を占めている。もっと少ない人数なら、どの大陸にも見出せるのではあるが（Cao 2019）。二〇一九年時点で、世界最高のお金持ちである《個人》は、1310億USドル――二〇一八年時点より190億USドル多い――の個人資産を保有する、オンライン小売アマゾンの創設者であり最高経営責任者でもあるジェフ・ベゾスであった（Dolan 2019）。21世紀の資本主義は、グローバルな富のピラミッドの最上層に位置する大富豪である人びとにたいしては明らかに「都合よく機能してきた」が、彼らの驚異的な成功は、富める者はより富んでいき、貧しき者はより貧しくなる、という広く一般に抱かれていた考えを、曖昧なく明白に固定化してしまった。

諸国間にある不平等レベルの赤裸々さ、また、世界最高の金持ちたちが保有する莫大なる個人的な富について証拠が示されてくると、変化と再配分を求める新しい運動が引き起こされた。それは、世界中の主要都市での「占拠」運動を含むもので、企業の強欲さ、腐敗、グローバルな不平等にたいし抗議するものである。「99％」運動も、地球上の1％の大富豪である諸個人への大幅な増税を声を大にして求めてきた。社会の残りの人びと向けに、福祉と公共サービスの改善にその金を充当するためである。世界最高の金持ちたる諸個人でさえ、自ら懸念を表明してきた。純資産825億USドルを保有し、二〇一九年時点で世界第三位の富豪ウォーレン・バフェットは、次のように述べた。「アフガニスタンで、貧困層、ミドルクラスが我々のために戦っている間、また、ほとんどのアメリカ人たちが収入の範囲内で何とかやっていこうと奮闘している間、大富豪たる我々は、途方もない税制優遇措置を受け続けている……。こうしたこと、また他の恩恵が、我々を守るよう強要されているように感じているワシントンの立法府の議員たちによって、惜しみなく与えられている。まるで、我々がニシアメリカフクロウ、あるいは幾つかの他の絶滅危惧種同然であるかのように。高い地位にある友達を持つのは結構なものだね」(Buffett 2011)。

▼批判的に考える

先に挙げたFig. 6.1において、あなたとあなたの家族成員は、あなたが住む地域の成人一人あたりの平均的な富の保有量の中で、どの辺りに位置するか。その富がゆえに世界の最も裕福な10%に入る人びとの多くが自分は裕福ではないと感じるのは、いったいなぜなのか。「相対的貧困」があるとして、「相対的富裕」はどのように定義することになろうか。

いかにして、こうした極めて少数の個人、一族が、ああした信じられないほどの富を蓄積してしまったのか。過去、貴族は富と所有物を一族に引き継いでいったが、今やこのような仕方で金持ちになる者ははるかに少ない。ほとんどの人びとは、一人単独の人生の中で急速に生み出されるような「新規起業による富」から多額の金銭を獲得し、また他の人びとは、自身に引き継がれた商売を拡大してきた。最近の多くの億万長者たちはグローバリゼーションとデジタル革命から利益を得てきた。そうした者たちの中には、フェイスブックの共同設立者マーク・ザッカーバーグ、マイクロソフトのビル・ゲイツ、アマゾンのジェフ・ベゾス、ワッツアップのジャン・コウム、テンセントのマー・ファテンが含まれる。

世界をまたいだ富と所得の極端な不平等は、とんでもない衝撃をもたらしてきた。億万長者たちは自身の富が見たところ容赦なく増えていくのを眺め、他方で、数多なる民衆は、発展途上国におけるグローバルな労働力の中に引きずり込まれ、極わずかな報酬のために長時間労働をしている。地球上の人口の約10%が、二〇一五年時点、一日あたり1.9USドルにも満たない額で生活を続けていた。(以前は一日あたり1.25USドルだった)この一日あたり1.9USドルは「極貧」であると判断する国際基準であり、先進諸国では想像もできないことであろう(Lakner et al. 2018: 2)。社会学者たちにとって、個人的な富と貧困は、肉体的・精神的健康から教育・労働機会にまで至るような生活のあらゆる局面に重大な影響を及ぼす、構造化された社会的不平等に埋め込まれた問題なのだ。この章では、グローバルな不平等の詳細、そして、どのように社会科学者たちはこの存続する不平等を説明してきたか、さらに詳しく検討する。

＊グローバリゼーションのテーゼにおける主要用語を思い出すため、

必要ならば、第4章「グローバリゼーションと社会変動」を参照のこと。

■不平等の極端な状態

20世紀半ば以降、両親は自分たちの頃よりも自身の子どもたちの方が金銭的には「より良くなる」だろうと当然視してきた。というのも、各世代がその前の世代よりも裕福になっていたからである。しかし近年、特に（先に例証したように）地球規模の配分において、最上層での富の蓄積が急速に進行しているなど、今言われるところの「極端な不平等」について新しい懸念が提起されてきている。こうした懸念は《Zeitgeist《ツァイトガイスト》》――「時代の精神」――のまさしく重要な要素であり、大部分は、二〇〇八年金融危機への対応により形づくられている。大部分の労働者たちが**緊縮政策**の10年を経験し、その間、彼らの賃金は一向に上がらず、彼らの職はより不安定なものとなり、福祉サポートは縮小したのだが、最も富める人びとは自身の資産がより一層増えていくのを経験した。

しかし、ここにはひとつのパラドックスがある。経済の低成長あるいはゼロ成長、公共支出の大幅カット、生活水準の停滞あるいは低下、といった時期の間、なぜ億万長者の数は増え続けてきたのであろうか。いかにして、こうした人びとは、そうした苦しい時期に、自身の富を手離さず、なおかつ、急速にその富を増やすことができたのだろうか。おそらく、今までのところ、最も満足のいく回答はフランスの経済歴史学者トマ・ピケティから寄せられており、彼の重厚な『21世紀の資本』（Piketty 2014）はベストセラーになった。

ピケティは、18世紀以降、先進国家経済における富の分配の長期的趨勢を分析した。特に、利用可能なデータがかなり長期間にわたるような国々――イギリス、スウェーデン、フランス、アメリカ、ドイツ――に焦点を置いた。そうすることで、現代経済学が取り組まれている方法にたいする強い批判とともに、著しい不平等が存在し続けることを示す従来のものとは異なる報告、そして説明を彼は示した。ピケティによる研究は物議をかもしてきたが、資本主義についての論争、また、より大きな経済的平等に向かう可能性についての議論を再構築した。

ピケティは、資本主義の発展についての二つの重要で、かつ互いに対立し合う理論に強く反対している。ひとつは、カール・マルクス版「破滅主義」であり、もうひとつは、サイモン・クズネッツが展開したようなかたちの「豊穣主義」である。19世紀半ば、マルクスは、資本主義が搾取的な経済システムであり、そのシステムには階級闘争へと不可避的に導く内在的な動態性が組み込まれていると考えた。というのも、資本家たちはより金持ちになり、より権力を増したのにたいし、労働者階級はますます貧しく、「悲惨に」なるとみられたからである。そしてある時点で、**階級意識**が現れ、革命が支配的な資本家階級を打倒することだろう。ピケティによれば、グローバルな不平等が存在し続けるということに関してマルクスは大まかには正しかったが、経済成長と知識・技能の普及により、多くの国で労働者たちの生活は著しく改善されてもきた。

他方、戦後に入って一九五〇年代──勢いの良い経済成長期──に、クズネッツは、工業資本主義国家経済が当初は赤裸々な不平等を生み出すと主張した。しかし、ヨーロッパと北アメリカにある諸社会の歴史が明らかにしているように、国家経済が発展し、平均所得が上昇するにつれて、不平等は徐々に減っていった。彼は、こうした発展プロセスが発展途上諸国にも当てはまると主張した。というのも、これら諸国も同じ道に沿って歩みを進めているからである（「クズネッツ曲線」については、第9章「社会階層と社会階級」を参照のこと）。クズネッツによるモデルは一九五〇年代の経済発展にはとても良く合っていると思われたものの、ピケティによるデータは彼のテーゼを支持していないし、全く異なるストーリーを物語っている。

資本主義国家経済は、実際のところ、赤裸々な不平等を見せつけるものであり、そうした不平等は20世紀初期まで増大し続けた。ただ、第一次世界大戦勃発から一九七〇年代半ばにかけての時期には、所得と富のはなはだしい不均衡を、低い程度で安定させようとする方向に向かう反動的趨勢が見られた。しかし、一九八〇年代以降、この趨勢にたいする反転が続き、今再び、不平等は増大し続けている（ピケティはこれを「分岐」と呼ぶ）。では、こうした反転は、より多くの平等さに向かう「正常な」動向の最中の束の間の「突然変化」に過ぎないのか。そうではない、とピケティは主張する。実際のところ、本当の「突然変化」は20世紀における平等へと向かう動向（ピケティはこれを「収斂」と呼ぶ）だったのであって、幾つかの特異な出来事を原因としていた。二つの世界大戦がもたらした破壊、一九三〇年代不景気時の大規模倒産、重要産業の国営化、力を強め続ける労働組合、これらが結びつき合って、不平等さを圧縮したのである。しかし、一九八〇年代までに、資本主義は社会の最上層での資本蓄積に向かう長期的趨勢に逆戻りした。仮に、世界中の人びとと政府による協調した活動がないのであれば、我々がこの長期的趨勢が続くことを覚悟するのはもっともなことである。

最上層での蓄積が存在し続けることの理由のひとつは、経済成長率（g）と資本投下純収益（r）との間の差にある。長期的にとらえて考えれば、資本収益は一貫して経済成長率を上回っており、簡潔な数式 r>g で表せられる。過去に富と資本を蓄積した諸個人、一族は、所得からでしか自らの富を得ることがない人びとよりも自身の資産が速く増大するのを見るだろうことをこれは意味する。ピケティはこう記している。「一九九〇年から二〇一〇年の間で、ビル・ゲイツの資産は……４０億ドルから５００億ドルへと増えた。同じ期間で、リリアンヌ・ベタンクール（ロレアルの女性相続者）の資産は、２０億ドルから２５０億ドルに増えた」。インフレの後、二人とも年間10〜11％の資本実質利益を享受した。それゆえ、「リリアンヌ・ベタンクールは、生涯一日たりとも働いたことはなかったが、自身の資産が、先端技術のパイオニアたるビル・ゲイツとちょうど同じ速さで増えるのを見ていた。そして、ついでに言えばビル・ゲイツの保有する富は、彼が働くのを止めて以降もちょうど同じ速さで増え続けている。一旦、資産が築き上げられると、資産それ自体の力学に従って、増加するのだ」（Piketty 2014: 440）。

この研究は、「金が金を生む」といった良くありがちな決まり文句、あるいは、ピケティ自身が言う「金は自らを再生産する傾向にある」という表現に、経験的な証拠を提供するものである。しかし、こういったことは問題なのであろうか。ピケティ（Piketty 2014:1）は、極端な不平等が社会にもたらす結果について強い不安を表明している。彼は次のように主張している。「19世紀にそうであったように、また、21世紀でもかなりそうである可能性が高いように、資本の収益率が生産高・所得の成長率を上回る際、恣意的で擁護などできない不平等を、資本主義は自動的に生み出してしまうのだ。そして、そうした不平等は、民主主義社会が自らの基礎を置くメリトクラシーという価値を根本的に蝕む」。表向き、創造性、起業家精神、勤勉に基礎を置くシステムである現代資本主義は、現実には、怠惰、そして相続した富に報いている。今日の資本主義はそれ独自が思うがまま作動することで、その中心にこうした重大な矛盾を抱え込んでいる。

にもかかわらず、ピケティは、こうした趨勢を断ち切り、個人収益よりも一般の利益を促進できるような幾つかの政治的解決策を提案している。これらの中で最も重要なものは、所得にではなく、富にたいしての、累進的な年次グローバル課税である。至上とする目的は、寛容なる福祉、すなわち社会福祉に基金を出すことではなく（確かに、こうしたためにも使用されるかもしれないが）、グローバルな不平等の際限ない拡大に終止符を打ち、グローバル金融システムをより良く規制する点にあるようだ。だが、ピケティは、国際的な合意が少しずつ実現に近づいていると考えたり、最も裕福な人びとが快く応じることだろうと考えるほど世間知らずではない。彼の言いたいことは、いかに困難で空想的に聞こえようとも、富の集中が増大し続けることを何とか食い止めることによってでしか、もしかすると破滅を招きかねないような社会闘争を回避することなどできない、ということである。急進的であると広く人びとに見なされているにもかかわらず、ピケティの提案は、ほぼ2世紀前にまさしくマルクスが予知した類の社会蜂起から資本主義を守る試みのひとつ、と見なされて良いだろう。

■グローバルな不平等

長いこと社会学者たちは、先進的な工業資本主義諸社会の中での、階級、地位、権力に焦点をあててきた。しかし、階級、地位、権力といった問題は、グローバルなレベルでも大規模に存在している。ひとつの単独の国内で、富める者と貧しき者、地位の高い低い、権力の有無について話題にできるのとちょうど同じように、グローバル・システム全体の中でも我々はこうしたことを考えることができるのだ。この章の残りの部分では、20世紀後半および21世紀初期におけるグローバルな不平等について考察する（より長い時間枠の中でのグローバリゼーションは、第4章を参照のこと）。

経済的不平等は、貧困、飢え、不健康といった世界が抱える問題の主要原因であり、そうした理由から、この章では中心的な焦点となっている。しかし、第3章で見たように、社会的地位面での重大なる不平等もあり、そこには、知の面での不平等（Connell 2007）――発展途上国で生み出された知が持つ価値を低く評価すること――が含まれる。また、国民国家内部でも国民国家間でも、権力のグローバルな不平等があり、それは多くの根深い闘争の重大原因であり続けている。こうした闘争の幾つかは第21章「国家、戦争、テロリズム」において詳しく取り上げる。地位、権力面での不平等についてより幅広い分析を求めるなら、読者は右に挙げた各章を調べてみたら良いだろう。

グローバルな経済的不平等は、何よりもまず、各国の《間に》ある富、所得、労働条件の面での体系的な格差のことを指す。社会科学者たちの課題は、こうした格差を特定するだけではなく、《なぜ》こうした格差が生じ、そこからどういった結果が導かれるのか解明することでもある。だが、まず最初に、我々は、この分野の文献から、幾つかの鍵となる用語を明確にしておかねばならない。

◎ グローバルな不平等をめぐる諸言説

一般に受け入れられている開発、グローバルな不平等といった言葉は議論を呼ぶものであり、過去一〇〇年ばかりの間で何度も変化してきた。20世紀後半までは、各々の「世界」は比較的明確に区別されているとの考えを具体的に表現する第一世界、第二世界、第三世界から成る、**三世界モデル**が決まり文句であった。

一九四五年から後の時代に入り、植民地化された国々が民族独立を求めて戦闘に立ち上がるにつれ、植民地帝国は崩壊し始めた。東側と西側との間の冷戦状態も定着し始め、多くの国民国家は出現しつつある二つの「超大国」――ソビエト連邦とアメリカ――の一方と同盟、あるいは連合した。「第三世界」という概念は、**非同盟運動**（ＮＡＭ）に起源を持ち、どちらの超大国とも同盟しないと自己宣言した国々のグループで構成されていた。それどころか、一九五五年のバンドン会議では、二九か国の首脳たちが、アフリカとアジアの脱植民地化、そして、民族自決の権利促進のために連帯することに合意した。このように「第三世界」あるいは「第三の道」は、ポストコロニアルで、かつ非同盟であるという企図を肯定的に表現する方法であった。

しかし、時がたち、特に一九九〇～九一年あたりに冷戦状態の終焉を迎えると、この政治的概念は後景に退いた。学術的な研究では、「第三世界」は、だんだんと、高所得な第一世界、中所得の第二世界、低所得の第三世界から成り立つひとつの基礎的な分類図式の一部として使用されるようになっていった。このような類型論には主に二つの問題がある。まず第一に、世界全体にある諸社会を包摂するような、ひとつのグローバルな現実レベルが存在することは、今や広く受け入れられている。グローバル化が進む世界の中では、第一世界、第二世界、第三世界は固く相互につながり合っており、あるひとつの「世界」における状況を把握しようにも、より広いグローバル・システムの中でその「世界」が占める位置を理解しないままでは、それは不可能なのである。第二に、相対的に富める国々を「第一世界」とレッテル貼りすることは、「第三世界」をひとつの広大な、低開発で、経済的に停滞した地域であると烙印を押すことであり、それはヨーロッパ中心主義的価値判断として広く見なされる。このような特徴づけは、「犠牲者を非難する」傾向にあり、発展途上国の人びと、また政府が置かれている状況は、それらの人びと、また政府の責任であると描いてしまう。後に考察することとなるが、ヨーロッパ中心主義的な三世界モデルは、植民地主義の強い影響力、あるいは、西洋の多国籍企業による「第三世界」の天然資源と人的資源の搾取を無視していた。

三世界モデルに欠点があるために、社会科学者たちは世界を「先進的な」社会と「低開発な」社会に二分されたものとして議論し始めた。先進社会とは、大雑把に定義するなら、北半球にある社会であり、低開発な社会は南半球にある社会である。ほとんどの社会学者たちは「低開発な」国という概念を廃棄していった。この概念もまた、経済的後進性という印象を与えるがゆえであり、彼らはこの概念を「発展途上国」に置き換えていったのである。後者はよりダイナミックな概念であり、変えることができない低開発状態よりも、運動、そして進行中の経済的変化を含意するものである。例外は政治経済学の伝統の中で研究する学者たちで、彼らは、南の低開発を北の発展に結び付ける。つまり、裕福な国々は、西洋資本主義が拡大し続けるために、グローバルサウスにある国々を積極的に《低開発な状態にし》、依存性を創出している、と見なされている。このような視座は、後にもっと詳細に取り扱う。

＊持続可能な開発という概念、そしてその実践と、持続可能な開発目標（SDGs）については、第5章「環境」で詳しく取り上げられている。第5章と第6章をひとまとめにとらえると、経済的、社会的に持続可能な開発形態について詳しい説明がもたらされる。

だが、こうした動きでさえも、経済開発が実際に含意する内容についての西洋的考えに依然として近いままである。最近の学者の一部では、（大雑把に）南半球にある相対的に貧しい国々を表現するために**マジョリティ世界**という用語が、北の相対的に裕福な国々を表現するために**マイノリティ世界**という用語が、採用されてきた（Dodds 2018: 8）。こうした概念化をすることによる利点のひとつは次のような点にある。地球上の人口の少数を抱えるに過ぎない数少ない国々が快適なライフスタイルを享受しているのにたいし、世界の人口の多数は、ライフ・チャンスをひどく減じる相対的に貧しい条件下で未だ暮らしている、ということを、我々が思い起こす点である。他方で、この概念化は、世界の諸地域全体での経済的状況についての考えを、ほとんど与えてくれない。

我々は、（専ら、というわけではないが）何よりもまず、経済的不平等に関心を持っている。そのため、この章では、比較的高水準の所得と経済開発に到達している国々を主として指すために「先進的な」という表現を用い、より低い水準の所得であるが開発途上にある国々を語る際には「発展途上の」という表現を用いることとなろう。このようにすると、「発展途上国」は、以前のモデルでいうと、「第二世界」の多くの国々と、「第三世界」のあらゆる国々を含むことになるが、そこでの議論は、どの地域、国が言及されているかを明確にした国家単位のケース・スタディーに左右されるであろう。どのような概念が使用されようとも、重要なのは、世界中の国々の非常に様々な経済状況が、どうしたら、これらの分類図式にぴったりと収まるのか把握することである。

◎ **経済的不平等の測定**

諸国家間の経済的不平等をどのように測定すべきか。広く使用されている方法のひとつは、各国の経済的生産性を比較することである。生産性の重要な尺度は、国家の**国内総生産**（ＧＤＰ）であり、ある特定の年に生産されたと記録がある全ての商品とサービスを対象として扱うものである。個人あるいは企業が国外で稼いだ所得は含まれない。これに代わるもう一つのものが、**国民総所得**（ＧＮＩ）である。国内総生産とは異なり、国民総所得は、国外で個人あるいは企業が稼ぐ所得も含めている。国内総生産あるいは国民総所得といった経済活動の尺度は、多くの場合、一人あたりで数え上げられる。これにより、様々な国々の住民たちの平均的富を比較できることとなる。こうした比較を実行するためには、我々は同じ通貨を用いる必要もあり、また、世界銀行、国連といったほとんどの国際機関はＵＳドル（ＵＳ$あるいはＵＳＤ）を使用している。

世界銀行は、相対的に貧しい国々の開発プロジェクトに融資をする国際的貸し付け機関である。世界銀行は、各国を、高所得、中の上の所得、中の下の所得、低所得であると分類する際、一人あたりの国民総所得を用いる。ただ、この四分類は我々の助けとなるのであろうが、簡略化のために、通常は中の上のカテゴリーと中の下のカテゴリーを「中所得」というひとつのカテゴリーに統合する。

世界銀行（World Bank 2018a）は二一八か国を三つの経済的クラスに分けている。二〇一八年には、二〇一七年時点で年間一人あたり９９５ドル以下の国民総所得の国々は「低所得」と分類され、９９６ドルと1万２０５５ドルの間ならば「中所得」であり、一人あたり1万２０５６ドル以上の国民総所得の国々は「高所得」と分類された。この分類システムは、各国の《平均所得》に基づいており、各国の《中での》所得の不平等については何ら告げてはいない。この章で我々が主要な焦点を当てるのは国内の不平等ではないのだが、この点は重大なことであり得る。例えば、世界銀行は、一九九九年から二〇〇九年の間にインドの一人あたり国民総所得が二倍を上回った後、低所得国から中の下所得国に分類し直した（World Bank 2011a: 11）。だが、インドには規模が大きく、また増大し続ける中間階級が存在するにもかかわらず、多くの人びとは未だ貧困の中で暮らしている。同じように、中国も一九九九年に低所得から中所得へと分類し直されたが、急速な経済発展による恩恵は中国の全人民に平等には共有されていないままである。

所得だけをもとに各国を比較することは、判断を誤らせるだろう。というのも、現金売買のために産み出された商品とサービスのみを国民総所得は考慮に入れるためである。低所得国の多くの人びとは自身の家族のため、あるいは現金取引を必要としない物々交換のために生産活動をする農民、牧夫であり、こうした取引は考慮に入れられないのだ。各国はそれぞれ、独自で、互いに大きく異なった言語と伝統も保持している。貧しき国々は、例えその人びとの生活がより辛いものであるとしても、より裕福な隣国たちと比較して、歴史と文化の豊かさの点で劣ってはいない。だが社会的連帯、強固な文化的伝統、家族とコミュニティによる援助システムといった社会的・文化的長所は、統計的に測定困難なのである。

多くの環境運動家たちは、国内総生産と国民総所得は精密ではない量的尺度であって、生活の《質》については何も告げていない、と主張してきた。自然環境を損なうような経済的諸活動でさえ、国の経済総生産高の一部であり、経済的な幸福に寄与するものとして考慮される。ただ長期間にわたる環境面での持続可能性という視座からすれば、この方法は非合理的である。仮に、我々が右に言及したような生活上の社会的・文化的局面の幾らかでも考慮に入れるならば、国内総生産と国民総所得の継続的な増加を追求することで得られる見かけ上の恩恵について、全くもって異なる見解に到達するかもしれない。

たとえ経済的統計のみをもとに各国を現に比較してみるとしても、比較のために選択した統計は、我々が至る結論に違いをもたらす可能性がある。例えば、国民総所得よりも（食品、医薬品、他の生産物といった）世帯消費水準を比較することでグローバルな不平等を研究すると選択するなら、我々は異なった結論に至るであろう。同じように、国民総所得の比較は、モノに《実際に》どれほどのコストがかかるのか、それを考慮に入れない。仮に、二つの国が一人あたり国民総所得でだいたい同じであっても、一つ目の国では、平均的な家庭での食事に数ペンスしかかからないのにたいして、二つ目の国では、数ポンドかかるのなら、両国の裕福さは等しいと主張するのは誤解を招くことであろう。代わりに、研究者たちは《購買力平価》（ＰＰＰ）を使用する傾向にあり、それは両国の間の物価の差を除いてある。この章では、通常、各国間の国民総所得の比較を用いるが、必要に応じて、国内総生産、購買力平価ともに考慮に入れる。

▼批判的に考える

「平均所得」という尺度は有用な尺度である。しかし、何を対象としているのであろう。このアプローチでは、生活のどの局面が見落とされがちになるのか。非常に様々な社会の人びとの生活をもっと多面的に描くため、社会学者たちは他に何かできるのだろうか。

低所得国　《低所得国》には、東・西・サハラ以南アフリカの多くの国々、また、北朝鮮、そして最近の紛争の結果、シリアが含まれる。二〇一八年には三四の低所得国があったが、二〇〇三年以降、ほぼ50％少なくなった。低所得国は今日の地球上の人口の10％しか占めていないし、多くが主に農業による国家経済を有している。しかし、カンボジア、パキスタン、インド、そして中国が示しているように、以前は低所得であった多くの国と地域がグローバルな経済システムに組み込まれていくにしたがって、そこでの平均所得水準はどんどん上昇している。

低所得国の出生率は、他の国よりも高い傾向にある。というのも、大家族は更なる労働力を提供し、ないしは他の方法で、家族の所得に寄与するためである。裕福な工業社会では、子どもたちは働くことよりも学校にいる可能性が高いため、大家族がもたらす経済的恩恵は減少し、人びとはもうける子どもの数を少なくする。このため、21世紀初期では、低所得国の人口が高所得国の人口の三倍を上回る速さで増加したのである（World Bank 2004）。

高所得国　概して《高所得国》は最初に工業化した国々であり、約二五〇年前のイギリスから始まり、ヨーロッパ、北アメリカ、オーストラリア、ニュージーランドへと広がっていった。日本が高所得国の仲間入りをしたのは、ほんの四〇年余り前のことであって、シンガポール、香港、台湾がこのカテゴリーに入ったのは一九八〇年代、九〇年代のことであった。これらアジアの新参者たちの成功の理由は、社会学者たち、経済学者たちによって相当討議されているが、これら討議については後に詳しく見てみることにしよう。

二〇一八年には八一の国々が高所得カテゴリーに含まれていて、世界銀行の分類でいうとほぼ37％を占めた。高所得国は、世界の他の多くの地域では見られないような、申し分ない住居、十分な食料、安全な水の供給、その他の快適さを提供している。地球上の人口のたった17％しか高所得国に住んでいない（World Bank 2018a）。これらの国の内部には未だ相当な不平等があるものの、その住民のほとんどが地球上の人口の大多数のそれを遥かに凌駕する生活水準を享受している。

中所得国　主に《中所得国》は、東アジアと東南アジア、中東と北アフリカにある石油資源に恵まれた国々、南アフリカ共和国、北アメリカも含むアメリカ大陸（メキシコ、中央アメリカ、カリブ海にあるキューバその他の国々、そして南アメリカ）、旧ソビエト連邦構成共和国、そして、旧ソビエト連邦の同盟国であった東ヨーロッパ諸国に見い出される。二〇一九年、世界銀行の分類で中所得国にあたる一〇七の国々のほとんどは、比較的最近になって、つまり、20世紀後半になって工業化を開始した。

たとえ、中所得国、特に「中の上の所得」グループの多くの人びとの暮らし向きが、低所得国の隣人たちよりも相当良いとしても、高所得国の物質的により高い生活水準をほとんどの人は享受していない。急速な経済成長の結果、中国とインドが低所得から中所得に分類し直された時、世界における中所得国の人びとは著しく増大した。このことは、今や、中所得国で生活することがグローバルな基準であることを意味しており、世界人口の73％をかかえるまでになっている（World Bank 2018a）。

◎ 不平等と人間開発

国連開発計画（ＵＮＤＰ）は、あるひとつの多次元的ツール、つまり、人間開発指数（ＨＤＩ）を新しく作成し、開発した。この指数は、世界中の「人間開発」のあり様を全般的に表現するために様々な経済的、非経済的諸指標を組み合わせている。人間開発指数は、四つの指標——出生時平均余命、平均就学年数、就学予測年数、一人あたりの国民総所得——を用い、三つの主要次元——健康、教育、生活水準——を対象として扱うものである（Fig. 6.2）。二〇一〇年、三つの新しい指標が追加されたが、それは、社会的不平等が及ぼす重大な影響、ジェンダーの不平等、多次元貧困指数を重視したがゆえであった。国連開発計画の報告書は、時系列的な比較を備えている非常に有用な一連の分析を提供しており、世界の各地域、各国がどういった暮らしを送ってい

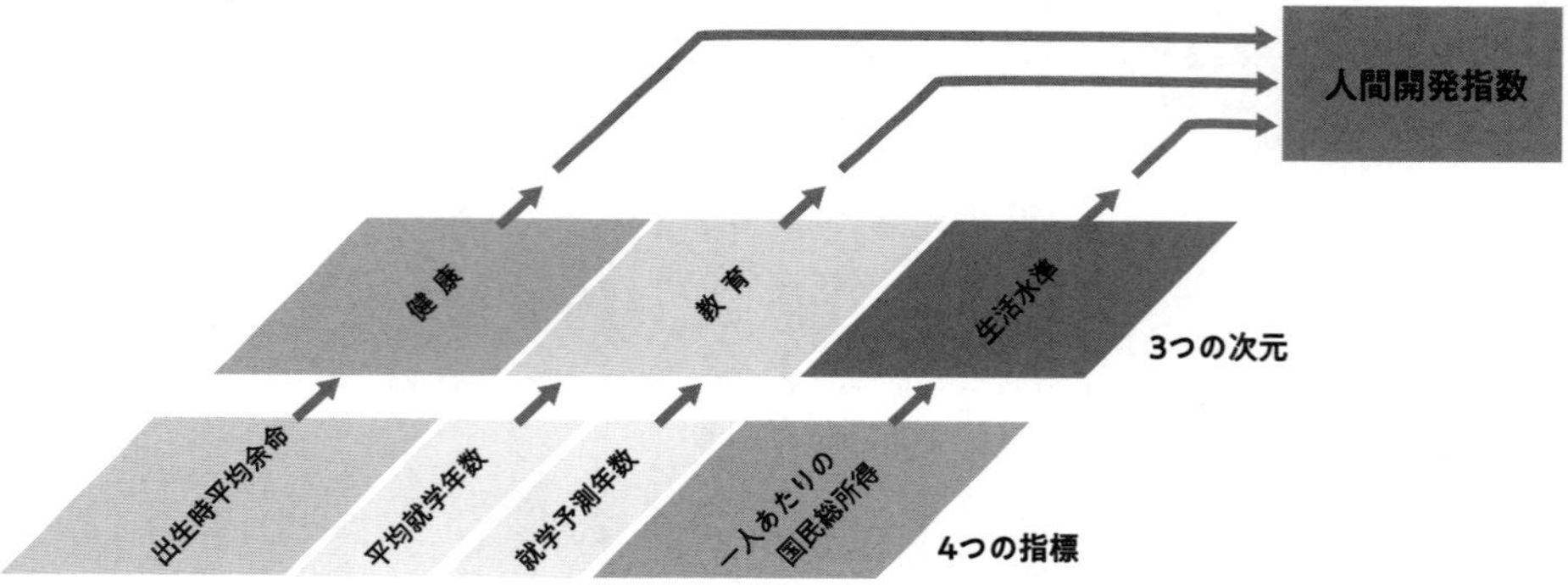

Fig. 6.2　人間開発指数の構成要素　出典：UNDP (2010: 13)

るのか知ることができる。

生活水準における大きな隔たりが、富める国のほとんどの人びとと貧しき国のほとんどの人びととを分け隔てている。富と貧困は、多くの仕方で、非常に様々な結果とライフ・チャンスをもたらす。例えば、世界の貧困者の約三分の一は栄養不足であり、また、ほとんど全ての人びとは読み書きができず、基礎的な初等学校教育を受ける機会もない。ここにはジェンダーの次元もある。というのも、伝統的に、少女たちを教育することは、不必要だ、あるいは少年たちの教育より後回しにされるものだ、と見なされ続けているためである。だが、一九九〇年以降、低所得国も含めほとんどの国々で、また、世界のあらゆる地域で、生活諸条件は間違いなく向上し続けている（Fig. 6.3）。

一九九〇年から二〇一五年の間で、五歳未満の子どもの死亡率は出生児千人あたり九一人から四三人に減少したし、一九九〇年から二〇〇五年の間で、医療関係者が介助した出産の割合は47%から59%へと増加した（UNDP 2016: 3; UNDP 2014）。国連開発計画（UNDP 2016）は以下のことも報告している。一九九〇年代初期以来、新たに二六億人の人びとにとって、飲料に適した水を利用する機会が改善され、二〇億を上回る人びとが以前よりも良い衛生設備を得たし、マラリア、エイズウィルス、結核といった深刻な病気発生率も著しく減少してきている、と。

一九九〇年の最初の『人間開発報告書』以来、これらの報告は、経済成長と人類の進歩との間には何ら「自動的つながり」はないと一貫して主張してきた。もっと重要なことは、経済成長がもたらした利益をどのように各政府が使用するのか、どのように各国

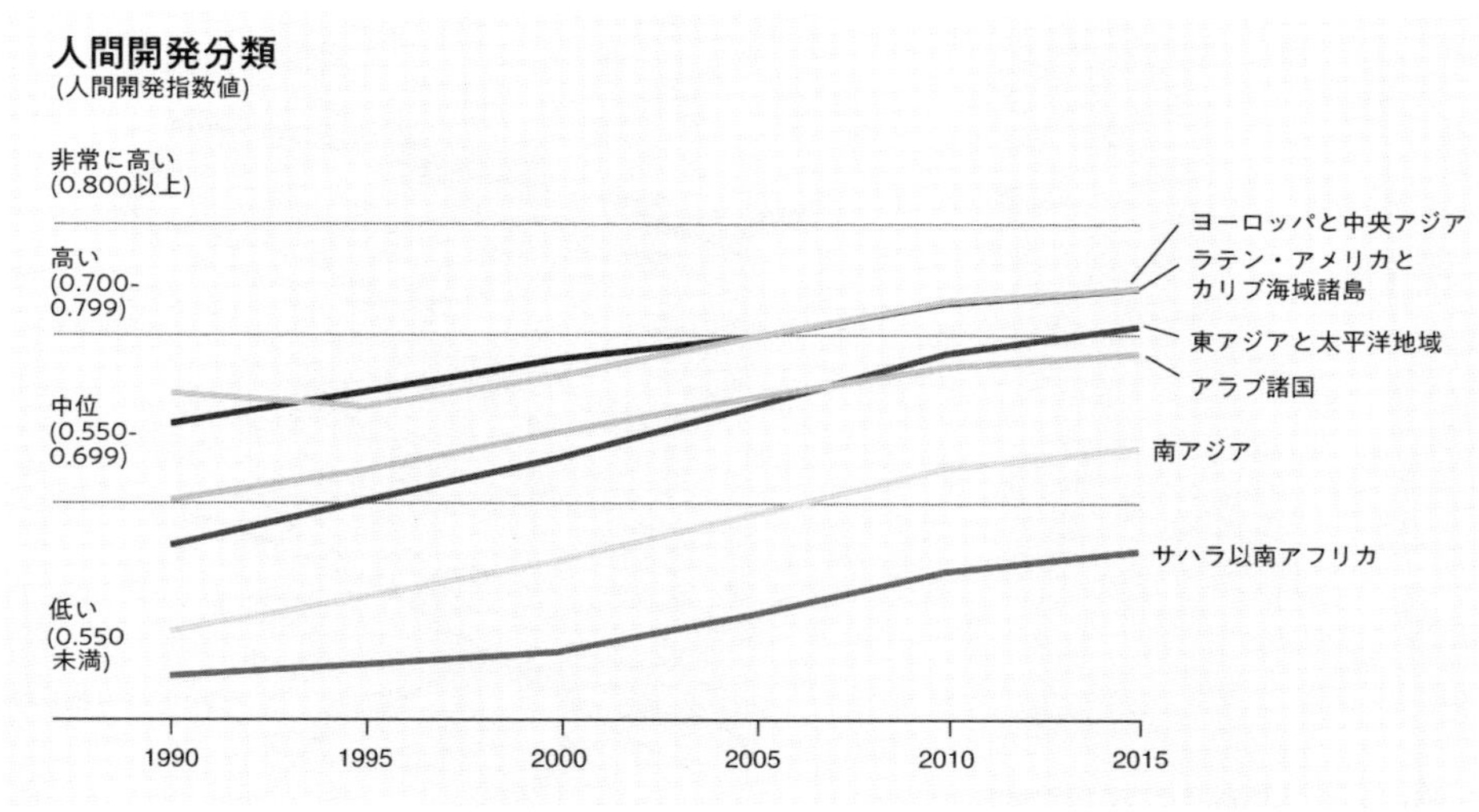

Fig. 6.3　人間開発指数値の地域別趨勢（1990～2015）　出典：UNDP（2016: 27）

民の間で共有するのか、という点にある。全体として、一九七〇年から二〇一〇年の間、全ての国においてではないが、世界のあらゆる地域で人間開発指数尺度で進歩が見られた。東アジアは最速の進歩を示し、これに南アジアとアラブ諸国が続いた。

　比較対象となった一三五か国のうち、三か国――コンゴ民主共和国、ザンビア、ジンバブエ――のみが、一九七〇年時点と比べ二〇一〇年で人間開発指数が低下した。Fig. 6.4 は、これら一三五か国の中から一九七〇年時点で当初のスコアがあることを基準にして選択した国々の足跡をたどっている。オマーン（石油資源に恵まれた国家）が最も大きな進歩を為し、これに中国、ネパール、インドネシアが続いた。エチオピアは一人あたりの国民総所得では《下から数えて》14番目であるにもかかわらず、開発の最速さという点での国のリストでは11番目にあった。このことは、純粋に経済的な尺度と比較すると、より広く定義づけされている「開発」が様々な結果をもたらすことを例証する。実績ある上位一〇か国――オマーン、中国、ネパール、インドネシア、サウジアラビア、ラオス人民民主共和国、チュニジア、韓国、アルジェリア、そしてモロッコ――の中で、中国の全体にわたる人間開発指数スコアだけが、大部分、一人あたりの国民総所得で測定されるような経済成長の進展の結果であった。

　人間開発の面で為された進歩は、一九七〇年時点と比べ、今日の発展途上国における生活が、先進諸国における生活に全般的に「より似通っている」ことを意味している。しかし、一九七〇年時点での生活諸条件面での甚だしい不平等は、こうした進歩が相対的なものであり、グローバルな不平等が国際比較の上で最も際

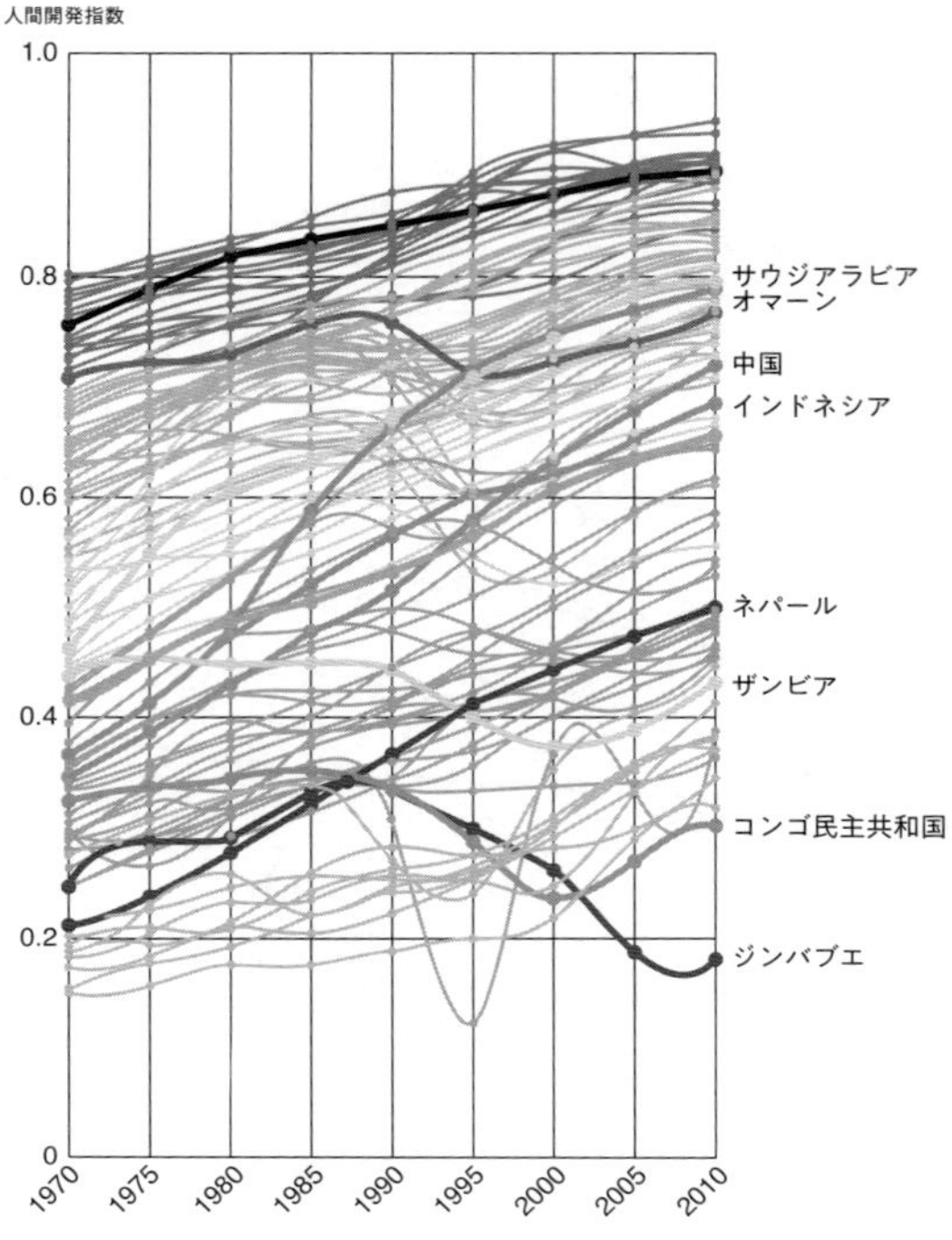

Fig. 6.4　人間開発指数の国別趨勢（特定国のみ、1970〜2010）
付記：最も進歩した国々は、オマーン、中国、ネパール、インドネシア、サウジアラビア。進歩が停滞した国々は、コンゴ民主共和国、ザンビア、ジンバブエ。
出典：UNDP（2010: 27）をもとに作成

立った要点であり続けていることを示している。先に我々は見てきたが、グローバルな富は増え続けているものの、不平等に分配され、二〇〇〇年以降、増加分の50％は最も富める10％の人びとに向かい、増加分のたった1％が貧しき側の50％にたどり着くだけなのである（UNDP 2016: 31）。あらゆる地域で、人間開発の全般的趨勢は漸進しているにもかかわらず、発展途上国の進歩が、先進世界に「追いつく」ような成り行きになるのは、未だ、程遠いことと思われる。

■ 不平等なライフ・チャンス

長くにわたり、社会学者たちは、階級、エスニシティ、ジェンダーにおける不平等が、いかにして個人のライフ・チャンス全体に影響を及ぼすのか研究してきた。生まれてきたのが男性としてか女性としてか、労働者階級にか中間階級にか、エスニック・マジョリティ集団の成員としてかエスニック・マイノリティ集団の成員としてか。これらのことが、我々の健康状態、我々が到達するであろう教育水準、我々が期待できる類の仕事を決定し得るのだ。ほとんどの人間開発の局面で進歩が見られているのは明らかであるにせよ、グローバルな開発における課題の圧倒的な規模を捉えておくことは重要である。

Fig. 6.5が示すように、一九九〇年以降、あらゆる面で改善が見られるにもかかわらず、二〇一四年から二〇一六年の間で、世界のほぼ八億の人びとが未だに慢性的な飢えの中で暮らし、七億五八〇〇万の成人が読み書きができず、二四億の人びとが適切な

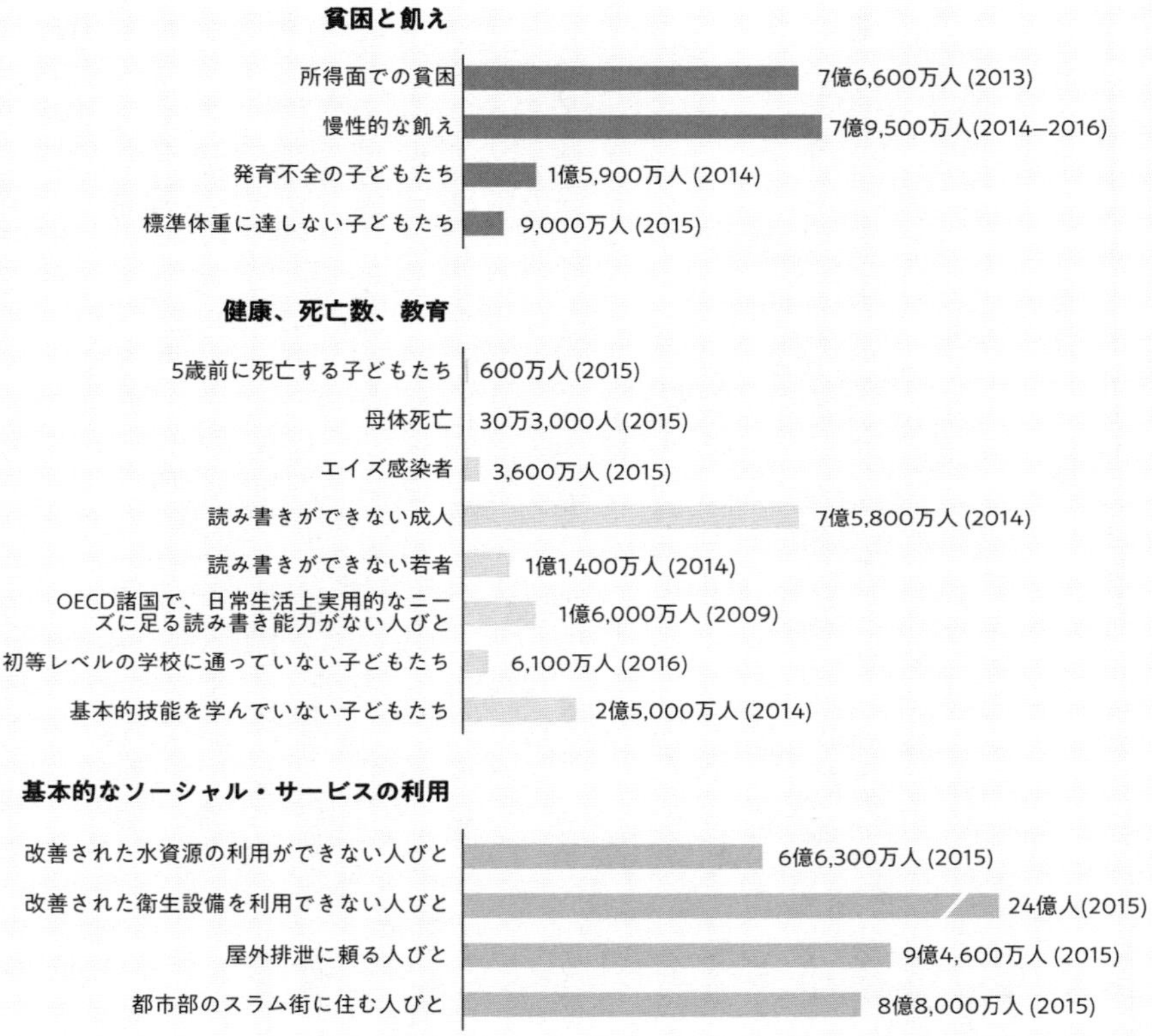

Fig. 6.5　継続する生活上の欠乏の指標（2016）　出典：UNDP（2016: 30）

衛生設備を利用できず、六億六三〇〇万の人びとが、信頼のおける安全な水の供給を受けられない状態であった。この節では、児童労働の利用が継続されていることを詳しく見るだけでなく、手短に、健康、栄養、教育に関連する幾つかの主要な不平等について概観する。

◎健康

一般的に、高所得国の人びとは低所得国の人びとよりも健康である。概して、低所得国は医療施設の不足に悩まされ、そうした施設がある所でも、それら施設が最も貧しい人びとに応対することは滅多にない。また低所得国に住む人びとは、適切な衛生設備を欠くことが多く、汚れた水で我慢することで、伝染病にかかるリスクがより高くなる。さらに彼らは、栄養失調、飢餓、飢饉といった苦しみを被る可能性がより高い。これらの要因すべてが、身体虚弱、不健康の一因となっており、低所得国の人びとは病気、疾患にかかりやすくなってしまう。幾つかのアフリカの国では、エイズ感染率が高止まっているが、これは部分的には、貧窮に陥っている人びとの健康状態が悪化していることによる(Stillwaggon 2000)。エイズのエピデミックは、サハラ以南アフリカの国々に劇的な影響を与えた。そうした国々では、エイズ罹患率は高いままであり、最も影響を受けた諸国の平均余命は産業革命前のイギリスでのそれとほぼ同じ五一年である。

一九七〇年から一九九〇年の間に、世界中で健康状態は改善し、世界で最貧の地域であるサハラ以南アフリカの人びとにとってでさえ、平均余命は、一九七〇年時点から二〇一〇年までにさらに八年上昇した。だが、二〇一〇年時点、先進諸国と比較して、発展途上国では、出生児一〇〇〇人あたり未だ八倍を上回る乳児が死亡した。なお、先進世界においては、子どもたちの死亡数は全体の1%にも満たない（UNDP 2010: 32）。もっと遅いペースであるが、母体死亡率も改善されてきた。だが、一九九〇年以降はその向上率も落ち続けている。

保健医療提供の改善とワクチン接種率の向上は、乳児死亡数の減少の助けとなっている。例えば、はしかワクチンに必要な二回の接種は、世界中の人びとの53%に達しており、二〇〇〇年時点での15%と比べて非常に高まった。その結果、その期間で、はしか症例は67%減少し、推定一五六〇万人の生命が救われた（UNDP 2016: 27）。コレラのような疾患を減らすための衛生設備の改善及び清潔な水の供給が進む中、地球レベルで健康面での改善という趨勢がある。ただし、この改善の趨勢は、各地域でそのペースがまちまちである。

◎ 飢え、不十分な栄養補給、飢饉

どの大きなスーパーマーケットに一度でも行ってみたら分かるだろうが、先進諸国は食料であふれている。しかし、世界では、今日、九人に一人が栄養不足であり、健康的で活動的な生活を送れない状態にある。栄養不足は、喫緊の新しい問題というよりも、積年にわたる問題であるが、飢えと栄養不足の広がりという点では、それはより最近の問題である。国際連合世界食糧計画（World Food Programme 2001）は「飢え」を、一日あたり一八〇〇カロリー以下――成人が健康でいるには不十分な量――の食事しか摂れない状態と定義している。地球上で、不十分な栄養状態にある人びとの数は、一九八〇年以降、全く変わりがないままで、八億人あたりに留まっている（UNDP 2010）。

Fig. 6.6が例証するように、栄養不足率〔栄養不足の人口割合〕は、イエメン、イラク、アフガニスタンといった最近の紛争地だけでなく、アフリカの多くの国で最も高い。食糧危機にたいしては緊急援助が求められているが、この食糧危機は、二〇一六、二〇一七、二〇一八、そして二〇一九年と一億人を上回る人びとに悪影響を及ぼした。食糧危機には以下のような幾つかの原因がある。洪水、旱魃《かんばつ》、その他気候上の異常事、戦争、紛争、深刻な景気後退である。旱魃だけでもほぼ一億人の人びとに悪影響を及ぼしている。スーダン、エチオピア、エリトリア、インドネシア、アフガニスタン、シエラレオネ、ギニア、タジキスタンといった国々では、旱魃と内戦とが合わさって食糧生産は荒廃し、結果、飢餓がもたらされ、非常に多数の人びとが死亡した。二〇一八年の食糧危機に巻き込まれた人びとのうち半数を上回る人びとが、紛争、そして安全が確保されていない状態により悪影響を受けている国々にいた（FSIN 2019: 15）。21世紀が始まったころ、サハラ以南アフリカの一億八〇〇〇万人（人口の33%）、アジアの五億二五〇〇

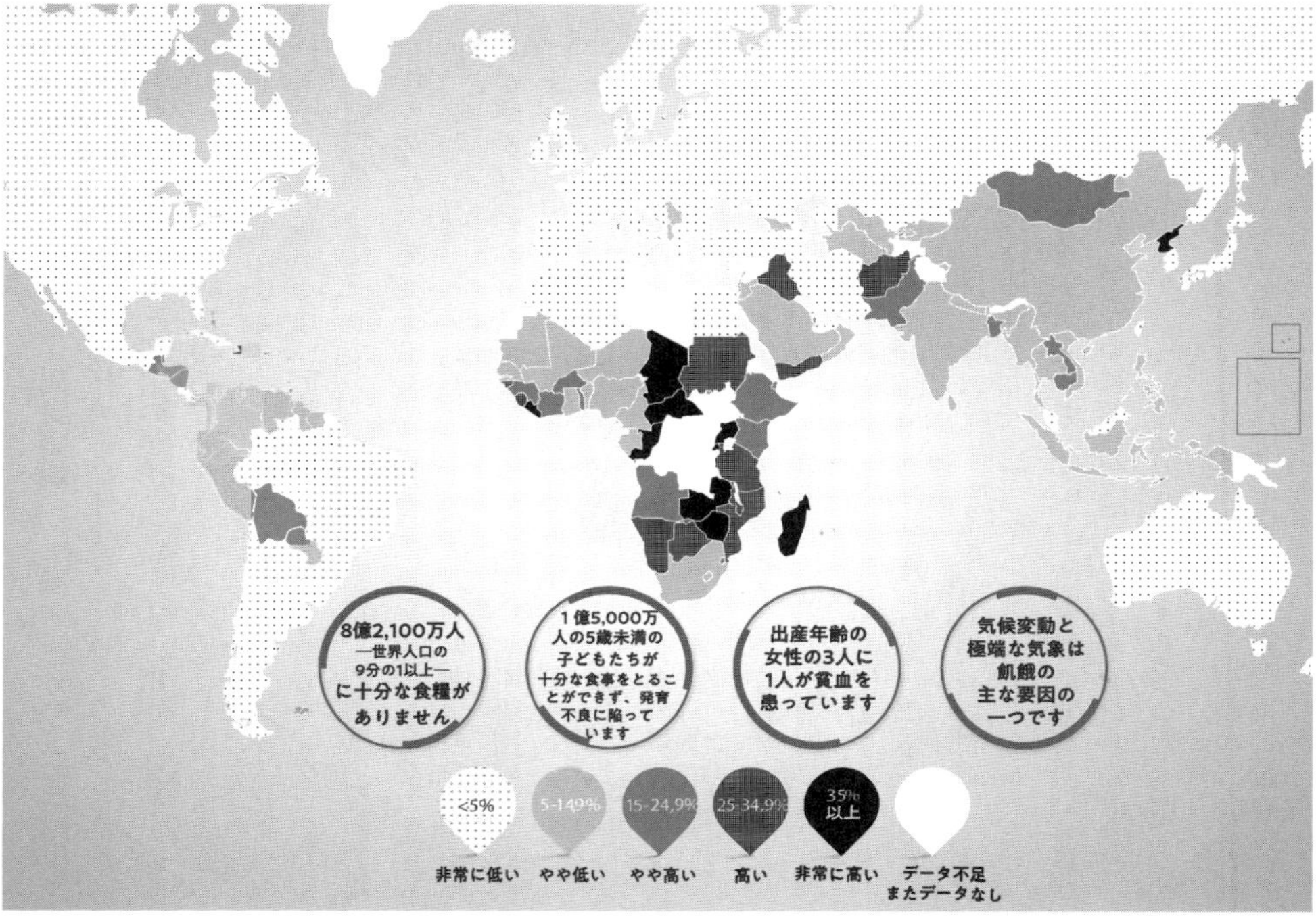

Fig. 6.6　ワールド・ハンガー・マップ（2018）　出典：World Food Programme（2018）

万人（人口の17％）の他、ラテン・アメリカとカリブ海域諸島の五三〇〇万人（人口の11％）が不十分な栄養状態にあった（World Food Programme 2001）。

先進諸国では、肥満率が上昇し、結果、懸念材料としてその存在を高め続けているように、問題となっているのは食糧が少な過ぎることではなく、むしろ多過ぎることである。事実、一部の専門家たちは、アメリカでは、糖尿病、色々な発作、循環器系の疾患といった肥満関連の健康問題のために、二〇五〇年までには平均余命は低下し始めるだろうと提唱している（Olshansky et al. 2005）。高所得国と低所得国との間にあるライフ・チャンス、生活諸条件面での対照性の中で、生き残り成長するに十分な食糧を確保するというこの基本的な問題ほど苛酷なものは他にない。

飢饉と飢餓による悪影響を被っている低所得国は、ほとんどの場合、自国の食糧生産を高める新たな技術にお金を出す余裕がない。また、世界の他の地域から十分な量の食糧を購入する余裕もない。気候変動は、世界のより多くの貧しき人びとに食糧危機をもたらす恐れがある。というのも、旱魃、洪水、熱波は、自然資源に大きく依存するこれらの人びとの農業経済、自給自足経済に強い影響力を及ぼす傾向にあるためである。国連開発計画は、仮にこうしたリスクを軽減する措置が取られなければ、食糧生産は減少する可能性が高く、二〇三〇年までには、追加で一億人の人びとが困窮の中で暮らすことになるだろうと推測している（UNDP 2016: 39）。

◎ 教育、リテラシー、児童労働

教育は、経済成長に寄与するだけでなく、多くの人びとにたいし、過酷な労働条件と貧困のサイクルから抜け出す希望を提供する。というのも、十分な教育を受けていない人びとが、低賃金非熟練の職を埋めるためである。また、教育を受けた人びとはもうける子どもの数が少ない可能性が高く、したがって、グローバルな人口増加を減速させている。発展途上国は、質の高い公教育提供のためにお金を出す余裕はほぼなく、この点でも恵まれていない。結果、発展途上国の子どもたちと比べ、先進諸国の子どもたちが学校教育を受ける可能性はずっと高く、高所得国の成人たちが読み書きできる可能性ははるかに高い。

にもかかわらず、一九八〇年代以降、教育の提供、また学校入学の点では大きな改善が続いている。一九九〇年頃以降、先進諸国、発展途上国ともに、初等学校への入学が定着してきた。また、地球全体で何らかの形態の教育を受けた人びとが占める割合は、一九六〇年の57%から二〇一〇年までには85%に増加した。さらに平均就学年数が伸びた結果、発展途上国では、若い人たちの**リテラシー**水準は95%を上回るまでに上昇した（UNDP 2010）。こうした結果をうけて、将来的に、発展途上国とその諸個人たちにとって、非識字は問題としてはずっと小さなものとなる、と我々は期待してしまうだろう。しかし、二〇一八年時点で、四年就学したにもかかわらず、初等学校年齢にある子どもたちの三分の一は、読むこと、あるいは基礎的な算数ができなかった。同様に、初等教育への少女たちの入学は増加し続けているものの、学校教育を四年間から六年間受けた成人女性の多くが、未だ読めないか、字を書けない。これは部分的には、教師一人あたりの生徒数の多さ、十分な訓練を受けていない教師たち、不十分な支援の結果である（UNDP 2016: 67-8）。

教育における極端な不均衡は、教育支出水準の相対的な低さに起因する。例えば、二〇一〇年時点、サハラ以南アフリカと比べ、先進諸国では生徒一人あたりの平均教育支出が40倍多かった。さらに、初等学校入学では著しいジェンダー格差もある。二〇一〇年人間開発指数報告書で調査対象となった一五六か国のうち、初等学校において少女たち、少年たちの在学者数が同等であるのは、八七か国のみであった。一部の発展途上国で、それも農村地域となると、中等学校年齢にある子どもたちの間のジェンダー格差は際立っている。例えば、ボリビアとギニアでは、農村の年長の少女たちは、ほぼ35%しか入学していなかったが、これが都市部の少年たちとなると、それぞれ、ボリビアで71%、ギニアで84%であった（UNDP 2010: 36-8）。二〇〇七年時点、先進世界では中等学校年齢の男女のほとんど全員が全日制の教育を受けていたのにたいし、発展途上国の子どもたちでこうした恩恵を享受していたのは64%のみであった。高等教育では、総体的には、進んでいく方向は上向きではあるものの、状況はより一層不平等である（Fig. 6.7 参照のこと）。

発展途上国において、中等教育、高等教育への若者の就学水準が低い主要な原因は、彼らが労働に従事することを期待されている点にある。家族の貧困状態、教育機会の欠如、貧しきエスニック・マイノリティ集団が陥っている苦境にたいしての伝統的な無関心、これらが組み合わさったものが原因となって、子どもたち

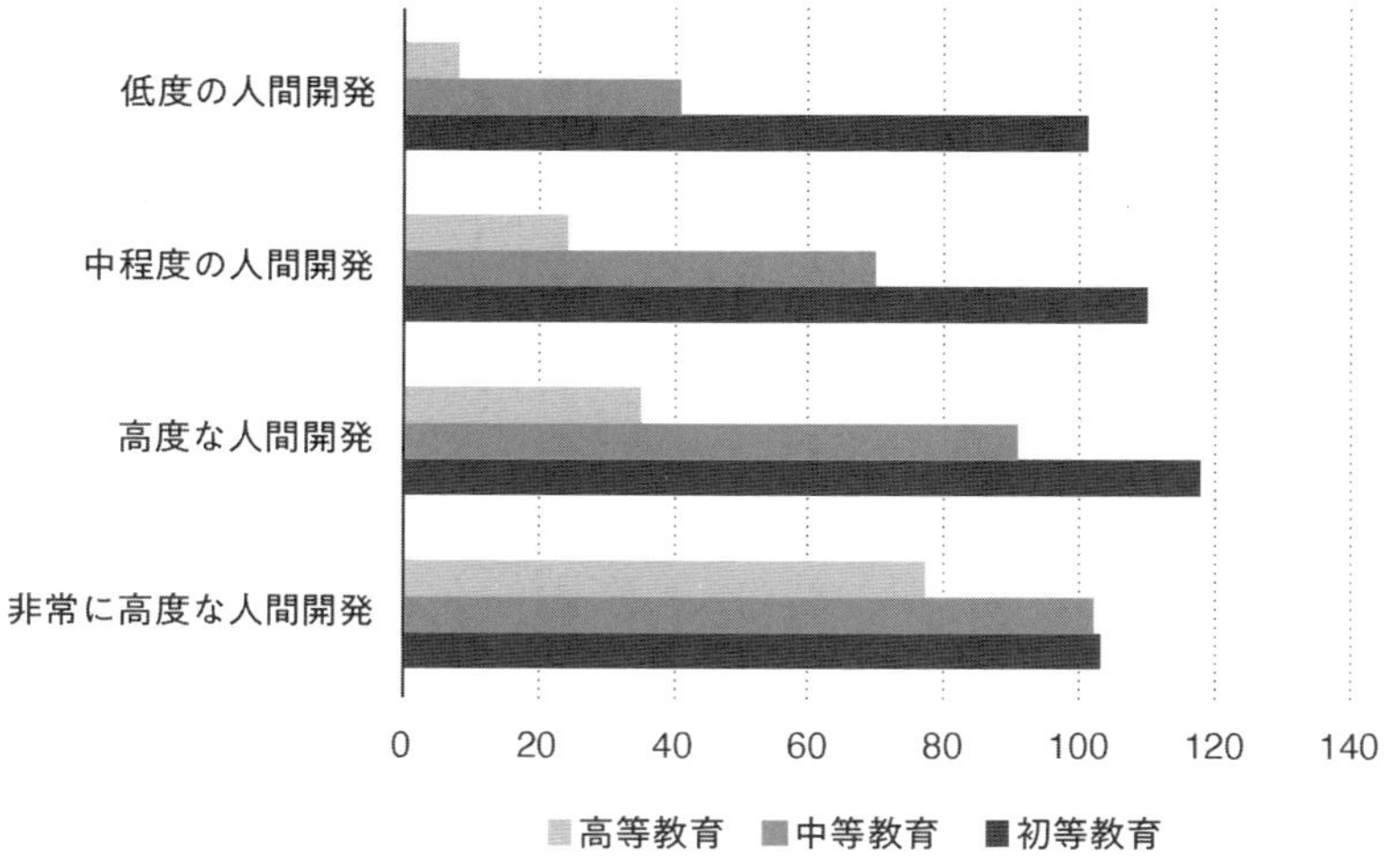

Fig. 6.7　教育水準別、人間開発指数別の総在学者比率（2015）　出典：UNDP（2015: 245）
付記：（遅くなっての入学、あるいは再学習といった理由で）就学年齢にはない学生たちが在学者数の中に含まれる場合には、比率は100％を超えることがある。

は働いている（UNICEF 2000）。児童労働は高所得国では既に法律的に非合法化されているが、未だ、世界の多くの地域で生き延びている。国際労働機関（ＩＬＯ）によると、二〇一六年時点で、5歳から17歳の児童労働者が約一億五二〇〇万人いた。これは、二〇〇四年時点からおよそ七〇〇〇万人の顕著な減少となるものの、これら子どもたちのうちほぼ七三〇〇万人は、未だ、危険な労働条件下で働いていた（ILO 2017b: 5; 2010: v）。児童労働の発生率が最も高いのはサハラ以南アフリカであり、児童労働者数が最も多いのはアジア・太平洋地域である。

二〇〇八年時点、児童労働者の約68％は無償の家族労働に従事していた。そして、21％は有給雇用、5％が自営業者であった。経済セクター別では、60％が農業で働き、7％は工業、そして、26％は、レストランやホテルまたは裕福な家庭の召使いといったサービス業で働いていた（ILO 2010）。いくら贔屓目に見ても、これら子どもたちは、ほとんど給料の無い状態で長時間労働し学校に通えず、いつか彼らを貧困生活から抜け出させ得るであろう技能を伸ばすこともできない。しかし、たとえ可能であるとしても、あらゆる児童労働にたいし即座に禁止令を施行するだけでは逆効果であろう。児童労働は、例えば、児童売春、あるいは慢性的栄養不足よりは幾らか良い選択肢である。課題は、児童労働を終焉させることだけでなく、子どもたちを労働から教育に向かわせ、さらに、就学期間中、彼らが十分に支援を受けられるようにすることである。

国際労働機関といった国際機関は、そうした法律が遵守すべき一連の諸基準の骨子を提示してきた。一九九九年六月、国際労働

グローバル社会 6.1

農業での児童労働

世界中の農村地域に住む非常に多くの少女・少年は、学校で学ぶ児童生徒ではなく、児童労働者たちである。多くの場合、見つけることが難しいが、児童労働者たちは、農場、釣り船、プランテーション、山岳地域と至る所におり、家畜の番をしたり、あるいは家事手伝いとしてせっせと働いている。児童労働は、当該の子どもたち、その家族、またコミュニティにとって、貧困のサイクルを永続化させてしまう。教育を受けなければ、こうした農村地域の少年・少女は明日の貧しき人びととなる可能性が高い。政策は児童労働の根本原因に取り組み、また、農村地域に住む成人たちに働きがいのある人間らしい仕事が増えるよう支援しなければならない。

世界の児童労働者たちの大部分は、都市部において工場、労働搾取工場《スウェットショップ》（肉体労働者たちが非常に低い給料で長時間の作業をし、しばしば、労働法規に違反している雇用者がいるような、狭苦しい工場）でせっせと働いていたり、家事労働者として、あるいは街頭行商人として働いているわけではない。彼らは、多くの場合、日の出から日没まで農場やプランテーションで働き、作物の植え付けと収穫、殺虫剤の散布、農村の農場やプランテーションで家畜の世話をしている。これら子どもたちは穀物と家畜の生産において重要な役割を果たしており、我々が消費する食糧と飲料、そして、我々が別の生産物を作る際に用いる繊維と原材料、これらの相当な部

児童労働に従事する１億5,200万人の子どもたち

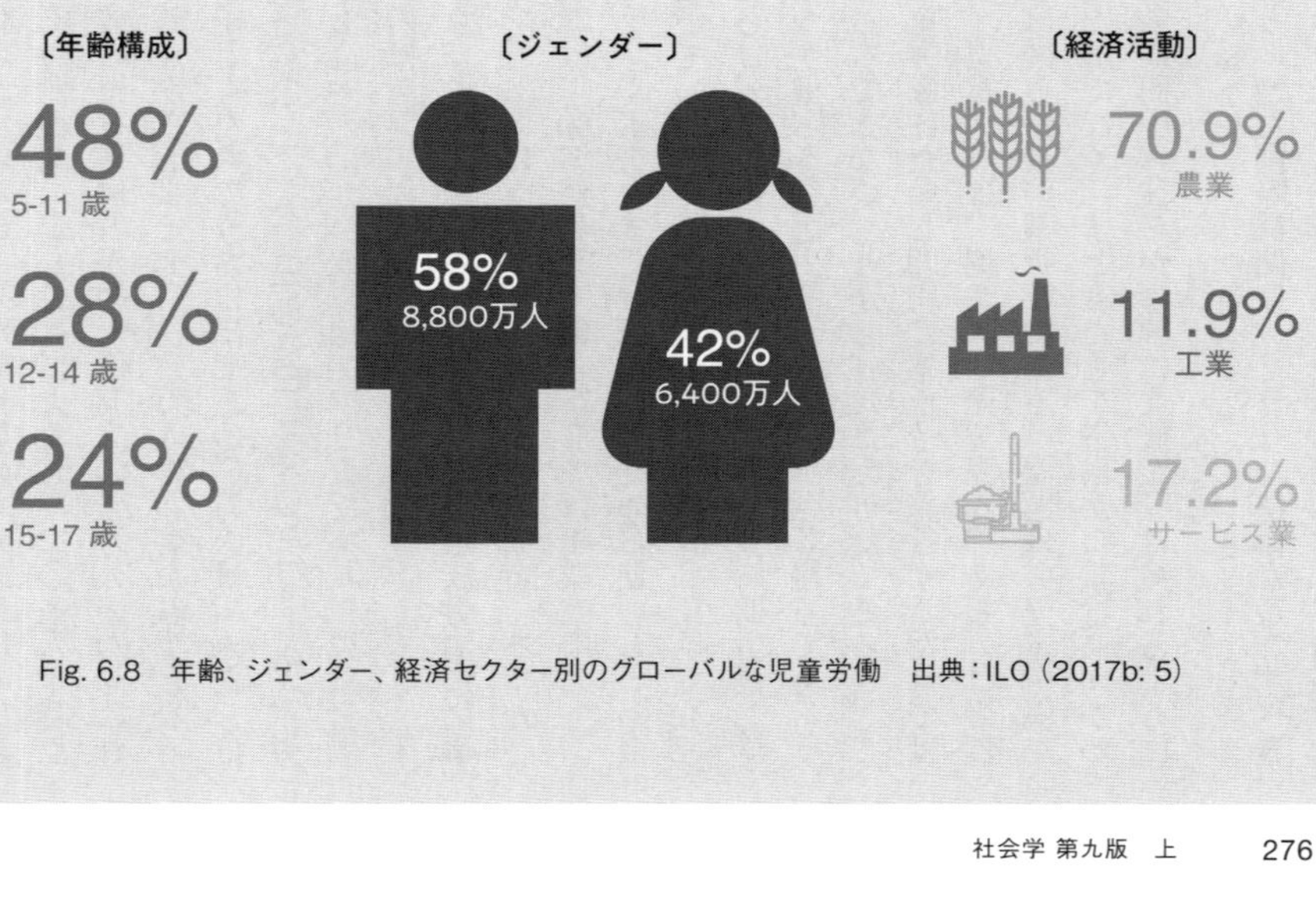

Fig. 6.8　年齢、ジェンダー、経済セクター別のグローバルな児童労働　出典：ILO（2017b: 5）

分の供給を助けている。タバコや綿といった他の農産物に加え、カカオ／チョコレート、コーヒー、茶、塩、果物、野菜が例として含まれる。

これら少女・少年の約七〇〇〇万人が「危険な児童労働」を遂行している。この類の労働は、彼女たちの生命、手足、健康、そして全体としての幸福を損ない得る労働である。年齢に関係なく、建築業と採掘業に加えて農業は、労働災害死、死亡までは至らない事故、職業病といった観点から、そこで働くことが最も危険な三セクターの一つである。バングラデシュは主として農業国である。多くの子どもたちにとって、農場の生産物を成育し、収穫し、輸送し、販売する手伝いのために働くことは、児童期の最も早い頃からの、当たり前な、毎日の役割である。彼らは、酷い傷害を結果的にもたらすことが多い農業機械や機具にいつも晒されている。一日あたり約五〇人の子どもたちが機械で傷害を負い、そのうち三人は、非常に酷い損傷がゆえに、そのままずっと障害を抱えたままとなる。

児童労働者たちは、同じ状況に置かれた際に成人の労働者たちが直面するあらゆる危険因子、そしてリスクに遭いやすい。児童労働者たちにとって、こうした危険のリスクはさらに一層高いものである。というのも、彼らの身体は未だ発育途上にあり、彼らの心とパーソナリティも未だ発達途上にあり、さらに、彼らには労働経験が欠けているためである。したがって、多くの場合、安全性と健康保全が無いことにたいして貧困が及ぼす諸効果は、児童労働者たちにとって、さらに酷いものとなり、さらに長期にわたるものとなり得る。また、ほとんどの他の形態の児童労働と農業での児童労働との違いは、通常、子どもたちは、自分たちが働く農場なりプランテーションなりで世話になって暮らしていることである。このことが、彼らを更なるリスクに晒してしまうのだ。

出典：ILO（2007b: 2011b）とFAO/IFAD/ILO（2010）から抜粋

▼批判的に考える

先進諸国には未だ児童労働が存在するのか。仮に存在するとしたら、そうした子どもたちは、どんなタイプの労働をしているのか。国際労働機関による5歳から17歳という年齢設定を考慮に入れたとして、あらゆる国で《全ての》児童労働が禁止されるべきか。禁止される場合、どのようなネガティヴで意図せざる結果が貧困家庭にもたらされるだろうか。

機関は、「最悪の形態の児童労働」の廃絶を求めた条約第１８２号を採択した。この「最悪の形態の児童労働」には、奴隷、児童の人身取引、強制労働、売春、ポルノ関連産業、麻薬売買、そして、児童の健康、安全、道徳を害するおそれのある労働が含まれる（ILO 1999）。この問題の解決には児童労働を利用して商品を製造しているグローバル企業、また、全従業員たちを組織化する労働組合、さらに、その価値観が児童労働と対立するような農業協同組合、最後に、究極的には、商品を購入する消費者たちに責任の一端がある。国際労働機関の統計は、二〇〇〇年時点と比べ、二〇一七年には九〇〇〇万人を上回る児童労働者の減少があったことを示すとともに、その減少ペースは減速し続けているとも示している（ILO 2017b）。これまで他の人たちが主張してきたように、「開発」は動的なプロセスであり、仮に、前進していく勢いを維持できないのであれば、逆進することもあり得る。

■ 変化する人口

二〇一七年の半ば、国連は、地球全体の人口がおよそ七六億人であり、一九九九年以降、十六億人増加と推測した。一九六五年以来、地球の人口は二倍を上回るものとなっている。一九六〇年代、ポール・アーリックは、万が一、一九六〇年代の人口増加率が続くとしたら、九〇〇年間のうちに、地球の表面には、60,000,000,000,000,000（6京）の人びとがいることとなってしまう、と算出した。我々の大部分がほとんど把握できない数だ。実際、こんなことは起こりうるだろうか。

すでに、地球の人口に関する破滅主義的予測が不正確であることは分かっている。一九六〇年代、一九七〇年代と、幾つかの推定によれば、二〇〇〇年までには約八〇億の人口となると提唱されていた。しかし、実際の数字はかなり低く、六〇億を若干上回るものであった。今日、国連による「中位推計」での予測（低い、高いの両極端の間）は、二〇五〇年までにこの惑星上には九三億の人びとがおり、増加分のほとんどが、アフリカの三九か国、アジアの九か国、オセアニアの六か国、ラテン・アメリカの四か国での高い出生率に由来する、という内容である（UN 2011）。（日本、中国、ロシア連邦、ブラジルを含む）低出生率の国では、人口数のピークは二〇三〇年までには到達されると予測されており、その後、人口数は徐々に減少していくこととなる。二一〇〇年までに、低出生率の国では、今日と比べ、人口が20％減少しているはずである。（アメリカ、インド、バングラデシュ、インドネシアといった）中ぐらいの出生率の国では、人口のピークは二〇六五年までに到達されると予測されているが、それでも高出生率グループの人口だけは二一〇〇年までは増加し続ける（ibid.: 1-2）。

最新の国連による予測に基づくと、地球全体の人口増加は二一〇〇年まで次第に弱まり続けるはずで、おそらく、22世紀には人口減少に至る。にもかかわらず、19世紀初期の約一〇億から今日では八〇億に近づかんとする人類の人口の急速な増加は、未だ相当驚異的である。この八〇億人という水準は持続可能なのだろうか。八〇億の人びとにたいし、十分に食糧を供給し、住居を提供できるのだろうか。それとも、かなりの人びとは貧困生活を強いられるのか。西洋の消費主義のライフスタイルが世界中の人びとに広がることは自然環境の状態にどのような影響を与えるだろうか。出生率水準でのちょっとした変化が非常に大きな結果をもたらす可能性があり、より高度な別の予測がより正確であることが考えられないわけではない。そうであるならば、これらの問題は、なお一層緊急性のあるものとなることだろう。

◎人口分析——人口学

グローバルな貧困と人口増加は相互に結びついている。というのも、最大の人口増加は、幾つかの世界最貧国で生じているためである。未来の社会生活への見通しを把握しようと模索している社会・環境科学者、政策立案者、政治家たちにとって、人口動態を理解することは重要である。これを為すために我々は、人口学、つまり、人口に関する学問分野からの調査に依拠せねばならない。

人口研究は、17世紀後半にまで遡ることができるものであり、その当時、学者たちは出生率と死亡率に関心を寄せるようになっていた。だが、現代の人口学は、実際には19世紀になりヨーロッパ諸社会で国勢調査が発展するにつれ、立ち上げられたものである。**人口学**は、人口規模の測定や、人口の増加ないし減少の解明を問題にしている。人口のパターンは三つの要因によって規定される。つまり、出生、死亡、人の移動である。人口学は社会学の一分野と見なされることが多い。というのも、出生、死亡、人の移動のどの水準にも影響を及ぼす諸要因が、たぶんに社会的、文化的なものであるためだ。

人口学の研究は、方向性としては、統計学的になる傾向にある。そして、あらゆる先進国が自らの人口をチェックするために、人口に関する基本統計を収集している。ただ、今日のデータ収集方式は厳密なものではあるが、人口統計が完全に正確であるなど決してありえない。イギリスでは、人口調査を一八〇一年以降、一〇年ごとに実施してきた。この調査は、できる限り正確であることを目指している。しかし、一部の人びと——非合法移民、ホームレス、短期労働者その他——は公の統計に登録されていない。多くの発展途上国、とりわけ近年、人口増加率が高い国々では、人口統計の信頼度はもっと低いものとなっている。

◎人口変動の動態

人口増加率と減少率は、千人あたりの出生数から同じく千人あたりの死亡数を減じることで測定され、通常、毎年算出される。18世紀と19世紀、工業化が進みつつある国々の人口増加率は高かったが、今日、その率はずっと低いものとなっている。例えば、二〇一八年時点で、ヨーロッパ連合での増加率はほんの0.2％、北アメリカでは0.7％だった。対照的に、サハラ以南アフリカでの増加率は2.7％、中東・北アフリカでは1.7％だった（World Bank 2019）。これらの様々な率の間に大きな隔たりがあるようには見えないかもしれない。しかし、実のところ、もたらされる結果は重大なものであり得る。

その理由は、人口が指数関数的に増加するからである。ある一つの何らかの項目から始め、それを倍にし、その結果をさらに倍に、と続けていくと、瞬く間に大きな数字——1、2、4、8、16、32、64、128といった具合で続く——に至ってしまう。まさにこれと同じ原理が人口増加にも当てはまり、我々はこうした効果を**倍加時間**——人口規模が二倍になるのに要する期間——を用いることで測定できる。年間1％の人口増加は七〇年後に人口数を倍加させることとなる。年間2％の増加なら、人口は三五年後に倍加し、年間3％なら、たった二三年後に倍加することとなる。地球上の人口が一〇億に達するのに、一八〇〇年をちょうど過ぎた頃までの全人類史を費やした。一九三〇年までにそれは二〇億

社会学的想像力 6.1

人口学――鍵となる諸概念

人口学者たちにより使用されている幾つかの基本概念の中でも最も重要なのは、粗出生率、出生力、妊孕《にんよう》力、粗死亡率である。**粗出生率**は、年間、人口千人あたりの出生児数として表される。「粗い（crude）」率と呼ばれるのは、この率そのものの非常に大雑把な特徴がゆえである。例えば、この率は、人口の男女比、あるいは、年齢分布（若者と高齢者の相対的な人口比）について、何も伝えてくれない。出生率ないし死亡率をこうした諸カテゴリーに関連付けているような統計が収集される場合には、人口学者たちは「粗い」率ではなく、「特殊（specific）」率と表現する。例えば、年齢別特殊出生率（age-specific birth rate）は、異なる年齢グループに属する女性千人あたりの出生数を具体的に指し示すものである。

もし我々が幾らかでも詳細に人口パターンを理解しようと望むならば、特殊出生率から得られる情報が通常は必要である。しかし、粗出生率は、様々なグループ、社会、地域を全般的に比較するには有用なものである。例として、二〇〇六年時点で、オーストラリアの粗出生率は（年間、人口千人あたりで）12.4、ニカラグアで24.9、モザンビークで39.5、最高値であるコンゴ民主共和国では49.6であった（UN 2006）。工業諸国では低い傾向にあるのにたいし、世界の他の多くの地域では、粗出生率はもっと高い。

出生率は女性の出生力の表れである。**出生力**は、平均的な女性が何人の子どもを産むかを指し示すものであり、また、出生率は、出産可能年齢にある女性千人あたりの平均出生数として通常は算出される（Fig. 6.9）。出生力は**妊孕力**とは区別されるもので、妊孕力は、女性が生物学的に出産できる子どもの潜在的な数を意味している。一人の女性は妊娠可能な期間、毎年一人の子どもをもうけることが身体的に可能である。女性が初潮をむかえる年齢と閉経をむかえる年齢は、双方とも個人間だけでなく国家間でも違いがあるのだが、この二つの年齢に応じ、妊孕力には違いに幅がある。一人で二〇人以上の子どもをもうけるような女性がいる家族もあるかもしれないが、社会的・文化的に規制をかけてくる諸要因があるために、実際の出生率は常に妊孕率をかなり下回る。

（「死亡率」とも呼ばれる）**粗死亡率**は、出生率と良く似た方法で算出されるが、年間、人口千人あたりの《死亡者》数を指し示している。ここでもまた、各国間で大きな違いがあるが、発展途上世界の多くの社会の死亡率は、先進諸国に比肩する水準に向かって減少し続けている。二〇〇二年時点、人口千人あたりの死亡率は、イギリスで一〇人、インドで九人、エチオピアで十八人だった。これらより高い死亡率の国々はほんの一握りであった。例えば、シエラレオネでは三〇人であった。粗出生率と同様、粗死亡率は、**死亡数**（ある人口のうちの死亡者数）の非常に大雑把な指標を提示するのみであり、特殊死亡率の方がより正確な情報をもたらしてくれる。とりわけ重要な特殊死亡率は、**乳児死亡率**である。この特殊死亡率は、出生児千人あたり、各年間で最初の誕生日を迎える前に死亡する乳児数のことである。人口爆発の背後にある重要な諸要因のひとつは、乳児死亡率の低下であり続けている。

乳児死亡率の低下は、**平均余命**、つまり、平均的な人が生存を期待し得る年数の伸びにたいして最も重大な影響力を有している。二〇〇七年時点、イギリスに生まれた女性の出生時平均余命は、男性の七六・二三年と比べると八一・三年だった（CIA 2007）。この状態は、20世紀への転換期、それぞれ女性四九年、男性四五年であったことと対比して目立つものである。しかし、このことは、一九〇一年生まれの大部分の人びとが四〇代にあるうちに亡くなった、ということを意味するものではない。多くの発展途上国のように、乳児死亡率が高い時には、平均余命——統計上の平均である——は引き下げられてしまう。平均余命に影響を及ぼす他の諸要因には、病気、栄養状態、自然災害がある。

▼批判的に考える

伝統的に、人口学は量的な学問領域にあり、大規模データ群の統計分析に根を下ろしてきた。第2章にある質的方法の幾つかを見返し、これら質的方法を採用する場合、我々の人口動態の理解に、どういったことが追加されるか、提案せよ。

Fig. 6.9　総出生力2010～2015（女性1人あたり出生児数）　出典：UN DESA（2017: 6）

に倍加し、そして（ちょうど四五年経過した）一九七五年までには、四〇億へとさらに倍加していた。二〇一七年までに、人口は七六億に達し、二〇三〇年までに八三億へと増加すると予測されている（UN DESA 2017:1）。

マルサス学説者の関心事　近代工業化以前、今日の基準からすると出生率は非常に高かったのだが、出生と死亡との間でおおよその均衡が取れていたため、人口増加率は低く留まり続けた。一般的な趨勢としては、人口は増加傾向にあり、かなり顕著な人口増加の時期もあったが、そうした時期の後には、死亡率の上昇が続いた。中世ヨーロッパでは、収穫が悪い折りには、死亡者が増加する一方で、結婚は延期される傾向にあり、妊娠数も低下した。このような自動調整的な周期的変動から逃れられた社会は存在しなかった（Wrigley 1968）。

大規模な工業主義の到来により、多くの者が、食糧難が無くなるであろう新時代を待ち望んだ。しかし、トマス・マルサスは、自身の有名な『人口論』（Malthus 1976［1798］）の中で、このような想定を捨て去り、人口と食糧資源との結びつきに関する今日でも続く論争を引き起こした。一七九八年、ヨーロッパの人口は急速に増大しつつあったが、マルサスは、人口は指数関数的に増加していくのにたいして、食糧供給の方はさらに土地を開拓することでしか増やせないような決まった量の資源に左右されてしまう、と指摘した。その結果、人口増加はそれを支える諸手段を上回る傾向にあり、その不可避な結果は飢饉であり、その飢饉が、戦争と疾患の及ぼす影響と相まって、制御できないほどの人口増加にたいする自然な抑制として作用することとなる。マルサスは、仮に人類が「道徳的抑制」を為さなければ、彼らは常に、窮乏と飢餓の状況の中で暮らすことになるだろうと予測した。彼が用意した解決策は、人類の繁殖の制限であった。

先進諸国では、**マルサス学説**は、かなり悲観的なものと見なされた。というのも、人口動態はマルサスが予想したものからは掛け離れたパターンをたどったためである。実際には、19世紀後半から20世紀にかけて、人口増加率は次第に低下していた。事実、一九三〇年代には人口減少について重大な懸念があった。だが20世紀後半、地球上の人口の急速な増加により、マルサスの当初のままの見解を支持する者はほとんど皆無だとしても、一部の人びとにはマルサスの見解はより受け入れやすいものとなった。現代のマルサス学説者たちは、発展途上諸国での人口拡大は、これら諸国が自国民を養うために産み出せる諸資源を凌駕するものであり、結果として、栄養不足、貧困、紛争を広めることとなると見なしている。それでも、我々が見てきたように、最貧国においてでさえ多くの局面で人間開発の進展が為されつつある途上にあり、今や、それほど遠過ぎはしない未来での地球人口の安定が予測されている。

◎ 人口転換

人口学者たちは、先進諸国での死亡者数にたいする出生者数の比率の点で、19世紀以降の長期的変化を**人口転換**と称している。最初にこのテーゼの概要が示されたのはウォレン・S・トンプソン（Thompson 1929）によってであり、トンプソンは、三段階から成るプロセスを詳述した。そのプロセスでは、ある社会が高度な経済発展水準に到達するにつれ、あるタイプの人口安定状態は、やがて、別のタイプに置き換わる。このテーゼは、「古典研究6.1」にて詳しく取り上げている。

人口転換理論は、――カール・マルクスによっても想定されていたが――工業資本主義は世界中に広がっていくだろうという前提に基礎を置いている。工業資本主義が世界中に広まっていくにつれ、幾つもの国家経済が成長し、交流し合い、出生率も死亡率も低下し、急速な人口増加期の後には、国家単位の人口は安定し、おそらく減少さえする。しかし、仮に経済発展のペースが均質ではなく、世界の幾つかの地域が提起された諸段階に沿ったかたちでは全く転換しないなら、何が起こるのだろう。これまで我々が知り得たことから判断すれば、グローバルな不平等が存続しているがゆえに、世界中の各社会が等しく裕福になるという根拠はほとんどない。大いに議論されているこの問題が、次の節での主題である。

開発理論とその批判者たち

世界に関する旧来の「三世界モデル」は、グローバルな統合、そして「三つの世界」の諸カテゴリー間を移動する特定の国々の動向を説明できなかったことが理由の一端となり、後景に退いてしまった。この事態は一九七〇年代半ばまでにはより明白なものとなった。その頃、東アジアの多くの低所得国は急速な工業化のプロセスの渦中にあった（Amsden 1989; こうした開発についてのより詳しい扱いは第4章を参照のこと）。このプロセスは一九五〇年代の日本で始まったが、世界の、とりわけ東アジア、ラテン・アメリカの**新興工業国**（NICs）に即座に広がっていった。東アジアの新興工業国には一九六〇年代に香港が、一九七〇年代、一九八〇年代に韓国とシンガポールが含まれた。最も目立つのは中国であるが、中国だけでなく、マレーシア、タイ、インドネシアといった他のアジア諸国も一九八〇年代、一九九〇年代初期にこれに追随し始めた。

これまで経済学者たちは以下のように想定する傾向にあった。全体として発展途上国は、開発の遅れを取り戻し始めれば、先進的な高所得国よりも高い平均経済成長率を経験するだろう、と。しかし、極めて最近まで、多くの場合、この想定は当てはまらなかった。極少数の発展途上国だけが、どうにかして、先進国家経済の平均成長率をしのいでいたにすぎない。ただこの状況は一九九〇年代半ば以降変化した。というのも、低所得国と中所得国を合わせた《平均》成長率が、先進世界のそれと比べて高いままであるためだ。

世界銀行による諸国家の四分類を使用すると（前記参照のこと）、時を経るにつれ、ある国はより裕福になっているが、他の国はより貧しくなっている。極めて最近、アルゼンチン、パナマ、クロアチアが中の上から高所得カテゴリーに移行した。逆に、シリア・アラブ共和国、イエメン、タジキスタンは全て、中の下から低所得グループの中に滑り落ちた。アルメニア、ヨルダン、グアテマラは、中の下から上昇して、今や、中の上の所得国としてランクづけされている（World Bank 2018b）。

古典研究 6.1

人口転換理論

研究課題

18世紀半ば以降、社会が工業化するにつれて、その社会の人口も急速に増大した。しかし、約一世紀後には人口増加のペースは減速し、21世紀となると、多くの先進諸国では人口置換がかろうじて生じている。なぜ、こうしたことが起こったのか。こうした長期にわたる変化にパターンというものがあるのか、もし、あるのならば、そのパターンは発展途上国でも繰り返される可能性が高いのか。そのパターンはいかにして未来における地球上に住む人類の人口規模に影響を与えるのだろうか。アメリカの人口学者、ウォレン・S・トンプソン（1887-1973）は、最初にこうした進展にひとつのパターンを特定した人物であり、彼による研究は、人口趨勢を工業化と連関させる後代の人口学者たちによってさらに推し進められた。

人口転換モデル

トンプソンは出生率と死亡率に変化がもたらされ、それがゆえに人口増加と規模が決定されるとしても、そうした比率には、ある国の人口に多大なる影響を及ぼす幾つかの重要な《転換》がある、と気付いた。後代の人口学者たちは彼の考えを洗練し、一つのモデルへと発展させた。通常、《人口転換モデル》（DTM）と呼ばれ、社会が工業発展を経ていく

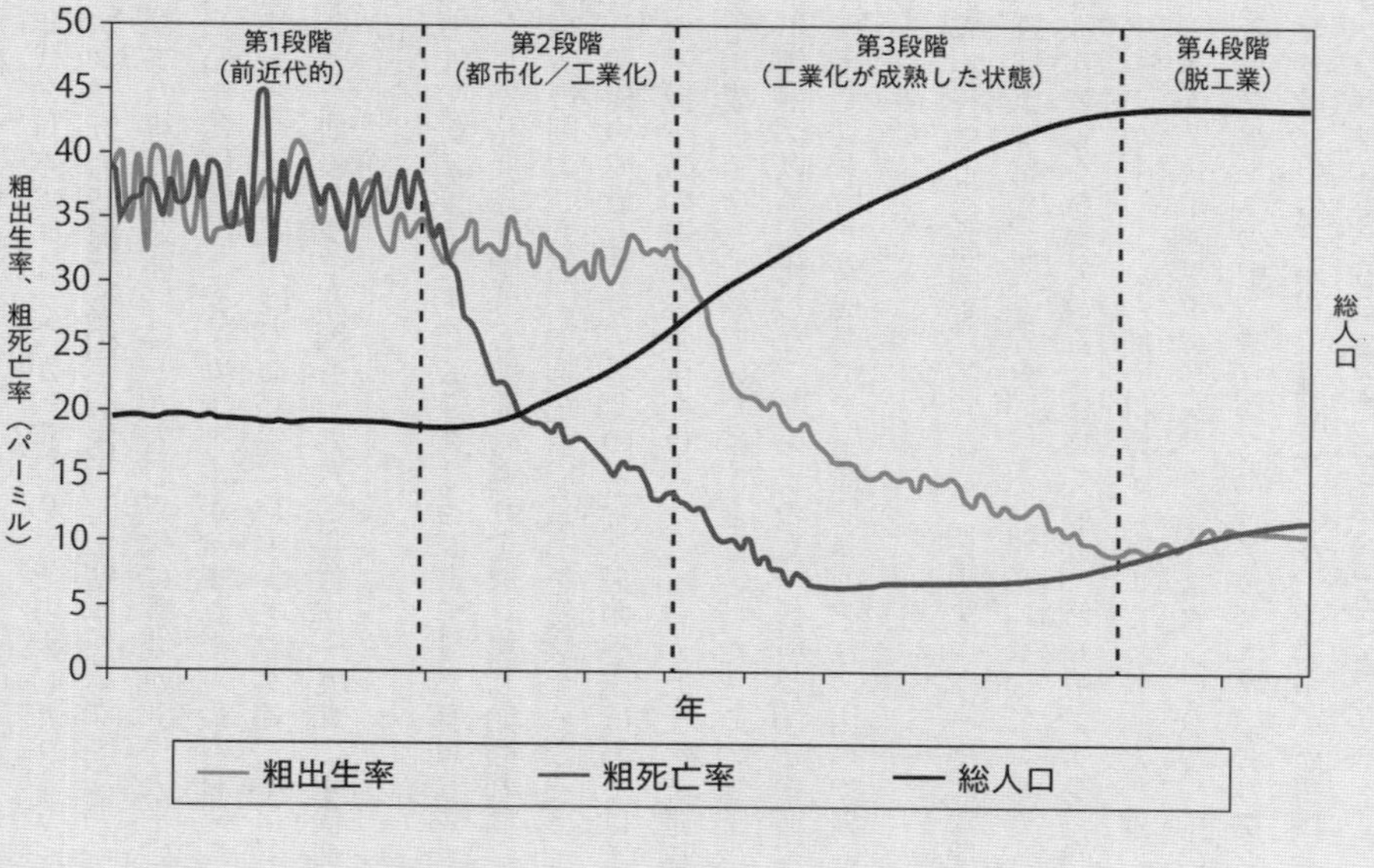

Fig. 6.10　人口転換モデル　出典：Wikimedia Commons

一連の段階を特定している（続く箇所を読む際には、Fig. 6.10に図示されているモデルを参照のこと）。

《第1段階》は、ほとんどの非工業社会を特徴づけている諸条件を指し示しており、この段階の社会では、出生率も死亡率も高く、乳児死亡率が際立って高い。大多数の出生者数が多かれ少なかれ死亡者数により相殺されるため、仮にあるとしても人口増加はほとんどない。この段階は、人類史のほとんどにわたる。伝染病、疾患、自然災害が人類の数を抑えにかかっていた時である。《第2段階》は、19世紀前半にヨーロッパのほとんど、またアメリカで始まったのだが、この段階では、死亡率は低下し、出生力は高いままだった。その帰結としてもたらされたのは、長期間にわたる人口増加の期間であった。ヨーロッパと北アメリカによる植民地主義的な拡張は、植民地である現地の諸資源と人びとの搾取を伴っていたため、それら植民地保有国にとって、より急速な経済発展を容易にした。食糧の品質改良、より高まった収穫量、安全な水の供給、より効率的な下水設備と廃棄物処理システムと並んで、こういった発展は、結果として、死亡率の低下、また、それに続く人口の増加をもたらした。《第3段階》では、第1段階と比べると人口数は絶対的にかなり高い水準にあったものの、人口が徐々にいくらか安定する水準まで出生率も低下した。こうした変化には幾つかの考えられる理由が提唱されてきた。それらは以下のようなものであった。まず、（特に女性の間での）リテラシーの向上であり、結果、子どもをもうける者たち、というだけの伝統的女性観への異議をもたらした。次に義務教育であり、それは子どもたちを労働力から除外させるものだった。さらに都市化があり、（農村地域で）大家族が農地で働く必要性をなくすものであった。

やや後になって、人びとが自分たちの出生力をコントロールできるようになるに際しては、改良された避妊技術も大きな役割を果たした。一部の人口学者たちは《第4段階》を特定しており、この段階では、人口が安定するがゆえに、人口転換が完遂されることとなる。しかし、幾つかの国々、中でもギリシャ、イタリア、日本は、近年、人口置換水準を下回る数の子どもしか産まれておらず、先進工業社会の人口が減少するような段階について我々は思いを巡らしている。だが、今までのところ、この段階は現実というよりも、ひとつの理論的可能性に留まっている。

批判すべき諸点

概して、こうした一連の段階は、近現代社会における人口統計上の主要な変化を正確に表していると受け止められているが、先進諸国の至る所でかなりの違いがある。また、このモデルが発展途上国に適用される際には、批判者たちは次のように指摘する。一九八〇年代のエイズウィルス感染症の出現が主要な要因となって、死亡率と乳児死亡率が低下するのではなく上昇しており、幾つかの国の進歩は遅れている、あるいは、止まってさえいる、と。サハラ以南アフリカは、エイズウィルス感染症の流行の結果、最も被害を受けてしまった（第10章「健康、病い、障害」を参照のこと）。

人口転換モデルは、広く、反マルサス的と見なされてきた。このモデルは、指数関数的な人口増加が大規模な飢え、広範囲に及ぶ飢饉を導くのではなく、人類の人口は快適な安定性に落ち着く可能性が高いと提唱している。こうした楽観主義にたいしてひとつ反論するとすればこうである。西洋的なスタイルの消費主義が地球全体の人びとに広がっていくならば、この惑星の生態系を深刻に脅かし、そして、目下の人口予測によれば、事態はより悪化するしかない。環境保護論者たちは、我々は人類の絶対数の多さにあまり楽観的であるべきでなく、地球全体の人口をどうにかして《減少させること》を目指すべきだ、と主張している。

今日的な意義

おそらく人口転換モデルは、長期間にわたる人口趨勢に関し、これまで考案されてきたものの中で最も影響力ある視座であり、また、人口学の分野での研究を活性化し続けている。もっとも、人口学者たちの間では、このモデルにより予測された一連の変化をどのように解釈すべきか、また、第3段階はどのくらい長く続く可能性があるのかについて、意見の一致はない。にもかかわらず、このモデルが有する素晴らしい長所は、このモデルにより我々がグローバルな視座から人間開発を長期的に捉えるよう促されること、また、そのように捉え始める際の出発点を提供していることである。

平均所得水準をもとに各国を比較すれば、大きな格差が見えてくる。単独国家《内》での富裕者と貧困者を比較すれば、21世紀になって、(アメリカ、イギリス、ブラジルといった) ある国々では、所得の不平等拡大に見舞われているのにたいし、(フランス、カナダといった) 他の国々では、不平等はかなり安定した程度に留まっている。また、一九七〇年以降のグローバルな不平等を、居住している国に関係なく《個人の》レベルで測定するならば、平均的な「グローバル市民」はより裕福になっており、地球レベルの所得配分はより平等なものとなってきている (Loungani 2003)。こうした帰結は、少数の大国の急速な成長に大きく影響を受けている。つまり、(BRICS諸国と名付けられた) ブラジル、ロシア、インド、中国、南アフリカ共和国である (Cousins et al. 2018)。各国の経済成長率は、非常に不均等なままである。

これまで、東アジアでの経済発展には、その代償が付きまとっていた。これらの代償には、時に労働者としての権利、市民としての権利の暴力的弾圧、工場での過酷な労働条件、増大する女性労働力と近隣の貧窮した国々からの移民労働者の搾取、それに環境悪化の広がりが含まれる。それにもかかわらず、過去の世代の労働者たちが払った犠牲により、今や、これらの国々では多くの人びとが豊かになっている。

社会科学者たちは、東アジア新興工業国の急速な経済成長をどのように説明したのだろうか。これにたいする回答は、これら新興工業国を範にしようと望んでいる他の国々に教訓をもたらして

Tab. 6.1 国家間、国内、グローバルな不平等

所得不平等の概念	国家間不平等	国内不平等	グローバルな不平等
測定するもの	諸国家間の「平均」所得の不平等	一国内での富裕者と貧困者との間にある所得の差	富裕者と貧困者との間にある所得の差（彼らが属する国は問わない）
証拠が示すこと	格差拡大	多くの国での不平等の増加（例えば、ブラジル、中国、アメリカ）、また他の多くの国での低く安定した不平等水準（例えば、カナダ、フランス、日本）	格差収束

出典：Loungani (2003).

くれるかもしれない。歴史的に、かつて台湾、韓国、香港、シンガポールは、一方で多くの辛酸を負わせるものの、経済成長への途を切り開くような、そうした植民地体制に組み入れられた地域であった。台湾と朝鮮は大日本帝国に併合されていた。香港とシンガポールは大英帝国の元植民地だった。日本は工業化に抵抗した大地主たちを排除し、イギリスとともに工業開発を奨励し、道路を建設し、交通システムを構築し、比較的効率性の良い統治官僚機構を打ち立てた。またイギリスは、香港とシンガポールを貿易センターとして積極的に開発した（Gold 1986; Cumings 1987）。世界の他の地域――例えば、ラテン・アメリカ、アフリカ――で今日、貧困状態にある国々は、より裕福で、もっと影響力のある国家との関係性の中で、それほど上手くやっていなかった。

東アジア地域は長期間にわたる世界の経済成長からも恩恵を受けた。一九五〇年代から一九七〇年代半ばにかけて、ヨーロッパ、アメリカの国家経済の成長により、東アジアでますます生産されるようになった衣服、履物、電子機器部品の相当な市場がもたらされた。このことは、東アジア地域に経済発展への「絶好の機会」を創出することになった。また、アメリカとヨーロッパで周期的に生じる景気停滞により、企業は自らの労働コスト削減を強いられ、幾つかの業務をより低い賃金で済む東アジア諸国に移転した（Henderson and Appelbaum 1992）。世界銀行によるある研究（World Bank 1995）によれば、一九七〇年から一九九〇年の間、経済成長がより裕福な国への輸出に牽引された発展途上国では毎年平均3％の賃金上昇があったのにたいし、発展途上世界の他の地域では賃金は上昇しなかった。

東アジアでの経済成長は、冷戦が最頂点に達していた頃に始まった。アメリカとその同盟諸国が、東アジア地域にまで共産主義が広がっていくことを防ぐために、たくさんの経済的、軍事的援助を提供していた時である。直接の援助、借款は、トランジスター、半導体、その他の電子機器部品といった新しいテクノロジーへの投資を焚きつけ、現地の工業発展の一因となった。ただ、軍事支援は、労働コストを低く抑えるために鎮圧もいとわないよう

貧困から「最底辺の10億人」を抜け出させる

これまで我々が見てきたように、多くの発展途上国では、その置かれている不利な立場、そして貧困に取り組んできたことで、著しい進歩が為されてきた。しかし、たとえそうであっても、その進歩の度合いは発展途上世界全体では不均等であり、かなりの数の国が苦しい生活を送っている。ポール・コリアーの『最底辺の10億人』(Collier 2007)では、今や、開発支援の焦点は、ここ何十年も堅調な経済的進展を為してこなかった最貧発展途上国に置かれるべきだと主張されている。これは、合わせて約一〇億人の人びとを抱えた、およそ六〇の国々に及ぶこととなるだろう。だが、この見解はあらゆる人びとに共有されているわけではない。他の調査は、絶対的貧困に暮らすそうした人びとや家族の大部分が最貧国に住んでいる、といった従来からの考えに疑問を呈している。

例えば、イギリス開発研究所のある報告書では、一日あたり1.25USドルに満たない額を拠り所に暮らしている十三億三〇〇〇万人の人びとのうち、72%が実際には中所得国に住んでいることが示されている(Sumner 2010)。未だインドと中国は貧困の中で暮らす非常に多くの人びと(地球全体の約50%)を抱えているが、ここ二十年にわたる急速な経済発展のおかげで、既に両国とも世界銀行により「中所得国」として再分類されている(Kanbur and Sumner 2011)。サムナーは、こう記している。インド、中国と同様に、インドネシア、パキスタン、ナイジェリアも再分類されたが、それらの国はそろって、その国そのものは中所得のステータスに移行してしまったにもかかわらず、未だにグローバルなレベルでの貧困層のほとんどを占めている。

これは重要なデータ解釈である。というのも、従来からの開発援助——特定の《国々》への支援——は、ますます実りのないものとなりつつある可能性を示唆しているためである。そうではなく、援助は、住んでいる国の経済状況には関係なく《貧しき人びと》に差し向けられるべきであろう。もし、中所得国にいる大多数の市民たちが未だに貧困の中で暮らしているのなら、こうした国々の内部の不平等への取り組みは、それら国々の政府にとっても、また、外国の支援提供者たちにとっても、ひとつの重大な課題である。

▼批判的に考える

最貧諸国に支援を集中させることは称賛に値する目標だが、貧困は、中所得国にも高所得国にも存在する。諸個人ではなく、国家レベルでの不平等に焦点を置くことが理にかなっている理由を説明しつつ、コリアーによるテーゼを支持する小論文を執筆せよ。

な、強硬的で、しばしば軍事的な政権に好都合に働くことが多かった（Mirza 1986; Cumings 1987, 2005; Castells 1992）。

一部の社会学者たちは、日本と東アジア新興工業国の経済的成功の一部は、精神的な文化的伝統、とりわけ、これら国々が共有している儒教的考えの帰結であると主張している（Berger 1986）。一〇〇年よりさらに前、マックス・ウェーバー（Weber 1992 [1904-5]）は、質素、倹約、勤勉を旨としたプロテスタントの信仰が、西ヨーロッパでの資本主義勃興を説明する一助となると主張した。そして、この彼による主張は、アジア経済史に適用され続けている。言われるところによれば、儒教は、明日のより大きな報酬を得るために今日の犠牲をいとわないということだけではなく、年長者や目上の人への尊重の念、教育、そして、向上していくための鍵としての勤勉さ、また業績を明確に示すことを繰り返し教え込む。そして、これら価値観の帰結として、ウェーバー主義の議論では、アジアの労働者と経営者は自分たちの会社にたいして強い忠誠心を持ち、**権威**に従順で、勤勉であり、かつ、立身出世の志向性を有するとされる。労働者も資本家もともに質素であると言われ、浪費的に生きるのではなく、さらなる経済成長に自分たちの富を再投資する可能性が高い。

ただ、こうした説明には長所があるものの、アジアにおいて企業は常に崇められ、敬意を払われるわけではないことを見落としている。一九八〇年代後半の韓国で起こったように、一九五〇年代、日本では労働者と資本家との間で正面切った闘争が生じていた。東アジア新興工業国の至る所で学生と労働者は、自分たちが不正だと見なす企業、政府の施策にたいして反対し、しばしば、投獄されるリスクを冒し、時には命を失うことすらあった（Deyo 1989; Ho 1990）。さらに質素さなどの儒教的な文化的価値観も、日本、東アジア新興工業国では失墜してきている。というのも、より若い世代の者たちが、禁欲的生活や投資よりも誇示的消費に価値を置くようになったためである。東アジア新興工業国での急速な経済成長をもたらした最後の要因としては、経済成長を促進する強力な政策を採用した東アジアの諸政府による意図的措置が挙げられる。政府の施策は労働コストを低く抑制しておくに際し積極的な役割を果たし、税制優遇措置や他の施策を通して経済発展を奨励し、さらに、無償公教育を提供した。

一九九七～九八年、投資判断のミス、汚職、世界経済情勢の絡まりによって、これらの国々の経済拡大は突然停止に追い込まれた。株式市場は暴落し、通貨は下落し、グローバル経済全体が脅威にさらされた。香港が経験したことはその典型である。三七年間連続しての成長の後で、その経済は機能停止に陥り、その株式市場――香港ハンセン指数――は価値の半分以上を失った。ただ経済学者たちは、二〇〇四年までには香港の経済は再び成長し始め、不動産市場は活況を呈し始める、と指摘していた。

アメリカ国内からほとんどの先進諸国に拡散した二〇〇八年金融危機、それに続く経済不況のあおりを受けても、東アジア新興工業国は回復力を示してきた。金融危機による避けがたい衝撃、中東からの石油価格の上昇にもかかわらず、二〇一五年までには、シンガポール、タイ、マレーシア、フィリピンといった東南アジアの国家経済は、全て、元の年間5～7%の経済成長に戻っていた（Fensom 2015）。ただ中国とインドでの経済成長減速、そして中国の住宅バブルと増加する債務負担——大部分が、地方政府によるインフラ計画への支出の結果——は、東アジアにネガティヴな影響を及ぼし得る新たな相場暴落への懸念をもたらした(Elliot 2013; Evans-Pritchard 2015)。しかし、我々は、東アジア新興工業国が単なる「一時的な成功者」ではなく、自らの経済発展の道筋を歩み続けているのだ、と結論を下せよう。何回かの後退はあったものの恐らくこうしたことは、幾つかの貧困国は裕福になることができるだけでなく、一度、その状態が確立されれば自らの高所得というステータスを以前よりも上手く保持することもできる、ということの最も確固たる証拠となろう。

◎ 開発理論

グローバルな不平等の程度と様態の概要を描いておくことは、グローバルな状況についての有用な理解をもたらしてくれる。しかし、こうしたパターンがどのように生じてきたかを説明し、このパターンがどれほど変わっていくか評価するには、社会形態、国際関係、そして社会・経済的変動を証拠と突き合わせるような理論を必要とする。この項では、経済開発を説明しようと努めてきた異なったタイプの理論を見てみることにする。これら理論は、市場志向理論、従属理論と世界システム理論、国家中心理論、そして、最近のポスト開発の立場からの批判である。世界中の社会から収集された膨大な量のデータを理解しようとするのならば、理論は必要である。

市場志向的近代化理論　グローバルな不平等について、40年前ほどにイギリスとアメリカの経済学者たち、社会学者たちにより提案された最も影響力ある理論が**市場志向理論**である。この理論は、もし、諸個人が自由に、いかなる形態の政府による強制によっても禁じられることなく自身の経済的決定を下すのであれば、可能な限り最良の経済的帰結がもたらされるだろう、と仮定している。規制のない資本主義は、もし、完全な展開が許されるならば、経済成長への手段となると言われている。政府の官僚機構は、どの商品を生産するか、どれほどの価格を課すか、労働者たちにはどれほどの賃金が支払われるべきか、指示すべきではない。ウォルト・ロストウ（「古典研究6.2」参照のこと）のような市場志向理論家たちによれば、低所得国の国家経済を政府が指導するならば、それは経済発展の妨げに終わるだけである。この見解では、現地の政府は、開発のためには手を引くべきなのである(Rostow 1961; Warren 1980; Ranis 1996)。

従属理論と世界システム理論　近代化理論のようなグローバルな不平等をめぐる市場志向理論は、一九六〇年代、厳しく批判された。こうした批判者の多くは、ラテン・アメリカとアフリカにある低所得国出身の社会学者たち、経済学者たちであった。こうした批判者たちは、マルクス主義の考えに基づき、自国の経済的な**低開発**は自分たち自身が身につけている文化や制度的な欠陥の帰結であるとする考えをきっぱりと拒絶した。マルクスの諸理論に依拠した彼らは、資本家たちが労働者たちを搾取するのとちょうど同じように、世界資本主義は、より影響力を持つ諸国によって操作されるような比較的無力な国々から成るひとつの階級を創出する、と主張した。従属理論家たちは、低所得国の貧困は、富裕な国々、また、そうした富裕な国々に拠点を置く多国籍企業による低所得国の搾取に起因すると主張する（Peet and Hartwick 2015: ch.5）。従属理論家たちの見解によれば、グローバル資本主義が、低所得である自分たちの国を搾取と貧困の負のスパイラルの中に閉じ込めたのだ。

従属理論家たちは、こうした搾取の起源には**植民地主義**、つまり、経済的にも軍事的にも影響力を持つ諸国がより無力な国々にたいして支配を確立してきた政治・経済システムがあると考えている。強国は、通例、自らの工場が必要とする原材料を調達し、こうした工場で製造された生産物のための市場を押さえるために、他の国々を植民地化してきた。例えば、植民地支配の下では、高所得国に拠点を置く企業により、工業経済に必要な石油、銅、鉄、食料品が低所得国から絞り取られた。一般的に、植民地主義は南北アメリカ、アフリカ、アジアに植民地を確立したヨーロッパ諸国に密接に関連していたが、アジアも（日本のように）幾つかの国々が植民地を持っていた。

一九四五年を過ぎると、ほとんどの世界では植民地主義が終焉を迎えたとはいえ、搾取はそうではなかった。超国籍企業は低所得国にある自らの支店から莫大な利潤を上げ続けた。従属理論によれば、グローバル企業は、しばしば裕福な国に拠点を置く影響力の強い銀行、またもちろん政府の支持を得た上で、政府による干渉がない状態で生産コストを最小限に抑えるために、貧しい国々に工場を設立し、安い労働力と原材料を用いた。逆に、労働力と原材料にたいして設定された低い価格は、貧しい国々が工業化するために必要な利潤蓄積を妨げた。また、現地の企業も、西洋の企業と競合することを妨げられていた。この観点からすると、貧しい国々はお金を借りる、つまり、富裕な国々にたいし負債を抱えるように強いられ、こうして、自らの経済的な従属度を高めていったのである。

したがって、低所得国は開発度合いが低いというより、《間違った開発が為された》と見なされる（Frank 1966; Emmanuel 1972）。農民たちは餓死か、それとも外国企業に支配されているプランテーション、鉱山、工場で、ほぼ餓死に陥るレベルの賃金で働くかの選択を迫られる。従属理論家たちは搾取が経済成長を妨げてきたと主張しているため、概して、外国企業をこれら低所得国から完全に追い出してしまうような革命的変革を求めている（Frank 1969）。

通常、市場志向理論家たちは政治的、軍事的な権力を無視しているが、対して従属理論家たちは、権力の行使が不平等な経済関係強化の中心をなすと見なしている。現地の指導者たちがこうした不平等な取り決めに疑問を呈する時にはいつでも、即刻、彼らの声は経済エリートたちにより抑えつけられ、また、そのエリートたちは労働組合結成の非合法化に着手する。例えば、労働組合のオルガナイザーたちはしばしば投獄され、場合によっては殺害される。こうした不平等を維持した政策に反対する政府を人びとが選出する際には、その政府は自国の軍部によって力づくで転覆させられる可能性が高い。なお、こうした国の軍部は、多くの場合、先進工業国の軍隊に支援されている。従属理論家たちは、次のような幾つかの事例でアメリカＣＩＡが果たした役割を指摘す

古典研究 6.2

ウォルト・ロストウと経済成長の諸段階

研究課題

なにゆえに、幾つかの国、地域は急速な経済発展を経験し、他は苦しい生活をし続けているのか。低開発という問題は、本質的には（特定の国の中に根付いた）内在的な問題なのか、それとも、外在的な諸力がもたらす帰結であるのか。既に先進的となった諸社会から、開発のプロセスの何を学ぶことができるのか。有力な経済理論家となり、ジョン・F・ケネディ元アメリカ大統領の経済顧問でもあったウォルト・ロストウ（1916-2003）による回答は、一九六〇年代の間、アメリカの対ラテン・アメリカ外交政策を具体化する際、助けとなったものである。

ロストウによる説明

ロストウによる説明は、市場志向的なアプローチであり、**近代化理論**と称されるようになっていった。この近代化理論は、低所得社会が自らの伝統的な風習を放棄し、近代的な経済諸制度、テクノロジー、そして、貯蓄と生産的投資を重要視する文化的価値観を採用する場合にのみ、経済的に発展《できる》と述べる。ロストウ（Rostow 1961）によれば、低所得国の伝統的価値観と社会制度がその国の経済的実効性を妨げている。例えば、彼は、低所得国に住む多くの人びとが強い労働倫理を欠いており、ゆえに、彼らは、将来のために投資するよりも、むしろ今日のうちに消費してしまうだろうと主張した。また大家族も「経済的後進性」の原因の一端を担うものとして見なされている。というのも、多くの扶養家族がいる一家の稼ぎ手が、投資目的のために貯蓄をするということはほとんど期待できないからである。

しかし、ロストウ、そして他の近代化理論の論者たちにとって、低所得国がかかえる問題はずっと根が深い。こうした国々の「文化」は「運命論」――困窮や不幸を日常生活の避け難い一部であると見なす価値システム――を支持する傾向にある。自身の宿命をこのように受け入れてしまうと、自身の運命を克服するために熱心に労働したり、倹約したりといった人びとの気持ちは挫かれてしまう。したがって、こうした見解からすれば、ある国の経済的低開発は、その大部分が、その国の人びと自身が身につけている文化が抱えている幾つかの欠陥の帰結なのである。また、経済の動きに全般的に干渉していくことで政府の施策が賃金を設定したり、価格を統制したりすることにより、こうした欠陥はさらに強化される。ならば、どのようにして低所得国は自らの貧困から抜け出すことができるのだろうか。ロストウは、経済成長は幾つかの段階を経ていくと見なし、こうした経過を飛行機による旅になぞらえた（Fig. 6.11 参照のこと）。

1. 《伝統的な段階》は先程説明した段階であり、貯蓄率の低さ、強い労働倫理の（想定される）欠落、そして、「運命論的」価値システムにより特徴づけられる。この飛行機は滑走路上で動けないままであると言うことができよう。

2.《経済成長への離陸》 伝統的な段階は2番目の段階、つまり経済的離陸に移行することが《できる》。貧困国が自らの伝統的価値観と諸制度を廃棄し、人びとが将来のために貯蓄と投資を始める時に、この移行は生じる。富裕な国々の役割は、この離陸を促進し、支援することである。出生抑制計画に出資したり、電力供給、道路・空港建設、また、新たな産業に着手するにあたって低金利の借款を実施したりすることにより、これらの国々はこの役割を果たすことができる。

3.《技術的成熟への推進力》 ロストウによれば、経済成長という飛行機は、高所得国からの資金援助と助言があれば、滑走路を進んでいき、スピードを上げていって、浮揚する。次に、その国は技術的な成熟に近づいていく。その国は技術革新をし、最近得た富を新たな産業に再投資し、高所得国の諸制度と価値観を受け入れることで、航空学の比喩を用いれば、飛行機は巡航高度までゆっくりと上昇していく。

4.《高度大量消費》 最終的には、その国は高度大量消費の段階に達する。今や人びとは、高い生活水準を得たことで、自身たちの労働の果実を享受することができる。その飛行機(国)は自動操縦装置で順調に航行し、高所得国グループのメンバー入りを果たすに至る。

ロストウの考えは今もって影響力を保っている。実際、**ネオリベラリズム**は、今日、経済学者たちの間で恐らく広く行きわたっている見解であるが、近代化理論に根を下ろしていると見なし得る。ネオリベラル派は、グローバルな自由貿易が世界のあらゆる国々を繁栄させることができるだろうと心に抱くがゆえに、次のように主張する。企業にたいする政府からの規制を最小限度に留めることで獲得される自由市場の原理こそが経済成長への道筋を提示するのだ、と。経済成長が生じるには、政府による規制を取

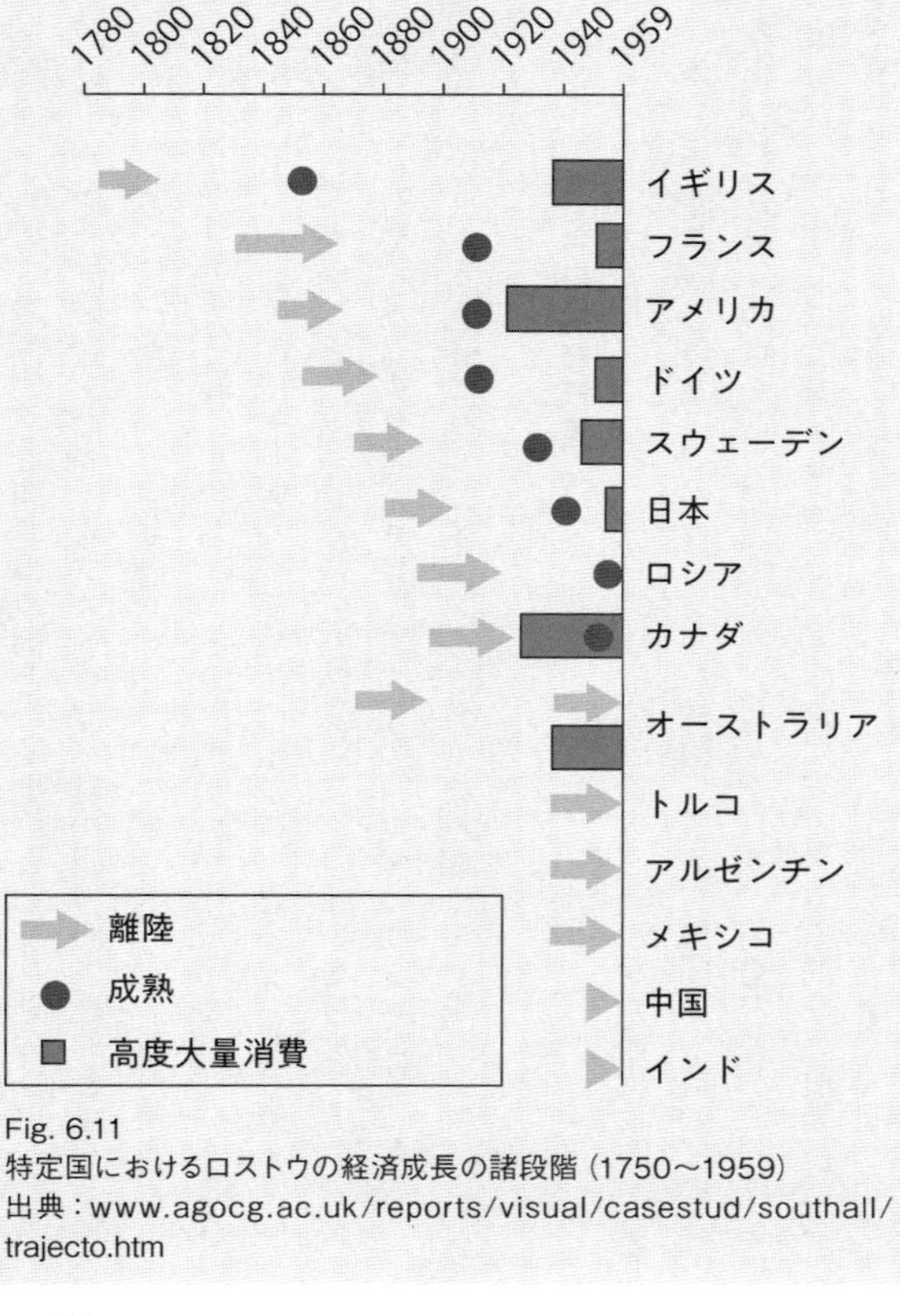

Fig. 6.11
特定国におけるロストウの経済成長の諸段階(1750～1959)
出典:www.agocg.ac.uk/reports/visual/casestud/southall/trajecto.htm

り除くことが必要だと見なされている。しかし、ロストウによるモデルは、実際のところ、開発を促進するための政府による活動を念頭に入れており、自由市場の熱烈な信奉者たちは疑念をもってこのことを扱っている。

批判すべき諸点

　近代化理論の支持者たちは、開発は実際にあらゆる国にたいして開かれていることの証左として、東アジアの新興工業国家経済の成功を指摘する。しかし、（先に見たように）こうした成功の諸理由はある程度は偶発的なものであり、冷戦によりもたらされた好都合な政治状態、また、植民地主義という歴史的遺産も含まれる、と反論することができよう。そうした諸条件が同時的に発生するということは、ポスト冷戦の世界での他の低所得国には当てはまりそうにはない。事実、21世紀においてさえ、外からの援助にもかかわらず、多くの低所得国がロストウの諸段階を通過していかず、経済的な発展を遂げることとはかけ離れた所に留まったままである。

　さらなる批判はこうである。ロストウは、低所得国が成長するために手助けをするという重要な役割を高所得国は果たしていると見た。しかしこれは、植民地主義によって長期間にわたってもたらされた諸帰結を適切に考慮に入れていない。植民地主義とは、アフリカ、アジア、ラテン・アメリカの諸社会を犠牲にしたうえで軍事的に強力なヨーロッパ社会に恩恵をもたらしたものであり、つまりは、これら諸社会の経済発展にたいして、ずっと昔に破壊的な打撃を加えていたのである。最後に、低開発の原因となる要因として「運命論的な」文化的価値観を指摘するロストウは、自民族中心主義的《エスノセントリック》と見なし得る。彼は西洋的な価値観、理念、「進歩」モデルをより優れたものとして支持している。第5章「環境」の中で示されているように、西洋的で無制限な経済成長の追及は、恐らく、取り返しがつかないほど、地球レベルで自然環境にダメージを与えてきた。そして、ある人びとたちは、この類の「進歩」が長い期間にわたって持続可能なものであるのかどうか疑問視している。

今日的な意義

　ロストウによる、自律的な経済成長へと向かう「進化論的」な諸段階の理論は、グローバルな貧困、飢え、低開発が続いているという観点からして瑕疵を抱え込んでおり、多くの者がこの理論を完全に放棄するに至った。確かに、ロストウ的な諸段階に沿った《不可避的な》進歩といったいかなる考えも、今日、ほとんど支持されることはない。また、彼の「非・共産党宣言」は、マルクスとエンゲルス（Marx and Engels 1848）によるオリジナル版『共産党宣言』と同等の多くの反感、批判を招いた。

　しかし、既にこの章で見てきたように、最近の《地球規模の》諸指標は、世界の低所得国、中所得国に住む、決して全てではないとしても多くの人びとの置かれている状況が改善されているという、もっとポジティヴな事態を現に提示している。このことは以下のことを示しているのかもしれない。経済発展は高所得社会だけのものではなく、また、急速なグローバリゼーションと国際貿易の増大という時代の中、ロストウが主張したように、あらゆる人びとにとって、近代化のプロセスは、ひとつの可能性であり続けている、と。

▼批判的に考える

カール・マルクスは、先進工業国は、開発程度がより劣る国々にたいして、その未来のイメージを提供している、と述べた。マルクス版の近代化理論とウォルト・ロストウのそれとの間にある主要な違いはなにか。また、もしあるとして、どのようなヴァージョンの近代化理論が今日までの歴史的な根拠から最良のものとして支持されるか。

る。一九五四年グアテマラ、一九七三年チリでのマルクス主義政権の転覆、また、一九八〇年代ニカラグアでの左翼政権支持の切り崩しなどである。従属理論家たちにとって、グローバルな経済的不平等は軍事力によって支えられている。富裕な国々の経済エリートたちに支援されている貧しい国々の経済エリートたちは、現地の人びとを統制下に置くために警察、軍事的権力を用いている。

かつては卓越した従属理論家であったブラジルの社会学者フェルナンド・エンリケ・カルドーゾは、たとえ、より富裕な国々への依存によって方向づけられた方法に限られるとしても、それでも、ある程度の「従属的発展」は可能である、と主張した(Cardoso and Faletto 1979)。特に、これら貧しい国々の政府は、従属と発展との間のコース取りにおいて重要な役割を果たし得るだろう(Evans 1979)。しかし、一九九五年から二〇〇三年までブラジル大統領であったカルドーゾは、自身の考えを変え、ブラジルがグローバル経済により一層統合されることを求めた。

ここ三〇年の間、社会学者たちは、世界をますます単一の――しばしば対立も多いが――経済システムとして見なすようになってきている。従属理論は個々の国々が相互に経済的に結びついていると考えるのだが、**世界システム理論**は以下のように主張している。資本主義経済システムは、外交、経済関係に加わっている独立した国々を単に集合体にしたものではなく、その代わりに、一つの単一システムとして理解されねばならない。世界システム理論のアプローチは、イマニュエル・ウォーラーステインと彼の同僚たちによる研究(Wallerstein 1974, 1980, 1989 および他の文献)と最も密接に結びついている。

＊ 世界システム理論におけるウォーラーステインが果たした先駆的な役割について詳しい取り扱いは、第4章「グローバリゼーションと社会変動」に収められている「古典研究4.1」を参照のこと。

ウォーラーステインは、15世紀、16世紀のヨーロッパにおいて市場と貿易が拡大し始めて以降、長きにわたって資本主義は一つのグローバル経済システムとして存在してきた、と主張した。世界システムは次のような四つの一部重複し合う要素から成ると見なされている(Chase-Dunn 1989)。

・商品と労働力のための世界市場

・異なる経済的階級、とりわけ資本家階級と労働者階級への人びとの分化
・互いに競争し合うことが世界経済の形成の一助となるような、そうした最も影響力ある国々の間でのフォーマル、またインフォーマルな政治的諸関係によって構成される一つの国際システム
・より富裕なゾーンがより貧しいゾーンを搾取することを伴うような、そうした三つの不平等な経済ゾーンへの世界の分割

世界システム理論の論者たちは、これら三つの経済ゾーンを「中核」「周辺」「準周辺」と名付けている。資本主義世界システムの中のあらゆる国々はこの三つのカテゴリーのひとつに分類される。**中核国**は最も先進的な工業諸国であり、世界経済から引き出された利潤のうち最も大きな分け前を受け取る。ここには、日本、アメリカ、西ヨーロッパが含まれる。**周辺国**はほとんどの発展途上国によって構成され、主として、己自身の経済的利益を求めた中核国により狡猾に支配された農業中心の国家経済を伴う。周辺国は、アフリカの至る所に、また、アフリカほどではないがラテン・アメリカとアジアに見い出され、そこでは、利潤を上乗せしたかたちで、天然資源が周辺国から中核国に流れていく。中核国は、今度は、完成された商品を周辺国に逆に遡って販売することでも利潤を得る。

世界システム理論の論者たちは、中核国はこうした不平等な貿易を通して富裕となっていったのであり、同時に、周辺国の経済発展を限界づけていると主張する。最後に、**準周辺国**は中間的な位置を占めている。これら諸国は、半工業化された中所得国であり、周辺国から利潤を搾り取るが、今度は、中核国に利潤を譲ってしまう。こうした国の例としては、メキシコ、ブラジル、アルゼンチン、チリ、そして、東アジアの新興工業国が挙げられる。たとえ、ある程度は中核国に統制されていても、周辺国を搾取することはできるし、こうした準周辺国の経済成長がより増していくと、周辺国に同じような発展への期待がもたらされる。

世界システムは非常にゆっくりとしか変化しない傾向があるにもかかわらず、やがて、かつて影響力を持った国々はその経済力を失い、他の国々がそうした国々に取って代わっていく。約五世紀前、イタリアの都市国家ベニスとジェノバは世界資本主義経済を支配していた。だが、まず両国はオランダに取って代わられ、次にオランダはイギリスに取って代わられ、近年、イギリスはアメリカに取って代わられた。今日、一部の論者の見解からすれば、アメリカの支配的立場は、アメリカ、ヨーロッパ、アジアを含む幾つかの権力中枢により世界秩序が形成されるような、そうした、より「多極的な」、あるいは「複合的な」状況に道を譲りつつある（Acharya 2018）。

国家中心理論　経済開発の成功を説明するもののうち、より最近のものの幾つかは、経済成長促進における国家の役割を強調する。市場志向理論とははっきりと違い、**国家中心理論**は、次のように主張する。政府による適切な諸施策は経済開発にとって悪い介入なのではなく、それどころか、経済開発の実現に重要な役割を果たし得る、と。今や、膨大な数の調査により、東アジアのよ

グローバル社会 6.2

巨大国際石油資本、ナイジェリア、石油試掘ライセンス245鉱区密約

世界でも最も巨大な石油会社のうちの二つであるオランダのロイヤル・シェルとイタリアのエニは、ナイジェリア政府高官たちと密約を結んだことで非難されている。これは、ナイジェリア——世界の中で幾つかの点で極貧状態が最高水準にある国——の人びとが、石油収益の何十億ドルも失ってしまうことを意味することだろう（Global Witness 2018）。二〇一八年十二月以来、ミラノの裁判所は両社にたいする贈賄罪での告発を検討している。

スキャンダルの中心にはシェル／エニとナイジェリア政府の大臣たちとのある密約がある。それは、90億バレルの石油があると推測される深海油田——石油試掘ライセンス245鉱区——を開発するライセンスをめぐるものである。この密約は二〇一一年にまで遡り、その時、シェル／エニはナイジェリア側に、石油試掘ライセンス245鉱区用に13億USドル支払うことに同意した。だが、この支払い分はナイジェリアの人びとの手に渡るどころか、実際には、ダン・エテテ元石油相の手に渡った。エテテは、自身の会社であるマラブ・オイル・アンド・ガスを通じて、一九九八年時点で、この油田を実質的に牛耳っていた。活動団体グローバル・ウィットネスは次のようなことを明らかにしようと努め続けている。シェル／エニは自分たちが支払った金は、その当時の大統領であるグッドラック・ジョナサンも含め、私的なものとして相手たちの手に渡るだろうこと、また、贈賄を犯しているという事実をはっきり分かっていながら、こうした支払いをし続けたこと。グローバル・ウィットネスは、この密約は撤回されるべきだと強く考えている（Padmore 2018）。

そもそも石油試掘ライセンス245鉱区密約は、シェル／エニによって、一般的な「生産物分与契約」として提示されていた。この契約では、石油埋蔵地域を開発することで得られる利潤の割り当て分はナイジェリア政府に渡るものとされていた。しかし、実際には、合意によって、国家の利潤分け前分は一切無いものとされてしまい、それによって、およそ50億USドルの利潤を公共サービスやインフラ計画に用いることができたはずであったのに、その分はこの国のコストとして潜在的にかかってくる可能性がある。グローバル・ウィットネス（Global Witness 2018）は、この総額は、「この国の年間での健康・教育予算の倍に等しく、あるいは、六〇〇万人の教員を養成するに十分なものである」と主張する。ただ、二つの会社側は、今回のことは単に合法的なビジネス上の商取引に過ぎないと主張している。

二〇一九年には、ナイジェリア大統領ブハリは、シェル、エニ、マラブ・オイル・アンド・ガスを相手に最低10億USドルの損害賠償を請求していた。また、ロンドンにある商事裁判所に、贈賄を理由としてこの商取引を無効なものと宣言するよう期待していた。さらにナイジェリアは、国債の不手際な処理による金融上の過失で、投資銀行JPモルガンを訴えてもいる（Turner 2019）。二〇一九年三月、オランダ検察局はシェルにたいし、石油試掘ラ

イセンス245鉱区密約に直接的あるいは間接的に関わる刑事責任により会社を起訴する準備に入っていると伝えた(Holmes 2019)。二〇二〇年、イタリアの検察官たちは、エニの最高経営責任者であるクラウディオ・デスカルツィ、前最高経営責任者であったパオロ・スカロニには懲役八年、シェルの調査・生産部長であるマルコム・ブリンデッドには七年強の懲役、そしてダン・エテテには懲役一〇年を求刑した(Munshi and Raval 2020)。

グローバル・ウィットネスは、経済協力開発機構(OECD)が、企業と政府との間で秘密裏に商取引がなされるという理由から、採掘産業を「この惑星上で最も堕落したもの」と表現してきたと特筆している。また、判決結果次第では、このミラノ裁判は石油・ガス業界での重大な変化をもたらすことができよう、とも提唱している。

▼批判的に考える

もし、贈賄、詐欺といった行為が行われてしまったならば、これは、貧しい発展途上国を搾取する西洋の超国籍企業が起こした単なる事件なのか。贈賄がはびこることができる諸条件を創出する――個人的なものであれ、構造的なものであれ、グローバルなものであれ――どんな他の諸要因が作用しているのか。

うな世界の幾つかの地域では、成功裡に終わった経済開発は国家主導で行われてきたことが提唱されている。久しく自由市場型の開発理論を強硬に提唱していた世界銀行でさえ、国家の果たす役割について自らの考えを既に変更している。『変わりゆく世界の中の国家』という一九九七年の自らの報告書の中で、世界銀行は、実効性のある国家なしに、「経済的にも社会的にも持続可能な開発など不可能である」と結論付けた。

強力な政府は、一九八〇年代、一九九〇年代の間、様々な方法で、東アジアの新興工業国の経済成長に寄与した(Appelbaum and Henderson 1992; Amsden et al. 1994; World Bank 1997)。例えば、東アジアの幾つかの政府は、自国の労働コストを低く抑えつつも、政治的安定性を確保しようと度を越した振る舞いを行った。政治的安定性は、労働組合の非合法化、ストライキの禁止、労働組合指導者たちの投獄、そして、一般的には、労働者の声の抑え込みといった、鎮圧行為により達成された。とりわけ、台湾、韓国、シンガポールの政府は、国内への投資を奨励する方法として、こうした策略に手を染めてきた。

同様に、東アジアの諸政府は、自分たちが望む方向へ経済開発を誘導しようと頻繁に努めてきた。国家機関は政府が支持する産業に投資する企業にたいし、低利の融資、税制優遇措置を与えた。時に、こうした戦略は裏目に出て、政府が不良債権を抱え込む結果に終わるときもあった――これは、一九九〇年代後半、この地域で生じた経済諸問題の一因となった。一部の政府は、企業が自ら保有する利潤を他国に投資することを妨害し、母国での経済成長に投資するよう強制した。幾つかの場合では、政府は基幹産業を国有とし、管理してきた。日本政府は、鉄道、製鉄業、銀行を、韓国は銀行を国有とし、シンガポール政府は、航空会社、軍事産業、船舶整備業を国有としてきた。

また、東アジアの諸政府は、低コストの住宅供給、普通教育といった社会政策も創り出してきた。旧共産主義諸国を除外すると、世界最大の公営住宅供給システムは香港とシンガポールにずっとあり、そうしたところでは、政府補助金によって家賃が極端に低く抑えられている。その結果、労働者たちは、自分たちの家賃支払いのために高い賃金を要求しないし、このことは、出現しつつあるグローバルな労働市場でアメリカとヨーロッパの労働者たちと競合できることを意味している。さらにシンガポール政府は、企業、そして同様に個人としての市民たちにも、将来の成長への投資用に所得の相当大きな割合を貯蓄に回すように要請してもいる。

ポスト開発の立場からの批判　一九九〇年代初期、「開発」という主要概念が、学者たち、政治活動家たちからの厳しい批判に晒された。彼らの多くは発展途上国で活動していた。社会の中で流布している強力な**言説**が、犯罪、精神衛生、セクシュアリティに関する知をどのように限界づけ、形成しているのか。この点についてのフーコーの着想に依拠することで、一九四五年以降に確立された「開発言説」は、グローバルな貧困と不平等の理解の仕方を限界づけるものとして見なされた。サックス（Sachs 1992: 1）は、「ここのところの四〇年間は開発の時代と呼称できる。だが、こうした時代は終焉を迎えつつある。その終焉の記事を執筆する機は熟している」と論じた。ある者たちにとっては、この宣言は、脱工業主義、ポストモダニズムの思想と幾分似たものを帯びた**ポスト開発**という新時代の幕開けを告げるものだった。

一九四九年、アメリカ大統領ハリー・S・トルーマンが、アフリカ、アジア、ラテン・アメリカを「低開発だ」と分類したことによって、これら諸地域にある多様な国々の価値は実質的に下落し、既に工業化された諸社会に劣るものとして目立つこととなった（Esteva 1992）。このように機能することで、後に続く開発言説は、グローバルなレベルでのマジョリティ世界に優越するものとしてマイノリティ世界の権力を保持する際の中心要素であるとポスト開発理論の論者たちに見なされている（Escobar 1995）。一九四五年より後の時代、植民地体制はいわゆる第三世界の民族独立・自治に道を譲り始めつつあった。だが、逆に開発言説、政策、諸制度は、「衰退の道にあり時代遅れの植民地主義が新たな地盤を取り戻すことができるような、そうした攻撃的な――時には魅惑的でさえある――手段に自己転換するように手助けしていた」（Rahnema 1997: 384）。

ポスト開発理論は、幾つかの理由から、確実な地歩を得るに至った。まず最初に、一九八九年より後、冷戦の終結によって、発展途上国と、二つの競合する超大国であったアメリカ、ソビエト連邦との関係性が変化した。二つの超大国とも、地政学的勢力の拡大のために、それまで「開発」を提供していた。また、工業文明の見た目の優越性も、増加してきた環境保護論的批判により掘り崩され、生態学的には非常に破壊的であり続けているにもかかわらず、なにゆえにこうしたモデルが発展途上世界に輸入されるべきなのか、疑問視されるに至った。最後に、四〇年間にわたる開発から得られた証拠は、グローバルな不平等による格差が実際に拡大したことを示しており、この意味で、開発計画は明らかにその計画を受け入れた人びとを失望させた、と多くの者が主張した（Ziai 2007: 4）。しかし、仮に近代化の工業モデルが行き詰まってしまったとして、どんな代替モデルが求められるべきなのであろう。

一部の人びとは、これは全くもって誤った問いであると提唱する。エスコバル（Escobar 1995）は、ポスト開発は、「開発の代替策」を見つけることに関するものではなく、通常、定義されているように、開発《に》取って代わるものに関心があるのだ、と主張する。そして、こうした開発に取って代わるものは、現地固有の文化、草の根運動、コミュニティが有する独創力の中に見い出される可能性がより高いだろう。ポスト開発理論はもうひとつの包括的言説と化すのではなく、現地の人びとによる実践的な解決策を正当化するような動機付けイデオロギーにより近いものである。現地の人びとの方が、自身の国が抱える社会的・経済的問題により近い所にいる。こうしたアプローチは、現地の知識、伝統の理解がほとんどない開発「エキスパート」に頼るよりは好ましいと考えられる。

このアプローチにたいする批判者たちは、ポストモダニズムのように、ポスト開発理論も、変革のための実践的、建設的提言よりも、あら捜しの方がはるかに得意であると決めつけている。彼らが、近代的、科学的な開発視座にたいして下す、手厳しく、一般化された批判に伴うリスクは、この視座に真に込められている進歩的な局面も拒絶してしまう点にある。カイリー（Kiely 1999: 47）は次のように主張する。乳児死亡率の高さといった深刻な問題に取り組む際に、開発計画を、その実効性よりもその起源をもとに拒絶することは、「一貫性のある多文化主義者ではなく、お高くとまった観光客の見解を表したものである」。また他の人びとはこう提唱する。ポスト開発理論は、近代を徹底的に否定することで、家父長制的な現地エリートと反民主主義的な原理主義者たちに政治的権力を握る余地を与え得る事態になりかねないことを分かっていない（Nanda 2004）。

未だ、ポスト開発の立場からの批判は既存の開発視座に取って代わってはいない。だが、開発と開発研究に従事するあらゆる人びとに、自身の分析と実践の双方の点でより反省的であるように仕向けていることにおいて、こうした批判は成功しているのである。

◎開発理論の評価

様々な理論的特色を持つ開発諸理論は、それぞれ特有の長所、短所を有する。しかし、これら諸理論を結びつけると、グローバルな不平等の諸原因、また、この不平等是正にたいしあり得る解決策について、我々はより良く把握することとなる。市場志向理論は、東アジアの新興工業国が上手くやり遂げたように、経済開発を促進するために近代資本主義諸制度の採用を推奨する。さらに市場志向理論は、貿易のために国境を開く限りでのみ、各国は経済的に発展できるのだ、とも主張する。しかし、市場志向理論は、より貧しい国々とより富裕な国々との間にある様々な経済的結びつき方――経済開発を妨害することも、あるいは増大させることも可能な結びつき方――を考慮に入れていない。市場志向理論は、より影響力ある諸国家による営利活動といった外部要因がもたらす影響に注意を払うよりも、低所得国の貧困の責任をその当事国そのものに負わせる傾向にある。また、市場志向理論は、経済開発を引き起こすために政府が民間セクターと協同可能な幾つもの方法を無視し、さらに、なぜある国々は経済的に離陸し、他の国々はそれができないのかも説明しない。

従属理論は、市場志向理論が無視した幾つかの問題点を扱っている。例えば富裕な国々がより貧しい国々を経済的に搾取することでどのように発展してきたかなどを検討する。しかし、従属理論は、ブラジル、アルゼンチンといった低所得国、あるいは東アジアの急速に拡大する国家経済の成功を十分なかたちで説明できない。事実、かつて低所得カテゴリーの中に組み入れられていた幾つかの国々は、西洋の多国籍企業の存在を《伴っていて》も、経済的に繁栄してきた。以前はイギリスに従属していた香港とシンガポールといった旧植民地も、主要な経済的成功事例である。なお世界システム理論は、世界経済全体を分析することで、つまり、開発と不平等に影響を及ぼす網の目状に複雑に拡大したグローバルな政治的・経済的諸関係を探求することで、これらの欠点を克服しようとした。

国家中心理論は、経済成長を育む際に政府が果たす役割を重点的に取り扱う。それにより、国家はひとつの障害物であると強調する広く行きわたった市場志向理論にたいしても、国家をグローバルなビジネス・エリートたちの協力者と考える従属理論にたいしても、有効な代替案を提示している。他の諸理論――とりわけ世界システム理論――と結び付けられた場合には、国家中心理論は、今、世界経済を変容させている多くの諸変化を説明する助けとなり得る。

ポスト開発の立場からの批判は、以下のことを思い出させる点で重要なものである。まさしく「開発」という概念こそが、相対的に裕福な国々が経験している内容を特別扱いするリスクを冒すような異論の余地ある概念であり、結果、粗雑な経済指標に専ら焦点を当てるように導いてしまう。ノーベル賞を受賞した経済学者アマルティア・センは、開発理論はグローバルな不平等を理解するだけではなく、「開発」とは究極的には人間の自由の問題であることを認識しなくてはならないと主張している。もしそうであるならば、個々人の行為主体性が、開発プロセスの中心に位置しなければならない。

特にセン（Sen 2001: 36）は、自由の拡大は、開発の「根本的な目的」であると同時に「最重要手段」でもあると考える。開発の追及は、（圧制、飢饉、貧困といった）「不自由さ」を取り除く試みである。この不自由さにより、諸個人は、真の選択をし、また、「根拠をもって重んじている事柄を行う」（ibid.: 18）ことが可能な状態を妨げられてしまう。もっと自由があるということは、人びとが自分のことは自分の力だけで成し遂げることができ、したがって、社会の開発にたいし、もっと影響力を及ぼすことができることをも意味している。

「自由としての開発」へと焦点を移行させることは、グローバルな平等性をより促進しようとする際に立ちはだかる、極めて現実的な幾つもの障害を無視することを意味してはいない。また、比較に基づいた一人あたりの国民総所得や他の幾つもの経済的尺度が提起する一般的な諸課題を無視することを意味してもいない。個々人の自由の拡大に専念するにも、自由という《視座から》公共政策を再検討するために、実際には、国家と、国際通貨基金、世界銀行、国連といった多国間機構を必要とする。手短に言えば、センの提唱する議論は構造と行為主体性との分断を乗り越えるためにも、そして、「開発」プロセスの新しい方向性を示すためにも、個々人の自由はひとつの社会参加となる必要がある、というものだ。

◎不平等のまっただ中にある開発

今日、グローバル資本主義経済に導く社会的・経済的諸力は抗うことができないものと目に映る。こうした帰結への主要なる挑戦である社会主義／共産主義は、ソビエト連邦の崩壊とロシアの再興とともに、事実上、終焉を迎え、そのロシアは、共産主義を捨て去り、即行で、資本主義経済モデルへ移行した。今や、残存する中では最大の共産主義国である中華人民共和国も、市場経済の多くの諸原則を前面に出しており、一九七八年以降、これら諸原則により、急速な経済成長が可能となっている。

どのようにすれば中国経済システムを最も良く特徴づけることができるのかをめぐり討論や議論が続いている。ある学者たちにとっては、中国は国家主導の資本主義を採用しているのであり、こうした国家資本主義の下では、強力な国家装置により、市場経済が奨励されると同時に管理されもする。このことは、私有地所有権、金融の自由化、財産権の保障といった西洋資本主義を構成する幾つかの従来からある諸局面が、「中国資本主義」の中核となる諸要素ではないことを意味している（Huang 2008; Hung and Chen 2018）。また、他の学者たちにとっては、中国における資本主義は国家政策の変更から直接的に現れたわけではなく民間企業の活力からなのであり、即座にこれら民間企業は、職の創出、経済成長の中心的な駆動力となった。結果、国家政策は転換し、民間企業を国営企業と対等関係にあるものとし、以前よりも民間企業が一層急速に拡大できるようにした。この観点からすれば、中国の急速な経済発展を「国家資本主義」としては特徴づけられない。それどころか、それは、中国経済の中で市場原理が果たす役割が増大した帰結である（Lardy 2014）。

にもかかわらず、ほとんどの専門家たちは次のことに同意している。中国がグローバル資本主義システムに関与し続けるにつれ、この国がもたらす衝撃は、世界中でますます感じられることだろう。ほとんどの場合、良い訓練と教育を受け、先進世界で同様の職に従事する労働者と比較して極端に低い賃金しか受け取っていないような、そうした膨大な労働力を備えた中国は、とてつもなく競争力があり、もしかすると、富裕な国々は賃金の引き下げを強いられるかもしれない。

急速なグローバリゼーションは、グローバルな不平等にどのような影響をもたらすのだろうか。二つの対照的なシナリオがある。一つ目のシナリオでは、グローバル経済は大規模なグローバル企業によって支配され、労働者たちは、せめて最低限の生活ができるだけの賃金を求めて互いに競争し合う。このシナリオだと、高所得国の大多数の人びとにとっては、賃金が下落し、より不安定で非正規である労働が増し、低所得国では賃金が上昇することが予測できるであろう。世界にわたって平均所得の全般的な平準化が生じるものの、その所得水準は、現在のところ先進諸国で享受されている水準よりも低下するだろう。各国内で、「持てる者」と「持たざる者」との二極化が進行し、そして世界は、グローバル経済から恩恵を受ける者と受けられない者とにますます引き裂かれてしまうだろう。こうした状況では、経済のグローバリゼーションで苦しむ人びとが自身の苦境を他の人びとのせいにしてしまうがゆえに、エスニック集団間、さらには国家間の紛争が焚きつけられるかもしれない（Hirst and Thompson 1992; Wager 1992）。

二つ目のシナリオは、現代テクノロジーがもたらす恩恵が世界中で経済成長を刺激するがゆえに、あらゆる人びとにとって向上の機会が拡大すると見なす。東アジアの新興工業国の成功がより大きなものとなれば、来るべき世界の象徴となるかもしれない。中国、インドネシア、ベトナムその他に加え、マレーシア、タイといった他の国々も追随するだろう。世界で二番目に人口の多い国であるインドは、既に、国の全人口のほぼ四分の一にあたる約二億人から成る中間階級を誇り、このことは幾つかの国々で好ましい発展が生じつつあることを示している（Kulkarni 1993）。

しかし、一つ目のシナリオと比べ、二つ目のシナリオをありそうもないものとしてしまいかねない一つの重大要因がある。それは、富める国々と貧しい国々との間でテクノロジー面での格差が拡大していることである。この格差がゆえに、より貧しい国々が富める国々に追いつくことは至難なこととなっている。より貧しい国々は、容易に現代テクノロジーに金を出すことはできない。だが、こうしたテクノロジーがないと、貧困の克服の際に重大な障壁に直面し、悪しき負のスパイラルに巻き込まれてしまう。当時、ニューヨークにあるコロンビア大学地球研究所所長であったジェフリー・サックス（Sachs 2000）は、世界は格差のある三つの地域に分化しつつあると主張した。その三つの地域とは、テクノロジー革新地域、テクノロジー採用地域、テクノロジーと関係ない地域である。テクノロジー革新地域とは、世界のテクノロジー面での発明品のほとんど全てを提供する地域であり、世界人口の15％も占めていない。テクノロジー採用地域とは、どこか他の所で発明されたテクノロジーを採用することができる地域であり、こうしたテクノロジーを生産、消費に適用する。ちなみに、この地域の人びとは世界人口の50％を占めている。最後に、テクノロジーと関係ない地域とは、テクノロジーを革新することも採用することもない地域であり、世界人口の35％を占めている。サックスは、比較のために、国ではなく地域を用いている。というのも、テクノロジーは常に国境内にとどまるわけではないためである。

サックスによると、テクノロジーと関係ない地域には、メキシコ南部、中央アメリカ地域、アンデス山脈にある国々、ブラジルの熱帯地方、サハラ以南アフリカ、旧ソビエト連邦の大部分、アジア内陸部、陸地に囲まれたラオス、カンボジア内陸部、そして中国でも遠く海岸から離れた幾つかの行政区画が含まれる。これらの困窮した地域は、市場、あるいは、主要な遠洋貿易ルートへのアクセスを欠いている。これら地域はサックスが名付けるところの「貧困の罠」にはまってしまっており、疾患、低い農業生産性、環境悪化に苦しめられている。皮肉にも、これら幾つもの問題はテクノロジー面での解決策を要するものである。

革新が自己持続化するためには、アイデア、そしてテクノロジーの十分な集積を必要とする。アメリカ、サンフランシスコ近郊の「シリコン・ヴァレー」は、いかにして、幾つもの大学、ハイテク企業で満ちている地域に、テクノロジー面での革新が集中する傾向にあるか、その一例となっている。シリコン・ヴァレーは、サンフランシスコの南に立地するスタンフォード大学、また、その他の幾つかの教育・研究機関の周辺で成長した。発展途上国には、こうした地域を打ち立てるための備えが十分ではない。というのも、これら発展途上国は、あまりに貧し過ぎて、コンピュータ、携帯電話、コンピュータ制御された工場機械、その他の類のハイ・テクノロジーを輸入することができないためである。また、特許権を保有する外国企業からテクノロジーのライセンスを取得する余裕もない。サックスは、国際的な融資機関に加え、富裕な国々の政府にたいし、テクノロジー面での分断を克服する一助となる科学面、テクノロジー面での開発のための借款や補助金供与を強く促している。

■ 21世紀への展望

未来の趨勢の予測——しばしば未来学と呼ばれる——は、良い実績を有していない。我々が見てきたように、破滅主義的な人口学者たちは、世界の石油資源は「来る十年のうちに」尽きてしまうと四〇年以上の長きにわたって予測し続けた。人口増加の結果として一九七〇年代までに何億人もの大量餓死が生じるという同様の予測も、幾つかの地域で栄養不足が続いたにもかかわらず、現実化しなかった。未来学が失敗する理由の一部は、予測が現在進行中の趨勢に基づいていること、そして、こうした趨勢は意図的な変化も、意図的でない変化も受けやすいという点にある。けれども、我々は、この章で学んできたことの幾らかを少なくとも手短に述べることはできる。

21世紀、人類世界はひどく不平等なままであり、そこでは、恐らく、出生地が個人のライフ・チャンスに最も影響を及ぼす。仮にあなたが相対的に富裕な先進国にたまたま生まれたならば、あなたは飢餓に陥るリスクもなく、ある程度は快適な住居が与えられ、仕事にありつきキャリアを積む機会が多くある、といった公算が高い。さらに、この惑星で最も裕福な1%の人びとの一員になる、そこそこの見込みもある。逆に仮にあなたがより貧しい国に、とりわけ中間階級でなく一般大衆層に生まれたのなら、教育機会を獲得することは、多分、ひとつの戦いであり、仕事の機会も限られ、平均余命もより短いであろう。これがまさにグローバルな不平等が意味するところ、すなわち出生という単なる事実に根付いたライフ・チャンスの根本的な違い、である。この知見は、ある人びとには、いかにしてグローバルな不平等は(再)生産されるのかをより良く理解しようとするように、また、他の人びとにはこの不平等に挑み廃絶するように、動機付けるものである。

しかし、この章は、世界で最も貧しい国々や地域の幾つかにおいて、非常にポジティヴな複数の開発例を提示してもいる。ピートとハートウィック（Peet and Hartwick 2015）が指摘するように、「開発」という概念は、啓蒙時代以降、近代の一部であり続けている。この啓蒙時代以降の開発は、単に経済成長を生み出すことに関わるだけのものではなく、文化的、社会的、倫理的な進歩——あらゆる人びとのためのより良き生活に向けた運動としての開発——をも意味している。この意味は今日でも引き続き残っているが、ここ半世紀以上は、健康、教育、平均余命といった面で成し遂げられてきた文字通り重要なグローバル規模の進歩を維持するには堅固な経済的基盤を必要とする、という認識を伴っている。国連開発計画が主張するように、「開発は上手くいっている」という証拠はある。批判者たちも同意することだろうが、満足できる速さで開発が生じているわけではないとの指摘もあるだろう。

中国、インド、ブラジル、ロシア、そしてベトナムは、ずば抜けた経済進歩を成し遂げ、エチオピア、パナマ、ガンビア、ネパール、そしてインドネシアといった他の多くの国々も、国連開発計画による新たな指標が追加された人間開発指数によれば、好ましい改善が遂げられている。ただし、もちろん、人間開発指数という尺度で進展が見られることは確かに歓迎すべきことであるが、仮に、世界経済から先進諸国が妥当な分け前よりも多くの利益を刈り取り続けるならば、経済的平等面での格差の克服にはあまり役に立たないだろう。しかし、恐らく、このことは、ポスト開発理論の論者たちが強調しようと努めているあることを例証している。つまり、「開発」あるいは「進歩」を構成するものは、先進諸国という文脈から単純に引き抜いて、ひとつの普遍的尺度として使用することはできない、ということである。

事実、ワーク・ライフ・バランス、生活全体のスリム化、より素朴なライフスタイルでの生活、「地球の上を優しく歩くこと」への関心は、先進諸国で既に現れているが、幸福の基準が純粋に経済的なものであることへの不満が広がっていることを示している。もしそうであれば、「開発」に関する多元的な諸指標を伴なう国連人間開発指数にもっと近い何がしかのものに向かう、ひとつの理論的収斂の初期徴候が現れるかもしれない。ただこの章で示された証拠から、真の収斂へと向かういかなる動きも、それに付随して我々が今日見ているグローバルな規模での極端な不平等の減少がなければ、進展などできない。

本章をふりかえって問う

1．グローバルな不平等の幾つかの例を挙げなさい。「極端な不平等」とは何を意味しているのか。

2．(a) 三世界モデル、(b) 先進国と発展途上国との対照性、(c) マジョリティ世界とマイノリティ世界という考えの間にある違いを説明せよ。時を経るにしたがい、これらの呼称はどのように変化していったのか。

3．世界銀行による、高所得国、中の上の所得国、中の下の所得国、低所得国という分類は、どのような点で、それ以前の分類図式を改善したものであるのか。

4. 人間開発指数とは何か。国連開発計画による「人間開発」概念を構成する諸要因の概要を説明せよ。近年の水準でのグローバルな《経済的》不平等を伴いつつも、低所得国で人間開発は成し遂げられるのか。

5. 発展途上国において、教育、健康、そして、食糧・水・衛生設備へのアクセス、さらに全般的な経済的諸条件の点で行われてきた主要な改善の幾つかを列挙せよ。

6. 幾つかの低所得国が高所得カテゴリーに移行したことから、我々は「開発」について何を学ぶことができるのか。世界のあらゆる国々が高所得国になり得るのだろうか。また、これを妨害するだろうものは何か。

7. グローバルな不平等に関する近代化理論といった《市場志向理論》は、どのように発展途上国で長く続く貧困を説明しているのか。

8. 《従属理論》の幾つかの例を挙げよ。ウォーラーステインによる《世界システム理論》は、従属理論の視座が置く前提とどのように異なるのか。

9. 《国家中心理論》は、経済開発を生み出す際に政府が果たす役割を強調する。特定の事例を用いながら、どのようにして政府は実際に経済成長、経済開発を促進してきたのか説明せよ。

10. なにゆえに人口学は、グローバルな経済的不平等の研究の中で重要なのか。人口危機に関するマルサス学説の考えは、今日、どういうかたちで、未だ生き永らえているのか。

11. 人口転換モデルは、発展途上国における最近の、また、未来の人口動態を適切に説明しているのか。

実際に調べてみよう

グローバルな開発のためには、食糧の生産と公平な配分が最重要問題のひとつである。我々が見てきたように、世界中の栄養不足である人びとの数はかなり安定した状態に留まっており、およそ八億人である。ひとつの希望だが、遺伝子組み換え生物（GMOs）といった新しいフード・テクノロジーが、この積年の問題の解決に向け重要な寄与をするかもしれない。こうしたことはありそうなことか。あるいは、発展途上国は、自らの食糧安全保障のために、西洋の超国籍企業にさらに一層依存していくようになるのか。以下に掲げる論文は、最近、非営利団体などにより非公式に設立された国際裁判所での訴訟で提起された諸問題を探求している。

Busscher, N., Colombo, E. L., van der Ploeg, L., Gabella, J. I., and Leguizamón, A. (2019) 'Civil Society Challenges the Global Food System: The International Monsanto Tribunal', *Globalizations*, 17(1): 16–30.

1. この論文の主題は何か。その主題はある重要な研究課題に導かれているのか、それとも、別の焦点を有しているのか。

2. 著者たちによれば、現在、「グローバル・フード・システム」の何が問題なのか。そして、なにゆえにこのシステムは、多くの発展途上国にネガティヴな結果をもたらしているのか。

3. 裁判所では、モンサント社に向かって、どんな具体的な公訴事実の陳述があったのか。誰が公訴事実の陳述を行ったのか。
4．こうした裁判所の法律的位置づけはどういったものであり、審議団による最終弁論はどういうものであったのか。
5．モンサント社が出廷せず、審議団による最終弁論も何ら法的効力が無かったとして、著者たちによれば、告訴した人びとにとって、何がポジティヴな結果だったのか。

さらに考察を深めるために

多数の億万長者たちがプレス上で悪評を受けている。グローバルな不平等の絶対的な極端さがさらに一層広がっていくにつれ、大富豪である人びとにより所有されている莫大な富を守ることは、ずっと困難なものとなった。事実、グローバルな不平等についての認識が増えていくことにより、現代資本主義がひとつの開かれた、起業家精神にあふれた経済システムとして作動するということにたいして異議が唱えられるようになっていった。億万長者たちにとって、こうした批判に対抗する一つの方法は、社会全体の利益のために自身の富の幾らかを還元することである。広く報道される取り組みのひとつは、ウォーレン・バフェットとゲイツ夫妻に主導されたものであり、二〇一〇年、彼らは寄付誓約宣言を創り出した。これは、「世界で最も富裕な諸個人、一族にたいし、生前中あるいは自身の遺言で、その保有する富の半分を上回るほどを慈善事業あるいは慈善的な目標のために託すよう促すことにより、社会で最も差し迫った諸問題を扱う支援の取り組み」として説明されている（https://givingpledge.orgを参照のこと）。こうした新しい構想が生み出し得る、もしかすると非常に多額のお金が与えられるならば、グローバルな不平等が抱える最も深刻な諸問題の幾つかに対処できる可能性がある。

寄付誓約宣言のウェブサイトを訪れることから始めよ。署名者たちが支持する優先された慈善団体や支援対象に目を通した上で、この宣言はグローバルな不平等に重大な衝撃を与える見込みがあるのだろうか。この宣言が創設されて九年間、二〇〇人を上回る署名者たちによって、これまで、どれだけのお金が寄付に回されてきたか突き止めよ。もし、億万長者たちが、団結して、およそ5000億USドルから6000億USドルを寄付する用意があるのなら、なぜ政府は、大富豪である人びとにたいするより高い税率の導入に尻込みするのであろう。億万長者たちがこの宣言のような自発的な計画に署名参加するつもりがありながら、義務的なかたちでのより高い税は支持しようとしない社会心理学的理由の幾つかを挙げよ。

芸術作品に描かれた社会

オーストラリアのビジュアル・アーティストであるアーロン・ムーアの作品は、グローバルな不平等を中心テーマとしている。例えば、二〇一二年十二月、彼のパフォーマンス『あなたに足りないことが一つある』（聖書にある句）では、貧困の中で暮らす人びとのための基金を募るべく、衣服から、書籍、モーターバイクまで、所有物の全てを彼は売り払った。また

『我々の開発を否定しないで』（Moore 2015）は、ザンビアの農民たちと並んでオーストラリア人たちの多くの様々な声を放映する多重チャンネル・ビデオ作品であり、リサイクルされたテレビが設置されて、そこで再生されるものであった。ムーアのウェブサイトで彼の関連作品を綿密に調べてみよ。

　美術家たち、映像作家たち、小説家たちの作品の中で、貧困、栄養不足、開発といった問題がテーマであるとしても何ら驚きではない。この事例において、こうした作品群にたいし芸術家ムーアによって宣言された目的はいかなるものであったか。社会学者として、国連、世界銀行といった国際機関、その他の社会学的調査プロジェクトによる統計分析から未だ我々が学んでいない何をこれらの作品から学ぶことができるのか。グローバルな不平等と開発に関連した問題が深刻であるにもかかわらず、後者の開発こそが芸術家たちにふさわしい主題を提供する、という主張を支持するかたちで議論を構築せよ。

読書案内

　まず手を付けるに良い文献は、ダニー・ドーリング『不平等と最も富裕な1%の人びと』*Inequality and the 1%*, London: Verso, 2015 であり、極めて少数の者たちの掌中に極端な富がある場合の世界にたいする幾つかの影響について、活発な議論がなされている。デヴィッド・ヘルドとアイシェ・カヤ編集による論集『グローバルな不平等』*Global Inequality*, Cambridge: Polity, 2007 は、幅広いトピックを扱っており助けとなる。不平等の測定は、ブランコ・ミラノヴィッチ『世界の分断――国際的でグローバルな不平等の測定』*Worlds Apart: Measuring International and Global Inequality*, Princeton, NJ: Princeton University Press, 2007 で上手く活用されており、非常に興味をかきたてる著作である。

　開発という概念の歴史について上手く解説しているものとしては、ジルベール・リスト『開発の歴史――西洋発祥から世界的信仰へ（第四版）』*The History of Development: From Western Origins to Global Faith*, 4th edn, London: Zed Books, 2014 がある。ケイティ・ウィリス『開発の理論と実践（第二版）』*Theories and Practices of Development*, 2nd edn, Abingdon: Routledge, 2011 は、理論を実際に応用する幾つかの試みを検討している。リチャード・ピートとエレイン・ハートウィック『開発理論――主張・論争・代替案（第三版）』*Theories of Development: Contentions, Arguments, Alternatives*, 3rd edn, London: Guilford Press, 2015 は、最近のポスト構造主義的な思想、フェミニズムの思想、批判的モダニズムの思想を含め、多くの理論を扱っている。

　最後に、入門的な良書として、ヴァンダナ・デサイとロバート・B・ポッター編集による論集『開発研究への手引き（第三版）』*The Companion to Development Studies*, 3rd edn, Abingdon: Routledge, 2014 がある。

インターネット・リンク

本書に関する追加情報とサポート（ポリティ）
www.politybooks.com/giddens9

不平等・オルグ　ワシントンＤＣにある政策研究所が運営するサイトであり、不平等に関するニュースを追跡し、多くの有益な資料を提供している

http://inequality.org/global-inequality/

『フォーブス』　誰が大富豪であり、どれだけ多くの富を有しているかを含め、大富豪について知りたかったことの全て

www.forbes.com/billionaires/

国際通貨基金　国際通貨基金（ＩＭＦ）公式サイト

www.imf.org/

世界銀行　最新の『世界開発報告書』を検索せよ

www.worldbank.org/

貧困にたいする世界的な行動呼びかけ　貧困と不平等の問題について活動しているグローバルな団体連合

https://gcap.global/

国連開発計画　不平等に関する多くの情報があり、人間開発指数報告書や持続可能な開発目標の情報が充実している

www.undp.org/content/undp/en/home/sustainable-development-goals.html

（西口訳）

第7章

ジェンダーとセクシュアリティ

第７章｜目次

社会変動が終わりのない継続的なプロセスだということは、社会学的には当然のことである。このことが何よりも当てはまるのが、性的そしてジェンダーに基づくアイデンティティの多様化だ。本章での議論の舞台を設定するうえで、以下のような例が助けになるだろう。

二〇一九年九月、ポップシンガーのサム・スミスは、インスタグラムでフォロワーにたいしてこう語った。「自分のジェンダーとの長きにわたる闘いを経て、私は自分自身を受け入れることに決めた。それは、私の内側と外側、それぞれの私のためにだ」。スミスは**ノン・バイナリー**であること、すなわち男性なだけでも女性なだけでもない、男性らしくも女性らしくもない、ということをカミングアウトした。そしてファンには、「彼（he/him）」ではなく、「彼ら・彼女ら（they/them）」という代名詞を使うように呼び掛けた。スミス（They）は、男性か女性かというアイデンティフィケーションは、自分自身の感情や感覚をどれも正確にはつかまえられないと言い、それはまるで、「その間のどこかを漂っている」ようだと言った（BBC News 2019a）。スミスのジェンダーの流動性の感覚は、多くの社会で今日見られている、継続的なジェンダー・アイデンティティの変化の重要な側面を描き出している。

二〇一四年八月には、61歳のボクシング・プロモーターであり、自称「男の中の男」、フランク・マロニーが、自分自身が女性になろうとしていることを宣言した。（性の）再割り当て（reassignment）のプロセスは容易ではなく、広範囲の外科手術や医療を必要としたものの、フランクはケリーになった。性転換を終えたケリーは、どうしてこうしたプロセスを彼女が経験したのかについて以下のように説明している。

> 人に見せている顔の裏には、いつも別な人格が隠れていた。それがケリー。私がいつもなりたかった女性。実際、私がいつも彼女になりたかった、というだけではない。ケリーこそが本当の私だったのだ。真実はつまり、私はいつも男性の体の中に捕らわれていた女性だったということだ。でも、この真実を守り隠すために、私はこれまでの人生でずっと嘘をついてきた。（Maloney 2015: 12-13）

ジェンダー・ディスフォリア（不和）——とは、彼女の女性としての自己アイデンティティ（認識）と、彼女の男性としての物理的身体との間の分裂／不一致を示す言葉として使われている。ジェンダー・ディスフォリア（不和）に対するマロニーの解決策は、トランス女性になることであった。トランス女性とは、出生時には男としての性を割り当てられていたが、自己アイデンティティは女性である人を指す。トランスジェンダーについて人びとの関心を集めることに貢献している有名人はほかにもいる。オリンピック十種競技の金メダリストであるブルース・ジェンナーは、性転換によってカイトリン・ジェンナーになった。トランスジェンダーの俳優ラヴァーン・コックスはネットフリックスの人気シリーズ『オレンジ・イズ・ザ・ニュー・ブラック』に出演したし、アンドレア・ペジックはファッション雑誌『ヴォーグ』で初めてトランスジェンダーのモデルとして取り上げられた。

トランスジェンダー（あるいは、トランス）とは、多様でますます増えている「ジェンダーの不一致」を経験している人びとのことだ。ジェンダー・アイデンティティと／あるいは遂行的ジェンダーが、生まれながらの性や、社会の支配的な規範として期待されている女性らしさ、男性らしさとは異なっている人びとである。**シスジェンダー**（あるいは、シス）とは生まれながらのジェンダーと、自己アイデンティティと遂行的ジェンダーとが一致している人びとを指す言葉である。

イギリスでは、ジェンダー・アイデンティティ・センターに持ち込まれる相談件数が二〇一〇年以来急速に増えている。ジェンダー・アイデンティティ研究教育学会（ＧＩＲＥＳ）の報告によると、その数は毎年約15％ずつ増加している（Day 2015）。ある国民保健サービス（ＮＨＳ）トラストの報告では、二〇一四年から一五年にかけての18歳以下の相談件数は六七八件だったが、二〇一八～一九年までには二五九〇件にまで増えたという。年平均で約40％の増加である。18歳以下の相談の大部分にあたる約四分の三は、出生時の性は女性であった人に関するものだった。（成人と18歳以下を合わせた）イギリス全体での相談件数の合計も増えており、二〇一四～一五年では三三〇〇件だったのが、二〇一八～一九年では八〇七四件となった（Marsh 2019）。助けを求める人びとの急増から考えれば、ジェンダー・アイデンティティ・サービスが、深刻な人手不足に苦しんでいることは自明だろう。こうした基礎的な統計が示すのは、ジェンダーの流動性の増大である。また、より多くの人びとがジェンダー・ディスフォリア（不和）を経験すればするほど、あらゆる社会制度の在り方が真剣に試されることになる。保健サービスから教育システム、学校、職場、公共空間などすべてにおいてである。

ジェンダーとセクシュアリティをめぐる問いは、社会学の中で非常によく議論されてきた。生物学とジェンダー・アイデンティティには、もしあるのならば、どのような関係があるのだろうか。セクシュアリティはヒトの生物学や自己アイデンティティとどのように接続しているのだろうか。私たちが「男性」「女性」と言うことで意味するものは何なのか。私たちの個人的なアイデンティティの基礎的な側面は、これまで広く考えられてきたようには、固定的でも安定したものでもない。むしろ、ジェンダーやセクシュアリティに基づくアイデンティティは流動的で常に変化する不安定なものである。本章ではこの分野における社会学的研究や理論化がどのように進んできたのかを明らかにしようとしている。ジェンダーとセクシュアリティの研究は複雑で、理論的にも政治的にも多くのさまざまな意見にあふれた発展途上の分野であり、さらに社会学的研究の主要な場は、工業化が進んだ国々のみにとどまってきた。

本章のテーマの多くは、第15章「家族と親密な関係性」で取り上げられる論点と重複している。セックス、ジェンダー、セクシュアリティは愛情、親密性、個人的な関係性と密接に関連しているからである。本章ではまず、セックス、ジェンダー、セクシュアリティという言葉が意味することを、ジェンダーと性的アイデンティティの諸理論を検討することから考えていく。今日の社会学的アプローチの徹底的な**社会構築主義**が、一般的に受け入れられている生物学的発想と対比される。それから、フェミニスト理論と視座、フェミニスト運動の連続した「潮流（waves）」とジェンダー関係を構築するジェンダー秩序の理論を見ていく。そののちに、LGBTQ＋の市民権の発展と、トランスジェンダーとフェミニスト活動家の間での最近の白熱した論争に触れ、性的人身取引と今日のセックス・ワークの多様性をめぐる議論で章を結ぶ。

■ジェンダー、セックス、セクシュアリティ

一九六〇〜七〇年代の社会運動の中からフェミニスト理論が発展してきて以来、社会学はセックスとジェンダーの間の基本的な対比に取り組んできた。**性／セックス**とは誰かと「セックスする」というように性的な活動を意味する場合もあるが、女性の子宮や男女の生殖器のように「男性の性」と「女性の性」を分ける身体的な特徴も意味する。対照的に**ジェンダー**とは、男性と女性の間の社会的、文化的、心理的な差異を指し、それは社会過程の中で形成され、権力関係に関わるものである。ジェンダーは社会的に構築された男性性や女性性の規範に結びついており、直接的な生物学的産物ではない。これまで見てきたように、人びとの中には、自分が「間違った」身体に生まれてきたと感じる人もいて、それを転換することで「正しい位置に戻す」ことを求める場合もある。

多くの国々、特に工業化した世界においては、人びとの性的な生活の重要な側面も一九六〇年代以降根本的に変化した。セクシュアリティは生物学的再生産と密接に結びついているというそれまでの支配的な考え方が切り崩され、**セクシュアリティ**と再生産は必ずしも結びつかないと実践においても認識されるようになった。ジェンダーとセクシュアリティは、個々人が探求し形作る生活の次元である。そして広範に想定されてきた**異性愛規範主義**――すなわち、**異性愛**が「普通」で「正しく」、他のセクシュアリティが「逸脱」しているという考え――は、差異のある多様なセクシュアリティを幅広く受け入れるという考えにとって代わられた。しかし、ジェンダーの差異とセクシュアリティをめぐる多くの議論は、いまだに男性と女性の間には基本的あるいは自然な差異があることを示唆している。「男は火星から来て、女は金星から来た」（Gay 1993）。これは比喩的に間違っていないのだろうか。

生物学的な要因が行動パターンを決定するという仮説は、自然科学の研究において時折登場する。例えば、脳画像技術が発展し、科学者は脳の結合性と活動とをより理解できるようになった。それによって、女性と男性の脳はそれぞれ異なった形で生物学に根差したジェンダー化された行動形態をつかさどる、と主張する研究もある。しかしコンネル（Connell 1987）が論じたように、人間によって示される複雑な社会的行動を生物学的な力と結びつけるメカニズムを明らかにした研究は、未だ世界中どこにもない。リッポン（Rippon 2020: xx-xxi）は、「自然が養育と密接に絡み合っていることがわかってきた。かつて不変で必然と思われてきたことが、可塑的で柔軟であるということも明らかになってきている。我々の身体的・社会的世界において力を持っていた生物学の影響が変化し続けているということも、明らかになってきてい

る」と論じている。
個人を先天的な特質に従う存在と考える理論は、人間の行為の社会的特性を過小評価するか無視している。そして社会構築主義的アプローチは今や、ジェンダーとセクシュアリティの社会学において支配的になっている。構築主義が特に強い影響を持っている領域のひとつは、ジェンダー・アイデンティティがどのように形成されるかということの探求である。

▼批判的に考える
生物学的セックスと社会的に構築されたジェンダーとの間の区別は、どれほど明確だろうか。セックスもジェンダーと同じように社会的構築物であることを示す、現実世界の事例はないだろうか。

◎ジェンダー・アイデンティティ

人種とエスニシティの社会学においては、長年にわたって「白人性」が「標準」であり、他のエスニシティが何らかの意味で「異なっている」と考えられてきた。たしかにグローバルノースにおいては日常世界、公的なデータ収集そして多くのアカデミックな研究が、白人性をエスニック・アイデンティティの一形態とは、まったく考えてこなかった（Back and Ware 2001）。同じようにジェンダーはかつて、ほとんど専ら女性の経験「について」であり、男性と男性的行動は基本的に「ジェンダー化されていない」規範で、女性がそこから逸脱している、とされてきた。今日こうした考え方はステレオタイプ的でひどく不正確だと考えられるようになっている。

社会学におけるジェンダーの差異についての初期の精力的なアプローチは、**ジェンダーの社会化**――つまり、家族や国家、マスメディアといった社会化の担い手を通して**ジェンダー役割**を学ぶこと――であった。このアプローチは、生物学的セックスと社会文化的ジェンダーとを区別した。つまり、まず幼児は生物学的セックスをもって生まれるが、その後社会文化的ジェンダーを発展させる。第一次的社会化においても、第二次的社会化においても、子どもたちは、さまざまな**社会化の担い手**との接触を通して、支配的な考えに従って自分の生物学的セックスに符合するとみなされる社会的規範や社会的期待を次第に内面化していく。こうしてジェンダーの差異は、生物学的に規定されるのではなく文化的に生みだされ、男性と女性は異なる役割の中に社会化されていくのだ。ジェンダーの社会化理論は、少年と少女が「性／セックス役割」を学習し、男らしさと女らしさの規範を発展させながら男女それぞれのアイデンティティを身につけると考えた。

ジェンダー・ステレオタイプは、多くのソーシャルメディアでも見られている。ベイリーら（Bailey 2013）によれば、特に少女はオンラインで厳しい批判にさらされるリスクがあるという。たとえば、もし彼女たちのソーシャルメディア上のプロフィールが公開されて、それが他人から見て「やりすぎ」の情報だったり、友達が「多すぎる」と思われるような場合に、こうした「攻撃」は、少女たちを「みだら」であるかのようにラベリングする。こうしたことは、同じようなふるまいをした少年たちには起こっていない。
ジェンダー・アイデンティティに対する社会的影響は、多くの多様なチャネルを横断して、多くの場合、間接的かつ気づかないうちに広がっていく。また自分の子どもたちを「性差別をしない」やり方で育ててきた親でさえも、ジェンダー学習の既存の様式に抗うことは難しい（Staham 1986）。幼い子どもたちが経験するおもちゃ、絵本、テレビ番組などはみな、男性と女性の特性の差異を強調する傾向がある。ほとんどの子ども向けの本、雑誌、テレビ番組や映画では男性の登場人物が女性よりも多いし、男の子はより活動的で冒険好きな役を演じ、女の子は受け身で何かを待っていて、家庭的な傾向があるように描かれている（Davies 1991; Grogan 2008）。

フェミニズムの研究者たちは、年少者を受け手にして市場で売買される文化的創作物やマスメディアの作品が、ステレオタイプ的でジェンダー化された少女や少年の表象と、彼女ら・彼らに期待される野心をいかに具現化しているのかを示してきた。四つの連続したプロジェクトを通して、スミスとクック（Smith and Cook 2008）は映画における男女のキャラクターの演出が常に不均衡であることを明らかにした。人気のあるG指定（一般向け、あるいは「家族」みんなで観られる）の映画では、一九九〇年から二〇〇五年までの間に、積極的に話す女性の登場人物は28％しかいなかった。また、85％のナレーターは男性だった。保護者の同伴、助言を要するものや年齢制限があるものを含めて四〇〇の映画作品を扱ったより幅広い研究でも、二つの対照的な女性の表象が見られた。それは、長年連れ添った関係にある親か、細いウエストと「砂時計のような」体つきを含む現実離れした体形の魅惑的な女性、であった（ibid.: 12-14）。現実離れしたプロポーションは、「セクシーで露出の多い衣装」（首から膝の間の身体部位が露出している）と同様に「実写」番組よりも、11歳以下向けのテレビ番組やアニメの中の女性キャラクターによく見られる。21世紀にあっても、ジェンダー・ステレオタイプは子ども向けのメディア作品の中に変わらず残っているのだ。

少女や若い女性たちの大半が、グラビア誌やテレビや映画に出てくるような加工修正された完璧な女性役割のモデルたちと自分自身とを比べ、自分自身の身体に不満を持っていることは、広く知られている（American Psychological Association 2010）。デジタル技術の広がりによって、写真や動画の中の身体を加工処理できるようになり、若い人びとはそれ以前の世代よりもさらに理想化され現実離れしたメディア表象と対峙している。この問題は特に雑誌において顕著であり、一般の読者に強い影響を与えている（Grogan 2008: 108-9. Wykes and Gunter 2005 も参照）。

＊ジェンダーの社会化についてのより詳しい議論は、第14章「ライフコース」で行っている。

相互行為論者は、社会化はスムーズなプロセスではなく、さまざまな社会化の担い手がより軋轢のあるプロセスの中でお互いに調和することはないと論じる。またその結果も、ジェンダーの社会化理論が示すよりずっと不確実だ、とする。同じくらい深刻に社会化理論は、個々人が自分の具体的な実践において社会的な期待を拒否したり修正したりする能力を過小評価している（Stanley and Wise 1993, 2002）。あるいはこう言うほうが正確だろうか。社会化の担い手は人びとにジェンダー化された実践に《参加する》機会を提供するが、それによってジェンダー・アイデンティティが《決定される》ということではない。子どもたちは社会化の圧力に抵抗する。男性的な要素と女性的な要素を混ぜ合わせる男の子もいれば、競争的なスポーツに断固として取り組む女の子もいる。そして男の子も女の子も、公的な場面で見せている慣習的にジェンダー化された顔とは違う風に私的な場面でふるまう（Connell 1987）。こうした相互行為論による批判は、重要である。人間は受け身でも、ジェンダー「プログラミング」の無批判な受け手でもなく、すでに決められたジェンダー役割がどんなに強力だったとしても、それを修正したり拒否したりするプロセスに積極的に関与しているのだ。

＊身体の社会的構築についての議論は、第10章「健康、病い、障害」でも行っている。

ジェンダーの社会化アプローチにおいては、両性の間の生物学的区別が、社会において「文化的に丁寧に作り上げられた」とされる枠組みを提供する。対照的に、社会構築主義の理論家は、ジェンダーによる差異の生物学的な基盤をますます拒否している。ジェンダー・アイデンティティは、社会において《認識された》性／セックスの差異との関係の中で立ち現われ、逆にこれらの差異を形作ることを助ける。例えば、男性性についての考えが肉体的な強さや「タフ」な態度で特徴づけられているような社会においては、男性は、別の男性性規範を持つ社会とは異なる特定の身体イメージと仕草の組み合わせを鍛えるように仕向けられる。つまり、ジェンダー・アイデンティティとセックスの差異は、個々人の生きた身体の中で密接に結びついているのである（Connell 1987; Scott and Morgan 1993; Butler 1990）。

ジェンダーが不変の「本質」など持たない社会的創造物であるだけでなく、人間の身体自体も、個人の選択や社会的力によって形作られたり変化させられたりする。人びとは自分の身体にたいして、「自然」と思われていることに挑戦するような意味づけをする。たとえば運動、ダイエット、ピアス、美容整形によってその身体を構築し再構築するのだ。トランスジェンダーの人びとは物理的な身体を再形成するためにジェンダー転換の手術を受け、それによってジェンダー・アイデンティティの遂行を容易にするかもしれない。医療的・技術的な介入によって、物理的な身体の境界は曖昧にされ、きわめてラディカルな変化にたいして開かれていく。

しかし、こうした「自由」に見える個人の選択も、理想的なボディサイズや体形といったより広範な社会規範や、マーケティングやファッション業界と関連づいた社会的流行や商業的圧力と結びついている。

◎ジェンダーとセクシュアリティの社会的構築

セクシュアリティは、長いあいだ極めて私的で個人的な問題と多くの人びとに考えられてきた。近年まで私たちがセクシュアリティについて認識してきたことのほとんどは、社会生物学者や医学者、そして「性科学者」が生み出した知識だった。バラッシュ（Barash 1979）のような社会生物学者は、広く報告されている男性の無差別な性行動について、進化論的に説明できると論じた。それによれば男性は、一生のうちに何百万もの精子を生産し、できるだけ多くの女性を妊娠させる生物学的な傾向を持っているが、女性は生涯で数百の卵子しか持てず、九か月の間胎児を孕むため、男性ほどは無差別な性行動がないという。多くの研究者たちは、この種のアプローチを否定している。

ローズら（Rose et al. 1984: 145）は、ほとんどの動物と異なり、「ヒトの幼児は、すでに目的指定された神経経路をほとんど持たずに生まれている」と指摘し、人間の行動は遺伝的にプログラムされた本能よりも、環境によって形成されると明らかにした。同様にノルベルト・エリアス（Elias 1987a）も、人間の潜在的な学習能力《こそが》進化論的な発展であり、人間にあっては学んだ行動と学び捨てた行動との間のバランスは、決定的に前者、つまり学んだ行動のほうに傾斜していると論じる。結果として、ヒトは他の種よりも学習《できる》だけでなく、ますます多様化し複雑化する社会にうまく参加できるように、さらに学習《しなければならない》。生物学的な進化は、人間社会の社会的発展の表面を覆っているだけで、前者（生物学的進化）によって、後者（人間社会の発展）を説明しようとする試みは、還元主義的で不十分である、と神経科学者のリッポン（Rippon 2020）なども認めている。

「自然的差異」学派の思想家は、階級、ジェンダー、そして「人種」の社会的不平等は、生物学的差異に根差していると論じる。現存する分業も「自然」であるに違いなく、よって女性と男性はそれぞれが最適とされている仕事を遂行することになる。例えば、人類学者のジョージ・マードックは、女性が家事や家族責任に集中し、男性が家庭の外で働くという分業は、実践的でありかつ都合がよいと考えた。二〇〇以上の社会の比較文化研究を根拠に、マードック（Murdock 1949）は、性別分業が《あらゆる》文化において存在していると結論づけた。これは生物学的な「プログラミング」の結果ではないが、社会の組織化の最も論理的な基盤である、と彼は論じた。

タルコット・パーソンズは、特に子どもの社会化に関心を持っており、安定したサポートのある家族が社会化の成功の鍵であると主張し続けていた（Parsons and Bales 1956）。パーソンズの考えでは、家族は明確な性別分業によって最も効果的に機能する。そこでは女性が《表出的》役割を果たし、子どもにケアと安全を提供し、情緒的に子どもをサポートする。他方で男性は、《道具的》役割を果たす——とりわけ、家族の稼ぎ手（breadwinner）となる。こうした相補的な分業は、生物学的な性差から派生しており、家族という単位の結束を保証するとされた。

フェミニストはこうした主張を厳しく批判し、社会における労働配置において、自然や必然はないと論じた。パーソンズの「表出的」な女性という考えは、家庭における女性の支配を容認する発想だとしてフェミニストや他の社会学者からも非難された。家族のスムーズな機能のためには「表出的な」女性が必要だという信念には根拠がなく、むしろそれは男性にとって有利に働くような**社会的役割**である。今日の社会学者は、複雑な人間の行動が固定的な「人間の特性」や生物学的な男性と女性の「本質」によって説明される、という考えを受け入れていない。そのような試みは**本質主義**とされ、20世紀初頭からの社会学理論の歴史は、本質主義的前提から常に離れようとする絶え間ない運動であった。

それにもかかわらず、本質主義的な議論は科学的な研究において継続的に出現している。一九九〇年代には、男性「ゲイ」と男性「ストレート（異性愛）」、そして「女性」の脳を科学的に比較する研究が出てきて、視床下部の四つの前部のうちの一つがゲイ男性においてストレート男性より小さく、女性のものに似ている傾向がある、と主張した（LeVay 1993）。この研究は、**同性愛**の生物学的根拠とみなされ、メディアで大々的に報じられた。また、一部のゲイの権利運動家からも、平等な市民権の主張を支持するものとして、肯定的な意見が出された。

ラーマンとジャクソン（Rahman and Jackson 2021）は、この研究が本質主義的思考に埋め込まれた深い亀裂を表していると論じる。研究者はどうやって、「ストレートの脳」が「ストレート男性」から来たものだとわかったのだろうか？　この研究は、反証のための自己報告も、医学的記録による証拠もない前提に単純にもとづいていると思われる。しかし、キンゼイの一九五〇年代の研究とロード・ハンフリーズ（Humphreys 1970）のアメリカ人の「ティールーム」についての研究（第2章を参照）から我々が学んだのは、「ストレート」だと公言している男性のかなりの数が、同性愛的活動に関与しており、そのことを隠してきたということだ。「古典的な本質主義の考え方で、リーヴァイは、これらの主体によって示される具体的な行動について何も知らないまま、アイデンティティと行動を合体させた」（Rahman and Jackson 2010: 121）。同様に、「ゲイ」男性の脳はエイズ関連の病気で死亡した男性から採取されており、研究者はこれらの男性の性的行動について知ることはできなかった。

本質主義を当初もっともらしく見せていたのは、二つの生物学的性――男性と女性――があり、それがジェンダーの差異とセクシュアリティを理解する基盤を作っているという、明確に疑う余地のない「事実」の存在であった。しかし、歴史家と社会学者によって、こうした前提が誤りであることが明らかにされてきた。18世紀半ば以前の西洋文化では、「《性は一つ》しかない」と考えられていて、それは女性性から男性性までの行動の連続性に沿った多様なものだった。二つの区別される性、という認識は、18世紀中ごろになって初めて登場した（Laqueur 1990）。中にはインターセックス的な状況、つまり生殖や性に関わる人体構造が、「典型的な男性や女性の定義に当てはまらない」ような人たちもいる（ISNA 2015）。しかし、どのバリエーションがインターセックスとして「カウント」されるかは、社会的に構築されており、純粋に生物学的なものではない。これらの例から、「男性」あるいは「女性」であること、「ゲイ」や「ストレート」であるということは、生物学によって決まっているのではない、ということがわかる。

グローバルノースでは、セクシュアリティは個人のアイデンティティに結び付けられる。そして、「同性愛」か「異性愛」かという**性的指向**は人びとの内部にあり、本来的に個人的な問題だと広く考えられている。そして、多くの社会が性的平等に向けて明らかに前進してきたにもかかわらず、同性愛関係は、必ずしも合法ではなく、レズビアンやゲイの人びとはいまだに偏見や差別に直面している。

マッキントッシュ（McIntosh 1968）は、同性愛が「病」ではなく、多くの社会においてそれまで存在していなかった《社会的役割》であると最初に論じた一人だ。イングランドでは、「同性愛的役割」は17世紀末になって初めて現れたと彼女は主張した。マッキントッシュはまた、一九四〇年代・五〇年代のキンゼイによるアメリカの多様な性的実践の研究（「古典研究7.1」を参照）から得られた証拠から、「異性愛者」と「同性愛者」という明確に区別可能なアイデンティティは、その対照性が意味するほどには分極化していないことがわかる、と論じた。例えば、多くの「異性愛」男性は、他の男性との同性愛的活動に関与したことがあると報告していた。今日、男性とセックスしたことがある男性（MSM）の多様性を探求する研究が増えている（Shang and Zhang 2015）。

ミシェル・フーコー（Foucault 1978）はセクシュアリティ研究において、18世紀以前のヨーロッパには同性愛のアイデンティティという概念はほとんど存在していなかったことを明らかにした。「肛門性交」は教会当局や法によって糾弾され、イングランドやいくつかのヨーロッパ諸国では死刑に値する行為だった。しかし、肛門性交は必ずしも同性愛的罪のみを指していたわけではなく、男性と女性の間や、男性と動物の間での性的行為についても用いられた。「同性愛《ホモセクシュアリティ》」という言葉は一八六〇年代にようやく生まれ、そこから、**レズビアン**やゲイ男性が、特定の性的逸脱にある特定のタイプの人びととしてみなされるようになった（Weeks 1986）。「ゲイ」という用語は、「ゲイとレズビアン」というように、一般的に男性にたいして用いられるが、レズビアンを表す言葉としてもますます使われるようになっている。

同性愛は、「医学化された」言説の一部となり、宗教的な「罪」よりも、むしろ精神障害や倒錯といった臨床用語で語られるようになった。「同性愛者」は、小児性愛者や異性装愛者のような「性的逸脱者」とともに、主流派社会の健全な状態を脅かす生物学的病理を患っているとみなされていた。たった二、三十年前まで、ほとんどの西洋諸国において、同性間関係は犯罪行動とされていたのである。

性的実践を研究する　アルフレッド・キンゼイによる一九四〇年代・五〇年代のアメリカの研究が出るまで、セクシュアリティや性的行動は社会学的関心の境界を越えるものとみなされ、ほとんど無視されていた。キンゼイの得た調査結果は、多くの人にとって衝撃的であり、また驚くべきものであった。なぜなら、この調査結果は性的実践に関して当時支配的だった世間一般の想定や社会規範が、実際の性的実践と大きく相違することを明らかにしたからである。我々はセクシュアリティについては、私的な実践よりも公的な価値について、より自信をもって発言することができる。私的な実践はその性質上、ほとんど記録されない。この点については、「古典研究7.1」を読んでほしい。

一九六〇年代以前のほとんどの工業国においては、性はタブー

古典研究 7.1

アメリカにおける性的多様性を明らかにする

セクシュアリティについての公的な規範は、人びとの実際の性行動を本当に統制しているのだろうか。性的に「逸脱した」実践は、わずかなマイノリティに限定されているのだろうか。こうした問いに答えるために、アルフレッド・キンゼイ（1894-1956）と彼の研究チームは一九四〇年代のアメリカの白人から証拠を集め始めた。キンゼイと共同研究者たちは宗教団体から非難を浴び、キンゼイの研究は、新聞や連邦議会の場で不道徳であると糾弾された。しかしキンゼイらは研究を続け、最終的にはアメリカの白人人口をほぼ代表するサンプルとなった一万八〇〇〇人分の性に関するライフ・ヒストリーを手に入れた（Kinsey 1948, 1953）。

キンゼイの発見

キンゼイの得た調査結果は、驚くべきものであった。なぜなら、この調査結果は、性行動に関して当時支配的だった世間一般の期待が、サンプルとなった人びとが表明した性行動と大きく相違することを明らかにしたからである。キンゼイは、男性のほぼ70％が買春をしたことがあり、84％が結婚前に性体験をもっていること（当時としては衝撃的な数字だった）を発見した。しかしながら、40％の男性は性のダブルスタンダードに従い、結婚するときは自分の妻が処女であることも期待していた。男性の90％以上がマスターベーションを、60％近くがオーラル・セックスを経験していた。女性の場合、約50％は、そのほとんどが後に夫となる男性が相手だったとはいえ、結婚前に性体験を持っていた。約60％の女性はマスターベーションの経験があり、また同じ割合の女性が口唇による性器接触をおこなっていた。また、男性の同性愛的活動のレベルは想定以上に高かった。

世間で容認されている態度とキンゼイの知見が明示した実際の行動との隔たりは、おそらく第二次世界大戦直後という特別な時であったために、特に大きかったのかもしれない。性の解放という局面はもう少し早く一九二〇年代にすでに始まっており、当時多くの若者は、前の世代を統制してきた厳しい道徳律から解放された気分を抱いていた。おそらく性行動は大きく変化したが、セクシュアリティに関するさまざまな争点を、今日の人びとが馴染んでいるように公然と議論することはなかった。世の中でまだ強く非難されていた性的活動にかかわる人たちは、他の多くの人も同様の実践に関与していることにまったく気づかず、自分たちの性的活動を秘密にしていた。

批判のポイント

キンゼイの研究はアメリカにおいて論争となり、保守的な組織や宗教組織から攻撃を受けた。たとえば、彼らの研究が明らかにしたことの一つに、16歳以下の子どものセクシュアリティがあるが、多くの批判者は、こうした子どもたちを研究対象としたこと自体に異論を唱えた。宗教指導者たちも、性的行動について公に議論することは、キリスト教的道徳価値を侵食すると主張した。

学者たちは、キンゼイの実証主義的なアプローチは、多くの一次データを収集したが、彼が発見した多様な性行動を支える複雑な性的欲望や、性的関係についての人びとの意味付けについては把握できていない、と批判した。その後の調査からは、キンゼイの結果よりも同性愛経験のレベルは低いという知見も出ており、彼のチームのサンプルが、当初考えられていたよりも、代表性が高くない可能性も示唆された。

現代にとっての意味

キンゼイは性とセクシュアリティの科学的研究の創始者と広く考えられている。彼の発見は、同性愛が、治療が必要な精神的病の一つと広くみなされてきたことに挑戦するのに役立った。キンゼイの発見が現実的なものとして人々に受け入れられたのは、一九六〇年代という、より「寛容な」時代になってからのことであり、性的活動の実態にかなり合致した態度の率直な表明がなされるようになった。キンゼイは一九五六年に亡くなったが、キンゼイの主宰した性科学研究所は今日まで研究を続けており、現代の性行動についての重要な多くの情報を生み出している。この研究所は、一九八一年にキンゼイのこの分野での研究貢献を讃えて、「性やジェンダー・生殖についてのキンゼイ研究所」と改称された。

の対象であり、公的な空間や、多くの人にとっては、私的な空間においても議論されるべきことではなかった。なので、インタビューに答える準備をしていた人たちは、基本的に自薦のサンプルであり、一般人口を代表しているとは言えなかった。こうした控えめな態度は、一九六〇年代以降、既存の態度に挑戦し確定された性規範を壊そうとする「フリー・ラヴ」のカウンター・カルチャー的思想と社会運動が結びついた時代に、いくらか変化した。しかし、これらの影響を誇張することには注意しなければならない。一九六〇年代の運動が主流派社会に同化吸収されていくと、性とセクシュアリティに関わる以前の規範が再び影響を及ぼしはじめるようになった。たとえば、「新しい貞節」という考えが一九八〇年代後半に登場した、と主張する者がいる。これは部分的には、ＨＩＶ／エイズやそのほかの性感染症のリスクについて関心が高まったことによる（Laumann 1994）。キンゼイの研究からの重要な教訓のひとつは、公に言及される態度は、正確に人びとの私的な信念を映し出すというよりも、既存の公的な規範についての人びとの理解のほうを反映するかもしれない、ということである。

▼批判的に考える

キンゼイの研究は六十五年以上前に行われており、それから多くが変化している。この研究について幅広い年齢のあなたの友人や親せきをサンプルとして議論してみなさい。今日のセクシュアリティについて、より最近の証拠を考えると、キンゼイの発見は現実的だろうか、それとも根拠に乏しいだろうか。

性的活動についての証拠の源泉　性行動に関する調査の有効性については多くの議論がなされてきた（Lewontin 1995）。調査からは単純に、性的実践についての信頼できる情報を得られない、との批判がある。例えば、北タンザニアの農村における若者の性的活動についての調査では、五つの異なる方法を用いて収集されたデータを比較した。性感染症（ＳＴＩ）の有無のような生物学的指標、対面式の質問紙調査、質問者の協力を得ながらの自己回答式の質問紙、詳細なインタビュー、そして参与観察である（Plummer et al. 2004）。これらの方法を横断した結果には、多くの不一致が見られた。ＳＴＩがある六人の若年女性のうち五人が、インタビューではセックスをしていたと答えたが、質問紙でそう答えたのは六人中一人だけだった。全体を通して、性的活動の生物学的指標に当てはまった若年男性の58％、若年女性の29％しか、二つの質問紙調査のいずれにおいても、性的活動に経験があると回答していなかった。

自己申告によるデータは「一貫していないことがある」が、正確な情報を得る上で若年女性にとってはインタビューが最も有効であり、この特定の人びとの自然で複雑な性的活動の程度を明らかにするには参与観察が最も有効な方法であると研究者たちは発見した。しかし、性的ことがらについてオープンに議論することがより受け入れられるようになった多くの先進国においては、質問紙調査が最も信頼できるデータを生み出すかもしれない。

性行動についての多くの研究は、郵送による質問紙調査か、対面式のインタビューを用いた態度と行動の調査の形式をとってきた。しかしこの分野での証拠は、個人の日記、オーラル・ヒストリー、雑誌、新聞、ソーシャルメディアのアカウントや、そのほかの歴史的な印刷物や非刊行物などの記録資料の分析や解釈によっても収集できる。こうした調査方法は、相互排他的ではなく、社会における性行動についてより豊かに説明するために組み合わせられる。

ルビン（Rubin 1990）は13歳から48歳までの千人のアメリカ人にインタビューした大規模調査によって、キンゼイの研究以降の性行動や性に対する態度の変化を明らかにしようとした。ルビンの知見によれば、この間に重大な展開があった。一般に性的活動は、前の世代よりももっと若い年齢時で開始されており、さらにティーンエイジャーの性的活動は、大人の性的活動と同じように多様化し、広範囲に及ぶ傾向が見られた。性のダブルスタンダードは依然として見られたが、かつてほど強力ではなくなっていた。最も重要な変化のひとつは、女性たちがいまや愛情関係の中に性的快楽を期待し、また積極的に追求するようになったことである。女性たちは、性的満足感を提供するだけでなく、享受することも期待し始めたのだ。

ルビンは女性たちが以前よりも性の面で解放されていることを発見した。しかし調査対象となったほとんどの男性はこうした女性達の自己主張を受け入れがたいと感じていた。

多くの男性が、自分たちが「不十分」で、「うまくやることなど絶対にできない」と懸念し、「女性を満足させることは近頃はもうできない」と考えていた。このことは、私たちがジェンダー関係について期待してきたこととかなり矛盾しているように見える。男性たちは、引き続きほとんどの領域を支配し、また女性が男性に行う以上に、総じて女性に暴力をふるっているからである。

こうした男性の暴力は、女性を管理し、継続的に服従させることを事実上目的にしている。しかしながら多くの論者は、男性性が、男性にとって報償の源泉であるとともに負担にもなっている、と

グローバル社会 7.1

比較の視点からのセックスとマナー

性行動の変化する形態について調べる上での記録資料の有効性は、オランダの社会学者、キャス・ボウタースによるイングランド、ドイツ、オランダ、アメリカにおけるジェンダー関係とセクシュアリティについての変化の比較研究『セックスとマナー』（Wouters 2004）によって示された。ボウタースは、19世紀末から20世紀末までの「行儀作法」について、中でも特にジェンダー関係と「求愛行動」、つまり男女が出会って「デートする」機会と制限についての書籍を研究対象とした。マナーブックは、どのように出会いが行われるべきかをアドバイスし、「異性」とどのように出会ってどのような行動をとるかについてのマナーコードを教えてくれる。

たとえば、イングランドの一九〇二年の出版物『女性のためのエチケット』は以下のように指南する。「女性が自分の分を払うと言い張らない限り、軽食を支払うのは男性の役目である。そしてもし男性のほうが女性を誘ったのであれば、それは当然のことだろう」。しかし、一九八〇年代までには、「割り勘でいく／オランダ式でいく（going Dutch）」、つまりデートの支払いを割り勘することは、広く認められ、定着していった。一九八九年のマナーブックでは、男性のほうがいつも支払うという古い慣習に触れながら、「そうする人もまだいるかもしれない。でも、今では女性たちは、自分でも少しはお金を出さないと無限に食事を楽しむわけにはいかない」と指摘されていた（Wouters 2004: 25-7）。この例はきわめて些細なことに見えるかもしれないが、現実として、より広い社会におけるジェンダー関係は変化しており、より多くの女性が有償雇用や、より一般的に言えば公的領域に参入し、男女の関係における行動規範の変化をリードしていることも示している。

ボウタースの研究は、性行動と求愛との関係で多くの事例を提供してくれる。一世紀に渡るマナーブックを分析し、そこで提供されたアドバイスを社会変動の社会学理論に関連付けることで、ボウタースは四か国がすべて、きわめてフォーマルで厳格なマナーコードから離れ、より幅広い範囲の求愛行動を可能にするインフォーマルな規定のほうへと長期的な傾向として向かっていたと論じている。ゆえに、一九六〇年代の「寛容さ」を批判する人たちは、こうした変化が社会変容のより長く深いプロセスの一部をなしている、ということを理解できていないといえる。

主張し始めている。そして、もし男性がセクシュアリティを管理の手段として用いることを止めれば、女性だけでなく男性も、得るものがあるかもしれないとする。

ルビンとボウタース（グローバル社会7.1を参照）の研究にはいくつかの共通点がある。両者ともジェンダー関係、性行動規範、セクシュアリティについての私的・公的な態度の経年的な変化に関心を持っている。ルビンの研究は、人びとがこれらの変化についてどのように感じ、現代のライフスタイルにどのようなインパクトを持つのかについて示唆を与えてくれる。他方でボウタースによる一次資料の分析は、現代的な知見を歴史的・比較的な視座から見ることを可能にしている。異なる手法を用い、変化する性行動の異なる側面に焦点を当てたこれらの研究による知見を組み合わせることで、社会学者は、調査が難しいこの分野において、何らかの結論を出すことにもっと自信を持てるようになるだろう。

◎ セクシュアリティ、宗教、道徳性

世界中の社会は性行動に対する幅広い態度を見せており、一つの国民社会の内部においても時間を経て驚くほどその態度は変化してきている。例えば西洋でのセクシュアリティに対する態度は、二〇〇〇年近くものあいだ、もっぱらキリスト教の影響を受けて形成されてきた。キリスト教の中でもさまざまなセクトと教派が、人びとの生き方で性が占めるべき位置づけに関して異なる見解を示してきたとはいえ、キリスト教の支配的見解は、性行動は統制されるべきだというものだった。こうした見解は、しばしば、社会全般に極端に潔っぺきな態度を生みだした。しかしそれ以外の時代には、多くの人が教会の教えを無視したり反抗して、宗教的権威が禁止した常習的行為（たとえば姦通）を普通に行っていた。

19世紀に入ると、セクシュアリティに関する宗教的規定が医学的規定に部分的に入れ替わったとはいえ、医師が書いた性行動に関する初期の書物のほとんどは、教会の見解と同じように厳格であった。生殖に結びつかない性的活動は、たとえどのような類のものであれ、身体に深刻な害をもたらすとの主張もあった。マスターベーションは失明や精神病、心臓病等多くの疾患をもたらし、オーラル・セックスは癌の原因になると主張された。20世紀初頭のアメリカでは、多くの医師たちは避妊と中絶に反対しており、ある医師は「人間社会に対する直接的な戦い」とまで言ったり、(Scott 2018: 80)。ヴィクトリア朝時代には、性的偽善が満ちあふれていた。貞淑な女性とは、セクシュアリティにたいして無関心で、ただ義務として夫の相手をする女性と考えられていた。しかしながら、拡大する市街地や都市地域では、売買春が横行し、また往々にして公然と容認され、したがって「身持ちの悪い」女性は、人格高潔な女性たちとはまったく別の範疇の存在とみなされていった。

ヴィクトリア朝時代、見かけは謹厳実直、品行方正な市民で、妻ひとりに専心しているように見える多くの男性が、定期的に売春宿に通ったり、愛人を囲っていた。男性のこうした行動は大目に見られたのにたいして、愛人がいる「人格高潔な」女性は、そのことが明るみに出れば、恥ずべき行いとされ上流社会から締め出された。男性と女性の性的活動に対する異なる態度は、ダブルスタンダードを形づくることになった。こうしたダブルスタンダ

ードは長く存続し、その名残りは、いまでも依然として消え去っていない（Barret-Ducrocq 1992）。

今日、このような伝統的態度は、一九六〇年代にとりわけ強固に発達した、性とセクシュアリティに対するもっと寛大な見解と並存している。映画や演劇では、以前なら決して容認されなかった性的シーンがあるし、ポルノの類は、オンラインで簡単に手に入るようになっている。キリスト教の強い信仰を抱く人たちの中には、婚前性交渉を悪であると見なし、異性愛から外れたすべてのセクシュアリティ形態にたいして、総じて眉をひそめる者もいる。しかし性的快楽が人びとの親密な関係における、望ましい重要な特質であることは、かなり広く認められている。性に関する態度は、20世紀の中頃以降ほとんどの工業諸国で間違いなく以前よりリベラルになっている。しかしグローバルには、セクシュアリティに関わる宗教的・伝統的な規範は、性をめぐる態度や価値に影響を及ぼし続けている。

▼批判的に考える

あなた自身の性やセクシュアリティに関わる態度は、親や年上の親戚とどのように違っているのだろうか。そこには何か宗教的な要素が関わっているだろうか。ジェンダーとセクシュアリティに関する態度で、あなたの世代と年上の世代の間でギャップが一番大きいのはどの分野だろうか。

歴史的に異性愛は子育てと家族生活の基盤を形作ってきた。しかしながら、多様な性的指向やアイデンティティも存在する。ローバー（Lorber 1994）は、10種に及ぶ性的アイデンティティを分類している。ストレート（異性愛）の女性、ストレートの男性、レズビアン女性、ゲイ男性、**バイセクシュアル**の女性、バイセクシュアルの男性、異性装の女性（恒常的に男性の服装をする女性）、異性装の男性（恒常的に女性の服装をする男性）、トランスセクシュアル女性（女性となった男性）、トランスセクシュアル男性（男性になった女性）、の10種類である。しかし今日では、ローバーが「トランスセクシュアル男性／女性」と呼んだものは、現代の言説における「トランスセクシュアル」から「トランスジェンダー」への用語の変化を反映して、セクシュアル・アイデンティティというよりも実際には《ジェンダー》・アイデンティティの一形態となっていることには注意が必要である。

ローバーはまた、性的実践の多様性についても論じている。例えば、男性あるいは女性は、女性、男性、そしてその両方と性的関係を持つ場合があり、それが一度に相手は一人、あるいは三人以上が関わって行われることもあり得る。自分自身とセックスすることもあるし（マスターベーション）、誰ともしないこと（禁欲）もある。トランス女性、トランス男性、エロティックな異性装をする人びとと性的関係を結ぶこともあるし、ポルノグラフィや性具を使ったり、サドマゾヒズム（性愛のために緊縛や苦痛を加えること）を実践したり、ほかにももっと多くのことをしているはずだ。どの社会にも、一部の実践を是認し、他の実践を好ましくないと規定し非合法化する性的規範が存在する。例えば、西洋文化における性規範は長きにわたって、ロマンティック・ラヴと家族関係に結び付けられてきた。しかしこうした規範は文化によって大きく異なっている。同性間関係が格好の例である。一部の文化では、特定の状況のもとで同性間関係を容認するか、積極的に奨励してきた。たとえば古代ギリシアでは、少年に対する成人男性の愛情を、性愛の至高形態として理想化していた。

20世紀半ばにフォードとビーチ（Ford and Beach 1951）は、二〇〇以上もの社会から得た人類学的証拠を幅広く調査した。その結果、「自然な」性行動とみなされるものや性的魅力の判断基準には、著しい差異があることがわかった。西洋においては、スリムで小柄な身体が好まれるのにたいして、他の文化ではより豊満な体型が最も魅力的と考えられていた。ある社会では顔の輪郭が重視されるのにたいして、別な社会では目の形や色、あるいは鼻や唇の大きさや形が強調される。受け入れられる性行動が異なるということは、多くの性的反応が先天的ではなく学習されるものであることを示す一つの重要な証拠である。

■ジェンダーの不平等

ジェンダーは社会階層の重要な形態であり、社会生活のあらゆる領域において人びとの機会とライフチャンスを構築する上でカギとなる要因でもある。広範な性別分業によって、権力、威信、そして富に関して男女は不平等な位置を引き受けるものとされてきた。世界中で女性達が前進を成し遂げてきたにも関わらず、ジェンダー格差は不平等の基盤として作用し続けている。**ジェンダーの不平等**を精査し説明することは社会学の中心的な関心であり、いくつかの理論的視座は、男性による永続的な女性支配を説明するために提示されてきた。この節では、ジェンダーの不平等に関する理論的アプローチに焦点を当て、特定の状況や制度における実証的証拠については他の章で扱うこととする。

＊ジェンダーの不平等についての実証的証拠については、第9章「社会階層と社会階級」、第6章「グローバルな不平等」、第8章「人種、エスニシティ、人の移動」で紹介し論じている。

◎フェミニストの視座

フェミニズム運動は、ジェンダーの不平等な状態を説明するために数多くの理論を生みだした。こうした**フェミニスト理論**は、ジェンダーの不平等について相互に対照的な見解を示している。互いに競い合うフェミニズムの諸学派は、ジェンダーの不平等を、たとえばセクシズムや家父長制、資本主義といった、社会のなかに深く埋め込まれたさまざまな社会過程を通して解釈しようとしてきた。まず、二〇世紀、西洋におけるフェミニズムを構成する主要な潮流、リベラル・フェミニズム、社会主義（ないしマルクス主義）フェミニズム、ラディカル・フェミニズムについて検討する。こうしたフェミニズムの区分自体は決してはっきりしているわけではなく、ここ二、三十年では、ポストモダン・フェミニズムのように、それ以前の流れを横断するような新たな形態も生まれてきている。

リベラル・フェミニズム　**リベラル・フェミニズム**は、ジェンダーの不平等の説明を、社会的、文化的態度のなかに求めている。

リベラル・フェミニズムの初期の重要な貢献は、イギリスの哲学者ジョン・スチュアート・ミルから始まった。彼の評論『女性の解放』(Mill 1869) は、両性間の法的・政治的平等を求め、そこには投票権も含まれていた。

ラディカル・フェミニズムや社会主義フェミニズムとは異なり、リベラル・フェミニストは、女性たちの従属状態を、もっと大きなシステムや構造の一端とはみなしていない。それよりも多くの個別的な要因に注意を向けている。たとえば、一九七〇年代初頭以来、リベラル・フェミニストは、職場や教育制度、メディアでのセクシズムや女性に対する差別を問題にしてきた。リベラル・フェミニズムの論者は、法律の制定等の民主的手段によって、女性たちのために平等な機会を確立し保護することに焦点を当てる傾向がある。イギリスでは、男女同一賃金法(一九七〇年)や性差別排除法(一九七五年)のような法的前進が積極的に支持され、法律のなかで平等を謳うことが女性に対する差別を排除するのに重要な一歩である、と主張された。リベラル・フェミニストは、現行のシステムを通じて変革を漸進的に生みだす努力を行っている。この点でリベラル・フェミニストは、現行のシステムの打倒を求めるラディカル・フェミニストや社会主義フェミニストよりも、その目標や方法において穏健である。

リベラル・フェミニストは、20世紀を通じて女性たちの前進に大いに寄与した。とはいえ、リベラル・フェミニズムを批判する人たちは、リベラル・フェミニストはジェンダーの不平等の根本的原因に対処するのに失敗し、社会における女性の全体的な抑圧状態の特質を認識していないと非難してきた。リベラル・フェミニストは、セクシズム、差別、「ガラスの天井」、賃金の不平等といった女性たちが被る個別の権利剝奪状態に焦点を当てるだけで、ジェンダーの不平等を部分的にしかとらえていない。ラディカル・フェミニストは、リベラル・フェミニストが、不平等な社会とその競争的特質を容認するよう女性たちに働きかけている、と非難している。

社会主義、マルクス主義フェミニズム　マルクス自身はジェンダーの不平等についてほとんど発言しなかったが、**社会主義フェミニズム**は、マルクスの葛藤理論から生まれている。女性が対等な権利を得ることに冷淡な強大な勢力が社会のなかにあることを認識できていないとして、社会主義フェミニズムはリベラル・フェミニズムに批判的だった(Bryson 1993)。社会主義フェミニズムは、家父長制と資本主義の双方を打破しようとしたのだ(Mitchell 1966)。マルクス主義の視座からジェンダーの平等について、マルクス以上に解明しようとしたのは、マルクスの友人で共同研究者のフリードリッヒ・エンゲルスであった。

資本主義のもとでは、**家父長制**は(階級的抑圧と同じく)私有財産に根差すため、男性への女性の従属状態の根底には物質的・経済的要因が潜んでいる、とエンゲルスは主張した。資本主義は富と権力を少数の男性たちに集約させることで、家父長制を強化していく、とエンゲルスは論じる。資本主義は、それ以前の社会システム以上に家父長制を強化する。なぜなら資本主義は、前の時代に比べ莫大な富を創り出し、その富が、財産の所有者と相続人だけでなく、賃金の稼ぎ手である男性たちに権力を授けるからである。二つ目に、資本主義経済は、それがうまく作動するために、人びと、とりわけ女性たちを消費者と定義づけ、自分たちのニーズが財や生産物のつねに増大する消費によってのみ満たされることを人びとに確信させなければならない。最後に、資本主義は、家庭で女性たちがケアや掃除に無償で従事することをあてにしている。エンゲルスによれば、資本主義は男性たちを低賃金によって搾取し、女性たちには何の賃金も支給しないことで搾取している。

＊家事労働と家庭内分業については、第17章「労働と雇用」、第15章「家族と親密な関係性」で議論している。

社会主義フェミニストは、リベラル・フェミニズムが掲げる改革主義的目標では不十分だと主張してきた。社会主義フェミニストは、家族の再構築や「家庭における奴隷状態」の終焉、そして育児やケア、世帯の維持を行う何らかの集団的手段の導入を要求してきた。マルクスにならって、多くの社会主義的フェミニストは、社会主義革命がこれらの目標を達成し、社会主義革命はすべての人のニーズを満たすために設計された国家中心の経済のもとで、真の平等を生み出す、と主張した。

ラディカル・フェミニズム　**ラディカル・フェミニズム**の核心には、女性たちの搾取に責任を負い、また搾取から利益を得ているのは男性たちだという確信がある。家父長制、すなわち男性による女性の体系的支配の分析は、ラディカル・フェミニズムにとって中心的な関心である。家父長制は、時代や文化を超えて存在してきた普遍的現象とみなされている。ラディカル・フェミニストは、社会のなかで女性に加えられる抑圧の最も重要な原因のひとつとして、しばしば家族に焦点を当てている。男性たちは女性が家庭生活で提供する無償の家事労働に頼ることで女性たちを搾取している、とラディカル・フェミニズムは主張する。例えば、今や女性は職場の重要な位置を占めているにも関わらず、男性よりも多く家事をしなければならず、それは彼女たちが有償の仕事でいくら稼ぎ何時間働いているかには関わらない。ライオネットとクロンプトン（Lyonette and Crompton 2015: 37）は、いくつかの変化にも関わらず、家事労働は「ジェンダー実践（doing gender）」プロセスにおいて重要であり続けていると論じる。男性は、女性が社会における権力や影響力を持つ多くの地位にアクセスしようとすることを集団として否定することができる。こうした集団的閉鎖のプロセスによって、参入を拒むジェンダー化された障壁が効果的に構築されているのだ。

家父長制の基盤をめぐる解釈はラディカル・フェミニストのあいだでも異なるが、ほとんどは、家父長制が女性の身体とセクシュアリティをさまざまな形で専有してきたと認めている。初期のラディカル・フェミニズムの執筆家であるシュラミス・ファイアストーン（Firestone 1970）は、女性たちの行う生殖と養育の役割を男性たちが管理してきた、と主張する。女性たちは生物学的に子どもを産むことができるために、保護と生計手段を得るために物質面で男性たちに依存するようになる。このような「生物学的不平等」は、核家族のなかで社会的に体系化されている。ファイアストーンは、女性の**社会的位置**を表すために「性階級」という言葉を用い、家族とその家族を特徴づける権力関係の廃絶によって初めて女性たちの解放が実現できると主張した。

ほかにもラディカル・フェミニストたちは、男性の優位性の中心をなすものとして、男性が女性に加える暴力を指摘する。こうした見解によれば、DVやレイプ、**セクシュアル・ハラスメント**はすべて、それぞれが独自の心理学的原因ないし犯罪的基盤を持つ別々の問題というよりも、体系的な女性の抑圧の一部である。日々の生活での相互行為、たとえば非言語コミュニケーションや、相手の話を聞いたり遮るやり方、公共の場での女性たちの安心感でさえも、ジェンダーの不平等を助長している。さらに、美やセクシュアリティをめぐって一般に流布する概念は、特定の種類の女性性を生み出すために男性が女性に押しつけたものである。スリムな身体や、男性への思い遣りに満ちた態度を強調する社会的・文化的規範は、女性たちの従属的立場を固定化させている。メディアやファッション、広告活動による女性の「客体化」は、男性たちを喜ばせ楽しませることが主な役割となる性的対象物になるよう、女性たちを仕向けていく。家父長制は体系的現象なので、ジェンダーの平等は家父長制的秩序を打倒して初めて実現される、とラディカル・フェミニストは言う。

ラディカル・フェミニズムに対する主たる反論は、女性の従属状態を包括的に説明する概念として家父長制はあまりにも一般的すぎる、という指摘である。ラディカル・フェミニストは、家父長制が、歴史全体を通じて、またどの文化においても普遍的に存在する現象だと主張する傾向があった。女性の従属の性質への人種、階級、エスニシティの影響を考慮するならば、こうした考え方は、修正や変更を加えられる必要があるだろう。言い換えれば、家父長制を普遍的な現象として理論化することは、生物学的な還元主義、つまり、ジェンダーの不平等の複雑さを男女の区分にのみ帰することに陥る危険を伴うのだ。

シルヴィア・ウォルビーは、家父長制概念の重要な再構築を提案した（「社会学的想像力7.1」を参照）。家父長制という概念は、仮にそれが特定の仕方で用いられれば、引きつづき重要でまた有用な説明の道具になる、とウォルビーは論じる。

近年、ウォルビーや他のフェミニスト理論家たちは、家父長制の概念が、非歴史的で不変な男性による支配といった誤った見方を簡単にフェミニズムに敵対する人びとにたいして与えてしまってきた、と論じている。代わりに彼女は、「ジェンダー体制《レジーム》」（以下の「古典研究7.2」を参照）という概念に置き換えることを提案する。それは「『家父長制』と同様の意味を持つが」（Walby 2011: 104）、より時間的な変化を容易に示唆し、ローカル、ナショナル、そして国際的な制度の分析にも用いることができ、それゆえに誤解されることが少ない。

ブラック・フェミニズム　これまで概観してきたフェミニズムの見解は、白人女性と非白人女性の双方の体験に同じように当てはまるだろうか。多くの**ブラック・フェミニスト**と、グローバルサウスのフェミニストは、当てはまらない、と主張する。ブラック・フェミニストによれば、フェミニズム思想の主流派は、逆説的に本質主義に傾いている。そこでは、一般的なカテゴリーとしての「女性」の経験を、実のところ白人で、主にグローバルノースにいるミドルクラスの女性たちのものとして議論しているのだ。たとえば、モハンティ（Mohanty 1988）は、「第三世界の女性」という過度に一般化された概念は西洋のフェミニストのテクストにおいて広くみられるが、グローバルサウスの女性達の社会階級、エスニシティ、年齢集団、地理的位置といった多様な経験を差異化することができていないと論じた。こうした一枚岩的な特徴づけは、西洋フェミニズムにおける無意識の「言説的植民地主義」の一形態と指摘されてきた（Parashar 2016: 371）。

総体としての「女性の」従属を、特定の集団の経験から一般化することは有効ではない。ブラック・フェミニストは、人種主義を考慮しないジェンダーの平等に関する理論は、どんなものでも黒人女性達の抑圧を適切に説明することはできない、と断言した。既存のフェミニズムへの不満が、黒人女性達が直面する特有な問題に焦点を当てるブラックフェミニズムを生み出した。たとえば、アメリカのブラック・フェミニスト、ベル・フックス（hooks 1997：彼女の名前はいつも小文字で書かれる）によると、白人のフェミニスト作家は、黒人の少女たちが白人の少女たち以上に自尊心を抱いており、自信に満ちた自己主張の強い態度がその証拠であると見なしている。しかしベル・フックスが指摘するのは、こうした特性は親や教師によって少女たちに、「人種を乗り越える」手段として注入されるものの、自信に満ちたように見える黒人少女たちが、結局は彼女たちの肌の色や髪質に対する社会的スティグマゆえに、自分に価値がないように感じてしまうことに変わりはない、という事実である。こうした単純明快な誤解が描き出すのは、主流のフェミニスト思想の多くに潜む欠陥であり、それはブラック・フェミニズムが正そうとするものである。

ブラック・フェミニストによる著述は、黒人女性たちが直面している現在の問題を伝える歴史的要素を強調する傾向が強い。アメリカのブラック・フェミニストの作品は、奴隷制と人種差別、公民権運動の強い遺産が、黒人社会におけるジェンダーの不平等に及ぼした影響を強調する。初期の黒人女性の女性参政権論者は女性の権利運動を支持したが、そこで人種問題が無視できないことを実感した、というのがアメリカのブラック・フェミニストの指摘である。つまり黒人女性たちは、彼女たちの人種《と》ジェンダーを根拠に差別されてきたのだ。近年黒人女性たちは、女性解放運動で中心的役割を演じてこなかった。その理由の一つは、「女性であること」が、人種の概念ほどは彼女たちのアイデンティティの中心を占めていなかったからだ。

フックスは、白人フェミニストが好んで用いる理論枠組み――たとえば、家族を家父長制の拠り所とする考え方――は、黒人コミュニティには必ずしもあてはまらないと指摘する。黒人コミュニティにおいては、家族は人種差別《レイシズム》に抵抗する連帯の主要な基盤を意味しているからだ。別な言い方をすれば、黒人女性の抑圧は、白人女性とは異なる場に見出される、ということである。

さらに、エスニック集団と社会階級とに関わらず、すべての女性たちに経験されるジェンダーによる抑圧の「統一的な」形態がある、という考え方自体に問題がある。というのも、多くの黒人女性たちにとっては、階級による分断は無視できない重要な要因でもあるためだ。ゆえに、ジェンダー、階級、エスニシティの次

家父長制を理論化する

シルヴィア・ウォルビーは、家父長制がジェンダーの不平等のあらゆる分析にとって不可欠な概念であると論じたが、同時に家父長制概念に対する批判の多くにも妥当性があることを認めていた。著書『家父長制を理論化する』(Walby 1990) では、家父長制について従来よりももっと柔軟な理解の仕方を提示した。この理解の仕方では、歴史を通じた変化や、エスニシティと階級の差異を考慮する余地が残されている。

ウォルビーにとって家父長制とは、「男性たちが女性たちを支配し、抑圧し、搾取する社会的構造と実践のシステム」である (Walby 1990: 20)。ウォルビーは、家父長制と資本主義を、歴史的条件次第で時には調和し、時には緊張状態にあったりと、さまざまなかたちで相互作用する別々のシステムとみなしている。資本主義は《性別分業》を通じて家父長制から総じて利益を得てきたと、ウォルビーは言う。しかし通常、資本主義と家父長制は不仲であった。たとえば、戦時下に女性たちが労働市場に大挙して参入する際、資本主義と家父長制の利害は一致していない。

ウォルビーは、初期のフェミニズム理論の弱点は、たとえば男性の暴力や再生産における女性の役割など、女性たちの抑圧状態の「本質的」原因のひとつに焦点を合わせる傾向が強かったことだ、と認識している。ジェンダーの不平等の奥深さと相互連関性に関心を寄せるウォルビーは、互いに独立しているが相互に作用し合う六つの構造から家父長制が成り立つと考える。

1. 《世帯内の生産関係》家事や育児といった女性の無償の家事労働が、夫(あるいは同居人)によって収奪されている。
2. 《有償労働》労働市場で女性たちは、特定の種類の労働から締め出され、低賃金しか与えられず、熟練度を必要としない職種の中に隔離されている。
3. 《家父長制国家》国家は、政策や優先事項において、家父長制的利益に一貫して偏向している。
4. 《男性の暴力》男性の暴力は、しばしば個人主義的な行いであるとみなされているが、実際には形式化され系統的である。女性たちは日常的に男性の暴力を経験し、暴力の強い影響を《従来通り(の方法で)》受けている。国家は、男性が女性に加える暴力に介入するのを拒否し、例外となる極端な場合を除き男性の暴力を実際には大目に見ている。
5. 《セクシュアリティにおける家父長制的関係》これは、「義務づけられた異性愛」と、男女に異なる性行動の「ルール」を当てはめる男女間の性的ダブルスタンダードに、はっきりと表れている。
6. 《家父長制的文化の諸制度》さまざまな制度や実践――メディアや宗教、教育など――は、「家父長制的まなざしの中」で女性の表象を作り出す。こうした表象は、女性たちのアイデンティティに影響を及ぼし、容認できる行動や行為の基準を規定している。
ウォルビーは、家父長制の二つの明確な形態を区別している。《私的な家父長制》は、個々の家長の支配下にある世帯のなかで生ずる女性支配である。この私的な家父長制は、女性たちが公的活動に加わることを本来的に阻止するがゆえに、排他的な策略である。他方《公的な家父長制》は、集団的なかたちをとる。女性たちは、政治や労働市場といった公的領域に関与するが、引きつづき富や権力、社会的地位からは隔離されている。ウォルビーは、少なくともイギリスでは、ヴィクトリア朝時代から今日に至るまで家父長制に——その度合においても形態においても——変化を見いだすことができる、と主張する。女性の抑圧は、かつてはもっぱら家庭生活のなかに見いだされていたとしても、今日では社会全体に織り込まれている。ウォルビーが辛辣に評するように、「女性たちは、家庭から解放されても、今度は自分たちが搾取の対象となる社会を、まるごと経験することになる」。

▼批判的に考える
女性が公的領域に参入していくことが、大多数の女性達にとって実際に《有益》であったという、具体的な証拠には、どんなものがあるだろう。より多くの女性たちが公的領域に関わってきたという事実に、男性たちはどのように反応してきたのだろう。

元を考察に含める、不平等に対するインターセクショナルなアプローチが必要となる（Taylor and Hines 2012）。パトリシア・ヒル・コリンズ（Collins 2000: 18）は、**インターセクショナリティ**（交差性）を「人種とジェンダー、あるいはセクシュアリティとネーションの交差（インターセクション）のような、交差する抑圧の特定の形態」と定義する。クレンショー（Crenshaw 1991）は、インターセクショナルなアプローチが、ブラック・フェミニズム理論を強化する鍵となると論じている。
インターセクショナリティはまた、方法論として見ることもできる。人種、階級、ジェンダー、障害などの相互作用に焦点を当て、さまざまに位置づけられた女性たちの異なる経験についての、より包括的かつ有効な説明を目指す視点である。そう考えると、黒人女性達は、彼女たちの肌の色、ジェンダー、そして社会階級的位置に基づいて、何重にも不利益を受けていると言えるだろう。これらの三つの要素は相互作用することで、さらに互いに補強し合い、強い力を発揮していく（Brewer 1993）。

ポストモダン・フェミニズムとクィア理論　ブラック・フェミニズムと同様に、**ポストモダン・フェミニズム**は、すべての女性に共通するアイデンティティや経験の単一な基盤があるという考えに挑戦する。このポストモダン・フェミニズムという潮流は、美術や建築、哲学、経済学におけるポストモダニズムという文化的現象にもとづいている。このポストモダニズムは、リオタール（Lyotard 1984）、デリダ（Derrida 1978, 1981）、ラカン（Lacan 1995）の思想にルーツを持つ。ポストモダン・フェミニストは、社会における女性の位置づけを説明できるグランド・セオリーあるいは包括的理論が存在するとの主張や実際に「女性」という普遍的なカテゴリーが存在するとの主張を拒絶する。結果として、ポストモダン・フェミニストは、家父長制や人種、階級を基盤としてジェンダーの不平等を説明する他の諸理論を、「本質主義」として退ける（Beasley 1999）。

＊社会学におけるポストモダン主義者のアプローチについては、第3章「理論と観点《パースペクティブ》」で紹介している。

その代わりに、ポストモダニズムは、多種多様な立場を等しく正当なものとして受け入れることを奨励する。女性であることに本質的な中心が見いだされるというよりも、むしろ多くの個人と集団が存在するのであって、すべての個人と集団（異性愛者、レズビアン、黒人女性、労働者階級の女性、さらに諸々）は、まったく異なる体験をしている。さまざまな集団と個人の「他者性」が、多様な形で賞賛され、「他者性」のもつプラス面を強調することが主要なテーマとなる。ポストモダン・フェミニズムは、多様な真実と、現実の社会的構築物があるということを受け入れる。

差異を承認するのと同様に、ポストモダン・フェミニストは「脱構築」の重要性も強調する。とりわけ、男性特有の言語や男性的世界観を脱構築しようとしてきた。その代わりに、ポストモダン・フェミニストは、より密接に女性たちの体験を反映する、流動的でオープンな言葉遣いや言語を創りだそうとしてきた。多くのポストモダン・フェミニストは、近代西洋文化は、世界を二元論（「よいもの 対 悪いもの」、「正しいこと 対 間違ったこと」、「美しいもの 対 醜いもの」といった）で分ける傾向があると論じる。そしてこのことは、これまで私たちが見てきたように、男性が標準で女性はいつも「それ以外（他者）」という役割を割り当てられるということを意味している（Szitanyi 2020: 24）。脱構築とは、あらゆる二項対立的概念を批判し、反対側の概念に割り振られた役割を、新たに積極的な方法で変更することである。

＊ジェンダーの社会化についてのフロイトの考えについては、第14章「ライフコース」で議論している。

理論的にジェンダーをセクシュアリティから完全に分離できるとする思想は、**クィア理論**の出発点である。この理論は、アイデンティティをめぐるこれまでの社会学的発想の多くを攪乱するものである。クィア理論はポスト構造主義、とりわけジュディス・バトラー（Butler 1990）とミシェル・フーコー（Foucault 1978）の強い影響を受けている。クィア理論は特に「アイデンティティ」という概念そのものを問題としてきた。この概念は比較的固定的で、社会化の担い手によって人びとに割り当てられてきたものである。フーコーを手掛かりに、クィア理論家は、ジェンダーとセクシュアリティは、客観的に現実的だったり「自然」な何かを指し示しているのではなく、これらの概念に伴う他のあらゆる用語と一緒になって、特定の《言説》を構築している、と論じる。

例えば、一九七〇年代、一九八〇年代のセクシュアリティの歴史についての研究においてフーコーは、今日ゲイ男性と結びつけられている男性の同性愛的アイデンティティは、19世紀以前のセクシュアリティをめぐる言説においては主要なものではなかった、と論じている。ゆえに、こうした形態のアイデンティティは、医学や精神医学の言説の中に取り入れられたり、そこで作られたりするまで、人びとにとっては存在しないものだった。つまりアイデンティティとは、複数で、不安定で、時間を経て変化するものなのである。

こうした視座は、「ゲイ」や「レズビアン」のアイデンティティにも当てはまる。他のアイデンティフィケーション形態と同様に、これらのアイデンティティは社会において「本質化」されてきた。これらの理由から、クィア理論は、あらゆる固定的で明らかに「真正」とされるアイデンティティを問題視してきた。その中には、支配的な異性愛規範と対極をなすものもある。「ゲイ」や「レズビアン」という概念は、平等な権利を主張するために政治的には有効かもしれないが、クィア理論家によれば、これらの概念もまた、異性愛規範にとっての「他者」といった二項対立と結びついており、社会における強力な「異性愛規範主義的言説」に引き続き与している（Rahman and Jackson 2010: 128）。

クィア理論はラディカルな社会構築主義とみなすことができるだろう。この理論は、セクシュアリティとジェンダーに関係する範囲では《アイデンティティ創出》と再創出のプロセスを探求するものだ。あらゆる主要な社会学的トピックは、他の対象と同じように、クィアの声を中心におき、多くの現代的思考に通底する異性愛的前提に挑戦するべきだ、と主張する理論家もいる。

＊社会構築主義的アプローチについては、第5章「環境」も参照すること。

社会学の中には、クィア理論は文化的なテクスト（映画、小説など）を研究する傾向があり、実証的な研究による証拠を欠いているとの批判もある。また、クィア理論は家父長制概念に代表されるような資本主義経済と男性支配によって作られた物質的生活における、性やジェンダーのカテゴリーの社会構造的な基盤を説明できていない。ジャクソン（Jackson 2001）は、社会構造、関係、実践に着目する物質主義的フェミニズムは、ジェンダーの不平等を理解する上で文化指向的なポストモダニズムやクィア理論よりも有効な視座を、いまだに提供していると論じる。また、多くの、そしておそらくはほとんどの人びとは、クィア理論が提案するような、流動的で常に変化するようなアイデンティティよりも、もっと堅固で固定的なアイデンティティを経験している、という批判もある（Edwards 1998）。もしそうであれば、クィア理論家によるラディカルな構築主義は、おそらくジェンダーの流動性や性的アイデンティティの変化の度合いを過大評価しているということになるだろう。

同様に、基本的な二つの性としての男女の区分は不正確で理論的にも持続的ではない、というクィア理論による批判にも関わらず、社会生活の多くの部分は依然として男性と女性とのそうした区分に根差している。ジャクソンとスコット（Jackson and Scott 2017）は、次のように論じる。「ジェンダーの二元論は構造と実践の双方のレベルにおいて不変であり、この二元論の外で物事を考えるということは、常にきわめて難しい」。例えば、ウッドワード（Woodward 2015: 50）は、「スポーツの分野には、現実として二つの性がある」と指摘する。彼女によれば、スポーツは、運動能力からルールを規定する当局にいたるまで、あらゆる面に影響を及ぼす性／ジェンダーシステムによって構造化されている。ほとんどのスポーツ（シングル・テニス、陸上、ゴルフなど）は男女が分かれて競いあっている。しかし二〇〇〇年になって初めて、国際オリンピック委員会は、女性として資格を得た男性による不公正を防止するために、全員への性別検査を導入した。二〇〇〇年以降、あらゆる「疑わしい」アスリートは、「ジェンダー証明」の一環として、健康診断を受けることを義務付けられた。典型的な女性の外見や行動、そしてアスリートとしてのパフォーマンスに当てはまらない女性たちは、「疑わしい」と考えられがちである、とウッドワードは論じている。

　南アフリカの18歳の八〇〇メートル走者、キャスター・セメンヤの筋骨たくましい肉体と、力強いパフォーマンスは、こうした基準に抵触してしまい、彼女は、ジェンダーの専門家である婦人科医、内分泌学者、そして心理学者による医学的検査の対象とされた。検査結果は、国際陸上競技連盟（ＩＡＡＦ）によって公表され、彼女に苦痛を与えた。セメンヤは比較的貧しい、運動施設もほとんどないような農村出身で、彼女の学友たちは、彼女が女子だったことは疑う余地もない、と言い続けた。

　南アフリカの陸上競技連盟のトップは、この事例はジェンダーの問題だけでなく人種差別《レイシズム》も含んでいることを示唆した。「アフリカの少女たちのメイクを疑う白人とは、一体だれなのだろうか？」（Smith 2009による引用）。ウッドワード（2015: 54）は以下のように結論づける。「ジェンダー証明テストは、女性アスリートの偉業達成の可能性を大いに見落としてきた。何か良い記録を出しているなら、彼女たちは男でなければならない」。

　ジェンダー証明の話は、今日のセックスとジェンダーを解明しようとする上で関連してくる複雑な問題の好例と言える。一方でこの事件は、作用している身体的、社会的、文化的な要因の多様性を理解する上で、セックス／ジェンダーと男性／女性という二項対立の図式は有効ではない、ということを明らかにした。しかし他方では、こうした二項対立が多くの社会制度に依然として深く埋め込まれており、慣習的な社会規範と社会的期待とを形作り、また再生産し続けているということも示した。

◎フェミニスト運動

　ジェンダーとセクシュアリティの社会学が、フェミニストやＬＧＢＴＱ＋の社会運動のために道を開いてきたのではない。むしろ実際は逆だった。長きにわたって、社会学はジェンダー関係やセクシュアリティについてほとんど言及してこなかった。フェミニストの主張や運動が新たな問題を提起し始め、決定的なことには活動家たちが大学の一員となって初めて、社会学がセックス、ジェンダー、セクシュアリティの問題を検証し始めたのだ。この項では、19世紀後半以降のフェミニストとＬＧＢＴＱ＋活動家による時系列的な展開を、かけ足で振り返っていきたい。

フェミニスト思想と、女性の権利の促進を求める社会運動の長期的な展開は、慣例的には三つの「抵抗のサイクル」あるいは「波」を経験していると考えられてきた（Whelehan 1999; Krolløke and Sørensen 2006）。第一波フェミニズム運動は、19世紀後半から20世紀前半にかけての工業化の文脈で登場した。第一波フェミニズムは、男性と同じ基準で女性にも参政権を拡大することを通じて、政治権力への平等なアクセスを求めた。また第一波は、高等教育を含む、あらゆる社会制度への女性の平等な機会とアクセスを求める運動にも関わっていた。第一波の思想と活動は、20世紀前半を通して続いた。

第二波フェミニズムの起源は、一九六〇年代・七〇年代の幅広い公民権運動にある。学生運動や黒人運動、レズビアンとゲイの運動、障害者運動などもこれに連なっている（Valk 2008）。第二波は女性の「解放」と「エンパワメント」に焦点を当てていた。第一波フェミニズムが、法の下での平等というリベラルで社会主義的な政治的理想に影響を受けていたとすれば、第二波フェミニズムはより「ラディカル」な変革のための運動であった。女性は男性支配的で家父長制的な社会とその制度によって抑圧された社会集団である、という考えはラディカルな変化だった。第二波フェミニズムの中心的スローガンである「個人的なことは政治的なこと」は、家族生活の私的な世界や家庭にまつわることは政治のような公的領域の外にあるものだ、という常識的な考えに挑むものだった。フェミニストは個人的で家族的な問題を、公的な政策やフォーマルな政治の世界と同じように政治的なアリーナであるとみなした（David 2003）。

第二波フェミニズムは、アカデミックなフェミニスト研究や理論化とも密接に関連していた。これらの学問は、活発な活動家の運動を生み出し、多くの公的な場での抵抗や、デモに関わった。中でも特にフェミニストたちは、ビューティ・コンテスト、（異性愛）性差別的な言葉、そして家庭と攻撃的な国政の両方における男性の暴力に反対し、社会への価値のある貢献としての家事労働への支払いに賛成した。こうした運動は、ベティ・フリーダンの『女らしさの創造』（Friedan 1963）や、ジュリエット・ミッチェルの『女性の財産』（Mitchell 1971）、シュラミス・ファイアストンの『性の弁証法：女性解放革命の場合』（Firestone 1970）といったフェミニストによる重要な作品によって支えられていた。第二波フェミニズムはまた、社会主義やマルクス主義、リベラリズムといった既存の政治的立場やイデオロギーをフェミニズムと結びつけようとした。それによって、フェミニストが掲げる問題群を、階級的搾取、資本主義、平等な法的権利、といった言説《ディスコース》の中に持ち込む方法を模索した。

第二波フェミニズムはあらゆる女性の類似性に着目し、集団として（あるいは「階級」として）の女性は、社会階級的地位や世界における地理的位置の違いに関わらず、お互いに多くの共通点を持っている、という考えを促進した。しかし、一九八〇年代初頭以降、こうした普遍的な女性の経験の主張は、運動の内部からの挑戦を受けることとなった。黒人女性や労働者階級の女性、そしてレズビアンのフェミニストが、異なる状況に置かれた女性たちが本質的に類似した利害関心を共有していると考えることには本当に意味があるのか、と問い始め、差異についての新たな関心が登場したのだ（hooks 1981）。初期の第二波フェミニズムは、主に白人ミドルクラスの女性の特定の世界観の産物であり、決して普遍的なものとして正当にみなされるべきではない、と考えられた。スピヴァク（Spivak 1987）は、先進国に暮らす相対的に豊かな女性たちが、途上国のより貧しい地域に住む女性たちを代弁できると主張することは単純《ナイーヴ》すぎるだ、と論じた。一九九〇年代半ばまでには、初期の第二波フェミニズムの活動家や理論家の普遍的な野望は、新たな認識によって事実上終焉した。それは、世界中の女性たちの経験の基本的な特性は実際にはすべて同じではない、という新たな認識である。

第三波（あるいは「新しい」）フェミニズムは、第二波フェミニズムとはきわめて異なる社会的文脈の中で発展した（Gillis et al. 2007）。一九九〇年代半ばから21世紀初頭の間に、世界は大きな変化を経験した。グローバリゼーション、東欧の（「実際は現存しているが」）共産主義の崩壊、グローバルなテロリズム、宗教的原理主義、コミュニケーションにおけるデジタル革命、インターネットの広がり、遺伝子的なバイオテクノロジーなどがそれである。新しい世代の女性達は以前の世代よりも、秩序立っておらず予測できない世界で育っており、文化的多様性や差異を受け入れていた。

この新たな「新しい」フェミニズムは、女性に対する暴力、人身取引、美容整形、自傷行為、メディアの全般的な「ポルノ化」といった領域でのローカル、ナショナル、そしてトランスナショナルな運動によって特徴づけられる。そこでは新しいグローバルな世界秩序に引き続いて起こる女性の権利への新たな脅威に関心が向けられた。そして、女性であることを普遍的に定義し、いくぶん静態的なアイデンティティ・ポリティクスに傾倒したとして、これまでのフェミニズムが批判されている（Krolløke and Sørensen 2006: 17）

もう一つの最近のテーマは、女性を描写する上で女性達を傷つけるとされてきた言葉――「bitch（あばずれ）」や「slut（ふしだら）」など――を完全に使わないようにするのではなく、むしろこうした言葉を取り戻そうとする試みである。二〇一一年には、「Slut Walks（スラット・ウォーク、ふしだらな女たちの行進）」と名付けられた大規模な一連の抗議運動が、カナダから世界へと広がった。これは、トロントの警察官が、安全のためには女性達は「スラットのような服装」をしないように、とコメントしたことに端を発している。抗議参加者たちは、「スラット」という言葉を、横断幕やバッジに広く使い、この言葉を、自分が好きなものをなんでも着る権利を持ち、そのことによって性的な嫌がらせを受けたりレイプされたりしない自立した女性を表す言葉として、効果的に奪還した。こうした形で活動家たちは言葉の社会的意味をラディカルに変化させ、それによって以前の否定的な意味を完全に逆転させて、そのスティグマ化された影響を取り除くことをねらったのだ。

第三波フェミニズムは後期第二波フェミニズムよりもさらに多様である。しかし、忘れてはならない重要なことは、多くの第三波フェミニストは、第二波の運動が達成してきたことの恩恵を受けて育ってきたということだ。この意味において、各波の間には発展的なつながりがある。イギリス、フランス、アメリカのような先進諸国では、20世紀の間の第一、第二の反政府的な社会運動の波の中で、女性運動は多くの成功を遂げた。しかし、これらの国々は「ポスト・フェミニスト」的段階（Tasker and Negra 2007）、すなわちフェミニズムが一時停止（しかし消滅ではない）状態にあるような状況に今や移行しているという見解もある。そこでは運動自体が教育や知的な行動に従事することで、政治システムの中でしっかりと地歩を固めることを目的として持続しているという（Bagguley 2002; Grey and Sawyer 2008）。

しかしウォルビーは、こうした見解は今日のフェミニスト・アクティヴィズムを誤解していると主張する。世界にはたくさんの運動や集団があり、ジェンダー平等を国策の主流にしようと活発に活動している。その多くが自らを「フェミニスト」と呼ばないために、これら運動や集団は影響力があるにも関わらず、第二波フェミニズムの華々しい**直接行動**と比べて見えにくくなりがちなのだ。ウォルビー（Walby 2011:1）は次のように訴える。「フェミニズムは死んでいない。今は、ポスト・フェミニスト時代ではない。フェミニズムは終わった、と言われるかもしれないが、いまでも活発だ。多くの面でジェンダーの不平等は残っているけれど、フェミニズムは成功している。フェミニズムは新しい強力な形をとっており、それに気づけない人たちがいるだけだ」。

ウォルビーが言うような新しいフェミニズムの形には、たとえばイギリスを拠点とするオンラインの、「日常の性差別主義プロジェクト」（http://everydaysexism.com）がある。このサイトでは、女性達が自分たちの日常生活において個人的に経験した性差別的な言葉、行動、ハラスメントを投稿することができる。少女や若い女性達が、学校、公共交通機関、職場で経験したことの投稿や、なかには自宅近くでただ道を歩いていた時に受けた経験などがたくさん投稿されている。日常的な性差別を並べてみることを通してこのプロジェクトが教えてくれるのは、公的なジェンダー平等への動きは、男性支配的な既存の性差別的文化を根本的に変えるまでには至っていない、ということだ。同様に、イギリスとアメリカの大学構内での男性から女性へのセクシュアル・ハラスメントやレイプも、研究や運動の対象となってきた。二〇一五年のドキュメンタリー映画『ハンティング・グラウンド』は、複数のアメリカの大学での被害者や大学関係者へのインタビューによって、この問題に光を当てた。この作品によって、大学の中にはレイプの訴えがあった時の反応が遅いところがあることが明らかになり、論争を呼んだ。こうした運動が明らかにするのは、第三波フェミニズムは活発であり、自分自身やその活動を「フェミニスト」とは必ずしも考えていない多くの若い女性たちを巻き込みながら続いている、ということである。

フェミニスト的発想と女性運動の影響は、西洋社会において深まってきているが、同時に世界の他の地域におけるジェンダーの不平等がますます問題視されるようになっている。フェミニズムは単にアカデミックな練習問題でも、また西洋や北米だけに限定されるものでもない。今日のますますグローバル化する世界においては、ナショナルな女性運動にアクティヴにかかわっている人は、海外でのフェミニスト的闘いを追求している女性達と接する機会に必然的に恵まれるようになるだろう。

＊女性運動については、第20章「政治、政府、社会運動」でも論じている。

女性運動に参加する人びとは、他の国の活動家との絆を育んできたとはいえ、グローバリゼーションに伴ってそうした接触の数と重要性は増大している。その一例としては、一九七五年以来四度開かれた、国連女性会議が挙げられる。一九九五年の中国・北京で開かれた先の会議には約五万人が参加し、その三分の二以上が女性であった。一八一か国の代表と、何千もの非政府組織の代表が参加した（Dutt 1996）。会議の参加者によって最終的に採択された行動綱領は、世界中の国々に以下の問題への取り組みを求めた。

・女性に対する、持続し増大し続ける貧困の負荷
・女性に対する暴力
・武力やその他の形式の紛争による女性への影響
・権力と意思決定の共有における男女間での不平等
・女性に対するステレオタイプ
・天然資源の管理におけるジェンダーの不平等
・女児の権利にたいして引き続く差別と侵害

地域や社会の間での不均衡な発展は、グローバルノースに暮らす人びとが当然視している平等な権利施策の多くが、グローバルサウスではいまだ勝ち取られていないということを意味する。また、現代的な生活のグローバルな次元が、どのようにして女性運動にたいして新しい機会を提供し、ジェンダーの平等のための継続する運動への参加を呼び掛けているのかも、よくわかる。

▼批判的に考える

クィア理論は、「女性」としての普遍的な経験やアイデンティティというものはない、と考える。こうした立場を受け入れることは、必然的にフェミニスト運動を弱体化させるだろうか。それともより幅広い連帯につながるような方法があるのだろうか。

◎ジェンダー秩序

『ジェンダーと権力』（Connell 1987）、『男性と少年』（Connell 2001）、『マスキュリニティーズ』（Connell 2005）の中で、レイウィン・コンネルは、ジェンダーについて最も完成された理論的説明のひとつを提示しており、それはすでに「現代の古典」（「古典研究7.2」を参照）となっている。コンネルのアプローチは、**家父長制**——社会的に組織された、男性による女性の支配——と**男性性**の概念をジェンダー関係の包括的な理論のなかに統合し、とりわけ影響力を持っている。

コンネル（Connell 1987）によれば、ジェンダーについての実証的な証拠は、ただ単に「まとまりのない大量のデータのかたま

り」ではなく、女性を男性に従属的な立場に置く「人間の実践と社会関係の組織された領域」の基盤を明らかにするものである。ジェンダー関係は日常的な相互行為と実践の産物である。しかし、個人的な生活の中での人びととの行為や行動は、社会の集合的取り決めに直接的に結びつけられている。こうした取り決めは人の一生や世代を超えて再生産され続けるが、同時に変化するものでもある。

コンネルは、ある社会の**ジェンダー秩序**、すなわち社会全体に広がっている男性性と女性性の間の権力関係のパターン――を形成する、相互に作用しあう三つの側面を提示する。それは、労働、権力、そしてカセクシス（対個人／対性的な関係）の三つである。《労働》とは、家庭内での性別分業（家庭内責任や子育てなど）と、労働市場における性別分業（職業分離や賃金の不平等のような問題）の両方を指す。《権力》は、制度や国家、軍隊や家庭生活における**権威**、暴力、イデオロギーのような社会関係を通じて作用する。《カセクシス》は、結婚、セクシュアリティ、子育てを含む親密で、情緒的で、個人的な関係内部のダイナミクスに関わっている。

ジェンダー関係は、これらの三つの領域で規定されるゆえに、特定のジェンダー秩序における社会的レベルにおいて構造化される。コンネルは**ジェンダー体制**《レジーム》という言葉を用いて、特定の制度のような、より小さな状況におけるジェンダー関係の作用について表現している。よって、家族、近隣コミュニティ、国家はすべて、それぞれのジェンダー体制を持っている、ということになる（こうしたジェンダー体制の一つは、マーティン・マック・アン・ゲールによって明らかにされている。「社会学的想像力7.2」を参照のこと）。

ジェンダー秩序の変化：危機の傾向　コンネルの説明は、明確に組織されたジェンダー・ヒエラルキーを考えていたが、ジェンダー関係とは、現在進行的過程の結果であり、それゆえに常に挑戦と変化を受ける。もしセックスとジェンダーが社会的に構築《される》ものであるならば、人びとがそのジェンダー的指向を変える可能性も必ずあるはずだ。必ずしも人びとが簡単にそれを変更できるということではないが、ジェンダー・アイデンティティは常に調節されている。「強調された女性性」に一度は同意していた女性達が、フェミニスト意識を高めて、アイデンティティや行動を変えるかもしれない。こうした変化の可能性は、ジェンダー関係の様式が妨げられたり、人間の行為主体としての力の影響を受ける、ということを意味する。

コンネルは、ジェンダーの危機に向かう強い《傾向》があることを示唆している。まず、伝統的に男性権力を支えてきた制度である家族や国家は、徐々に侵食されている。女性に対する男性支配の正統性は、離婚やDV、レイプに関する法制化と、課税や年金といった経済的な問題などを通して、弱められている。第二に、ヘゲモニックな異性愛はかつてよりも支配的ではなくなり、最後に、既存のジェンダー秩序と矛盾するような社会的利益のための新しい基盤が生まれてきている。既婚女性の権利、LGBTQ＋の運動、「反性差別主義」的な態度の伸長といったすべてが、ジェンダー秩序を脅かしている。

古典研究 7.2

ジェンダー秩序のダイナミクスについてのコンネルの議論

研究課題

なぜある人びとは男性と女性のロールモデルになるのだろうか。どのような特徴と行為をロールモデルは示し、どうやってこれらの特徴と行為（ほかのものではなく）が、幅広く望ましいものとみなされているのだろう。コンネル（Connell 1987, 2001, 2005）はこれらの問いを、社会における「ジェンダー秩序」の研究において探求した。特にコンネルは《ジェンダー・ヒエラルキー》の理論を展開した。

コンネルの説明

コンネルは男性性と女性性は多様な形で表出されると論じる。社会のレベルでは、これらの対照的な表出が、ヒエラルキーの中に秩序づけられており、それは一つの明確な大前提、すなわち女性に対する男性の支配に向けて方向づけられている（Fig. 7.1）。コンネルは、このヒエラルキーにおける男性性と女性性を、様式化された「理念型」を用いて説明する。

　ヒエラルキーのトップにあるのは、**ヘゲモニックな男性性**で、社会における他のすべての男性性と女性性とを支配している。「ヘゲモニック」とは、ヘゲモニーの概念、すなわち暴力ではなく、個人生活や社会領域にまで及ぶような文化的ダイナミクスを通して遂行される特定の集団による社会的支配、を意味している。したがって、メディア、教育、イデオロギー、さらにはスポーツや音楽にいたるまでが、ヘゲモニーが確立されるチャネルとなりうる。コンネルによると、ヘゲモニックな男性性は、異性愛と結婚はもちろんのこと、権威、有償労働、強さや身体的なタフさとも結びついている。ヘゲモニックな男性性を体現する男性の例としては、映画スターのアーノルド・シュワルツェネッガー、ラッパーのフィフティセント、前アメリカ大統領のドナルド・トランプなどがいる。

　ヘゲモニックな男性性は、男性性の理想として掲げられているが、社会においてそれを生きることができる男性はごくわずかである。それでも男性の大部分は、家父長制的秩序の中で、依然としてヘゲモニックな男性性のもつ優勢な位置から恩恵を得ている。

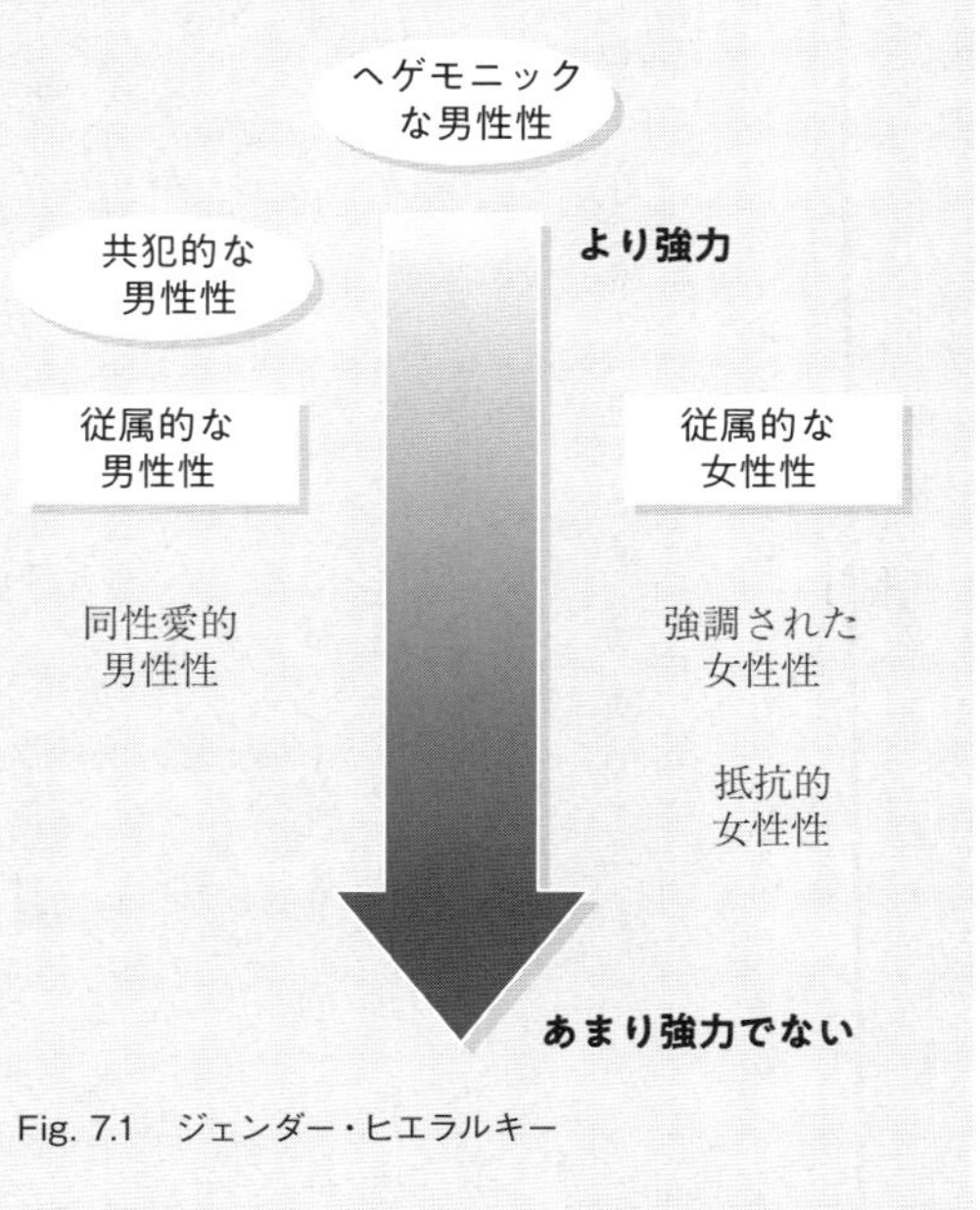

Fig. 7.1　ジェンダー・ヒエラルキー

コンネルはこれを、「家父長制の配当」と呼び、そこから利益を得る人のことを**共犯的な男性性**を体現する者と名付ける。

ヘゲモニックな男性性に従属する形で存在するのは、数多くの従属的な男性性と女性性である。従属的な男性性の中でも最も重要なのが、**同性愛的男性性**である。ヘゲモニックな男性性に支配されたジェンダー秩序においては、同性愛者は「本物の男」の対極とみなされる。彼はヘゲモニックな男性性の理想に到底なりえないだけでなく、しばしばその理想を「かなぐり捨てた」特性の多くを体現しているとされる。同性愛的男性性は、スティグマ化され、男性にとってのジェンダー・ヒエラルキーの最底辺に位置づけられる。

コンネルは、あらゆる女性性はヘゲモニックな男性性に従属する位置において形作られていると論じる。その一つの形――**強調された女性性**――は、ヘゲモニックな男性性を補完する重要なものである。それは男性の関心と欲望のために尽くすように方向づけられており、「従順さ、慈しみ、共感」によって特徴づけられる。若い女性にとっては性的な受容性と、年長の女性の場合は母性と結びつけられる。コンネルは、マリリン・モンローが強調された女性性の「原型と風刺」の両方であるとし、強調された女性性のイメージは、メディア、広告、マーケティング活動でもいまだに広汎に見られていると強調する。

最後に、従属的な女性性は、上述の強調された女性性を否定する場合もある。しかし全体として、驚くほどの注目が、社会における因習的な規範としての強調された女性性を維持することに向けられているということは、因習に抵抗するその他の従属的な女性性の声が聴き届けられていないことを意味する。非従属的なアイデンティティやライフスタイルを展開した女性たちとは、フェミニスト、レズビアン、独身女性、助産師、魔女、売春従事者、そして肉体労働者である。しかしこうした**抵抗的女性性**の経験は、ほとんどの場合「歴史から隠されている」。

批判のポイント

ヘゲモニックな男性性はきわめて明確だが、コンネルはそれについて十分な説明をしていない、という批判がある。それはコンネルが、「対抗的ヘゲモニー」とは何かについて明示していないからである。例えば、今日、より多くの男性たちが育児や子育てに参加しているが、これはヘゲモニックな男性性の一部なのか、あるいはそれに反するものなのだろうか。どんな行為がそれに挑戦するのかがわからない限り、まずどのような行為がヘゲモニックな男性性を構成しているかがわからないのではないか。社会心理学者の中には、《どのようにして》男性が共犯的な男性性を「体現」するようになるのかに疑問を持つものもいる。もし彼らが、ヘゲモニックな男性性という理想を自身で生きられないのであれば、その失敗は彼らにどのような心理的意味をもたらし、彼らは具体的に何をするのだろうか。すなわち、「足りないのは、実践において共犯や抵抗とはどのようなものなのかについての、細やかな研究である」(Wetherell and Edley 1999: 337)。最後にコンネルは、ジェンダー秩序をグローバルなレベルでは理論化していなかったが、その後、研究対象としている。

今日にとっての重要性

コンネルの初期の作品は、女性だけでなく男性と男性性にも幅広く焦点を当てたことで、ジェンダー研究の分野において、特筆すべきである。この研究は、ジェンダー研究を確立する上で多大な影響をもたらし、特定のジェンダー体制《レジーム》がどのように安定し、潜在的には不安定になるのかを理解する上で、特に重要となった。コンネルの思想が、ジェンダー秩序とは決して固定的・静態的なものではないと示したがゆえに、その考えは社会学者とＬＧＢＴＱ＋の活動家の両方に影響を与えた。

もちろん、こうした脅威は男性にとって必ずしも否定的なものではない。より多くの男性が今日、子育てに十全にかかわっており、異性愛男性の一部分は、比較的新しい社会的役割としての「主夫（househusband）」を熱心に受け入れている。同様に、ヘゲモニックな男性性と結びついた古い行動形態を意識的に拒絶し、より思いやりのある感情的にオープンな気質をよしとする「新しい男性性」という考え方は、新たな関係性をもたらしうる。既存の秩序内部ですでに見られるこうした危機の傾向は、ジェンダーの不平等の撲滅を実現するために利用できるかもしれない（Connell 1987, 2005）。

＊家族生活内部でのジェンダー役割の変化についてのより詳しい議論は、第15章「家族と親密な関係性」を参照のこと。

複数の男性性　一九七〇年代以降のフェミニスト社会学者は、男女の間の不平等についての多くの実証研究を生み出し、社会における女性の不平等な立場の実情を暴いてきた。しかし、男性性あるいは男であることの経験や、男性的アイデンティティの形成を理解しようとする試みはほとんど見られなかった。一九八〇年代後半になって、この状況は大きく変化した。有償労働と社会の公共領域との関連で女性にもたらされた根本的な変化と、家族の多様化が相まって、新たな問いが出されたのだ。21世紀において男性である、ということはどのような意味を持つのか。伝統的な男性への期待は、どのように変容しているのか。男性性の伝統的な規範は、より若い世代の心をつかめていないのだろうか。

社会学者はより広い「ジェンダー秩序」の内部における男性の位置や経験により関心を持つようになった。ジェンダーとセクシュアリティの社会学におけるこうした変化は、**ジェンダー関係**、つまり社会的に様式化された男女間の相互行為のより幅広い文脈の中での男性と男性性についての研究をもたらした。社会学者は、どのように男性のアイデンティティが構築され、社会的に前提とされている役割がどのように男性の行動に影響を与えているのかを理解しようとした。

コンネル（Connell 2011）はまた、ジェンダー秩序におけるグローバリゼーションの影響を検討した。コンネルは、ジェンダーそのものがグローバル化しており、それまで互いに分離していた

社会学的想像力 7.2

学校における男性性とセクシュアリティ

マック・アン・ゲールは、イングランドのある公立中等学校での「ジェンダー体制《レジーム》（ジェンダー関係の展開のされ方）」を究明するためにエスノグラフィー的調査を行い、そこから得られた研究成果を『男を作る』(Mac an Ghaill 1994) の中で提示した。マック・アン・ゲールは、コンネルの研究を参考にしながら、学校がどのように生徒のあいだに様々な男性性と女性性を積極的に形成していくのかに関心を寄せた。マック・アン・ゲールは、特に異性愛的男性性の形成に興味をもったが、同時にゲイである男子生徒たちの体験についても調査した。彼の研究成果は、学校そのものがジェンダーによって規定され、異性愛的様式によって特徴づけられた制度であることを明らかにした。

広く浸透した「体制《レジーム》」が、生徒たちのあいだに、もっと広いジェンダー秩序と符合するジェンダー関係の構築を促している。つまり、支配的ないし従属的な男性性と女性性というヒエラルキーを、学校という限定された範囲のなかにも見いだすことができるのだ。学校の規律、教科の配置、教師と生徒の相互行為、指揮監督といったさまざまな社会的作用や実践はすべて、異性愛的男性性の形成に寄与していた。

マック・アン・ゲールは、学校という場に出現する四つの男性性の類型を指摘している。《マッチョな若者《ラッズ》》は、白人労働者階級出身の少年たちで、学校当局に反抗的な態度をとり、学習過程や学業優等生を軽蔑する。《マッチョな若者》たちは、この若者たちがかつて自分たちの将来の自己像とみなした非熟練や半熟練の肉体労働の職にもはや就けなくなったため、「**男性性の危機**」を経験している、とマック・アン・ゲールは結論づける。このことは、これらの若者たちに、自分たちには理解できず、解決することも難しい、心理的実践的ディレンマをもたらす。

二つ目の類型は、将来は専門職に就きたいと考えている、《学業優等生たち》から構成される。《マッチョな若者》（と教師）は、この学業優秀な少年たちにたいして、軟弱で「ばかげた学業優等生」というステレオタイプ化した見方で接する。マック・アン・ゲールによれば優等生たちがこうした悪意のあるステレオタイプに対処する際にごく普通にとる手段は、熱心な勉強と成績証明が自分たちに確かな将来を与えてくれるという確信を持ち続けることである。このような確信は、彼らの男としてのアイデンティティの基盤を形成する。

三つ目の類型である《新起業家》は、コンピュータ・サイエンスやビジネス等の新たな職業教育カリキュラムの科目に強い関心を寄せる少年たちである。マック・アン・ゲールはこれらの少年たちを、サッチャー政権時代を通じて育まれた新たな「起業文化」の申し子とみなしている。これらの少年にとって、Aレベル（大学入学資格認定）試験での好成績は、市場経済を重視したり道具的に将来設計をおこなう上で、あまり役に立たない。

《真のイングランド人男性》が、四つ目の類型である。この少年たちは、中流階級出身者のなかで最も厄介な存在である。この少年たちは、学校での勉強にたいして相反する感情をいだきながら、自分たちを、教師たちが提供できるものすべてに勝った「文化の審判者」とみなすからである。この少年たちはキャリア志向であるため、この「真のイングランド人男性」にとっての男性性は、努力しているところを見せずに学業成績を上げることを意味する。
マック・アン・ゲールは、ゲイである男子生徒たちの研究で一連の、伝統的な関係性や核家族にもとづいた、紛れもない異性愛的規範や価値観が、ジェンダーやセクシュアリティについてかわされる教室の議論で当然視されていることを見いだした。このことは、ゲイの若者たちがジェンダー・アイデンティティやセクシュアル・アイデンティティを構築する上で、面倒な「当惑や矛盾」を結果的にもたらす。同時にまたこの若者たちは、自分たちが他の人たちから無視され、区別されているという実感を抱く可能性がある。この研究は一九九〇年代半ばに行われたが、それ以降にＬＧＢＴＱ＋の市民権は著しく強化された。しかし調査が明らかにしているように、依然としてゲイの人びとに対するジョークや否定的なコメントは繰り返されており、学校でもよくみられる（EUFRA 2014）。

▼批判的に考える
同性間関係が、社会においてより幅広く受け入れられるようになったというのならば、なぜ異性愛規範主義は学校でそれほど強いままなのだろう。教師や管理側が、学校に広がるジェンダー秩序を変えるためには、どのようなことができるだろう。

ローカルなジェンダー秩序のあいだに相互作用が生ずるだけでなく、ジェンダー関係の新たなアリーナが創出される、と主張する。コンネルが主張する新たなグローバルなジェンダー関係のアリーナとは以下のようなものである。男性的な管理文化のある超国籍・多国籍企業、同じくジェンダー化されており男性によって主に運営されている国際的非政府組織、ジェンダーの特定的なイメージを拡散する国際的なメディア、そして最後に、強固にジェンダー化された構造を持ち、益々ローカルな経済を侵食しようとする資本、商品、サービスと労働のグローバルな市場。ゆえに今や、ジェンダーとセクシュアリティの未来の議論のための文脈を提供する、「世界ジェンダー秩序」について語ることが可能となっている。

■ ＬＧＢＴＱ＋の権利（市民権）

最近の多くの研究が、世界中の多くの国での同性間関係に対する社会的、法的立ち位置が変化していることを明らかにしている。もちろん、セクシュアル・マイノリティの幅広い多様性への認識も増えている。この節では、ＬＧＢＴＱ＋の人びとの立ち位置の変化と、一九六〇年代以降の同性間関係をめぐる態度の変化について焦点を当てる。

◎ゲイの権利と同性愛嫌悪《ホモフォビア》

プランマー（Plummer 1975）は初期の研究において、近代西洋文化における同性愛を四つに分類している。《一時的な同性愛》は、その人の性生活全体に実質的に何の影響も残さない、その場限りの出会いである。小中学校の男子生徒が同性に夢中になったり、マスタベーションをしあうことがその例である。《状況から生じた同性愛活動》は、同性愛的行為が定期的におこなわれる環境を指すが、この場合の同性愛はその人にとって最優先の選好にはならない。この種の同性愛行動は、刑務所や軍事基地といった、女性のいない男性たちだけが生活する状況で一般に生じており、同性愛を選好するというよりも、異性愛行動の代わりとみなされている。《私事化した同性愛》とは、むしろ同性愛を選好していても、同性愛活動を何の抵抗もなく受け容れる集団からは孤立している人びとのことを指す。この場合の同性愛は、友人や仕事仲間から隠れた、人目を忍んだ行いとなる。《生き方としての同性愛》は、同性愛者であることを「カミングアウト」し、類似した性的嗜好をもつ他の人たちとの付き合いがその人の生活で不可欠になっている人びとのことをいう。こうした人たちは通常、ゲイというサブカルチャーに属し、この**サブカルチャー**のなかで、同性愛的活動は独自のライフスタイルのなかに組み入れられていく。こうしたコミュニティは多くの場合、同性愛者の権利と利益を促進させるために、集合的政治行動を引き起こす可能性がある。

同性愛の経験があったり、同性に強く心が傾いた人たちが男女ともに人口に占める割合は、ゲイのライフスタイルを公然と守っている人たちよりも、かなり高い。同性愛者に対する非寛容な態度は、過去に極めて顕著であったため、同性愛者にまつわる迷信のいくつかが一掃されたのはごく最近である。**同性愛嫌悪**《ホモホォビア》という言葉は一九六〇年代後半に造られたが、同性愛者や同性愛者のライフスタイルへの反感ないし憎悪と、そうした反感や憎悪にもとづく行動を指している。同性愛嫌悪は、敵意や暴力のあからさまな行為だけでなく、言葉としての虐待にも反映される偏見の一形態である。イギリスの場合でも、〝fag〟や〝queer〟といった言葉は同性愛者への軽蔑的な言葉として使われており、暴力的な攻撃を含む「ヘイトクライム」が今でも起こっている。たとえば二〇一九年に、レズビアンのカップルがロンドンをバスで移動中に、同性愛嫌悪的ないやがらせを受け、若い男性グループからコインを投げつけられるという暴行を受けた（BBC News 2019d）。

二〇〇八年にイギリスで実施された教師を対象とした調査では、「ゲイ」という単語が、あらゆる年齢の児童生徒の間で、「死んでいる lame」「ゴミ rubbish」といった意味で虐待の言葉として最も広く使われていたことがわかっている（BBC 2008）。ここ数十年にわたって、各国政府は**ヘイトクライム**——ゲイ男性、レズビアン、障害者、ホームレスや宗教的コミュニティ、といった集団のメンバーを、純粋にそのメンバーであるがゆえに攻撃すること——を罰し撲滅するための法整備を行ってきた（Gerstenfeld 2010）。多くの実証的研究が明らかにしたのは、「レズビアンとゲイ男性は、身体的攻撃から日常的なハラスメントや言葉による虐待まで、広汎な異性愛主義的暴力を受けた経験がある」ということである（Moran et al. 2004:1）。こうしたレベルでの暴力については、これまでほとんどが隠されていた。ヘイトクライムという概念によって、終わらない同性愛嫌悪的な態度と虐待にたいして注意が喚起されるようになった。これは、必要な最初の一歩である。

欧州基本権機関の二〇一四年の調査では、LGBTの人びとの47%が過去一年以内に個人的に嫌がらせを受けたり差別を受けたと感じていた。80%以上が、LGBTと思われる仲間がネガティブな発言をされたり、否定的なふるまいを受けていることを見聞きしたことがあり、67%が18歳未満の時に学校でLGBTであることを偽ったり隠したことがあった。また80%ほどは、LGBTについての軽いジョークが日常的に広がっていると報告している(EUFRA 2014: 11-12)。レズビアンとゲイ男性の市民権の平等については大きな前進が見られているが、この調査の結果からは、依然として同性愛嫌悪的な態度がEU諸社会の文化に埋め込まれており、21世紀になってもそれが続いていることがわかる。

＊ 第22章「犯罪と逸脱」の「性的指向にもとづくヘイトクライム」のセクションで挙げられている論点も見てみよう。

▼批判的に考える

どれくらい頻繁にLGBTQ＋の人びとについてのジョークや、軽い否定的な意見を聞くかどうか、友人、親戚、ピアグループをそれぞれ対象にして、簡単な調査をしてみよう。人びとが、他者や自分について真実を語らなくなる可能性を最小化するには、どんなことができるだろうか。

今日、セクシュアル・マイノリティの権利を求めるグローバルな運動が増加している。一九七八年に発足した、国際レズビアン・ゲイ・バイセクシュアル・トランスとインターセックス協会(ILGA)には、おおよそ一五九か国から一六〇〇以上の組織が加盟している。この協会は国際会議を開催し、世界各地のレズビアンとゲイの社会運動を支援し、国際機関にたいしてロビー活動を行っている。たとえばこの協会は、すべての加盟国が同性愛を禁止する法律を廃止するように欧州評議会を説得した。一般的に、個人の権利やリベラルな政策に力点を置く国々では、レズビアンとゲイの社会運動が盛んになる傾向がある(Frank and McEneaney 1999)。

ゲイ男性がとる一部の行動は、男性性と権力との従来の結びつきを改める企てとみなされてきた。おそらくその理由のひとつは、異性愛的社会の一部の者が同性愛者を脅威と考えているからだろう。ゲイ男性は、一般に彼らと結び付けられる「柔弱な」イメージを拒否する傾向が強く、二つの仕方でそうしたイメージから脱しようとしている。一つは桁外れの柔弱さ――具体的には、典型的な男性ステレオタイプをパロディ化し、しばしば世界中のゲイ・プライド・イベントで見られる「なよなよした」男性性――を磨くことを通してである。もうひとつは、「マッチョな」イメージを作り出すことによってである。これもまた、ありふれた男らしさとは異なっている。オートバイ乗りやカウボーイの格好をする男性たちは、一九七〇年代のバンドであるヴィレッジ・ピープルとバンドを代表する世界的に知られた歌「YMCA」のように、男性性を誇張することで、この場合も男性性をパロディー化

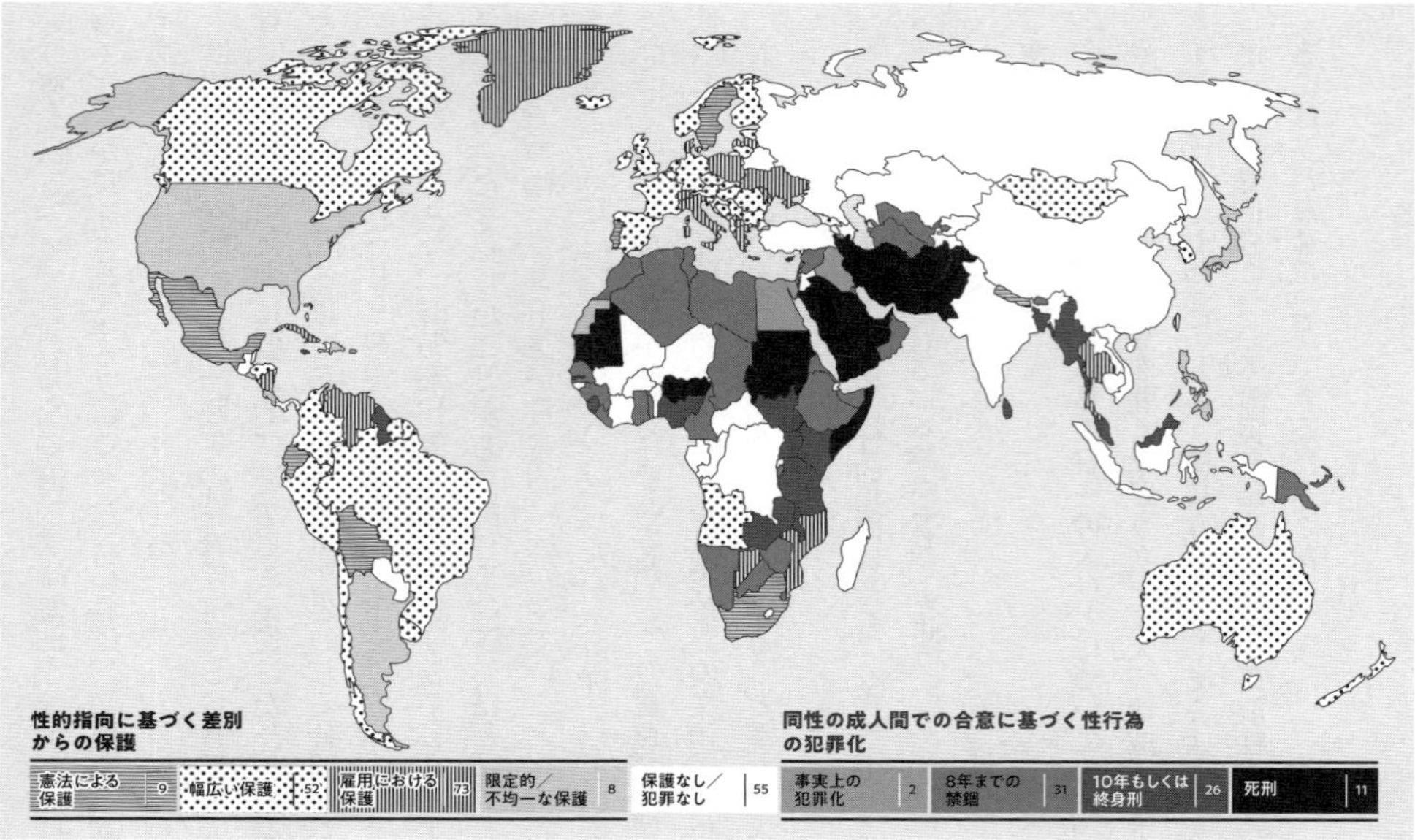

Fig. 7.2　世界のレズビアン、ゲイ、バイセクシュアルの人びとの法的地位　出典：ILGA（2019）

している（Bertelson 1986）。

同性愛にたいする人びとの態度にＨＩＶ／エイズの流行が及ぼした影響を調査した社会学的研究もある。この研究によれば、ＨＩＶ／エイズの流行が、異性愛的男性性の主たるイデオロギー的基盤のいくつかに異議を差し挟んだ、と指摘されている。たとえば、セクシュアリティと性行動は、政府基金による安全なセックスを奨励するキャンペーンからメディア報道に至るまで、人びとの話題に上った。特に、ＨＩＶへの感染と「ゲイ的ライフスタイル」を結び付けるモラル・パニックはメディアによって作られ、見当違いで事実として誤っていたにもかかわらず、このパニックによって、ゲイ男性とレズビアンはより可視化されるようになった。したがってＨＩＶの広がりが異性愛の普遍性に疑問を差し挟み、伝統的な核家族にとって別な選択肢が存在することを明らかにしたのだ（Redman 1996）。同性間関係はさまざまな方法で日常的な社会において受け入れられるようになってきた。それと同時に、多くの国々がＬＧＢＴＱ＋の人びとの市民権を守る法律を成立させている。

＊ＨＩＶ／エイズとその感染爆発に対する反応については、第10章「健康、病い、障害」でさらに詳しく論じている。

一九九六年に新しい憲法を制定した南アフリカは、同性愛者の権利を憲法で認めた当時数少ない国であった。ＬＧＢＴの人びとに認められる法的保護には、いまだに多くの差異がある。ある国々においては、同性間での性的行為は刑罰に処せられ、中にはいまだに死刑となる国もある（Fig. 7.2を参照）。アフリカでは、男性の同性間関係はひと握りの国でのみ合法化されているが、レズビアンの関係性については、法律はほとんど言及していない。アジアや中東での状況は類似している。ゲイ同士のセックスは、圧倒的にイスラムが優勢な国々を含む大多数の国で禁止されている。EU諸国、南米のほとんど、北米、オーストラリア、ニュージーランドは世界で最もリベラルな法を有している。EUでは、同性愛はほとんどの国で合法化されており、そのうち多くの国が同性パートナーシップや同性婚を法的に認めている。こうした権利は重要である。というのも、社会保障や年金、賃借権、パートナーの子どもにたいして親権を持てる可能性、生命保険の完全認証、パートナーと子どもに対する適切な養育費提供の責任、病院での面会権などの諸権利がシビル・パートナーシップと結婚の両方に認められているからである。

＊第15章「家族と親密な関係性」で、同性シビル・パートナーシップと同性婚について、さらに詳しく論じている。

それにもかかわらず、結婚の権利の平等についての一般市民の態度は、世界中のさまざまな社会間だけでなく個々の社会内でもかなり異なっている。ヨーロッパのような地域においても、国民の意見には大きな違いがある。ピュー・リサーチセンターによる二〇一七年の世論調査では、西ヨーロッパと東ヨーロッパの間で、LGBTの権利についての態度に、はっきりとした差があった。十五の西ヨーロッパ諸国では、成人の大半が同性婚に賛成しており、その割合はイタリアでは60％、スイスでは75％、オランダとデンマークでは86％、スウェーデンでは88％となっていた。しかし中・東ヨーロッパでは、（65％が賛成していた）チェコ共和国を除いて、状況はまったく逆であった。ポーランドでは32％のみが同性婚に賛成であり、ハンガリーでは27％、ウクライナでは9％のみ、そしてロシアではその数は5％だけだった（Lipka and Masci 2019）。

セクシュアリティについての世論がきわめて多様であるように、宗教的・政治的信念に根差した強い反対がある場合には、法律の改定や社会政策は必ずしも世論に《従わ》ないことがあるが、同時にそれを《変える》ことに寄与することもある。多くのLGBTQ＋の人びとにとって、シビル・パートナーシップの導入は前進を意味せず、むしろ市民権の不平等の存在を顕在化させた。真の前進とは、法的な婚姻がすべての人びとに同じ条件で、完全に平等な地位、権利、義務をもって認められなければならない。二〇一九年一〇月までの時点で、三〇の国と地域が同性カップルに結婚の権利を認めており、そのほとんどがヨーロッパと南北アメリカである（Pew Research Center 2019）。

一九六〇年代後半以前には、多くのゲイ男性とレズビアンは自分たちの性的指向を隠してきた。それは「カミングアウト」することで仕事、家族、友人を失い、差別やヘイトクライムにさらされることを恐れたからであった。一九六〇年代以降、活動家たちが社会の異性愛規範主義に挑戦するようになったことで、事態は変化し始めた（Seidman 1997）。マンチェスター、ニューヨーク、サンフランシスコ、シドニーやそのほか世界中のたくさんの大都市圏ではゲイとレズビアンのコミュニティが活発で、上述の調査が明らかにしたように、世界の中には同性間関係を受け入れるところが増え、多くのレズビアンとゲイの人びとの生活が、大幅に常態化されてきた。

◎ トランスジェンダーの権利とフェミニズム

近年、ジェンダーとセクシュアリティをめぐって最も熱い議論やアカデミックな論争が巻き起こっているのが、トランスジェンダーのアイデンティティ、とりわけトランス女性についてである。この短い項で、この論争の起源や展開、その細部について評価することはできないが、その中心となっている真っ二つにわかれる論争のアウトラインを描くことはできる。それは、特定のフェミニストをトランスの活動家と敵対させる論争である。

多くのトランス活動家と研究者にとって、トランスジェンダーの権利と受容のためのキャンペーンは、黒人市民権運動、フェミニズム、レズビアンとゲイの運動を経験してきた市民権運動の長い系譜に連なるものである。実際、トランスジェンダーの権利のための運動は、より幅広いＬＧＢＴ連合の一部として展開してきた（Taylor et al. 2018: 26）。この意味において、トランスジェンダーの権利運動は、人権言説に根差した急進的な社会運動であり、個々人が自らのアイデンティティを表現し「自分自身である」ための権利を促進するものである。実際、成人期に転換したトランス男性、トランス女性の多くが、「カミングアウト」は、この表現そのものが示唆するように、レズビアンやゲイ男性が経験したプロセスと類似していると話している。

＊ ＬＧＢＴＱ＋の社会運動については、第20章「政治、政府、社会運動」の中でも論じている。

社会学においてトランスジェンダーのアイデンティティをめぐる論争は、セックス、ジェンダー、そして（異性愛的）セクシュアリティが「自然」か、あるいはある程度生物学的な根拠を持つゆえに不変である、といったあらゆる考え方を「攪乱する／クィアする」という長きにわたる作業の一部でもある。さまざまなタイプの社会構築主義者は、生物学は運命ではなく、あらゆる形態の社会的・個人的アイデンティティは全体としての社会過程の内部で形成されている、と論じ続けている。そしてこれまでのところ、これは合意されている。

しかし、特定のフェミニスト活動家や研究者にとっては、トランス女性を幅広いカテゴリーとしての「女性」の中に含めるということは、論議を呼ぶか、単純に受け入れられないものとなっている。特にこのことは、ジェンダーの自己アイデンティフィケーションを受け入れている社会においては、顕著である。そうした社会では、人びとは生理学的には男性のままで、ジェンダー・アイデンティティを女性に変化させることができる。手短に言えば、あるフェミニストたちにとっては、トランス女性は「真正の」女性ではない、決してそうではありえないのだ。「自分が女性であると主張する男性は、女性であること（being women）の経験を一度も持っていない。ゆえに彼らは『女性として』語る権利を持つべきではない」（Jeffreys 2014: 7）。別な言い方をすれば、

第九版でのジェンダーとセクシュアリティ

社会学におけるフェミニスト的介入は、社会科学的な調査と理論化における根強い男性バイアスを明らかにし、学問に多くの変化をもたらした。本章で、ジェンダーに関わるすべての問題を扱うことはできないが、以下の本書の関係する章のガイドを手掛かりに読み進めてほしい。

第1章「社会学とは何か」——社会学におけるフェミニスト理論の紹介

第3章「理論と観点《パースペクティブ》」——「男性中心主義的社会学」へのフェミニスト批判の広範な議論／社会科学におけるジェンダーの不平等の重要性

第9章「社会階層と社会階級」——ジェンダーの不平等と階層化についての広範な議論／ジェンダーと社会移動

第10章「健康、病い、障害」——妊娠と出産の医療化／健康面におけるグローバルなジェンダーの不平等／性行動におけるＨＩＶの影響

第11章「貧困、社会的排除、福祉」——ジェンダーの不平等と貧困／年金の不平等

第12章「社会的相互行為と日常生活」——言語コミュニケーション、非言語コミュニケーションにおけるジェンダー／ジェンダー・アイデンティティと身体／社会的相互行為におけるジェンダーの不平等

第14章「ライフコース」——ジェンダーの社会化、ステレオタイプ化、晩年の女性化についての広範な議論

第15章「家族と親密な関係性」——ジェンダーの不平等に関する広範な議論／仕事、家事、家庭内性別分業／親密な関係における暴力と家族生活の「暗部」／家族研究へのフェミニスト・アプローチ

第16章「教育」——学校におけるジェンダーの不平等とセクシズムの広範な議論／ジェンダーの相違の再生産

第17章「労働と雇用」——労働の女性化／職場におけるジェンダーの不平等／家事と家庭内分業の変化

第18章「宗教」——キリスト教、ジェンダーとセクシュアリティ

第19章「メディア」——グローバルなマスメディアにおけるジェンダー表象

第20章「政治、政府、社会運動」——フェミニストとＬＧＢＴＱ＋運動

第22章「犯罪と逸脱」——犯罪と逸脱のジェンダー化された様式／フェミニスト犯罪学／ジェンダー、セクシュアリティとヘイトクライム

彼らは社会的には「女性（women）」として受け入れられるかもしれないが、「雌」に《なる》（become female）ことはできない、ということになる。この議論では、女性の身体（female body）そのものが、一人の女性（a woman）であることの中心に置かれている。

たとえば、フェミニストは女性たち自身の身体に対する女性のリプロダクティブ・ライツ（性と生殖の権利）と、健康とケアの提供の平等を訴えてきた。そこでは、女性たちが日常的に経験するセクシズム、セクシュアル・ハラスメント、そして男性によるＤＶが強調されてきた。ハインズ（Hines 2019）は、これらの領域においては（そしてほかの領域でも）女性の身体は政治的問題であり、同時にフェミニスト政治の場である、と論じている。しかし今日の状況にあっては、女性の身体に頼ることが、トランス女性を排除する目的に用いられており、それは古い「自然－文化」の二元論に後退する本質主義を表している。本質主義は女性をより自然に近いものとして位置づけ、それによって、男性と比べて女性は生物学的に、「感情的な特性を持つ」、と「説明」されてしまうのだ。フェミニストは、こうした非科学的でステレオタイプを生み出す考えに反論するために長い時間をかけてきた。しかし、スタルバーグ（Stulberg 2018: 160）によると、反対はあるものの、少なくともアメリカにおいては、ＬＧＢＴＱ＋の市民権運動の主流にトランスの人びとを含めることは、より一般的になってきているという。

特定のフェミニストとトランス活動家との意見の不一致の道程は、とげとげしいものである。イギリスの文脈では、フェミニスト活動家の中には、「女性の空間」――たとえば公衆トイレやプールの更衣室――へのトランス女性の立ち入りを認めるという考えや実践を、家父長制的支配の拡大と男性による女性への暴力の一形態だとして、拒絶する人もいる。トランス活動家はしばしば、トランス女性を女性として受け入れることに反対するフェミニストのことを、ＴＥＲＦｓ――「トランス排除的なラディカル・フェミニスト trans-exclusionary radical feminists」――と呼ぶ。そして、彼女たちの耳障りな考え方がトランスの人びとに対する憎悪を引き起こす、という理由でジャーメイン・グリアのような無遠慮なフェミニスト批評家を大学のキャンパスから「ブロックする（no-platforming）」ことが行われてきた。

ジェンダーの流動性、トランスジェンダーのアイデンティティ、そして多様なセクシュアリティをめぐる今日の議論が、まったく新しいというわけではないものの比較的最近になって発展したもので、実証研究や理論的な論争がまだ十分に行われる必要がある、ということを私たちは覚えておくべきだ。本章の冒頭で見たように、過去一〇年ほどの間に、ジェンダー・アイデンティティについて支援や助言を求める人びとの数は急増している。このことは、明らかに架橋が難しそうな論争の熱を冷ますことに役立つはずの実証的研究やアカデミックな理解を、実世界の社会変動が追い越してしまっていることを示している。

■グローバリゼーション、人身取引とセックス・ワーク

本章では、ほとんどの議論が西洋工業社会での諸問題に焦点を

合わせてきた。しかし、グローバル化の時代において、効果的であり続け、そして継続する搾取を撲滅するために、社会運動は国際的なネットワークとグローバルな指向性を築きつつある。途上国世界の一部においてフェミニズムとは、絶対的貧困を和らげ、大家族を支持し避妊に反対するといった伝統的な男性の態度を変化させるために活動することを意味している。他方で先進国では、雇用における平等、十分な子育て支援、男性による女性へのハラスメントや暴力の終結を求める継続的な運動を意味している。グローバルサウスの女性運動の関心とグローバルノースのそれとを結び付けるひとつの領域は、女性の搾取、特にグローバルな性産業における若い女性の搾取である。

◎グローバルな人身取引

「セックス・ツーリズム」は、タイやフィリピンを含む世界のいくつかの場所に存在する。東アジアにおけるセックス・ツーリズムの起源は朝鮮戦争やヴェトナム戦争時のアメリカ軍への売春婦の提供にある。「休息と娯楽」のための施設がタイやフィリピン、ヴェトナム、韓国、台湾に建設された。その一部は今日でも残存し、特にフィリピンでは、その地に駐屯する軍関係者だけでなく、定期的に送り込まれる観光客の欲望も満たしている。

今日、買春目的のパッケージ・ツアーがヨーロッパ、アメリカ、日本の男性たちをこれらの地域に引き寄せている。男性たちの多くは、成人だけでなく未成年とのセックスも求めている。しかし、こうしたツアーは、イギリスやオーストラリア、カナダ、日本、アメリカを含む三〇か国以上において、国民の「領土外での責任」を扱う法律の下、非合法である。しかし、法の執行にはムラがあり、二〇〇四年までは日本でこの法律の下での訴追は一度も行われていなかった。アメリカではセックス・ツーリズムによって少なくとも二〇件の起訴が過去に行われていた（Svensson 2006）。

グローバルな旅行が安価になり、アジアと他の国際的通貨との交換レート差が大きくなったことで、セックス・ツーリズムは外国人にとってより手に届きやすく、魅力的になった。行き詰った家族が自分の子どもたちに売春を強要する場合もある。「エンターテイナー」や「ダンサー」といった広告に無邪気に反応し、知らないうちに性売買に引き寄せられてしまう若者もいる。農村から都市への移動パターンも、性産業の成長にとって重要な要因である。多くの女性たちが伝統的で制約の多い出身地を離れて、どんなチャンスでもつかもうとしているためだ（Lim 1998）。二〇〇三〜〇四年に南東ヨーロッパで起こった人身取引についての研究によると、被害者の大半が性的に搾取されていたが、同時に労働、物乞い、犯罪、そして養子縁組にも利用されていたという（Surtees 2005: 12）。

各国政府は人身取引を防ぐためにいくつかの行動をとってきた。イギリスでは、二〇〇二年の国籍・移民及び庇護法によって売春目的の人身取引が初めて刑法上の犯罪となり、二〇〇四年には家庭での奴隷労働や強制労働のための人身取引にまで拡張された。グローバリゼーションによって国境を越える人びとの移動がさらに加速するようになり、新しい移動のパターンが登場している。相対的に豊かな男性たちが、発展途上国に短い旅行をして、相対

女性セックス・ワーカーのグローバルな取引

国際的な**人身取引**、主に女性と少女の取引は、近年最も重要な問題となっている。例えば、売春やセックス・ワークをさせる目的での西ヨーロッパへの女性の取引は急速に拡大している。正確にどれほどの人びとが人身取引の被害にあっているかはわからないが、国連薬物犯罪事務所は、二〇一〇年のヨーロッパにおける人身取引の被害者は一四万人と推定している（UNODC 2010: 4）。ブルガリアやルーマニアのような新しい国々が加盟することでEUの国境が拡大し、豊かな西ヨーロッパ諸国への入国のための経路がより増え、新たな国境の国々自体が、膨張する性産業の最終目的地となった。

人身取引の被害者は、「再取引（retrafficking）」を経験するかもしれない。つまり、もともとの状況から抜け出した後に、再び取引される（多くが二年以内に）ということだ（Surtees 2005）。再取引の推計はさまざまで、比較的小規模の研究に基づいていることが多い。スティーブン＝スミス（Stephen-Smith 2008）は、イギリスに性的搾取の目的で人身取引された女性達の21％が再取引されたと指摘したが、比較対象としてのインドでは二〇〇三年に25.8％だった（Sen and Nair 2004）。しかし、他の研究では、南欧・東欧のいくつかの地域での再取引は3％程度だというものもあれば、強制労働のためにアルバニアで取引された人びとの45％が再取引を経験しているというものもある（Surtess 2005）。

再取引は、被害者が脱出する際や、人身取引状況から逃げた後に起こる場合もある。これは国境を超える国際的な人身取引、あるいは出身国に戻った後その国内での人身取引といった第二幕といえる可能性がある。国際移住機関（ＩＯＭ）の人身取引データベースを用いた、ジョブ（Jobe 2010: 11-12）の七九人の人身取引された女性の分析では、女性、若者、そして子どもが最も人身取引の被害に遭いやすかった。この研究はまた、人身取引は被害者が帰国して、社会に再統合する上で問題に直面する時に最も生じやすいことも明らかにした。以下のことがより取引を生じさせやすい。

- 人身取引された人びとが戻る場所や、被害者自身が少数民族のメンバーであり、差別にさらされている
- 出身国に深刻なジェンダーの不平等が存在している
- 被害者が、紛争が続いている、あるいは最近まで起こっていた国出身である
- 難民あるいは避難民である
- 15歳から25歳までの間で、家族からの支援がない
- アルコールや薬物への依存問題がある
- 人身取引の経験から来る、心理的あるいは社会心理的問題を持っている

人身取引は男女両方に影響するが、これまでの調査研究から得られた結果からは、ほとんどの被害者が若い女性や少女であるという、明確にジェンダー化されたパターンがわかる。このように、

人身取引は、今日のグローバルなジェンダー不平等のとりわけ深刻で有害な次元と言えるだろう。

的に貧しい人の性を買っている。一方で、相対的に力の弱い東欧の女性たちが、ほとんどが男性である人身取引商人からなる強力なギャング組織によって、西洋での「**セックス・ワーク**」を強要されている。

しかし研究者の中では、性的な人身取引についての支配的な言説を額面通りに受け取ることに納得しない立場もある。福音主義キリスト教組織とフェミニストの関心から生じる「モラル・パニック」に与してしまう、という議論である。このおそらくめずらしい組み合わせが、性的人身取引についての、誇張され誤解を招くような統計につながり、さらには売春の合法化に反対するような議論に横滑りしていったのだ（Davies 2009）。さらに、バーンスタイン（Bernstein 2018）は、彼女がグローバルサウスで行ったセックス・ワーカーについての調査から、多くが自分自身のことを「被害者」とはまったくみなしていなかった、と論じている。つまり人身取引の言説は、グローバルノースの国家機関やNGOと、主に結びついているのだ。こうした機関は発展途上国において「性奴隷」と自らがみなすような人びとを「救う」ために働いているが、セックス・ワーカー自身の経験を考慮したり、その自己定義を採用したりはほとんどしない。これらの批判からわかるのは、セックス・ワークのより多様な形態と、セックス・ワーカーの経験とを理解する研究がもっと必要だということである。

◎セックス・ワーク

「**売買春**」という言葉は18世紀後半に一般的に使われるようになり、金銭を得る目的での性的行為の遂行、と定義される。売買春には男性、女性、トランスが関与しうるが、我々のここでの焦点は、その人口の大部分を占める女性にある。二〇一六年には、イングランドとウェールズで六万から八万人のセックス・ワーカーがいたと推定されており、その大半は女性であった（House of Commons 2016: 2）。

近現代の売買春の重要な特徴は、女性とその相手客が、通常互いに相手と知り合いでないことである。男のほうが「馴染みの客」になっても、二人の関係は、もともと個人的な面識にもとづいて生まれたわけではない。売買春は、小規模な地域共同体の崩壊や、人間的感情不在の大規模な都市地域の発達、社会関係の商品化とじかに結びついている。新興の都市地域では、匿名的な社会的結びつきがより容易に確立された。

一九五一年に採択された国際連合の総会決議は、売春を営んだり、売春従事者の働きで利益を得る人たちを糾弾したが、売春そのものを禁止してはいない。売春に関する法制化はそれぞれの国で著しく異なっている。一部の国では、売春そのものが非合法であるが、街頭での客引きや子どもの売買春といった特定の種類だけを禁止する国もある。公認の売春宿やセックス・パーラー――たとえばドイツの「エロスセンター」やアムステルダムのセックス・ハウスのような――の営業を許可している国や地方自治体もある。一九九九年一〇月にオランダの国会は、性産業で働くおよそ三万の女性たちのために、売春を公認の職業にした。セックスの売買がおこなわれるすべての場所が、地元当局による取り締まりや許可、査察を受けることになった。ごく少数ではあるが、男性の売春従事者を許可している国も存在する。

売春を禁止する法律で、客を罰することは稀である。多くの国では、性的サービスを買う側は、逮捕されたり告訴されることがないし、また公判では客の身元はおそらく隠される。しかしスウェーデン（一九九九年以降）、ノルウェーとアイスランド（二〇〇九年以降）では性的サービスを「買う」こと、斡旋、調達、そして売春宿を経営することを犯罪とする法律が制定された。しかし、そこでは性的サービスを「売る」ことは犯罪ではない。これは、スティグマの負荷を、売春をする女性からサービスを買う側の男性へと転嫁することを意図したものである。それによって、長期的には売買春への需要が減っていくことが期待されている。

買う側に関する研究は、性を売る側に関する研究に比べて極めて少なく（Sanders 2008を参照）、また――売春従事者についてしばしば言明されたり、ほのめかされるように――客となる人には精神的な障害があると示唆する研究者もほとんどいない。こうした研究面でのアンバランスは、セクシュアリティに関する従来のステレオタイプを、人びとが無批判に受け容れてきた状況を確かに表している。こうしたステレオタイプによれば、男性が多様な性の捌け口を積極的に求めるのは「普通」であるのに対し、そうした「要求」に応える人たちは、逆に非難されることになる。

今日社会学者によって、売春はより幅広く、セックス・ワークの一形態と考えられている。セックス・ワークは、合意した成人間での――もちろん、歴史的に、そして現在でも子どもが（そして大人も）搾取的なセックス・ワークを強要されることがあるのだが――金銭的交換を通した性的サービスの提供、と定義される。セックス・ワーカーは、売春従事者と同じように、ほとんどが女性であり、セックス・ワーカーには少なくとも以下の人びとが含まれる。ポルノ映画の俳優、ヌード・モデル、ストリップショー・ダンサーとラップ・ダンサー、ライブ・セックス・ショーの労働者、性的マッサージの提供者、テレフォン・セックス・ワーカー、そしてもし金銭的交換が生じているならば、インターネットを通した在宅での「ウェブカメラ・セックス」（Weitzer 2000）。イギリスの内務委員会でのセックス・ワーク・リサーチ・ハブの証言によれば、屋内セックス・ワーカーの80％が女性で、男性は17％、トランスジェンダーは2％であった（House of Commons 2016:9）。

一九七〇年代のもともとのセックス・ワーカーの概念は、売春従事者や性産業で働くそのほかの女性たちの労働実践からスティグマを取り除くことをねらいとしていた。自由に同意した成人の間で性的サービスがやりとりされるのであれば、こうした仕事はほかの種類の仕事と同じように扱われるべきであり、特に売春は犯罪化されるべきではない。今日、世界中の売春従事者の多くは、過去と同様に、より貧しい社会的出自を持っている。しかし、今はかなりの数のミドルクラスの女性たちも、上述したような幅広いセックス・ワークに従事しており、その多くが、自分たちがやっていることは有益で尊敬されるべき性的サービスの提供だと考えている。一〇年間の経験のあるセックス・ワーカー〝ロナ〟は次にように主張する。

はい、これは職業です――私は完璧に尊敬されるべき仕事であると信じているし、教師や会計士やそのほかの職業と同じように見られるべきです……。どうして、私が今売春を仕事として選んだことが、私が以前していた看護師の仕事と同じように見られないのでしょうか。社会的スティグマを押し付けられるべきではありません。私は清潔で快適な環境で仕事をしており、定期的に健康診断も受けて、ほかの人と同じように税金を払っています。（Rona' 2000）

セックス・ワーカーのための労働組合という考え方は奇妙に見えるかもしれないが、職場における健康と安全の保障という文脈において、給料や労働条件に関する争議への法的支援、この産業を離れたいと思う人への訓練や再訓練へのアクセス、といった諸問題は、主流の労働組合活動の中心である。セックス・ワーカーは、組合としての組織化が、搾取や虐待の根絶に役立つと指摘する。例えば、二〇〇〇年にロンドンで結成された、セックス・ワーカー国際組合（ＩＵＳＷ）は、組織化をセックス・ワークの職業化の第一歩と考えている。二〇〇二年には、ＩＵＳＷは、イギリスで最大の労働組合であるＧＭＢに加盟した。ＩＵＳＷは、合意した成人が関与するセックス・ワークの非犯罪化と、セックス・ワーカーが職業団体あるいは組合を作る権利を訴えている。

それにもかかわらず、セックス・ワークの概念は、いまだに論争的である。多くのフェミニストは性産業に反対する運動に積極的であり、性産業は性的虐待や薬物依存と強く結びついており、究極的には男性への女性の隷属に根差しているゆえに、女性の地位を低下させるものだと考えられている。しかしセックス・ワークを再検討し、すべてではないものの多くの女性セックス・ワーカーがよい収入を稼ぎ、自分たちがしていることを楽しんでおり、貧しくて性的に虐待され薬物依存で環境によって売春を強要されている、といったステレオタイプには適合しない、と論じるフェミニストもいる（2011b 2000）。こうした集団にいる個々人は、自分たちを、自分自身の人生をコントロールできる自立した女性であるとみなしていて、それは他の職業部門で成功している女性たちと何ら変わらない（Chapkis 1997）。

サンダースとハーディ（Sanders and Hardy 2011）によるイングランドのラップ・ダンサーについての研究においては、87％が少なくとも継続教育（further education）を受けており、約四分の一が大卒で、三分の一が学生であった。60％の対象者にとっては、ダンスが唯一の収入源であったが、40％はそれ以外の仕事もしていた。サンダースとハーディによると、仕事への満足度は「きわめて高く」、大多数の女性たち（76.4％）が自分の仕事について「幸せ」あるいは「とても幸せ」と感じていた。70％以上が、仕事の時間を選べる、ほかの仕事よりも収入がよい、すぐに支払われる、自立できて健康でいられる、「楽しさ」と「仕事」を組み合わせられる、といった、この仕事の肯定的な面を報告していた。あるダンサーは、この仕事の利点を次のように言い切った。「より多くのお金。コミットメントなし。帰りたい時に帰れる。飲みたいものを飲める」

しかし一定の割合のダンサーたちは、収入が不安定、キャリアの将来が見えない、仕事のことを秘密にしなければならない、無礼で口の悪い客がいる、男性への尊敬を失うこと、自己嫌悪を感じる、といった否定的な面にも言及していた。中には、この仕事は感情的に対処が難しく、いくつかのクラブは危険だったり搾取的だったりする、と言ったダンサーもいた。明らかに、ラップ・ダンサーの経験は多様であり、すべてが肯定的なわけではない。しかしサンダースとハーディの実証研究は、概して肯定的な側面が否定的なものを上回っていたことを教えてくれる。

売春とは違って、ラップ・ダンスは必ずしも常に客と性的接触があるわけではなく、大多数のセックス・ワーカーの経験を代表はしていないかもしれない。たしかに、セックス・ワークの多様性を考えれば、搾取的かエンパワーするものか、といった一般化をすることは賢明ではないだろう。もしも21世紀におけるセックス・ワークの魅力とリスクとをより理解したいのなら、研究者がすべきことは、さまざまな種類のセックス・ワークを調査し比較することだろう。

▼批判的に考える

もしも女性セックス・ワーカーのグループが、一般的にセックス・ワークに満足し、自分たちの組織を作っているのならば、なぜいまだにフェミニストがセックス・ワークに反対することに正当性があるのか、説明してみよう。

■ジェンダーとセクシュアリティ――再びすべてが変わるのか？

セックス、ジェンダー、セクシュアリティをめぐる論争の言語や用語を把握しようとすることは、一九九〇年代半ば以前と比べて、ますます複雑になっていることは疑う余地がないだろう。理論的立場や議論は常に流動的で、ジェンダー研究の領域における適切な用語も同様に、政治運動の介入によって絶えず変化している。社会学を学び始めたばかりの学生は、戸惑いを感じるだろう。しかし、これは社会変動の速さのためであり、社会学者は変化する状況を理解するために用語を修正し、新しい概念と理論を考察する必要があることを心に留めておかねばならない。

たとえば、一九七〇年代の第二波フェミニズムを特徴づけた、セックスとジェンダーの分離という考え方は、生まれた時に割り当てられた性だけをもとに男性と女性を決めることについて、ラディカルな解答を提供したと言えるだろう。女性性や男性性の社会規範は時間に伴って変化していき、社会によっても異なっている、と認識することによって、社会学者はその展開をたどり、ジェンダー化された行動は生物学の産物ではないということを明らかにしてきた。しばらくの間、セックスとジェンダーの区分は、研究者にとって確固たるパラダイムを提供し、それは価値のある動きだった。しかし今日、以前のこうしたラディカルなアプローチ自体が本質主義に陥っているとみなされ、セックスを生物学的に所与のものとしながらジェンダーだけを変化の対象だと無批判に受け入れている、と考えられるようになっている。上述した、トランスジェンダーによる、ある形態の「排他的フェミニズム」への批判は、今日のジェンダー・ポリティクスにおける論争を鋳なおした一例に過ぎない。

そして我々の最後の事例としてのセックス・ワークと人身取引が、まさに容赦なく流動的で変化している最中にあっても、ある事柄は顕著に持続する、ということを示している。家父長制的男性支配と、子どもや若い女性の搾取は21世紀においても歩調を合わせているが、今やそれは、まさにグローバルな規模で続いている。ジェンダーとセクシュアリティの平等についての前進は、グローバルノースにおいては明らかにかなり達成されてきたが、今までのところ、グローバルサウスでは多くの場合同じ状況ではない。社会学は素早く変化する社会の現実をとらえなければならないが、権力関係、社会的不平等、理論的発展に焦点を当て続けることで、この学問はアカデミックな意義を持ち続けることができるだろう。

本章をふりかえって問う

1. 社会学における、セックスとジェンダーの伝統的な区別を説明せよ。
2. 「セックスとジェンダーはともに、社会的に構築されており、さまざまな形で形成され変化させることができる」。では、人間生物学は、人びとのジェンダー・アイデンティティを形成する上で何か役割を果たしているのだろうか。あなたの回答を説明するためにいくつか例を挙げよ。
3. 例を用いて、「ジェンダーの社会化」が意味するところを説明せよ。ジェンダーの社会化の伝統的な説明には、どのような問題があるだろう。
4. コンネルのジェンダー秩序の理論を概説せよ。グローバルな時代に、どのようにジェンダー秩序は変化しているのだろうか。
5. 「同性間関係は、今日、広く社会において受け入れられている」。この内容を支持するか、あるいは論駁する証拠は本章のどこにあるだろう。この点に関するグローバルな全体像をあなたはどのように特徴づけるだろうか。
6. トランスジェンダーとシスジェンダーの違いを説明せよ。どのような理由で、特定のフェミニストたちは、トランスジェンダー活動家たちの考えを批判していたのだろうか。
7. すべての主流のフェミニスト・アプローチは、ジェンダーの不平等が何らかの意味で「自然」であるという考えを否定する。もしこうしたアプローチが正しければ、21世紀においてもジェンダーの不平等が持続していることをどうやって説明できるのだろうか。
8. なぜポストモダン・フェミニズム、ポスト構造主義フェミニズム、そしてクィア理論は、それ以前のジェンダーやジェンダーの不平等の諸理論とは根源的に異なっているとみなされているのだろうか。
9. 第二波フェミニズムと第三波フェミニズムの主要な違いは何だろう。第三波は、「ポスト・フェミニズム」、あるいはフェミニズム運動の再活性化のどちらを表しているのだろうか。

10.「セックス・ワーク」とは何だろう。セックス・ワークを単純に他の仕事と同じように考えるか、女性の搾取ととらえるかをめぐる、フェミニズム内部でのさまざまな立場を概説せよ。

実際に調べてみよう

インターネットの出会い系サイトやアプリの出現は、人びとが親密な接触や関係を求めて出会う形に多大な影響を与えた。単純なレベルでは、オンライン・デートは出会いを簡単で素早いものにし、以前のやり方よりもずっと多くの接触を可能にした。Grindr や Tinder のような人気アプリがより若い世代（35歳以下）に使われている傾向が高いということは、世代間の分断と、「デート」の意味するもの、そして今日そこから人びとが期待するものの変化をおそらく示しているだろう。

画像ベースのマッチング・アプリは、消費者本位の親密性に寄与し、人びとはそこで、ファストフードのテイクアウトのように、選ばれ、注文され、利用されている、と批判する社会学者もいる。こうした方法は、必然的にステレオタイプ的な発想に頼っているのだろうか。それとも実際にはマッチング・アプリは女性をエンパワーし、平等を促進しているのだろうか。この問題について以下の論文を読み、以下の問いに答えよ。

Lee, J. (2019) 'Mediated Superficiality and Misogyny through Cool on Tinder', Social Media and Society, 5(3): 1–11.

1. 調査方法に着目し、どのように調査者たちがデータ収集と検証を行ったのか、説明せよ。この研究をあなたはどのように見なすだろうか。
2. 筆者は「Tinder カードゲーム」と「接続文化《フックアップ》」という言葉で、何を意味しているだろうか。
3. Tinder 上では、「近代の親密性における《心理学的な自己》の原則は、可視性のエコノミーに取って代わられる」。この変化が意味するところは何か。
4. 論文によれば、「クールな女の子」とは何だろうか。クールな女の子であるということに関連する規範は、若い女性をエンパワーすることにつながるのか、それとも新たな女性嫌悪《ミソジニー》になるのだろうか。
5. 人種差別的なステレオタイプがマッチング・アプリにおいてみられるかどうかを探求するフォローアップ研究を考案せよ。どのようにしてデータを集めることができ、どの調査方法が最も有効だろうか。

さらに考察を深めるために

一部のラディカル・フェミニストと、トランスジェンダー活動家の間での「誰がジェンダーを所有するか」をめぐる意見の不一致には、社会学的な含意があるが、この論争は主として政治的なように見える。双方が用いている抑制の効かない言語では、レトリックとポジショニングを支えている重要な問題についての、冷静な社会学的議論をすることはできない。この論争に社会学的介入を試みているものとして、ジャクソンとスコットのオンラインでの仕事がある。

Jackson,S., and Scott S.(2017) "Trans and the Contradictions of Gender," https://discoversociety.org/2017/06/06/focus-trans-and -the contradictions-of-gender/.

この議論を注意深く読んで、以下の点を著者がどのように扱っているか確認せよ。

・トランスジェンダーの思想についての、ラディカル・フェミニストからの批判
・TERF――トランス排除的なラディカル・フェミニズム――へのトランスジェンダーからの批判
・セックス概念とジェンダー概念の歴史
・ジェンダーとジェンダーの不平等についての社会学的理論

「もしジェンダーについて真剣に考えれば、『本当の』女性は存在しない」というタイトルで小論文を書け。この立ち位置が、なぜ社会学的に意味があるのかを説明し、ラディカル・フェミニズムと、トランスジェンダーのポリティクス、それぞれの立ち位置から、どのような反論がなされるかを考えよ。

芸術作品に描かれた社会

ジェニファー・シーベル・ニューサム監督の映画『Miss Representation』（二〇一一年）を見よ（Youtubeでの公式トレイラー：www.youtube.com/watch?v=Nw_QEuAvn6I）。この作品は、アメリカのメディアと社会におけるジェンダー不平等をテーマとして、持続する一元的な女性のイメージと表象、そしてメディア産業の中で女性が表に出られないことについて疑問を投げかけている。

映画での主要な証言と社会学理論を関連づけて評論を書け。結論が、マスメディアがジェンダーの不平等の再生産に多大な貢献をしているという主要な論点を、全般的に評価するように気をつけること。ここで明らかにされたことはこの評価を支持するのか、あるいは、現在は一〇年前よりも、もっと多様性があるのだろうか。

読書案内

社会学分野でのジェンダーとセクシュアリティ研究の信頼できる入門書としては、モミン・ラーマン&ステヴィ・ジャクソン『ジェンダーとセクシュアリティ：社会学的アプローチ』*Gender and Sexuality: Sociological Approaches*, Cambridge: Polity, 2010がある。また、ヴィクトリア・ロビンソンとダイアン・リチャードソン『ジェンダーと女性学入門』*Introducing Gender and Women's Studies: 4th edn*, Basingstoke: Palgrave Macmillan, 2015は、

フェミニスト理論全般に沿ったジェンダーにかかわる諸問題について、包括的なガイドとなるだろう。

ジェンダーの流動性についての最近の研究を、活き活きと紹介するものとしては、サリー・ハインズ『ジェンダーは流動的か?　21世紀への入門』*Is Gender Fluid? A Primer for the 21st Century*, London: Thames & Hudson, 2018 がある。シャーロット・モリスら編の『性とセクシュアリティを調査する』*Researching Sex and Sexualities*, London: Zed Books, 2018 は、この分野の創造的な方法についてのガイドとして大変役立つし、研究プロジェクトを構想するうえで、参照するにふさわしい。

ジュディス・ローバー『ジェンダーの不平等――フェミニスト理論と政治』*Gender Inequality: Feminist Theories and Politics; 5th edn*, Oxford: Oxford University Press, 2012 は、ジェンダーの不平等についてのフェミニスト理論の展開を、通時的に見事に解説している。レイウィン・コンネル『ジェンダー――世界的視座から』*Gender:In World Perspective; 4th edn*, Cambridge: Polity, 2020（二〇〇二年版は多賀太訳『ジェンダー学の最前線』二〇〇八年、世界思想社）は、社会科学におけるジェンダー研究の重厚だが読みやすい概説書である。

最後に、参考図書を探している人には、ジェーン・ピルチャー&イメルダ・ウィールハン『ジェンダー研究のキー・コンセプト』*Key Concepts in Gender Studies; 2nd edn*, London: Sage, 2016 がお薦め。ターシャ・オーレン&アンドレア・L・プレス編『ラウトリッジ・ハンドブック――今日のフェミニズム』*Routledge Handbook of Contemporary Feminism*, Abingdon: Routledge, 2019 にも、多くの興味深い論文が収録されている。

社会的不平等に関する原書文献をまとめた関連書『社会学――入門読本（第四版）』*Sociology: Introductory Readings;* 4th edn, Cambridge: Polity, 2021 を参照せよ。

インターネット・リンク

本書に関する追加情報とサポート（ポリティ）
www.politybooks.com/giddens9

ウィメンズ・ライブラリー　イギリスにおける女性の歴史についての多くのリソースと有益なリンクがある。
www.lse.ac.uk/library/collection-highlights/The-Womens-Library

クィア・リソース・ディレクトリ　宗教、若者、健康などについての多くのリソースの入口として。
www.qrd.org/qrd/

Eldis　発展途上国におけるジェンダー・イシューについて。
www.eldis.org/gender/

Voice of the Shuttle　カリフォルニア大学のジェンダーとセクシュアリティ研究について多くのリソースがある。
http://vos.ucsb.edu/browse.asp?id=2711

ＩＬＧＡ　国際レズビアン、ゲイ、バイセクシュアル、トランスとインターセックス協会
www.ilga.org/

Feminist.com　多くのリソースとアイデアがあるアメリカのサイト。
www.feminist.com/

（小ヶ谷訳）

第 8 章

人種、エスニシティ、人の移動

第8章｜目次

一九六〇年代と一九七〇年代、イングランドでの試合では、以前よりもずっと多くの黒人サッカー選手たちが出場し始めた。そうした黒人選手たちの姿が見えると、試合の間、まさにお決まりの、広く蔓延した人種差別的な侮辱行為が起こった。その選手たちにバナナが投げつけられたり、観客たちが声を揃えて行う人種差別的な掛け声や歌、猿をまねた身振りもあった。当時、こうした振る舞いを根絶するために、サッカークラブもサッカー協会も、何ら真剣な対策を取らなかった。一九七〇年代と一九八〇年代には、イギリス国民戦線といった幾つかの極右の人種差別的組織も、自分たちのメンバー、支持者を勧誘する場としてサッカーを利用していた（Grebby 2019）。

反人種差別のサポーターたちによるグループも幾つか一九八〇年代には結成されたが、選手にたいする人種差別に取り組むべく、サッカー協会とサポーターたちが一致した試みを為すのは一九九〇年代に入ってからのことであった。今日、トップレベルのイングランド・サッカーに参加している誰しもが、あからさまで、広く蔓延した人種差別、また、観客たちが声を揃えて人種差別的な掛け声を出し歌うということは、当たり前のことではなくむしろ実に稀なことであるとおそらく証言することであろう。だが、スタンドから黒人サッカー選手たちに加えられる人種差別的な侮辱行為は無くなってはいない。実際、近年、ヨーロッパの多くの国内リーグで、数多くの人種差別的な事件が相次いでいる。

二〇一九年九月、イタリアのサッカークラブであるカリアリの一部のファンたちが、猿の鳴き声の真似、人種差別的な罵りで、インテル・ミラノ所属のロメル・ルカクを侮辱し、十一月には、ブレシア所属のストライカーであるマリオ・バロテッリがエラス・ヴェローナのサポーターたちから人種差別的な侮辱を受けた。二〇一八年十二月、マンチェスター・シティ所属のフォワードであるラヒーム・スターリングが、ロンドンで開催されたイングランド・プレミアリーグの試合中、チェルシーのファンのあるグループから人種差別的な侮辱を受けた。そして一年後には、何人かのマンチェスター・ユナイテッド所属の黒人選手たちが、ライバルであるマンチェスター・シティの本拠地でのダービー・マッチの間に人種差別的な侮辱行為を受けたことを伝えた。また同じ二〇一九年にソフィアで開催されたイングランド対ブルガリアの国際マッチは、観客たちの一角からの声を揃えての猿の鳴き真似、人種差別的な侮辱行為、ナチス風の敬礼が原因で、二度にわたって中断した。ブルガリアは7万5000ユーロの罰金を科され、二試合を無観客で行うよう命じられた（BBC Sport 2019）。

このところ、サッカーに関わる人種差別で重大な変化のひとつは、人種差別がオンライン環境上、とりわけソーシャルメディア上へと移動してきたことである。オクウォンガ（Okwonga 2019）は、最近の統計によれば、黒人選手にたいするソーシャルメディア上での人種差別的な誹謗が増加する趨勢にあり、重要な試合の後でそうした誹謗の数は急増する、とレポートしている。このことは、人種差別的な誹謗が、匿名的なサイバースペース内で常態化しているとまでは言わないまでも、少なくとも以前と比べ、相当ありふれたものになりつつあるかもしれないことを示唆している。そしてそこで悪事を働く者たちは、たいてい試合にまで足を運ぶサポーターではない。カリントン（Okwonga 2019

に引用されている）は、オンライン上の人種差別的な誹謗は「人種の秩序」を効果的に維持しようと狙った最新形態の社会的制裁であり、また、その「人種の秩序」という考えは、人種のタイプと白色人種の優越性――「西洋なるものの基盤となっているイデオロギー」――に関する18、19世紀の諸理論の中に埋め込まれている、と主張している。

18、19世紀、植物学者たち、生物学者たち、動物学者たちは、地球上の様々な生物と種を体系的に分類しようと努めた。例えばスウェーデンの科学者であるカール・リンネ（1707-78）――彼の分類学の体系は今日の自然科学でも効力を保ち続けている――によるもののように、幾つかの分類図式では人間も組み込まれていた。リンネは人間を次のように四つの基本的な亜種に区別した。白色ヨーロッパ人（《ホモ・エウロペウス》）、黒色アフリカ人（《ホモ・アフリカーヌス》）、赤色アメリカ人（《ホモ・アメリカーヌス》）、そして、暗色（後には、黄色）アジア人（《ホモ・アジアティクス》）である（Israel 2019: 431-2）。これらは、地理上の起源に根付いているものであったにもかかわらず、各々を区別する際の重要な側面は肌の色であった。しかしここから、非論理的で根拠もなしに、何よりもまず肌の色に基づいた個人的、社会的特質を、互いに異なる「人種」グループに帰属させようとする誘惑が生じた。

そうした主張のうちで最も知られたものが、ド・ゴビノー（1816-82）の『諸人種の不平等』（1853-5）である。ド・ゴビノーは、しばしば近代人種主義の「創始者」と呼ばれているが、三つの人種のみが存在すると提言した。白色人種（《コーカソイド》）、黒色人種（《ニグロイド》）、黄色人種（《モンゴロイド》）である。ド・ゴビノーによれば、白色人種は優れた知能や道徳性、意志の力を身につけ、これらの遺伝的に継承した特質が西洋の影響力の広まりを支えている。対照的に黒色人種は、最も能力に乏しく、野獣性、道徳性の欠如、そして情緒的な不安定さを特徴とする。今日、こうした出鱈目《でたらめ》な一般化は信じ難く、非科学的なものであろうが、明らかに依然として影響を保ち続けている。人種的に優れているという考えは、アメリカのクー・クラックス・クランといった人種主義的グループだけでなく、国家社会主義ドイツ労働者（ナチ）党のイデオロギーの重要部分でもあった。

哲学者たちも人種の持つ特質、そして、世界中が「文明化」する見通しに関心を寄せた。イマニュエル・カント（1724-1804）はヨーロッパ文明の水準が人間にとって最高峰の偉業であり、他の人種はそれを手本にはできても、決してその水準に達することはできないであろうと考えていた（Kowner and Skott 2015: 51-4）。カントは四つの基本的な人種を考えた。それは、白色人種、ニグロ人種、ヒンドゥー人種、フン（モンゴル）人種であり、中国人は最後の二つの人種の複合である「ハーフ人種」とされた。なお、複合人種の人びとにたいする軽蔑的な用語は、多くの文化の中でありふれたものとして存在している。一九七〇年代までのイギリスでは、「ハーフ・カースト」という用語が広く使用され、世界中にあるイギリス植民地でよく用いられた。オーストラリアでは、この用語は白人の入植者と現地のアボリジニーとの間に生まれた子どもを表すために使用された。こうした例は単に記述的なものに見えるかもしれないが、人種的純粋性（「カースト」は、

「純粋な」という意味のラテン語の単語、《カストゥス》を由来としている）と、人種の複合を媒介として優秀と思われている白色人種が弱体化しているという考えに結び付いている。したがって、ハーフ・カーストという概念はネガティブなもので、複合人種の子どもたちは負の烙印を押され、アウトサイダーとして扱われていたのである。

自然界の一部として人間を分類しようと試みる学問体系は、神学的思考による支配に異議を申し立て、結果、科学的世界観を促進する上で不可欠だった。だが、こうした体系は、人間が営む生活と文化について人種化された思考様式をもたらし、白色人種の優越性という考えに科学的な信用を与えることとなった。今日の生物学者たち、社会学者たちは、人種を科学的に全くもって疑わしい概念と見なしている。生物学者たちは、ヒトという種の中には輪郭のはっきりした人種などは全く存在せず、あるのは多種多様な身体的差異だけであると報告している。こうした身体の類型的相違は同じ集団に属する人びとの間での同系交配から生じるのだが、この同系交配のあり方は異なる集団との接触の程度に応じて変化していく。目に見える身体的特徴を共有する人びとの《中に》見い出す遺伝学上の多様性は、こうした特徴を共有する人びとから成る各集団の《間に》見られる多様性と同じぐらい大きい。これらの知見の結果、科学界では、人種という概念を分析用に用いることが、事実上放棄された。一部の社会学の論文、著作では、その非科学的で問題含みの状態を強調するために、「人種」という単語は、「著者が好んでいる用語ではないことを示すための括弧」でくくられている。だが、こうした扱いが絶対に必要というわけではないので、ここでは括弧でくくらずに使用する。

ユネスコ（UNESCO 1978）は、「人種および人種的偏見に関する宣言」においてこれらの知見を認めており、そして、この宣言中、次のように特筆した。「すべての人間は単一の種に属し、共通の先祖の子孫である。すべての人間は尊厳と権利において平等に生まれ、誰もが欠くことのできない一員として人類を形成している」。それでも、現代サッカーからの幾つかの手短な事例でも分かるように、生まれながらに異なる才能を伴った相互に区別される幾つかの人種が存在する、と信じ続けてしまうことがもたらす具体的帰結は、W・I・トマス（Thomas 1928）による次のような有名なテーゼを非常に説得力あるかたちで例証するものである。「人が、ある状況を現実だと定義すれば、それは結果的にも現実である」。もし、そうであれば、社会学者たちは、人種概念が社会生活の中でどのように理解され、使用されているのか、無視するわけにはいかない。

この章で概観するように、人種あるいはエスニシティを根拠とした差別は、長い間、重大な社会問題であり続け、今でもそうである。だが、このように短い章で、世界中にある数多な形態のエスニシティとそれらの区分にたいし、十分で完全な評価など下すのは無理である。それゆえ、イギリスでの状況に焦点が優先的に当てられることとなろう。とは言え、必要に応じて他国からの多種多様な事例にも依拠するつもりである。まず人種概念とエスニシティ概念が、アカデミックな社会学またより広い社会においてどのように使用されているのか考察する。その後、偏見、差別、レイシズムに目を向け、これらの根強さを説明する一助となる幾つかの社会学理論の概要を示す。さらに、扱われる問題のひとつに、なぜ、人種上、エスニシティ上の区分が対立へと転じてしまうのか、という問題がある。そこから、この章では、エスニシティの多様性、──多文化主義を含むかたちで──幾つかの統合モデル、そして、エスニシティ間の対立の諸事例が取り上げられる。最終節では、グローバルな人の移動や（より包括的な）地理上の移動の規模と重要性の増大に目を向ける。グローバルな人の移動も地理上の移動もエスニック集団間の関係性を作り直し、国家単位での文化的多様性を増大させるものである（Vertovec 2007）。

■ 鍵となる諸概念

◎ 人種

人種は、特にその想定されている「科学的」根拠が今や学者たちによって否定されるがゆえに、社会学で最も複雑な概念のひとつである。こうしたことにもかかわらず、多くの人びとが、人間は生物学的に別個の「人種」に分類《できる》といった素朴な信仰にしがみついているために、人種という用語は未だ広く人びとの間で日常的に使用され続けている。ちなみに18世紀後半以降、学者たちと政府によって、肌の色あるいは人種類型をもとにして、人びとのカテゴリーを確立しようとする数多くの試みが行われ続けてきた。これらの分類図式は、あるものはわずか四つあるいは五つの主要人種を特定したり、他のものは三ダースもの数の人種を認めたりと、これまで一貫的であったためしがない。こうした相違は、社会科学的研究への信頼に足る基盤をもたらすことはない。

多くの古代文明で、社会集団間の区別は、しばしば、目に見える肌の色の違い、通常は、より明るいか暗いかの色調に基づいて行われた。しかし、近代に入る前は、認識される区別は、部族あるいは血族関係への所属に基づいたものがより一般的であった。こうした集団は多数あったが、そうした集団を分類する際の基盤は、生物学的あるいは遺伝学上の意味合いを帯びた近代的な人種の考えとは、関連がなかった。それよりも、分類は、文化的な類似性や集団の成員であることに基づいていた。科学的であると想定された方法論と結びついた人種的差異に関する諸理論は、18世紀の半ばから後半、そして19世紀初期にかけて考案されたものである。この諸理論は、イギリスや他の植民地主義のヨーロッパ諸国が属領地と海外現地住民を支配する際、新たに出現する社会秩序を正当化するために利用された。

ある社会科学者たちは、人種とはひとつのイデオロギー的構築物に過ぎず、学問の世界でこうした構築物を使用することにより、人種は現実的な根拠を有するといった誤った確信を一般の人びとに抱かせ続けるのだ、と主張する（Miles 1993）。それゆえ、人種というイデオロギー的構築物は廃棄されるべきなのである。また他の社会科学者たちは、未だ人種という概念は現実世界において効力を有しており無視することはできないと主張し、先の主張には異論を唱えている。歴史的見地からすれば、人種とは、権力を持つ社会集団が自らの支配戦略の一部として利用する極めて重要な概念であり続けている（Spencer 2014）。例えば、アメリカにおいてアフリカ系アメリカ人が置かれている現状は、奴隷貿易、人種隔離、根強く残る人種的イデオロギーと関連づけなければ理解することはできない。つまり人種の区別は、人びとの相違を記述するための方法のみならず、そうした区別は、権力と不平等のパターンが再生産される際の重要な要素でもある。さらにバントン（Banton 2015: 22）は、人種概念が、保健医療、求職の申し込み、国勢調査ほか多数で用いられている標準的な書式の中にも埋め込まれていると指摘する。これがゆえに、「一旦、このような分類上の手続きが幾つもの社会制度の中に埋め込まれてしまうと、それを変えようとする際には、同程度の労力を動員しなければならない」。したがって、人種は極めて重要な概念であり続けている。たとえこの概念が激しい論争の的となっていても、この概念が使用されるあらゆる場所において社会学者たちは探求せねばならない。

▼批判的に考える▼

「人種」という用語は社会の中でどのように使用されているか。この言葉がどのように用いられているかメモを取りながら、幾つかのニュース、また、他のメディアの内容を調べてみよ。例えば、この言葉は生物学的な特質との関係で使用されているのか、それとも、特定の文化の側面との関係で使用されているのか。

人種についての了解が個人や人間集団を分類するために利用されるプロセスは、**人種化**と称されている。歴史的に見ると、幾つかの人間集団は、自然に生じた身体的特徴に基づいて、他の集団とは異なるものとしてレッテル張りされるようになっていった。15世紀以降、肌の白いヨーロッパ人が世界の様々な地域の人びとますます接触するようになると、自然現象だけでなく社会現象もカテゴリー化した上で説明しようとする幾つかの試みが行われた。これら様々な地域の肌の白くない住民たちは、ヨーロッパ系の肌が白い人種との対比で人種化された。一部の事例では、こうした人種化は、アメリカ大陸の植民地における奴隷制度や南アフリカのアパルトヘイトの場合のように、成文化された制度のかたちをとった。とはいえ、もっと一般的には、日常の社会制度が《実質的に》人種化されていった。

人種化は、ヨーロッパの《内部》――例えば、ヨーロッパの各国民国家内にいるロマの人びとにたいする差別、またこれら人びとの排斥に関して――でも生じ続けている。人種化されたシステムの中では、個々人の日常生活の諸側面――雇用、人間関係、住居、保健医療、教育、そして法律上の表示――は、この階層システムの中で個々人が占める位置により形づくられ、また制約される。

◎エスニシティ

人種という考えが、不変で生物学的なものを含意しているのにたいして、**エスニシティ**はアイデンティティのひとつの源泉であり、その基盤は社会、そして文化にある。エスニシティは、（そう認められた、あるいは現実の）祖先、また、特定の状況で顕著となる幾つかの文化的差異に関連するタイプの社会的アイデンティティを指し示している。エスニシティは人種よりも長い歴史を

グローバル社会 8.1

植民地主義と大西洋をまたいだ奴隷貿易

奴隷制度は組織化された人間社会の始まりと同じぐらい古いものであり、バビロニア、エジプトからローマ帝国、古代ギリシャまで、数多なる古代文明における社会構造の重要部分を成していた。奴隷を用いることは強制労働の一形態と見なされ得る。この強制労働の中には、囚人労働、農奴制、年季奉公労働も含まれる（Black 2011）。大西洋をまたいだ奴隷貿易は、一四四一年、最初にポルトガルが黒人奴隷を積み荷として運搬してから、事実上、奴隷貿易が終焉した一八七〇年までの期間にわたって行われていた。幾つかの国では、この一八七〇年よりも前に法律上は廃止されていた。例えば、デンマーク（一七九二年）、イギリス（一八〇七年）、そしてアメリカ（一八〇八年）である。しかし、奴隷制度と同様に、非合法的な貿易は、もっと長く続いた。

トマス（Thomas 1997: 11）は、大西洋をまたいだ奴隷貿易は、「沿海にある全てのヨーロッパ諸国、大西洋を臨む場所に住む全ての人びと（と他の幾らかの人びと）、そして、南北アメリカにある全ての国々を巻き込んだ、何百年にもわたる何百万もの人びとの輸送をともなう営利事業」であった、と指摘する。様々な推定によると、この期間にわたって売買されたアフリカ系黒人たちの数は一一〇〇万人から一三〇〇万人とされている。これらアフリカ系黒人たちは、まず最初にブラジル、西インド諸島、そして、スペイン帝国全体といった多種多様な国々へと移送された。主には、砂糖、コーヒーのプランテーション、綿畑やカカオ農場、そして鉱山、建築工事、家事サービスでの強制労働に従事させるためであった。また、およそ一八〇万人のアフリカ人たちが長い航海中に亡くなっていた（Araujo 2017: 1）。これらの人びとの圧倒的大多数が地元アフリカの商人たち、あるいは貴族たちによって売却され、「Tab. 8.1a」と「Tab. 8.1b」が例証しているように、奴隷貿易は、ポルトガル、スペイン、イギリス、オランダその他の国々が追い求める搾取的な植民地拡大の中で重要な部分をなしていた。そして、この奴隷貿易からの利益は、これらの国々による国外事業と国内産業発展への資金供給を支えていた。

ブラック（Black 2011）は次のように主張している。歴史的に見ると、あらゆる場合において、奴隷制度と人種差別とが必ずしも結びついていたわけではなかった。確かに奴隷制度は実際にアウトサイダー集団、つまり、「他者」なるものの創出を伴い、この他者は、文明より自然に近く、幾つかの点では奴隷売買者たち自身よりも人間性に劣ると見なされた。このことは、奴隷貿易商たちによる証拠書類において極めて明らかである。トマス（Thomas 1997: 397-8, 549）は、あるフランス人船長が、コンゴの奴隷たちを「たくましく、疲れ知らずで、……優しく、穏やかで、人に奉仕するために生まれてきた」と描写している一方、18世紀初期に、あるポルトガルの役人は、貿易の観点からすれば、「ニグロたちと商品の間に違いなど何もない」と指摘していた、と報告している。さらに、一八〇四年、奴隷貿易の廃止をめぐるイギリス下院での討論で、廃止に反対するある下院議員が、「私は、アフリカ人たちが自らの精神が劣等なものであることを否定するのを一度たりとも耳にしたことがない」と発言した。

当時でさえ、こうしたあからさまな人種差別的見解は笑いものであったが、この章の冒頭で見たように、18世紀に考案され人間にも適用された分類システムの一部の解釈の中には、科学的な見せかけがほどこされていた。同様に、近年、サッカー場で見られる人種差別的な事件は、こうしたとても古い人種差別的なお決まりのイメージが世界の自称「文明化された」諸国において未だ生き残っていることを示している。

▼批判的に考える

かつて奴隷貿易をしていた国々、また、奴隷所有を認めていた国々にたいして賠償——謝罪から、奴隷所有者たちの記念碑の撤去、金銭による補償まで——をするように求める活動が、ここ数十年にわたって勢いを増してきている。ジャンナ・トンプソン（Thompson 2017）は、不公平であるという告発が頻繁に繰り返されているとしても、現在の各世代は奴隷貿易から利益を得たのであり、奴隷の

Tab. 8.1a 運搬国別の奴隷輸送

国	航海数	輸送された奴隷
ポルトガル	30,000	4,650,000
イギリス	12,000	2,600,000
スペイン	4,000	1,600,000
フランス	4,200	1,250,000
オランダ	2,000	500,000
イギリス領北アメリカと（独立後の）アメリカ	1,500	300,000
デンマーク	250	50,000
その他	250	50,000
総計	54,200	11,000,000

出典： Thomas (1997)をもとに作成

Tab. 8.1b 目的地別の輸送された奴隷数

国	輸送された奴隷
ブラジル	4,000,000
スペイン帝国（キューバ含む）	2,500,000
イギリス領西インド諸島	2,000,000
フランス領西インド諸島（カイエンヌ含む）	1,600,000
イギリス領北アメリカと（独立後の）アメリカ	500,000
ヨーロッパ（ポルトガル、カナリア諸島、マデイラ諸島、アゾレス諸島などを含む）	200,000
オランダ領西インド諸島（スリナム含む）	500,000
デンマーク領西インド諸島	28,000
総計	11,328,000

出典： Thomas (1997: 804).

子孫たち、また、ネガティブな影響を受けたコミュニティにたいして賠償をする《べき》だと主張している。実行可能かどうかといった問題や金銭的な問題は脇に置いておくとして、今日の市民たちにたいしての賠償が、あらゆる人びとにとって《公平》であると同時に《公正》でもあるという論理的主張を組み立てよ。

有し、国民概念と人種概念と密接に結びつき合っている。というのも、これら三つの概念すべてが、人びとの集団、あるいはカテゴリーを指し示しているからである(Fenton 2010: 14-15)。

国民と同様に、エスニック集団も「想像の共同体」であり、その存在は、その成員たちの自己認識に依拠している。エスニック集団の成員たちは、自分たちを他の集団とは文化的に異なる存在と見なし、また逆に、他の集団からは異なった存在と見なされることだろう。この意味で、「エスニック集団は常に他のエスニック集団と共存している」(Pilkington 2015: 73)。様々な特徴が幾つものエスニック集団を区別するのに役立っているだろうが、最も一般的な特徴は、言語、また歴史あるいは祖先を共有しているという感覚、宗教、そして、服装や装飾品のスタイルである。

エスニシティの差異は学習されたものである。ただ、この点は自明であるかに思われるが、いかに頻繁に一部のエスニック集団が、「支配すべく生まれてきた」、あるいは「生まれつき怠惰だ」「愚鈍だ」等々と見なされているかを思い起こすとこの自明さは揺らいでしまう。事実、人びとが「エスニシティ」という用語を使用するのは、(人種と同じように)肌の色、血縁関係、出生地といった生得的な諸特徴を指し示す時が多い。だが、エスニシティに生得的なものは何もない。すなわち、エスニシティとは、長い時間をかけて生み出され、また再生産される、ひとつの社会現象なのである。例えば、多くの人びとにとって、エスニシティは自身の個人的、集団的アイデンティティにとって中心となるものであるが、エスニシティを意味のないもの、さらには対立や**社会的不満**の時だけ重要とみなす人もいる。またエスニシティは、過去との連続性の糸になることができ、多くの場合、文化的伝統の実践を通して生き延びている。例えば、アイルランド系アメリカ人三世は、生まれた時からアメリカで暮らしてきたにもかかわらず、自分たちがアイルランド系アメリカ人であることに誇りを持っており、聖パトリックの日を祝うことだろう。

社会学者たちは、人種概念よりもエスニシティ概念を好むが、それは、エスニシティ概念が生物学への誤った参照を何ら伴っていないためである。しかしながら、もしも「エスニシティ」が、何らかの「ノン・エスニック」規範との対照性を含意するならば、エスニシティは問題含みなものとなる可能性もある。例えばイギリスでは、「イギリス発祥の」(すなわち、「ノン・エスニックな」)慣習とは異なる文化的慣習や伝統を指し示すために、報道機関、また、より広範囲にわたる白人イギリス人たちの間で、「エスニシティ」という言葉が一般的に使用されている。このようにして「エスニック」という用語は、「非イギリス的な」慣習を明示するために、料理、衣類、音楽、近隣地域といったものに適用されている。だが、エスニックというレッテルをこのような仕方で使用することは、「私たち」と「あの人たち」との間に分断を生む可能性がある。その場合、一部の特定の住民は「風変わり《エスニック》」と見なされる一方で、他の住民たちはそのように見なされず、結果として、より権力を持った集団が自分たちのことを「当たり前の」規範と捉え、他のあらゆる「エスニック」集団はこの規範から外れていると捉えられる。実際は、エスニシティとは、特定の一部住民だけでなく、住民の《全ての》成員が身につけている属性である。

社会学でエスニシティ概念が用いられるようになると、この概念はさらなる問題をかかえることとなる。というのも、実際には、多くの研究が、現実に存在し特定できる「エスニック集団」といった考えを採用しているためである。このことは、とりわけ民族紛争研究に当てはまり、例えば、旧ユーゴスラビアにおけるセルビア人、アルバニア人、クロアチア人の間で生じた民族紛争がそうである。こうした「集団主義」は、「個々別々で輪郭のはっきりした集団を、社会生活の基本的構成要素、社会紛争の最も重要な主導者、そして社会分析の際の根本的な単位と捉える傾向」を指す（Brubaker 2006: 8）。また、この「集団主義」は、このような紛争が、現実に、エスニックな、あるいは文化的差異に《よって引き起こされる》ということを暗示している。

だが、実際にはエスニシティが、ある特定の状況において、ある特定の時代にのみ効力を有するような、ひとつの完全なる社会的創造物であるのなら、エスニック集団という概念を、社会的状況とは無関係に、それ自体で「根源的」あるいは本質的なものと受け止めるわけにはいかない（A.D.Smith 1998）。もちろん、現実世界の状況内では、当事者たち自身は、凝集性が高く客観的に現実であるエスニック集団のために、あるいは、そうした集団を守るために行動している、と恐らく認識しているだろう。しかし、社会学者の務めは、こうした物の見方を額面通り受け止めるのではなく、いかにして、なにゆえに、エスニック面での自己認識がこのように凝り固まったかたちで生じるのか、また、それは、どのような状況下で生じ、どのような帰結をもたらすのか、を理解することである。

＊「アイデンティティ」概念は、第12章「社会的相互行為と日常生活」で紹介されている。

◎エスニック・マイノリティ集団

エスニック・マイノリティ集団（「エスニック・マイノリティ」と言う場合も多い）という概念は、社会学では広く用いられているが、単に数の上での区別以上の事柄を内包している。統計学上の意味合いならば、数多のマイノリティ集団が存在する。例えば、身長が6フィートよりも高い人びと、靴の大きさの表記「12／48」、つまりは30センチ程度よりももっと大きな靴を履いている人びとなど。しかし、これらの例は、社会学的概念に準じるならば、エスニック・マイノリティ集団ではない。社会学では、エスニック・マイノリティ集団の成員たちは、より多くの富、権力、威信を有する支配的集団と比較して恵まれない境遇にある人びとであり、また、何らかの《集団的連帯》の感覚、つまり一体感を共有する。偏見、差別の対象となった体験は、その対象となった人びとの間で、自分たちは集団への忠誠心を共有し、共通の利害関心を持っているという感情をより激しく強いものとする傾向にある。

したがって、社会学者たちは「マイノリティ」という用語をしばしば文字通りの数値的表現としてではなく、社会の中で従属的な位置を占めている集団を指し示すために使用する。事実、「マイノリティ」が数の上ではマジョリティであるような多くのケースがある。インナーシティといった幾つかの地理的な区域では、エスニック・マイノリティ集団が人口のマジョリティをなしているにもかかわらず、「マイノリティ」と呼称されている。これは、「マイノリティ」という用語がその人びとが置かれている恵まれない立場を捉えているものだからである。時に女性はマイノリティ集団と称されるが、他方で、世界の多くの国々で、女性は数の上でマジョリティをなしている。だが、女性は男性(「マジョリティ」)と比較し恵まれていない傾向にあるがゆえ、この「マイノリティ」という用語は女性にも適用されているのである。

一部の学者たちは、「マジョリティ」社会による偏見を体験してきた幾つもの集団をまとめて指し示すために「(複数形の)マイノリティーズ」という用語を用いることに賛意を示してきた。「(複数形の)マイノリティーズ」という用語は、様々な従属的集団が経てきた体験の共通性を目立たせることで、差別が蔓延していることに注意を促している。一例を挙げれば、障害者差別的態度、反ユダヤ主義、同性愛嫌悪、人種差別は、多くの特徴を共有し、そして、差別、偏見とが、類似した形態を取り得る。ただ同時に、まとめたかたちで「(複数形の)マイノリティーズ」という用語を用いることは、差別と抑圧について、特定の集団の経た体験を正確には反映しないような一般化をも結果的にもたらす可能性がある。

◎偏見と差別

人間の歴史上、依然として偏見と差別は広く人びとの間で蔓延しているが、偏見と差別とは明確に区別されねばならない。**偏見**とは、ある集団の成員が別の集団にたいして抱く意見ないし態度を指し示している。偏見を抱いた人の先入観は、多くの場合、直接的な証拠よりも伝聞に基づき、たとえ新たな情報を目の前にしても容易には変化しない。人びとは、自身が一体感を持っている集団に好意的な偏見を抱き、その他の集団にはネガティブな偏見を抱く可能性がある。特定の集団にたいして偏見を抱く者は、その集団の成員を公平に取り扱わないだろう。

偏見は、多くの場合、**ステレオタイプ**、つまり、ある社会集団にたいする、固定化し柔軟性を欠いた特徴描写に根差している。ステレオタイプは、たとえば、黒人の男性は誰もが生まれつきスポーツマンのように筋骨たくましく、東アジア人は誰もが勤勉で絶えず努力する学生である、といった考えのように、多くの場合、エスニック・マイノリティ集団に向けられる。ステレオタイプの中には、一面の真実を含むものもある。対して、**置き換え**――つまり、敵意や怒りの感情をもたらした真の原因ではない対象に、そうした感情を差し向けること――のメカニズムに過ぎないステレオタイプもある。ステレオタイプは文化的理解の中に埋め込まれているため、たとえ、そのステレオタイプが現実のひどい歪曲

ブラック・アイデンティティと「幾つかの新しいエスニシティ」

個々人や集団を描写するための「ブラック」という用語の使用法は、一九六〇年代以降、根本的な変質を遂げたが、今もって議論の的であり続けている。一九六〇年代までのイギリスでは、非白人である人びとは慣例的に「カラード」という言葉で称され、その後しばらくの間は、罵りの言葉として白人が割り当てた侮蔑的なレッテルは「ブラック」だった。一九六〇年代半ばになってようやく、アフリカ系のアメリカ人、イギリス人たちは、この「ブラック」という言葉を自分たちの手に取り戻し始めた。「ブラック・イズ・ビューティフル」といったスローガン、「ブラック・パワー」といった動機付けの概念は、アメリカでの黒人解放運動にとって不可欠なものとなった。こうした考えは、「黒い色」にたいする「白い色」の象徴的支配に対抗するために用いられた。

イギリスでは、集合的アイデンティティとしての「ブラック」という概念が、様々なアフリカ系、カリブ系、南アジア系のコミュニティとの関連で段々と使用されるようになっていった。ホール（Hall 2006 [1989]）は、ブラック・アイデンティティを自分のものとして取り入れることは文化的抵抗の駆け引きの第一段階に位置し、この第一段階は、イギリスにおける様々なエスニック・マイノリティ集団にまたがって共通して体験されている**レイシズム／人種主義**（人種差別）に基づくものであった、と主張している。この「契機」あるいは段階は、ある特定の体験の一体性を生み出した。つまり、レイシズムや差別に抗する闘争において、かつて政治的に有効であり今もそうあり続けている「必要な虚構」である。ホール（Hall 1991: 55）によれば、

そうした考え（ブラック・アイデンティティ）は、一九七〇年代の反人種差別闘争において極めて重要であった。詳しく言えば、一九五〇年代、一九六〇年代には、様々な社会的、文化的背景を有する人びとが、カリブ海域諸島、東アフリカ、アジア亜大陸、パキスタン、バングラデシュから、また、インドの色々な地域からの大規模な人の移動の波の一部として全てイギリスにやって来て、そうした全ての人びとが自らを政治的にはブラックであると認識していた、という考えである。

それでもやはり、この「ブラック」という概念はひとつの虚構なので《あり》、「白は良く、黒は悪い」といった人種差別的なメッセージを反転させるに過ぎず、こうした二極分化の状態を乗り越えるものではない（Procter 2004: 123）。モドゥード（Modood 1994）は、この「ブラック」があまりにも大雑把に用いられており、また肌の色に基づいた抑圧を過度に強調することで、結果、人びとの現実の体験には存在しないような「本質的」アイデンティティといった意味を伴ってしまっている、と主張した。一九八〇年代後半以降、一部の学者たち、また、エスニック・マイノリティ集団の成員たちは、こうした包括的なブラッ

ク・アイデンティティにより、自分たち自身の伝統と文化的諸資源を活《い》かそうとしている南アジア系の人びとの体験が封じ込められていると考えた。「ちょうど『ブラック』がある種の敵に相対する際の駆け引きの最前線であったように、同時に『ブラック』は、仮に正確に理解されなければ、さらに別の敵との関係性の中で、ある種の封じ込めをもたらし得る。こうしたことは、ブラックという考えをひとつの本質主義と捉えてしまう試みにつきものの強さでもあり、代償でもある」(Hall 1991: 56)。

ホール (Hall 2006 [1989]: 200) は、第二の段階あるいは「契機」が一九八〇年代半ばに始まったと見ている。この段階では、連帯感は「ある特定の人種的アイデンティティ、エスニック・アイデンティティについての固定した考えに依拠せずとも」(Davis 2004: 183-4) 努力によって得ることが可能だ、という認識がある。この第二の契機に、「幾つかの新しいエスニシティ」が、白人の文化は悪く、黒人の文化は良い、といった旧来の画一的な表象をバラバラに解体した。手短に言えば、この段階は、エスニック集団間の差異、特定のエスニック集団内にある差異が一般に認められ、多種多様な新しい声が耳に入ってくる段階である。

例えば、ハニフ・クレイシ脚本による一九八五年公開の映画『マイ・ビューティフル・ランドレット』では、黒人／白人、良い／悪い、といった単純な対立関係は棄却されている。その代わりに、この映画では、あるアジア系たちが実利的、搾取的な実業家で、中間階級の地位を得ることを欲しており、また他のアジア系たちは、——白人による人種差別的な文化の典型的な犠牲者たちなどではなく——ドラッグの売人として描かれる。この映画は、ブラック・カルチャーの中にある数多くの区分と差異を描くことにより、「ブラック・カルチャーがポジティヴで『異議のない』ものと解釈することを拒絶している」(Procter 2004: 129)。また、この映画は、セクシュアリティ、ジェンダー、階級をアイデンティティの多元的源泉として扱っており、どの単独の自己認識形態も他の形態より優先させることを拒否する。こういった文化作品は、より多様なエスニシティ概念の構築において重要な部分を成している。そしてこのように多様となったエスニシティ概念は、「それを下支えするエスニック・コミュニティの体験において、各種のエスニシティを周辺に追いやられた状態から解放し、価値ある存在として承認する」ような機能を持っている (Rojek 2003: 181)。

である場合でさえ、徐々にでも打ち壊していくことは難しい。シングルマザーたちが福祉に依存し、働こうとしないという思い込みは、経験的な根拠を欠いた執拗なステレオタイプの一例である。大勢のシングルマザーは現に働いており、また福祉給付を受給しているシングルマザーの多くがこうした受給よりも働くことを望んでいる。しかし、児童保育所を利用できないのである。

スケープゴート化は、異なるエスニック集団が、経済的諸資源をめぐって互いに競合する際に一般に見い出される。例えば、エスニック・マイノリティにたいして人種攻撃を加える者たちは、そのエスニック・マイノリティと同じような経済的境遇に置かれていることが多い。ストーンウォールが二〇〇三年に実施した世論調査によれば、「不公平な扱いを受けている」と感じている者すべてのうち半数が、移民やエスニック・マイノリティが自分たちよりも優先され始めていると信じ込み、そのため、自分たちの不満の真の原因は別のところにあるのに、その不満の責任をエスニック・マイノリティに負わせていた（Stonewall 2003; The Economist 2004）。スケープゴート化は、通常、他と違う明確な特徴を示し、相対的に無力な集団にたいして向けられる。というのも、こうした集団は格好の標的になるからである。プロテスタント、カトリック教徒、ユダヤ人、イタリア人、アフリカ系黒人、イスラム教徒、ロマ等々は、西洋の歴史の様々な時代にスケープゴートの役割を不本意ながら演じてきた。

仮に偏見が態度や意見のことを言うとすれば、**差別**は、他の集団や個人にたいする実際的な行動を指し示している。人種差別と外国人嫌悪に関するヨーロッパ連合基本権庁（EUFRA 2007）による報告書では、当時のEU八か国——デンマーク、ドイツ、フランス、アイルランド、ポーランド、スロバキア、フィンランド、そしてイングランド及びウェールズ——における、エスニック・マイノリティ集団にたいする住居供給の不足、ロマの子どもたちにたいする十分な教育の提供不足、人種差別的な暴力・犯罪の増加傾向を含め、幾つかのヨーロッパ諸国での数多くの差別例がリストに挙げられていた。

差別は、他の人たちには開かれている機会をある集団の成員から剝奪する行いの中に見い出され得る。なお、偏見は差別の基盤になっている場合が多いとはいえ、偏見と差別が別々に存在する可能性もある。例えば、住宅購入者である白人は、黒人が多く居住する地区にある不動産の購入を控えるかもしれない。ただ、その理由は、その地区に住む人びとにたいして敵意ある態度を抱いているからでなく、不動産価値が下落していくのではと心配するためであることもあろう。この場合、偏見に満ちた態度は差別に影響を及ぼしてはいるものの、それは間接的なかたちを取っているのである。

▼批判的に考える

人は偏見を持ちながらも、差別的な振舞いをしないでいることができるのか。仮に偏見が差別へと変化しないのならば、我々は偏見を「正常である」ものとして進んで受容すべきなのか。

■ 根強いレイシズム／人種主義

偏見の一形態として**レイシズム／人種主義**——社会的に重要な意味を持つ身体面の区別に基づく偏見——がある。人種主義者とは、人種化された差異に基づいて、ある個々人ないし集団が他の個々人ないし集団よりも優れていたり劣っていたりすると確信している人びと、と定義されよう。一般には、レイシズムは、特定の個々人あるいは集団がとる行動ないし態度と考えられている。例えばある個人は、人種差別的信念を表明したり、人種差別的な政治綱領を押し進める白人至上主義組織のような集団に参加するかもしれない。しかし、レイシズムとは、単に頑迷な少数の諸個人が抱く見解にとどまるものではない、と多くの者がこれまでも主張してきた。

制度的レイシズムという概念は、一九六〇年代後半のアメリカにおいて公民権運動の活動家たちにより展開されたものである。これら活動家たちは、レイシズムが単に極少数者の意見の表明ではなく、むしろアメリカ社会を下から支えていると考えた（Omi and Winant 1994）。この概念は、レイシズムが社会構造全体に周到に浸透していることを提唱するものである。この見解に従えば、警察、医療サービス、教育システムといった諸制度は、いずれも、特定の集団に恩恵を与える一方で、他の集団を差別待遇する政策を推進している、ということとなる。

ロンドン警視庁の業務について実施された非常に重要な調査（スティーヴン・ローレンス殺人事件をめぐる調査――「古典研究8.1」を参照のこと）では、一九六〇年代、アメリカで公民権運動の活動家の一人であったストークリー・カーマイケルにより考案された制度的レイシズムの定義が用いられ、また、この定義がさらに補強された。その定義とは、「ある組織が、住民にたいし、その人の肌の色、文化、民族的出自を理由に、専門職として適切なサービスを集団として提供しないこと。こうした集団的過失は、手順、態度、行動の中に見い出され、認められ得るが、こうした手順、態度、行動は、エスニック・マイノリティの人びとを不利な境遇に追い込む無意識の偏見、無知、思慮の無さ、そして人種差別的なステレオタイプ化を媒介として結果的に差別へとつながる」（Macpherson 1999: 6.34）。マクファーソン調査（古典研究8.1を参照のこと）は、警察と刑事司法システムの内部に、制度的レイシズムが現に存在していることを見つけ出した。また、制度的レイシズムは文化や芸術の領域でも明らかにされてきた。例えば、テレビ放送（番組制作におけるエスニック・マイノリティにたいするネガティブな、あるいは、限定的な描写）、国際的なモデル産業（業界全体での非白人ファッション・モデルにたいする偏見）などである。

◎「古い」形態から「新しい」形態のレイシズムへ

生物学的な人種概念が信憑性を失ったのとちょうど同じように、旧来の、公式に認められたレイシズムによる社会秩序を今日見い出すことは困難である。アメリカでの合法化された人種隔離の終焉、南アフリカでのアパルトヘイトによる支配の崩壊は、生物学的レイシズムが拒絶される重要な転換点であった。両事例において、人種差別的態度は、身体的特徴を生物学的な劣位性に直接結びつけていた。このような考え方は、暴力的なヘイトクライム、あるいは、過激派もしくは極右グループのオンライン上のプラットフォームを除いては、今日では人目もはばからず一般に耳にされることは少なくなっている。ただ、これは、人種差別的態度が現代社会から消滅した、という意味ではない。むしろ、一部の学者たちが主張するように、旧来の人種差別的態度は、より捉え難

古典研究 8.1

制度的レイシズム――スティーブン・ローレンス殺人事件をめぐる調査

研究課題

本書で「古典研究」として選ばれているものの圧倒的大部分が、専門職として社会学に従事している者たちによりなされた調査、あるいは理論的研究成果の一部である。しかし時に、公共団体あるいは政府の代理である調査員によって行われた調査が、非常に広範囲にわたる影響を及ぼし、ひとつの古典としてのステータスを帯びることがある。ウィリアム・マクファーソン卿（Macpherson 1999）により実施されたスティーブン・ローレンス殺人事件をめぐる調査は、その好例である。

一九九三年、黒人ティーンエイジャーであったスティーブン・ローレンスは、ロンドン南東部の停留所で友達と一緒にバスを待っていたところ、白人の若者五人から人種的偏見を動機とした襲撃を受け、殺害された。襲撃者たちは彼をナイフで二度突き刺し、そのまま歩道に放置して死に至らしめた。しかし当時、彼の殺害事件で誰も有罪判決を受けなかった。しかし、二〇一一年十一月、スティーブン・ローレンスが亡くなって十八年後、新しい捜査技術によって証拠が明らかにされ、ようやく二人の男性が有罪であることが判明した。

マクファーソンによる説明

スティーブン・ローレンスの両親の粘り強い努力の結果、一九九六年、三人の容疑者が公判に付された。しかし、判事が、一人の目撃者による証言は証拠として認めないと裁決すると、訴訟事実は総崩れとなった。一九九七年、当時の内務大臣ジャック・ストローは、ローレンス事件の徹底的調査を表明した。そして調査結果は一九九九年にマクファーソン報告として公表された。調査委員会は、スティーブン・ローレンス殺人事件の警察による捜査は最初から対応を間違っていた、と結論付けた（Macpherson 1999）。

現場に到着した警察官は、襲撃者たちを追う努力をほとんどせず、また、スティーブンの両親に何ら敬意を示さず、両親にはその権利があるにもかかわらず両親が事件に関する情報に接することを拒んだ。スティーブンは、人種差別的ないわれなき襲撃を受けた何の罪もない犠牲者であるというよりも、路上での喧嘩に巻き込まれただけだ、という誤った憶測がなされた。警察による容疑者の捜査は杜撰《ずさん》で、「緊張感を欠く」かたちで行われた。例えば、容疑者の家宅捜索は、凶器の隠し場所を述べる幾つかの密告があったにもかかわらず、徹底して行われなかった。こうした失態を正すためにこの捜査に介入できる立場にあった上司たちも、これを正そうとはしなかった。捜査の過程でも、また、その後の捜査にたいする一連の調査でも、警察は、核心となる情報を開示せず、互いにかばい合い、失態の責任を取ろうとはしなかった。この報告の執筆者たち（Macpherson 1999: 46.1）が示した調査結果は、曖昧な点の無いものであった。

人種差別によるスティーブン・ローレンス殺人事件の捜査に関して、全ての証拠から導き出された結論は明白である。捜査に根本的な誤りがあったことは疑う余地がない。事件捜査は、専門職としての無能さ、制度的レイシズム、そして、上司たちのリーダーシップの欠如が重なって、台無しになった。

この調査の最も重要な成果のひとつが、《制度的レイシズム》の告発であった。ロンドン警視庁だけでなく、刑事司法システムそのものも、この集団的過失に加担した。この報告(Macpherson 1999: 46.27)は、確実に、住民のいかなる層も不利益を被ることがないようにするためには、「あらゆる公共機関が自らの方針と、その方針の帰結を検証する義務がある」と結論付けた。人種差別による犯罪を警察が取り締まる際の方法を改善するために、七〇もの勧告が明記された。これら勧告の中には、警察官への「人種に関する意識」を高めるトレーニング、人種差別的な警察官を免職できる懲戒的権力の更なる強化、何をもって人種差別的事件を構成するかをめぐる定義の更なる明確化、警察内における黒人系、アジア系の警察官の総数を増やすなどの公約があった。二〇一五年、国家犯罪対策庁は、汚職警察官がスティーブン・ローレンスの殺害者たちを匿うために動いた、との申し立てについて調査を開始した(Dodd 2015)。

批判すべき諸点

この報告での結論は多くの人びとに受け入れられたものの、一部の者たちは十分なものではないと考えた。スティーブン・ローレンスの母親、ドリーン・ローレンスはこの報告が公表された際、次のように述べていた。警察は「奴隷制下の白人主人」のような態度で自分の息子の殺人事件を取り調べた。そして警察の過誤に公平な評価をしているこの報告を好意的に受け止めているものの、警察内部に巣食っているレイシズムを「単に表面的に論じる」ものに過ぎない、と述べた。この報告で最も論争の的となった部分は、ロンドン警視庁だけでなく、全体としての刑事司法システムが「制度的レイシズム」を帯びている、という主要な知見であった。警察苦情委員会(PCC)は、警察による人種差別的な行為の「証拠はなく」、制度的レイシズムをこの報告者の定義にあるように「無意識のレイシズム」と捉えることは、あまりにも概括的過ぎる、と批判した。この警察苦情委員会の結論を受けるかたちで、マイケル・イグナティエフは、この事件に込められた本当の問題は、「人種」「人種に関する意識」などではなく、「制度的機能不全」と「法の前の平等な正義」の問題である、と記した(Green 2000 に引用されている)。

今日的な意義

マクファーソン報告は、スティーブン・ローレンスの事案にたいして公正な裁きを為すには至らなかったが、イギリスなどの人びとが人種差別に動機づけられた犯罪、また、その告発についての考え方に変化をもたらす一助となったことは確かである。一九六〇年代後半、アメリカでの公民権闘争の中で考案された制度的レイシズムという概念は、政府によって委託された公的な報告で受け入れられ、結果、あらゆる公共団体は人種間の平等を追求する法的義務を負うこととなった。このように、ローレンス殺人事件をめぐる調査は、刑事司法システムに新しい要請を課しただけでなく、イギリス社会における人種に関わる言説において大きな転換点となった。

く巧妙な**新しいレイシズム**（あるいは《文化的レイシズム》）に既に取って代わられており、そして、この新しいレイシズムは、特定の集団を排除するために文化的差異という考えを利用するのである（Barker 1981）。

「新しいレイシズム」が出現したと論じる者たちは、マイノリティ集団を差別するために生物学的議論ではなく文化的議論が用いられていると主張する。この見解によれば、マジョリティが身につけている文化の価値観にしたがって、優位性と劣位性のヒエラルキーが構築されている。マジョリティから距離を置く集団は、「同化する」ことを拒むという理由で社会的に周縁に追いやられたり中傷されたりする可能性がある。新しいレイシズムには明白な政治的側面があると言われている。

新しいレイシズムの顕著な例は、公用語を英語のみとする政策を立法化しようとするアメリカの一部の政治家たちの取り組み、また、イスラムの慣習にしたがってスカーフを身につけたまま学校に通うことを願う少女たちをめぐるフランスでの論争に、ほぼ間違いなく見い出せる。バック（Back 1995）は、文化的レイシズムとは、我々が「多元的なレイシズム」の時代を生きていることを意味しており、この時代において差別は住民の各層で異なったかたちで体験されていると主張する。この点は、反ユダヤ主義、そしてイスラム嫌悪との関係の中に見ることができる。

世界中にいるユダヤ人たちは、長きにわたり人種差別的な偏見、そして差別的な態度の標的であり続けている。これが、反ユダヤ主義として知られるものである。今日、反ユダヤ主義は、様々な政治信条の中でも極右の人びと、あるいは、多種多様な経済的、政治的問題をユダヤの人びとのせいにする陰謀論に魅了された人びとの間で最も一般的である。しかしながら、こうした考えは左派にも見受けられる。この点を示す最新の証拠として、イギリス労働党内部で為された反ユダヤ主義に関する一連の報告がある。パレスチナ人たちの独立国家建設の権利を支持することは、多くの場合、イスラエル政府の政策批判を伴う。だが、一部の党員は、この批判を反シオニストの見解にまで押し広げることで、イスラエル国家それ自体の存在そのものに反対している。二〇一八年から二〇一九年にかけての一〇か月間にわたり、労働党には、反ユダヤ主義的行為について六七三件の不満の訴えが寄せられた。結果、九六人の党員が資格停止となり、二〇人が除名、さらに、幾人かの労働党選出の下院議員がこの問題にたいする党としての対処のありかたに不満を持ち離党した（BBC News 2019e）。なお、この重大な出来事は、二〇一九年、イギリス平等と人権委員会（EHRC）による調査を結果的に招いたが、本書の執筆時点では、その調査報告書はまだ出来上がっていない。

イスラム嫌悪として知られる、イスラム教徒たちへのヘイトスピーチ、ヘイトクライムは、ヨーロッパにおける新しいレイシズムのもうひとつの事例である。西ヨーロッパ社会では、ある者たちにとって、イスラム教徒たちは、多種多様な社会問題から生じる不満の便利なスケープゴートとなっている。例えば、テロリズム、子どもたちへの性的グルーミング、都市部における騒乱、エスニック集団ごとの棲み分け、などである。イスラム教徒たちを敵として、つまり「他者」として描くことは次のことを意味する。「イスラム嫌悪は、ヨーロッパ中心主義、つまり、目下、ヨーロッパにおいて支配的である人種化された社会秩序を支持する。この社会秩序内においては、西洋人であるという自己認識を持つ国民はイスラム教徒たちと比べ、より良い社会的、経済的、政治的な『人種契約』を獲得し、そして、現実であれ想像上のものであれイスラム教徒側の差し迫った必要に逆らってでも、こうした諸特権を守ろうとするのである」（Jackson 2018: 2）。このように、イスラム嫌悪は、マジョリティを成す人びとによる「権力の道具」として利用されていることが分かるだろう（Hafez 2016: 26-7）。それゆえに、イスラム嫌悪は単に無知からくる敵意ではなく、その中心に利己主義の一形態を宿しているかもしれない、とジャクソンは主張する。もしそうであれば、ある者たちにとっては、ヨーロッパにおけるレイシズムは**集団的閉鎖**（後に本章にて詳しく扱う）プロセスにおける一側面であり、このプロセスは、既に立場を確立している集団の利益を守るべく機能することとなろう。

なにゆえにレイシズムは21世紀になっても存続しているのか。それを理解するひとつの方法は、こうした古い形態のレイシズムと新しい形態のレイシズムとの間のつながりを考察することである。説明の一つは、「人種科学」が確立された植民地主義時代の間に、ヨーロッパ人たちが非白人住民にたいして築いた搾取関係に見い出される。仮に、多くの白人であるヨーロッパ人が、黒人は劣等な、人間以下の扱いを受ける人種に属すると考えなければ、大西洋をまたいだ奴隷貿易を行うことはできなかったはずである。レイシズムは、非白人住民にたいする植民地支配を正当化する一助となり、また、白人たちは自分たちのヨーロッパ本国で獲得し始めた参政権を非白人住民にたいしては拒んだ。完全なる市民権からの排除は、今日のレイシズムにおいても依然として中心的特徴である、と一部の社会学者たちは主張している。

また別の理由は、イギリス、ヨーロッパ諸国、アメリカ、カナダなど、一九四五年より後、移民の受け入れを促進した国々の内部で一部の社会集団が示した反応の中に見い出される。一九七〇年代半ばに戦後好景気が弱まり、西洋の国家経済が労働力不足の状態（また、比較的、国境での検問を緩やかにしていた状態）から失業率の上昇へと転じると、ある者たちは、雇用機会不足の責任は移民たちにあり、また不法に福祉給付を要求している、と強く思い始めた——スケープゴート化の際によくある考え方である。実際には、このような社会で広く抱かれている恐怖心は神話である。移民労働者たちは元からの住民が嫌がる仕事に従事したり、得難い付加価値のある技能を供給したり、新しい職を創出したりすることで、元からその国に住む労働者たちを補完する傾向にある。同様に、通常、納税者として、移民労働者たちは社会にたいして最終的に寄与している。

◎ レイシズムに関する社会学理論

レイシズムの根強さを説明しようとする際、先に取り上げたステレオタイプ的思考や置き換えといった幾つかの諸概念は、心理学的メカニズムによって偏見、差別を説明する助けにはなっている。しかし、これらの概念は、関連する社会的プロセスについて、ほとんど何も教えてくれない。こうした社会的プロセスを探求するためには、社会学的な諸概念、社会学的な諸理論に頼る必要がある。

エスノセントリズム、集団的閉鎖、資源配分　これまで社会学者たちは、レイシズムが根強く続いているのはなぜかを理解するため、エスノセントリズム、集団的閉鎖、資源配分といった考えを用いてきた。**エスノセントリズム**とは、自分自身の文化の観点から他者の文化を評価する性向と結びついて、よそ者たちを胡《う》散《さん》臭く思うことである。ほぼ全ての文化が依然として多少なりともエスノセントリックであり、また、エスノセントリズムが先に取り上げたステレオタイプ的思考とどのように結びついているかは容易に分かる。よそ者たちは、異邦人、野蛮人、あるいは、道徳的にも精神的にも劣った者たちと見なされる。例えば、ほとんどの文明は、自らと比べ規模の小さな文化の成員をこのようなかたちで見ていたし、また、こうした態度が、歴史上、エスニシティ間の数多なる衝突を煽ってきたのである。

エスノセントリズムと集団的閉鎖、すなわちエスニシティごとの集団的閉鎖とは、しばしば相伴う。「閉鎖」とは、集団が、自分たちと他者とを区分する境界を持続させていくプロセスを指している。こうした境界は、排除をねらった幾つかの仕掛けによって形成され、これらの仕掛けにより、あるエスニック集団と別の集団との間にある区分がより明確なものとなる（Barth 1969）。例えばこうした仕掛けには、異なるエスニック集団間の通婚の制限や禁止、社会的接触や交易といった経済関係の制限、そして、（エスニック・ゲットーの場合のような）各集団間の物理的隔離がある。アメリカのアフリカ系アメリカ人たちは、これら三つ全ての排除の仕掛けを体験してきた。例えば、一部の州では異なる人種の間の通婚が違法であり、南部では、経済的、社会的隔離が法律により強制されていた。さらに、未だに、周囲から隔離された黒人ゲットーがほとんどの主要都市に存在している。

＊和平プロセスについては、第21章「国家、戦争、テロリズム」において詳しく検討されている。

時として、同等の力を持つエスニック集団が、閉鎖の境界線を相互に強化する場合がある。その場合、両エスニック集団の成員たちは互いに別々に存在しているため、どちらかの集団がもう一方を支配するということはない。とはいえ、一般的には、あるエスニック集団がもう一方の集団にまさる権力的地位を占める場合が多い。このような状況の下では、集団的閉鎖は**資源配分**と同時

南アフリカにおけるアパルトヘイト体制下の人種隔離

一九四八年から、人種を問わない最初の自由選挙が実施された一九九四年まで、南アフリカはアパルトヘイト——国家により強制された人種隔離体制——により統治されていた。アパルトヘイトのシステム下では、人びとは四つのカテゴリーのいずれかに分類された。《白人》（ヨーロッパ系移民の子孫）、《黒人》（南アフリカの現地住民）、《カラード》（複合人種の人びと）、そして、《アジア系》（中国、日本などからの移民）の四つである。南アフリカではマイノリティ——人口の約13％——である白人が、マジョリティである非白人を支配していた。非白人は選挙で投票ができず、ゆえに、国政に代議員を一人も送り込むことができなかった。人種隔離——19世紀後半には導入されていた——は、化粧室、ビーチ、鉄道車両といった公共の場から、居住地区、学校に至るまで、今や、社会のあらゆるレベルで強要されるものとなった。無数の黒人たちが、主要都市から遠く離れた、通称ホームランドという囲いの中に押し込められ、金鉱やダイヤモンド鉱山では出稼ぎ労働者として働いていた。

アパルトヘイトは法律で規定されていたが、暴力や残忍な行為をとおし強要された。統治する国民党は、アパルトヘイト体制へのあらゆる抵抗を抑え込むために、法的措置や治安機関を用いた。反体制グループは非合法化され、政治的に反体制派である人びとは裁判も受けずに拘留され、多くの場合、拷問を受け、穏健なデモでさえ、しばしば暴力事件に発展した。だが、何十年にも及ぶ国際社会からの強い非難と、経済的、文化的制裁、そして国内での抵抗の高まりの結果、アパルトヘイト体制は弱体化し始めた。一九八九年、F・W・デクラークが南アフリカ共和国大統領に就任した時、彼は既に深刻な危機に瀕した国を引き継いだのであった。一九九〇年、デクラークは主要な反対政党であるアフリカ民族会議（ANC）に課してきた禁止令を解除し、アフリカ民族会議の指導者ネルソン・マンデラを釈放した。彼は、それまで二七年もの間、投獄されていた。そして一連の複雑な交渉を経て、一九九四年四月二七日、南アフリカ初の非白人も参加する国政選挙が実施された。その結果、投票数の62％を獲得したアフリカ民族会議が勝利し、ネルソン・マンデラは、アパルトヘイト体制後初の南アフリカ共和国大統領に就任した。

一九九六年から一九九八年にかけて、南アフリカ真実和解委員会（TRC）は、アパルトヘイトの下で生じた人権侵害を暴き、調査するために、南アフリカ共和国全体にわたって公聴会を開催した。この過程で、二万一〇〇〇件を上回る証言が記録され、アパルトヘイト体制の残忍さが露わにされた。だが、アパルトヘイトの下で罪を犯した者たちには、嘘偽りのない証言、情報の「完全な開示」と引き換えに、恩赦が与えられた。アフリカ民族会議を含め他の組織による違法行為についても言及されたとはいえ、アパルトヘイトによる統治体制が人権侵害の主犯と特定された。一九九九年、マンデラは政界を引退したが、アパルトヘイト時代が終焉を迎えて以降、アフリカ民族会議は依然として政権の座にある。

に生じ、富と物質的財の分配において不平等を設ける。エスニック集団間に生じる最も激烈な対立の幾つかは、閉鎖の境界線を軸として展開する。それはまさしく、こうした境界線が富、権力、社会的地位における不平等の契機となるためである。

エスニシティごとの集団的閉鎖という捉え方は、エスニック集団を互いに分け隔てる目立った差異だけでなく、より察知されにくい差異をも理解する一助となる。例えば、なぜ、ある集団の成員は殺害され、襲撃され、嫌がらせを受けるのか。また、それだけでなく、なぜ、良い職や教育、望ましい居住地を得られないのか。富、権力、社会的地位は希少な資源であり、ある集団は他の集団よりも、これら希少資源を多く所有している。自分たちの際立った地位を手離さないために、時に特権的集団は他の集団にたいして過度な暴力行為を企てる。同じように、恵まれていない集団の成員は、自分たち自身の置かれている境遇を改善しようとする手段として、暴力に頼る可能性がある。

葛藤理論　葛藤理論は、一方で、レイシズムと偏見との結びつきを、他方で、権力と不平等との関係性を問題にしている。レイシズムへの初期の葛藤理論の取り組みは、マルクス主義的思想の強い影響を受けていた。この思想は、経済システムを、社会の他のあらゆる側面の決定要因であると見なすものであった。一部のマルクス主義の理論家たちは、支配階級は労働者搾取の手段として奴隷制、植民地主義、レイシズムを利用したと主張し、レイシズムは資本主義システムの所産であると考えた（Cox 1959）。

その後、ネオ・マルクス主義の学者たちは、こうした初期の公式化はあまりにも硬直的で単純に過ぎると見なし、レイシズムは経済的な力のみの所産ではないと指摘した。例えば、バーミンガム現代文化研究センターが一九八二年に刊行した論文集『帝国の逆襲』では、レイシズムの勃興にたいして、より幅広い見方が採用されている。資本家による労働者搾取と一九七〇年代の経済危機が基底的な要因であることに同意しつつも、こうした危機は「相互関連的なもの」でもあった。すなわち、植民地主義の文化的、イデオロギー的遺産がイギリスの諸制度、社会の中に埋め込まれていることや、経済危機の時代にあってイギリスの国家装置がより権威主義的なものへと移行していったこと、など他の諸要素と結びついていたのである。そして、こうした結びつきが、一九七〇年代から一九八〇年代のイギリスで特有な形態のレイシズムの出現を結果としてもたらした。したがって、レイシズムは、受け身の立場にある社会層にたいして支配階級の思想を単に押し付けたものでもなく、また、固定され不変なもののように定義できるものでもない。レイシズムとは、イデオロギー的要因、経済的要因、政治的要因、文化的要因の間での相互作用を伴った、常に複雑で、移ろい行く、多面的な現象なのである（Centre for Contemporary Cultural Studies 1982）。

一九八〇年代半ば以降、アメリカにおける法学の分野で、**批判的人種理論**（CRT）と呼ばれる葛藤理論の新しい視座が発展し始めた。そして、この視座は、一九九〇年代の間に、教育研究、エスニック・リレーションズ、そして政治学に、二〇〇〇年代にはスポーツに普及していった（Hylton 2009）。批判的人種理論は、幾つか重要な点で、人種、エスニシティに関する旧来の諸理論と異なっていた。とりわけ、批判的人種理論の論者たちは、「人種関係」の単なる超然とした分析者ではなく直接行動主義者でもあり、エスニック集団間の不平等な関係性を変えるべく介入しようとする。こうした視座は、主流派をなす法理論への反発、批判として現れた。この主流派は、法律と法制度の発展を平等への進展が間断なく増していくことであると見なすような、細部には拘らないリベラルな立場に立脚していた（Brown 2007）。批判的人種理論はこうした直線的な物語を拒絶しており、以下のように主張している。一九六〇年代の公民権運動により獲得されたものは瞬く間のうちに蝕《むしば》まれ、未だ肯定的な諸判例が出揃っていない、と。

デルガードとステファンチッチ（Delgado and Stefancic 2001: 7-10）は、批判的人種理論の重要な諸側面の概要を示している。まず第一に、人種差別（レイシズム）はノン・レイシスト規範〔自身は人種差別の対象ではないという白人が設けた暗黙の規範〕から逸脱するものではない、と彼らは主張する。事実、アメリカ、さらに言うと、他の多くの社会で、人種差別は「白色人種と異なった肌の色である人種」にとっては日々被る「標準的な」体験である。したがって、人種差別は「例外的な」ものなどではなく、それどころか、法制度や他の社会諸制度の中に深く埋め込まれており、このことが人種差別がこれほどまでに根強く残っている理由となっている。こうした理由で、法の前での平等な扱いという公式的見解は、非常に明白なタイプの人種差別のみに対処し、他方で、日常的あるいは些細な形態の人種差別は救済されることもなく続いている。第二に、白人エリートも白人労働者階級も、こうした「標準的な」人種差別の作用によって物質的利益を得る立場にあり、したがって、人口の大部分が、この状況を改めようとすることに真に関心を持っていない。このことが、平等への真の変革をさらに達成困難なものとしている。また、批判的人種理論は、**社会構築主義**の強硬な理論であり、ゆえに、この理論は、「人種」とは不変なる生物学的事実ではなく、不平等を永続化させる社会的創造物だと（先に見たように）指摘する。例えば、非熟練あるいは半熟練労働者不足で移民が奨励される間では、黒人はよく働き、頼りになると描かれる可能性がある。しかし、失業率が高い時には、同じ「人種」グループが、マスメディアや政治家たちによって、本質的に怠惰で犯罪を犯しがちだ、と評される可能性もある。いかにして権力がエスニシティの関係性の中に織り込まれているかを、こうした**差別的人種化**は例証している。

＊社会構築主義のアプローチの検討は、第5章「環境」、第12章「社会的相互行為と日常生活」、第7章「ジェンダーとセクシュアリティ」を参照のこと。

最後に、彼ら独自の歴史と体験から、エスニック・マイノリティ集団が人種差別の犠牲者にとっての人種差別の意味を独特なやり方で明瞭に表現することができる、と批判的人種理論の論者たちは主張している。この理由で、批判的人種理論は、人種差別を体験している人びとに発言の機会を与え、そして、こうした発言に学者たちの注意を喚起するために、語りや生活史調査といった方法論を広く活用する傾向にある（Zamudio et al. 2011: 5; なお

Denzin et al. 2008参照のこと)。だが、批判的人種理論の論者たちの究極的目標は極めて実践的なものである。つまり、より平等性の高い社会に向けて社会を動かそうと努力しているあらゆる社会運動にたいし、自分たち自身の必要な貢献を行うことである。

▼批判的に考える

どのようにしてレイシズムが集団的閉鎖、エスノセントリズム、資源配分、社会階級と結びつき合うか、現在の事例を幾つか挙げてみよ。そうして選ばれた諸事例を我々が理解する際に、批判的人種理論の視座は何を付け加えてくれるのか。

◎雇用、住居、刑事司法

労働、住居、刑事司法は、社会学者たちによって調査されてきた三つの領域である。その理由は、ジェンダー、階級、エスニシティといった主要な社会的不平等によってもたらされる社会的、経済的不利益の、非常にリアルな影響を絶えず監視するためである。この項では、イギリスにおける様々なエスニック集団の体験、そして根強いレイシズムに関連する、幾つかの重要な問題点とテーマの概要を手短に示すつもりである。だが、また、どのようにして人種とエスニシティが他の形態の不平等と交差し合い、結果として、雇用機会、住居形態、刑事司法における様々な優遇、不遇のパターンを生み出しているかも例証する。

雇用動向　イギリスのエスニック・マイノリティ集団に関する最初期の全国調査は一九六〇年代に政策問題研究所(PSI)が実施しており、近年の大多数の移民が数少ない産業の肉体労働職に偏って集中していることを見い出した。出身国で取得した専門的な資格証明を有して最近到着した者たちでさえ、その能力に不相応な職種で働く傾向にあった。出身エスニシティに基づく差別は、ありふれた、よく見られる慣行であって、一部の雇用主たちは非白人労働者の雇用を拒否したり、ふさわしい白人労働者が不足している時だけ雇い入れに同意していた。

ただ一九七〇年代までには、雇用パターンは幾分か変わっていた。多くのエスニック・マイノリティ集団の成員たちは、半熟練あるいは非熟練の肉体労働職に従事し続けていたが、熟練肉体労働職で雇用される者たちが増えていった。しかし、専門職、管理職にはほとんど従事していなかった。会社の雇用慣行における人種差別を防ぐ法改正をしたにもかかわらず、社会科学的調査では、同等の資格を有する非白人求職者たちよりも優先して、相変わらず白人たちが面接や就業機会を与えられていることが見い出された。これは今日もある慣行である。例えば、二〇一六年から二〇一七年にかけて、イギリスの研究者たちは、多種多様なエスニック集団を含むかたちで、三二〇〇人分の偽の求職申込書を発送した。これら三二〇〇人の者たちは、全て、同じ技能、資格、経験を持っていた。マジョリティである白人からの求職の申し込みのうち、およそ25%ほどが折り返しの連絡といったポジティブな対応を引き出した。しかし、エスニック・マイノリティ集団からの求職の申し込みで同様な経緯をたどったのは15%に過ぎなかった(「Tab. 8.2」参照のこと)。パキスタン系、またナイジェリア系にたいしては最も酷い差別が為され、仮にたった一つでもポジティブな対応を受けるためには、マジョリティ集団と比べ、パキスタン系は70％増の、ナイジェリア系は80％増の求職申込書を送らねばならなかったであろう（Di Stasio and Heath 2019)。

政策問題研究所が一九八二年に実施した第三回目の調査は、アフリカ系アジア人やインド系の男性は例外としても、エスニック・マイノリティ集団の失業率は白人たちより二倍も高いことを見い出した。主要には経済不況がもたらした結果であり、その経済不況は多数のエスニック・マイノリティの労働者たちが雇用されている製造業に強い打撃を与えていた。とはいえ、資格を持ち、流暢な英語を話す非白人たちによるホワイトカラー職への参入は増え続けており、全体として、エスニック・マイノリティと白人との賃金格差は縮小の途上にあった。ますます多くのエスニック・マイノリティが自営業に就き、とりわけインド系やアフリカ系アジア人の間での所得の上昇、失業率の低下に寄与した。

一部の学者たちは、一九八〇年代から一九九〇年代にかけての脱工業化が、エスニック・マイノリティ集団に過度な影響を与えている、と提唱した。しかしながら、政策問題研究所の調査、また、労働力調査と国勢調査統計との比較から得られた知見は、こうした月並みな見解に疑問を投げかけた。三〇年間にわたる労働力調査と国勢調査（一九七一年、一九八一年、一九九一年）のデータを用いて、イガンスキーとペイン（Iganski and Payne 1999）は、全体的に見れば、エスニック・マイノリティ集団が体験した失業レベルは他の工業労働者と比べ《より低い》ものであったことを見い出した。

政策問題研究所が一九九七年に実施した第四回目の調査(Modood et al. 1997）は、非白人女性の間で雇用パターンが異なっていることも見い出した。カリブ系黒人女性たちは、白人女性と比べ、肉体労働に従事する割合がずっと低く、他方で、インド系女性、パキスタン系女性たちは、肉体労働の職に就く傾向があった。カリブ系黒人女性たち、またインド系女性たちは、経済活動レベルがずっと高かったのだが、パキスタン系やバングラデシュ系の女性たちの労働市場における積極さは劣っていた。平均して、カリブ系とインド系の女性たちは、白人女性たちよりもやや高い常勤所得を得る傾向にあった。しかし、インド系女性たちの間では、相対的に高所得の人びとと低所得の人びととの間に際立った両極化が見られた。

なお、一部のエスニック・マイノリティ集団が実質的に獲得した成果を、職業面での不遇の終焉であると思い違いしてはならない。むしろ、こうした「集合的社会移動」は、脱工業化の構造改革がもたらす力が、人種差別と根強い不遇状態を強いる力よりも強いことを証明しているのである。もっと最近の調査では、様々なエスニック集団がたどるそれぞれ異なった雇用経路が明らかにされてきた。二〇一〇年、国家平等委員会は、白人男性とインド系の男性たちの約80％、また、他のエスニック集団の男性たちのうち50％から70％が有給の仕事に従事している、と報告した(Hills et al. 2010)。しかしながら、アフリカ系黒人、カリブ系黒人、また他のエスニック集団の黒人男性たちの失業率は（10％から16％の間にあり）相対的に高かった。なお、他の全てのエスニック集団の女性たちの約50％が有給雇用されていたのと比べ、パ

Tab. 8.2 応募者のマイノリティとしての地位ごとのポジティヴな対応(折り返しの連絡)

	マジョリティ集団	パキスタン系		ナイジェリア系		マジョリティ以外の全集団	
	割合	割合	倍率※	割合	倍率※	割合	倍率※
全ての職業	24.1	13.9	1.7	13.1	1.8	15.8	1.5
高度な技能を要する職業	25.8	18.3	1.4	11.7	2.2	20.2	1.3
他の全ての職業	23.2	11.9	1.9	13.7	1.7	13.6	1.7
全ての職業(男性)	21.8	11.5	1.9	11.1	2.0	15.4	1.4
全ての職業(女性)	26.5	16.6	1.6	15.7	1.7	16.2	1.6

出典:Di Stasio and Heath (2019).

※=マジョリティ集団と比較した競争倍率

キスタン系とバングラデシュ系の女性たちはおよそ25%しか有給雇用されていなかった。

この国家平等委員会による調査では、エスニック集団の間での所得レベルに関しても類似した差異が見い出された。白人イギリス人男性の総週間所得の**中央値**は、黒人男性、カリブ系黒人イギリス人男性と比べ30%高かった。同時に、白人イギリス人男性の上層10%の所得は、黒人男性あるいはカリブ系黒人イギリス人男性の上層10%のそれと比べ22%高かった(Hills et al. 2010: 161)。同様に、全体的な所得分布において、白人男性は、アジア系男性、あるいはアジア系イギリス人であるバングラデシュ系男性よりも、(100に分けた場合)分布上30ほど高い位置にあった。明らかにイギリスでは、白人男性が、大部分の黒人とアジア系マイノリティ集団よりも、経済的に著しい優位性を享受し続けている。

住居 先進世界のどこか他の所と同様、イギリスのエスニック・マイノリティ集団は、住宅市場でも差別、嫌がらせ、また、経済的な理由で相応《ふさわ》しいと思われる住宅を諦めるしかない状態を経験しがちである。早くからあった移民規制の要望以来、住居は、資源をめぐる集団間闘争の最前線であり、エスニシティごとでの閉鎖へと向かう傾向が明白である。

雇用パターンと同じように、住居の所有権、質、種類の差異は、エスニック集団によって様々である(Fig. 8.1参照のこと)。明らかに、自宅の所有は、雇用形態、所得、職業と結びついている。イングランドのデータは、二〇一六年から二〇一八年にかけて、白人イギリス人世帯の68%が自宅所有者であったことと比べると、アフリカ系黒人はちょうど20%、さらにアラブ系世帯では17%であって、これは全てのエスニック集団の中で最低であった、と明らかにしている。だが、全てのエスニック集団の中で自宅所有率が最高であったのはインド系世帯であり、74%であった(MHCLG 2020)。よって、全体として非白人である住民は、白人と比べると住居に関し恵まれていない傾向にあるが、幾つか重要な例外がある。それでも、ほとんどのエスニック・マイノリティ集団には、賃貸で、標準以下の住宅が過度に偏ったかたちであてがわれ、また、彼らは(路上生活者ではない)ホームレスの中で、過度に大きな比率を占める傾向にある(Law 2009: 178)。

幾つかの要因が、非白人住民と白人住民との、また、非白人集団間の住居格差の原因となっている。人種差別的な嫌がらせ、あるいは暴力的な襲撃は、未だヨーロッパ諸国で頻発しているが、これらは住宅所有権や賃貸契約形態面でのエスニシティ間差別をある程度まで助長しがちである。多くのヨーロッパ諸国でロマのコミュニティが、利用可能で、かつ、金銭的に手の届く住居に関し最も酷い差別に直面していることを示す証拠がある（EUFRA 2007）。さらに非白人家族は、もっと裕福で、もっぱら白人たちが居住する地区に転入する資力があっても、白人たちからの敵意に直面するがゆえに、転入を思いとどまるかもしれない。

もう一つの要因は、住居の物理的条件と関係している。ほとんどのパキスタン系とバングラデシュ系は、――理由の一部として世帯の平均規模が大きいがゆえに――過密状態の住宅で暮らしており、また、その住宅は湿気の影響を受けやすく、セントラル・ヒーティングの設備が無い可能性が相対的に高い傾向にある。対照的に、インド系の住民で、一戸建て住宅あるいは一棟に二軒入っているタイプの住宅に居住する割合はちょうど白人と同じぐらいで、また、他のエスニック集団よりも、インナーシティ地区に居住する可能性が低い。他方、アフリカ系カリブ人世帯は、住居を所有せずに、公共住宅を借りている可能性がずっと高い。この点は、ひとり親家族の割合がこのエスニック集団内では高いことと恐らく関係している。コッカーハム（Cockerham 2020）は、標準以下の住居が、一部のエスニック・マイノリティ集団の間で健康状態の悪化水準を高めてしまう重大な一要因であると主張しているが、そうした健康面の不平等は社会階級で占める位置と強い相関関係にある。

＊健康面での不平等に関するより幅広い検討は、第10章「健康、病い、障害」を参照のこと。

階級、エスニシティ、ジェンダーといった社会的不平等が交差し合っていることを理解することは、近年の多くの社会学的研究の基盤を形成してきた。また、**インターセクショナリティ（交差性）**はエスニック・マイノリティにたいする公共サービスを改善する試みに活気を与え続けている。年齢、セクシュアリティ、障害、階級、エスニシティ、ジェンダーといった幾つもの不平等の複雑な絡まり合いは、社会の中で、非常に多様な社会的位置、社会的アイデンティティを生み出している。社会学におけるインターセクショナル研究は、政策立案者たちが現在の社会的不平等が有する多様性をより良く理解する助けとなっており、社会集団、個々人により様々であるニーズにもっと合った社会政策を立案する助けともなっている。

＊インターセクショナリティについては第9章「社会階層と社会階級」において詳しく検討され、第3章「理論と観点《パースペクティブ》」、第7章「ジェンダーとセクシュアリティ」、第11章「貧困、社会的排除、福祉」、第14章「ライフコース」、第17章「労働と雇用」でも取り上げられている。

住居面での格差は社会の中での人種差別的な態度の一例と見な

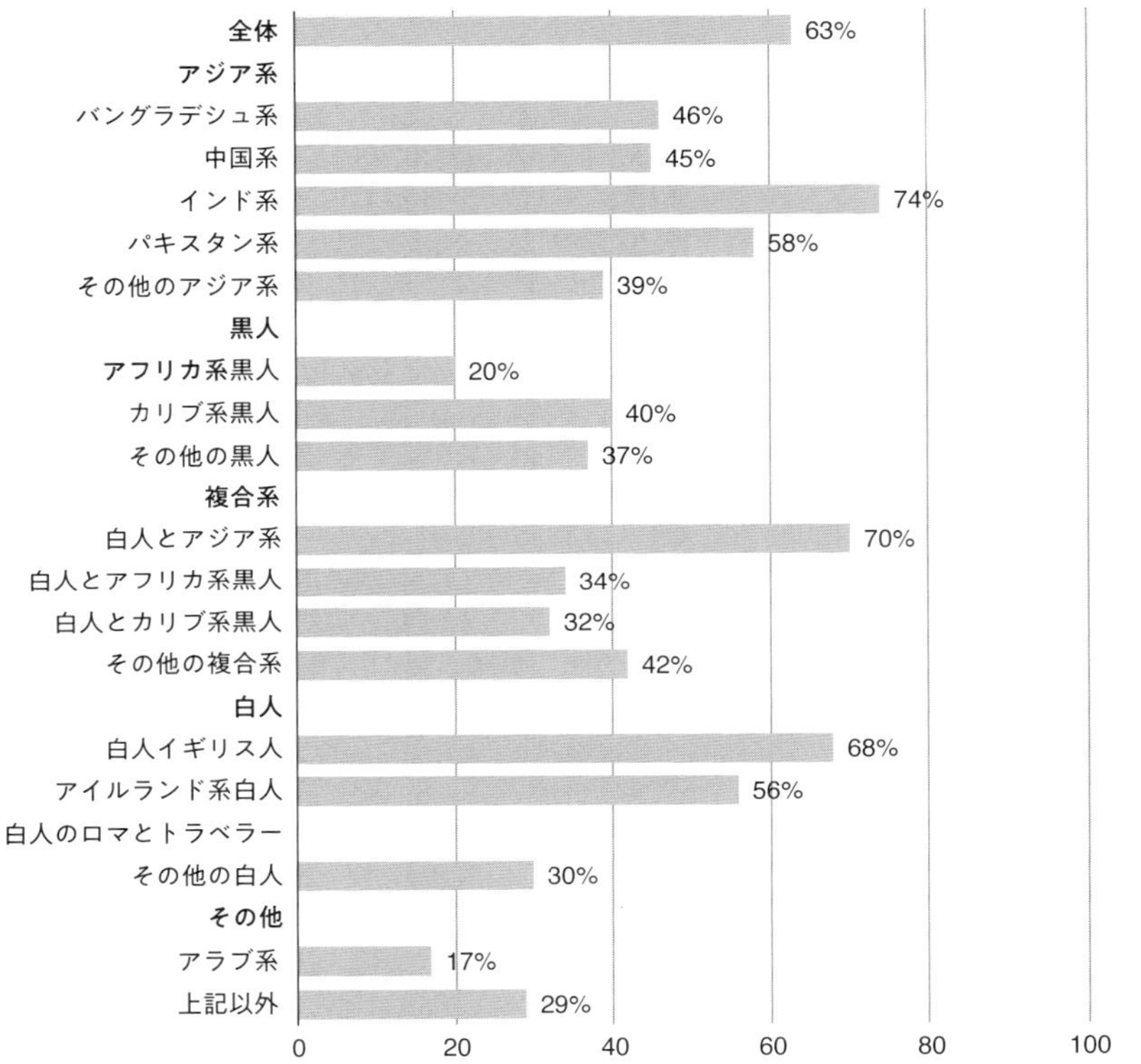

Fig. 8.1　自宅所有世帯の割合（イングランド、エスニシティ別）　出典：MHCLG（2020）

し得る。また、マクファーソン報告の箇所で見たように、こうした人種差別的な態度は多くの公共サービスの中に制度的に埋め込まれているのである（Karlsen 2007）。この点は、刑事司法システムの運用のあり方との関係で、とりわけ切実に見て取ることができる。

刑事司法システム　一九六〇年代以降、エスニック・マイノリティ集団の成員たちが、犯罪者としても、犯罪被害者としても、刑事司法システムの中で過度に大きな比率を占め続けている。全人口の中で彼らが占める割合と比較しても、エスニック・マイノリティ集団は囚人数のうち、過度に大きな比率を占めている。二〇一九年、総人口ではたった13%を占めるに過ぎないものの、イングランド及びウェールズの囚人数の27%が自らをエスニック・マイノリティであると認識していた（Sturge 2018: 11）。この割合は、二〇〇五年以降、だいたいのところ変動がみられない。年少の黒人男性たちにしても、白人たちよりも少年矯正施設に入所している可能性が高い。二〇一〇年、イングランド及びウェールズにある少年矯正施設では、収容者たちの39%が黒人と他のエスニック・マイノリティ集団の年少男性により構成されており、二〇〇六年の23%から急増した（Travis 2011）。

エスニック・マイノリティ集団の成員が刑事司法システムの中で差別的な扱いを被っていると信じる正当な理由がある。黒人とエスニック・マイノリティ集団への「(武器などの持ち物検査を含む無作為な)職務質問」措置件数は、一九九九年のマクファーソン報告の公表後、減少したのだが、警察がテロリストのネットワークであるアルカイダ関連のテロリズムに過敏になるにつれて、再び上昇に転じた。このため、その多くがイスラム教徒であるイギリス市民権を有したアジア系たちが職務質問を受ける件数が結果的に上昇し、警察は二〇〇〇年テロリズム法の下で認められた幾つかの新たな権限を行使している。

だが、アジア系、黒人、とりわけ年少の黒人男性は過度に職務質問の対象となっており、二〇〇九～一〇年から二〇一九年の間、職務質問の総数が減少した時でさえ、このパターンはずっと続いている。二〇一八年から二〇一九年にかけて、白人系千人あたりで四件、白人イギリス人千人あたりで三件の職務質問が行われたが、アジア系千人あたりでは十一件、黒人系千人あたりでは三八件であった(Race Disparity Unit 2020: Fig. 8.2)。二〇一八年から二〇一九年にかけての職務質問の全事例において、その73%は警察に追加の処置をされることなく終わっていた(Walker 2019)。ブラッドフォード(Bradford 2017: 10)は、失業者、ホームレス、犯罪被害者、若者を含む多くの社会集団が職務質問を受ける恐れが増している、と指摘する。だが、彼は以下のようにも主張している。「他の諸要因をもってしては『言い逃れ』できないレベルで、エスニシティ面で不均等さがある」。この不均等さは長きにわたって不公正なものと捉えられ続けており、黒人と他のエスニック・マイノリティ集団の中で、警察の捉え方がネガティブなものになる要因となっている。

非白人は、実刑判決を受ける割合も、前科がほとんどない場合、あるいは全くない場合でさえ、より高いものとなっている。また、エスニック・マイノリティは、一度収監されると、差別や人種差別的な襲撃を受ける可能性もより高い。刑事司法の運用は圧倒的に白人たちに支配されている。例えば二〇一九年、記録上で最高の割合であったものの、巡査である警察官のうち、エスニック・マイノリティ出身の者はたった7%であった。階級として警部以上では、その割合はわずか4%であった(Home Office 2019b: 7, 27)。その上、二〇一八年時点、裁判所判事のうち、自らを黒人、エスニック・マイノリティであると認識している者は7%であった(Courts and Tribunals Judiciary 2018: 1)。

エスニック・マイノリティ集団は、人種的要素に動機づけられた襲撃も含め、様々な類の人種差別《レイシズム》に晒されやすい。ほとんどの者はそうした扱いを免れているものの、こうした経験は人を不安にさせ、荒々しい気持ちにさせる可能性がある。人種関係研究所(Institute of Race Relations 2019)は、イングランド及びウェールズの警察が、二〇一三年から二〇一四年にかけて、それら全てが暴力を伴っているわけではないとしても一日あたり約一三〇件、計四万七五七一件の人種差別的な事件を記録した、と報告した。人種的要素に動機づけられた事件にたいする情緒的反応は、人種的要素に動機づけられていない事件にたいするものよりも概して激しいことも、イギリス犯罪調査は明らかにするに至っている。

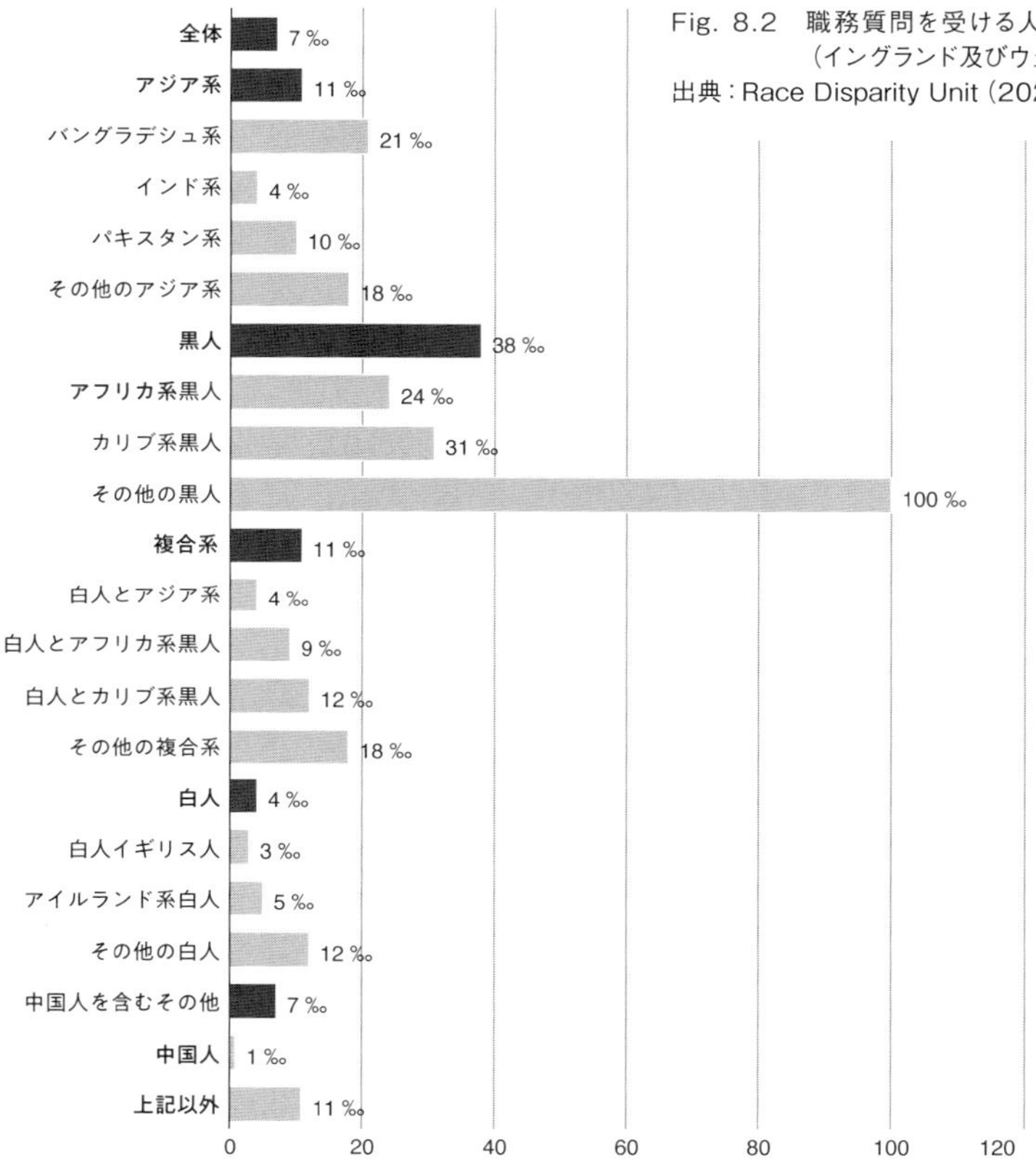

Fig. 8.2　職務質問を受ける人の1,000人あたりの割合
（イングランド及びウェールズ、エスニシティ別）
出典：Race Disparity Unit（2020）

エスニック・マイノリティ集団出身者の多く、とりわけ年少の男性たちが体験するのは、彼らが白人たちに遭遇しても、また、ある程度までは警官と遭遇しても、自分たちこそがまさに「暴力的搾取の対象」になっているという現実である。ロジャー・グレーフによる警察の慣行に関する研究（Graef 1989）では、警察は「全てのマイノリティ集団に激しい反感を抱いて」おり、エスニック・マイノリティを話題にする際には頻繁にステレオタイプや人種的中傷を用いている、と結論付けられた。ローレンス殺人事件をめぐる調査が見い出したように、レイシズムはあらゆる制度に蔓延している可能性がある。マクファーソン報告公表後の最初の一年間のうちに、三分の一を上回る地方警察本部は、黒人ないしアジア系の警官を新たに採用せず、イングランド及びウェールズにある43の地方警察本部のうち9か所では、エスニック・マイノリティ集団出身の警官の数が減少していた。

　こうした犯罪と犯罪被害のパターンは、どのように説明できるのだろうか。犯罪は住民の間に均等に分布しているわけではない。物質的剥奪を被っている区域は一般に犯罪率が高く、そうした区域で暮らしている人びとが犯罪の犠牲になるリスクも高い。人種差別に晒されている人びとが被る恵まれない境遇は、インナーシティの環境悪化を生み出す一因であるだけでなく、インナーシティの環境悪化が生み出したものでもある（第13章「都市と都市生活」を参照のこと）。ここに、エスニシティ、階級、失業、犯罪の間での密接な相関関係が見られる。だが、こうしたより広範囲にわたる背景に照らして解釈せずに年少の黒人男性たちに政治的にもメディア的にも焦点を当てることは、安直に人種と犯罪とを結びつけることで**モラル・パニック**の繰り返しをもたらす役目を果たしてしまっている。

＊モラル・パニックに関する理論は、第22章「犯罪と逸脱」において詳しく取り上げられている。

■エスニシティの多様性、統合、対立

今日、世界の多くの国々は、多様なエスニシティによる人口構成を特徴としている。トルコやハンガリーといった中東、中央ヨーロッパの一部の国々は、エスニシティの面で多様になっている。それは、国境線の変更、外国列強による占領、地域での人の移動の長い歴史の結果である。また、より急速にエスニシティの多様化が進んだ社会もある。それは、移民奨励政策の帰結、あるいは、植民地主義や帝国主義を通じたものである。グローバリゼーションや急速な社会変動の時代にあって、国際的な人の移動は加速化しつつあり、幾つもの人間集団の移動、また、それら集団間での複合は、将来、確実に強まると思われる。その一方では、世界中の幾つもの社会でエスニシティ間の緊張関係や対立が引き続き再燃し、多様なエスニシティから構成される一部の国々の崩壊、またその他の国々でも暴力が長期にわたる徴候を示している。

◎エスニシティの多様性

今日、イギリスはエスニシティの面で多様な社会である。こうした多様性は、ほとんどの工業社会でますます一般的な特徴となっており、また、エスニック・マイノリティ集団が市民権の恩恵を完全なかたちで享受できるよう保障すべく幾つかの政府が採用した多文化主義政策を理解する鍵でもある。イングランド及びウェールズの人口は徐々に多様性が高まってきており、二〇一一年の国勢調査では、およそ14％の人びとが自らを「非白人」と認識していた（Fig. 8.3参照のこと）。一九九一年の国勢調査では、人口の94.1％が自らを白人エスニック集団に属するものと認識していると報告されたが、この割合は二〇〇一年には91.3％、さらに二〇一一年には86％にまで落ちていった。同様に、白人エスニック集団の間でも、「白人イギリス人」は二〇〇一年の87.5％から二〇一一年の80.5％へとその割合は低下していった。

同じ期間、「非白人」エスニック集団の全てがその人口を増加させた。例えば、インド系、パキスタン系の両者とも、二〇〇一年から二〇一一年の間にだいたい四〇万人ほど増加し、結果、インド系は総人口の2.5％、パキスタン系は2％をそれぞれ構成するに至った（ONS 2012: 1-5）。最も増加したのは「（イギリス人ではない）その他の白人」カテゴリーであり、二〇〇一年から二〇一一年の間に1.8％上昇したことで、一一〇万人ほど人口が増えた。この集団は、主要にはヨーロッパ諸国から移動してきた人びとに

より構成されているが、それだけでなく、オーストラリア、カナダ、ニュージーランド、南アフリカから移動してきた人びとによっても構成されている。二〇〇二年から二〇〇九年の間、最も力強い増加を見せたのは中国人の人口であって、毎年、平均して8.6%ずつの増加であった（ONS 2011）。

　だが今や、移民がイギリスのエスニック・マイノリティの人口割合の低下原因となっており、これは「移民である住民」から完全な市民権を有する「非白人イギリス人」住民へという重大な変化を示しているということは、注目に値する点である。ただ、一九九一年のイギリス国勢調査が初めて回答者本人に自分のエスニシティを分類するよう求めて以降、研究データのクロス比較はとても難しい可能性がある（Mason 1995）。自らをエスニック集団に属していると認識している人びとの数は注意をもって扱われるべきである。例えば、回答者が自分自身のエスニシティについて抱く理解は、調査で提示されている選択肢よりも恐らくもっと複雑である（Moore 1995）。この点は、自らを「複合エスニック集団」に属すると認識している個々人の場合に特に当てはまる。そうした人びとの数はずいぶんと増えてきて二〇一一年には人口の2.2%を構成するまでに至ったが、それは、出生率の上昇を媒介として、というよりも、主として「エスニシティ間の複合」の結果であった。

　イングランド及びウェールズの「非白人」住民たちは、イングランドで最も人口密度が高い都市部の幾つかに集中している。ロンドンは圧倒的にエスニシティ面で多様な地域である。だが、ここ15年ほどにわたり、エスニック・マイノリティを出自とする多くの人びとがイングランドの他の地域に去ってしまっている。この理由のひとつは、「非白人」集団の年齢構成が相対的に若いというところにある。というのも、一般的に若年層は年配層以上にあちこち移動する傾向にあるためである。また、ある限定された都市や地域に特定のマイノリティ集団が集中することもある。例えば、ミッドランド東部の都市レスターでは、アジア系インド人は総人口の19%を構成している。ブラッドフォードでは、アジア系パキスタン人が居住者の13%を構成している。さらに、アフリカルーツのカリブ系イギリス人は、（ルイスハムといった）幾つかのロンドン特別区とバーミンガム市に集中している（ONS 2011）。

　ここで、この節で使用してきたエスニシティのカテゴリーを立ち止まって検討してみる価値がある。これらのカテゴリーはイングランド及びウェールズの二〇〇一年の公式国勢調査用に考案さ

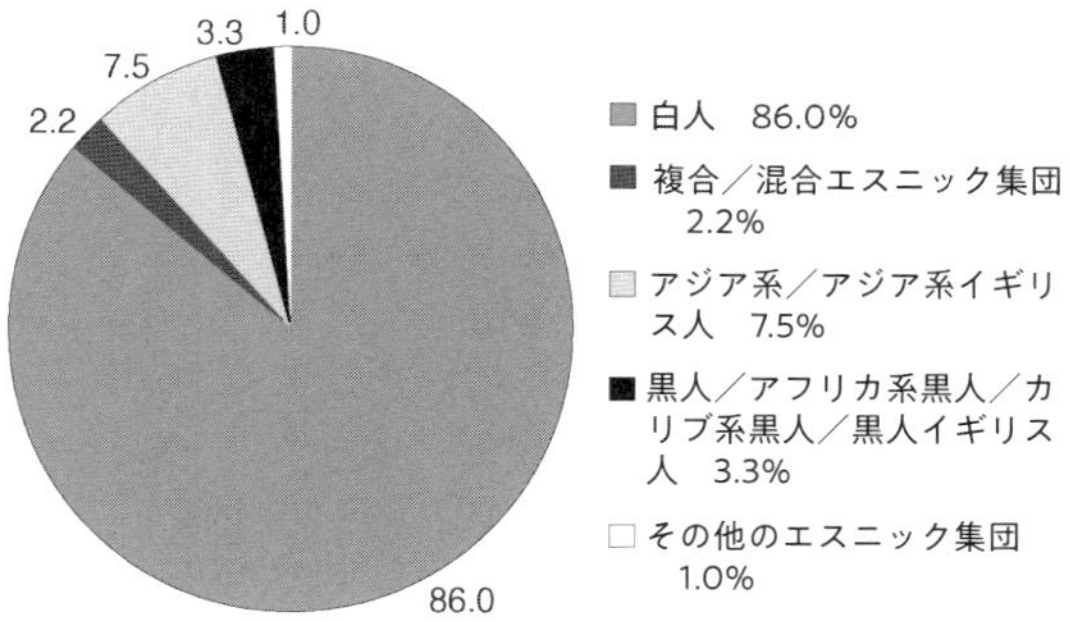

Fig. 8.3　エスニック集団（イングランド及びウェールズ、2011）
出典：ONS（2012: 3）

れたものである。そのようにして考案されたカテゴリーはどういった類のカテゴリーであろうか。中国人、白人イギリス人、カリブ系黒人、アフリカ系黒人、アジア系インド人、「白人とアジア系との複合」を、「エスニック集団」として論じることは妥当なことであろうか。中国人とはエスニック集団なのか国籍なのか。この二〇〇一年国勢調査用に考案された分類図式は人種とエスニシティとを混同しているのではないか。その上、この国家統計局による分類は「アジア系」をパキスタン系、バングラデシュ系、インド系、「その他」へと区分しているが、(二〇〇一年に初めて導入された)「複合系」というカテゴリーでは、「アジア系」の中に含まれているこうした差異は省かれ、単に「白人とアジア系」が採用されている。あるカテゴリーは大まかに肌の色に、また、あるカテゴリーは地理的な地域に、さらに他のカテゴリーは国籍に基づいているように見える。そして、なぜ、「白人イギリス人」が「イギリスらしさ」を含む唯一のカテゴリーなのか。こうした明らかに一貫性のない分類図式でもって、何をつくり出そうというのか。

エスニック集団に関する分類図式は、「そこにある」外在的な社会的世界を単に描くだけでなく、ある意味、エスニシティと人種の社会的構築に加え、こうした用語が意味することを我々がどう理解するか、その一因でもある。この点は、政府の公式な分類図式にとりわけ当てはまり、こうした分類図式は、住居、福祉、移民、雇用といった重要な分野での政策決定の基盤を成している。現在、移民に関して流布している激しい言説は、増加するエスニック・マイノリティの人口や保健・社会サービスの負担への言及であふれている。したがって、国家統計局による分類図式は、イングランド及びウェールズの住民の特定の諸特徴を単に映し出すだけではなく、移民とブリティッシュ・アイデンティティをめぐる現在の政治論争枠組をも映し出しているのである。

二〇〇〇年代半ば以降、エスニシティの多様性が増してきたことに一部の社会学者たちや公的機関は鋭敏に気づくようになってきた。特に、幾つもある特定のエスニック集団やコミュニティの成員たちが同じライフ・チャンスを共有するとは(たとえ仮定上はありうるとしても)もはや前提視できない。バートベック(Vertovec 2006, 2007)は、イギリスに現れつつある多様性の複雑さのレベルが増している状態を言い表すために、**超多様化**という新しい用語を造りだした。彼は、今やイギリスは、「超多様化、つまりこの国がこれまで経験したことを超える、より高度で多様な複雑性を強調する意図が込められている概念」(Vertovec 2006:1)により特徴づけられ得る、と主張する。一九四五年以後のイギリスへの人の移動は国家主導であり、イギリス連邦の旧植民地にある南アジア人のコミュニティ、アフリカルーツのカリブ系のコミュニティから大規模な集団を連れてくることで、主として労働市場のギャップを埋めようと意図されたものであった。しかし、最近の人口構成の変化、そして人の移動のパターンの変化が、遥かに複雑な状況をもたらすに至っている。というのも、より広範囲にわたる国々から、より小規模の集団が様々な理由で出身国から移り住んでくるためである。

超多様化という現象は、以下のような事柄の複雑な組み合わせを伴っている。つまり、出身国、人の移動経路あるいはルート、年齢構成とジェンダー構成、法的地位（したがって法律上の権利）、（資格証明や技能といった）移民が有する人的資本、（法的地位と結びついた）雇用される権利、地域性、トランスナショナリズム（世界全体での人と場所との結びつき）、そして移民集団への当局、サービス提供者、現地の居住者の対応、である（Vertovec 2006: 31）。この点は、イギリスに居住するソマリ人たち〔現在のソマリア連邦共和国を中心に分布する民族〕の例で説明されよう。あるソマリ人たちはイギリス市民であるが、他のソマリ人たちは「難民、庇護希望者、在留特別許可を与えられている者、非合法移民、そして、別の国で難民としての地位を与えられたものの後にイギリスに移動した者」（ibid.: 18）である。こうしたイギリスへの様々なルート、異なった法的地位とそれに関連した権利にしたがって、雇用される権利、公共サービスを利用する権利、住居、居住地その他諸々を入手する権利が決定される。また超多様化は、単に異なったエスニック集団《間の》多様な体験を伴うだけではない。ある特定のエスニック集団《内の》多様性にも注意を促すものでもある。社会学者たちの課題は、新たに現れつつあるライフスタイル、体験の多様性を特徴づける数多くの変数間の相互作用の探求・記述・理解の方法を見い出すこととなろう。

社会的世界、またその多様性を検討するいかなる試みも、必ず、現実なるものを有意味な諸カテゴリーに分割せねばならない。政府の統計学者たちだけでなく社会学者たちも、このことから逃れることはできない。だがエスニシティの多様性の場合、こうしたカテゴリーが人びとの体験する現実を捉えるには限界があることを見抜き、カテゴリーと既存のまとまった社会集団とを混同しないよう努めねばならない。そうした混同をしてしまうと、先にブルーベイカー（Brubaker 2006）が指摘した「集団主義」の罠に落ち込むこととなろう。幾つものエスニック集団間での異なる体験がどんどん多様化し、また、エスニック集団の中にも多様性があることによって、大まかな一般化は妥当ではなくなっていることを社会学者たちはますます認めるようになっている。こうした諸問題に気づいておくことは、今日、人種とエスニシティ概念がどのように展開され、理解され、体験されているかをより良く理解するための、少なくとも最初の一歩である。

◎ エスニシティの統合モデル

どのように多様なエスニシティを調和させ、エスニシティ間対立の可能性を防止できるのだろうか。エスニック・マイノリティ集団とマジョリティである住民は、どのような関係であるべきなのか。これらの課題と関連し、数多くのエスニシティから構成される社会が採用してきたエスニシティの統合モデルとして、三つの主要なモデルがある。それらは、同化、人種のるつぼ、そして、最後に、文化的多元主義ないし多文化主義である。重要なのは、これらモデルは理念型であり、実際には容易に現実化するものではないと認識しておくことである。

＊ マックス・ウェーバーによる「理念型」の使用については、第1章「社会学とは何か」において詳しく取り上げられている。

一つ目のモデルは**同化**である。同化とは、移民が本来の慣習や習わしを捨て、マジョリティの価値観や規範に合わせて自らの行動を形づくることを意味する。同化政策アプローチは、移民が新たな社会秩序に統合する一環として、彼らの言語、服装、ライフスタイル、文化面での見解を変更するよう要求する。アメリカでは、何世代もの移民が、こうした「同化」せよという圧力に晒され、結果として、彼らの子どもたちの多くは、ほぼ完全に「アメリカ人」となった。もちろん、たとえマイノリティが同化しようとしても、彼らが人種化されていたり、あるいは、同化の試みが――雇用においてであれ、デートにおいてであれ、他のいかなる脈絡においてであれ――すげなくはねつけられるのならば、多くの人は同化することができない。

二つ目は、**人種のるつぼ**モデルである。移民が既に身につけている伝統は、もとからいる住民たちの間で優勢な伝統を支持することで消滅するのではなく、新たに発展し行く文化パターンを形成すべく混ざり合っていく。アメリカは、人種のるつぼという考えと関連するパターンを具現化していると見なされている。つまり、異なる文化的価値観や規範が、ある社会の中に外側から「持ち込まれる」だけではなく、エスニック集団が自ら身を置くもっと広い社会環境に適応することで、そこに多様性も創出されるのである。人種のるつぼ文化で、しばしば引き合いに出される好例のひとつがチキンティッカマサラという料理で、イギリスのインド料理レストランのバングラデシュ系シェフにより考案されたと言われている。チキンティッカはインド料理であるが、マサラソースはイギリス人の要望に応えて即興で追加されたものであった。二〇〇一年、このチキンティッカマサラは、当時の外務大臣に「イギリスの国民的料理」と評された。

依然として多くの人たちは、人種のるつぼモデルが最も望ましいエスニシティ統合形態であると考えている。移民である住民たちの伝統や慣習は捨て去られるのではなく、絶えず変わりゆく社会生活環境に影響を与え、その形をつくり上げている。例えばハイブリッドな形態をとった料理、ファッション、音楽、そして建築は、人種のるつぼモデルによるアプローチの現れである。なお、ある程度まで、このモデルは、アメリカの文化的発展の諸局面を正確に表現したものである。「アングロ・サクソン系アメリカ人の」文化は依然として抜きん出た文化とはいえ、この文化の特性は、今やアメリカ住民を構成している数多くの異なる集団からのインパクトを、ある程度反映している。

三つ目のモデルは**文化的多元主義**である。このモデルにおいては、エスニックな文化は分離して存在しながらも、より広い社会での経済的、政治的活動に参加することが十分に認められている。文化的多元主義の、近年、重要となっている派生物が**多文化主義**であり、文化的集団、あるいはエスニック集団が相互に調和を保ちつつ暮らすよう奨励する国家政策のことを指している。ただ、アメリカと他の西洋諸国は多くの点で多元的であるが、エスニシティ面の差異は、ほとんどの場合、国民共同体の平等ではあるが独立したメンバーシップよりも、むしろ不平等と結びついた状態が続いている。しかし、フランス系、ドイツ系、イタリア系の各集団が同一の社会に共存しているスイスが明確に示しているように、エスニック集団が互いに異なりながらも平等であるような社会を創造することは、少なくとも可能であると思われる。

多文化主義の支持者の一人で、政治学者であるビク・パレク(Parekh 2000: 67)は、この主義の中心となる論点を提唱している。

他の集団(「マジョリティ」)の言語、文化、宗教が公共の場で独占権を享受し、また基準として扱われる一方で、一部の集団(「マイノリティ」)の文化的アイデンティティが私的領域に閉じ込められるべきではない。というのも、公共的な承認の欠如は人びとの自尊心を傷つけ、公共領域へのあらゆる人びとの完全なかたちでの参加を奨励することにはつながっていかないためである。

パレクは、多文化主義の思考の中には三つの「洞察」があると主張する。第一に、人間は、自らに意味システムをもたらしてくれる文化的に構造化された世界の中に埋め込まれている。たとえ個々人が自らの文化によって完全には決定づけられていないとしても、その文化に「強く影響を受けて」いる。第二に、文化には、何が「善き生活」であるかについてのヴィジョンが含まれている。しかし、文化が停滞したり時代遅れにならないためには、各々の文化は他の異なった文化と交流する必要がある。異なる文化は代替的なヴィジョンを持っており、それは批判的な考察を促し、視野の拡大の助けとなる。最後に、文化とは画一的なものではなく、内部に多様性を持ち、異なる伝統の間での論争が継続中である。パレクによれば、21世紀における多文化社会にとって重大なる課題とは以下のようなものである。それは「統一性と多様性というそれぞれもっともな要求を調和させ、また、文化的画一性から逃れた政治的統一を成し遂げ、そして、市民の間に、共通した所属意識と同時に、深淵なる文化的差異を尊重し大事にすることをいとわない心を涵養する、そうした方法を見い出すという必要性」(ibid.: 78)、である。

アマルティア・センは、人間のアイデンティティを理解する際に用いられる「単眼的なアプローチ」に反論している。例えば一部の宗教的、文明論的アプローチの中に見い出せるような単眼的な思考は、ある人がどの国家、文明、あるいは宗教を支持しているかでもって、その人の主要なアイデンティティ形態と捉え、そして、その人をたった一つの主要な「アイデンティティ集団」の中に位置づける。しかしながら、セン(Sen 2007: xii)は、このアプローチでは、人びと相互の間での誤解が多く生み出されてしまうと主張する。現実には、我々は、自分自身も、また互いにも、多様なアイデンティティ集団に属していると考えており、そしてそう考えることに問題があるとはほとんど思わない。

一人の人間がなんら矛盾することなく、アメリカ市民であり、カリブ海域出身で、アフリカ系の祖先を持ち、キリスト教徒で、リベラル主義者の女性であって、かつ菜食主義者、長距離ランナー、歴史家、学校の教師、小説家、フェミニスト、異性愛者、ゲイとレズビアンの権利の理解者、芝居好き、環境活動家、テニス愛好家、ジャズ・ミュージシャンであり、さらに大宇宙に知的生命が存在し(できれば英語で)緊急に交信する必要があるという考えの信奉者となりうるのである。

一人の人間が同時に所属するすべての集合体がそれぞれ、この人物に特定のアイデンティティを与えているのだ。どの集合体も、この人物の唯一のアイデンティティ、または唯一の帰属集団と見なすことはできない。

他のあらゆるアイデンティティを凌駕する、ひとつの独特な、ないし根源的なアイデンティティを前提としてしまうと、不信、また多くの場合、暴力が引き起こされる。単眼的なアイデンティティは、例えば昔からの領土保有権を認める国民国有のアイデンティティに見られるような「運命という幻想」をもたらし、そこに対立を引き起こす。センは、個々人のアイデンティティは複数あるという認識がより一般に普及すれば、単一基準のアイデンティティの押し付けに基づくモデルが有する分裂性に抗して打ち立てられる真の多文化主義という希望がもたらされる、と主張する。

逆に多文化主義を批判する者たちは、例えば、国家が異なる学校や、異なるカリキュラムを許可する場合のように、エスニシティごとの棲み分けが生じる可能性が潜在的にあることに懸念を表明している。フランス、ドイツ、デンマークを含めた一部の国々は、多文化主義を公式な政策として認めることから手を引いてしまっているし、また、ほとんどのヨーロッパ社会で、ポピュリズムからの、またナショナリズムからの反動が生じ続けている。例えば、二〇一六年に実施されたイギリスのEU離脱是非を問う国民投票後の世論調査では、移民を社会悪と見なす人びとのうち80%がそうであるように、多文化主義を世の中のためにならないと見なす人びとのうちおよそ81%がEU離脱に投票していることが見い出された（Ashcroft 2016）。オランダでは、自由党が二〇〇六年に九議席獲得し、二〇一〇年には二四議席獲得した。自由党党首は以下のように宣言した。「安全はより多く、犯罪、移民、イスラム教徒はより少なく――これがオランダの選択だ」。同年、ドイツ首相アンゲラ・メルケルは次のように述べた。一九六〇年代初頭にドイツが外国人労働者の入国を奨励した際の想定では、「彼らはドイツに留まらず、いずれ再びいなくなってしまうだろう、とのことであった。だが、今となっては、それは現実ではない」。ドイツにおける多文化主義は失敗に終わった、と彼女は言った。

だが、これら社会の全てがエスニック集団とエスニック文化の多様性により構成されているという意味で、既に「多文化的」であることを心に留めておくべきである。実際、最近の論争は「政治的多文化主義」、つまり、エスニシティと文化の多様性を促進し奨励することは公式の国家政策であるべきか否か、に関わるものである。例えば多くの先進社会では、ほとんどのエスニック・マイノリティ集団のコミュニティのリーダーたちが文化的多元主義の方針を重要視し続けているが、「互いに異なりながらも平等な」地位を獲得することは現時点では難しいように思われる。エスニック・マジョリティは、引き続きエスニック・マイノリティ集団を自分たちの職や安全性、さらに「国民文化」への脅威として捉えており、エスニック・マイノリティ集団をスケープゴート化することが根強い風潮として残っている。移民とナショナル・アイデンティティについての緊張と不安に加え、経済不況と緊縮政策を特徴とする幾つかの社会では、こうしたことがますます起こる可能性がある。

しかるに、多くの人びとは多文化主義と《文化的多様性》とを混同している。つまり人びとは「多文化社会」における生活について語っていても、実際には異なるエスニシティを背景とする人びとによって構成された社会について語っているのである。また他の人びとは、多文化主義を分離主義に関わるものと考えている。この見解に従えば、世界中には、あるいは特定の社会の中には、多くの異なる文化があり、どの文化も他より優れたものはないということを我々は素直に受け入れるしかない。そして素朴にもこの見解は、より広い社会における帰結を考慮することなく、あらゆる社会集団を、何であれ彼らが好む規範に従うままにさせておくことを暗に意味している。

もっと「洗練された」多文化主義は、批判者たちが主張するような分離状態ではなく社会的連帯に関わるものであり、この社会的連帯下では、異なる諸集団が地位の平等性を有し、多様性は公然と尊重されるべきものとなっている（Giddens 2006: 123-4; Rattansi 2011: 57）。しかし、地位の平等性とは、あらゆる慣行の無批判な受容を意味するものではない。チャールズ・テーラー（Taylor 1992）は、社会において全ての人びとは尊重にあずかる平等な権利を有するが、彼らが平等な権利を有するのならば、法の遵守という根本的な責任を含め幾つもの責任をも持つ、と主張している。したがって、問題が明確ではないとしても、多文化主義の重要な要素となるのは、開かれた対話を育むことなのである。

▼批判的に考える

グローバリゼーションが進む世界で文化的多様性が避けられないなら、なぜ、「単眼的な」アイデンティティはその力を保っているのか。とりわけ、ナショナル・アイデンティティが衰退しつつあるという何らかの証拠を、あなたは見い出すことができるか。

◎エスニシティの対立

エスニシティの多様性は、社会を極めて豊かにする可能性がある。数多くのエスニシティによって構成される社会は、多くの場合、活気があり、絶えず変化していく場であるが、この状態は、その社会の住民たちによる多彩な貢献によって強められたものである。しかし、同時にまた、このような社会は、社会内部での動乱や社会外部からの脅威に直面すると、脆い場合がある。言語的、宗教的、文化的背景の相違は、エスニック集団間に露骨な敵対感情を生じさせる断層線となり得る。時として、エスニシティの面で寛容と統合の長い歴史を有する社会が、突如としてエスニシティの対立――異なるエスニック集団ないしコミュニティ間の紛争――に飲み込まれてしまう可能性もある。

この点は、一九九〇年代、数多くのエスニシティによってもたらされる豊かな遺産で有名な地域であった旧ユーゴスラビアに良く当てはまる。何世紀にも及ぶ移民や相継ぐ帝国支配は、主に（東方正教会派のセルビア人のような）スラブ人、（カトリック教徒である）クロアチア人、イスラム教徒、ユダヤ人から構成される、多様で、混合した住民を生み出した。一九九一年以後、共産主義の崩壊に続く重大な政治的、社会的変容にともない、旧ユーゴスラビアの幾つかの地域ではエスニック集団間の凄惨たる対立が勃発した。

旧ユーゴスラビアにおける対立は、**民族浄化**、つまり、エスニシティを異にする住民の大量排除によるエスニシティ面で同質な地域の創出という企てを必然的にともなった。最近の民族浄化の例であり、国際連合によれば、「ジェノサイドの意図」を示しているとされるものは、ミャンマー西部に暮らし、イスラム教徒であることでマイノリティとなっているロヒンギャ族にたいするミャンマー治安部隊の一連の軍事行動である。既にしてロヒンギャ族は市民権にたいする制限を受けており、結婚、雇用、教育、そして移動の自由についても異なる規制が適用されていた。二〇一七年、(表向きはロヒンギャ族の武装グループにたいする) 軍事行動が始まった。だが、この軍事行動は民間人にたいして殺害、放火、レイプ、性的暴行を行い、二〇二〇年一月が終わるまでには九〇万人と推測されるロヒンギャ族の人びとが隣国バングラデシュへの避難を余儀なくされた (Council on Foreign Relations 2020c)。一部の報道によれば、放棄された村々も新たな開発のために一掃されているとも示されており、これによりロヒンギャ族の家族の帰還が妨げられている。これこそが、民族浄化をねらった襲撃の重大なる一側面である。

地球の至る所で生じる暴力的な対立は、エスニシティの区別にますます起因するようになっている、と指摘され続けている。今や、国家間で生じる戦争の割合は極めてわずかであり、圧倒的大多数の対立はエスニシティ関連の内戦である。例えば、二〇〇三年、スーダン西部に位置するダルフール地域で一部黒人住民たちによる反乱が起こった後、政府に支援されたアラブ系民兵が民族浄化を行ったとして依然として非難されている。この民兵による報復は、結果的に少なくとも七万人におよぶ死亡者をもたらし、およそ二〇〇万人の人びとをホームレス状態にした。相互依存や競争が高まる世界では、国際的諸要因がエスニシティ関係を方向づける上でこれまで以上にもっと重要なものとなり、他方で、「国内での」エスニシティ間の対立は、国境線を越えて影響を及ぼしている。

＊ 戦争形態の変化は、第21章「国家、戦争、テロリズム」において、詳しく取り上げられている。

■ グローバルな時代の人の移動

移民とは、20世紀に起こった現象であるように目に映るかもしれない。しかし、移民のプロセスは有史時代の最初期段階にその起源を有している。先に見たように、最近の「新たな移住」は、劇的な超多様化を生み出しており、ロンドンのハックニー特別区やニューヨークの一部といった幾つかの地区では、文化的多様性を体験することはあまりにもありふれたものであり、人びとはそのことに注意を払うことがほとんどない。ウェッセンドルフは以下のように指摘する。「したがって日常的な多様性は、玄関から

グローバル社会 8.3

ルワンダでのジェノサイド

ルワンダは、人口およそ一二〇〇万人の、中部アフリカでは比較的小さな国である。平時においては、平和を好む安全な国である。しかしながら、一九九四年の四月六日から七月半ばまでの間に、ルワンダとその首都キガリはエスニシティ間の対立の波に飲み込まれ、八〇万人と推測される人びとの死が結果的にもたらされた。殺害された人びとの圧倒的大多数がツチ族の人びとであり、加害者たちはフツ族の人びとであった。ラウリーとスポルディング（Lowery and Spalding 2017:6）は、国連、ひいては国際社会が、ジェノサイドの暴力を予防ないし止めることに失敗したと指摘している。「虐殺は、多くの場合、こん棒とナタを使って発生したために短時間でなされると同時に悲惨なものであり、また、国連平和維持軍の監視下であるにもかかわらず遂行された。世界中の政治家たちはルワンダでの残虐行為に完全に気づいていたが、彼らは助けなかった。そしてようやく彼らが動いた時には、もう手遅れであった」。いかにして、こうした破滅的なエスニシティ間の憎悪と暴力がルワンダに根付いてしまっていたのだろうか。

遠い過去、この国には、牛を所有し牧場で飼育する人びとが定住していた。時が経つにつれ、多数の牛を所有しツチ族として知られるようになる幾つかのグループが、その時にフツ族と呼ばれていたマジョリティとともに集住するようになった。当初は、ツチ族の方がフツ族よりも肌は白かったが、時が経つにつれ、この違いは、部族間の通婚によりほとんど無くなった。また、ツチ族とフツ族は文化的にも似ており、言語、宗教、そして幾つかの伝統を共有していた。フツ族とツチ族との間の争いやエスニシティに関わる緊張状態は滅多に起こるものではなかったが、二つの集団間にもっと明瞭な分断を直接もたらしたのはヨーロッパ植民地主義であった。

ルワンダに最初に入植した人びとはドイツ人であったが、ドイツは第一次世界大戦の最中にこの国の支配権を失ってしまった。一九一六年にはベルギーが宗主国となったが、ツチ族の方が身体的特徴が白色人種である「コーカソイド」によく似ているという理由で、ツチ族に権力の地位を与え、ツチ族とフツ族とをより明確に差異化し始めた。植民地統治当局は全てのルワンダ人に自らをフツ族、ツチ族、あるいはトゥワ族（人口の約1％を占める先住民集団）のいずれかとして登録するよう求め、エスニック・アイデンティティ・カードが導入された。ツチ族はマジョリティであるフツ族よりも報酬の良い仕事に恵まれ、高い教育水準を享受していた。しかし、結果としてこの状況は、遺恨、不満、そして結局は一九五九年の暴動をもたらし、この暴動では少なくとも二万人のツチ族が殺害された。他のツチ族の者たちは隣国に逃れた。一九六二年、ルワンダがベルギーの支配からの独立を果たすと、フツ族が支配権を掌握した（Lowery and Spalding 2017: 9-10）。

一九九〇年まで、ルワンダの経済的地位は悪化の一途をたどっていた。一部の穏健なフツ族と共に、隣国ウガンダ在住のツチ族は、ルワンダ愛国戦線（ＲＰＦ）を結成した。その戦線が掲げる目標は、ルワンダ政府を倒し、ツチ族にたいし自らの祖国に帰還する権利を与えることであった。一九九〇年、ルワンダ愛国戦線はルワンダへの武力侵攻に乗り出し、対するハビャリマナ大統領は、ルワンダ在住のツチ族の人びとをこの「外国の」敵と手を結んでいるとして糾弾した。続く三年間にわたり戦闘は継続し、その後、最終的に一九九三年になって和平合意への署名に至った。しかし、一九九四年四月、大統領が乗った飛行機が撃墜されると、それはすぐさま、この殺害を疑われたツチ族にたいする暴力行動のきっかけとなった（BBC News 2019f）。

首都キガリの大統領警備隊は暴力作戦を開始し、その作戦では、政治的な敵であるツチ族と穏健なフツ族の全てが標的となった。民兵組織——インテラハムウェ（「共に攻撃する者」）——が結成され、およそ三万人の人びとが新兵として募られた。フツ族はツチ族殺害に参加するよう奨励され、ある者たちは、そのようにすれば、土地や金銭の支払いを約束された（BBC 2011）。百日間にわたる組織的かつ標的を絞った暴力の後、ルワンダ愛国戦線は、ウガンダ軍からの支援を得つつ、首都キガリの支配権を奪還し、「勝利」を宣言した。報復を恐れ、およそ二〇〇万人のフツ族の人びとが（当時ザイールと呼ばれていた）コンゴ民主共和国に向けてルワンダを去っていった。

一九九四年七月一九日、多数のエスニシティにより構成されるルワンダ新政権が樹立され、二〇〇二年には、暴力を組織した者たちを告訴するため、タンザニアに国際裁判所が設置された。フツ族による前政権下の多くの官僚たちがジェノサイド罪を宣告された。（《ガチャチャ》として知られる）一万二〇〇〇のコミュニティ法廷も設置され、正義を実現し、和解を促進しようと、二〇一二年までにおよそ一二〇万人の人びとがこれら法廷に出廷させられた（BBC News 2019f）。今日、ルワンダでは、表向きにはエスニシティ間の憎悪と対立を扇動することを避けるために、エスニシティについて人と話し合うことが違法とされている。

一歩出ればいつも差異があふれかえっていることの帰結である」（Wessendorf 2014: 3）。直近二五年ほどの間に社会生活の変容を促進してきたこうした新たな移住パターンは、各国間の経済的、政治的、文化的な結びつきを急速に増大させる一側面である。

今日、世界で三三人に一人が移民であると推定されている。二〇一二年時点で、およそ二億一四〇〇万人の人びとが出生地以外の国に居住していたし、国際移住機関（International Organization for Migration 2012）が、この数字は二〇五〇年までにほぼ倍増して四億五〇〇〇万人に至るだろうと推測した。この推測は、一部の学者たちにこうした状態を「国際移民の時代」（Castles and Miller 2019［1993］）と名付けるよう促すこととなった。この節では、帝国主義的拡張の時期と大英帝国終焉の時期の双方の間、世界中の人びとの移動に重大なる役割を果たしてきたイギリスでの入移民の体験をまずは詳述する。

入移民、つまり、定住するためにその国に来る人びとの動きと、**出移民**、つまり、人びとが他の国で定住するために国を去るプロセスは、両者が結びついて、《送り出し国》と《受け入れ国》をつなぐグローバルな移民パターンを生み出している。そして移民の動きは多くの社会でエスニシティと文化の多様性を増大させ、人口動態、経済および社会のダイナミクスを形成する一因となっている。だが第二次大戦以降の、特に、ここ最近数十年間のグローバルな移民の激増は、移民を、重大で、議論を巻き起こす政治的問題へと一変させた。

一九四五年以降のこうした地球規模での主要な人口移動を説明するために、四つの移民モデルが使用されてきた。まず《古典的モデル》は、歴史的に「移民国家」として発展したカナダ、アメリカ、オーストラリアといった国々に当てはまった。こうしたケースでは、入移民を積極的に奨励し、新来者に市民権の約束を広げる一方で、年間の受入数を制限するために規制や定員が設けられている。次に、《植民地モデル》は、フランスとイギリスが追及したモデルで、旧植民地からの移民を他の国からの移民よりも優遇する傾向があった。第二次大戦後数年間、インドやジャマイカといったイギリス連邦諸国からのイギリスへの大多数の移民は、この傾向を反映したものであった

ドイツ、スイス、ベルギーといった国々は第三の政策――《ゲスト・ワーカー・モデル》――をこれまでとってきた。このような制度の下では、多くの場合は労働市場内部での需要を満たすために、移民は一時的な期間、国に受け入れられるが、定住期間が長きにわたった後でも市民権を与えられない。最後に、移民の《非合法形態》が、ますます一般的なものとなっている。秘密裏にせよ、「非移民」のふりをするにせよ、入国可能な移民は、多くの場合、公的社会の領域の外ならば生活を送ることが可能である。アメリカ南部の多くの州にいる大勢のメキシコ系の非正規移民、そして、国境を越えて難民を密入国させる国際ビジネスの成長に、この形態の具体例を見い出すことができる。

ところで工業化の普及は、移民パターンを劇的に変容させた。農村地域での家内工業生産の衰退と結びついた都市部での労働機会の増大は、農村から都市への人の移動という趨勢を促進した。同時にまた、労働市場内部での需要は、海外からの移民に新たなはずみをつけた。産業革命よりもずっと以前から、イギリスには、アイルランド系、ユダヤ人、そして黒人のコミュニティがあったが、新しい労働機会の急増は、国際的な移民の規模と範囲を変化させた。オランダ人、中国人、アイルランド系、黒人から成る新たな入移民の波がイギリス社会を変容させた。

さらに一九三〇年代、イギリスに入移民の大きな波が押し寄せてきた。ナチスによる迫害が、当時のヨーロッパ在住のユダヤ人たち一世代を身の安全のため西方に向け避難するよう追いやった時である。一九三三年から一九三九年の間、イギリスにはおよそ六万人のユダヤ人が定住していたと推測されてきたが、実際の数値は恐らくもっと高かったことであろう。中部ヨーロッパからは、同じ期間におよそ八万人の難民が到着し、戦時中には、さらに七万人の難民が入国した。一九四五年五月までに、ヨーロッパは未曽有の難民問題に直面した。すなわち、何百万もの人びとが難民となってしまっていたのである。

第二次世界大戦後、イギリスは大規模な移民を受け入れた。というのも、イギリス連邦諸国の人びとが、著しい労働力不足にあったイギリスに向かうよう奨励され、また、イギリス入国が簡易化されたためである。戦争による破壊の結果生じた国と経済の再建に加え、工業発展はイギリス労働者たちにかつてない流動性をもたらし、非熟練で肉体労働の職にたいする需要を創出した。政府は、大英帝国から受け継いだ遺産という考えに感化されていたため、西インド諸島、インド、パキスタン、また他にも旧アフリカ植民地出身の人びとにも、イギリスに定住するよう奨励した。一九四八年に可決されたイギリス国籍法は、イギリス連邦諸国の市民たちに有利な入移民の権利を与えた。

入移民の波が押し寄せてくるたびに、イギリスの宗教構成も変化した。特に、今や、イギリスの幾つかの都市は、多数のエスニシティにより構成され、宗教面でも多様である。19世紀、アイルランドからの移民は、その多くが定住した場所であるリバプールやグラスゴーといった諸都市でのカトリック教徒の数を増加させた。戦後、アジアからの大規模な移民は、イスラム教徒の数を増加させた。その多くがパキスタンやバングラデシュといったイスラム教徒が大半を占める国の出身であった。また、ヒンドゥー教徒とシーク教徒の数も増加させた。この場合は主にインド出身であった。このようにして移民の流入は、イギリス人であることは何を意味するのかについて、新たな問いをもたらした。

＊宗教面での多様性は、第18章「宗教」においてより詳しく検討されている。

◎人の移動と帝国の衰退——一九六〇年代以降のイギリス

一九六〇年代になると、旧大英帝国の住民にはイギリスに定住し、市民権を要求する権利があるという考えは、徐々に後退し始めた。労働市場の変化が新たな制限規定の一因となったとはいえ、こうした新たな制限規定は、移民にたいする白人イギリス人諸集団からの反発への応答でもあった。とりわけ、新たな移民が仕事を求めて引き寄せられていった相対的に貧しい区域に暮らす労働者たちは、自分たちの暮らしに持ち込まれた「混乱」に敏感に反応した。多くの場合、新来者たちにたいするこうした労働者たちの態度は敵意に満ちたものであった。一九五八年に起きた「ノッティングヒル暴動」では、白人住民が黒人の移民を襲撃したのだが、この暴動は、人種差別的態度の存在を証左するものであった。

＊都市特有の不満と「暴動」の問題は、第13章「都市と都市生活」において詳しく取り上げられている。

人種差別に反対する多くの活動家たちは、イギリスの移民受け入れ政策が人種差別的なものであり、非白人諸集団にたいして差別的である、と主張してきた。一九六二年に可決されたイギリス連邦移民法以降、一連の法的施策が可決されていき、非白人の入国と定住権は徐々に制限されていく一方、白人は比較的自由にイギリスに入国できる保護措置がとられていった。例えば、イギリス連邦構成諸国の市民の間でも、移民法は、圧倒的に非白人により構成される「新イギリス連邦」〔第二次世界大戦終了後にイギリスから独立した国々の総称〕諸国に差別待遇を加えたのにたいして、カナダやオーストラリアといった「旧イギリス連邦」諸国からの大概は白人である移民の権利は保護した。一九八一年に可決されたイギリス国籍法は、「イギリス市民権」と、イギリス属領市民権とを区別した。一九八八年と一九九六年に導入された法律は、こうした制限規定をさらにもっと増やしていった。

二〇〇二年に可決された国籍・移民及び庇護法は、イギリスにおける生活の基本的知識、市民権授与式、忠誠の誓いを含め、イギリス市民権を待ち望む人びとにたいして幾つもの要件を定めた。また二〇〇八年、新しいポイント制による入国管理システムが導入され、そのシステムでは、職場における技能、年齢、学歴、イギリスでの学習、仕事、滞在などの経験の有無に応じてポイントが付与された。その目的は、移民をより良く管理すること、また、国家経済の需要に移民を結びつけることにあった。さらに二〇一〇年、政府は、EU域外からの移民には、滞在は一時的なものとする制限を課したが、他方で、とても富裕である個々人や（一部のスポーツ・スターたちのように）「特別な才能」を有する者に該当する人びとは未だ比較的自由に入国が許されていた。

政府の意図は、イギリスからの出移民を上回るイギリスへの入移民を年間で「十万単位」ではなく「数万単位」に削減することにあった。こうした政策は、一部の者たちが主張しているが、「社会学的想像力8.2」で詳しく取り上げているウィンドラッシュ・スキャンダルで発覚したイギリス市民たちへの迫害に直接的につながった。こうした政策にたいし、企業団体は、熟練労働者の数が減ることは経済にダメージを与えかねない、と懸念を表明した。他方で、人権団体は、家族呼び寄せに関する規則を厳格化しようとする提案にたいして反対し続けている。実際には、目標は達成されず、二〇一五年、政権が退陣した時、その前年一年間の長期純移動〔純移動とは入移民数と出移民数との差異であり、プラスの数値なら入移民の方が多いことを示す。なお「長期」と付記されている場合、移動が一年以上の期間にわたることを強調している〕は三一万八〇〇〇人であり、二〇一三年の二〇万九〇〇〇という数値よりも著しく高くなっていた（ONS 2015b: 1）。だが、投票の結果がEUからの離脱となった二〇一六年実施のEU離脱是非を問う国民投票以降は、ヨーロッパ諸国からの純移動は急減し、二〇一八年までには、年間の純移動は二五万八〇〇〇人となった(Sumption and Vergas-Silva 2019)。

同じように、多くのヨーロッパ諸国で、**庇護希望者**が入国できる可能性が減少し続けている。庇護を与えられるには、強制退去が、国連の難民の地位に関する条約及び議定書（一九五一年）のもとで加盟国政府が負う義務に抵触することを、個々人が申し立てなければならない。なおイギリスでは一九九一年以降、指紋押捺、無料法律相談を受けられる権利の縮小、有効なビザを携帯していない旅客を乗せてきた航空会社に課される罰金の倍増などを含め、難民としての地位を求める人びとへのより厳しいチェックが為され続けている。導入される措置の数が増えるにつれて、申請却下数も増えていき、結果として、収容センターに長期間にわたって拘留される庇護希望者の数も増加した。

だが、周期的に急上昇する関心の高まりにもかかわらず、移民の絶え間ない増加趨勢が始まった一九九三年頃まで、移民と人種関係とは、イギリスの調査でほとんど注目されなかった（Duffy and Frere-Smith 2014）。もちろん、イギリスの幾つかの地域で

社会学的想像力 8.2

ウィンドラッシュ・スキャンダル

第二次世界大戦後、イギリス経済は、カリブ海域諸国からの移民を奨励し、入国手続きも簡素化することで、幾つかの産業部門での労働力不足という問題を処理しようとした。一九四八年に可決されたイギリス国籍法は、イギリスの植民地で生まれた人びとに、イギリスでの市民としての地位と定住権を与えた。この政策は成功し、一九四八年から一九七〇年の間におよそ五〇万の人びとがイギリスへと移動した。これらの人びとは後に「ウィンドラッシュ世代」として知られるようになった。これは新しい移民をイギリスへと連れてきた最初の船の一つであるエンパイア・ウィンドラッシュ号にちなんで名づけられたものである。在留権は自動的に生じたため、証拠書類など求められることなく、イギリス市民としての自らの地位に従って、これらの人びとは暮らし、働いた。

二〇一八年まで話を進めると、イギリス連邦構成諸国出身の多くの高齢者たちが、これまで内務省から書簡を受け取り続けている、と複数のジャーナリストが報じた。その書簡の内容は、仮に彼らが一九七三年以降、切れ目なくイギリスに居住し続けてきたことを証明できないならば、医療をうける権利が取り消される恐れがあり、送還される可能性もある、といった強い要求であった。とりわけ窮地に立たされたのは一九七三年より前にイギリスにたどり着いた人びとであった。なぜなら、その人びとは、自らの市民権を証明するために、いかなる特定の証拠書類提出も必要なかったためである。こうした政府の方針転換は、実際のところはあらゆる移民をスケープゴート化する「敵対的環境」を創出することで、移民総数を激減させることに狙いがあった。この政策は、退去させる非合法移民の数値目標を設定し、合法的に定住しているイギリス市民たちも嫌疑の対象となることに直接的につながっていった。政府は、新しい政策の導入後、八三人のイギリス市民が誤って送還されたことを知っていたと仕方なく認めたが、その人数は一六四まで膨らむ可能性もあった（Agerholm 2018）。

個々人における事の重大さの受け止め様は、ポーレット・ウィルソンの例で説明できる。この事例について、この問題の重大さと規模について最初に報道した一人である『ガーディアン』のジャーナリスト、アメリア・ジェントルマン（Gentleman 2018）はポーレット・ウィルソンを以下のように描いた。

この61歳の人物は、彼女が10歳であった一九六八年にイギリスに移り住んできて以降、この国を一度も離れたことがない。だが彼女は一度もイギリスのパスポートを申請したことがなく、イギリスに滞在する権利を証明する書類も保持していなかったため、非合法移民として分類された。そして先の十月、ベッドフォードのヤールズウッド入管国外退去センターに送られ一週間にわたり勾留された後、ジャマイカへの送還のためヒースロー空港に連れていかれた。ジャマイカには彼女は五〇年間にわたり訪れたことはなく、もう存命の親類もいない。かつては下院で議員たちによく料理を出しており、三四年にわたって国民保険料を支払ってきた元料理人は、彼女の娘、そして女の子の孫と引き離されてしまうのではないかと恐れおののいた。彼女の選挙区の下院議員と地元慈善団体による土壇場での介入により、彼女の退去は差し止められた。『ガーディアン』により彼女のことが世間に知れ渡って以降、合法的にイギリスに滞在していることを証明する生体認証付在留許可カードが彼女には与えられている。しかし、彼女は二〇二四年にはカードの再申請をしなければならないこととなり、すでにその手続きのことを心配している。彼女はまだ内務省からいかなる謝罪も受けていない。

二〇一八年半ばの二つの議会報告書は、人びとの人権が損なわれ続けてきたと主張し、内務省の落度を批判した。また、これら報告書は、敵対的環境政策を非難もし、移民の目標数などが設定されないよう求めた。政府は、自らの職と所得を失ってしまったり借金を負うよう追い込まれてしまったこの政策の犠牲者たちに賠償すると約束した。この賠償費用は、ゆくゆくは合計五億七〇〇〇万ポンドとなるだろう。しかるに賠償請求は長期間にわたる複雑な手続きであると判明し、また、賠償額は所得一年分と制限された。多くの人びとが、そんな額よりもずっと多くを失っており、自分たちの本当の損失分に十分見合った賠償を受け取れていない、と述べている。ジェントルマン（Gentleman 2019）は以下のように主張している。「このスキャンダルは、植民地支配と搾取の、長く、罪深い歴史の最終章として現れた……。役人たちが彼らを何の価値もない人びとの集団、あまりにも社会の周縁に追いやられて不満を訴える可能性がなさそうな集団として軽んじている、という印象を拭い去ることは困難だった」。二〇二〇年初頭現在、犠牲者たちへの賠償手続きが全て完了するまで、まだ長い道のりが残されている。

▼批判的に考える

二〇一八年から問題となったウィンドラッシュ・スキャンダルについてもっと調べてみよ。このスキャンダルは、本質的には、役所の無能ぶりに特徴づけられる官僚主義的機能不全がもたらしたものであった、と主張することができよう。どうしてこの説明を却下すべきというのか。どんな社会学的、社会歴史的諸側面が、このスキャンダルを人種と人種差別の問題に結びつけるように私たちを導くのか。

起こったいわゆる人種暴動と同様、幾つかの重大事件が世論に影響を及ぼす可能性もある。二〇〇一年九月のアルカイダによるアメリカ攻撃以降、イギリスだけでなくほとんどの先進世界で、人種とエスニシティにたいする懸念が高まる傾向が生じている。

Fig. 8.4 に見られるように、イギリスへの年間純移動が増加するにつれ、「懸念事項」のトップの位置にまで移民が上昇してい

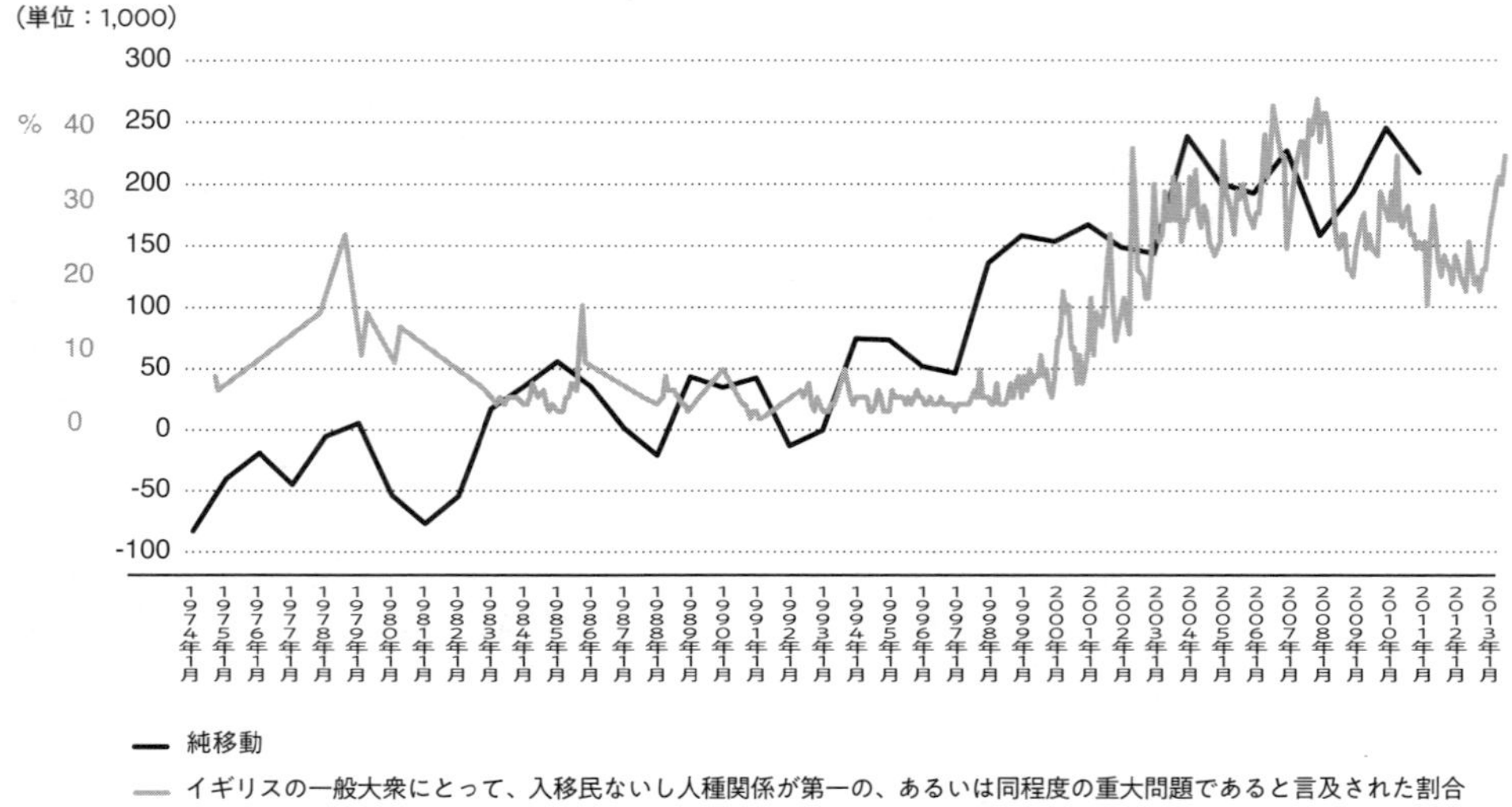

Fig. 8.4　重要問題としての入移民（イギリスにおける純移動、1974〜2013）
出典：Duffy and Frere-Smith (2014: 8)

ることを世論調査は示している。だが、ＥＵを構成する他の国々全体ではこうした相関関係は全く無いようにみえる。この点は、特定の問題に関する懸念を生み出すには、その国が置かれている社会的・政治的な状況が重要であることを示唆している。移民がイギリスへ入国できる機会が制限されるのにともない、庇護を希望する人びとの数が急増した。そしてイギリスに「押し寄せる」「偽の」庇護希望者という描写は、移民や庇護について歪んだイメージを創り出すことに一役買った。例えば二〇〇五年七月七日のロンドン同時自爆テロは、五二人の一般市民を殺害し、他に七〇〇人を負傷させたが、この事件はイギリス各紙の見出しとなり、テロリズムと庇護希望者との間の直接的な結びつきを暗示するものとなった。後にこのセンセーショナルな報道は全くもって出鱈目であることが判明した。

だがこうしたことに加え、イギリス独立党（ＵＫＩＰ）の台頭と選挙での成功は、ＥＵ加盟国であることの負の側面、移民の割合が高いことにより「引き起こされている」と思われる諸問題に焦点を当てており、移民統計が解釈されるひとつの視点をもたらした。二〇一六年のＥＵ離脱是非を問う国民投票の間、入国管理の問題は、「離脱に投票」キャンペーンの成功にとって間違いなく重要な論争点であった。ヨーロッパ全体でも、国ごとにある多くの違いにもかかわらず、人種と移民に関する懸念は高まり続けている。

二〇〇八年の金融危機、二〇〇九年のグローバルな規模での不況、先進世界の国々全体での不況後の緊縮政策を考え合わせると、移民という問題がメディアでの論評、政治的議論の中心に留まり続けていることは驚くことでも何でもない。経済的な試練の時期には、誰かに責任が押しつけられる傾向があり、多くの場合、目立ちやすいエスニック・マイノリティ集団が都合の良いスケープゴートになることがある。こうした時には、しばしば、移民のプラス面とマイナス面の合理的な分析はなかなか人びとの耳に届かない。それでも、政策立案の論拠としてこうした合理的分析を行うことは社会科学的研究において基本であり、よりヒステリックなメディアの論評にたいしバランスを保つ上でも重要である。

▼批判的に考える

グローバルな時代に人の移動が増えていることを考え合わせると、先進諸国での移民にたいする懸念が増していくことは避けられないのではないか。また、このことは、移民に反対する政党が成功する可能性も高まることを意味しているのか。

◎人の移動とEU

移民は、20世紀を通じて、ヨーロッパのほとんどの国々を著しく変容させた。ヨーロッパでは、第二次世界大戦後間もない二〇年間に大規模な人の移動が生じた。地中海沿岸諸国は北ヨーロッパと西ヨーロッパの国々に安価な労働力を供給していた。深刻な労働力不足に直面した受け入れ国は、一時期、トルコ、北アフリカ、ギリシャ、スペイン南部、イタリア南部といった地域からの移住を積極的に奨励し、そして受け入れた。スイス、ドイツ、ベルギー、スウェーデンはいずれも、今日かなりの数の移民労働者を抱えている。同時にまた、旧植民地宗主国だった国々は、かつての植民地からの移民の大量流入を経験し、この点は、イギリスだけでなく、主としてフランス（アルジェリア人）、オランダ（インドネシア人）にも当てはまった。

東ヨーロッパでの共産主義の終焉以降、EUは二つの主要な出来事をきっかけとした**新たな移住**を経験してきた。第一に、東側と西側の境界の開放が、一九八九年から一九九四年の間に、EU諸国への数百万の人の移動を結果的にもたらした。第二に、旧ユーゴスラビアの内戦、またエスニシティ間の反目は、ヨーロッパの他の地域へ、ほぼ五〇〇万人の難民が波のように押し寄せる結果に終わった（Koser and Lutz 1998）。ヨーロッパでの人の移動の地理的な面でのパターンも変化し続けており、送り出し国と受け入れ国の線引きがますます曖昧化しつつある。南ヨーロッパや中部ヨーロッパの国々は既に多くの移民の目的地となっているが、これは以前の移民と明らかに異なる趨勢である。ヨーロッパ統合に向かう動きの一環として、以前には商品、資本、被雇用者の自由な移動を制限してきた障壁の多くが撤廃されていった。これはEU域内移民の激増をもたらした。というのも、EU市民はどのEU加盟国でも就労できる権利を有するためである。

ヨーロッパ統合プロセスの進行にともない、多くの国々は、一九九五年に施行されるに至ったシェンゲン協定の一環として、近隣諸国との出入国管理を廃止した。二〇〇一年までにこの協定は二五の国で発効され、現在、それらシェンゲン協定加盟国は隣接する加盟国からの自由な入国は認めているため、シェンゲン圏域外との国境のみを監視している（Fig. 8.5 参照のこと）。ヨーロ

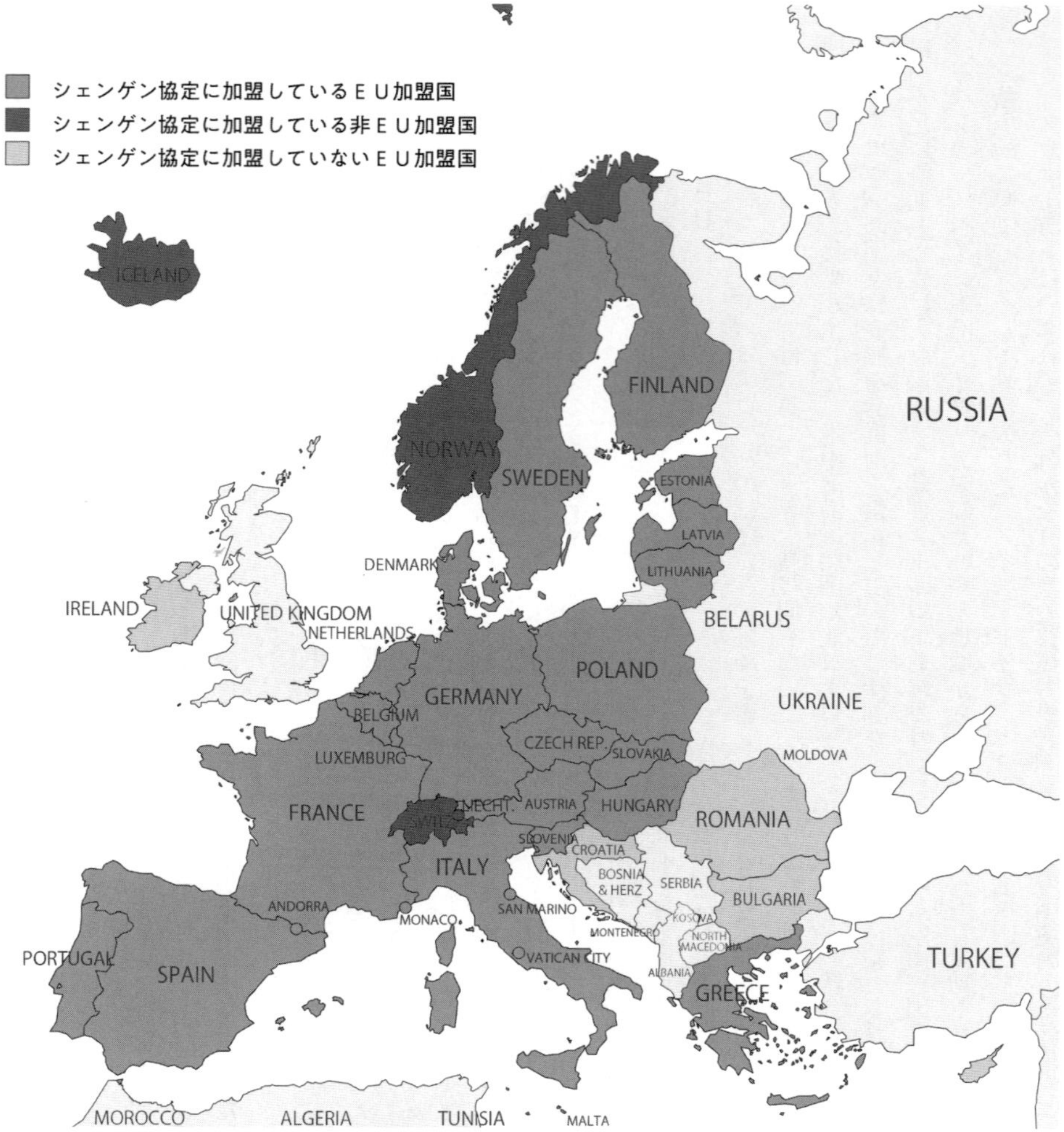

Fig. 8.5　2020年2月現在のシェンゲン圏　出典：European Commission

ッパの出入国管理のあり方のこうした変更は、ＥＵへの非合法移民の流入や国境をまたいだ犯罪に多大なる影響を及ぼし続けている。非合法移民が、シェンゲン協定加盟国の一つにでも入国できれば、シェンゲン圏全体を何の妨げもなく移動できてしまうためである。

多くのヨーロッパ諸国にとって、ＥＵ域外からの人の移動は、最も火急な問題の一つとなるに至った。多くの重大な課題が二〇一四年から二〇一五年にかけて鮮明になった。リビアからボートで渡った何千もの人びとが南ヨーロッパにたどり着いた頃である。こうした移民のうちある者はシリアやイラク、アフリカの幾つかの地域での紛争から避難する最中にあったが、他の多くの移民は自身のライフ・チャンスを高めようとしていた。世界中で生じているこうした人びとの命がけの移動から利益を得ている人身取引グループの関与は、この地中海を渡ってくる移民をめぐる論争をさらに複雑なものとしただけである。ＥＵによるシェンゲン圏域外との国境管理当局であるヨーロッパ対外国境管理協力機関（Frontex）は、ギリシャにはおよそ六万三〇〇〇人の、イタリアには六万二〇〇〇人の移民がたどり着き、他方で、約一万人がハンガリーとセルビアの国境線にいる、と推定した。これらの数字は、二〇一三年時点と比べほぼ150％増しであることを表していた（BBC News 2015a）。

多くの移民が、リビアから地中海を渡ってヨーロッパにたどり着こうとして海で命を落としている。二〇一四年には三〇〇〇人を越える人びとがこのようにして命を落とし、また、二〇一五年に入って最初の四か月間だけで、一七〇〇人を上回る人びとが死亡した。その原因は多くの場合、彼らが乗ったボートがとんでもなくすし詰め状態のため転覆し、沈没したためである。既に、大多数の移民がシリアから、また、マリ、エリトリア、スーダン、ガンビア、セネガル、ソマリアといったサハラ以南アフリカの一部の最貧国から移動してきており、比較すると少ないながらもパレスティナ人たちも含まれていた（Malakooti and Davin 2015）。最も確からしい推測では、二〇一三年から二〇一九年の間に、約一万九〇〇〇人の移民がヨーロッパへの地中海ルートをとって死亡し（InfoMigrants 2019）、他のルートも含めた合計死亡者総数となると三万四〇〇〇人を上回る可能性がある（McIntyre and Rice-Oxley 2019）。

ＥＵ法令は、庇護希望者が最初に入国したＥＵ加盟国で、指紋押捺および庇護申請を行わなければならないと謳っている。これは、ギリシャやイタリアといった国々が、大勢の庇護希望者を受け入れるだけでなく、あらゆる行政上の負担を背負い込むことを意味しよう。二〇一五年六月、ヨーロッパ委員会は、およそ四万人の新たな移民を他のＥＵ諸国に分配配置するクオータ（割り当て）制を提案し、また人身取引者たちによる幾つものネットワークを解体させる計画に着手した。だが、こうした試みにたいして合意を得ることは、二つの側面から難しいことだと分かった。一部のＥＵ諸国は強制的な移民割り当て人数に不服を唱え、他方で、リビアとその領海での人身取引ネットワーク解体作戦にたいする国連の承認はロシアからの反発を引き起こしたためである。こうした難局は人の移動や流動性の真にグローバルな性格だけでなく、この状況を管理しようとする当局の間にはグローバルな調整が欠けていることも示している。内紛、そしてグローバルな不平等の著しさが続く限り、不規則で大規模な人の移動は、もっと頻繁に起こる可能性がある。

◎グローバリゼーションと人の移動

何世紀も前のヨーロッパの領土拡張により大規模な人口移動が開始され、このことが、今日、世界中にある、多数のエスニシティにより構成された社会のうちの多くの基盤を形成した。こうしたグローバルな移民の初期の急増以降、人間の集団は互いに交流し混合し続け、その結果、自らの集団のエスニシティ構成を形づくってきた。この項では、グローバルな移民パターンに関連する幾つかの概念を検討しよう。

移民に関する初期の理論は、いわゆる**プッシュ／プル要因**に焦点を当てていた。「プッシュ要因」とは、戦争、飢饉、政治弾圧、あるいは人口圧といった、人びとに出移民することを強いる送り出し国内部の力学を指すものであった。対照的に、「プル要因」とは、入移民を魅了するような受け入れ国の諸特徴のことであり、例えば、好況な労働市場、全般的により高い生活水準、より低い人口密度が、他の諸地域からの入移民を「引き寄せる」可能性があった。

だがプッシュ／プル理論は、複雑で多面的なプロセスをあまりにも単純化した説明であるとして批判を受けてきた。代わりに移民研究者たちは、グローバルな移民パターンを、マクロなレベルにあるプロセスとミクロなレベルにあるプロセスとの相互作用をとおして生み出される「システム」と見なし始めている。マクロ・レベル要因とは、ある地域の政治状況、入移民と出移民を管理する法律や規制、国際経済で生ずる諸変化といった包括的な問題を指している。他方、ミクロ・レベル要因とは、移民する人びと自身が有する諸資源、知識、理解力に関わるものである。

マクロなレベルにあるプロセスとミクロなレベルにあるプロセスとの交差は、ドイツでの大規模なトルコ系移民コミュニティの例の中に見い出すことができる。マクロ・レベルには、労働力にたいするドイツ経済の需要、外国人「ゲスト・ワーカー」を受け入れるドイツの政策、また、多くのトルコ人たちが望む水準での所得を阻害するトルコ経済の状態、といった諸要因がある。ミクロ・レベルには、ドイツにおけるトルコ系コミュニティの内部に見い出される相互扶助のインフォーマルなネットワークや情報ルート、また、トルコに留まって暮らし続けている家族や友人たちとの強い絆がある。移民を考えるトルコ人たちの間では、ドイツについての知識と「**社会関係資本**」――頼りにすることができる人的資源、あるいはコミュニティというかたちをとった資源――とが、ドイツを最も人気のある受け入れ国のひとつにする要因となっている。こうした移民システムというアプローチの支持者たちは、単一の要因だけで移民プロセスを説明できないことを強調する。むしろ、トルコとドイツの間の移民の動きのように、それぞれ特定の移民の動きは、マクロなレベルにあるプロセスとミクロなレベルにあるプロセスとの相互作用の産物なのである。

グローバル・ディアスポラ　グローバルな移民パターンを理解するもうひとつの方法は、**ディアスポラ**についての研究を媒介と

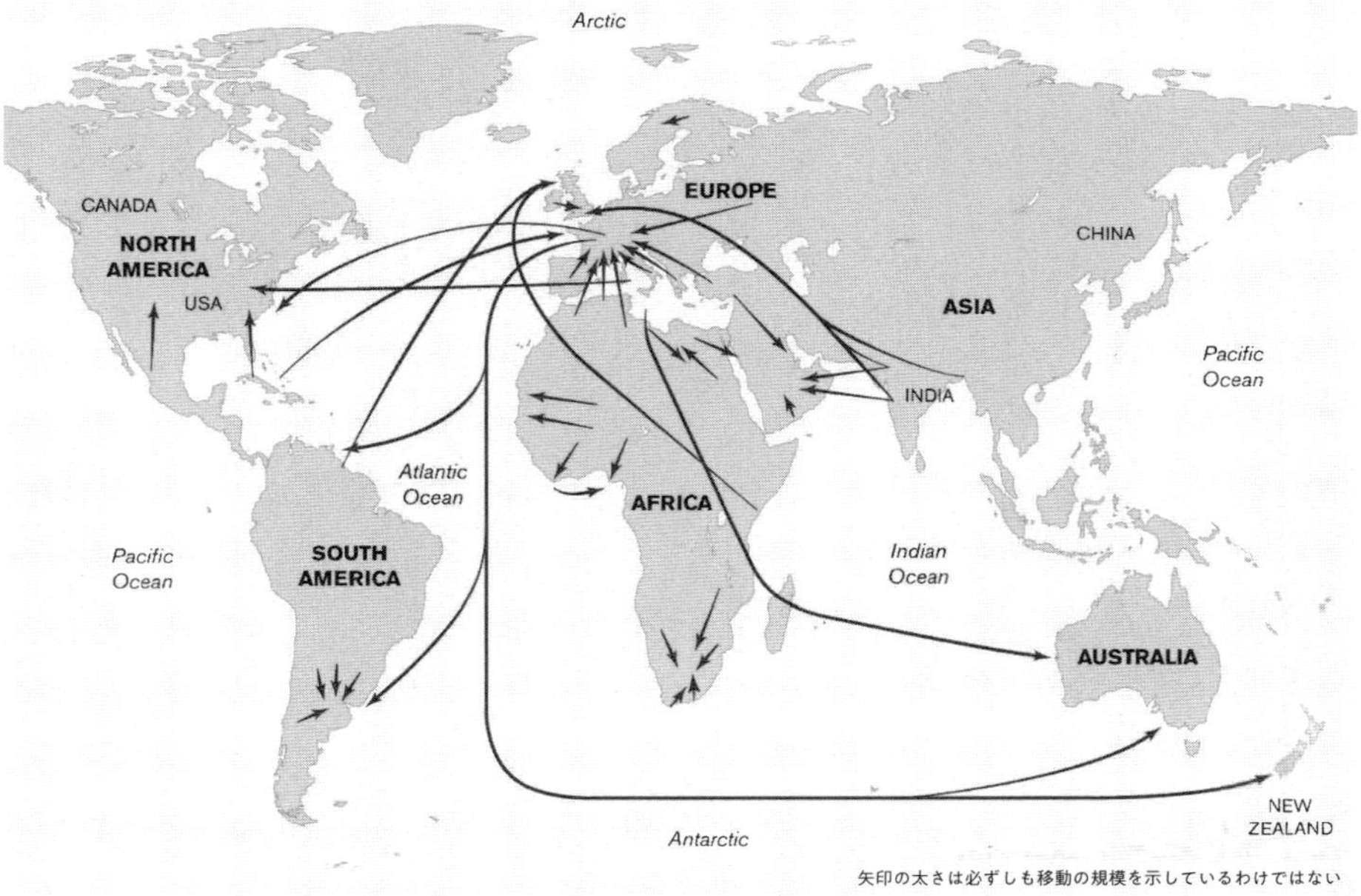

矢印の太さは必ずしも移動の規模を示しているわけではない

Fig. 8.6　グローバルな人の移動（1945～73）　出典：Castles and Miller (1993: 67)

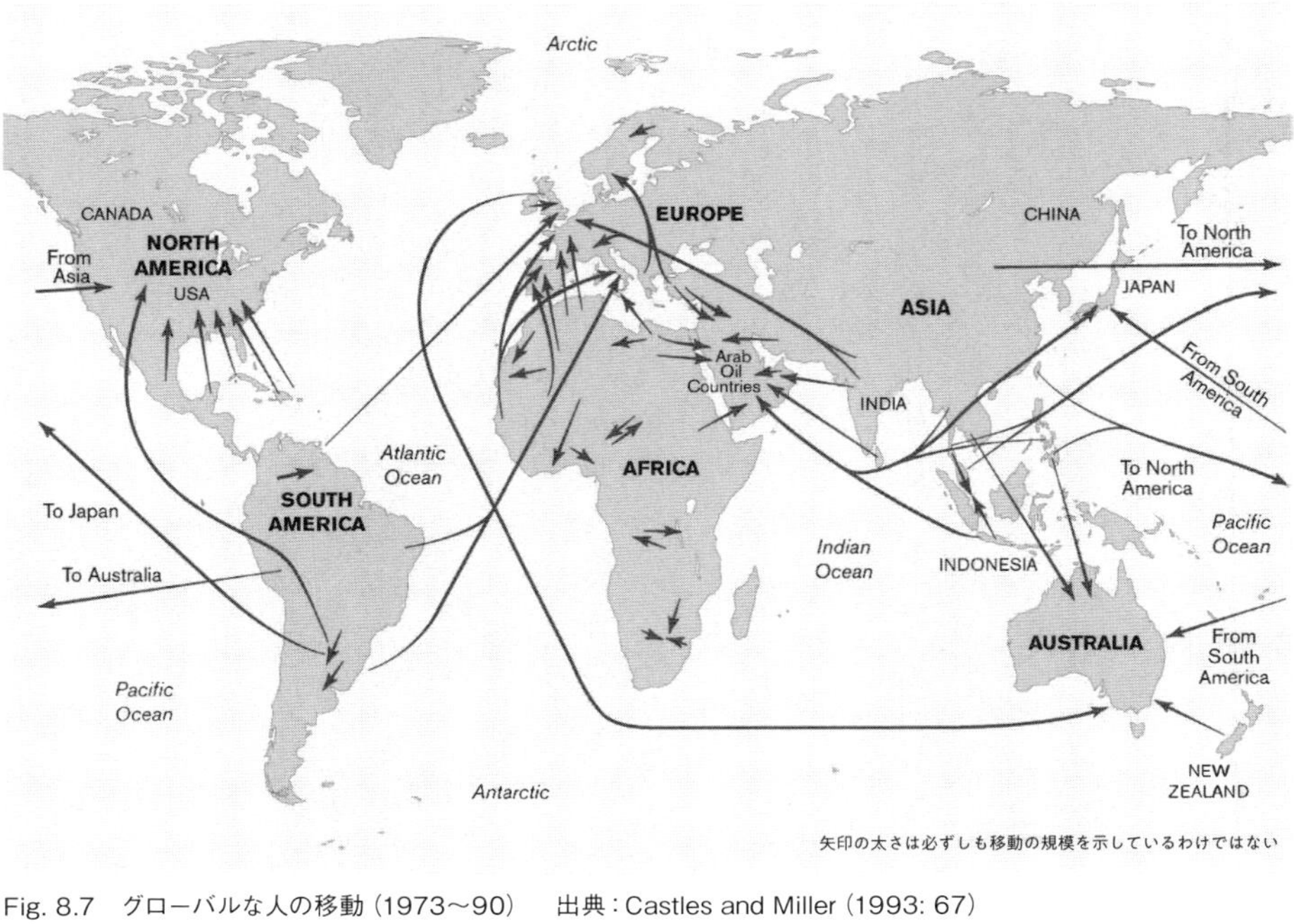

矢印の太さは必ずしも移動の規模を示しているわけではない

Fig. 8.7　グローバルな人の移動（1973～90）　出典：Castles and Miller (1993: 67)

古典研究 8.2

新たな移住の時代における移動パターン

研究課題

人びとは、より良い職に就く可能性を求めて、あるいは、迫害から逃れるために、長きにわたり、世界中を移動し続けてきた。しかし今日、人の移動のパターンは、人びとが地球規模での輸送・交通システム、また新たなツーリズムの機会を利用するにつれ、変化してきた。グローバルな移民は、21世紀における社会内部の人口構成と連帯性にどのような影響を及ぼしていくのであろうか。このテーマに関するスティーブン・カースルズとマーク・ミラーによる一九九三年に出された共著（Castles and Miller 1993）は、二〇一九年にその第六版が刊行された。このことは、著者たちによる分析が、移民研究の分野に上手く枠組みを与え、また、再定義を施したことを示唆している。手短に言えば、彼らによる「新たな移住」の分析は既に現代の古典となっているのである。

カースルズとミラーによる説明

カースルズとミラーは、国際移民が新しいものなどではないことをもちろん認めている。それは太古の時代から存在し続けている。しかるに、今日、変化してしまった点は、移民がとてつもない規模、スピード、移動範囲を有するものとなったことである。これら全ての変化が社会を変容させる潜在力を秘めている。グローバルな移民パターンの最近の趨勢を検討した結果、著者たちは四つの傾向を特定し、近い将来これら諸傾向が移民を特徴づけることとなるだろうと主張している。

第一に、かつてない程の数の人びとが移動するため、国境を越える移民の《加速化》へと向かう傾向が見られる。第二に、《多様化》へと向かう傾向が見られる。以前の時代には、労働移民や迫害から逃れてきた難民といった特定の移民形態が主流であったのと対照的に、今日、ほとんどの国々は、多くの異なる場所から様々な動機を伴ってやって来る移民を受け入れている。第三に、《グローバリゼーション》へと向かう傾向が見られる。移民はその性質上グローバルなものとなっており、多くの国々が移民の「送り出し国」としても「受け入れ国」としても関与している。最後に、移民の《女性化》へと向かう傾向が見られる。女性移民の数が増え続けているため、現代の移民は、以前と比べると男性中心的ではなくなっている。

これら諸傾向をまとめてカースルズとミラーは以下のように主張している。「新たな移住の時代」では、ずっと多くの人びととの移動が見られるようになり、それら移動する人びとの多くが女性となり、特定の国々はより多様な幾つもの移民集団に直面することとなる。移民はまた、我々が暮らす世界の主要な特徴として常態化する可能性が非常に高い。それゆえに、国民、政府、また（国連といった）国際機関は、移民を管理する新たな方法を見い出さねばならなくなるだろう。

批判すべき諸点

ある者たちは、カースルズとミラーにより提示された分析は全くもってありきたりなものに留まっており、またモビリティーズに関する新たな諸研究といった、今、現れつつあり、かつ、潜在的には自分たちの分析と関心が重なる諸分野とのつながりを十分に図っていない、と提唱してきた（Sheller and Urry 2004; Larsen et al. 2006 を参照のこと）。また他の者たちは、彼らの著作は国家を中心に据え、大量移民の時代における国家の運命を探求するものであり、国家を超えた大都市圏域を探究するものではないと主張する。

今日的な意義

カースルズとミラーは、グローバリゼーションが移民パターンにどのように影響を与え、また、いかに以前より増して移民が社会を大きく変える潜在力を秘めているのかを効果的に示すことで、新しい移民研究に多大なる貢献を為した。また彼らは、通常よりも比較という視座を採用し、発展途上国から先進国への移民だけでなく、先進国から発展途上国への移民も探求することにより、移民研究分野の再構築に寄与した。さらに、彼らは、移民パターンをグローバル化理論に結合させることも何とか成功し、それにより、移民研究を社会学の主流へと導いたのである。

▼批判的に考える

カースルズとミラーは、グローバリゼーションの帰結として、移民は「常態化する」だろうと提唱している。この章で扱われている幾つかの事例を利用し、なにゆえに彼らの主張は正しい可能性があるのか検討せよ。移民の増大は抵抗を受ける可能性があることを示す何らかの反例はあるのか。

したものである。ディアスポラとは、エスニック集団の人びとが、多くの場合、強制されたかたちで、あるいはトラウマを負った状況で、祖国から外地へ離散することを指している。奴隷制やジェノサイドの結果として、こうしたエスニック集団の人びとはどのようにして地球全体にわたって離散するに至ったのか。それを説明するために、しばしばユダヤ人のディアスポラ、アフリカ人のディアスポラのことが言及されている。しかし、こうした定義からして、ディアスポラ状態にあるエスニック集団の成員たちは地理的に離散して暮らしているとはいえ、例えば共有されている歴史、祖国についての集合的記憶、育まれ保持されてきた同じエスニック・アイデンティティといった諸要因により、まとまりを保っている。

恐らく、迫害や暴力の結果から生じた、人びとにとって不本意な移動としてのディアスポラの方がよく知られているだろうが、コーエン（Cohen 1997）は、ディアスポラの主要な意味合いは時と共に変化してきたと主張する。人びとの離散にたいし歴史学的アプローチを採用することで、コーエンはディアスポラを五つのカテゴリーに識別している。第一に、古代ギリシャ人たちは、ディアスポラという言葉を、《植民地化》によりもたらされた人びとの離散を表すために使用した。ユダヤ人やアルメニア人の移動に加え、アフリカの奴隷貿易などでの《犠牲者》ディアスポラは、人びとが強制追放に苛まれ、自らの祖国への帰還を待ち望んでいるような状態のディアスポラである。第二の《労働》ディアスポラは、イギリス植民地主義の間のインド人労働者たちによる契約労働に代表される。コーエンは、第三の《交易》ディアスポラが創出されつつある間の中国人たちによる東南アジアへの移動を、何らかのトラウマを負うような出来事の結果ではなく、商品売買のための自発的な移動事例と見なしている。第四の《帝国》ディアスポラは、新天地への帝国主義的な拡張と共にその新天地にやって来た人びとがその後そこで新生活を始めるようなディアスポラである。最も知られている事例は大英帝国であろう。最後に、コーエンは、カリブ海域からの人びとの移動を《文化》ディアスポラの一事例と見なす根拠を述べている――「彼らは永続的な移住によってと同程度に、文学、政治的な考え、揺るぎなき宗教的信条、音楽、そしてライフスタイルによっても固く結びつけられている」(ibid.)。

だが実際には、コーエン自身も提唱するように、これらのカテゴリーは重複し合っており、ディアスポラは多様な理由から生じている。例えば、大西洋をまたいだ奴隷貿易では、何百万ものアフリカ人たちが自らの祖国から強制的に移動させられ、多くの場合、何千マイルも離れた多種多様な国々に離散させられた。この例は、犠牲者ディアスポラに分類される。しかし、このディアスポラが生じる主な理由は、奴隷にたいする労働者としての需要であった。だが、ディアスポラの諸形態が多様であるにもかかわらず、どのディアスポラも重要な特徴を幾つか共有している。コーエンは、全てのディアスポラが次のような基準を満たしていると提唱している。

- 祖国から新たな地域への強制的な、あるいは自発的な移動
- 祖国についての共有する記憶、共有した記憶の献身的な保持、そして、祖国へ帰還できるという信念
- 時間や距離を隔てても維持される、強固なエスニック・アイデンティティ
- 他のディアスポラ先の地域で暮らす同じエスニック集団の成員たちとの連帯感
- 受け入れ社会との関係性の中でのある程度の緊張状態
- 受け入れた多元主義的社会にたいして、貴重で、創造的な貢献を為す潜在的可能性

こうした類型論は単純化に過ぎるものであり、曖昧であるとして批判されることだろう。しかし、このコーエンの研究は依然として貴重なものである。というのも、いかにして、ディアスポラの意味合いが固定的なものではなく、急激なグローバル化時代という状況下にあって、集合的アイデンティティを維持し、エスニック・カルチャーをそのままの状態で維持するという進行中のプロセスと関連しているかを示したためである。

ディアスポラという概念は、急速に広がる数々の事例に適用されるようになっている。例えば、スコットランド人、エストニア

人、あるいはイラク人といった国家単位集団から、「原理主義者」「レッドネック〔アメリカ南部農村地域に住み、伝統的な文化と価値観を大切にする貧困白人層〕」といったディアスポラまでが提案されている。こうした適用拡大は、ブルーベイカーが以下のように主張する原因となっている。「もしも、皆が皆、ディアスポラ状態にあるのなら、その時、誰も他の者と明確に異なるかたちでディアスポラ状態にはないこととなる。この用語は、自らが有している識別する能力――つまり、現象を見分け、区別を施すその能力――を失っている。逆説的にも、ディアスポラの普遍化は、ディアスポラの消失を意味している」(Brubaker 2005: 3)。ブルーベイカーは、社会科学的研究においてこの概念を維持する一つの方法は、「ディアスポラ」を実際に存在する「境界を持った集団」としてではなく、ある種の実践ないし企図として扱うことだと提案している。仮にそのようにすれば、どの程度ディアスポラの「企図」が、その成員であるとされる人びとからの支持を受けているか、研究者たちは探求することが可能となろう。

■ 結論

グローバル化のプロセスは、我々が暮らす社会を根底から作り変えつつある。多くの社会は、初めて、エスニシティの面で多様となった。また、他の国々は、多数のエスニシティから構成される既存のパターンが変容の途上にあったり、強化される途上にある。とはいえ、至る所で、個々人は、自らとは異なった考えをし、自らとは異なった外観をし、自らとは異なった暮らしをする人びとと、頻繁に接触するようになりつつある。こうした相互行為は、対面状況で生じているし、また、オンライン上で高速で送り届けられる画像や情報を媒介としても生じている。

ところでグローバルな移民パターンは、社会学的調査と理論化において、「モビリティーズ」への幅広い関心の一要素を成している（Sheller and Urry 2004; Urry 2007; Benhabib and Resnik 2009）。**モビリティーズ**をめぐる研究課題は、非常に広範な社会現象にわたる「移動」の問題を探求することである。その社会現象の中には、商品の物理的移動、世界中での人びとの移動、サイバースペース内の情報と通貨の移転、そして他にも多くが含まれる。この分野での重要人物の一人であるアーリ（Urry 2007: 6）は、以下のように述べている。

> ある者たちにとっては無きに等しく、またある者たちにとっては大量に過ぎる移動の問題、または、好ましくない類の移動、あるいは適切ではないタイミングでの移動の問題は、多くの人びとの生活や多くの大小の公共機関、民間組織、非政府組織による多くの活動において、中核的な課題となっているようだ。重症急性呼吸器症候群（ＳＡＲＳ）から飛行機墜落事故まで、空港拡張をめぐる論争からＳＭＳ（ショートメッセージサービス）でのやり取りまで、奴隷貿易からグローバルなテロリズムまで、「学校の送り迎え」に原因がある肥満から中東での石油をめぐる戦争まで、地球温暖化から奴隷貿易まで、私が「モビリティ」と呼ぶ問題は、多くの政策上、学問上の課題の中心に位置している。「モビリティ」という

感覚構造が広まっていると言えるかもしれない……。

アーリ（Urry 2000）にとっては、「社会を超えて」行くような新たなタイプの社会学、つまり、国民国家の境界を超えた社会的プロセス、社会的ネットワーク、社会運動を研究し、事実上、（国民）「社会」といった以前なら根本的であった概念そのものを無しで済ませるような社会学が我々には必要なのである。現れつつあるモビリティーズのパラダイムは、幾つかの点で、グローバルな移民の非常に重要な動向をある程度は捉えている。例えば、今日の多くの移民は、単に古い家を離れて遠く離れた場所に新たな我が家を築くわけではない。なぜなら、以前と比べより容易に利用でき、より速く、比較的安価な交通手段があるため、人びとは物理的に自身の元々の古い家を再訪したり、家族の再会に顔を出したり、Eメール、ソーシャルメディア、携帯電話を通じて連絡を取り合うことができるためである（Larsen et al. 2006: 44-5）。一部の者たちにとって、出移民とは、一方通行的で、一度限りの移動ではなくなってきている。

しかし、モビリティーズの探求は、社会生活が必然的により流動的または液状的になっていく、または、将来、移動とモビリティが確実に増加するというテーゼへの傾倒を必ずしも伴うものではない。諸資源や領地をめぐるエスニシティ間の対立、ヨーロッパへの入移民の増加にたいする公然とした敵意、そして国家政策としての多文化主義への反発について我々が行った検討が全て示唆するように、モビリティーズの増加は抵抗を引き起こしもする。しかし一方でグローバルないしコスモポリタンな市民権という楽天的な考えと、他方で地球規模の人種のるつぼの中でのナショナル・アイデンティティとエスニック・アイデンティティ喪失という恐怖を共にもたらすような移動がますます増えていく世界にあって、カール・マルクスの言葉で言い換えれば、「固定したあらゆるものは、解消していく」という認識が、まさに広まっている。だが、これら楽天的な考えと恐怖という対立し合う見解がどのように進展していくかについては、ここ数年にわたって、より明瞭になるどころか、より不明瞭になってしまっている。

本章をふりかえって問う

1. 今日、なにゆえに社会学者たちは、科学的研究において根拠が無いとしても「人種」概念に言及するのであろうか。この概念は捨て去るべきか。
2. 植民地主義下の大西洋をまたいだ奴隷貿易とはどういったものであったのか。この貿易は、植民地宗主国と旧植民地諸国にどのような構造的インパクトをもたらしたのか。
3. 社会学的研究において「エスニシティ」は何を意味しているのか。いかにして、エスニシティは「人種」よりも有用な概念であると主張され得るのか。
4. エスニック・マイノリティ集団が意味することの概要を示せ。どのようにこの概念は有用であり、また、いかにして、この概念は批判される可能性があるのか。
5. 新しい形態のレイシズムはどのように以前の形態と異なっているのか。古い形態のレイシズムは決して消え失せてなど無く、実際には、今日、世界中でより強さを増しつつあるということを示す何らかの証拠はあるのか。

6. 制度的レイシズムは何を意味しているか説明し、刑事司法システム内でのその幾つかの事例を提示せよ。どのようにすれば、この類のレイシズムにたいして効果的に取り組むことができるのであろうか。

7. エスニシティ統合の三つの主要モデル、つまり、同化、人種のるつぼ、文化的多元主義ないし多文化主義について説明せよ。これら三つのうちのどれが、イギリス、アメリカ、ドイツ、オーストラリアそれぞれに、最も適合するであろうか。多文化主義への過度な反動、また政治指導者たちの側での多文化主義からの撤退を示す何らかの証拠はあるのか。

8. 結果的により幅広いエスニシティ面での多様性につながった、イギリスへの人びとの主要な移動の幾つかの概要を示せ。白人である住民と比較して未だに不遇な状態にあるのはどのエスニック集団であり、同等またはそれ以上の状況にあるのはどの集団であるのか。こうした違いはどうすれば説明できるのか。

9. 「国際移民の時代」を特徴づける主要なグローバルなパターンは何か。現状よりもより流動的で広く行きわたったグローバルな人の移動がもたらす社会的、政治的帰結の幾つかを列挙せよ。

10. ディアスポラとは何か。主要な幾つかのタイプとそれらがもたらす社会的帰結の概要を示せ。

11. 「モビリティーズ」の増加というテーゼは何を意味しているのか。将来、このテーゼが提唱しているほどには流動性とモビリティの度合いは高くはないだろうという何らかの証拠が、本書全体から得られるか。

実際に調べてみよう

これ見よがしの人種差別的言説は、いつも組織化された人種差別的グループや組織の内部から生み出され、それらグループ、組織が社会で活動することで普及する。また、オンライン上のソーシャルメディアが社会で主流となることで、人種差別的考えと、エスニシティと人種に関わる陰謀論を普及させる潜在的にグローバルなデジタル空間が切り開かれるに至った。対面での接触が無いこと、また、チャットルーム、インターネット・フォーラム、ソーシャルメディアの匿名性を勘案すると、詐称されたアイデンティティや虚偽の内容を識別することは非常に困難である可能性がある。

以下に掲げる論文は、デンマーク在住の過激派イスラム教徒たちに管理されていると思い込まれている幾つかのフェイク・ウェブサイトを探求している。この論文を読み、以下に続く幾つかの質問に回答せよ。

Farkas, J., Schou, J., and Neumayer, C. (2018) 'Platformed Antagonism: Racist Discourses on Fake Muslim Facebook Pages', *Critical Discourse Studies*, 15(5): 463–80.

1. この研究で採用されている方法論、期間、分析タイプを説明せよ。この研究はどういった類の調査なのか。

2. 研究の対象となっているサイトが実際のところフェイクであると研究者たちはどのようにして立証したのか。

3. この研究で取り上げた全てのサイトで繰り返されているイスラム教徒のステレオタイプの主要な諸側面を列挙せよ。具体的な事例を幾つか提示せよ。

4. 「(インターネットやソーシャルメディアなどの）プラットフォーム上の対立」という表現で著者たちは何を意味しているのか。人種差別的なプロパガンダが拡散していく中で、こうした対立の何が新しいのか。逆に、これらのサイトはデンマーク人をどのようにステレオタイプ化して提示しているのか。

5. 著者たちは、これらのフェイク・プロフィールが、エスニック・カルチャーや人びとに関する、文明化された状態、野蛮な状態、未熟な状態についての既存の考えに依拠していると主張している。この論文から、それぞれの状態についての既存の考えの具体的な事例を幾つか提示せよ。

さらに考察を深めるために

モビリティと移民の常態化が増すにつれ、今日のより流動的または「液状的な」社会的世界でいかにして人びととのアイデンティティが形成されるのかという疑問が浮上している。ジグムント・バウマン（Bauman 2011）の理論的論稿 'Migration and Identities in the Globalized World', *Philosophy and Social Criticism*, 37(4): 425–35 を読め。この論稿は、このような状況下でいかに社会がひとつにまとまっているのか検討している。

自分自身の言葉で、この論稿で概要が示された現代社会の変容の三つの段階について説明せよ。第一段階の「ガーデニング」でバウマンは何を言わんとしているのか。彼はどのように現代の多文化主義を特徴づけているのか。いかにして「連続性」と「不連続性」とが結びついて現代社会をひとつにまとめ上げる結束要素をもたらすのか説明せよ。この論稿でのバウマンの議論にどんな批判が浴びせられるのだろうか。

芸術作品に描かれた社会

映画やテレビシリーズには、エスニック集団、人種、文化との間の関係性を描写したものが多くある。あるものは現実に起こった出来事に直に基づいており、またあるものは、完全にフィクションである。ニール・ブロムカンプ監督作品『第9地区』は、表面上は、エイリアンたちが地球にたどり着き、どのように人間たちに受け入れられるかを描いたSF映画である。しかし、エイリアンたちが南アフリカのむさ苦しく不潔な仮設キャンプ（第9地区）に収容されると、この映画はアパルトヘイト時代の人種隔離と、世界中の様々な場所にいる移民、難民が置かれている状況とを共に想起させる。

この映画を鑑賞し、エイリアンたちが置かれている窮状と、現実世界の移民と難民が置かれている窮状との間にある全ての該当する類似点を書き留めよ。例えば、エイリアンたちにたいする偏見、差別、レイシズムは存在するのか。こうしたことは、どのように人間たちの行動の中ではっきりと表れているのか。エイリアンたちの集団からの反応はどういったものか。映画のストーリーは、諜報部員の人間の一人が徐々にエイリアンへと変化していくことに向かっていく。この架空の話が展開していく仕方を勘案する場合、仮にあるとすれば、この映画の中心となるメッセージとは何か。移民、隔離、庇護といった問題を提示する方法として、ドキュメンタリーではなくSFを用いることには、どのような有利な点、不利な点があるのか。

読書案内

まず手を付けるに良い文献は、スティーブン・スペンサー『人種とエスニシティ――文化、アイデンティティ、表象（第二版）』*Race and Ethnicity: Culture, Identity and Representation*, 2nd edn, London: Routledge, 2014であり、多くの話題を扱っている。サンゲータ・チャトゥ、カール・アトキン、ゲーリー・クレイグ、ロニー・フリン編集による『「人種」とエスニシティを理解する（第二版）』*Understanding 'Race' and Ethnicity*, 2nd edn, Bristol: Policy Press, 2019は優れた論稿集である。イギリスの状況は、ブリジット・バーン、クレア・アレクサンダー、オマール・カーン、ジェイムズ・ナズロー、ウィリアム・シャンクリー編集による『イギリスにおけるエスニシティ、人種、不平等――この国の現状』*Ethnicity, Race and Inequality in the UK: State of the Nation*, Bristol: Policy Press, 2020でも申し分なく扱われている。

多文化主義をめぐる論争と問題点については、マイケル・マーフィー『多文化主義――批判的入門』*Multiculturalism: A Critical Introduction*, New York: Routledge, 2011を参照のこと。ハイン・デ・ハース、スティーブン・カースルズ、マーク・J・ミラー『国際移民の時代――現代世界における国際的人口移動（第六版）』*The Age of Migration: International Population Movements in the Modern World*, 6th edn, London: Red Globe Press, 2019は、気候変動の題材をも含む、移民に関する重要な研究である。奴隷貿易については、ジェレミー・ブラック『奴隷制――新しいグローバル・ヒストリー』*Slavery: A New Global History*, London: Constable & Robinson, 2011がとても良い。

レス・バックとジョン・ソロモス編集による『人種とレイシズムの理論（第二版）』*Theories of Race and Racism*, 2nd edn, London: Routledge, 2009は素晴らしい論文集である一方、ナサル・ミール『人種とエスニシティのキーコンセプト』*Key Concepts in Race and Ethnicity*, London: Sage, 2014は、本章より遥かに優れた包括的テキストである。

社会的不平等に関する原書文献をまとめた関連書『社会学――入門読本（第四版）』*Sociology: Introductory Readings*, 4th edn, Cambridge: Polity, 2021を参照せよ。

インターネット・リンク

本書に関する追加情報とサポート（ポリティ）
www.politybooks.com/giddens9

イギリス、ワーウィック大学エスニック・リレーションズ研究センター（CRER） 様々な主題に関する資料をアーカイブ化
https://warwick.ac.uk/fac/soc/crer

EU基本権庁（FRA） マイノリティ、レイシズムと外国人嫌悪、ロマとトラベラーといったテーマ
https://fra.europa.eu/en

ラニーミード・トラスト イギリスにある人種平等を掲げる独立系シンクタンクで、多くの有用な報告が掲載されている
www.runnymedetrust.org/

国連難民高等弁務官事務所（UNHCR） 難民に関するニュースおよび情報源
www.unhcr.org/cgi-bin/texis/vtx/home

イギリス、人種関係研究所（IRR） 多くの研究と図書資料
www.irr.org.uk/

イギリス、オックスフォード大学移民オブザーバトリー
移民問題に関するニュースおよび情報源
www.migrationobservatory.ox.ac.uk/

ヨーロッパにおける民主主義と人権教育（DARE） 二〇〇三年にアントワープで発足し、ヨーロッパ全体で市民参加を促進している
https://dare-network.eu/

（西口訳）

第9章

社会階層と社会階級

第９章｜目次

シャーロットの家族は高収入に恵まれ、両親は共に大卒であった。ゆえに、彼女は学校に上がった頃には悪戦苦闘したものの、両親の助けもあって何とか数学の成績を上げ、10歳までには自分が属する能力別クラスでトップであった。彼女は私立の中等学校に通い、学位を取得した。彼女が所得トップ集団に所属する予測確率は73%である。

スティーブンの両親は非常に低い収入しか得ておらず、修了証明を得ないまま退学していた。彼は学業にはほとんど関心がなく、テストも好きではなく、一度もクラスで良い成績を取ったことがないので、宿題をすることの重要さが分からなかった。イレブンプラスの試験に失敗して地域の中等モダンスクールに通ったが、何ら修了証明を得ないまま退学した。彼が所得トップ集団に所属する予測確率は7%である。

一見したところ、ここには何も見るべきものはない。シャーロットは頑張り、思いやりのある両親を持ち、学校で好成績をおさめ、よって成人時、高収入獲得の機会を切り開いた。他方でスティーブンは怠け、教育に無関心で当然の報いを受けることにより、成人になってからの生活で高収入者になる見込みをなくしてしまった。個人の差異を描くこうしたストーリーにたいし、何が社会学者たちの関心を惹きつけるというのだろう。

短い、架空のこうした描写は、イギリスの社会移動と子どもの貧困委員会から委託されたある研究の一部である（McKnight 2015: 36-7）。この統計分析は、イギリスの子どもたちのうち一九七〇年出生コホートを調べ、42歳時点になって彼らのうち幾人かが最高所得集団に属する見込みを高めるような諸要因はどれか、発見しようと努めたものであった。実際のところ5歳時点では、シャーロットもスティーブンも認知面での技能評価の点では「成績下位の者」だった。しかしながら、彼らの間での非常に異なる家族背景、就学タイプ、そして教育における経験が、彼らの未来のライフ・チャンスに重要な影響を及ぼしたのである。マクナイトの研究では、成績下位の子どもたちにとって、最高の職を得て高い収入を稼ぐ確率の点で、はっきりとした社会的な勾配があることが見い出された。金銭面での成功の見込みをより高めた諸要因には以下のものが含まれていた。親の教育、私立学校あるいはグラマースクールでの教育、感情面のコントロールと並び数学面での早期からの技能、そして学位レベルの修了証明取得である。

この研究は、より恵まれている家庭では、成績下位の子どもたちが社会的ヒエラルキーを滑り落ちないよう守ることができるということを見出した。逆に、より恵まれていない家庭出身の子どもたちが5歳時点で成績上位集団に属していた場合、彼らがこの早期の成功を稼ぎの良いキャリアに転換する可能性はもっとずっと低かった。手短に言えば、より裕福な家族は、グラマースクールの場を媒介として、また、公立学校セクターでの選択機会をフル活用することによって、教育機会を「蓄える」ことができるのだ。より裕福な家族での親からの様々な介入がひとつの効果的な**ガラスの床**をつくり出し、この床が彼らの子どもたちの早期の認知能力にかかわらず、その子どもたちが成人になって低所得の社会集団に落ち込んでいくことを防ぐのである（Reeves and Howard 2013）。個人の特性あるいは尽力による成功ないし悲哀の物語のようなものは、より広い社会での有利・不利の諸パターンから切り離され得ないのである。

フェイスブックの共同設立者マーク・ザッカーバーグのような目を見張るような幾つかの成功例を我々は目の前にして、このような結論を受け入れることは難しいだろう。そのマーク・ザッカーバーグは、自身のコンピュータ・プログラミングの才能とビジネスの才覚で、二〇一五年時点、23歳で、３３０億ポンドを上回る個人資産を持つ億万長者となった（Forbes 2015）。確かに、資本主義経済はこうした起業家精神にたいして報いるのであり、家族背景や出生地がどうであれ誰もがひょっとしたら成功を手にするかもしれない、という考えをもたらしている。

しかしながら、多年にわたる膨大な数の社会学的調査によって、社会はパターン化、言い換えれば、《階層化されている》こと、また、そうしたシステムの中で個人が占める位置がその個人のライフ・チャンスを顕著なかたちで決定づけることが明らかにされている。例えばイギリスにおいて、労働者階級出身の誰かが成功し、地位の高い職、また権力の位置にまで到達する可能性はわずかなものである。「イギリスの影響下にあるあらゆる領域で、二〇一三年時点、権力の上層は私立学校で教育を受けた者たち、あるいは裕福な中間階級によって圧倒的に占められている」。これは、保守党系の元首相であったジョン・メージャー卿の見解である（Social Mobility and Child Poverty Commission 2014: 6 に引用されている）。この研究は、イギリスの人びとのたった７％しか私立学校に通っていないにもかかわらず、主席判事の71％、上級将校の62％、上院の50％、『サンデー＝タイムス』の富豪リストの44％、内閣の36％がそうした私立学校で教育を受けたことを探り出した。同様に、1％にも満たない人びとがオックスフォード大学あるいはケンブリッジ大学（「オックスブリッジ」）に通っているが、二〇一四年時点、主席判事の75％、内閣の59％、外交官の50％、上院の38％はこれらの大学に通っていた（ibid.: 10）。

このようないつも決まって再生産されるパターンは、社会学者たちにより多くの問題を提起する。女性、障害者、エスニック・マイノリティ集団の場合でもやはりライフ・チャンスに違いがあるのか。社会内部の様々な社会的不平等がどのように交差し合い、また、個人にもたらされるその帰結はどのようなものであるのか。

ただ、こうした諸問題に入っていく前に、最初に我々は、社会学者たちが社会階層、社会階級でもって何を意味しようとしているのかを調べなくてはならない。次に、幾つかの影響力ある階級理論、階級測定の試みを精査し、続いて、先進社会における社会階級とライフスタイルについてのより詳細な探究に移行していくつもりである。また、この章では、**社会移動**――社会階層構造の中で上方にであれ下方にであれどれほど移動できるのか――と、今日どのくらいの社会移動があるのかも扱われている。他の形態の社会階層化については、章末に挙げた文献群において探求されている。

＊ 学校教育と不平等の再生産についての広範な議論は第16章「教育」を参照のこと。

■社会階層システム

社会学において、**社会階層**という概念は、社会内部で社会的諸集団の間にある構造化された不平等を表現するために用いられている。我々は社会階層を資産あるいは所有物の面から考える場合がよくあるが、ジェンダー、年齢、宗教上の所属や軍隊での階級といった他の属性を基にしたものでもあり得る。諸個人、そして諸集団は、このような体系の中で占める自らの位置に基づき、格差のある（不平等な）かたちで報酬の入手機会を享受している。これを考える方法のひとつは、社会階層を地質学でいう地球表面の岩石層に似たものと見なすことである。社会はひとつのヒエラルキーの中での「複数の層」から構成されていると見なすことができ、最上層ほどより多くの恩恵を与えられた者たち、最下層に近くなればなるほどより特権を与えられない者たちがいる。こうした類のあらゆる社会階層システムは、以下の三つの基礎的な特徴を共有している。

1. ランク付けは共通の諸特性を共有する人びとにより構成される社会的カテゴリーに適用される。ただ、これらの人びとは必ずしも相互に交流したり、あるいは互いに同じ存在だと見なすわけではない。例えば、女性は男性とは、富裕者は貧困者とは異なったランク付けをされるだろう。ある特定のカテゴリー出自の個人が複数のランク間を移動することがあるかもしれないが、その出自のカテゴリーそのものは存在し続ける。

2. 人びとが生活上で経験すること、また得る機会は、彼らの属する社会的カテゴリーが相対的にどのようにランク付けされているかに左右される。男性であるか女性であるか、肌の色が黒いか白いか、上流階級であるか労働者階級であるかは、しばしば、個人的な努力あるいは幸運と同じぐらいライフ・チャンスの点で大きな違いをもたらす。

3. 複数の社会的カテゴリー間のランク付けは、あいにくゆっくりとしか変化しない傾向にある。工業化された社会において、例えば女性は、ようやく最近になって、多くの生活領域で男性と対等な立場を獲得し始めている。

＊ジェンダー関連の問題また理論は、第7章「ジェンダーとセクシュアリティ」においてより詳細に議論されている。

最初期の狩猟採集社会では、社会の階層化はほとんど生じていなかった――配分する、あるいは争う対象となる諸資源が極めて少なかったことが主要な理由である。だが人びとが定住化しての農耕の発展は、それ以前と比べ多くの富と諸資源、そして、これに対応するように階層化の増進をもたらした。こうした階層化の増進は段々とひとつのピラミッドに類似するようになり、大多数の人びとが下層に位置し、最上層に向かうにつれ次第にその数が少なくなる、というものであった。今日の工業社会、脱工業社会は極めて複雑であり、この両社会の社会階層はピラミッドよりも涙の雫に類似している。大多数の人びとは中間層、中の下の階層に位置し、最下層に位置する人びとの数はそれよりも少なく、最上層には極わずかな人びとしかいない、というものである。

歴史的に見て、四つの基本的な社会階層システムが区分され得る。つまり、奴隷制、カースト制、身分制、そして階級である。時にこれらは互いに結びついたかたちで見いだされることがある。また、今日、近代的な階級システムは地球上全体で見いだされるものの、これら四つのタイプの間には分かりやすい時代順などない。例えば、近年の先進世界で、階級に基礎を置く複数の社会の中でさえも、現代的な形態の奴隷制が現れつつある。

▼批判的に考える

社会階層はあらゆる人間社会の特徴であるようだ。では、社会階層システムは社会全体にたいしどのような仕方で機能しているのか。また、いかにして社会階層は社会の円滑な運営に寄与しているのか。

◎ 奴隷制

社会階層のうち最も極端な形態は、ある人びとが現実に他の人びとにより所有されるような形態——つまり、**奴隷制**である。奴隷所有をめぐる法律面での状況はこれまでかなり変化してきた。時に、南北戦争前のアメリカ南部プランテーションにおけるように、奴隷は法律によりほとんどの権利が剝奪されていた。他の幾つかの社会では、奴隷の位置づけは、召使のそれにより近く、古代ギリシャの都市国家アテネでは、一部の奴隷は大きな責任を担う地位を占めていた。ある者は読み書きができ行政事務官として働いており、多くの者は工芸技能の訓練を受けていた。奴隷たちは、政治的に重要な地位、軍隊からは排除されていたものの、それ以外のほとんどの職業で受け入れられていた。ただし、鉱山での過酷な労働に明け暮れた者が大半であった。

歴史を通じ、奴隷たちは自らが置かれている隷属状態にたいして抵抗し続けてきた——南北戦争前、アメリカ南部での黒人奴隷による幾つかの反乱は注目すべき一例である。こうした抵抗により、奴隷労働システムは不安定化しがちであった。高い生産性は、休みない監視と残忍な処罰があってこそ達成された。結局は、奴隷労働システムは崩壊した。ひとつには、このシステムが引き起こした闘争がゆえ、もうひとつには、直接的な強制より、経済的あるいは他のインセンティヴの方が、より効率的な生産を人びとに動機づけるがゆえである。奴隷制は、経済的に特に効率的な生産様式ではない。

また18世紀以降、ヨーロッパとアメリカでは道徳的根拠から奴隷制に反対する人びとの数がどんどん増えていった。というのも、彼らが見ているものが自分たち自身の「文明化した」社会にふさわしくなかったからである。奴隷にするために人びとを移送するという慣行は徐々に非合法化された。そして今日、世界中で奴隷制は違法である。しかし、調査では、未だに大変多くの人びとが国境をまたいで取引され、意志に反し拘束されていることが確認されている。パキスタンの奴隷状態に置かれたレンガ造り工から、タイの性奴隷、イギリスとフランスの奴隷状態にある家事使用人まで、**現代奴隷制**は重大な人権侵害となっている。

現代奴隷制は国家によって合法化されておらず、また、法律によって承認された社会階層の《体制》でもない。しかし、イギリス政府のある報告書（HM Government 2018: 8）は、この奴隷制が増大し続け、また地理的にも拡散し続けていることを明らかにしている。ただ、この奴隷制は、犠牲者たちがトラウマで酷く傷ついているがゆえに自らの状況を明かすことができない、あるいは自らが犠牲者であると認識すらしていないような、そうした隠された搾取形態であるため、どれほど多くの人びとが被害に見舞われているかを正確に推定するまでに至ることが非常に困難である。二〇一三年時点のイギリスの状況を最も良く推定したものによれば、現代奴隷制の犠牲者は一万人から一万三〇〇〇人の間であった（Silverman 2014）。国際労働機関は世界規模でおよそ四千万の犠牲者を推定している。そのうち、二五〇〇万人が強制労働の犠牲者であり、一五〇〇万人が強制結婚の犠牲者である（ILO 2017a: 9-10）。これら犠牲者たちのうち、約71％が女性、少女たちであり、性産業での強制労働の99％は彼女たちによって担われている。このうち約四分の一が子どもたちである。また、結婚へと強制された者たちのおよそ37％が子どもたちである。

Fig. 9.1が示すように、現代奴隷制は世界のどの地域にも存在し、アフリカ、そしてアジア・太平洋地域に最も広がっている。多くの人びとの期待に反して、また、過度に楽観的な見込みに抗して、グローバリゼーションのプロセスは、世界をまたいで人びとを強制的に移動させ、現代的な形態の奴隷へと陥れることをも容易にしている（Bales et al. 2009）。

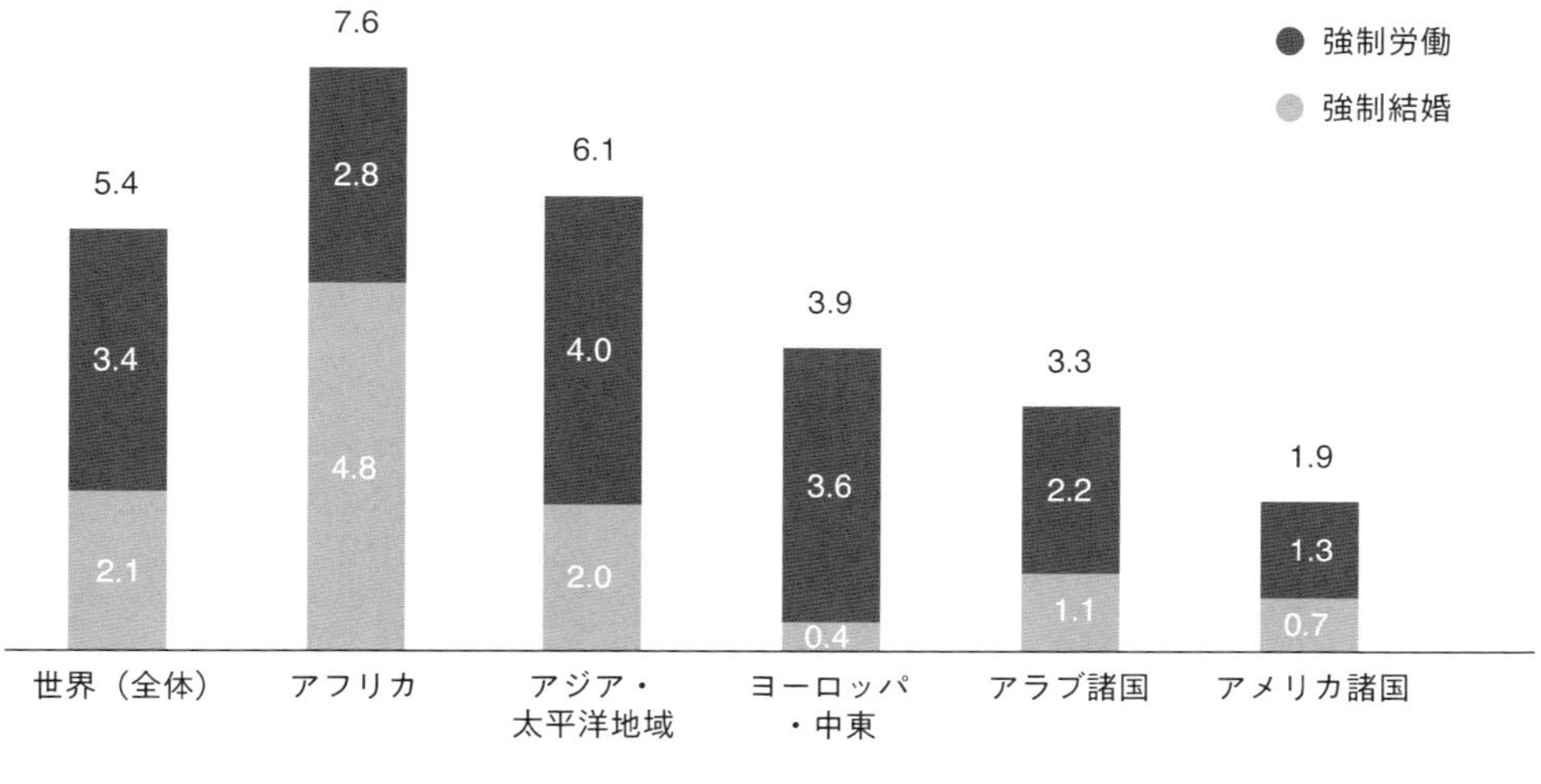

Fig. 9.1　現代奴隷制の地域的広がり（人口1,000人あたり）　出典：ILO（2017a: 26）

◎カースト制

カースト制とは、その中で社会的位置が与えられ、全ての個人が自らの出生時の社会的レベルに留まるような、そうした形態の社会階層である。全ての人びとの社会的地位がその人の諸特性に基づいており、例えば、見た目での人種、エスニシティ、肌の色、また親の宗教あるいは親のカーストといったものだが、これらは生まれによる巡りあわせであり、それゆえに変更不可能だと信じられている。ある意味、カースト制の社会は、その人の占める位置が出生時に生得的属性として与えられる、特殊なタイプの階級社会と見なし得る（Sharma 1999）。こうした社会は、インド農村地域、あるいは一九九二年に白人支配が終焉する前の南アフリカ共和国のように、農耕社会に典型的に見いだされてきた。

近代以前、カースト制は世界中に見られるものであった。例えばヨーロッパでは、ユダヤ人はしばしば別個のカーストとして扱われ、制限された区域に住むように強制され、非ユダヤ人との結婚、さらに場合によっては交流することさえ禁じられていた。「ゲットー」という用語は、「鋳造場」を表現するベネチアの言葉から発していると言われており、この鋳造場の跡地に、ヨーロッパで最初の公式なユダヤ人ゲットーのひとつが一五一六年ベネチア政府によって設立された。やがてこの用語は、ヨーロッパの都市内で、ユダヤ人がそこに住むことを法律上強制されている区画を指すようになった。そして、ずっと後になり、人種・民族隔離といったカースト制に類似した諸特性を伴うような、マイノリティたちの居住地区を表現するために用いられたのである。

カースト制では、他のカースト成員との親密な接触は強く抑制される。あるひとつのカーストのそうした「純血さ」は**内婚**――慣習あるいは法が要求するがゆえに、自らが属する集団内で結婚すること――のルールによって多くは維持されている。

インドと南アフリカのカースト　インドのカースト制はヒンドゥー教の信条を反映しており、少なくとも二〇〇〇年の歴史を持つ。ヒンドゥー教の学識者たちによれば、主要なカーストが四つあり、それぞれのカーストは広きにわたる幾つもの職業分類とおおよそ結びついている。《バラモン》（学識者と宗教指導者）が最上層を占め、《クシャトリヤ》（軍人と世俗の支配者）、《ヴァイシャ》（農民と商人）、そして《シュードラ》（肉体労働者と職人）と続く。これら四つのカーストのさらに下に、一般に「不可触民」として知られる者たちがいる。言い換えれば《ダリット》（「虐げられた者たち」）であり、彼らは――その名が示すように――どんな犠牲を払ってでも忌避される定めにある。不可触民は従事するにも、人の排泄物の除去といった社会において最も酷い職に制限され、また、食べるものを求め、施しを請い生ゴミを漁るという手段に多くは訴える。インドで伝統が強く残る諸地域では、上層カーストの成員のなかには、依然として不可触民との身体接触を不浄とみなし、ちょっと触れただけでも浄化儀礼が必要だと考える人たちもいる。一九四七年のインド独立に引き続き、一九四九年にはカーストにもとづく差別は非合法化されたのだが、今日でも、カースト制を構成する主要な諸要素は、特により農村的な色合いが濃い地域で強力に残存している。

だが、同じ職場であれ、飛行機上であれ、レストランであれ、インドの現代資本主義経済が異なるカーストに属する人びとを互いに接触させるようになるにつれて、カースト制維持に要される厳格な障壁を保持することがますます困難になってきている。インドのますます多くの事柄がグローバリゼーションのプロセスの影響を受けるようになるにつれ、将来、カースト制がさらに弱体化していくと想定することは理にかなっているように思われる。

南アフリカのカースト制——**アパルトヘイト**と呼ばれていた——は、一九九二年に撤廃されるまで、黒人のアフリカ人、インド人、「カラード」（異人種間の複合である人びと）そしてアジア人を白人から厳格に分離していた。この場合、カースト制は完全に人種上の自己認識に基づいていた。白人は、全人口の15%を占めるだけだったが、この国の富のほとんど全てを支配し、利用に適した土地のほとんどを所有し、主要な事業、産業を運営していた。また、政治的権力も独占していた。というのも、黒人たちは投票できなかったためである。黒人たち——人口の四分の三を構成——は、土地の痩せた《バントゥースタン》と称された黒人居住区（ホームランド）の中に隔離され、マイノリティである白人のために労働するという目的がある場合のみ、そこからの外出が許されていた。

広範囲に及ぶ差別と抑圧を伴ったアパルトヘイト体制は、マイノリティである白人と、マジョリティである黒人、異人種間の複合である人びと、アジア人たちとの間に激しい対立を生み出した。しばしば暴力を伴った数十年に及ぶ闘争は、最終的には一九九〇年代に実を結んだ。黒人組織最大勢力であるアフリカ民族会議（ANC）は、南アフリカ企業を経済的破滅に追いやるべくグローバルな不買運動を動員し、南アフリカの白人指導者たちにアパルトヘイト体制を段階的に撤廃するよう迫った。そして、一九九二年、南アフリカの白人たちの間での一般投票により、この体制は撤廃された。一九九四年、この国で多人種が参加した選挙が初めてなされ、ネルソン・マンデラ——二七年間、獄中生活を送っていたアフリカ民族会議指導者——が大統領として選出された。

南アフリカ型のカースト制は終焉を迎えた。そして政府はグローバル資本主義経済へのより緊密な統合を目指して、黒人の地位を向上させ、「愛国的」で「生産的」な黒人資本家階級の創出を目指す諸政策を採用した（Southall 2004: 313）。

◎ 身分制

身分制は、ヨーロッパ封建社会を構成する主要要素であったが、他の多くの伝統的文明にも存在していた。封建的身分制は、互いにたいして異なった責務、また不平等な一連の権利を伴った幾つかの社会階層によって構成されていた。また、こうした責務と権利の一部は法的に確立されていた。ヨーロッパでは、最も高い身分は《貴族》とジェントリーによって構成されていた。《聖職者》は別の身分を形成し、より低い地位を占めていたが、幾つかの独特な特権を保持していた。「第三身分」と呼ばれるようになったものに属していた人びとが——農奴、自由農民、商人、職人といった——《平民》であった。カースト制とは対照的に、異なる身分の間でのある程度の通婚、社会移動は大目に見られていた。例えば、君主に捧げた並外れた功労の報いとして平民がナイトに叙せられることもあったであろうし、また商人は時に爵位を購入することができた。イギリスでは身分制の遺風がまだ残存し、未だ世襲爵位が認められ、求められてもいるが、一九九九年以降、もはや貴族にたいし、上院での投票権が自動的に与えられることはなくなっている。同様に、財界指導者、公務員その他が自らの功労にたいし、ナイト爵位などの栄誉で称えられることもある。

かつては、生まれの高貴さという観念に基づく伝統的貴族制がある所では、どこでも身分制が発達する傾向にあった。中世ヨーロッパのような封建制では、身分制は荘園社会と密接に結びついていた――つまり、国家規模というよりも、地方規模の社会階層システムを形成していた。中国あるいは日本のように、中央集権化された伝統的な帝国では、身分制はもっと国家的な基盤の上に編成された。ヒンドゥー教徒のカースト制と同程度に厳密なやり方であることは稀であったが、時に、身分間の差異は宗教的信条により正当化される場合もあった。

◎ 階級

階級の便宜上の定義は次のようなものである。それは、共通した経済的諸資源と社会的地位を共有している人びとから構成される大規模集団である。こうした経済的諸資源と社会的地位は、人びとが営むことができるライフスタイルのタイプに強い影響を与える。財産、富、職業を自分のものにしていることは、階級上の差異の主要基盤である。社会階級は他の形態の社会階層と次の四つの主要な点で異なっている。

1. **《階級システムは流動的なものである》**。他のタイプの階層とは異なり、階級は法律的ないし宗教的な規定により打ち立てられてはいない。階級間の境界は決して明確なものではなく、異なる階級の人びとの間の通婚にたいし何ら公的な制約は課せられていない。

2. **《階級的位置は、少なくとも部分的には努力の上で獲得される》**。ある個人の階級は、他のタイプの社会階層システムのように単純に出生時に与えられるものではない。他のシステムにおけるよりも、もっと社会移動――階級構造内の上昇・下降移動――がありふれている。

3. **《階級は経済的な基盤を有している》**。諸個人から成る集団間の経済的格差――つまり、物質的諸資源の所有面での不平等――の中で諸階級はつくり出される。他の社会階層システムでは、非経済的な諸要因がより重要なものとなりがちである。

4. **《階級システムは大規模であり没人格的である》**。階級システムは、企業とその被雇用者たちの間に存在するような、大規模で没人格的な関係を通じて主として作動する。階級格差は賃金と労働条件面での不平等において生じるのだ。他の社会階層システムでは、主人と奴隷の間、あるいは低位カーストに属する人びとと高位カーストに属する人びとの間でのような、人格的な、義務あるいは責務関係の中で不平等が表出される。

工業資本主義社会では、既にほとんどのカースト制が階級に基づくシステムに道を譲ってしまっている (Berger 1986)。工業生産により人びとは次のことを求められている。自分たちに合う職、あるいは自分たちが遂行できる職に就くため、また経済的条件に従って頻繁に職を変えるために、自由に転々と移動することである。カースト制に見いだされる厳格な諸制約は、こうした必要とされる移動の自由とは相容れない。グローバリゼーションが世界を単一経済システムへとつくり変えていくにつれ、未だ残存しているカーストのような関係性は、変化への圧力にますます晒されていくだろう。次節では幾つかの社会階級理論を見ていくが、この社会階級は地球規模で支配的な社会階層形態となっている。

▼批判的に考える

仮にあらゆる国で社会階級が支配的な社会階層形態となるとして、これは一般的には良い方向への進展か。それとも悪い方向への進展か。現状では他の社会階層システムの中で生きている人びとにとって、生活はどのように良くなるのか。そして、どんな新しい諸問題が生みだされるのか。

■ 社会階級の理論化

階級と社会階層に関するほとんどの社会学的分析は、マルクスとウェーバーの考えから手がかりを受けとっている。時には、両者の諸要素を組み合わせて取り組んでいる場合もある。この節では、まず我々はこれら両理論家を取り上げ、その後で、アメリカの社会学者エリック・オーリン・ライトに代表される幾つかの影響力あるネオ・マルクス主義の着想を見ていく。最後に、**インターセクショナリティ**の紹介でこの節を閉じる。この概念は、現実世界で多様な社会的不平等が交錯し合う幾つもの仕方を把握しようとする際、助けとなるものである。

＊ 第1章「社会学とは何か」にはマルクスとウェーバーの紹介が含まれており、第3章「理論と観点《パースペクティブ》」では両者をより詳細に扱っている。

◎ カール・マルクスの階級闘争理論

マルクスによる研究のほとんどは資本主義とその中での社会階級に関したものであった。にもかかわらず、彼は階級概念について体系的な議論を提示しなかった。マルクスの遺稿（後に、彼の主著『資本論』（1867）の一部として出版された）は、彼が「階級を構成するのは何か」という疑問を提起したところで突然途切れている。このことは、マルクスの階級概念が彼の全著作から再構成され続けてきたことを意味している。彼の研究についての数多なる解釈、「マルクスが本当に言わんとしていたこと」をめぐる多くの論争が、これまで為されてきた。だが、中核となる彼の考えはかなり明確なものであり、「古典研究9.1」にて詳しく取り扱う。

◎ マックス・ウェーバー――階級、地位、党派

資本主義の末路、そして労働者階級に関してマルクスとは非常に異なった結論に至ったとはいえ、社会階層にたいするウェーバーのアプローチはマルクスによる分析の上に打ち立てられたものである。マルクスと同様、彼は、権力と諸資源をめぐる闘争が社

古典研究 9.1

マルクスにおける階級と革命

研究課題

19世紀ヨーロッパの工業化は、多方面にわたって社会をより良い方向に変貌させた。しかし、抗議活動、革命運動も引き起こした。20世紀、工業社会が発展していくにつれ、労働者たちによるストライキ、そして暴力に訴える活動が相次いだ。社会がより豊かになった時でさえ、なぜ労働者たちは抗議活動をしたのであろうか。カール・マルクス（1818-83）は、工業社会がいかに作動しているかを理解する試みの中で階級社会を研究した。彼の主張は、工業社会は資本主義的経済諸関係にその根を下ろしている、というものだった。だが、マルクスは、一歩距離を置いた、学究的な観察者などではなかった。彼は共産主義の政治活動においても重要人物であり、労働運動の中でも活動家であったからである。マルクスにとって工業資本主義は、進歩的な諸要素を有するにもかかわらず、ひとつの搾取的な階級関係システムの上に打ち立てられているのであって、それは廃止されねばならないものであった。

マルクスによる説明

マルクスにとって、社会階級とは、**生産手段**——人びとが生計を立てる際に用いる手段——にたいして共通した利害関係を有する人びとから成る集団である。この意味で、あらゆる社会には、ひとつの中核となる階級システムがある。近代工業が勃興する前、身分制における生産手段は、作物の手入れをしたり牧畜用の動物の世話をしたりするために用いられる土地や幾つかの道具であった。二つの主要な階級は、土地を所有する者たち（貴族、ジェントリー、奴隷所有者）と、その土地から生産物を得ることに従事する者たち（農奴、奴隷、自由農民）であった。工業社会では、工場、事務所、機械、また、これらを購入するに必要とされる富、すなわち資本がより重要なものとなっていった。二つの主要な階級は、こうした新しい生産手段を所有する者たち——実業家ないし資本家——と、そうした者たちに自らの労働力を売ることで生計を立てる者たち——**労働者階級**、あるいはマルクスが用いた用語で**プロレタリアート**——により構成される。

マルクスによれば、諸階級の間の関係は搾取的なものである。封建社会では、搾取は小作農から貴族への農産物の直接的譲渡というかたちを取った。農奴は、主人にたいし自らが生産した物のうち一定割合を差し出すか、あるいは、主人とその家中の者たち向けの作物を生産するために毎月数日間働かなければならなかった。工業資本主義社会では、こうした社会と比べ、搾取の源泉が直ぐに分かるものではなくなっている。そこでマルクスは、労働者たちは、雇用者が彼らを雇用する際にかかるコストを償却するのに実際に必要とするものより多くのものを生産しているのだ、と論じた。この剰余分が利潤の源泉であり、そしてこの利潤を資本家は自分自身の使用目的につぎ込むことができるのだ。例えば、ある縫製工場の労働者集団が一日あたり一〇〇着のスーツを生産するものとしよう。七五着のスーツを販売すれば、労働者に賃金を支払ったことによるコスト、そして工場と設備にかかったコストは賄え、資本家は残りの二五着のスーツから得られる収入を利潤として受け取ることができる。

資本主義により生みだされる甚だしい不平等を前にしてマルクスは戦慄を覚えた。近代工業の発展により、これまでに見られた規模を遥かに超える富が生産されるのであるが、有産階級が蓄積する富は増大していくのにたいし、労働者は相対的に貧しいままである。マルクスは、資本家階級との関係で労働者階級がますます貧しくなっていく過程を記述するため**窮乏化**という用語を用いた。労働者たちは絶対的な意味では豊かになっているとしても、彼らと資本家階級を隔てる格差はますます広がり続けている。最上層の「1％」が所有する莫大な富にたいする近年の幾つかの抗議活動は、この点をかなり表現している。

資本家と労働者階級の間の不平等は、厳密には経済的なものに限られるものではなかった。マルクスは、生産の機械化は、労働がしばしば退屈、単調で、そこから満足が得られないものとなり、故に労働者が自分自身の労働とその生産物から**疎外**されるような状態をもたらす、と考えた。労働はそれ自体で充足感をもたらすものではなくなり、生き残るため金をもうける単なる手段と化す。工場に膨大な数の労働者たちが集められるにつれ、マルクスはひとつの集合的な**階級意識**が立ち現れることだろうと主張した。長い展望で自らの置かれた状況を改善していくためにも、資本主義の搾取的社会関係を廃止するに革命が必須であると労働者たちが鋭敏に気づくようになるためである。

批判すべき諸点

マルクスの考えをめぐる社会学的論争は一五〇年より長きにわたって続けられており、それら論争にここで正当な評価を下すことは不可能である。ただ、その代わりに我々は、マルクス主義をめぐる批判の中の幾つかの主要テーマを指摘することはできる。

第一に、資本主義社会を「二つの主要陣営」に分裂したものとするマルクスの性格付けは単純に過ぎると見なされてきた。労働者階級の中でさえ熟練労働者と非熟練労働者との間で分化があり、ジェンダーとエスニシティも多様なライフ・チャンスへと導く要因であるために、こうした分化はさらに複雑なものとなってきている。結果として、労働者階級全体による一致団結した行動などありそうもない、と批判者たちは主張している。

第二に、共産主義革命は先進社会の工業労働者階級によって導かれるというマルクスの予測は実現化しておらず、この点で資本主義の動態をめぐる彼の分析は疑問に付されている。未だ一部の現代マルクス主義者たちが、資本主義はゆくゆくは崩壊へと運命づけられていると考えているが、批判者たちがこうした考えの根拠を見出すことはほとんどない。実際のところ、大部分の労働者階級はますます豊かな資産所有者となってきたのであり、これまで以上に資本主義システムに強い利害関心を有しているのである。

第三に、労働者階級の経験がますます共有されていくことから階級意識は生じるとマルクスは考えたのだが、今日の人びとが、自らを、自分が占めている社会階級の位置と結びつけて考えることは以前より少ない。それどころか、自己認識には幾つもの多元的な拠り所があり、階級は必ずしも最も重要なものではないのだ。階級意識が発展せず、広く普及しないのであれば、一致団結した階級行動などあり得ないし、よって、共産主義革命もあり得ない。ここでもまた、批判者たちは、長期的な社会的趨勢は、マルクスの理論上の推測から離れていっているとみている。

今日的な意義

マルクスの影響は——単に社会学の中だけではなく、世界中で——非常に大きなものであり続けている。世界中の数多くの社会体制が「マルクス主義」を自認してきたし、反体制運動は決まってマルクスの考えに依拠し着想を得ている。たとえ彼の幾つかの主要な予言が正しいものとなっていなくとも、彼が切り開いた資本主義分析は、グローバリゼーションに関する我々の理解において依然として貴重な示唆を与えている。事実、急激なグローバリゼーションにたいする認識が人びとの間で幅広く普及したことは、特に、最近、国際的な環境運動、反資本主義運動、反グローバル化運動の出現を伴いつつマルクス主義研究に新しい刺激を与えてきている、と主張できよう。

＊反グローバル化運動に関する考察は、第20章「政治、政府、社会運動」を参照のこと。

会を特徴づけていると見なした。しかし、マルクスが主要な社会闘争の中核に二極分化した階級関係、経済的争点を見たのにたいし、ウェーバーはさらに複雑かつ多元的な社会観を押し進めた。ウェーバーによれば社会階層は単に階級の問題だけではなく、さらに二つの局面から形づくられている。つまり、地位と党派である。マルクスが提示した二極的モデルにたいし、これら三つの主要要素が重なり合うことで、社会の中に潜在的に膨大な数の社会階層内の位置が生みだされるのである。

　ウェーバーは、社会階級が客観的に所与である経済的諸条件に基盤を置くというマルクスの見解を容認したが、階級形成においては多様な経済的諸要因が重要であると考えた。階級分化は生産手段の所有、非所有に由来するだけでなく、所有物とは直接的に何ら関係のない経済的格差にも由来する。このような格差には技能と資格、言い換えれば職業資格証明が含まれ、人びとが就くことができる仕事のタイプに影響を及ぼす。ウェーバーは、個人の占める《市場的地位》がその人のライフ・チャンスに大きな影響を与えると主張した。例えば、労働者階級あるいは「ブルーカラー」の職にある人びとよりも、管理あるいは専門的な職業に従事している人びとの方が多く稼ぎ、有利な労働条件を得ている。学位、資格免許といった保有している修了証明、そして身に着けた技能のおかげで、彼らは、そうした職業資格証明を持たない他者たちよりも「市場価値がある」のだ。同じように、ブルーカラー労働者の中でも、熟練工は半熟練工や非熟練工よりも高い賃金を獲得することができる。

ウェーバーによる研究において、**地位**とは、諸集団が他の集団から与えられる社会的敬意あるいは威信の点で、それら諸集団の間に格差があることを指している。伝統的社会では、長年にわたる様々な状況下での相互行為を通じてある人物が得た直接的な知識に基づいて、その人物の地位が定められることが多かった。しかし、社会がより複雑化していくにつれ、常にこのようなやり方で地位が与えられることは不可能となった。代わりに、人びとの《ライフスタイル》を通して地位は表現されるようになった。地位の幾つもの指標と象徴――例えば、住居タイプ、服装、会話のマナー、職業――、これら全てが他者の目に映る個人の社会的立ち位置を形づくっている。そして、同じ地位を共有している者たちは、共有されたアイデンティティ意識を伴ったひとつのコミュニティを形成するのである。

地位の区別は階級分化の帰結であるとマルクスは断言したのにたいし、ウェーバーは、地位は階級とは独立して変化することが多いと主張した。ウェーバーは、地位は階級とは独立して変化することが多いと主張した。富の所有は高い地位をもたらし得るが、これは普遍的に当てはまることではない。「上品な貧困」という言葉がその例のひとつとして当てはまる。例えばイギリスでは、貴族の家柄出身の人びとは、たとえその財がすでに失われていても、社会的にかなりの尊敬を享受し続ける。逆に多くの銀行家は裕福であるかもしれないが、彼らの社会的地位はとても低いままである。これは、銀行家たちの年間ボーナスが度を越したものであり、また彼らはそうしたボーナスに見合う働きをしてこなかったにもかかわらず、彼らの無謀な貸し付けが二〇〇八年のグローバルな経済危機を引き起こしたのだ、という理解が広く普及した結果である。

またウェーバーは、党派形成が《権力》の重要な一局面であり、階級、地位とは独立したかたちで社会階層に影響を与え得ると指摘した。ウェーバー的な意味での**党派**は、共通の出自・経歴、目的、あるいは利害関心を共有するがゆえに共働するような、そうした諸個人から成る集団を指す。党派は、その成員のためになる特定の目標を目指し、組織化されたかたちで活動することが多い。マルクスは地位上の格差も党派の組織化も階級の観点から説明したが、実際のところは、両者とも階級分化には還元され得ないものである。ウェーバーは、たとえ両者が階級の影響を被っているとしても、逆にこれら両者の各々が個人、集団が置かれる経済的境遇に影響を与え、よって彼らの属す階級に影響を与えることになるのだと論じた。さらに党派は階級格差の領域を超える関心事に訴えかける可能性がある。党派は、例えば、宗教上の所属、あるいはナショナリズムの理想にその基盤を置いているかもしれない。マルクス主義者たちならば、北アイルランドでのカトリック教徒とプロテスタント間の対立を階級の観点から説明するだろう。というのも、プロテスタントと比べカトリック教徒の方がより多く労働者階級の職に従事しているためである。ウェーバー主義者たちなら、このような説明は役に立たないものだと主張することだろう。というのも、人びとが属する党派は階級格差のみならず宗教上の格差も表現するものだからである。

社会階層に関するウェーバーの著作群は、階級に加えて他の社会階層の次元が人びとの生活に強い影響を及ぼしていることを明らかにしているがゆえに、重要なものである。ウェーバーは、社会階層の別個の局面である階級、地位、党派が相互に複雑に影響を及ぼし合っていることに注目することで、人びとのライフ・チャンスに関する経験的諸研究にたいしマルクスよりももっと柔軟な基盤を提供してくれたのである。

▼批判的に考える

ウェーバーがマルクスの考えを叩き台としたとして、マルクス理論のどの局面がウェーバー理論の一部として取り入れられているのか。マルクス理論のどの主要要素をウェーバーは拒絶しているのか。

マルクスとウェーバーの統合？　アメリカの社会学者エリック・オーリン・ライトは、ウェーバーによるアプローチを構成する主要要素を組み込むべく、マルクスの階級理論を発展させた（Wright 1978, 1985, 1997）。その過程で、彼は、生産手段にたいする関係性に専ら焦点を置くことからは離れ、様々な社会階級が生産過程においてどれほどのコントロールを有するかという問題を考察するようになった。

ライトによれば、近現代の資本主義的生産において、《経済的諸資源にたいするコントロール》には三つの次元があり、以下に示す三次元により、我々は現実に存在する主要諸階級を突き止めることが可能となる。

・投下資本あるいは金融資本にたいするコントロール
・物的生産手段――土地や工場、事務所――にたいするコントロール
・労働力にたいするコントロール

マルクスが主張したように、資本家階級に属する人びとは、生産システムの中のこれらどの次元もコントロールできる。そして労働者階級の成員は、これらのいかなる次元もコントロールできない。しかしながら、これら二つの主要階級の間には、その立ち位置が曖昧である幾つかの集団が存在する。例えば、経営者、ホワイトカラー労働者などである。これらの集団は《矛盾する階級的位置》を占めている。というのも、彼らは生産のある一定の局面には影響を及ぼし得るが、他の諸局面にたいするコントロールは認められていないためである。肉体労働者たちと全く同様に、ホワイトカラー、そして専門職の被雇用者は、生計を立てるために雇用主にたいし自らの労働力を売らなければならない。だが同時に、ほとんどのブルーカラー労働者と比べると、自らの労働をより高い度合いでコントロールしている。こうした諸個人は資本家でも労働者でもなく、かといって資本家とも労働者ともある程度共通した諸特性を共有しているがゆえ、これら人びとの階級的位置をライトは「矛盾する」と見なすのである。

人口の大部分――ライト（Wright 1997）によれば、85～90％――が、自らの労働を売るように強いられる人びとのカテゴリーに分類される。しかし、こうした人びとたちには、伝統的な肉体労働者の階級からホワイトカラー労働者まで、非常に幅広い多様

性がある。幾つかの階級的位置を区別するため、ライトは二つの要因を考慮に入れる。権威にたいする関係性、そして、技能・専門的知識の保有、これら二つである。第一に、経営者、管理者といった中間階級の多くの労働者たちは、労働者階級の人びとよりも多くの特権を付与された、そうした権威にたいする関係性を享受している、と彼は主張する。彼らは労働者階級をコントロールする手伝いをしているものの、同時に、資本所有者のコントロール下に留まったままである――彼らは搾取者でもあり、被搾取者でもあるのだ。第二に、ライトは、需要のある技能を身につけている中間階級の被雇用者は特定の形態の権力を行使し、より高い賃金を要求することができる、と主張する。例えば、勃興する知識経済において情報技術専門家の一部が手に入れることができるような稼ぎの良い職位などはこの点を例証している。

マルクスとウェーバー両者の視座から得られた諸原理を統合することにより、ライトは両者が必ずしも真っ向から対立しているわけではないことを示している。また彼は、資本主義社会がより複雑なものと化すにつれ、こうした社会を理解しようと努める側の社会学理論も発展せねばならないことを明示してもいる。なお、階級における不平等を他の幾つかの主要な社会分化と結びつけることを目指す最近の視座として、インターセクショナリティがある。以下、このインターセクショナリティという考えについて手短に取り上げておく。

◎ 交差し合う不平等

20世紀後半になって、不平等に関する社会学的研究は、ほぼ排他的に社会階級に焦点を置くことから離れ、ジェンダー、エスニシティ、セクシュアリティ、障害といったものに由来する他の不平等の探求へと向かっていった。その結果、階級研究のために使用されていた理論、概念は他の形態の不平等に容易には転用できないことがますます明らかになった。

キンバリー・クレンショー（Crenshaw 1991）、またパトリシア・ヒル・コリンズ（Collins 2000）による先駆的な研究に続くかたちで、近年、社会学者たちは次のことを受け入れるようになってきた。仮に我々が現代社会の人びとの生活を理解するつもりならば、社会学者たちは階級と他の幾つかの不平等を結びつける方法を見つける必要があるだろう、ということである（Andersen and Collins 2009; Rothman 2005）。こうしたことを為すためのひとつの影響力ある試みが、インターセクショナリティ（個人の生活を形づくり、これまでの比較的単純な階級分析を困難にさせるような、多様な社会的不平等の複雑な絡まり合い）という概念を媒介として存在し続けている。マクラウドとイェーツ（McLeod and Yates 2008: 348）が主張するように、「階級（あるいは、ジェンダー、あるいは人種……）のみを分析することは、今や、政治的かつ分析的な排除行為として理解される」。

典型的には、交差し合う不平等についての研究は、諸個人の置かれた社会的文脈の中で彼らの現実生活を理解しようとすることを必然的に伴うものである。もっとも、階級、ジェンダー、そしてエスニシティという主要軸を通じて維持、強化されるような権力の作用についても関心はある（Berger and Guidroz 2009）。しかしながら、インターセクショナル研究は、単に「階級プラス」人種、ジェンダー、あるいは他の幾つかの社会分化を研究するにとどまらない。「階級プラス」のアプローチは、他の諸形態の社会分化にまさる特権を階級に与え、階級に主要な焦点をあてるかわりに、これら他の諸形態をなんらかの方法で副次的なものとして理論化することであろう。そうではなく、「インターセクショナリティは、人種、階級、ジェンダー、セクシュアリティ、障害の有無、およびアイデンティティを成す様々な側面を不可欠な構成要素であると前提する。これら各々が他を特徴づけ、そして、これらを一つの全体として捉えると、その全体は、文脈に応じ、ある時は抑圧され周縁化されているように、またある時は特権を付与され有利な立場にあるように、世界を経験する仕方を生み出すのである」(Smooth 2010: 34)。

例えば、社会学者たちが「労働者階級」の経験について議論し討論する時、彼らは正確には何に言及しているのだろうか。例えば、労働者階級の人びと全て、あるいは大多数にとって社会階級がアイデンティティの最も重要な源泉となっている、と考えることはできない。さらに彼ら同士の経験が必ずしも似たものとは限らない。白人で、異性愛者で、労働者階級に属する男性の生活は、黒人で、労働者階級に属し、レズビアンである女性の生活とは大きく異なっていることだろう。そして、経験的研究のみが、特定の社会・歴史的な文脈の中で、アイデンティティを構成するこれら諸形態のうちのどれが他と比べより重要なのかを立証することとなろう。この例が示唆するように、インターセクショナル研究は、人びとの現実の生活経験に入り込むことができるような質的方法を採用する傾向にあり、これが従来からの量的な社会階級研究とのひとつの大きな違いなのである。

ただ、インターセクショナル研究には幾つかの問題がある。どれぐらいの数の不平等、アイデンティティのカテゴリーが研究されるべきものとしてあるのか。これはしばしば《その他》問題と呼ばれている。というのも、一部の学者たちは、他にも多くの原因があることを示唆しようと、階級、ジェンダー、エスニシティに単に「その他」を付け足すためである(Lykke 2011)。しかし、「その他」と付け足すとしても、自らが調査した結果を確証するためそうした全ての諸原因を扱い切ったと、研究者たちはどのようにして知るのだろうか。二つ目の問題は、様々なカテゴリーに付与される相対的な重みである。我々は、それら全てのカテゴリーをほぼ同じように理論化すべきなのか、それとも、特に未だ資本主義社会なるものの中では、生活を決定づける際に他よりも社会階級の方が大きな力であると推定する根拠があるのか。

こうした問題は、ますますその規模を大きくしつつあるインターセクショナル研究の中で、現在も研究が進められている。また、今日の多くの社会科学者たちは多文化社会の複雑さをより良く理解する方法を模索し続けており、そうすることで、従来の形態の階級分析を超えて進み続けている。

＊ インターセクショナリティについての考察は、以下の諸章でも目にすることができる。第3章「理論と観点《パースペクティブ》」、第7章「ジェンダーとセクシュアリティ」、第8章「人種、エスニシティ、人の移動」、第11章「貧困、社会的排除、福祉」、第14章「ライフコース」、第17章「労働と雇用」。

■ 階級構造の図示

理論的研究、経験的研究ともに、階級的位置と、社会生活上の他の諸次元、例えば、投票行動傾向、教育到達度、身体面の健康との関連性を調査してきた。しかしながら、我々が既に見てきたように、階級という概念は明確さとは程遠いところにある。学界においても、一般的な語法でも、「階級」という用語は多様な仕方で理解され、使用されている。ではどのようにしたら社会学者たち、調査者たちは、自らの経験的研究において、こうした曖昧な概念を測定できるのだろうか。

◎ 職業としての階級的位置？

階級といった抽象的概念が測定可能な変数に変換される時、我々は、その概念が《操作的なものにされた》と言う。これは、経験的調査において検証に耐えるほどに、その概念が明確かつ具体的に定義されたことを意味している。社会学者たちは、社会の階級構造を図示しようとする様々な分類図式を通して、階級概念を操作的なものにしてきた。そして、これら幾つかの分類図式により、諸個人を複数の社会階級カテゴリーに配置していく際の理論枠組がもたらされるのである。

ほとんどの階級分類図式に共通する特徴は、それら図式が職業構造に基礎を置いているということである。社会学者たちは、雇用形態と結びついた物質的、社会的不平等に対応するものとして階級区分を捉え続けてきた。資本主義と工業主義の発展を特徴づけてきたのは、分業の増大、そして、ますます複雑化する職業構造である。もはやかつてほどに当てはまりはしないものの、職業は、その人の社会的地位、ライフ・チャンス、物質的な快適さの程度の確定において重大な役割を果たしている。社会科学者たちは職業を社会階級の指標として幅広く使用してきた。というのも、同じ職業に従事する諸個人は、同程度の社会的な優遇あるいは不遇を経験し、また類似したライフスタイルを保持し、さらに、同じような好機を共有する、といった傾向にあるとの研究知見がゆえである。

職業構造に基礎を置く階級分類図式は様々な形態をとる。あるものは、ほとんど専ら記述的なものであり、社会における職業構造と階級構造の姿を映し出しはするものの、複数の社会階級の間にある諸関係を問題として扱うことはない。例えば、機能主義の伝統のもと研究している者たちのように、社会階層を自然な社会秩序の一部と捉え問題ないものと考えるような学者たちは、こうした階級分類図式モデルを支持してきた。

＊ 機能主義は、第1章「社会学とは何か」、第3章「理論と観点《パースペクティブ》」で紹介された。

またあるものは、もっと理論的な学識に基づいており、マルクスあるいはウェーバーの考えに依拠し、また、社会における複数の階級の間にある諸関係を説明することに関心を有する。社会内部の幾つかの分化や緊張を明示するべく葛藤というパラダイムの中で研究している社会学者たちは、こうした「関係論的」階級分

古典研究 9.2

ジョン・ゴールドソープとEGP階級分類図式

研究課題

我々が従事する仕事、つまり職業と我々が占める階級的位置との間の結びつきとは何か。階級は職業と全くもって同一物に過ぎないのか。その場合は、我々が仕事を変える時に、我々は階級《間》移動をするのか。また、仮に再教育を受け、以前より高い教育課程に進んだり、あるいは、失業する場合、階級的位置も変化するのか。社会学者として、いかにして社会階級にたいする調査を遂行すべきか。

多くの社会学者たちが《記述的な》階級分類図式に不満を抱き続けている。というのも、それら図式は、複数の階級の間に現に存在している社会的・物質的不平等をただ《映し出す》のみで、そうした不平等を生み出す社会的プロセスを《説明する》努力をしないためである。こうした問題関心を抱きながら、イギリスの社会学者ジョン・ゴールドソープと同僚たちは、社会移動に関する経験的調査用にひとつの分類図式を創出した。(文献内では時に《ゴールドソープ階級分類図式》と呼ばれる)《エリクソン–ゴールドソープ–ポルトカレロ分類図式》(EGP)は、諸階級から成るひとつのヒエラルキーを描くためではなく、現代階級構造の「関係論的」特質を表現するものとして考案されたものである。

ゴールドソープによる説明

ゴールドソープの研究は、「ほぼ間違いなく、社会学、そして関連学問の中で、職業を基盤とした最も影響力がある社会的分類を生み出した」(Evans 1992; Connelly et al. 2016: 4)。他の社会学者たちは、しばしばEGP分類をネオ・ウェーバー主義的階級分類図式の一例であると指摘してきた。それは、この分類の当初の図式が二つの主要要因──《市場状況》と《労働状況》──に基づいて階級的位置を特定していたためである。ある個人を取り巻く市場状況は、その人の給与水準、職の安定性、昇進の見込みに関連している。つまり、市場状況は物質的報酬、また全体としてのライフ・チャンスを重要視するものである。対照的に、労働状況は、職場内部のコントロール、権力、権威といった諸問題に焦点を置いている。ある個人を取り巻く労働状況は、その人の自由裁量の程度、また、被雇用者たちに影響を及ぼすコントロール関係全体に関連しているのである。

一九八〇年代と一九九〇年代、ゴールドソープによる比較調査には、CASMIN(工業諸国の社会移動に関する比較研究)プロジェクトとして知られる社会移動に関するプロジェクトが含まれていた。このプロジェクトの成果は重大なものである。というのも、結果としてもたらされた分類がイギリス国家統計局独自の社会経済分類(UK ONS-SEC)に組み込まれ、今ではヨーロッパで広く使用されているためである(Crompton 2008)。ゴールドソープ/CASMINプロジェクトによる分類図式、そして、イギリス国家統計局による社会経済分類図式は、「Tab. 9.1」に示してある。より一般的に使用されている社会学用語も示しておく（表の右端）。

当初は11の階級的位置を含み、CASMIN調査では8に減ったものの、EGP分類図式は他の多くの分類図式よりも未だ詳細であり続けている。しかし、一般的な用法では、これら複数の階級的位置は依然として三つの主要階級の層に簡略化される。つまり、「サービス」階級（階級Ⅰと階級Ⅱ）、「中間的階級」（階級Ⅲと階級Ⅳ）、そして「労働者階級」（階級Ⅴと階級Ⅵと階級Ⅶ）、である。ゴールドソープは、分類図式の最上層に資産所有者というエリート階級が存在することを認めてはいたが、この階級は社会全体のほんの一部であるがゆえ、経験的研究において一つのカテゴリーとしては意味をなさないと主張している。

ゴールドソープ（Goldthorpe 2000）は、先に説明したような「労働状況」よりも、自身の分類図式の中では《雇用関係》を強調するに至った。そうすることにより、彼は様々なタイプの雇用契約に注意を向ける。《労働契約》は、明確に定義され範囲を定められた賃金と労力の交換を前提としている。それにたいし《サービス契約》は、昇給あるいは昇進の可能性といった「将来を見越した」要素を有するものである。ゴールドソープによれば、労働者階級は労働契約によって、サービス階級はサービス契約によって特徴づけられる。したがって、中間的階級に位置する者たちは、これら両者の間を行くタイプの雇用関係を経験することとなる。

Tab. 9.1　ゴールドソープ/CASMINプロジェクトとUK ONS-SECの社会階級分類図式と、より一般的に使用される社会学的カテゴリー

ゴールドソープ/CASMINプロジェクトによる分類図式	UK ONS-SEC	一般的な記述用語
I　専門職、行政職、管理職に就く上層被雇用者	1 上層の管理・専門職 ab	サラリアート（いわばサービス階級）
II　専門職、行政職、管理職に就く下層被雇用者；b 上層技術者	2 下層の管理・専門職 b	
IIIa　定型的な非肉体労働に就く上層被雇用者	3 中間的な職業	中間的ホワイトカラー
IV　小規模雇用主、自営業者	4 小規模組織の雇用主、自営業者	個人事業主（いわばプチ・ブルジョワジー）
V　肉体労働者の監督者；下層技術者	5 下層監督職、下層技術職	中間的ブルーカラー
VI　熟練肉体労働者 IIIb　定型的な非肉体労働に就く下層労働者	6 半定型的な職 7 定型的な職	労働者階級
VII　半熟練・非熟練肉体労働者		

出典：Goldthorpe and McKnight (2004).

批判すべき諸点

職業を基にした階級分類図式を、失業者、学生、年金受給者、子どもといった《経済活動を行っていない人びと》に適用することは難しい。失業者、退職者は、しばしば以前の職業活動を基にして分類される。だが、こうしたやり方では、長期失業者や散発的な職歴しか有していない人びとは扱いにくいことだろう。時に学生は専攻学科にしたがって分類可能ではある。しかしこのやり方もその学問分野が、例えば工学や医学のように特定の職業と密接な相関関係にある場合しか上手くいかないだろう。

また、階級尺度の他方の極では、職業区分を基にした階級分類図式は、経済エリートに集中した資産所有や富が持つ重要性を映し出せないままである。これをマルクス主義の学者たちは決定的欠陥と見なす。職業上の肩書のみでは、ある個人の富、そして全体的な資産レベルを表すに十分な指標とはならない。この点は、大企業家、大投資家、そして、「先祖代々の金持ち」を含め、社会において最も富裕である成員たちに特に当てはまる。こうした成員たちの「取締役」や「経営幹部」といった職業上の肩書によって、彼らと比べずっと乏しい財産しか有さない多くの専門職従事者たちと同じカテゴリーに、彼らも位置付けられてしまうことになるのである。

さらに富裕者たちは数の上で極少数であるため階級構造を詳しく示す分類図式からは彼らを排除できる、というゴールドソープの見解にたいしては、ジョン・ウェスタガードが異議を唱え続けてきた。彼は次のように主張する。「こうした極少数の者たちを最上層に押しやるものこそ、彼らの手に過度に集中する権力と特権である。頭数の少なさとは著しく不釣り合いなかたちで彼らが有する社会構造上の影響力全体によって、彼らが頂上に位置する社会が一つの階級社会となるのである。彼らのいるところからは下の方で、どのような階級分化のパターンがあろうとも」（Westergaard: 1995: 127）。ある意味、こうした幾つかの批判は、社会階級をめぐるマルクス主義の学者たちとウェーバー主義の学者たちの間の積年にわたる論争のひとつの反映である。

今日的な意義

ゴールドソープによる研究、そしてEGP分類図式は、かなりの期間にわたって社会階級と職業をめぐる論争の中心にあり続けている。幾つかの非常に的を得た批判があるにもかかわらず、大まかに言えばウェーバー的な社会学の伝統の中に留まっているが、この階級分類図式は絶えず新しい時代に合わせるべく手を入れられ、改良されてきた。この分類図式はイギリス、ヨーロッパ、北アメリカ、オーストラリア・ニュージーランド地域といった非常に広い範囲で使用されており、ゴールドソープの考えとEGP分類図式は、将来、その影響力を減じるよりも増していくであろうと思われる。

類図式を支持している。先に取り上げたエリック・オーリン・ライトの階級理論は、階級面での搾取のプロセスを描こうとしているがゆえに、関係論的階級分類図式の一例である。そもそもはウェーバー的な階級の考えに根差したジョン・ゴールドソープの影響力ある研究も（「古典研究9.2」を参照）、関係論的分類図式のもうひとつの例である。

「古典研究9.2」が示しているように、EGP階級分類図式は経験的調査において広く用いられてきた。しかし、あらゆるこうした分類図式には幾つかの重大なる限界があることに注意しておくことは重要である。このことは、我々が無批判にこうした分類図式を適用することにたいしての警告となる。社会の階級構造を信頼できるかたちで「図示」できる分類図式を考案するには、明らかに、幾つもの複雑なことが控えている。相対的に「安定した」職業構造の中においてでさえ、社会階級の測定・図示は相変わらず困難に満ちている。

また、一九七〇年代以降の急激な経済的変容により、階級の測定はなおさら問題含みなものとなっていき、ひとつの中心概念としての階級それ自体の有効性に一部の人びとが疑問を抱く状況をもたらしている。幾つもの新しい職業カテゴリーが現れつつあるし、製造業からサービス業務、知識労働へと全般的な方向転換が続き、さらに、膨大な数の女性が労働力に参入してきた。職業を基にした階級分類図式は、こうした階級形成、階級移動、階級変動のダイナミックなプロセスを捉えるには、必ずしも十分には適したものではないのである。

■ 先進世界の階級分化

◎ 上流階級の問題

土地、富の所有に基づいた、明確に区別できる**上流階級**は依然として存在するのだろうか。あるいは、ゴールドソープが提起するように、より幅広いサービス階級について我々は話をすべきなのか。もちろん、ゴールドソープにしてもエリート上流階級の存在を認識していたが、この階級はあまりにも小さ過ぎて、典型的社会調査に組み込むことが難しい。他方で、今日のエリート上流階級は、身分制における地主貴族と同じものではない。そうではなくて、資本家階級であり、その富と権力は、グローバル市場で生み出された収益に由来している。

この論争点に取り組む方法のひとつは、どれほどの多くの富と所得が少数の人びとの掌中に集中しているか調べることである。個人が持つ富について信頼できる情報を得るのは難しい。というのも、通常、富裕な人びとは自らの資産を全範囲にわたって公にすることはないし、また、政府の中には、他の政府よりも正確さが優る統計をとっているところもあるからである。しばしば言われてきたように、我々は富裕な人びとについてよりもはるかに貧しい人びとについて知っているのである。確かなことは、莫大な富が極少数の個人、一族の掌中に集中しているという事実である。

＊第6章「グローバルな不平等」では、「富豪リスト」とともに、行き過ぎたグローバルな不平等について、より詳細に取り扱われている。

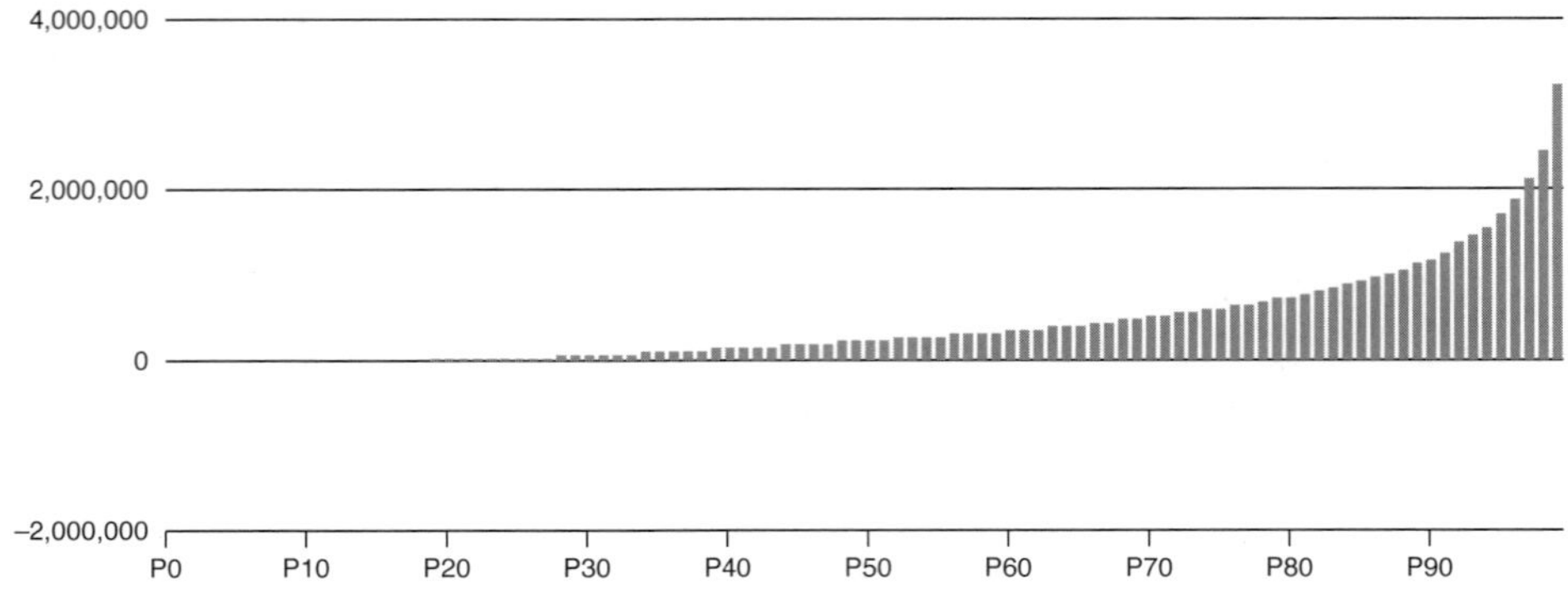

付記：

1. 世帯全体の最下層10％が、総計13,900ポンド以下の富を所有
2. 世帯の所有する富の総計の中央値は262,400ポンドである
3. 世帯全体の最上層10％が、総計1,224,900ポンド以上の富を所有
4. 世帯全体の最上層1％が、総計3,243,400ポンド以上の富を所有

Fig. 9.2　世帯が所有する富の総計の配分（ポンド）（パーセンタイルポイント、イギリス、2014年7月～2016年6月）
出典：ONS（2018c: 9）

例えばイギリスでは、二〇一四年から二〇一六年の間で、最も裕福な10％の世帯が、下位50％世帯全体を合わせたよりも、ほぼ五倍を上回る富を所有していた（ONS 2018c: Fig. 9.2）。二〇〇八年の銀行・金融危機、また、その後にしても、最も裕福である諸個人は依然として自らの富を守ることができた。事実、二〇〇九～一〇年に、イギリスの最も富裕な個人一〇〇〇人が有する富全体は７７０億ポンド上昇し、３３５５億ポンドに至った。これは、この国の国債の三分の一を上回る額に匹敵する（Sunday Times 2010）。実際のところ、イギリス人口の10％に相当する最富裕な人びとが、この国の市場流通性のある富全体の40～50％を絶えず所有してきたのにたいし、人口の50％に相当する富裕さとは縁のない人びとが所有するのは、こうした富全体の10％に満たない。

歴史的に見て、グローバルな富の配分の全体像にたどり着くことはとても難しいとされてきた。というのも、データ収集という問題が一部の国にあるためである。しかし、国連大学世界開発経済研究所による二〇〇七年の研究では、世界のあらゆる国が取り扱われており、世帯の所有する土地、建物だけでなく、富、株式、その他の金融資産も調査されている。こうした点で、この研究は、個人所有の富に関し今までに為された最も包括的なグローバル調査となっている。この調査は、地球人口の２％に相当する最も富裕な人びとが、地球全体の世帯の富の半分を上回るほどのものを所有していることを見出した。また、成人たちのうち最も富裕な10％が地球上の富の85％を所有しているのにたいし、下層50％は

あなたはグローバルな「富豪リスト」に載っている?

地球全体から見て、先進諸国は、世界で最も富裕な人びとの大部分を抱えている。以下の抜粋は、アメリカにあるピュー研究所による二〇一五年報告書からのものであり、世界で最も富裕な人びとがどこに住んでいるかを詳しく調査している。

ヨーロッパと北アメリカにある先進経済圏が、世界でも中の上の所得、そして高所得な人びとのほとんどを抱えている。これら先進経済圏と世界のその他の地域との間の格差は、急成長する中国経済にもかかわらず、二〇〇一年から二〇一一年にかけて極わずか縮まったに過ぎなかった……。

ヨーロッパと北アメリカは、所得序列の頂点を牛耳り続けている。毎日、50ドル以上自由に使えるような地球上の高所得な人びとのうちの約87%が、二〇一一年時点でヨーロッパと北アメリカに住んでいた。これと比較すると、二〇〇一年時点は91%だった。ヨーロッパと北アメリカの中では、高所得である国民が占める割合に関しては、西ヨーロッパがアメリカを追い上げていた。例えば、この研究の中で扱われている諸国の中で幾つかの国では、二〇一一年時点、一日あたり50ドルより多く使って生活している国民が占める割合がアメリカよりも高かった。高い順に、ノルウェー、ルクセンブルク、デンマーク、オランダ、アイスランド、ドイツ、フィンランド、カナダ……となる。

地球全体では、所得尺度において高い側で生活する人びとの占める割合にはほとんど変化がなかった……。二〇一一年時点で、地球上の人口のたった16%のみが中レベルを上回る所得で生活しており、この割合は二〇〇一年時点の14%からわずかに上昇したに過ぎなかった。二〇一一年のこの16%という割合は、地球上の人口のうち中の上の所得であった9%、そして、高所得であった7%で構成されている。したがって、一日に使えるお金が20ドルという閾値を乗り越えることは、未だ地球上のほとんどの人びとの手の届かないところにある。

その一方で、先進経済圏の多くの人びとは、この閾値を越えた所得で生活している。例えば、アメリカでは、二〇一一年時点で、一日の一人あたりの所得の中央値は56ドルであり、人口の88%が一日あたり20ドルより多く使って生活していた。他の先進経済圏でも同様な状況が展開しており、このことは、これら先進経済圏と世界のその他の地域とを分け隔てる巨大な経済的な溝を浮き彫りにしている。

出典:コーチャー(Kochhar 2015: 20)から抜粋

たった1％しか所有していないことも見出した（Davies et al. 2007）。明らかに、工業諸国の間にある不平等全体、そして発展途上世界の中での不平等全体を反映して、富の配分のグローバルなパターンは、一国家単独の場合と比べはるかに不平等である（「グローバル社会9.1」を参照のこと）。

ただ、相対的に僅かな人びとの掌中に富が集中しているにもかかわらず、「お金持ち」はひとつの同質的集団ではない。また、固定的なカテゴリーでもない。というのも、人びとは、富を得たり、富を手放してしまうような様々な軌跡をたどるためである。貧困と同じように、富もライフサイクルという脈絡の中で把握されねばならない。ある個人は瞬く間に富裕となるが、結局、その富の大部分を失うだけに終わったり、またある個人は、長い期間の中で、資産が徐々に増加したり逆に減少したりといった経験をする。裕福な人びとの中には「オールド・マネー」――何世代にもわたって受け継がれてきた富――を有する一族に生まれた者もいれば、初めは相当貧しい生い立ちから首尾よく自らの富を築き上げ、今では富裕な身となっている「叩き上げ」の者もいる。昔からの富裕な一族の成員たちに続くのは、次のような人びとである。音楽・映画界のセレブたち、トップ・アスリートたち、そして、コンピューティング、モバイル・テレコミュニケーション、インターネットの開発・販促を通して財を成した「ニュー・エリート」の代表格たる人たち、である。

また、近年、他の幾つかの注目すべき動向が現れてきており、イギリスのデータからも我々はそれら動向に気づくことができる。第一に、「叩き上げの大金持ち」が、最も富裕である諸個人、一族の大部分を占めており、ここにはデジタル革命で財を成した多くの者たちが含まれている。例えば、キング・デジタル・エンターテインメント社からは、二〇一〇年版富豪リストに四人が掲載された。主として、ゲーム『キャンディー・クラッシュ・サーガ』の驚異的成功がゆえである（Sunday Times 2010）。二〇一八年時点では既に、最も富裕である一〇〇〇人のうち約96％が相続よりもむしろ自力で富を築いていた（Watts 2018）。第二に、二〇一四年、イギリスの最も富裕な人びと一〇〇〇人が保有する富は一年で15％も増加しており、彼らが保有する財を全て合わせた5200億ポンドはイギリス全体の国内総生産の約三分の一に相当した（Mclennan 2014）。こうした増加は、二〇〇八年金融危機後の広範囲に及ぶ賃金の伸び悩み、「緊縮」政策、公共セクターの縮小とはひどく対照的であった。

第三に、ますます多くの女性たちが最富裕層の中に加わりつつある。一九八九年時点では、最も富裕なイギリス人の中には女性は六人に過ぎなかったが、二〇一八年時点では既に、その数は一四一人にまで増えていった（BBC News 2018d）。第四に、エスニック・マイノリティ集団、特にアジア出身の人びとが、大富豪の中でその存在感をますます増しており、一九八九年版富豪リストではたった五人しか掲載されていなかったものが、二〇一八年版富豪リストでは八六人となっている（Watts 2018）。しかしながら、そのリストに載っている90％を上回る諸個人は未だもって白人であった。最後に、イギリスの最も富裕である人びとの多くがイギリス内では生まれておらず、大富豪にたいする税率が相対的に低いことも含め、様々な理由からイギリスを居住地としていた。

このように劇的に変化した状況の中、もはや他とは異なるひとつの上流階級というものは存在しないと思われるかもしれない。しかし、この想定には疑問の余地がある。今日の上流階級は確かにその姿を変化させてきたが、未だ他と明確に区別できる位置を保持し続けている。ジョン・スコット（Scott 1991）は、大企業をコントロールし、そこから利益を得ることで一群の権益を共に形成している三つの特定集団のことを指摘した。大企業の上席管理職たち、工業企業家たち、「金融資本家たち」の三つである。上席管理職たちは自分たちが経営している企業を現実には所有していないかもしれないが、彼らは株式を保有していることによって、工業企業家たちと結びついている。一九八〇年代を通じての起業家精神奨励政策、そして一九九〇年代の情報テクノロジーのブームは、ビジネスの進展やテクノロジーの進歩により財を成した人びとが上流階級に参入するという新たな波を引き起こした。

金融資本家たちは、次のような人びとを含むカテゴリーである。保険会社を経営する人びとと、銀行家たち、投資ファンド経営者たち、大法人株主である他の組織の経営者たち、である。スコットの見解によれば、今日の上流階級の中核にあるのはこの金融資本家たちである。また同時に、中間階級世帯の間での株式保有の増加は、企業所有というものの輪郭を押し広げてきた。にもかかわらず、上流階級への権力と富の集中は引き続き影響を受けずにいる。今日、企業所有のパターンはより拡散したものとなっているかもしれないが、株式保有からたっぷりと利益を得ているのは、未だ極少数の人びとである。

▼**批判的に考える**
ロンドンの金融地区で成功しているトレイダーたち、ヘッジ・ファンドの経営者たちは、目を見張るほどの金銭報酬を受け取っている。彼らはどの社会階級に属しているのか。彼らの為す活動は、ゴールドソープの関係論的分類図式の中にいかに当てはまるのか。

こうしたことから、上流階級と**サービス階級**という概念はまずもって必要であると我々は結論づけることができる。上流階級は、富も権力も保有し、自らの特権を子どもたちに伝え残すことができるような極少数の諸個人から構成されている。この階級は、大雑把に、富の所有者たちの最上層1％にあたるといえよう。彼らの下に、サービス階級、中間的階級が位置し、ゴールドソープが言うには、専門職従事者、管理職従事者、また、多くの上層非肉体労働職から構成されている。一般的な用法では、サービス階級と中間的階級は**中間階級**の一部であり、今や我々が取りかかるのは、この階級である。

◎拡大する中間階級

「中間階級」は、サービス業の被雇用者から学校の教員、医療専門職従事者に至るような、多くの様々な職業で働く幅広い範囲の人びとを含んでいる。一部の研究者には、こうした多様性を考慮に入れるために「幾つかの中間階級」という複数形の呼び方がより好まれている。なお、ここでの多様性には職務上の地位やライフ・チャンスも含まれている。今や中間階級は、イギリス、他の工業諸国の人口の大部分を包摂している。こうなったのは主に、20世紀を通じ、ブルーカラーの職と比較しホワイトカラーの職が占める割合が際立って大きくなったからである。

＊ホワイトカラー職の増大についてもっと知りたい場合は、第17章「労働と雇用」を参照のこと。

中間階級の成員は、自らの学業証明書あるいは技能免許によって、肉体労働者たちよりももっと大きな物質的・文化的利益をもたらす地位を占めている。労働者階級とは違い、中間階級の成員は、生計をたてるために、自らの知的労働力《と》肉体的労働力とを売ることができるのだ。ただ、こうした区別は、中間階級と労働者階級との間にある分化を大雑把に作り出すには有益ではあるものの、絶えず変化していくという職業構造の性質、さらに、上昇移動と下降移動があり得ることにより、正確に中間階級の境界線を定義することは困難となっている。

中間階級は、その成員たちの利害関心の多様性を考慮に入れると、内部的に結束していないし、そのようになる見込みもない(Butler and Savage 1995)。中間階級のこの相対的に「緩やかな」構成は、19世紀初期以来、その変わらない特徴である(Stewart 2010)。専門職、管理職、行政職は、中間階級の中で最も急速に増大している部門であり続けており、そうであるのには幾つかの理由がある。

第一に、一九四五年より後、官僚機構の拡大は、被雇用者が制度化した状況内で働く機会と需要を創出してきた。以前であれば、医者と弁護士は自営であったかもしれないが、今日、制度化した環境の中で働く傾向にある。第二に、専門職従事者数の増加は、政府が主要な役割を果たす経済部門において働く人数の増大を反映している。福祉国家の創設は、ソーシャルワーク、教職、ヘルスケアといった専門職のとてつもない増加を結果としてもたらした。最後に、経済的、工業的な発展の深化につれて、法律、金融、会計、テクノロジー、情報システムといった分野の専門家によるサービスへの需要が絶えず増大し続けている。この意味で、専門職は、近現代の産物であると同時に、近現代なるものの進展と拡大の中核にあるものと見なすことができよう。

専門職従事者、管理職従事者、上層の行政官たちは、主として、学位、卒業証書、他の資格証明といった、資格を保有することで、自らの職を獲得している。総じて、彼らは、相対的には安定し報酬も良い職歴を享受し、近年、定型的な非肉体労働職にある人びとからの彼らの隔たりが顕著になってきている。一部の研究者は、専門職従事者と他の上層ホワイトカラー集団がひとつの明確な階級――「専門・管理職階級」(Ehrenreich and Ehrenreich 1979; Glover and Hughes 1996)――、言い換えれば、ゴールドソープが呼ぶところの「サービス階級」を形成していると見なしてきた。また他の研究者は、こうした階級とホワイトカラー労働者の間の分化の程度は、この階級の立場を支持できるほど深くも明確でもない、と論じている。

ただ、どのようにしてホワイトカラーの専門職従事者たちが、自分たちの利益を最大にし、また、高い水準の物質的報酬と威信を守るために一丸となるのか、という関心は存在し続けている。医療専門職はこのプロセスの明瞭な例証となっている（Hafferty and Castellani 2011）。医療専門職の中でも幾つかの集団、特に医者たちは、自分たちの高い社会的地位を守るべく首尾よく組織化し、そして高い水準の物質的報酬を確保するに至った。これはウェーバーが**社会的閉鎖**と呼んだ集団戦略の一例である。社会的閉鎖とは、社会集団、職業集団による境界の設定・維持のことであり、その境界の外からの新たな参入者を制限し、集団成員たちにたいしてはその集団のルールを押し付けるものである。

　医者たちが、このような形態の閉鎖を生じさせることを可能にしているのは《プロフェッショナリズム》の以下の三つの主要次元である。まず、専門職への参入者は、一連の厳格な基準（職業資格証明）を満たす者たちのみに制限されること。次に、イギリス医師会といった専門職団体は、成員たちの行動、また職務遂行能力を監視し、統制すること。そして最後に、専門職の成員のみが医療を実践する資格を備えていると広く一般に認められていること、である。結果、自治的である専門職団体は、望まない個人を排除でき、したがって、団体自らの成員たちの――中間階級の職業の鍵となる特徴である――市場的地位を高めることができるのである。

◎ 変化する労働者階級

　マルクスは、労働者階級が次第により大きなものになっていくであろうと予測した。この予測は、労働者階級が、自分たちに共通の搾取されているという状況を明確に理解し、そして反抗することとなる、という彼のテーゼの基盤となっていた。しかし、事実としては、中間階級が拡大してきたのにつれ、伝統的な労働者階級の大きさは縮小してきている。一九六〇年代、先進諸国の労働人口の約40％がブルーカラー職で雇用されていた。今日では、この割合は、およそ15％まで落ちてきている。その上、労働者階級の人びとの生活条件、彼らが取り入れているライフスタイルは、かなり水準の高いものになってきた。

　確かに先進諸国にも、貧困の中で暮らす相当な数の人びとが現にいる。しかし、労働者階級の職業に就いている人びとの大部分は、もはや貧困の中で暮らしてはいない。20世紀初期以降、肉体労働者たちの所得はずいぶん上昇してきた。また、彼らの生活水準が向上していることは、全ての階級で消費財を入手・使用する可能性が上昇したことに表されている。労働者階級の世帯のうちかなり高い割合が、自動車、洗濯機、テレビ、コンピュータ、携帯電話など、さらにたくさんのものを所有している。同様に、労働者階級の家庭の多くが自宅を所有し、定期的に海外へ休暇旅行に行っている。

＊この問題は第11章「貧困、社会的排除、福祉」において、より詳細に検討されている。

　豊かな労働者階級という現象は、「中間階級社会」に向かうさらにもうひとつの道筋の可能性を示唆している。ブルーカラー労働者たちの暮らし向きがもっと良くなると、彼らは中間階級となるのか。こうした考え方は、**ブルジョワ化のテーゼ**として知られている。要するに、豊かさが増していく結果として、より多くの人びとが「ブルジョワ」、言い換えれば中間階級になるプロセスを指す。一九五〇年代にこのテーゼは初めて提言されたのだが、その提言では、多くの給料の良いブルーカラー労働者が、中間階級の価値観、見解、ライフスタイルをも取り入れるであろうと主張された。経済発展が社会階層の形成に強い影響を及ぼしていた。

一九六〇年代、イギリスにおいて、ジョン・ゴールドソープと彼の同僚たちは、ブルジョワ化仮説を検証するべく考案された、ある研究を実施した。彼らは以下のように主張した。仮に、このテーゼが正しいならば、豊かなブルーカラー被雇用者たちは、労働、ライフスタイル、政治への態度に関し、ホワイトカラー被雇用者たちとほとんど区別ができないはずだ、と。『豊かな労働者』研究（Goldthorpe et al. 1968-9）として知られるこの調査は、ロンドン北西の都市ルートンの自動車産業と化学工業の労働者たちへのインタビューに基づいたものであった。比較のための五四人のホワイトカラー労働者たちと共に、二二九人の肉体労働者たちがインタビューされた。ブルーカラー労働者たちの多くが、給料の良い職をはっきりと求め、この地域に移住してきていた。また実際、ほとんどの他の肉体労働者たちと比較して給料が良く、さらに、ほとんどの下層ホワイトカラー労働者たちよりも稼ぎが上回ってさえいた。

ただ、『豊かな労働者』研究では、労働者階級の態度の三つの次元に焦点が当てられたが、ブルジョワ化のテーゼを裏付けるものはほとんど見出されなかった。第一に、この研究では、多くの労働者たちが、所得、消費財所有の点で「中間階級」の生活水準に既に達していることが見いだされた。しかしながら、この相対的な豊かさは、貧弱な諸手当、少ない昇進機会、そして、仕事から得られる満足感がほとんどないことを特徴とする職に従事して獲得されたものであった。豊かな労働者たちは単に良い賃金を得る手段としてしか自らの仕事を見なしておらず、その労働は反復的で、興味をそそらず、彼らがそうした労働に身を入れることはほとんどなかった。

第二に、豊かな労働者たちは、余暇の折りに、ホワイトカラー労働者たちと交際することはなかったし、階級という階段を昇っていくという切望も抱いていなかった。彼らの交流は、家庭で、直近の**家族**成員、親類と、あるいは、労働者階級の隣人たちと行われた。彼らが中間階級の規範、価値観を取り入れようとしていることを示すものはほとんどなかった。そして、第三に、労働者階級の豊かさと保守党支持との間には負の相関関係があった。ブルジョワ化のテーゼの支持者たちは、労働者階級がますます豊かになるにつれ、その豊かな労働者たちによる従来の労働党支持は弱まることだろうと予測していた。

この研究の結論は明白であった。つまり、ブルジョワ化のテーゼは誤りであった。しかし、ゴールドソープと彼の同僚たちは、下層中間階級と上層労働者階級との間に何らかの収斂が生じる可能性を確かにしぶしぶ認めてはいた。実際、豊かな労働者たちは、ホワイトカラー労働者と類似した消費パターン、私生活を重視する家庭本位の見方、そして職場における道具的集団主義（賃金と労働諸条件の改善のために労働組合に加入すること）への支持を共有していた。

以降の年月の間、完全に肩を並べるような調査は実施されてこなかったが、ゴールドソープのチームが達した結論が、今、どのぐらい正しいままなのかは明らかではない。しかしながら、製造業の衰退、そして消費主義の強い影響力とともに、旧来の伝統的な労働者階級コミュニティは分裂してしまったことは一般に認められている。だが、この分裂がどこまで進行してしまっているのかについては、未だ証拠提示と議論の余地がある。

▼批判的に考える

20世紀初期以降、階級システムに生じた主要な諸変化を、あなたならどのように描くか。これらの変化は、現代社会を理解しようと努めている社会学者たちにとって階級の重要性が低下しつつあることを示す根拠となっているのか。

アンダークラスは存在するのか？ 「アンダークラス」という用語は、階級システムの最下層に、すなわち、文字通り階級システムの下に位置している部分の人びとを描写するために使用されてきた。アンダークラスの成員は、他の大多数の人びとと比べ、著しく低い生活水準にあると言われ、その多くが、長期失業者であったり、就職と失業を繰り返したり、長期にわたって福祉給付に依存したりしている。したがって、彼らは人口の大多数の生活様式から「周縁化されている」、言い換えれば、「社会的に排除されている」。

アンダークラスをめぐる論争はアメリカ発祥である。アメリカでは、インナーシティ地区に圧倒的多数の貧しい黒人コミュニティが存在することにより、「ブラック・アンダークラス」という隠語が誘発された（Wilson 1978; Murray 1984, 1990; Lister 1996）。しかし、「アンダークラス」という用語は、一九八〇年代後半以来、社会学内での激しい論争の中心にあり続け、異議を申し立てられるような用語である。この用語は既に日常会話の中に入り込んでしまっているが、多くの学者たち、注釈者たちは、とにかくその使用に慎重である。というのも、この用語は、政治色が濃く、また否定的な言外の意味を伴うような広範な意味を内包しているためである。

そのような中、影響力ある提言がチャールズ・マレー（Murray 1984）によってなされた。彼は、アメリカのアフリカ系アメリカ人たちは、国家の福祉政策の**意図せざる結果**の帰結として社会の最下層にある、と主張した。これは「**貧困の文化**」テーゼと似たものである。このテーゼでは、人びとが福祉に依存するようになり、そのため、求職する、しっかりとしたコミュニティをつくる、安定した夫婦関係を築くといった気をほとんど持たなくなっている、と見なされている。そして、何世代にもわたって受け継がれる依存の文化が創出される。

このマレーの主張に応じるかたちで、シカゴでの調査に基づきつつウィルソン（Wilson 1999）は、都市部から郊外への白人たちの移住、都市特有の産業の衰退と他の経済的諸問題により、結果として、アフリカ系アメリカ人男性の間での高い失業率がもたらされたのだ、と主張した。未婚で母親である黒人女性の割合が高いことも含め、マレーが指摘した社会解体の諸局面を、ウィルソンは、女性たちが手にできる「結婚可能な」（雇用されている）

男性の層が減少していることを理由に説明した。以上のようなプロセスが、主にアフリカ系アメリカ人たち、ヒスパニック系の人びとから成るいわゆるゲットー貧困層が住む、都市特有の貧困が空間的に集中した孤立地域を創出する際に果たす役割を、ウィルソンは検討した。こうした諸集団は、教育歴や健康水準の低さから、犯罪被害者となる可能性の高さまで、複合的な剝奪を経験した。また、不十分な公共交通機関、コミュニティ施設、教育機関といったものを含め、脆弱な都市インフラによっても彼らは不利益を被っていた。こうしたことが、彼らが社会に統合される機会をさらに減少させたのである。

アンダークラス形成における構造的・空間的局面へのウィルソンの焦点化は、イギリスではリディア・モリスによる調査(Morris 1993, 1995)にも反映された。それは、かつては主要な働き口であったイングランド北東部の重工業衰退に伴う長期にわたる失業を調査したものである。だが、彼女はこう結論付けた。「私の研究においては、他と明確に区別できる『アンダークラス』文化が存在する直接的証拠は一切ない」(Morris 1993: 410)。彼女が見出したことは、長期失業者たち(一年より長きにわたる失業者たち)でさえ活発に求職活動をしており、また、未だに反労働の文化を身につけてはいなかったことである。彼らに欠けていたのは、調査回答者のうち多くの被雇用者たちが有していた社会的コネであった。ただ、この研究は、より広い社会的プロセスから切り離された個人のモチベーションを探求するアプローチからは再び距離をとっている(Crompton 2008)。

アメリカにおけるアンダークラスをめぐる論争はエスニシティの次元を中心としていたが、ヨーロッパでの「アンダークラス」をめぐる議論は、ロンドン、マンチェスター、ロッテルダム、フランクフルト、パリ、ナポリといったヨーロッパの主要都市で、特に、深刻な経済的貧困が目立つ地区の中での、人種、エスニシティ、移民の問題と結びつけられた。西ヨーロッパ諸国において、貧困者と失業者の大部分は、まさにその当の国々で生まれたのだが、悪化するインナーシティ地区に閉じ込められ、貧困生活を送る多くの移民第一世代、第二世代もいる。例えば、ドイツにいるトルコ人、フランスにいるアルジェリア人、イタリアにいるアルバニア人といった相当な規模の住民たちのように、より良い生活水準を求めている移民たちは、低賃金で昇進の見込みもほとんどない臨時雇用の職に従事していることが多く見られる。その上、移民たちの給料は家族を援助するために頻繁に母国に送金され、最近の移民たちの生活水準をさらに不安定で低いものにしている。

アンダークラスという概念の有効性は、ヨーロッパ諸国では相対的に低い。ヨーロッパ諸国では、剝奪状況で生活する人びととそれ以外の人びととの間には、アメリカと同じほどに顕著な水準の分離はない。おそらく、この概念は依然としてアメリカでの方がより役に立つ。ただ、アメリカにおいても、「希望などを打ち砕かれ、社会との結びつきを失ったアンダークラス」といった説明は誇張されていると提唱する研究もある。ファストフード店で働く人びととホームレスの露天商人たちにたいする調査では、都市の貧困者とそれ以外の人びととの間の分離は、アンダークラスを扱う学者たちが当初信じていたほどには大きくないことが見出された(Duneier 1999; Newman 2000)。ヨーロッパの多くの研究者たちは、「**社会的排除**」という概念をより好んでいる。この概念は、より適用範囲の広いものであり、また、個人の状況よりも排除のメカニズムといった、社会的プロセスを強調する点が強みである。他の研究者たちは、特にインナーシティ地区において明らかであるような、貧困というもっと古い概念の方が、過度に寛大な福祉システムにより創出されたアンダークラスという政治的意味合いを帯びた概念よりも、依然として役に立つと見なしている。

＊社会的排除については第11章「貧困、社会的排除、福祉」において詳細に取り扱われている。

◎ 階級とライフスタイル

人びとが占める階級的位置を分析する際、社会学者たちは慣例的に、例えば、市場的地位、職業、生産手段にたいする関係性といった指標に頼ってきた。しかし、より最近になって、階級的位置を、経済状態と雇用の観点からのみ、あるいはそうした観点を主とするのでなく、ライフスタイル、消費パターンといった文化的要因とも関連づけて評定する必要がある、と主張されてきている。ウルリッヒ・ベック（Beck and Beck-Gernsheim 2001: 203）は、社会階級という概念は今日の複雑な社会では価値を失い、社会学において――基本的に社会全体においては死に絶えたのにその学問の専門家たちを未だに執拗に追い回している――「ゾンビ・カテゴリー」と化してしまっていると論じた。社会階層研究における「文化論的転回」に応じて、今や現代社会は、日常生活において重要な役割を果たす「シンボル」や消費の指標が持つ重要性がより高まっていることに特徴づけられる。個人のアイデンティティは、以前よりももっとその大部分が――どのような服装をするか、何を食すのか、どのように自らの身体に気を配るのか、どこでくつろぐのか、といった――ライフスタイルの選択を軸に組み上げられており、従事する労働のタイプといった慣例的な階級指標を軸にすることは少なくなっている。

フランスの社会学者ピエール・ブルデューは、ライフスタイル選択はひとつの重要な階級指標であると主張した。例えば彼は、《経済資本》、すなわち不動産、富、所得といった物質的財が重要であると見なしたが、この資本では、生活の中で実際に経験されているような社会階級を部分的にしか理解できないと主張した（Crompton 2008）。彼は、階級的位置を特徴づける四つの形態の「資本」を区別した。経済資本はそのうちのひとつに過ぎない。そして他は、文化資本、社会関係資本、象徴資本である（Bourdieu 1986）。

＊ブルデューの理論枠組についての広範な議論は、第16章「教育」を参照のこと。

人びとは経済的な基準に基づいてではなく、ますます《文化資本》――教養、芸術鑑賞力、消費行動、余暇の過ごし方を含む――を基礎として自らと他者を区別している、とブルデューは主張する。人びとは、この文化資本の蓄積過程において、象徴的あるいは実在的な消費向けの商品とサービスを販売する「ニーズ商人たち」の増殖に支えられている。広告業者、マーケティング業者、ソーシャルメディアを活動拠点とするインフルエンサー、ファッション・デザイナー、ファッション・コンサルタント、インテリア・デザイナー、パーソナル・トレイナー、セラピスト、その他大勢が、消費者たちから成るコミュニティの中で、文化的嗜好に影響を及ぼそうと、また、ライフスタイルの選択を促進しようとしている。

またブルデューによる階級分析の中で重要なのが《社会関係資本》——友人たちによるネットワーク、その他のコネ——である。ブルデュー（Bourdieu 1992）は社会関係資本を、影響力ある一族との長きにわたる諸関係のネットワーク、その他の強力なコネを通して、個人あるいは集団が獲得する資源であると定義づけた。これ以来、社会関係資本という概念は、現代社会学において、重要かつ生産的なものであり続けている。最後にブルデューは、《象徴資本》——「高い名声」を得ていることを含む——が社会階級のひとつの重要な指標であると主張する。象徴資本という考えは、我々についての他の人びとからの評価に基づいているということから、社会的地位という考えと似たものである。

ブルデューの説明では、各々のタイプの資本が相互に関係し合っており、あるタイプの資本を所有していることは、他のタイプの資本を追求する助けとなり得る。大金（経済資本）を稼ぐあるビジネスウーマンは、芸術の知識をあまり持っていないかもしれない。しかし、こうした芸術の追及を奨励する私立学校に自分の子どもたちが通うための費用を捻出できるので、その子どもたちは文化資本を獲得する。そのビジネスウーマンが持っているお金は、財界で地位が上にある人びとと交流するよう彼女を導いていくかもしれないし、子どもたちも裕福な家庭出身の子どもたちと出会うだろうし、そうなれば、彼女、そして子どもたちも、社会関係資本を増していくだろう。同じように、人的結びつきに富んだ友達から成る大集団（社会関係資本）に属している者は、友人たちが上手くやっている会社の中で、上位の職にすぐに昇進するかもしれないし、したがって、経済資本と象徴資本を獲得するかもしれない。

他の学者たちも、階級分化は、他と明確に区別できるライフスタイルと消費パターンに結びつく可能性があると同意している。例えば、中間階級の中で生じている幾つかの集団化に言及する際、サヴィジと彼の同僚たち（Savage et al. 1992）は、文化的嗜好と「資産」に基づいて三つの領域を識別した。公共サービスの専門職従事者たちは、文化資本が高く、経済資本は低いのだが、エクササイズ、少ないアルコール消費量、文化的活動とコミュニティ活動への参加を含む、健康的で活動的なライフスタイルを追求する傾向にある。対照的に、企業の管理職従事者たち、官僚たちは、「特色のない」消費パターンに彼らの特徴が表れている。そうした消費パターンの中には、平均的あるいは低いレベルのエクササイズ、文化的活動にほとんど参加しないこと、そして、家の調度品、服装の点で伝統的なスタイルをより好むこと、が含まれる。三つ目の集団、つまり、「ポストモダンな人びと」は、いかなる明確な原則も欠き、伝統からすれば同時には享受されない幾つかの要素を含むであろうライフスタイルを追求する。例えば、乗馬、古典文学への関心と同時に、ロック・クライミングといっ

社会学的想像力 9.1

階級の死滅？

近年、社会学の内部で、「階級」というものの有用性をめぐって激しい論争が続いている。レイ・パールといった一部の社会学者たちは、現代社会を理解する試みにおいて階級は未だに有用な概念であるのか、疑問視するまでに至っている。二人のオーストラリア人研究者、ヤン・パクルスキーとマルコム・ウォーターズは、もはや階級は現代社会を理解する鍵ではないと主張する人びとの間でも目立った存在となっている。二人の共著『階級の死滅』(Pakulski and Waters 1996) の中では、既に現代社会は全面的な社会変動を経ており、もはや、正確には「階級社会」として見なされるべきではない、と彼らは主張している。

社会変動の時代

パクルスキーとウォーターズは、今や工業社会はすさまじい社会変動の時代にある、と主張する。我々は、階級が有していた政治的、社会的、経済的重要性が低下していく時代を目の当たりにしている。工業社会は、組織化された階級社会から新たな段階、つまり、パクルスキーとウォーターズが呼ぶところの「ステータス尊重主義」の段階へと変化してしまっている。彼らがこの用語を使用するのは、不平等は残り続けるものの、その不平等は、ステータス（威信）の点での、また、そうした幾つかのステータス集団がそれぞれ好感を持つライフスタイル、消費パターンの点での差異の帰結であることを指摘するためである。もはや階級は、ある人のアイデンティティの重要な要素ではなく、階級コミュニティは、……過去のもの（なりつつある）。逆にこうした変化は、階級に準拠して政治的・社会的行動を説明しようとする試みも時代遅れなものであることを意味している。階級は、完全に死滅したように思える……。

消費者権力の増大

これらの変化は、消費者権力の増大をともなって生じてきた。さらに一層競争的で多様となっていく市場の中で、企業はさらにもっと敏感に消費者たちの要望に注意を払わねばならない。したがって、先進工業社会では、権力バランスの変化が進行中なのである。現代社会において恵まれない人びと、すなわちパクルスキーとウォーターズが「生まれながらにして恵まれていないアンダークラス」と呼ぶところのものを浮き彫りにするのは、彼らが「ステータスを得るための消費」に関与できないこと、つまり、彼らが、自動車、衣服、住宅、休暇旅行、さらに他の消費財を、金を出して手にすることができないことである。パクルスキーとウォーターズにとって、現代社会は階層化されているが、こうした社会階層化は、分業内の階級的位置ではなく文化的消費を通して成し遂げられている。全ては分業内の位置ではなく、ライフスタイル、嗜好、ステータス（威信）の問題なのである。

グローバリゼーションの過程

組織化された階級社会からステータス尊重主義への移行は、グローバリゼーションの過程、つまり、経済、テクノロジー、政治面での変化の帰結であると説明される。パクルスキーとウォーターズは、グローバリゼーションが新たな国際分業をもたらしたと主張する。その分業の中で、「第一世界」はますます脱工業的なものとなっている――逆にかつての「組織化された階級社会」の時代を特徴づけた肉体労働者階級の職業の類はどうしても少なくなっている。また同時に、グローバル化された世界で、以前と比べ国民国家の自己完結性が弱まっており、自らの住民たちにしても市場原理にしても統制し難くなっている。社会階層と不平等は未だに存在するが、国家レベルでというよりも世界規模で存在している。つまり、我々は、一国民国家の内部よりも、様々な国家間の中により重大な不平等を見出すのだ……。

ひとつの理論に過ぎないのか？

ジョン・スコットとリディア・モリス（Scott and Morris 1996）は、以下の二つのことを区別する必要性を主張している。ひとつは、諸個人が置かれている階級的位置、すなわち分業内での彼らの位置であり、もうひとつは、人びとがあるひとつの集団に属しているという感覚を表現し、またアイデンティティと価値について共有された感覚を持つ際の媒介となるような、そうした社会階級という集合的現象である。（より主観的かつ集合的な）この後者の意味での階級は、ある特定の時代のある社会に存在するかもしれないし、しないかもしれない――それは、社会的、経済的、政治的な数多くの要因次第であろう。

近年、先細りしてしまったように思われるのは、階級のこの後者の局面である。ただ、このことは、今や、ステータス、そして社会階層の文化的局面が非常に優勢であるために、階級の経済的局面は重要ではない、ということを意味しているわけではない。実際、社会移動研究、また富の不平等は逆のことを知らせてくれる。階級は死滅していない――ただ、少しばかりより複雑なものになりつつあるだけなのだ！

出典：アボット（Abbott 2001）から抜粋

▼批判的に考える

あなた自身はどの階級出身か。あなたは、あなたの祖父母の階級とは異なった社会階級に属しているか。あなたが何者であるのかをあなた自身が気づく際、未だに階級はひとつの要因となっているか、それとも、あなたのアイデンティティを構成する他の諸局面の方がより重要か。

た危険を伴うスポーツに心奪われたり、レイヴを愛好したり、幻覚誘発剤エクスタシー（ＭＤＭＡ）を非合法的に使用することも、あるかもしれない。

また、ルルーと彼女の同僚たち（Le Roux et al. 2007）は、層化無作為抽出サンプリングされた一五〇〇人強の文化的嗜好と、スポーツ、テレビ、外食、音楽、余暇といった活動範囲への参加具合を詳細に調べ上げた。彼女たちは、階級を分け隔てる境界線は、全く予期していなかった仕方で引き直されつつあることを見出した。

> 我々が見出したことは、階級の境界線が、経済資本と文化資本との相互作用がますます増えていくことを通して引き直されつつあるということだ。概して大学院レベルの資格を保有していない「サービス階級」の人びと、特に、下層管理職にある人びとは、もう一方の中間階級にある専門職部門よりも、その他の中間的諸階級に類似している。また、境界線は労働者階級の中でも引き直されつつあり、その労働者階級内では、下層監督職・技術職の評価が下がってしまい、半定型、定型的な職にある人びとと類似したものとなってしまっている。
> (Le Roux et al. 2007: 22)

しかし、このことは、もはや社会階級は実際的な重要性を有していない、と意味するものではない。その証拠に、著者たちは、イギリスにおける文化的嗜好、振る舞いを系統立てるものの中心には階級分化が存在すると結論づけている。

二〇一一年、BBCはWEB上でイギリスの社会階級にかかわる調査を実施し、一六万一四〇〇人の回答者を得た。この調査は、これまで実施されてきた階級調査で最大のものである。マイク・サヴィジと彼の同僚たち (Savage et al. 2013) は、国家規模で代表サンプリングを行った調査と比較しつつ、この得られたデータを分析した。ピエール・ブルデューによる社会関係資本、文化資本、経済資本の理論を援用し、職業、余暇の際の興味関心、食事の好み、社会関係なども組み入れて、この調査チームは階級システムの「新モデル」を導き出した。

この新モデルは、従来の労働者階級と中間階級の崩壊を見出し、さらに非常に大きな経済資本、大きな社会関係資本、そしてまた非常に大きな文化資本を享受する**エリート**が社会の最上層に存在することも示した。このエリートに含まれる、法廷弁護士、判事、最高経営責任者、そして広報ディレクターの世帯所得は、その時点で、平均して年間8万9000ポンドである。しかしながら、階級システムの最下層には、サヴィジらが「プレカリアート」と呼ぶところのものが存在する。人口の約15%を占め、小さな経済資本（その時点での年間平均世帯所得は8000ポンド）、小さな社会関係資本と文化資本しか有しておらず、清掃作業員、公共施設などの管理人、レジ係、介護従事者がそこには含まれる。**プレカリアート**の人びとは、古い工業地域に居を構える傾向にある。また、彼らが大学に通っていたなどとてもありそうになく、さらに、彼らの仕事は、ギグ・エコノミーに含まれるものであることが多い。こうしたことが、高い水準の不安定さをもたらしている。最上層にはエリート集団があり、最下層には不安定で、危なっかしい境遇にある階級があるこの分析では、21世紀のイギリスにおける不平等の二極分化が示されている。

また、階級《間》だけでなく、階級《内》の社会階層も、職業の違いだけでなく消費、ライフスタイル、社会関係の違いに左右されるようになったことに、異議を唱えることは難しいことであろう。社会全体の趨勢を見ると、このことは支持される。例えば、サービス部門、エンターテインメント産業、レジャー産業の急激な拡大は、消費にますます重きが置かれるようになっていることの反映である。現代社会は、物質的財にたいする強い欲望とその入手とに結びついた消費社会となっている。また、そうした大量消費は生産物の均一性が増していくことを示唆するかもしれないが、一九七〇年代以降、生産・消費パターンの差異化がどんどん増してきており、それが階級的差異と共に進行している。そして、こうした差異化により、ライフスタイルと「嗜好」の面での微細な違いを通して階級区別の強化が可能となっているとブルデュー（Bourdieu 1986）は提唱している。

とはいえ、ブルデューが明らかにしているように、社会的不平等の再生産において経済的諸要因が果たす決定的な役割を我々は無視することはできない。ほとんどの場合、極端な社会的、物質的剥奪を経験している人びとは、自らのライフスタイルの選択の一部として、そういう経験をしているのではない。それどころか、彼らが置かれている状況は、経済構造、職業構造と関連した諸要因により制約されている（Crompton 2008）。目下、世界中の国家経済は未だ、不況、そして急速な地球規模での経済的沈滞からの回復途上にあるが、ライフスタイルの選択は、経済状況と階級的位置により、ますます制約されるかもしれない。

◎ ジェンダーと社会階層

長年にわたり、社会階層の研究は、「ジェンダーの問題を見ないようにしていた」。すなわち、まるで女性たちは存在しないかのように、また権力、富、威信の分配状態を研究するためには女性たちは重要ではないかのように記述された。しかし、ジェンダーそれ自体が社会階層の最重要事例のひとつなのであり、あらゆる社会は、ジェンダーの不平等を再生産し、富、地位、影響力の点で女性を上回るかたちで男性に特権を与えるように構造化されている。

ジェンダーと社会階層をめぐる研究によって提起される主要問題のひとつに、今日、我々は、階級区分の観点からジェンダーの不平等を理解できるのか、というものがある。ジェンダーの不平等は階級システムよりも歴史的に根が深い。例えば、明確な階級など存在しない狩猟採集民社会においてさえ、男性は女性よりも上の地位を保持している。しかし、現代資本主義社会では階級区分がとても根本的なものであるため、この階級区分がジェンダーの不平等とかなり「重なり合ってしまう」。ほとんどの女性が占める物質的位置は、父親、あるいは男性パートナーの物質的位置を反映する傾向にあり、ジェンダーの不平等は、少なくとも部分的には、階級の観点から未だ説明され得ると主張できよう。

女性たちの階級的位置の決定　20世紀後半まで、階級における不平等がジェンダーの階層化を規定するという見解は、ひとつの暗黙たる調査前提であった。しかし、この前提は、フェミニズムからの批判、また、先進諸国において女性たちが占める経済的位置に無視できない変化がおこったことから、論争の核心点となった。同様に、様々な形態の不平等の交差についての研究により、あらゆる他の形態のアイデンティティを凌駕する最優勢の地位としての階級、といった考えの全てが疑問に付されてきた。今日、

社会学的想像力 9.2

労働者階級であると「自己認識しない」？

階級、そしてステータス（威信）の区分についてのブルデューによる研究は、極めて影響力を持ち続けており、多くの社会学者たちが自身の手による社会階級研究において、彼の理論に依拠してきた。ひとつの卓越した例が、イギリスの社会学者ベヴァリー・スケッグスによる研究である。彼女は、イングランド北西部での女性研究において、階級とジェンダーの形成を考察するため、階級と文化についてのブルデューの説明を援用した。

十二年の期間にわたって、八三人の労働者階級の女性たちの人生をスケッグス（Skeggs 1997）は追跡した。これらの女性たちは、全員、ある時点で、地元の継続教育カレッジの介護士養成コースに登録していた。ブルデューの専門用語を踏襲しつつスケッグスは、自身が研究した女性たちが保有している経済資本、文化資本、社会関係資本、そして象徴資本は、どれも少ないことを見出した。彼女たちの賃金は低く、学校教育での成績も芳しくなく、彼女たちが頼りにできるような権力の位置にある人びととの関係もほとんどなかった。そして、より上にある社会階級から見ても、彼女たちは低いステータスしか有していなかった。このように資本が欠けていることは、イギリスにおいて、労働者階級の女性たちにはポジティヴなアイデンティティの欠落がより広範囲にわたっていることの反映であるとスケッグスは主張する。対照的に、労働者階級の男性たちは、ポジティヴなアイデンティティを獲得するのにそれほど困難はない。そしてスケッグスは、多くは、この男性たちのポジティヴなアイデンティティが労働組合運動への参加を通じてもたらされてきたと提唱している。したがって、女性たちにとっては、「労働者階級」と呼ばれることは、汚れている、つまらない、さらに、危険と隣り合わせ、とレッテル貼りされることと同じなのである。

彼女の研究対象となった女性たちが、あれほど自分たちのことを労働者階級と見なしたがらなかった理由を説明するものこそ、こうした理論的背景なのである、とスケッグスは主張する。労働者階級の女性たちを狙った、「白いハイヒールを履いて上辺だけを着飾った」、「シャロンみたいな女」、「トレーシーみたいな女」（ともにイギリスの人気テレビ番組『同じ穴のムジナ』の主人公で、夫たちが銀行強盗をはたらいて得た金で高級住宅地に住む、労働者階級出身の姉妹）といった嘲笑の文化に彼女たちは良く気づいていた。インタビュー中、スケッグスは、彼女たちが、労働者階級と「自分たち自身を同一視しない」傾向にあることを見出した。例えば、セクシュアリティについて意見を出し合う際、彼女たちは自身が「性的関心をひきつけようと、ふしだらにしている」といった非難を回避しようと切に願っていた。というのも、そうした非難は、若くて、結婚できる女性として彼女たちが現に保有しているわずかばかりの資本の価値を下落させるだろうためである。この女性たちの集団にとっては、自分たちには性的に魅力があり、仮に彼女たちが望めば、「男をゲットする」ことができるということが重要であった。結婚は、世間体と信頼性を得る絶好の機会を提供した。介護士養成のコースに進むという選択は、こうした関心事を強めるものであった。例えば、介護士になる訓練を受けることにより、女性たちは良き子育て法を教わり、職業資格証明を得た後の失業期間でも、世間体の良い有給の仕事にありつける可能性があったのである。

　こうした彼女たちは、労働者階級と自分たち自身を同一視せず、しばしば自分たちの人生において階級は重要ではないと見なしていた。とはいえ、実際には階級は彼女たちの生き方にとって根本的なものであり、自分たち自身を労働者階級のアイデンティティから引き離そうとする彼女たちの試みこそが階級のこうした根深さをさらにもっと強めてしまった、とスケッグスは主張する。イングランド北西部における、ある女性集団の人生についてのスケッグスの説明は、いかにして階級が他の形態のアイデンティティ――この場合、ジェンダー――と密接な相互連関状態にあるかを示すものである。

▼批判的に考える
　仮に、この女性たち本人の解釈と社会学者の解釈との間に不一致があるとするならば、これは、「普通の人びと」のことを、無意識に社会規範に従い、結果、社会区分を再生産してしまうような「文化的な判断力喪失者」として扱う、その社会学者の問題なのか（Gerfinkel 1963）。その社会学者は自身が導いた結論の妥当性を高めるために、どういった実効的措置を講じることができるのだろうか。


不平等と社会的地位との複雑な絡まり合いを理解することは、社会階層に関する社会学的研究において重要な部分となっている。

　階級分析における「従来からの立場」とは、女性の有給労働は男性のそれと比較して重要ではなく、よって我々は、女性が彼女たちの父親、男性のパートナー、あるいは夫とだいたい同じ階級に属していると仮定できる、というものであった（Goldthorpe 1983）。元来、彼自身の階級分類図式からしてこの前提に依拠していたのだが、ゴールドソープによれば、この従来からの立場は性差別的なものではない。逆に、ほとんどの女性たちが労働市場では従属的な位置に置かれていることを認識した上でのものである。実際、女性たちは男性たちよりもパートタイムの職に就きがちで、有給雇用されていたりされていなかったりといった経験をしがちである。というのも、彼女たちは、出産、子どもの世話、あるいは身内の介護のために、長期間にわたり仕事から離れることを余儀なくされるためである。

＊女性の労働パターンと男性のそれとの間の違いについてもっと知りたい場合は、第17章「労働と雇用」を参照のこと。

ゴールドソープが取る立場、そしてEGP分類図式は、幾つかの理由により批判されてきた。第一に、かなり多くの世帯で、たとえ男性パートナーの所得よりも低かろうが、女性の所得は家族の経済的位置とライフスタイルを維持するには欠かせないものである。であるならば、女性の有給雇用は、部分的には、世帯の階級的位置を決定づけるものであり、考慮しないですませることはできない。第二に、ある女性が就いている職業は、たとえ男性パートナーあるいは夫の稼ぎより劣っていても、その世帯が属する社会階級を決定するかもしれない。例えば、男性の方が非熟練あるいは半熟練労働者で、女性の方がオフィスや小売店の経営者といった場合などは、このようなことが当てはまり得るだろう。第三に、「階級横断的な」世帯——その世帯では、男性の方の仕事が女性の方の仕事とは異なったカテゴリーに属している——では、男性と女性をそれぞれ異なった階級的位置にあるものとして扱う方がより現実的かもしれない。第四に、女性が唯一の生計の担い手である世帯割合が増え続けている。子どもの養育費支払いを受け取ることで母親が元パートナーあるいは元夫と同じ経済的水準にあるような場合を除き、当然のこととして、ここでは女性が世帯の階級的位置にたいし、まさしく決定的に重要な影響を及ぼす人物となっている（Stanworth 1984; Walby 1986）。

　ゴールドソープらは、批判者たちに抗して従来からの立場を擁護してきたが、ＥＧＰ分類には幾つか重要な変更が組み込まれていった。例えば研究目的からして、ある世帯を分類するために、男性であれ女性であれ、今や、より高い階級的位置にあるパートナーの方を扱うことが可能である。「一家の稼ぎ手としての男性」を前提とするよりも、今や、世帯の階級分類は、いわば「一家の主要なる稼ぎ手」によって決定づけられている。さらに、ＥＧＰ分類図式での階級Ⅲは、下層ホワイトカラー労働に従事する圧倒的多数の女性たちを反映して、二つのサブ・カテゴリーに分裂していった。この分類図式が女性にたいして適用される際、階級Ⅲb——セールス業・サービス業に従事する非肉体労働者たち——は階級Ⅶとして扱われる。これは、労働市場における非熟練・半熟練である女性たちの置かれている位置をより正確に表すものと見なされている。

女性たちの就業が階級区分に及ぼすインパクト　有給雇用への女性たちの参入は、世帯所得に多大なるインパクトを与えてきた。しかし、こうしたインパクトはどの世帯にも等し並みに経験されてきたわけではなく、世帯間の階級区分を際立たせているかもしれない。ますます多くの女性たちが専門・管理の職に進出し、高いサラリーを得ているが、このことは、高所得な「共稼ぎ世帯」と、「稼ぎ手が一人」あるいは「稼ぎ手のいない」世帯との両極分化の一因となってもいる。

　調査では、高収入である女性には高収入であるパートナーがいる傾向があり、また、専門職、管理職に従事する男性の妻は、他の雇用されている女性パートナーよりもずっと高い稼ぎを得ていることが示されてきた。したがって、結婚は、職業達成の点で、両個人が相対的に恵まれた関係、あるいは恵まれていないような関係を生み出す傾向にある（Bonney 1992）。共稼ぎの関係がもたらすインパクトは、特に専門職に従事する女性たちの間で平均出産年齢が上昇し続けている事実によって強められている。共稼ぎで、子どものいないカップルの数が増加していくことにより、最も高い給料を得ている世帯と最も低くしか給料を得ていない世帯との間で拡大し続けている格差が、なおさら助長されている。

■ 社会移動

社会階層を扱う学者たちは、経済的位置あるいは職業間の差異だけではなく、そうした経済的位置や職業を占めている諸個人の身の上に起こることも研究する。「**社会移動**」という用語は、幾つかの社会・経済的位置の間での個人、集団の移動を指している。**垂直移動**は、そうした社会・経済的な尺度での、上方あるいは下方への移動を意味している。財産、所得が増したり、地位が上昇する人びとは《上昇移動している》と言われ、対して、真逆の方向に移動している人びとは《下降移動している》と言われる。現代社会では、非常に多くの**水平移動**もあり、近隣地区、都市、地域の間の地理的移動を指している。垂直移動と水平移動は結びつき合っていることが多い。例えば、ある都市のある会社で働いていた人が、別の都市、さらには他の国に所在する会社の支店で、これまでよりも高い職位に昇進する場合である。

概して、社会移動を研究するには二つの方法がある。まず、我々は個人の経歴、すなわち、人びとが彼ら自らの就労生活の成り行きの中で、社会的な尺度上、どれだけ上昇し、あるいは下降するのかを調べることができる。これは、**世代内移動**と呼ばれている。また、我々は、子どもたちが彼ら自身の両親あるいは祖父母と同じタイプの職業にどれくらい参入するかも分析できる。こうした世代をまたいだ移動は、**世代間移動**と呼ばれている。

◎ 社会移動の比較研究

ある社会における垂直移動の総計は、その社会の「開放性」の主要な指標であり、低い階層出身の才能ある諸個人が、どの程度、社会・経済的な階段を上昇移動していくことができるのかを示すものである。この点で、社会移動とは政治的な問題であり、全ての人びとにたいして機会の平等を、というリベラルな理想像に傾倒している諸社会では特にそうである。しかし、工業諸国はどの程度「開放的」なのであろうか。

社会移動研究の歴史は五〇年より長きにわたっており、しばしば国際比較もなされている。初期の重要な研究のひとつはアメリカにおいてピーター・ブラウとオーティス・ダドリー・ダンカンにより実施された（Blau and Duncan 1967）。彼らの研究は、単一の国で行われたものではあるが、依然として社会移動の最も詳細にわたる調査である。しかし、この分野のほとんどの他の研究同様に、調査対象者の全てが男性であり、社会移動研究はジェンダー・バランスを欠いているという問題性を強めるものではある。

ブラウとダンカンは、二万人の男性から成る全国規模サンプルのデータを収集した。そして彼らはアメリカでは多くの垂直移動があったものの、そのほとんど全てが互いに非常に近接した職業的位置の間でのものであった、と結論づけた。「長い距離の」移動は稀であることが見いだされた。個人の経歴の中でも、世代間でも、下降移動は実際に起こってはいたが、上昇移動と比べると、もっとずっと限られたものであった。その理由は、ホワイトカラー職と専門職の数がブルーカラーの職よりもっとずっと急激に増加してきて、ブルーカラー労働者の息子たちにホワイトカラーの位置へと移動していくような新しい就職口を創出したことにある。ブラウとダンカンは、個人の成功機会に関しては教育と訓練が重要であることを強調した。彼らの考えでは、上昇的な社会移動は工業社会全体の特徴であり、その社会の安定と社会統合に寄与するものである。

おそらく、社会移動に関する最も名高い《国際的な》調査は、シーモア・マーティン・リプセットとラインハルト・ベンディックスにより実施された（Lipset and Bendix 1959）。彼らは、ブルーカラー労働からホワイトカラー労働への男性たちの移動に焦

グローバル社会 9.2

階級に基礎を置いた社会で不平等は減少している？

少なくとも最近まで、成熟した資本主義社会における階級システムは、階級間の移動の点で開放的な度合いを増していくものであったし、ゆえに不平等の水準も低下していた、という証拠が幾分かはある。ノーベル賞を受賞した経済学者サイモン・クズネッツは、一九五五年、後に**クズネッツ曲線**と呼ばれるひとつの仮説を提示した。それは、資本主義発展の初期段階の間は、不平等は増加するが、その後は減少に転じ、ゆくゆくは比較的低い水準で安定することを示す公式であった（Kuznets 1955; Fig. 9.3）。

ヨーロッパ諸国、アメリカ、カナダを対象とした研究では、これらの地域では第二次世界大戦より前に不平等はピークに達したが、一九五〇年代の間は減少し、一九七〇年代を通して、ほぼほぼ同じ程度に留まっていることが示唆された（Berger 1986; Nielsen 1994）。戦後になっての不平等の度合いの低下は、部分的には、最下層にある人びとに上昇移動する機会を創出した工業社会の経済拡大の帰結であり、また、不平等を縮小しようとした政府による健康保険制度、福祉その他の計画の帰結でもあった。しかし、おそらくクズネッツの予測は工業社会にのみ当てはまることが判明するだろう。脱工業社会の出現は、一九七〇年代以降、多くの先進諸国で不平等の増大をもたらし続けており（第6章参照のこと）、クズネッツの理論に疑問を投げかけている。

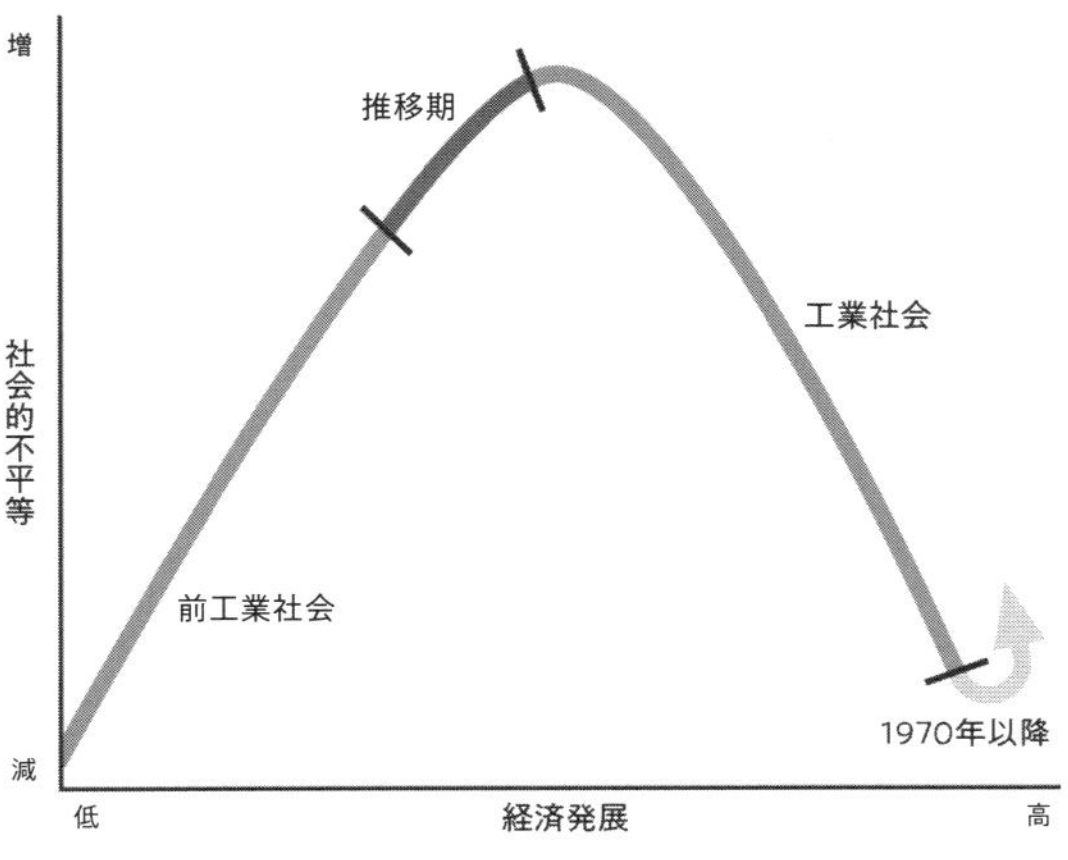

Fig. 9.3　クズネッツ曲線　出典：Nielsen（1994）

点をおきつつ、九つの工業社会――イギリス、フランス、西ドイツ、スウェーデン、スイス、日本、デンマーク、イタリア、アメリカ――からのデータを分析した。予想に反し、彼らは、アメリカがヨーロッパ社会よりも開放的であるという証拠を何ら発見できなかった。ブルーカラーとホワイトカラーの境界線をまたぐ全垂直移動はアメリカで30％、他の社会でも27％から31％の間であった。リプセットとベンディックスは、全ての工業諸国が職業構造の面で同様の変化を経ており、これが結果として、全てのこれらの国において似たような規模の「上昇移動への急激なうねり」をもたらしたのだ、と結論づけた。しかし、ある者たちは、仮に、下降移動にもっと注意を振り向け、長い距離の移動も考慮に入れられるならば、各国間で重大なる違いが見いだされる、と主張し、彼らの見解に疑問を投げかけてきた（Heath 1981; Grusky and Hauser 1984）。

なお、これまで、ほとんどの社会移動研究は、移動の「客観的」次元、つまり、どれほど多くの移動が、どちらの方向へ、人口のどの部分に生じているかに焦点を当ててきた。マーシャルとファース（Marshall and Firth 1999）は、社会移動に関する自分たちの比較研究において従来とは異なったアプローチを採用し、階級的位置が変化することにたいする人びとの「主観的」感情を詳細に調べた。個人の幸福感にたいして社会移動が及ぼしそうな効果に関し社会学者たちの間で抱かれている、二人が呼ぶところの「実証されていない推測」に応酬すべく、二人は自分たちのこの調査を考案したのである。ある社会学者たちは、社会移動は不安定感、孤独感を生み出すと主張してきたし、またある社会学者たちは、もっと楽観的な見解を持っていて、新しい階級的位置にたいする段階的な適応のプロセスが生じる、と提唱してきた。

十か国――ブルガリア、チェコ共和国、スロバキア、エストニア、ドイツ、ポーランド、ロシア、スロベニア、アメリカ、イギリス――からの調査データを用いて、マーシャルとファースは、階級移動が、家族、コミュニティ、仕事、所得、そして政治との関係性の中で、満足感あるいは不満感を強めることと関連しているかどうか精査した。全体として、階級における経験と生活全体の満足感との間の結びつきについて、その証拠を彼らが見出すことはほとんどなかった。この点は、上昇移動した諸個人にも下降移動した諸個人にも当てはまることであった。

◎ 下降移動

下降移動は上昇移動と比べるとあまり一般的ではないが、それでも広く行きわたった現象ではある。世代内の下降移動も広く知られたものである。このタイプの移動は、精神的な問題と不安とに結び付いていることが非常に多く、こうした精神的な問題と不安に陥った場合、その個人はそれまで慣れ親しんできたライフスタイルを維持することができなくなってしまう。労働者数の過剰は、下降移動の主要原因のひとつである。例えば、自身の職を失う中年の人びとは、新しい職を得るのが難しいと分かる場合があるだろうし、以前よりも低い所得水準の仕事しか手にすることができない場合もあるだろう。

これまで、イギリスでは下降移動に関する研究はほとんどなかった。とはいえ、たぶん、世代間移動と世代内移動の両点においいて、アメリカで生じているように、イギリスでも下降移動は増大しつつあることだろう。アメリカでは、一九八〇年代から一九九〇年代初めにかけて、第二次世界大戦以降初めて、中間レベルのホワイトカラー職に従事している人びとの平均実質所得（インフレーション調整した後の所得）が全般的に下落した。したがって、他の職と比較してこうした職が仮に増え続けるとしても、この職に従事する人たちは、かつて抱いたライフスタイルへの抱負を維持できなくなるかもしれない。

企業の組織再編、「大幅な人員削減」は、こうした諸変化の主要原因である。グローバルな競争の激化、引き続くオートメーションの追求、ロボット工学、そして人工知能を目の前にして、また、二〇〇八年の地球規模での不況の結果、多くの企業が従業員を削減した。常勤のブルーカラー職だけでなくホワイトカラーの職も削減されていき、多くは、相対的に賃金が低いパートタイムの職や短期契約に置き換えられていった。特にパートナーと離婚あるいは別居しており、子どもを手元に置いている女性たちの間では、下降移動はよくあることであり、彼女たちは男性たちよりも自分たちが不安定な状況に置かれていることに気づくことが多い。というのも、彼女たちは、仕事、子どもの世話、家事の責任を上手にやりくりしようと奮闘するからである（Kurz 2013）。

◎イギリスでの社会移動

戦後のイギリスでは、社会移動のあらゆる水準について大規模に研究されてきた。また、イギリスの場合には、豊富な経験的証拠と調査研究がある。こうした理由から、この項では、非常に最近まで、ほとんど全ての研究が男性の経験に焦点を当てていたということを忘れないよう注意しつつも、イギリスで得られた証拠を詳しく見ていくことにしたい。

デビッド・グラス（Glass 1954）は初期の重要研究のひとつを主導した。グラスの研究は、一九五〇年代までの長い期間にわたる世代間移動を分析したものだった。彼が見出したことは、国際的なデータに関して先に言及したことと合致しており、ブルーカラー職からホワイトカラー職への移動は約30％というものだった。全体から見て彼は、イギリスは特段「開放的な」社会ではない、と結論付けた。非常に多くの移動が生じてはいたものの、そのほとんどは短い距離のものであった。上昇移動は下降移動に比べてかなり一般的だったが、階級構造の中間レベルに集中していた。最下層の人びとはその層に留まる傾向にあったのにたいし、専門職・管理職従事者の息子たちのほぼ50％は、父親と類似した職業に就いていた。またグラスは、社会のエリートの地位では「自分たちと同類の者の新規補充」の度合いが高いことも見出した。

また別の重要な調査のひとつ――オックスフォード社会移動研究――が、一九七二年の調査知見に基づきつつ、ゴールドソープと彼の同僚たち（Goldthorpe et al. 1987［1980］）により実施された。彼らは、グラスの研究以降、社会移動のパターンがどの程度まで変化してきたかを詳細に調べた。そして、実際、男性の移動レベルは全体として高まり、また、もっと長い距離の移動となってきている、と結論付けた。なお、こうした変化の主要原因は、以前と比べイギリス社会がより平等主義的になってきたためではなく、ブルーカラー職に比べより高い地位にあるホワイトカラー職の増加が加速した点にある。ただ調査者たちは、非熟練あるいは半熟練肉体労働者の息子たちの約三分の二が、自身も肉体労働の職に就いていることを見出した。専門職従事者と管理職従事者の約30％が労働者階級出身であった。それにたいし、ブルーカラー労働に従事する男性の4％が専門職あるいは管理職従事者の家庭出身であった。こうした理由から、イギリスにおける絶対的社会移動の率がより高まっていることを見出したにもかかわらず、オックスフォード社会移動研究は、相対的な移動機会の不平等性は高いままであり、機会の不平等が階級構造の中にしっかりと根付いたままである、と結論付けた。

オックスフォード社会移動研究のオリジナル版は、約一〇年後に収集された新たなデータをもとに更新された（Goldthorpe and Payne 1986）。以前の研究で得られた主要知見は再確証されたが、幾つかの新しい展開も見出された。例えば、ブルーカラー家庭出身の男性たちが、専門職あるいは管理職に就く可能性は増大していた。この増大は職業構造の変化に遡るものであり、その変化は、ここでもまた、より高い地位のホワイトカラー職と比較してブルーカラーの職業の削減をもたらすものであった。こうした幾つかの知見は、多くの社会移動は機会の平等性の高まりによってよりも、経済の構造的変化により生みだされているという主張を強化するものである。

エセックス社会移動研究（Marshall et al. 1988）における重要な知見のひとつは、女性にたいしては依然として不利な状況が続いていることであり、定型的な非肉体労働職の中で彼女たちが大きな比率を占めることで、彼女たちの移動機会が阻害されている、というものだった。現代社会の流動的な性質は、主に、職業の格を上げようとする傾向性に由来している。この研究は、「『最上層の職に就く余地』が以前より増したからといって、それは、そこにたどり着く機会の点での平等性が高いためではない」（Marshall et al. 1988: 138）、と結論付けた。とはいえ、社会移動とは長期間にわたるひとつのプロセスであり、社会がより「開放的に」なっていく渦中でも、その効果は一世代の間では完全には明らかにならないかもしれないことを、我々は心に留めておくべきである。

なお、ロンドン・スクール・オブ・エコノミクスのジョー・ブランデンら（Blanden et al. 2002）の研究は、こうしたプロセスの反転を見出した。彼女たちは、イギリスで二つのグループ、つまり、一つは一九五八年三月生まれのグループと、もう一つは一九七〇年四月生まれのグループそれぞれの世代間移動を比較した。これら当該の人びとの間の年齢差はたった12歳であったものの、両グループの間で世代間移動は急激に減少していることをこの研究は立証した。一九七〇年生まれのグループの経済的地位は、一九五八年生まれのグループと比較し、両親の経済的地位とより強く結びついていた。先に生まれたグループから後に生まれたグループへと世代間移動が減少した理由のひとつとして、一九七〇年代後半以降の教育達成度の全般的上昇により、裕福ではない人びとの子どもたちよりも、裕福な人びとの子どもたちの方が恩恵を受けた点をブランデンらは示唆した。

より最近では、ジャクソンとゴールドソープ（Jackson and Goldthorpe 2007）が、以前のデータ群とより最近のデータ群を比較することで、イギリスにおける世代間階級移動を研究した。絶対的な意味で世代間移動が減少し続けているという証拠を彼女たちは何ら見出すことはなかったが、長い距離の移動での落ち込みを示すものは幾つかあった。また男性においては下降移動と上昇移動のバランスが一般的に不利な方向に変化しており、それは階級の構造的変動の帰結であることをジャクソンらは見出した。ジャクソンらは、20世紀半ばに経験されたような、上昇移動率がどんどん上がっていく状態に再度戻ることはあり得ないと結論付けた。

二〇一〇年、イギリス政府の国家平等委員会は、イギリスにおける経済的不平等の最新状態について報告した。委員会は、一九七〇年代以降、絶対的（世代間）上昇移動はほぼ変化していないことを見出した。しかし、親の所得を考慮に入れた場合、男性の上昇移動は一九九〇年代に減少し、ほとんどのヨーロッパ諸国よりも劣る状態にある。対して女性たちの社会移動は、一九七〇年代以降、徐々に向上している（Fig. 9.4とFig. 9.5）。とはいえ、女性たちのこの上昇率にしても、国際的に見て最も低い水準にある。この報告では、イギリスで他国と比べこうした低水準の社会移動をもたらす主要原因は、イギリスの社会的不平等が高い水準にあるためだ、と結論づけている。そしてこれは重大事である、と報告書たちは述べている。その理由は「もしも、はしごの各段がさらに離れるならば、はしごを昇っていくことはもっと難しくなる……。他の多くの国と比べイギリスで重要なことは、誰があなたの両親であるのか、ということなのである」（National Equality Panel 2010: 329-30）。

また二〇一九年の報告で、イギリスの社会移動委員会は、政府の介入にもかかわらず、二〇一五年以降、職業移動は沈滞し続けていると述べた（Social Mobility Commission 2019）。特に、より恵まれた家族を出自とする人びとは、労働者階級の家庭出身の人びとと比べ、専門職に就く可能性が約80％高かった。エスニック・マイノリティ集団出身の人びと、また女性たちにとって下降移動はより起こりやすく、障害を抱えた労働者階級の人びとのうちわずか21％が最上層の職業に到達していた（ibid.: 1）。

この章の冒頭での事例で見たように、より恵まれた社会集団は、ガラスの床を創り出す可能性がより高く、自身の子どもたちが低賃金労働に落ち込んでいくことを防いでいる。社会移動委員会は、専門職従事者の家庭出身の人びとのたった16％しか労働者階級の職へと「下方に」移動しない、と報告した。このことは、**粘着質の天井**の存在を明示するものと依然として見なされている。つまり、より裕福で、また専門職従事者の家庭に生まれた人びとが、所得の尺度で最上層に長期間にわたって留まり続ける可能性は非常に高く、その結果、下からの社会移動の機会が減少してしまうのである（OECD 2018: 3）。デビッド・グラスの研究からは六〇年以上経過しているが、これらの知見は、イギリスは未だに「特段、『開放的な』社会ではない」ことを明らかにしており、また、その階級の境界線がいかに堅固に設定されているのかを示している。

▼批判的に考える

恵まれた社会階級集団は、自身の子どもたちが低賃金の職に

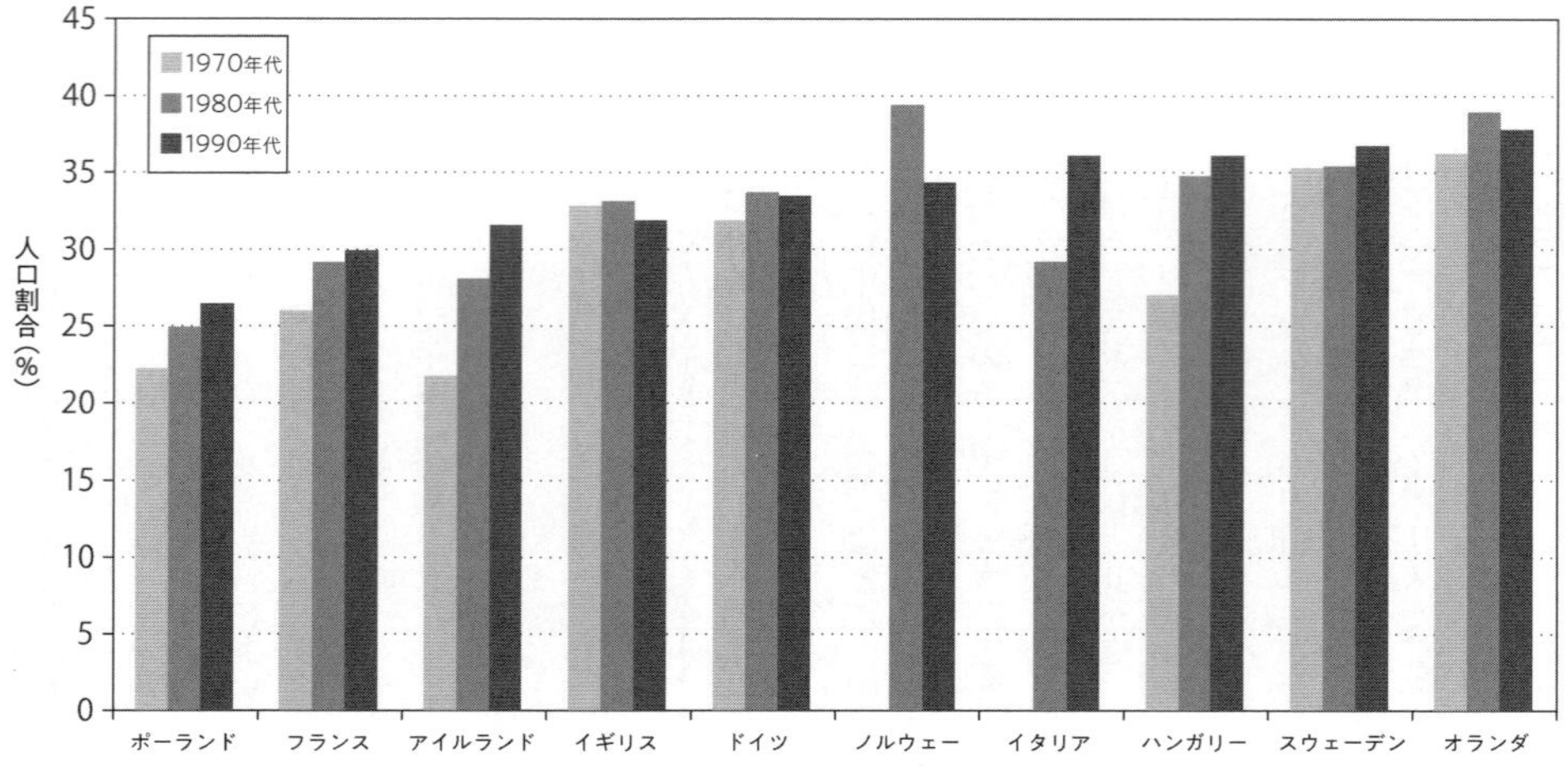

Fig. 9.4　特定の国における絶対的（世代間）社会移動（男性；自身の両親よりも良い職に就いている男性の割合）
出典：National Equality Panel（2010: 323）

落ち込んでいくことを防ぐことができる。政府がこのような集団にこうした行いを止めるよう措置を講じるのは望ましいことか。仮に望ましいとして、どういった具体的な法的措置、また社会政策が導入され得るのだろうか。

◎ジェンダーと社会移動

これまで、社会移動調査の大部分は慣例的に男性に焦点を当ててきたが、今は、女性の間の移動パターンにもっと多くの注目が注がれている。学校で少女たちが少年たちより成績が上回り、高等教育において女性が男性の数を上回るという時代にあっては、積年のジェンダーに関わる不平等がその影響力をゆるめつつあるのかもしれないと結論付けたくなる。では、職業構造は女性にたいしてより「開放的に」なったのか。あるいは、未だ彼女たちの移動機会は、家族、社会的素性に大きく左右されているのだろうか。

＊高等教育についてのより詳細な取り扱いは、第16章「教育」を参照のこと。

イギリスの経済社会研究会議（ＥＳＲＣ）から資金提供を受けたある重要なコホート研究は、『一九九〇年代の二〇歳代の人たち』（Bynner et al. 1997）として出版されたが、この研究は一九七〇年の同一の週の間に出生した九〇〇〇人のイギリス人の人生を追跡したものである。一九九六年時点で26歳となった男性にと

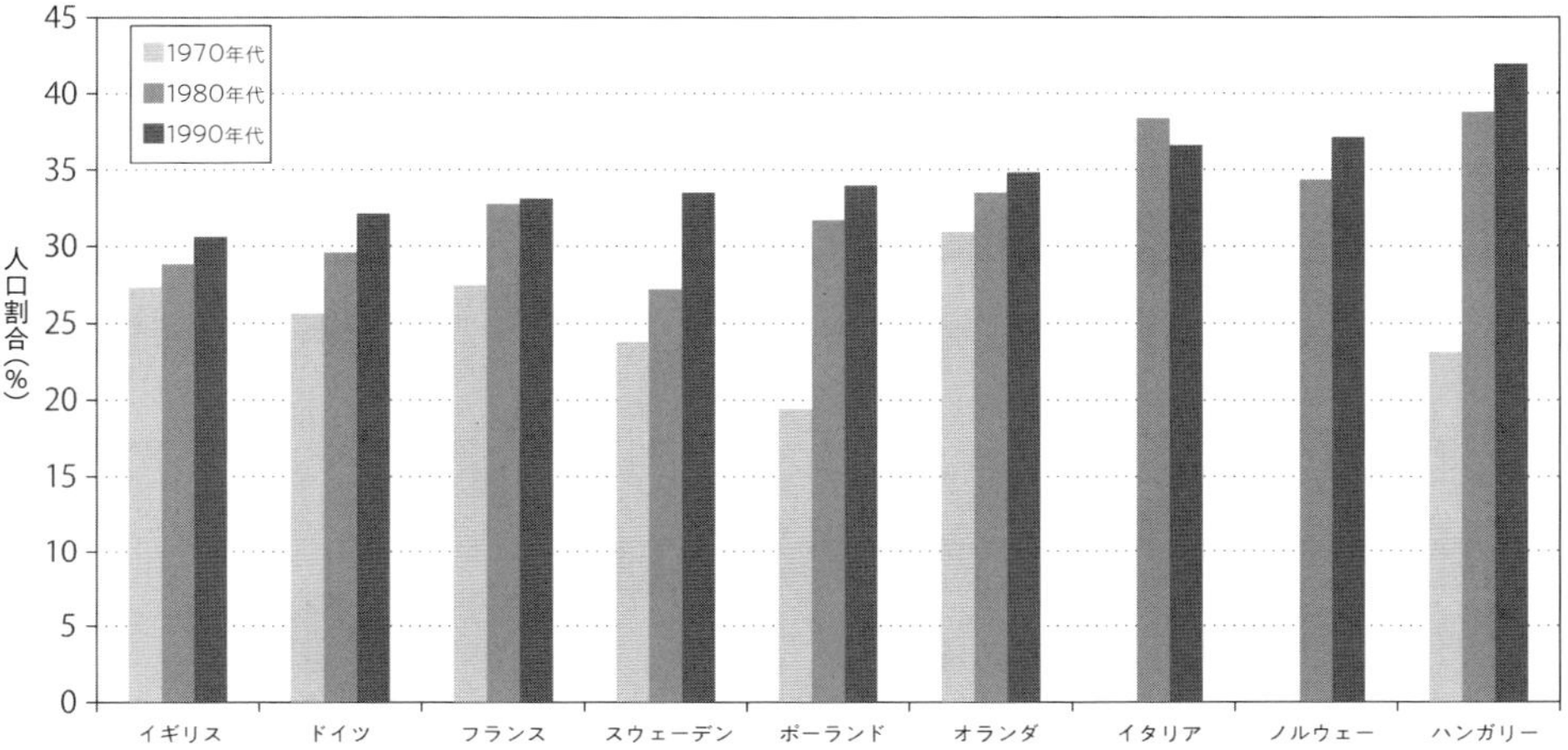

Fig. 9.5　特定の国における絶対的（世代間）社会移動（女性；自身の両親よりも良い職に就いている女性の割合）
出典：National Equality Panel (2010: 323)

っても女性にとっても、家族的背景と出身階級は強い影響力を及ぼすものであり続けていることが見い出された。この研究は、最も首尾よく成人期への移行を乗り切った若者たちは、それまでにより良い教育を受け、結婚や子どもをもうけることを後回しにしており、また、父親が専門職に就いていた、と結論づけた。恵まれない生い立ちの諸個人は、引き続きそうした恵まれない境遇に留まる傾向が強かった。

また、この研究では、全体として、女性たちが、前の世代の女性たちよりも多くの上昇機会を有していることも見出されている。中間階級の女性たちが先に記したような諸変化から最も恩恵を受けてきた。今や彼女たちは、大学に進学するにしても、卒業後に給料の良いところに入職するにしても、その可能性は男性の同僚たちと全く同じだからである。より平等性が高まっていくこうした趨勢は、ちょうど十二年前に生まれた女性たちから成る同じようなコホートと比較して、女性たちの自信と自尊心が高まっていることにも反映されている。

Fig. 9.6が示すように、他の先進諸国と同様、イギリス社会において女性たちは、幾つかの地位の高い職に進出し続けている。だが、二〇一八年時点で、ジェンダー・バランスがほぼ均等であるのが明らかなのは、公共部門の二つの領域のみだった。つまり、公的機関への任命、そして、シャドー・キャビネットでの任命である。女性たちは、高等裁判所判事の22%、大学副学長の26%、FTSE100カンパニー〔フィナンシャルタイムズ・ストック・エクスチェンジ社が株価指数を算出する際に対象とする、ロンドン証券取引所に上場している時価総額の大きい百社〕の最高経営責任者の6%、全国紙の編集者の18%しか占めていなかった（Jewell and Bazeley 2018: 2-3）。こうした変化を表現す

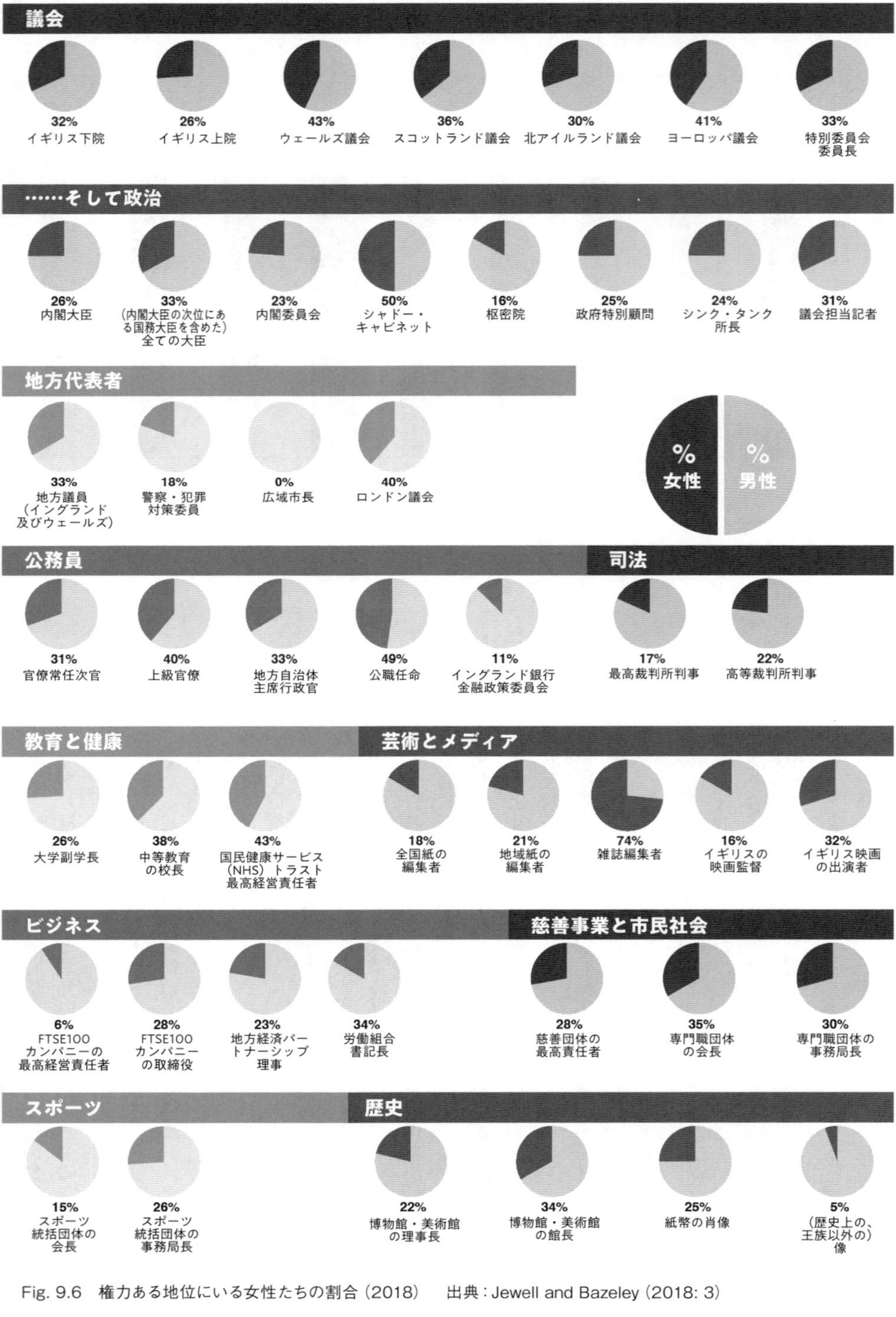

Fig. 9.6　権力ある地位にいる女性たちの割合（2018）　出典：Jewell and Bazeley (2018: 3)

るひとつの方法は、次のように述べることである。女性たちは「ガラスの天井」にひびは入れたが、まだ、この天井は粉々に砕け散るまでに至っていない、と。

女性たちが良い職歴を築く機会も向上しつつある。しかし、二つの重大な障害が残り続けている。ひとつは、未だもって、男性の経営者たちや雇用主たちは、女性の就職志願者にたいして差別を続けていることが分かっている。彼らがこうした差別をするのは、少なくとも部分的には、女性たちが実際のところ職歴には関心はなく、家族を築くと離職しがちだという確信を持つためである。もうひとつは、子どもを持つということは、実際、女性たちの職歴を積む機会に重大な影響を及ぼす。ただ、このことは、彼女たちが職歴に無関心であるからというわけではない。それどころか、彼女たちは、事実上、職歴と子どもを持つことと、どちらを選択するか迫られている。これには、男性が家事、育児にたいする全責任を進んで分担しようとすることが稀であるということが理由として控えている。そして、以前よりも多くの女性たちが、職歴を積み重ねようと自身の家庭生活をうまく切り盛りしているものの、これは未だに骨の折れる状況である。

■ メリトクラシーと存在し続ける社会階級

ピーター・サンダース（Saunders 1990, 1996, 2010）は、先にこれまで記してきた諸研究のほとんどを含むイギリスの社会移動研究の伝統全般にたいし、最も忌憚なく批判する者の一人である。サンダースにとって、イギリスは実際にメリトクラシー社会である。というのも、最大の報酬は、「力量を発揮し」、成果を挙げるような人びとに向かっていくためである。彼の考えでは、職業上の成功において鍵となる諸要因は、知性、能力、努力であり、出身階級ではない。サンダース（Saunders 1996）は全国児童発達研究から得た経験的データを利用し、子どもたちは自身が負っている社会的な有利さ不利さにかかわらず、聡明で勤勉であれば成功する、ということを示した。イギリスは不平等な社会かもしれないが、公平な社会である、と彼は主張している。この結論は、先進諸国の人びとの間では広く受け入れられている前提であろう。

こうした主張にたいし、ブリーンとゴールドソープ（Breen and Goldthorpe 1999）は、理論的および方法論的な面からサンダースを批判した。彼らは、サンダースが調査データを分析する際、そこにバイアスを持ち込んでしまった、と非難している。例えば、失業中の回答者を除外したことなどである。ブリーンとゴールドソープは、サンダースが利用した同一のデータからまた別の分析を提示して根本的に異なる結論に到達し、社会移動には階級という重大なる障壁があることを示している。彼らは、階級的位置を決定づける際、個人の優れた能力がその一助となる要因であることはしぶしぶながら認めてはいるものの、「出身階級」は依然として強い影響力を及ぼしていると主張している。恵まれない生い立ちの子どもたちは、もし、類似した階級的位置を手に入れようとするのであれば、恵まれた生い立ちの子どもたち以上に優れた能力があることを見せつけなくてはならない、と彼らは主張する。

後の、アンドリュースとリー（Andrews and Leigh 2009）による不平等と社会移動に関する国際比較研究にしても、社会は同時に不平等でも公平でもあり得るというサンダースの主張に強く反対している。彼らの経験的調査では、世界十六か国（イギリスは除く）の25歳から54歳の男性の職業関連データが利用されており、父親の稼ぎとその息子の稼ぎの比較に焦点を置いたものであった。彼らが至った主要な結論はこうであった。「一九七〇年代に不平等さが相対的に深刻な国で育った息子たちは、一九九九年までに、社会移動を経験した可能性が相対的に低かった」（ibid.: 1491-2）。世界中にある不平等な社会では社会移動が生じる程度は低いし、下層の地位から人生を歩み始めた人びとにとっては、「無一文から大金持ちへ」の移動は著しく困難となっている。このように、現実に、不平等は（能力と努力に基づいた）結果の「公平さ」を妨げており、真の**メリトクラシー**に移行するには、不平等さを縮小する必要があるだろう。

　しかし、貧しい人びととより裕福な人びととの間にある不平等はイギリスその他でも実際のところ拡大し続けており、社会的ヒエラルキーの最上層への富の集中がもたらす影響について、ますます懸念が高まっている。階級間の不平等の増大は、より全般的な経済発展を確保するために支払わなければならない代償なのであろうか。一九八〇年代以降、富の追及は経済発展を生み出すものとして見なされ続けてきた。というのも、そうした追及は、革新的発想と野心を掻き立てる動機付けの力だからである。今や、多くの者がグローバリゼーション、そして経済市場の規制緩和が、富める者と貧しき者との間の格差の拡大、また、階級間の不平等の「固定化」をもたらしてしまっている、と主張している。

　ただ、人びとの人生は階級的位置によって全面的に決定づけられることは決してなく、人びとは実際に社会移動を経験している。高等教育の拡大、専門資格の取得機会の増加、そしてインターネットと「ニュー・エコノミー」〔従来の産業構造や経済活動に、情報技術など革新的な技術やアイデアを導入して台頭してきた経済形態〕の出現。これら全てが、上昇移動するための、重要で、新しい経路を提供している。こうした幾つもの展開は、旧来の階級、社会階層パターンをさらに侵食し、より流動的な社会秩序に寄与する可能性がある。

　だが、イギリス社会移動委員会が述べていたように（Social Mobility Commission 2019: 19）、「最終的には、ある者が所得、また職業のはしごを昇っていく際の能力の点で、階級は特別に重い役割を果たしており、近年、何ら測定可能な改善も無いままである……。社会移動に関するどの指標——所得移動、職業移動、生活水準——を見渡しても、こうした移動などをする機会の点で格差が存在し続け、この格差は階級と結びついている」。自己認識の際の拠り所の多元性、そして消費文化がより重要なものとなるにつれ、階級に基礎を置いたアイデンティティが有している伝統的な影響力は衰退しつつあるのかもしれない。しかし、階級区分は物質的不平等と不平等なライフ・チャンスの中心に留まり続けている。

本章をふりかえって問う

1. 社会階級、カースト制、身分制それぞれの社会階層システムが有する鍵となる諸特徴を挙げよ。階級システムは他の二つとどのように異なるのか。

2.「現代」奴隷制という概念は何を意味しているのか。従来の奴隷制の形態とどのように類似しており、どのように異なるのか。

3. マルクスによる階級、また階級闘争についての理論を吟味せよ。この理論にはどういった批判が差し向けられてきたのか。

4. 社会階層との関連で、「地位」「党派」によってマックス・ウェーバーは何を言おうとしているのか。マルクスの分類図式、ウェーバーの分類図式のどの局面が両立しうるかもしれず、また、どこで両者は反目し合うか、説明せよ。

5. 職業に基づいた階級分類図式とは何か。我々が階級の動態を理解する際、こうした分類図式は何を説明することに寄与し、また、何を省略し、あるいは控え目にしか表さないのか。

6. 上流階級は、有利な立場にあることで相当な利益を享受している極めて少数な人びとである。こうした利益には何があるのだろうか。上流階級は社会の中で実権を行使しているのか、あるいは、その成員たちは非常に裕福なだけだろうか。

7. 今日、「中間階級」と見なされている幾つかの職業を挙げよ。これら職業に入職する機会を得るには、何が求められるのであろうか。また、20世紀半ば以降、中間階級が急速に拡大してきたのは何故か。

8. 社会学者たちは、「労働者階級」でもって何を意味してるのか。20世紀半ば以降、この階級は縮小の一途にあるが、これを説明する社会的・経済的諸要因は何か。

9.「アンダークラス」に帰属されている主要要素を述べよ。アンダークラスという概念は、「貧困」という概念が捉えない何を捉えるのか。今日、社会学者たちは、アンダークラスが現れつつあるとの見解を欠点あるテーゼと見なしているが、それは何故か。

10. ライフスタイルと消費主義は、階級的位置に重大な影響を及ぼすものと見なされてきた。この見解を支持する幾分かの証拠を提示せよ。今や、社会階級は時代遅れな概念なのか。

11. 世代内社会移動、世代間社会移動でもって、何が意味されているのか。今日、両タイプの移動が減少し続けているという何らかの証拠はあるのか。慣例的に、女性の占める位置は、移動研究の重要な部分ではないままである。何故に、重要な部分ではないのか。

実際に調べてみよう

長い間、社会学者たちは、先進諸国における階級システム内の社会移動を研究し続けてきた。極めて最近まで、こうした調査の大部分は、「上昇」移動の問題、そして、過去と比べ、労働者階級集団出身の諸個人が職業に基づいた階級システムを昇っていく可能性が高くなっているのか低くなっているのか、ということに焦点を当ててきた。ただ、以前ならば中間階級の職業であったものが分類し直されていき、また、伝統的な雇用パターンが著しく変化してきたことも理由となって、下降移動の問題が従来より関心を引くものとなってきている。以下に掲げる論文は、出身階級と社会移動の機会との間にある持続的相関関係を検証するものである。これを読み、続く質問に答えよ。

Gugushvili, A., Bukodi, E., and Goldthorpe, J. H. (2017) 'The Direct Effect of Social Origins on Social Mobility Chances: "Glass Floors" and "Glass Ceilings" in Britain', *European Sociological Review*, 33(2): 305–16; https://doi.org/10.1093/esr/jcx043.

1. この分析では、どういった人びとがサンプル抽出されており、情報を得るために、どのような方法でこれらの人びとにアクセスしていったのか。あなたならば、この調査をどのように特徴づけるであろうか。
2. 「ガラスの天井」「ガラスの床」で著者たちが意味していることを説明せよ。
3. この論文は、社会移動を所得水準の観点から測定はしていない。どのようにしてこの論文は社会移動を測定し、また、こうしたアプローチを採用することでどんな利点があると主張しているのだろうか。
4. 子どもたちの社会移動にたいする「親の支援」の強い影響力に関した統計分析から、どんな結論が導かれるのか。
5. 後々の人生において教育達成が有する直接的効果に関し、この論文は我々に何を言おうとしているのか。この論文から得られる証拠は、イギリスは教育に基礎を置くメリトクラシー社会である、という考えを支持するものであるのか。

さらに考察を深めるために

二〇一八年五月はカール・マルクス生誕二〇〇周年にあたり、多くの論文、また、テレビ、新聞、オンライン上での数多なコメントで祝福され、マルクスと彼の思想の遺産が扱われる機会となった。ある者にとっては、マルクスによる資本主義研究は、我々が現代を理解する際に活力を与え続けるものである。またある者にとっては、彼は、その思想が歴史のゴミ箱にあってしかるべきであるような、教条的なイデオローグであった。

次の二つのオンライン上の短い論文を読みなさい。最初の論文は、ラッセル・バーマンが執筆者で、フーヴァー研究所より公表されたものである。この論文は、マルクスの思想、また、20世紀におけるその思想の有害なる影響力について、辛辣な批判を提示している。様々な全体主義的「マルクス主義」政治体制が自らの人民を恐怖政治で弾圧し、何百万もの人びとを殺害した。こうした事態をバーマンは、自分が「歴史の真理」を見出したというマルクス自身の確信から生じたことである、と主張する。「マルクスは絶対的な誤りのない声を通じて語り、誤りの余地も、証拠の探求もない、断定的な主張をなす」。さらに、現在の反資本主義運動、反グローバリゼーション運動を受けても、バーマンは、「マルクスが人気のある人物であり続けているのは驚くばかりのことである」と述べている（www.hoover.org/research/200-marx-still-wrong）。

二つ目の論文は、テリー・イーグルトンが二〇一一年に出版した著作からの抜粋であり、資本主義の動態とその行く末に関してマルクスは本質的に正しかった理由を説明するものである。この論文の中で、彼は、資本主義の発展と社会革命に関するマルクスの考えについて幾つかよく知られた誤解を訂正しようとしている。例えば、「一国社会主義」という考え、つまり、スターリンのソビエト連邦を特徴づけた考えであるが、それは決してマルクスのテーゼの一部ではなかった、と彼は特筆している。それゆえ次のように記している。「絶望的と言っていいほど孤立した国家での結果により社会主義を判断することは、カラマズー〔ミシガン州南西部にあり、かつて州立病院の精神科に入院していた患者が、実習に訪れた看護学生を殺害しレイプした事件が起こった都市〕にいるサイコパスたちの研究から人類について結論を引き出してくるようなものであろう」(https:// yalebooksblog.co.uk/2018/05/01/why-marx-was-right-by-terry-eagleton-an-extract/)。

特に階級と階級闘争についてのマルクスの鍵となる考えが何故に今もって影響力を維持しているのか、これを説明する小論文を執筆せよ。また、何故にマルクスが捜し求めた革命は未だ起こっていないのか、また、今や我々が階級システムについて知っていることを前提としつつ、革命は、いずれ将来、起こりそうなものなのかどうかについて、論議せよ。

芸術作品に描かれた社会

イギリスの芸術家グレイソン・ペリーは、嗜好という題材に長いこと関心を持ち続けてきた——何故にある人びとはあるタイプの音楽、テレビ番組、家の調度品、衣服を好み、またある人びとはこれらと同じものを避け、自身の個性とステータス（威信）を表現するものとして、他の文化的目印をより好むのか。とりわけ、ブルデューによる詳細なる研究が例証するように、社会階級と嗜好パターンとの間には明白な関連があるという証拠はたくさんある。そして、ペリーはこの関連性を自身の作品中で吟味している。なお、嗜好のパラドックスとは、我々自身は自らの選択を純粋に私的なもので、また、自らの個性を表現するものとして捉えるにもかかわらず、実際のところ、こうした「選択」は、我々が置かれている社会階級的位置によって影響を受けており、形づくられてさえいる、ということを指す。

グレイソン・ペリーの手による、この問題に関わる芸術作品を幾分か調べてみよ。この類の芸術作品には、チャンネル4（イギリス）で放送された三部構成のテレビ・シリーズ『すべて可能な限り最高の嗜好で』(2012)、また、六つのタペストリーから成る『小さな違いにある虚栄心』(2012) ——アーツ・カウンシル・コレクション (https:// artsandculture.google.com/exhibit/QQDKD3VO) で閲覧可能——がある。ウィリアム・ホガースによる18世紀の『放蕩一代記』よりインスピレーションを得ているが、この作品はトム・レイクウェルの人生が階級システムを通じて展開される様子を描くものであり、その点、『小さな違いにある虚栄心』もイギリスの三つのロケーション地での階級、そして美的嗜好を詳しく探求するものとなっている。

ペリーは自身のこの作品を、「イギリスの嗜好部族たちの間を巡る探検旅行」と表現している。労働者階級から中間階級を経て上流階級にまで至る「ティム」の旅路に注意しつつ、各六つのタペストリーを分析せよ。タペストリーの中で大きく取り上げられた項目の全て、また、こうしたルートを取る諸個人が直面する（内的かつ外的な）緊張と葛藤を例証するべくペリーが用いる幾つかの関係性の表象を挙げよ。この作品は、社会移動に関する社会学的知見から我々が既に知っていることにたいし、いったい何を付け加えるというのだろう。そして、社会学の調査方法は、社会移動の《体験とその感情面へのインパクト》に入り込むペリーの能力に匹敵し得るものであろうか。

読書案内

まず手を付けるに良い文献は、ウィル・アトキンソン『階級』*Class*, Cambridge: Polity, 2015 であり、目下の諸論争について魅力的に紹介している。イギリスにおける階級の経験内容については、マイク・サヴィジらによる『21世紀の社会階級』*Social Class in the 21st Century*, London: Pelican Books, 2015 が、BBCによるイギリス階級調査から得られた証拠と趨勢について最新のレビューをしている。エルジェーベト・ブコディとジョン・H・ゴールドソープ『イギリスにおける社会移動と教育――調査・政策・政治』*Social Mobility and Education in Britain: Research, Policy and Politics*, Cambridge: Cambridge University Press, 2018 は、イギリスでの社会移動に関する非常に興味深く、思慮深い著作である。

ルシンダ・プラット『不平等を理解する――階層化と差異（第二版）』*Understanding Inequalities: Stratification and Difference*, 2nd edn, Cambridge: Polity, 2019 は、不平等と社会階層をバランス良く、また、より幅広く吟味したものとなっており、ケイト・ウッドワード編『アイデンティティを問う――ジェンダー・階級・エスニシティ』*Questioning Identity: Gender, Class, Ethnicity*, Abingdon: Routledge, 2005 もまた非常に優れたもので、幾つかの主要な社会区分を扱う複数の章を設けている。サム・フリードマンとダニエル・ローリソン『ガラスの天井――なぜ特権を持つことが報われるのか』*The Glass Ceiling: Why it Pays to Be Privileged*, Bristol: Policy Press, 2019 は、特権の仕組みとそれが社会移動に与える影響について魅力的な検討となっている。

社会的不平等に関する原書文献をまとめた関連書『社会学――入門読本（第四版）』*Sociology: Introductory Readings*, 4th edn, Cambridge: Polity, 2021 を参照せよ。

インターネット・リンク

本書に関する追加情報とサポート（ポリティ）
www.politybooks.com/giddens9

社会的不平等と階級　アムステルダム大学のソシオサイトからの多くの有益なリンク
www.sociosite.net/topics/inequality.php#CLASS

BBCによるグレート・ブリティッシュ・クラス調査の分析　この調査結果と読者のコメント
www.bbc.co.uk/news/magazine-34766169

社会移動財団　若い人々が低所得の背景から社会移動することを推進しているイギリスの慈善事業
www.socialmobility.org.uk/

マルキスト・インターネット・アーカイブ　何だと思う？　まさにその名の通り、マルクスとマルクス主義のすべて
www.marxists.org/

BBCイギリス労働者階級　イギリス労働者生活史に関する視聴覚資料
www.bbc.co.uk/programmes/p015z5wc

（西口訳）

第10章

健康、病い、障害

第 10 章｜目次

摂食障害になるのは女性だけ、ではなかったのだろうか。二〇一四年に、一連の質的インタビューを用いて行われたイギリスでの研究において、男性の研究協力者たちは調査者に、自分が摂食障害を発症する以前は、本当にそうだと思っていたと語った。ある協力者は、摂食障害は「非常に感情的で弱い十代の女の子」がなるもので、「野郎ども」や自分のようなラグビー選手がなるものではないと考えていた。またある人は、摂食障害は「女の子のもの」だと思っていた。さらに別の協力者は次のように言った。「僕は、ああやってしまったなって思った、つまり、こんなことするのは自分だけだって、だって、たくさんの人がそんなことしちゃうなんて、わざと自分を傷つけるようなことをしちゃうなんて全然思ってなかった。だから、それは本当に思いがけないことだったんだ」(Räisänen and Hunt 2014: 3)。なぜ今でも、多くの人が摂食障害を、とりわけ過激な体重減少や食物への忌避や恐怖と結びついた摂食障害を、女性に特有の問題と見ているのだろうか。

今日私たちが拒食症=神経性無食欲症 (anorexia nevrosa) と呼んでいるものは、もともと、一八七三年にウィリアム・ガルによって「ヒステリー性無食欲症 (anorexia hysterica)」と名づけられたもので、その発症は女性、とりわけ若い女性に限定されると考えられた (Goldstein et al. 2016)。例えば、食物にたいする恐怖や他の障害は月経の停止と結びついていると言われ、それによって男性が拒食症と診断される可能性はあらかじめ排除されることになった。男の子や男性が、拒食症や過食症といった摂食障害に苦しむという発想は、当時は文字通り「考えられない」ことだったのである。男性の摂食障害にたいする体系的な学術的研究が20世紀終盤までなされなかったことは、ジェンダーに関する想定が一世紀以上にわたって続いたことを示している。

今日、男性の摂食障害の広がりについては様々な推定がなされている——多くの研究では10%から25%の間とされる(ただし、40%に上るという者もいる)(Delderfield 2018)。多くの研究者の意見が一致しているのは、女性に比べて男性の摂食障害の発症は少ないが、その数は増えており、男性は「過少に診断され、治療が十分になされていない」ということである。その広がりの正確な見積もりを得ることは難しいことが分かってきた。特に、拒食症や過食症が今も広く女性の病気であると認知され、男性はそれを患っていることを認めたがらない傾向にあることがその理由である (Corson and Andersen 2002)。

▼批判的に考える

ジェンダー平等を目指す動きが《若い男性》の間により多くの摂食障害をもたらしたのであろうと言う人びとがいる。そうであるとすれば、それはなぜだろうか。摂食障害は女性に特有の問題ではないということを男性たちが認識することを促すために、さらに何ができるだろうか。

摂食障害は純粋に生物学的あるいは生理学的原因によるものだと思われるかもしれない。しかしそれは正しくない。実際に、いくつかのリスク要因が特定されている。虐待、またはその他の過酷な出来事、精神衛生上の問題の存在、家族の薬物乱用、自尊感情の低さや完璧主義といった性格的特性（Räisänen and Hunt 2014: 1）。また、展開されている調査の全体が示しているのは、スリムで「魅力的な」体になることへの社会的圧力が大きな意味を持っており、摂食障害はあらゆる点で、生物学的であると同時に社会学的及び心理学的なものだということである。一九八〇年代から一九九〇年代を通じてグローバリゼーションのペースが上がるにつれて、同様の問題が、香港やシンガポール、さらには台湾、中国、フィリピン、インド、パキスタンの都市部において、若い、主として富裕な女性たちの間に浮上してきた（Efron 1997）。発生率の増大は、アルゼンチン、メキシコ、ブラジル、南アフリカ、韓国、トルコ、イラン、及びアラブ首長国連邦でも報告されている（Nasser 2006）。摂食障害の急増は、世界中での近代的生活様式の広がりを追随しているように見える（Lee 2001）。

摂食障害の症状を見せる男性の数が増加しているとはいえ、なぜ主に女性が罹るのかという問いは残っている。一つの理由は、身体的な魅力の重要性を強調する社会規範が男性よりも女性にのしかかっており、その魅力的な身体のイメージがソーシャルメディアや雑誌や新聞、オンラインゲームやテレビや映画の中で増殖していることにある。ただし、男性たちも《今日では》次第に、多種のメディアや広告の中で、性的対象として、鍛え上げられた魅力的な身体として描かれるようになっており、そうしたイメージは男性性と引き締まった体を結び付ける傾向にある。伝統的な男性向きの仕事が少なくなり、サービス部門での仕事が急速に増えていく中でも、筋肉のたくましさは男性性の強力なシンボルであり続けており、同時に、男性たちはその生活の一側面として個々の身体をコントロールしているのである（Elliott and Elliott 2005: 4）。

過去二世紀にわたるアメリカの少女の日記を調べて、ブランバーグ（Brumberg 1997）は、アメリカにおける思春期の少女たちにとって、個人的アイデンティティは強く体型と結びついていたことを明らかにした。若いアメリカの女性や少女は、他の地域の女性たちと同様に、理想化された、細身な女性身体のメディア表象に日々晒されてきた。一世紀前に比べれば、女性が社会の中でずっと大きな役割を占めるようになってきたが、女性たちは今も、その業績とともに、その外見によって多くを判断されている。結果として、女性たちは、自分が人びとにどう見られているかを不安に感じ、身体についての感覚を重視するようになる。そして、痩せているという理想は強迫的になり、体重を落とすことが自分をコントロールしているという感覚をもたらす。

摂食障害は、純粋に個人的な困りごとだと思われがちな健康問題、例えば食べ物や自分の外見についての失望の問題が、公共的な健康問題であることを表す事例である。拒食症や過食症だけでなく、広く行われているダイエットや肥満及び身体的外見に関する若者たちの関心を含めて考えれば、摂食障害は国の健康衛生事業にとって大きな意味を持つ社会問題である。

次節では、「健康」や「病い」とは何を意味するのか、医療専門職の権力がこれらの語の定義においていかに決定的な要素となるのかを見ていこう。さらに、健康、及び疾患の感染にグローバリゼーションが及ぼす影響について論じたあと、健康と病いの社会学からいくつかの重要な視点をひき出して概説しよう。そこから私たちは、階級やジェンダーやエスニシティといった健康の社会的基盤について検討し、最後の節では、障害者たちの運動がいかに障害の見え方、障害を語る言葉を変化させたのかに焦点を置きつつ、障害と健康の問題を論じていこう。

■ 健康と病いの社会学

多くの国において、二人の友人が出会った時によく見られる相互行為儀礼は、「お元気ですか」と問うことで、それにたいしては「元気です、ありがとう、あなたは？」という答えが返ってくることが期待されている。両者がともに健康であることが確認された上で、社会的相互行為や会話が始められるのである。しかし、この慣習的なやり取りの内に想定されている健康という当たり前の概念は、正確に「健康」とは何か、いかにして自分たちが本当に健康であることを知りうるのかを問い始めた途端に、それほど明確なものではなくなってしまう。健康と病いの社会学は、健康は生物学的ないし心理学的な現象であるとともに、あらゆる点で社会的な現象であることを示してきた。

◎ 健康を定義する

健康と病いの概念に付与される社会的意味を研究する社会学者たちは、いくつかの異なる見方を見いだしてきた。主な見方は、健康を病いの不在と見るもの、病気を逸脱と見るもの、健康を均衡《バランス》と見るもの、そして健康を機能と見るものである（Blaxter 2010）。これらを順番に概説していこう。

20世紀中の長い期間にわたって、健康と病いは対立するものと見なされていた。健康とは単純に《病いの不在》だったのである。私たちは病気でなければ、健康であるはずだ。医療専門職は、病い、とりわけ長期に及ぶ病いを、寿命を縮め、個人の多産性を減じることによって「生物学的な損失」をもたらすものと見なし、他方、健康であるということ（病気がないということ）が正常な人間の状態であると見なされた。これと密接に関わる二つ目の定義が、《逸脱の一形態としての病い》であり、それは社会の解体を防止するために医療専門職者による監視と承認を要求する。しかし、これらの定義は問題のあるものと見なされるようになった。現実にはきわめて異例の状況である完全にいかなる病気もない状態を規範として、これにたいして病いが定義されているからである。今日、慢性疾患は非常に大きく広がっており、おそらく大多数の人びとが何らかの形の病い、疾患や機能的損傷《インペアメント》を負っていながら、なお自分自身を正常で健康な者、生産的な生活を送ることのできる者ととらえていることが、次第に認識されるようになっている。

対照的に、世界中の多くの文化には、《一種の均衡としての健康》、すなわち健康を個人とその環境との、また個々の身体の内部での均衡と見なす考え方がある。近代の科学的医学は、人間の身体が実際に、血液供給の制御や身体が攻撃された時の免疫システムの起動といった、恒常性を維持する、あるいは「自己制御的」な要素を備えていることを明らかにしてきた。目まぐるしく動く社会におけるワークライフバランスへの近年の関心も、健康が社会環境によって促進されたり損なわれたりすることを示唆している。この定義は広く普及しているが、批判もある。均衡としての健康という考え方は、正確に測定することがほぼ不可能であるだけでなく、極めて主観的である。ある状況の中で自分が良好で健康なバランスを得ていると考える人もいるが、同じ状況を、非常にストレスフルで健康を損なうものと見なす人もいる。このようなばらばらの経験からいかにして健康の一般的な定義を引き出すことができるだろうか。

健康についての四番目の定義は、これを、人びとが自分の通常の課題を果たすことのできる能力の内にあるものと見る。これが、《機能としての健康》である。個人が、自らに良い暮らし、満足のいく生活、楽しい余暇時間をもたらすような活動や働きを行うことができているなら、その時私たちはその人を健康と言うことができる。しかし、病気や怪我がこうしたことを行う能力を損なうのであれば、個人も社会も苦しむことになる。この定義は一見魅力的だが、大きな問題は、人びとがきわめて多様な生活を送り、様々な幅の活動を遂行していることにある。きつい肉体的な労働に従事する人もいれば、暖かいオフィスで快適に座って仕事する人もいる。パラグライダーやロッククライミングを楽しむ人もいれば、美術館を訪れる人も、余暇をゲームやネットサーフィンに費やす人もいる。したがって、機能的能力にもとづいて「健康」の普遍的な概念を定着させることは難しい。また、健康の機能的な定義は、障害者運動からの攻撃の対象にもなってきた。その定義はあまりにも個人主義的で、社会組織が立てる障壁が何らかの機能的損傷を有する人を「障害者」にしている可能性を見逃すことになるからである（Blaxter 2010:9）。

社会的側面と生物学的側面を組み合わせた、より全体的な健康の定義が、一九四六年に世界保健機構（ＷＨＯ）によって考案されている。それは健康を、「単なる疾患や虚弱の不在だけでなく、肉体的にも精神的にも社会的にも満たされている状態」（WHO 2006b:1）と定義するものである。この包括的定義は、健康であるということの意味についての多角的な説明を与えているが、あまりにも理想的で有効性を欠くという批判を免れない。しかしながら、この定義は、一社会内の複数の社会集団、及び世界中の複数の国の間で、そこに挙げられた諸側面ごとに、健康を比較する可能性を示している。それによって、公衆衛生の状態を改善するための政策を立案したり介入を行ったりすることが可能になる。一九四八年に最初に公表されて以来変わることのないこの定義は、ＷＨＯの施策の基盤であり続けている。

しかしながら、こうした定義上の諸問題や批判があるにもかかわらず、実際上は、他のすべての見方を支配する傾向にあった、健康と病いについての一つの視点が存在している。それは、医療専門職によってもたらされる生物医学モデルであり、専門医療は長くこれに基礎づけられてきた。私たちはこのモデルをまたのちに検討するが、まずは、健康と病いの研究における主要な社会学的視点のいくつかについて、簡潔な紹介を行っておく必要がある。

◎ 健康と病いについての社会学的視点

社会学者は、病いが、病む人とその人に関わる人びとによってどのように経験され、解釈されるのかを問う。日常生活のパター

古典研究 10.1

タルコット・パーソンズの「病人役割」論

研究課題

あなたが病気に罹った時のことを考えてみよう。他の人びとはあなたにどんな反応を見せただろうか。人びとは同情的だっただろうか。あなたがすぐにもよくなることを人びとが期待していると感じただろうか。アメリカの理論家タルコット・パーソンズ（Parsons 1952）は、病いには個人的次元とともに、明確に社会的次元が存在すると論じた。人びとは単に個人として病むのではなく、病気になった時社会が自分に何を期待するのかを学習しなければならない。そして、その期待に従わなければ、逸脱的行動に及んだとして、スティグマを付与されかねない。

パーソンズの説明

パーソンズは**病人役割**が存在すると主張した。それは、病気が社会に及ぼす攪乱的影響を最小限にするために病人が採用する行動パターンを記述するための概念である。機能主義の社会学は、社会は通常、同意にもとづく円滑な様式の上に動いていると考える。しかし、病人はその通常の責任を果たすことができないかもしれないし、普段ほどには頼りにならず、効率的でなくなっているかもしれない。病む人はその通常の役割を遂行することができないので、その周辺の人びとの生活は混乱する。職務上の課題が達成されず、共に働く人びとにストレスをもたらしたり、家庭での責任が充足されなくなったりする。

パーソンズによれば、人びとは社会化を通じて病人役割を《学習し》、病気になった時には、他の人びとの協力を得ながらこれを実行する。病人役割には三つの柱がある。

1. 病人は、病気になったことに個人として責任を負わない。病いは身体的原因の結果であり、罹患は個人の行動に関係するものではない。
2. 病人は、病気になったことへの責任を負うものではないので、通常の責任の免除を含むいくつかの権利と特権を与えられる。例えば、病人は家庭での通常の義務から「解放され」、通常であれば礼儀や配慮を欠いていると非難される行動も許容されうる。病人は仕事を休む権利を得る。
3. 病人は、医療の専門家の診察を受け、「患者」になることを受け入れることによって、健康の回復に努めなければならない。したがって病人役割は一時的で「条件付き」のものであり、病人が積極的によくなろうとするかどうかが問われる。患者は「医師の指示」に協力し、従うことを期待されており、医師の助言を拒んだり聞き入れようとしない病人は、自らの病人役割の地位の正統性を危ういものにしてしまう。

パーソンズの概念はのちに、病人役割の経験が病気の種類によって多様なものであることを見いだした社会学者たちによって精緻化されてきた。例えば、病人役割の一部として付与される権利や特権は画一的に認められるわけではない。フリードソン(Freidson 1970)は、病気の様々な種類と程度に応じて、病人役割の三つの型を区分している。

《条件付きの》病人役割は、そこからの回復が可能な一時的症状に苦しんでいる人びとに適用される。例えば、気管支炎に罹った人は、普通の風邪に罹った人以上の特例が認められる。《無条件に正統化される》病人役割は、治癒せざる病いとともにある人びとに向けられる。病人はよくなるために何も「する」ことができないので、そのような人びとは長期間にわたって病人役割を占める権利が与えられる。この無条件に正統化された役割は、脱毛症やひどいニキビに苦しむ人にも適用されるだろう。この二つのケースにおいては、特別な権利は存在しないが、個人がその病いにたいして責任を負わないことが認められる。がんやパーキンソン病の罹患は大きな特権をもたらし、多くの、またはほとんどの義務を放棄する権利が与えられるだろう。

最後の病人役割は、《正統化されない役割》であり、それは個人が他者からスティグマを付与された疾患や身体状態を有した時に生じる。こうしたケースにおいては、個人が何らかの責任を負うという感覚が存在し、権利と特権は必ずしも認められない。例えばアルコール依存症や喫煙に由来する病気や肥満は、病人役割を受け取る人の権利に影響を及ぼす、スティグマ化された病いとなりうる。

批判点

パーソンズの病人役割概念は非常に強い影響力を持ってきた。この概念は、病人がいかにより広い社会的文脈に統合された一部であるのかを明確に示している。しかし、これにたいして向けられうる、いくつもの重要な批判が存在する。

一部の論者は、病人役割という「定式」は病むという《経験》をとらえることができないと主張してきた。病人役割を普遍的に適用することはできないと指摘する論者もいる。例えば、病人役割論は、医師と患者が診断について合意できなかったり、対立する利害を有していたりする時には諸事象を説明できない。さらに、病人役割の取得は必ずしも直線的な過程ではない。症状が繰り返し誤診され、明確な診断が下されるまで病人役割が認められない人びとがいる。また他の場合には、人種や階級やジェンダーといった社会的要素が、病人役割が認められるかどうか、どれほど容易に認められるかに影響を及ぼすことがある。つまり、病人役割はそれをとりまく社会的、文化的、経済的影響力から切り離すことができないのであり、病いの現実はそのモデルが示す以上に複雑なのである。

生活様式と健康がますます重視されるようになり、諸個人は自らの健康状態にたいしてかつて以上に責任を負うものとみなされるようになったことで、個人は自らの病気について非難されないという病人役割の第一前提との間に矛盾が生じている。さらに、現代の社会では、急性の伝染性疾患から慢性疾患への比重の移行によって、病人役割がますます適用されにくくなっている。病人役割概念は、急性疾患を理解する上では有用であったが、今日の慢性疾患のケースでは有用性が下がっている。慢性的に病いや障害を生きる人びとが取得する、単一の役割は存在しないからである。

現代的意義

「病人役割」概念は、個人の病いをより広いヘルスケア・システムに結びつけることを可能にするがゆえに、価値あるものであり続けている。ブライアン・ターナー（Turner 1995）は、ほとんどの社会がたしかに病人役割を形作っているが、それらは互いに異なっていると主張している。西洋社会では、個人化された病人役割が存在し、生命に危機が及ばない状態での入院滞在は一般的に極めて短く、見舞いの時間が制限され、見舞い者の数も厳しく管理されている。しかし、日本では、より共同的な病人役割が標準である。患者は医学的治療が終わった後も長く病院にとどまる傾向があり、平均の入院期間は西洋社会よりもずっと長い。病院への見舞いもより堅苦しくなく、家族や友人がしばしば食事を共にし、長い時間滞在する。ターナーの分析は、私たちがなお、病人役割の比較社会学から、健康と病いの社会的位相についてさらに多くを学びうることを示している。

ンは病いによって一時的に変更され、他者との相互行為は形を変える。それは身体の「正常な」機能が、私たちの生活にとって不可欠な、ただししばしば意識を向けられることのない部分だからである。私たちは、自分の身体がそうあるべきように作動することをあてにしており、私たちの自己の感覚そのものが、自分の身体は社会的相互行為と日々の活動を妨げることなく促進してくれるであろうという期待に基礎づけられている。

病いには、個人的側面と公的側面がある。病気になると、自分が痛みや不快や混乱を経験するだけでなく、他の人びとにも影響を与える。近くで接する人びとは、思いやりを向け、ケアやサポートを届けてくれるかもしれない。あるいは、人びとは自分の病いに意味を与えたり、自分たちの生活パターンの中にこれを取り込む道を見つけだそうとしたりして頑張るかもしれない。自分が接する人びともまた病いに反応し、その人びとの反応が自分自身の解釈の形成を助け、さらには、自己の感覚にたいする疑念をつきつけたりするかもしれない。

病いの経験を理解する二つの様式が、社会学的研究の中では特に強い影響力を持ってきた。第一のそれは、機能主義学派と結びついているもので、諸個人が病気になった時に採用する行動の規範を提示しようとするものである（「古典研究10.1」参照）。第二の視角は、象徴的相互行為論者が好んで採用するもので、病いに付与された解釈を明らかにし、その意味がいかにして人びととの行為や行動に影響するのかを示そうとするものである。

＊機能主義理論についてもっと知りたい人は、第1章「社会学とは何か」、第3章「理論と観点《パースペクティブ》」を見よ。

「生きられた経験」としての病い　多くの社会学者が、象徴的相互行為論のアプローチを健康と病いに適用し、人びとがいかに病いを経験したり、他者の病いを認識したりするのかを理解しようとしてきた。重篤な病いについて知らされた時、人びとはどのように反応し、順応するのか。慢性疾患に罹ることによって、他者からの処遇がどのように変化し、したがってまた人びとの自己アイデンティティがどのような影響を受けるのか。工業化された社会では現在、寿命が延び、しかしその結果として、慢性疾患が増え、ますます多くの人びとが長期間にわたって病いとともに生きていくという見通しに直面している。このような場合には、病いは人びとの個人的な生活史の内に組み込まれることになる。

ある種の病いは、定期的な治療や体調の維持を必要とし、それは日々の生活に影響を及ぼす。透析、インスリン注射、何種類もの服薬はいずれも、個人がそれに応じて自分のスケジュールを調整することを要求する。突然便意や尿意に襲われたり激しい吐き気に見舞われたりといった、予測不可能な形で身体に影響を及ぼす病気もある。こうした状態に置かれた人びとは、日々の生活の中で自分の病気を管理するための戦略を立てなければならない。そこには、慣れない場所ではトイレの位置を常に確認しておくというような実際的な考慮から、親しい人や日常的に会う人との対人関係の管理のための技術までが含まれる。病気の症状は人を困惑させ混乱させかねないので、人びとは可能な限り普通の生活を送るための対処戦略を作り上げていく（Kelly 1992）。

同時に、病いの経験は人びとの自己の感覚に変化をもたらすことがある。それは、病気にたいする他者の反応、想像または実際に経験された反応を通じて生じる。多くの人びとにとっては日常的でありふれた社会的相互行為が、慢性疾患者や障害者にはリスクと不確かさをまとうものとなる。標準的な毎日の相互行為を下支えしている共通理解は、病いや障害が介在する時には必ずしも成立せず、共有された状況についての解釈が実質的に異なるものとなりうる。病む人は支援を必要としながら、例えば依存的だと思われたくないかもしれない。病気と診断された人に同情を感じても、直接それを話題にしてよいのかどうか分からないこともある。社会的相互行為の文脈が変わることで、自己アイデンティティの変容が加速することもある。

病いは、人びとの時間、エネルギー、力、感情の蓄えを膨大に要求することがある。社会学者は、諸個人が自らの病いにいかに対処していくのかを、生活の全体的文脈の中で探求してきた (Jobling 1988; Williams 1993)。コービンとストラウス（Corbin and Strauss 1985）は、慢性疾患者がその日々の生活を組織するために作り上げていく健康管理の諸体制《レジーム》を研究し、人びとの日常的戦略に含まれる三つのタイプの「ワーク」を区分した。《病いのワーク》は、痛みに対処したり診断のための検査や身体的治療を受けたりといった、自らの身体状態を管理することに関わる諸活動を指す。《日常生活のワーク》は、他の人びととの関係の維持、家事をこなしていくこと、職業的ないし個人的な関心の追求といった日常生活の管理に付随するものである。《生活史のワーク》は、病む人がその個人的な物語を打ち立てたり再構築したりすることの一部として行う活動であり、彼らは病いを自らの人生の内に組み入れ、人生に意味を与え、これを他者に説明する方法を作り上げていく。この過程は、人びとが慢性疾患に罹っていることを受け入れた後で、生活に意味と秩序を回復することを促しうる。諸個人によって病いが経験される様式についての研究は、病いがいかに個人の生活史を混乱させ、関係の再構築を要求するのかを示すものとして、極めて高い価値を有してきた。

◎ 生物医学とそれにたいする批判

二〇〇年以上にわたって、医療に関する西洋社会の支配的な考え方は、健康の**生物医学モデル**の内に表されてきた。生物医学的理解は、近代社会の成長とともに発展してきたもので、近代社会の主要な特徴の一つと見なすことができる。生物医学モデルは、**科学**と理性の興隆に結びついており、それは世界に関する多くの伝統的説明や宗教に基礎づけられた説明にとって代わってきた（マックス・ウェーバーと合理化についての議論は第1章を参照せよ）。それはまた、人口全体の健康にたいする国家の関与が生じてきた、この時代の社会的、政治的、歴史的文脈の所産でもある。

公衆衛生　近代以前の多くの社会は、世代を超えて受け継がれてきた民俗的治療法や対処法、癒しの技法に大きく頼っていた。病いはしばしば、呪術的ないし宗教的な言葉でとらえられ、悪霊や「罪」の存在に起因すると考えられた。農民や平均的な都市の住人にとって、今日の国家と公衆衛生システムが有しているような、健康に関わる外部機関は存在しなかった。健康は今よりもずっと私的な問題であり、公の関心事ではなかったのだ。

国民国家の興隆と工業化の発展が状況を完全に変えてしまった。明確化された領土を持つ国民国家の出現によって捉え方が変わり、地域の人びとはもはやその土地の住人であるだけでなく、中央政府によって統制される人口となったのである。それによって、人口は、国の富と力を最大化するために使用されるべき資源となった。人口の健康と幸福は、国の生産性、繁栄、防衛力、成長率に影響を与える。人口の規模、構成、動態を研究する**人口学**は、今日ますます大きな重要性を担っている。例えば、イギリスの国勢調査は一八〇一年に導入され、一〇年に一度ごとに繰り返され、人口に生じた変化を記録し、監視している。出生率や死亡率、結婚と出産の平均年齢、自殺率、**平均余命**、食生活、疾患の広がり、死因等々についての統計が収集されてきた。

ミシェル・フーコー（1926-84）は、ヨーロッパ諸国による人間の身体の統制と規律化に関心を向けた（Foucault 1973）。彼は、性が人口の再生産と成長の方法であると同時に、逆説的にも健康にたいする脅威ともなりうると論じた。再生産に結びつかないセクシュアリティは、婚姻や性行動、嫡出と非嫡出、避妊の有無や中絶についてのデータの定期的収集を通じて、国家によって抑圧され、統制されなければならなかった。こうした監視の強化と並行して、性道徳と性行為の望ましい形に関する強力な公的規範が促進されてきた。例えば、同性愛や自慰行為や婚姻外のセックスはいずれも「倒錯」のラベルを貼られ、非難されてきたのである。

＊ 性の多様な形についての議論は第7章「ジェンダーとセクシュアリ

ティ」を参照せよ。

公衆衛生という考え方は、人口あるいは「社会体」から疾患を根絶しようとする試みの中で形作られてきた。国家は、人びとが生活する状況を改善する責任を負うものでもある。病気から人口を守るために下水道と上水道のシステムが開発され、道路は舗装され、住居にたいして関心が向けられてきた。埋葬行為も監視され、食肉処理場や食品加工の設備にも規制が課せられた。収容所、救貧院、学校、病院を含む一連の制度の全体が、人びとを監視し、統制し、改良することに向かう動きの一部として出現した。フーコーが描き出しているのは、健康促進とともに監視と規律化に関心を向ける公衆衛生システムの出現である。

一九九〇年代以降、「新しい」公衆衛生モデルが出現し、国家から個人へと強調点の移行が生じている。このモデルは、自己観察、疾病予防、そして「自己のケア」を重視しており、健康であり続けることが市民に課せられる責任となってきたのだ(Petersen and Lupton 2000)。これは、喫煙をやめ、定期的に運動し、塩分と糖分の高い食品を減らすことを促す健康促進のメッセージや、推奨される量の果物や野菜をベースにした食事を促す「一日五種類の野菜と果物」キャンペーンの内に見ることができる。とはいえ、こうしたキャンペーンは、医療専門職者が発する助言や目標によって強く支えられ続けており、彼らは病いや疾患を定義し、承認する権力の多くを保持している。

生物医学モデル　医療行為は、ここまでに述べた社会の変化と密接に絡み合っていた。医学的診断や治療への科学の適用は、近代的ヘルスケアの発展の中心的な一面であった。疾患は、身体内に位置づけられる特定可能な「徴候」として客観的に定義づけられるようになり、患者によって経験された単なる症状とは対置された。訓練を受けた「専門家」による正規の医学的治療は、身体的、精神的な病いの双方に対処する公認の方法となり、医学は、犯罪から同性愛や精神疾患にまでいたる、「逸脱」とみなされた行動や状態にたいする矯正の手段となったのである。

生物医学的モデルが依拠している三つの主要な前提がある。第一に、疾患は、身体をその「正常な」状態から逸脱させる人体内部の故障と見なされる。一八〇〇年代の後半に発展した微生物病原説は、すべての疾患の背後に特定可能な固有の因子があると想定している。身体の健康を取り戻すためには、疾患の原因が突き止められ、治療されなければならない。

第二に、精神と身体は切り分けて治療されうるということ。患者は、ひとまとまりの個人ではなく、病む身体を体現しているのであり、個人の全体的な状態を良くすることよりも、疾患を治療することが重視される。おそらくここに、精神衛生に関する保健事業が適切な水準の資金を与えられずにきたこと、そして、精神障害にはいまだに身体的病いにはないスティグマが付与されていることの、一つの大きな理由がある。この状況は多くの工業化された国で変化しようとしているが、しかし、それはなおゆっくりとした変化にとどまっている。生物医学モデルは、病む身体を個別に扱い、調べ、処置することができると考える。医学の専門家は「**医療のまなざし**」を採用する。それは、病人を観察し、処置する私心のない接し方であり、治療は、収集され患者のカルテに臨床用語で書き込まれた情報に基づき、中立的に、特定の価値観の影響を受けない形で行われなければならない。

第三に、訓練を受けた医学の専門家だけが、疾患の診断と治療を行いうる専門家と見なされること。医療専門職は、承認された倫理コードを遵守するものであり、長期にわたる訓練を修了して資格を与えられた実践家たちによって構成される。独学の治療者や非科学的な治療の参入する余地はない。病院だけが、重い病気を治療するのにふさわしい環境である。そうした治療が、しばしば、技術や投薬治療や外科治療、あるいはそのすべてを必要とするからである。

▼批判的に考える

「生物医学モデルには欠点がある。しかし、生物医学は今も、人口全体にたいするヘルスケアの最も有効な形態であり続けている」。この言明を支持する根拠は何か。生物医学に代わる可能性のあるものがあるとすれば、それは何か。

生物医学モデルへの批判　一九七〇年代以降、生物医学モデルは次第に批判の対象となってきた。第一に、社会史家たちが、科学的医療の有効性と影響力は過大評価されてきたと主張している。医療が威信を獲得してきたとしても、公衆衛生の改善はまず何より社会的、経済的、環境的変化に帰せられねばならないのである。マキューン（Mckeown 1979）によれば、有効な衛生設備、より多くの廉価な食糧、より良好な栄養状態、下水設備の改良、及び個々人の衛生管理が、医療以上に子どもの致死率を下げることに寄与した。薬品や外科治療の進歩や抗生物質は、20世紀に入って、公衆衛生が改善されるようになるまでは、死亡率に目立った変化を引き起こさなかったのである。同様に、細菌感染を治療するための抗生物質は、一九三〇年代から一九四〇年代に入ってはじめて使用可能になり、ポリオのような疾患にたいする免疫療法はさらに後になって発展した。こうした結論を受け入れるならば、重要な帰結として、とりわけグローバルサウスにおいて、ヘルスケアに資金を投じる上で、医療の進歩と公衆衛生対策にたいする支出のバランスをはかることが求められる。

第二に、ラディカルな批評家であり哲学者であるイヴァン・イリイチ（Illich 1975）が、近代医療は**医源病**、すなわち「医療に原因がある」病いを引き起こし、自分自身の健康をケアする人びとの技術を奪うがゆえに、有益というよりむしろ有害であったのだと主張している。イリイチは、三種類の医源病があると言う。臨床的、社会的、文化的な医源病である。《臨床的医源病》は、医学的治療が患者の容態を悪くしたり、新たな問題を生みだしたりする時に生じる。ある種の治療は深刻な副作用を伴い、患者は病院内において致死的感染（ＭＲＳＡやクロストリジウム・ディフィシルのような）に冒されることもあり、誤診や不注意は患者を死に至らしめる。例えば、二〇〇五年から二〇〇九年までの間に、イングランドの病院での患者の死亡は、60％が医療ミスに起因しており、医療処置、感染、投薬ミス、スタッフによる虐待、カルテの取り違えなどの結果として生じている（*Nursing Times* 2009）。

社会学的想像力 10.1

補完的あるいは代替的医療

ジャン・メーソンは健康で元気な生活を享受していたが、極度の疲労と抑鬱を感じるようになった。そして、彼女を診た医師はさほどそれを軽減することができなかった。「医者には診てもらったけど、それがいったい何なのか誰も教えてくれなかった。かかりつけの先生は、腺熱だと言って抗生物質をくれたけど、口腔カンジダがでてしまって。それから先生はいったい何なのか分からないと言い続けて……いろんな検査を受けたの。ほんとうにひどく調子が悪かった。そのまま六か月。私はずっと病気だったけど、それが何なのかいっこうに分からなかった」（Sharma 1992: 37より引用）。ジャンの主治医は、彼女がストレスに苦しんでいるのだとして抗鬱剤を提案してきた。しかしジャンにはそれが解決策になるとは思えなかった。ある友人の勧めで、彼女はホメオパシーの施療家に助言を求めることにした。この代替医療の実践者は、身体全体の状態を評価し、最小限の薬物を使って、「類似したものによる」治療を行う。その前提には、病気の症状は身体の自己治癒過程の一部であるという考え方がある。このホメオパシー実践者のアプローチを快く感じたジャンは、喜んでその治療を受けていった（Sharma 1992）。

多くの人がホメオパシーのような代替治療を試してきた。しかし、それらは本当に効果があるのだろうか。エセックス大学での初めての補完医療学の教授であるエツァルト・エルンスト（Edzard Ernst）は、自らの研究によって、そのほとんどは「効かず」、多くはリスクを伴い、有益性よりも有害性をもたらすことが明らかになったと言う。彼は故意に、多様な代替治療を、「いわゆる代替医療」ないしSCAMsと呼んでいる。エルンストは、（ジャンのケースのような）代替治療によって改善したという患者の経験が治療の有効性の証拠となりうるという考え方を問題視している。彼は以下のように説明する。

多くの臨床家たちにとって、経験は証拠以上に意味がある。この考え方に私は強く共感する（私も長年にわたって臨床家であった）のであるが、彼らが正しいかどうかに疑問を持つ。二つの事実、すなわち臨床家によって治療が施されることと患者によって改善が経験されることとが時間的に継起したとしても、それらは必ずしも因果的に関係しているとは限らない。相関関係は因果関係と同じではないのだ。……様々な可能性にごく表面的に目を向けるだけでも、いくつかの他の見方があることが分かる。

- 病状の自然史：ほとんどの病状は、たとえ全く治療されなくても良くなってゆく。
- 中間値への後退：時間とともに中心から外れた値は中央値に戻る傾向を持つ。
- プラシーボ効果：期待と条件づけによって感じ方が変わってくる。
- 治療の併用：患者はしばしば複数の治療を受ける。この時、何が効いて何が効かなかったのかを判別することができない。
・社会的望ましさ：患者は治療者を喜ばせるためだけに、良くなったと言う傾向にある。（Ernst 2018）
エルンストや代替治療にたいする他の批判者たちにとって、《臨床の経験》は、注意深く統制された《臨床試験》にとって代わるものではない。そして、代替治療の基底にある諸前提は自然法則に矛盾し、まったく信頼の置けないものなのである。

▼批判的に考える

あなた、もしくはあなたの知っている人はこれまでに補完的ないし代替的治療を受けたことがあるだろうか。どんな治療を受け、何が、あなたやその人をそのように導いたのか。どんな効果があったのか。振り返ってみて、その治療の前提や方法は、先述の生物医学モデルとどのように違っていただろうか。

《社会的医源病》、あるいは**医療化**は、医療がますます広い生活領域に拡張してゆき、医療的サービスや医薬品及び新しい技術にたいする人為的要求を生みだし、絶えずヘルスケアのコストを増大させていくことによって生じる。イリイチは、社会的医源病が《文化的医源病》を導くと論じた。すなわち、生命を脅かすものに対処する人びとの力が次第に弱まってゆき、医療専門職者に頼ることを余儀なくさせ、不必要な依存状態が生みだされるのである。イリイチは、近代医療の射程を劇的に縮減し、統制力を患者の方に戻してゆくべきであると主張したのである。

第三に、近代医療は、患者の意見や経験を考慮に入れていないとして非難されてきた。生物医学は人体についての客観的理解を目指すものであるため、患者の個人的解釈に耳を傾ける必要は乏しい。しかし、批判者たちは、患者が健康と病いについて自ら理解し解釈することのできる思考の主体として扱われる時の方が、治療は効果的であると主張する。例えば、多くの処方された薬は、患者がなぜそれが必要なのかを理解しなかったり、その効果を信じられなかったりする時には、決して服用されない。

第四に、「非科学的」でそれゆえに劣っていると見なされた他の形の治療よりも科学的医療の方が優れているという信念にたいして、バックラッシュが生じてきた。その考え方は、特に生物医学が無力さを示した状況で、補完的及び代替的な形の医療が次第に人気を得ていくことによって、突き崩されてきた。こうした問い直しは、「疾病負荷」が慢性疾患へと移行していくにしたがって増していくように思える。慢性疾患においては、医師と患者とのより協働的な関係が要求されるのである。

20世紀中盤以前には、主要な病いは、結核やコレラやマラリアやポリオといった感染性の疾患であり、それらは大流行して人口全体を脅かすことがありえた。今日、これらの急性疾患は実質的に根絶されている。先進諸国では、今日の最も一般的な死因は、がんや心臓病や糖尿病や循環器疾患といった、非感染性の慢性疾

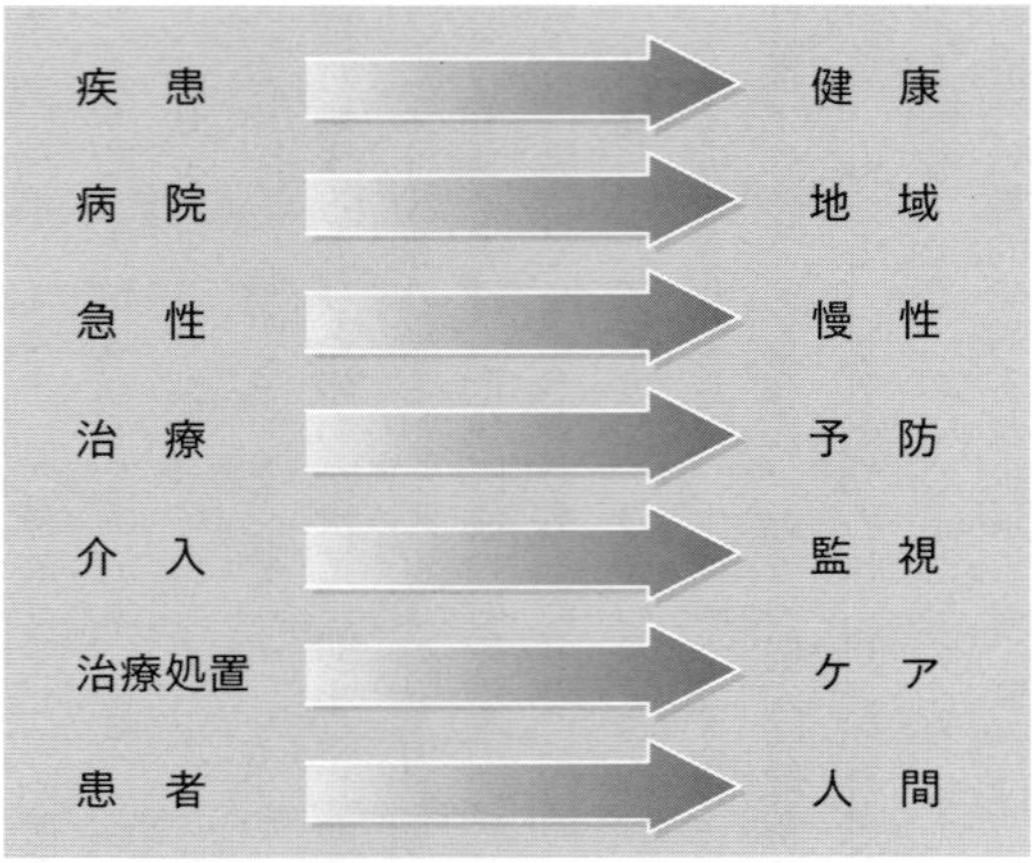

Fig. 10.1　健康と医療における現代の変容
出典：Nettleton (2020:11)

患である。こうした移行は「**健康転換**」と呼ばれている（Fig. 10.1 を見よ）。前近代のヨーロッパでは、最も高い死亡率は乳幼児や子どもに見られていたが、今日では、死亡率は加齢とともに上昇し、人びとはより長い時間を慢性的な変性疾患とともに生活している。また次第に、病いの発症に影響を及ぼすものとして「生活習慣」が強調されるようになっている。健康転換に応じて、生物医学モデルは次第に時代遅れのものになっているように見える。その結果として、慢性疾患とともに生きる多くの人びとは、体調の管理において専門家になっていく傾向にある。したがって、医師と患者の間の力関係の傾きがそれほど急勾配ではなくなり、以前のような非対称性がずいぶん薄れているのである。

多くの人びとが、リフレクソロジーや催眠療法、カイロプラクティックやホメオパシーのような代替治療の興隆を、生物医学の支配にたいして真の挑戦を突きつけるものと見ている。しかし、こうした評価にたいしては慎重であらねばならない。二〇一九年から二〇年における新型コロナウィルス感染症（Covid-19）の流行においては、国の政府や政治的指導者たちが、健康科学者、感染モデルの解析者や医療専門職者から助言を得る行動が目立っていた。これらの集団がこれまでよりも目立つ存在となり、その一部の人びとは、定期的にテレビに出演し、最新の統計を伝え、ウィルスと感染方法について人びとを教育し、公的によく知られた人物となった。健康危機を通じて示されたお決まりの形態において、科学的生物医学が制度的に、また信頼のおける知識と効果的な実践の形として、支配的なものであり続けていることが明らかになった。

平常の時期においても、代替治療に向かうほとんどの人は、正統的な治療に完全に代わるものとしてそうしているのではなく、医学的診断を得た《のちに》、またしばしば主流の治療と《並行して》代替医療を試している。このこともまた、生物医学が現代のヘルスケア・システムの中でしっかりと確立されたものであり続けていることを示しており、それゆえに、ほとんどの社会学者は非・正統的技術を、真に代替的なものというよりもむしろ《補完的》なものと見ているのである（Saks 1992）。実際に、鍼灸《しんきゅう》のような一部の補完的治療は主流のヘルスケア・システムの一部となり、生物医学的診断や医療と並んで提供されている。

人びとが補完的ないし代替的治療者のもとへ向かう理由は数多くある。ある人びとは、正統医療は不完全で、慢性のしつこい痛みやストレス症状や不安を和らげることができないと認識している。また別の人びとは、ヘルスケア・システムの働き方に不満を抱き、長い待機リストや専門家間のたらいまわしや財政的な制限などにうんざりしている。さらに多くの人びとは、医薬品も外科手術も近代医療の頼みの綱なのだが、医薬品の有害な副作用や外科手術の侵襲性を気にかけている。医師と患者の非対称的な力関係を疑問視する患者もいる。彼らは、自分自身の身体についての自分の認識が診察や診断の過程で十分真剣に取り上げられておらず、満足のいかない状態のままに置かれていると感じている。最後に、宗教的あるいは哲学的な理由で、心と体を切り離して扱う正統医療に異論を唱える人びとがいる。彼らは、精神的及び心理的な次元を含んだより全体的なアプローチは代替治療の中に見いだされやすいと信じている。

代替医療の成長は、現代社会に生じつつあるいくつかの社会変動を反映している。私たちは、情報に溢れた時代を生きており、多様な源泉、特にインターネットからますます多くの情報を得ることができ、それらはライフスタイルと健康にかかわる選択を行う際に考慮される。諸個人は次第に「健康消費者」となりつつあり、自分自身の健康にたいして能動的な姿勢をとり、それは既存の医療が求める受動的な忍従とは相容れない。人びとは、治療者に意見を求めて選択をすることができるだけでなく、また、自分自身のケアと治療により深く関わることを求めているのである。自助グループの数が増加し、人びとは次第に自分の生活を自分でコントロールしようとしており、医療の専門家の指導や意見に頼るだけでなく、それを能動的に作り変えていく。

生物医学にたいするきわめて強い批判のいくつかは、女性たちによって発せられてきた。彼女たちは、妊娠と出産の過程が医療化されてきたと主張する。産婆の助けを得ながら、家の中で女性たちの手に委ねられるのではなく、大半の出産は病院で、主として男性の専門家の指示の下でなされている。あたりまえの自然な現象である妊娠が、「病気」と同じように、リスクと危険を負わされたものとして扱われる。フェミニストたちは、女性たちがその過程にたいする管理権を失い、女性たちの意見や知識は再生産過程を監督する男性の「専門家」によって、役に立たないものと見なされていると論じる（Oakley 1984）。医療専門職は、「科学的真理」の決定者として、人間生活のますます多くの領域を医療のまなざしのもとに置く権力を有している（病気の定義における製薬会社の役割については「社会学的想像力10.2」を見よ）。

かつては「正常」であった状態の医療化にたいする関心は、悲哀、軽度の鬱、疲労（「慢性疲労症候群」と名づけられる）、子どものADHD（「注意欠陥多動性障害」）についても高まってきた。米国では、子どものためのADHD治療薬（主としてリタリン）に月に二〇〇万件以上の処方箋が書かれ、アメリカの子どもの3%から5%がその症状とともに生活している。イギリスでは、二〇〇五年にリタリン及び類似薬品について三六万一八三二件の処方箋が出され、その大半がADHDと診断された子どもたちのためのものであった（Boseley 2006）。その一〇年後に、数値は九

向精神薬——治療から増進へ？

社会学者は、何が「病気」であり、いかにそれが治療されるべきかを決定する上で医療専門職者たちが中心的な役割を果たしていることを示してきた。しかし、製薬会社が新たに生まれてゆく健康問題への治療法を開発する中で主導権を取っていることもまた明らかである。最近健康問題と見なされるようになったことの一つに、疲労あるいは過度の眠気がある。ナルコレプシーのような医学的に承認された睡眠障害がある。ナルコレプシーは、予告もなく人びとが眠りに落ちてしまう「睡眠発作」を引き起こす脳の障害である。ある薬品、モダフィニルがアメリカ、ペンシルヴァニア州の製薬会社セファロンによって開発され、人びとが眠らずにいることを助けるものとして、明確にナルコレプシーの治療用として認可された。しかし、時間が経つにつれ、これが閉塞性睡眠時無呼吸（ＯＳＡ）（気道の一時的閉塞）や交代勤務睡眠障害（ＳＷＳＤ）のような他の症状の治療にも使用されるようになった。

新しい「障害」にたいする一般的な薬品使用の広がりが、製薬会社の権力についての関心を呼び起こした。ウィリアムス（Williams 2010: 538）は、「薬品の生産と市場化だけでなく、薬品を使って治療すべき障害の生産と市場化における製薬産業の役割にたいする関心が近年示されるようになってきた」と論じる。そうであるなら、医療化の過程をより広い文脈でとらえ、その発展の内に、疑いの余地のない医療専門職の権力だけでなく、医薬品の生産と市場化を含めて見なければならない。

モダフィニルは、柔軟な働き方、長時間労働、長期にわたる強度の集中を要求する今日の24時間年中無休社会によって引き起こされたいくつかの問題にたいする合理的な解決策であるように見える。ウィリアムス（2010：540）は、「覚醒」を促進する薬品使用の正当性は安全への関心にかかっていると言う。「例えば、外科医やパイロットが化学物質によって増進され、手術台やコクピットにおける彼らの能力が眠気によって影響を受けることがないとした時、あなたはその手に委ねられた方がより安全だと感じるだろうか」。こうした状況で薬物を使用することは、本当に、健康問題にたいする「治療」なのだろうか。それとも、労働者が雇用主によって求められている一連の課題を遂行することを可能にする能力増進装置と見るのが適切だろうか。

▼批判的に考える

「疲労」や「眠気」は、薬品による治療を必要とする医療問題なのか。この簡潔な議論によって、私企業が薬品による治療と同時に病気を作り出しているという主張が支持されるだろうか。それとも、医療専門職の方がこの現象をもたらすより強力なパートナーなのだろうか。

二万二二〇〇件に上昇している（National Health Executive 2015）。

リタリンは、子どもたちが集中し、心を落ち着かせることを助け、より効果的に学習することを促す「魔法の薬」として語られてきた。批判者たちは、ＡＤＨＤの「症状」は、加速していく生活のペース、情報技術の圧倒的な影響力、運動不足、糖分の多い食生活、気を遣わねばならない**家族**生活等による子どもたちへの圧力とストレスの高まりを反映しているのだと主張する。批判者たちによれば、リタリンの使用の広がりは、その結果として、子どもの多動性と注意不足を医療化し、観察された症状の社会的原因から注意を逸らしているのである。

◎ 革新的保健技術

摂食障害が広がりうるような社会的文脈は、**自然の社会化**という概念を通じて、社会学者たちによって探究されてきた。身体を含めて、かつては「自然の」ものと見なされてきた現象が、人間の行為によって形作られているがゆえに、「社会的」なものとなってきた。本章の一つのテーマは、科学と**技術**の適用の増大によって、人間の身体が「自然」から、すなわち自然環境と身体の生物学的リズムから次第に切り離されることによって、新たなジレンマが生まれていることにある。自分の身体を鋳直《いなお》して形作ることを可能にしている美容整形がその顕著な一例であるが、現代のヘルスケアはまた、多岐にわたる多数の医療技術をもたらしており、そこには、血圧モニター、義手、人工関節、超音波及びＭＲＩ検査、遠隔治療、体外受精（ＩＶＦ）のような**生殖技術**、臓器移植、薬物治療、手術器具、針療治、遺伝子治療等々が含まれる。

こうした広がりでさえ《物質的》技術のごく限られた一部分しかとらえておらず、これに加えて私たちは、ミシェル・フーコー（Foucault 1988）が、身体に影響を及ぼす《社会的技術》と呼んだものを含めて考えなければならない。この言葉によって彼は、個人の身体は次第に、受け入れるだけではなく、自分で作り出していかなければならないものになっていることを指している。社会的技術とは、絶食、下剤の服用、特定の種類の食物（例えば、有機生産品）の選択、「健康」になるための、または特定の体格や体形になるためのダイエットといった、自分自身の身体の働きにたいする様々な定常的な介入である。現代の生活は、かつてに比べ、自分の身体に介入し、成形するための方法をより多く提供している。

新たな**保健技術**はまた、疾患の予防と治療のための新しいアプローチの可能性を示しており、その最新のものの一つが実験的遺伝子治療である。一九九〇年、ヒトのＤＮＡ配列の全体、すなわち人間存在を作り出す遺伝子のすべてを描きだすことを目的として、国際的な研究プログラムであるヒューマン・ゲノム・プロジェクトが始動した。二〇〇三年、そのプロジェクトが首尾よく完成されたことが発表された。これは革命的な可能性をともなう驚くべき科学的達成である。新しい知識は医療における「バイオテクノロジー革命」を下支えし、技術の適用と身体への介入はヘルスケアの供給に真の変化をもたらしうるだろう。疾患の発生を治療ないし予防するために（薬品や外科治療や内科治療ではなく）遺伝子を用いる遺伝子治療は、おそらくきわめて大きな可能性を有している。例えば、変異遺伝子や非機能遺伝子が疾患を引き起こす場合には、遺伝子治療を用いて、健康な遺伝子のコピーを作り、これを身体に埋め込んで置き換えることができる。また遺伝子を身体に取り込むことで、病気と闘ったり、健康問題を引き起こす欠陥遺伝子を非活性化したりするのを促すこともできるだろう。

遺伝子治療のきわめて大きな可能性を示す好例は、子どもの免疫システムが機能せず、身体が病気に対処することのできない状態に置かれているような稀少な疾患を治療する実験的な試みによって示されている。X連鎖（X-SCID）を引き起こす重症複合免疫不全症は、男の子だけに影響を及ぼす遺伝による病気で、治療では通常、ドナーから提供された幹細胞の骨髄への移植が行われる。しかし、遺伝子治療の方が侵襲性が低く、化学療法の使用を避けることができる。アメリカとイギリスとフランスの五都市における九人の子どもに関するある治験報告は、その内の七人が、治療開始から四三か月後まで良好な状態であると伝えている（Marcus 2014: Stephens 2014）。

明らかに、遺伝子治療の成功例は、鎌状赤血球貧血のような遺伝性疾患の治療に明るい見通しを期待させる。それはまた、膨大な商業的可能性を有するものでもある。二〇一二年、欧州連合は、家族性リポタンパク質リパーゼ欠損症（LPLD）の患者にたいする遺伝子治療、商標名グリベラ（Glybera）を承認する最初の監督機関となったが、この治療は「たった一度しか行われなかった」。この病気は、複合的な衰弱性膵炎《すいえん》発作を引き起こす希少な遺伝性の新陳代謝疾患である。二〇一四年、遺伝子試験会社「23 and Me」は、イギリスにおいて、遺伝子疾患のスクリーニングを可能にし、消費者が自分自身のゲノムを調べることをできるようにする検査キットの販売を始めた。しかし、遺伝子の検査と治療には深刻な安全上の懸念も示されており、容易に手が届かないほど高額になりうる。例えば、グリベラを製造していたユニキュア社は、需要が低く（ヨーロッパに三五〇人から七〇〇人の患者数）、コストが患者一人当たり一〇〇万ユーロかかるという理由で、二〇一七年に市場から撤退している（European Biothechnology 2017）。

遺伝子検査は、健康リスクをより正確に予測する可能性を提供している。好例としては、乳がんになりやすい遺伝的体質を調べる検査があり、これによって、どの人がこの疾患に罹るリスクを負っているのかが特定され、その人たちはより多くの情報にもとづいて治療に関する決定を行うことができるようになる。しかし、ネトルソン（Nettleson 2020:146）が見るように、遺伝子検査はより大きな不確実性を生みだし、健康な人を「『症状なき患者』、病気を発症する可能性が高い身体と見なし、ある種の中途半端な診断をもたらす」のである。またもしも、重篤な疾患に罹るリスクが高いことを示す検査結果が、金融機関、保険会社、政府機関、雇用主に共有されてしまったら、日常生活に重大な影響が及ぶかもしれない。

「新しい遺伝学」が語る言語そのものが問題であると言う人もいる。遺伝学が健康と病いに関する議論を支配し始めており、「健康」と「病い」を形作るものを、社会的、文化的文脈から切り離し、個人化され医療化された概念によって還元論的にとらえるところへと導いているからである（Conrad 2002）。結果として、単純な生物学的説明がより一般的に広がり、素人と専門職者のより対等な関係に向かっていた近年の傾向が反転して、医療専門職が、この拡張を続ける領域において唯一の正統な専門的知識の発出者として、力のある地位を取り戻しつつある。

他方で、社会学的研究は、生物学的地位を共有する人びともまた、相互支援をもたらす集団を形成し、研究資金の供給を政府に求めたり、特定の身体的条件とその帰結についての理解を深めるために医療者や科学者と協働したりしていることを明らかにしてきた（Rabinow 1999）。患者たちはまた、遺伝子検査の結果をより広い理解の枠組みの内に位置づける傾向にあり、その結果だけを特別に重要視するのではなく、家族の履歴を、自分の健康に関する見通しを強力に示す指標と見なすこともある。同様に、医師たちも、遺伝子検査の結果よりも、例えば、コレステロールの数値や患者の語る症状により大きな信頼を置くことがある（Will et al. 2010）。

このように、新しい保健技術の影響にたいして正当な懸念が向けられているが、それらの技術が理解され、人びとの日常生活における既存の社会的文脈の内に統合される様子を見ると、人びとが単純に新たな技術を「押しつけられる」がままになっているわけではないことが分かる。この先の経験的な研究によって、新しい技術がいかに使用され、理解されるのかが明らかになることだろう。

▼批判的に考える

あなたが遺伝子検査のプログラムに参加すると考えてみよう。どのような肯定的な結果が期待されるだろうか。検査の広がりはどのような問題を引き起こすだろうか。そのバランスにおいて、遺伝子検査は、人口全体にとって肯定的な発展となるだろうか。

今日私たちは、近代医療の、また自らの健康のケアにたいする人びとの態度の重要かつ急速な変化の時代を生きている。しかし、本節を通じて論じてきたヘルスケアの変容が新たな「健康観」をもたらし、生物医学モデルにとって代わるということはないだろう。生物医学モデルはヘルスケア・システムに深く埋め込まれており、近年の保健技術の多くは、疾患の原因と治療に関する生物医学的な考え方を弱めるのではなく、実際には強化しているのかもしれない。次節で見るように、エピデミックやパンデミックもまた、世界的な公衆衛生上の問題を提起しており、それは、科学的医療の関与なしに、十分に防ぐことも対処することもできないだろう。

◎パンデミックとグローバリゼーション

エピデミックは、その広がりが特定の地域社会の中にとどまると予測される伝染病として定義され、他方、**パンデミック**は、「国境をまたぎ、通常は非常に多くの人びとに影響する、世界規模、またはきわめて広い地域で生じる疫病」であると言われる（Last 2001）。本書のこれまでの版の読者と比較して、今日の読者にはおそらく、この区分についての説明はほとんど必要がないだろう。21世紀における最初の真に世界的なパンデミックである、コロナウィルス（SARS-CoV-2）、広く「コロナウィルス感染症2019」（Covid-19）として知られるものを経験してきたからである（ECDC 2020a, 2020b）。世界中が密接に結びついている現代において、パンデミックはますますありふれたものとなるのかもしれない。

しかし、エピデミックもパンデミックも新しい現象ではない。14世紀の初頭、中国において、エルシニアペスティス（Yersinia pestis）というバクテリアが、ネズミノミからヒトに伝染し、鼠《そ》蹊腺《けいせん》ペストが流行して、商船と主要な商業航路を通じてアジアとヨーロッパへと広がった。一三四七年から一三五二年までの五年間に、ヨーロッパでは少なくとも二五〇〇万人が死亡したと推定されている。これは人口全体の三分の一から半分にまで及ぶ数である（Cunningham 2011: 101）。17世紀まで、新たな流行が世界中で生まれ続けてきた。第一次世界大戦が終わった一九一八年から一九年、「スペイン風邪」として知られるインフルエンザ性のパンデミック（スペインが最初に感染の広がりを宣言した国であった）がヨーロッパや世界の他地域に広がり、およそ五〇〇〇万人の命を奪い、特に20歳から40歳までの若年の成人が高い割合で影響を受けた。その数は戦争で死んだ人よりも大きかったのである（Barry 2005: 4-5）。

近年においても、深刻なパンデミックとなりうる伝染病が何度か発生している。生命を脅かす肺炎を発症させうるコロナウィルスの一種であるＳＡＲＳ（重症急性呼吸器症候群）が、二〇〇三年に中国の広東省に現れ、世界中で約八〇〇〇人が感染し、七五〇人以上が亡くなっている（Centers for Disease Control 2014）。二〇〇九年には、「豚インフルエンザ」の広がりが見られた。その感染媒体は「通常の」インフルエンザウィルスであるＨ１Ｎ１の新タイプであるが、メキシコ豚の中でヒトや鳥や豚に由来する遺伝物質と結合して、新たな系統を生みだした。二〇一〇年末までにＷＨＯは、その世界的流行の終焉を宣言した。豚インフルエンザによる死者の当初の推定は約一万八〇〇〇人であったが、最新の分析は、約二八万人が亡くなり、東南アジア、アフリカ、南米が最もひどい影響を被ったことを示している（Dawood et al. 2012）。

グローバリゼーションの進行、特に国民国家や地域の境界を超える人口移動の流動化は、ウィルスがより容易に結合し、より急速に広がり、過去のいかなる時代にもまして遠くまで移動するような、新たな「パンデミック時代」をもたらすかもしれない。馬車から船舶、道路網、航空機へと輸送手段が発達していく中で、人もまた移動し、世界中の他の動物や生産品がますます効率的かつ体系的に流通するようになる。ウィルス学者ネイサン・ウルフ（Wolfe 2011: 118）は、今日、グローバリゼーションは感染媒体の広域の伝達を容易なものにしており、「それらの媒体が活躍する世界的な舞台」を提供していると主張する。それはまた、疾患がより急速に広がることを意味している。「文字通りの意味で、ある日オーストラリアの沼にブーツを突っ込んでいた人が、翌日にはアマゾン川に足を踏み入れているということが可能」だからである。

グローバリゼーションだけが、新たなパンデミックの原因ではない。アフリカの一部地域における野生動物肉の消費、中国における一部の「生鮮市場」における野生動物の売買、持続的な都市化、及び都市の成長と工業型農業もまた感染を生みだし、広める要素となっている。しかし、グローバリゼーションは同時に、専門知識、多くの資源から得た情報の照合、医療手段、及びパンデミックを過去ほどには重篤なものにしない新たな治療法の共有を可能にしている。次節では、この現代的な状況を示す三つの事例を検討しよう。

新型コロナウィルス感染症、大いなる混乱　二〇一九年末から二〇二〇年、二〇二一年にかけての新型コロナウィルス感染症の流行は、間違いなく、過去百年間で最も広く世界的な混乱をもたらしたパンデミックである。しかし、本章の執筆時点（二〇二〇年十一月末）で、パンデミックはまだ完全に統制下に置かれておらず、市民生活の自由に大きな制限がかけられ、緊急の立法措置がいまだに取られている。この段階で引用しうる、相互的検証を経た信頼のおける研究の蓄積は存在せず、したがって、この重要な健康上の出来事について正当に語りうることは、社会学的にも他の視点からも明らかに限られている。私たちにできることは、新型コロナウィルス感染症によって生じたいくつかの主要問題とこれにたいする社会の反応を概略的に示すことだけである。

新型コロナウィルス感染症は、新たに発見されたコロナウィルスによって引き起こされる感染症である。ウィルスが最初に特定されたのは二〇一九年末の中国の武漢市で、急速に世界中に広がり、経済的、社会的生活に深刻な影響を及ぼした。ほとんどの人において、新型コロナウィルス感染症は、発熱や持続的な咳や倦怠感といった軽度の症状をもたらしている。子どもや若者は相対的に罹りにくいように見えるが、どの年齢でも、深刻なケースでは、呼吸の困難と器官の損傷につながり、致命的になりうることが明らかになっている（*New Scientist* 2020）。ここまでのところ、最も高い死亡率は、ヨーロッパとアメリカとブラジルに見られる。高齢者、特にすでに健康上の問題を有する人は、長期的なダメージや死のリスクがより大きく、死亡者数全体の中の大きな割合を介護施設での死亡者が占めている。

二〇二一年一月五日現在、WHOによれば、世界中の二二〇の国や地域で、新型コロナウィルス感染症と確認された患者は八四二〇万人を超えており、一八四万三二九三人がこのウィルスによって亡くなっている（WHO 2021: Fig. 10.2a、10.2b も見よ）。おそらく、この世界的パンデミックの最も顕著な傾向は、グローバルサウスのヘルスケア・システムが崩壊してしまうのではないかと恐れられていた一方で、主にグローバルノースの諸国に影響が及んでいることである。アフリカのすべての国で、コロナウィルスの感染例が報告されているものの、二〇二一年一月四日までにアフリカ大陸全体で確認された患者数は二八五万人、死者は六万七九八六人にとどまっている（Africa Centre for Desease Control and Prevention 2021）。WHOは、アフリカ諸国の若年人口比の高さが、全体としての相対的な死亡率の低さをもたらしており、ただし、それはまた急速な感染率の上昇を予想させると述べている。

国ごとに異なる記録と報告の方法があり、感染者数は検査率の差異に依存し、死亡率は最良推定値でしかないので、こうした基

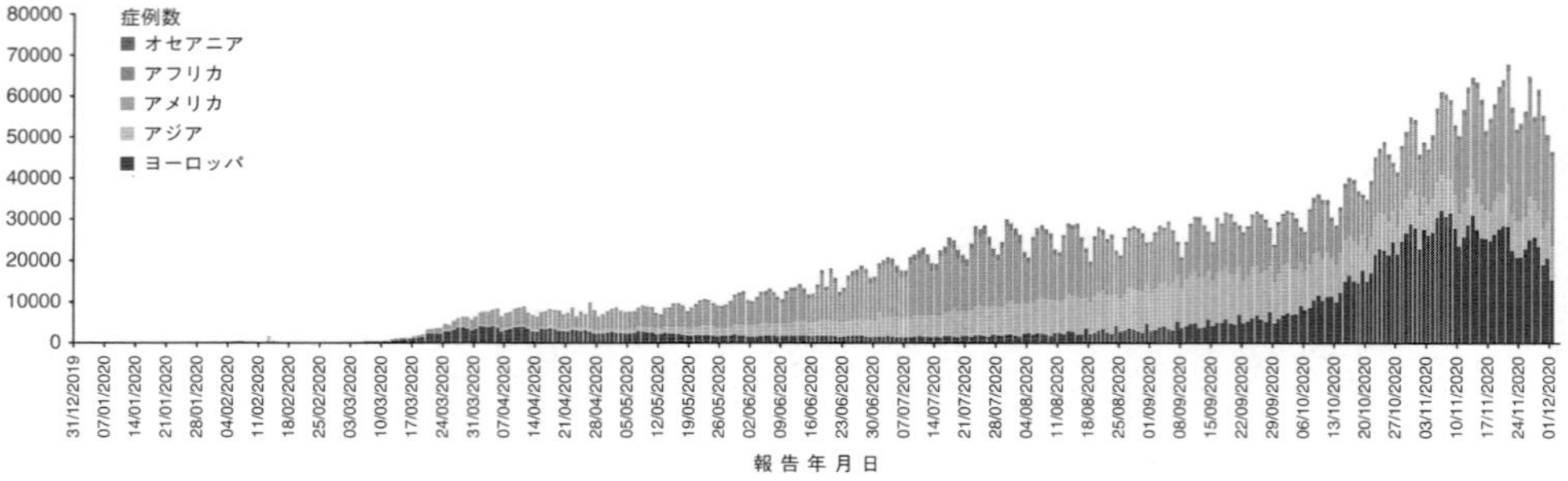

Fig. 10.2a　2020年11月30日現在、大陸別新型コロナウィルス感染症感染者数分布　出典：ECDC (2020b)

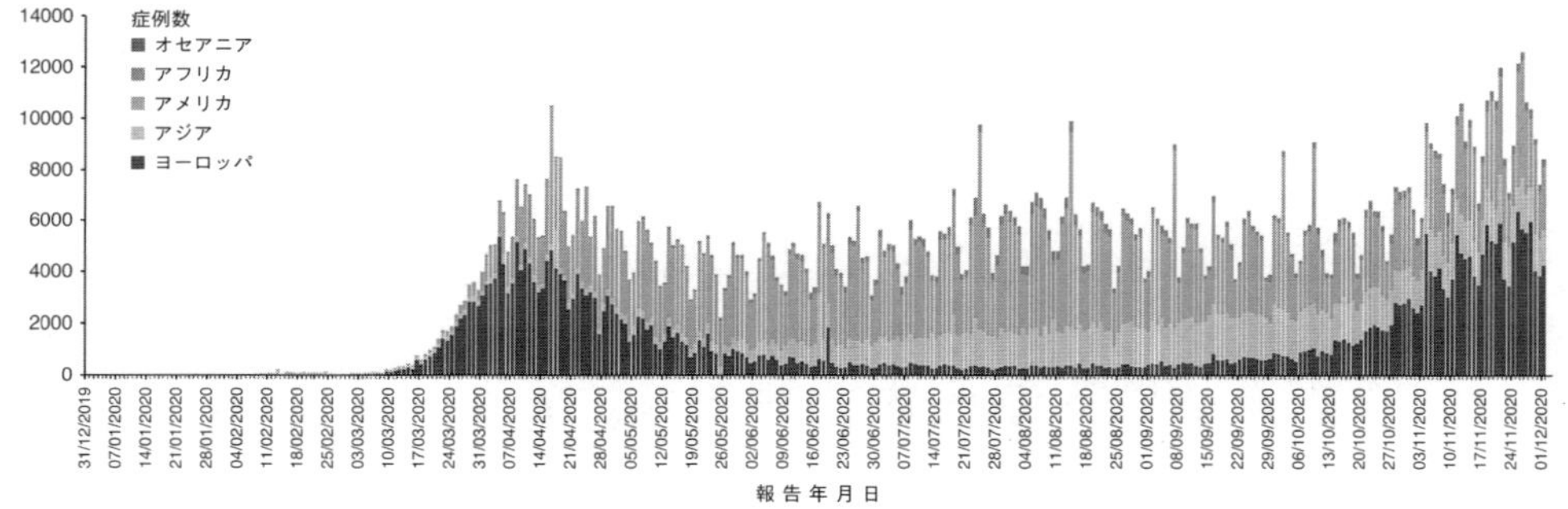

Fig. 10.2b　2020年11月30日現在、大陸別新型コロナウィルスによる死亡者数分布　出典：ECDC (2020b)

礎的統計的数値は、将来において見直される可能性がある。例えば、イタリアが発表した統計には、介護施設での死亡者数が含まれないが、スウェーデンでは含まれる。他方、ベルギーでは、検査は行われなかったが「感染が疑われる死亡例」をも取り込んでいる（それが、相対的に高い死亡率を説明する一因である）。ヨーロッパにおける新型コロナウィルス感染症による死者全体の三分の一から二分の一が長期滞在型の介護施設で生じているというWHOの推計を踏まえれば、高齢人口にたいする影響はさらに深刻なものであるかもしれない。スウェーデンの保健・社会担当大臣は、率直に、「私たちは自国の高齢者を守ることに失敗した。それは本当に深刻で、社会全体にとっての失敗だ」と認めている（*Bangkok Post* 2020より引用）。イギリスでは、ウィルスが国中に広がった時、介護施設は「完全に見捨てられた」と感じたと全国ケア協会が言っている（BBC News 2020d）。諸国の政府は病院医療の崩壊を避けることに焦点を置き、介護施設において他の場所よりもはるかに高い死亡率を招いてしまった。

　最初の流行を抑え込もうとした中国の例に倣って、多くの政府が、自国の経済活動の大部分を停止してウィルスの広がりを食い止めようとすることを含む、多数の制限措置を講じた。その中には、学校の閉鎖、旅行の禁止、国境の封鎖、職場の閉鎖、公的な集会の禁止、ソーシャルディスタンスの設定、緊急立法、ヘルスケアと福祉に関する追加予算（国による労働者への給与支給を含む）、及び人口にたいする追跡検査などがある（Hale et al. 2020）。市民の自由にたいする包括的規制、とりわけ健康な人びとにたいする「ステイホーム」の指示と企業と労働者を支援するための国家による介入は、まぎれもなく前例のないものとして記述しうる。

スウェーデンを最も顕著な例とする少数の国は、厳格なロックダウン措置を回避し、市民にたいする助言と手引を作成する一方で、店舗やカフェやバーや学校を開け続け、大規模な集会を禁止した。スウェーデン政府は、自発的に距離を取る行動と個人の責任を信頼したのである。二〇二〇年五月中旬時点で、スウェーデンの死亡率は近接国であるデンマークやノルウェイやアイスランドよりも高いが、いずれも厳格なロックダウン措置を課したスペイン、イタリア、イギリス、アメリカ、及びフランスよりも低い。パンデミックに対処するこうした様々な方法の相対的な成功に関して、信頼のおける比較研究を行うことが課題として残されている。

非常に短い期間の内に、新型コロナウィルス感染症の危機は、政治家や公衆にたいして、（本章でのちに見るような）健康の社会学における十分な根拠に基づく知見、すなわち健康や罹病率や死亡率は社会的不平等の構造に応じてパターン化されていることに注意を向けることを促した。イギリスの国家統計局は、死亡証明書の検討によって、これを明らかにしようとするいち早い取り組みの中心に立ってきた。そこで見いだされたのは、白人の男性、女性それぞれに比して、黒人の男性は4.2倍、黒人の女性は4.3倍、新型コロナウィルス感染症によって死亡しやすいということであった。バングラデシュ系、パキスタン系、インド系住民及び複数民族間の混血の人びとも、このウィルスで死亡するリスクが有意に高かった（ONS 2020a）。

国家統計局はまた、どの《職業》が最も高い死亡率を示すのかを調べている。その研究によれば、二四四九人の就労年齢（20歳から64歳まで）人口の死亡者の内、三分の二は男性で、最も高い死亡率を示したのは、国家統計局のカテゴリーにおいて「最も熟練度の低い」男性労働者であった。さらに特定すれば、有意に高い死亡率は、男性の警備員、男性及び女性の介護職者と在宅医療従事者、男性のタクシードライバーとおかかえ運転手、バスの運転手、料理人、営業や小売りのアシスタントに見られた（ONS 2020b: 1-2）。さらなる調査が必要であることは言うまでもないが、これらの職業の人びとは明らかに、在宅で働くことができず、またその労働者の内の多くは、働かなければ賃金が支払われない。したがって、他の集団が在宅で仕事を継続したり、ステイホームを守ることで国家によって部分的に賃金が補償されたりする一方で、その多くが黒人及びエスニック・マイノリティ集団出身である「非熟練の」低賃金労働者は、パンデミックの中でも働き続ける傾向にあったのである。

ステイホームの指示は、移動の自由にたいする厳しい制限をかけることによって、家庭内の虐待の状況を悪化させることになった。ブラジル、ギリシャ、スペイン、イギリスを含む多くの国で、パンデミックの最初の数週間に家庭内の虐待頻度の上昇が報告された（Graham-Harrison et al. 2020）。イギリスでは、障害者の組織もまた、政府の対応の中で障害者が「ほとんど忘れられて」

おり、より深刻な社会的排除の危険を招いていると抗議した。特に、社会的孤立の高まり、社会的ケアの欠落、一部の公的サービスを利用する個人の権利の中断が、障害者の身体的及び精神的健康に影響を及ぼしている（Haynes 2020）。

将来、あらゆる領域の社会科学的分析が間違いなく行われるであろうが、私たちは今、構造化された社会的不平等が人びとの健康と生活の機会をいかに形作っているのかがパンデミックによって示されたと言うことができる。また、多くの肯定的な側面を持ちながらも、人びとのつながりのグローバル化は、疾患と感染媒体のより急速な伝播に新たな道を開いている。本質的な点として、パンデミックは本書の基底的な考えの一つを例示している。すなわち、現代のグローバル化する人間世界は、高度の機会とともに高度のリスクを有する場であるということ。そしてまた、明らかに、リスクと報酬は系統的に不平等な形で配分されているのである。

＊グローバリゼーションの過程とこれをめぐる議論は第４章「グローバリゼーションと社会変動」の主題である。

ＨＩＶ／ＡＩＤＳのパンデミック　ここであらためて強調しておきたいのは、急性疾患から慢性疾患への全体的な移行は、一九八〇年代初めに新たな感染症であるＨＩＶが出現した時点で、完全なものではなくなったということである。この感染症は急速に、ＨＩＶ感染からエイズが発症することによって何百万人もの人の命を奪うパンデミックとなったのである。免疫細胞の数が感染と闘うために必要とされる最低限を下回った時、その人は後天性免疫不全症候群（ＡＩＤＳ）に罹ったと言われる。その時点で、個体は、身体が闘う力を持たない日和見感染に冒されうる状態になり、肺炎や結核や皮膚がんといった、重篤な、命を脅かす疾患につながる。エイズは、先にヒト免疫不全ウィルス（ＨＩＶ）に感染することによって生じた損傷の結果である。

いまだに、ＡＩＤＳの「治療法」は存在せず、ＨＩＶ感染を予防するワクチンもない。こうした状況の中で、医療専門職者たちはＨＩＶ感染を、致死的なものとなりうる急性疾患から、安全に管理することのできる慢性症状へと転換させることに注力してきた。焦点は、公衆衛生教育によって感染率を下げることと、ＡＩＤＳの発症を遅らせる治療薬を開発することに置かれた。ＨＩＶの伝染は、主に以下の四つの形で生じる。

- 感染者と避妊具なしの挿入を伴う性行為を行うことによって
- 感染している血液や血液製剤の注射や輸血、及び、感染者からの皮膚移植や臓器移植によって
- 感染している母親からその子どもへ、妊娠中、出産時、あるいは授乳によって
- 感染者が使用した、未殺菌の注射器を共有することによって

ＷＨＯは、二〇一七年末の時点で、世界中で約三七〇〇万人がＨＩＶに感染しており、その内およそ二五〇〇万人がアフリカ大陸にいると推定している。二〇一七年には、九四万人がエイズ関連で死亡している。一九八〇年代にパンデミックが始まって以来、

約七七三〇万人がＨＩＶに感染し、三五〇〇万人がＨＩＶ／ＡＩＤＳに関連する病気で亡くなっている（UN 2018）。この統計はそのまま、これが人類の歴史において最も致命的なパンデミックの一つであること、そして、ＨＩＶ／ＡＩＤＳは、特にアフリカの多くの地域で主要な死因となっていることを示している（UNAIDS 2008）。

アメリカ（一九八一年にこの疾患が初めて確認された）や中国や東欧では上昇傾向を示す証拠があるが、ＨＩＶに感染している人の数の世界的な上昇は鈍化してきた。約二二〇〇万のＨＩＶ感染者が治療を受けており、エイズ関連の死者は一九九六年をピークとして47％減少している。しかし、二〇一七年に一八〇万人が新たにＨＩＶに感染し（Fig. 10.3）、ウィルスとともに生活する人の数は、エイズの発症を遅らせる抗レトロウィルス治療（ＡＲＴ）の効果もあって増え続けている（UNAIDS 2014: 4）。ただし、薬は高価で、二〇一〇年以降その配給の広がりに前進が見られている一方で、グローバルサウスの多くのＨＩＶ感染者はまだ最も効果的な治療にたどりつけていない。例えば、二〇一七年末の時点で、およそ二一七〇万人が抗レトロウィルス治療を受けているが、それは40％以上のＨＩＶ感染者が効果的治療を受けられない状態に取り残されているということである。ＨＩＶが世界的に「統制下に」あると言いうるまでには明らかにまだだいぶ道のりがあるのだが、国連やＷＨＯの統計は、ＨＩＶの広がりが止まり、実際に減少し始めていることを示している。

Fig. 10.3　数字で見るエイズ　2017年　出典：UN（2018）

ＨＩＶ／ＡＩＤＳのパンデミックから、《社会学的に》学ぶべきことは何だろう。アーヴィング・ゴフマン（Goffman 1963）は、**スティグマ**とは、一個人あるいは一集団を十全な社会的承認を受ける権利から遠ざけるような価値否定の関係であると論じた。スティグマは、正当な理解にもとづくことは稀であり、部分的には正しいかもしれないステレオタイプや誤った認識から生じるものである。スティグマが決して取り除かれず、その人が社会の中に完全に受け入れられることがない場合もある。アメリカやイギリスやその他の地域における初期のエイズ患者については確かにそうであったし、アフリカやアジアの一部ではそれがまだ続いている。

ＨＩＶ／ＡＩＤＳが、最初にアメリカのゲイ男性の中で発見さ

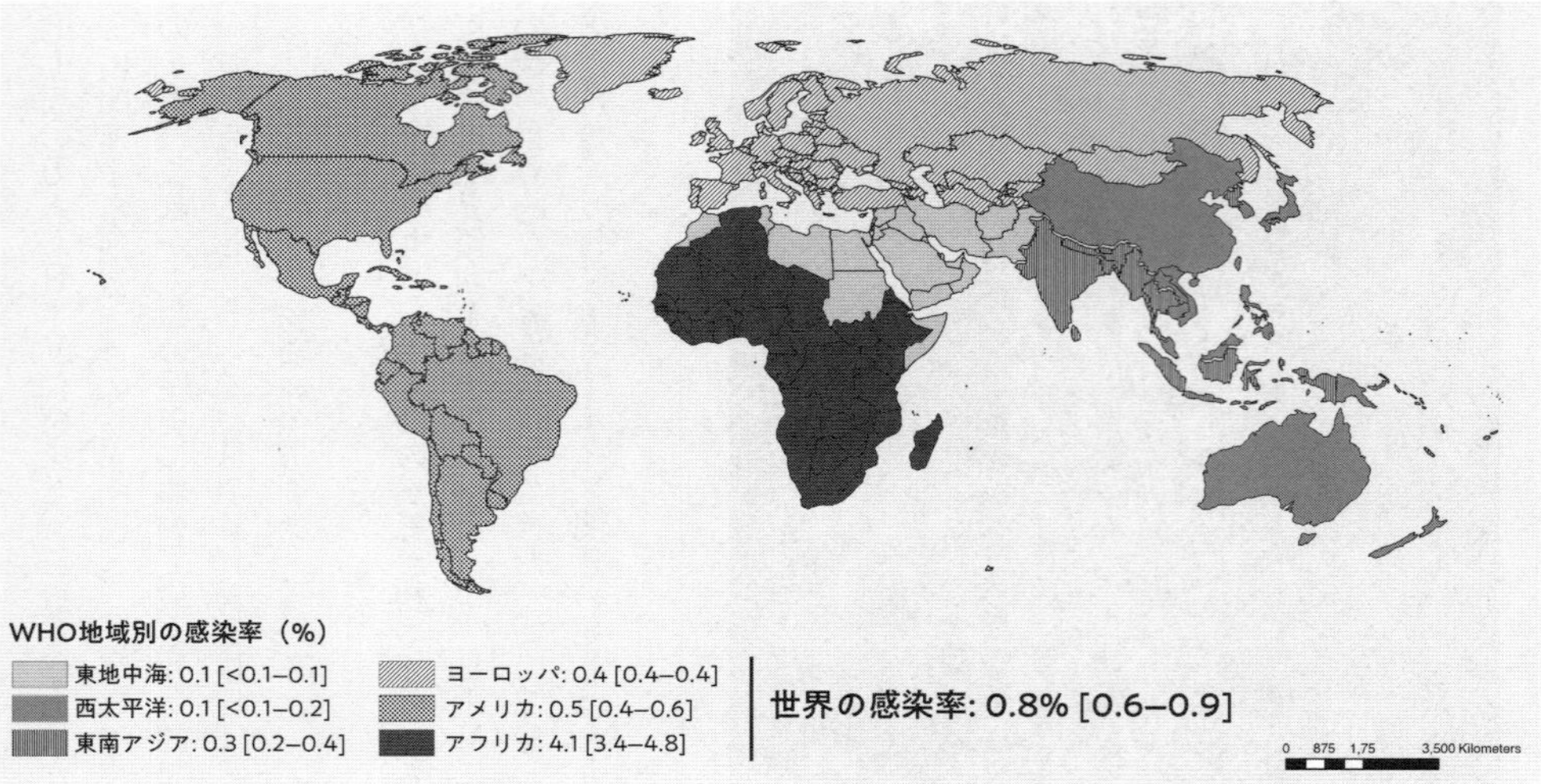

Fig. 10.4　WHOによる2017年の世界の成人HIV感染率（15〜49歳）　出典：WHO (2017a)

れたために、一部の解説者がこの疾患を「ゲイ関連免疫不全」（GRID）と呼び、「放埓な」ゲイのライフスタイルが疾患の《原因》であると語られた（Nettleton 2020: 53）。特定のライフスタイルと感染リスクの間に想定されたつながりは、当初、ゲイ男性とある種のライフスタイルのスティグマ化をもたらした。ネトルトンは、調査によって、ウィルスを伝染させるのは未殺菌の針を使った注射や避妊具なしの性行為といった特定の《行為》であることが示され、その知見がすぐにもこうした思いこみの信憑性を奪ったのだと指摘している。しかしながら、ゲイ男性を「ハイリスク集団」とする疫学的解釈は、「一般の異性愛者」から彼らを分離しようとする傾向を強め、それによって自分たちは安全だという、誤った、危険な感覚を「一般の異性愛者」に持たせたのである。

　ＨＩＶ／ＡＩＤＳは、社会的不平等との関連においても重要な問題を提起している。多くの国で、男性性に関する異性愛的規範によって、避妊具をつけないセックスが「男らしい」やり方として好まれ、コンドームの使用が拒否されているが、その結果は、異性愛の女性にとって、この上なく深刻なものとなっている。グローバルノースとグローバルサウスとの世界的な不平等は、ＨＩＶ／ＡＩＤＳの感染によって際立つものとなった。富裕国におけるＨＩＶ感染者は、貧しい国の感染者に比べてはるかに高い生存の可能性を得ているからである。開発途上国において抗レトロウィルス薬を広く使用可能なものにしようとする試みが近年成果を収めるようになってきたが、ＷＨＯは、ＨＩＶ感染を予防する抗レトロウィルス薬を用いた暴露前予防内服（PrEP）を世界中で

グローバル社会 10.1

中国の農村におけるＨＩＶのスティグマ

二〇一八年、中国の疾病統制センターは、この国には約八五万人のＨＩＶ感染者が生活しており、近年感染率に急激な上昇が見られると報告した。しかし、その上昇は主に性行為による伝染の結果であり、かつてのようなＨＩＶに感染した血液の輸血によるものではない（Avert 2019）。ＨＩＶ感染は、中国では特に、商業的性労働と男性同士の性行為に関わる問題であり、男性と性行為する人びとの多くはこの国の伝統的規範に従って女性と結婚し続けている（第2章「社会学の問いを発し、その問いに答える」を参照）。

ＨＩＶ感染者にたいする差別とスティグマ化は、中国、特に農村部においては一般的で、当局は、感染率を下げ、差別を減らしていくために情報を広め、教育活動を強化してきた。二〇〇九年、ＨＩＶ陽性であった労働者が退職するように「説得される」ことがまだ稀ではなかったこと、他方で、医療者はすべての患者を平等に治療することが定められているにもかかわらず、一部の医師や外科医がＨＩＶ陽性の患者を治療することを拒否していることが報告された（Yanhai et al. 2009: 18）。

広く知られている一つの差別事例は、二〇一四年のクン・クン（仮名）のケースである。彼は8歳の少年で、出生前に母親からＨＩＶに感染していた。両親が地域外に働きに出ていたため、彼は、四川省の農村で祖父母とともに暮らしていたが、彼の存在は多くの人の関心の的になっていった。二〇〇人以上の村民が、自分たちを感染から守るために隔離措置を取ることを当局に求める嘆願書に署名した（BBC News 2014d）。ＨＩＶの感染経路に関する信頼のおける情報と教育が欠如していたために、こうした農村地域には教育活動が導入されたのである。

広西チワン族自治区で二〇一二年から一三年にかけて行われ、二〇一六年に報告された、約三〇〇〇人についての研究は、社会的スティグマの付与と感染経路との関係を検討している（Zhang et al. 2016）。この研究では特に、ＨＩＶの感染経路に「非難に値しない」ものと「非難されるべき」ものが区別されていること、そしてスティグマの認知水準に差異があることが発見されている。非難に値しない経路は、安定的な関係の中での性交渉と輸血由来のものである。非難されるべき経路には、注射による薬物使用、商業的セックスワーカーとの性行為、及び男性同士の性行為が含まれる。非難されるべきグループの回答者は、より高い割合でスティグマ化と排除を経験したと答え、その内、薬物注射を行った人びとが、情緒的、身体的、財政的に最もひどい影響を被っている。

こうしたスティグマ化の過程は、中国あるいはその農村部に固有のものではないが、ＨＩＶ／ＡＩＤＳの中国での展開にはいくつかの特徴がある。その中でも最も顕著なのは、一九九〇年代半ばに中国中央部の農村に供給された感染血液の影響である。感染した血液の使用は、非常に広い地域にまたがってＨＩＶ感染を膨大に増やし、その中で、「エイズ村」として知られることになる感染拡大地域が生じ、多数の村民がウィルスに感染することになった。

万延海《ワン・ヤンハイ》ほか（Yanhai et al. 2009:15）は次のように説明する。「すでに貧困状態で生活していた多くの農夫や女性や子どもたちがＨＩＶ／ＡＩＤＳに感染した。女性の感染源は、第一に、例えば婦人科の手術や出産時における医療的処置と、血液ステーションで血を売ったり、病院で輸血を受けたりしている夫であった。子どもたちは高い頻度で親を通じて感染しており、感染に起因する死亡率が当初は高かった」。この時期に生まれた歴史的記憶が、先に見たクン・クンのストーリーの中で村人たちが示したような過度の怖れを育み続けているように思われる。

安全に使用可能なものとすることが次の大きな課題であると報告している。

＊ こうした問題についてのより広範な議論は、第6章「グローバルな不平等」を参照。

エボラウィルス病の世界的感染拡大を防ぐ　一九七六年、ザイール、現在のコンゴ民主主義共和国（ＤＲＣ）で、あるウィルス性疾患が二八〇人の死者をもたらした。それが、エボラ川に近い村ヤンブクで始まったことから、この病気はエボラウィルス病（ＥＶＤ）と呼ばれた。同年、ＥＶＤはスーダンのヌザラにおいても一五一人の死亡を引き起こした。ウィルスは、野生動物との接触によって人間に持ち込まれ、体液、分泌物、臓器、及び感染者の衣服や寝具のような生活環境の汚染を通じて広がっていく。ＥＶＤは、感染者の50％から60％を死に至らしめ、近年の実験的治療が少数の患者において効果を示しているものの、承認されたワクチンも存在しない。一九七六年以来、ＷＨＯは二〇回以上のエボラウィルス病の流行を確認しており、その大半は中央アフリカで起こっている。最も新しい流行は、二〇一八年のコンゴ民主主義共和国でのもので、二〇一九年八月までに、少なくとも一八〇〇人が死亡している。ただし、最も多くの死亡者を出したエボラウィルス病の流行は、二〇一三年一二月に西アフリカのギニアに始まったものであり、それは二〇一四年三月になってはじめて報告された。

ＷＨＯは、二〇一四年十月十二日までに約四五〇〇人がＥＶＤで死亡したと推定している（WHO 2014）。リベリアで二四五八人、シエラレオネで一一八三人、ギニアで八四三人、ナイジェリアで八人、アメリカで一人。ただし、アメリカ疾病予防管理センターは、医療機関を受診することなくこの疾患で亡くなった人びとがいるため、数値は少なくともこの総計の二倍に及ぶであろうとしている。二〇一四年の感染症の発生は、人と野生動物、おそらく多くはエボラウィルスの「自然貯蔵器」であるフルーツコウモリとの濃厚接触の結果であると言われた。初期の流行は遠隔地の農村で発生する傾向があったが、最近の流行はギニアの首都、コナクリのような都市部へと急速に広がっている。医療機関に過剰な負担がかかり、基本装備や防護服の不足もあって、少なくとも四四〇人の医療従事者自身が感染した。

カナダ、アメリカ、イギリスをはじめとする、先進世界のいくつかの政府はエボラウィルス病の拡大を食い止めるため、空港でのスクリーニングを導入したが、相対的に豊かな国の多くはいかなる感染であれ拡大を統制することのできる医療機関と資源を有している。それゆえに、大量の死者を出すようなパンデミックが世界中のあらゆる地域で起こるとは考えにくい。ナイジェリアやセネガルでの流行はすぐに統制下に置かれ、より強力な医療システムを有しているギニアでは、十月半ばまでに状況が安定している。しかし、シエラレオネやリベリアでは、ウィルスが人口密度の高い都市部に広がり、食い止めることがより一層難しくなっている（BBC News 2014a）。

エボラウィルス病（及び他のパンデミック）を理解するということは、感染源、感染経路、感染の広がり方といった生物学的事実を把握することだけにはとどまらない。それはまた、なぜ世界的な不平等が、文字通りの意味で生死に関わる問題として存在し続けているのかという問いの核心に私たちを導くものでもある。ドハティ（Doherty 2013: xxxvi）は次のように述べる。

> それがパンデミックとなる時には、感染原因としての病原菌は方程式の半分でしかない。残りの半分は、私たちが何者であり、何をしているのかにかかっている。そのあり方を考えることはまた、パンデミックにたいする私たちの関心をより大きな課題、すなわち、より公正で、環境的に持続可能な地球を実現するという課題へと広げさせることにならざるをえない。長期的に見れば、この課題の達成に、私たちの種としての存続がかかっているだろう。パンデミックは、そのストーリーの一場面にすぎず、おそらく、その最も恐ろしい場面ですらないのだ。

シエラレオネとリベリアでは、一九九〇年代の内戦によって両国の下部構造が損なわれ、適切に機能する医療機関がない状態に置かれた。それによって、ウィルスの急速な伝染にたいしてより脆弱になったのである。結果として、西アフリカにおけるＥＶＤによる死亡例の多くは、備えられていた医療資源の乏しさと、安全で清潔な水や使用可能な道路といった基礎的な設備や下部構造の欠如に起因していた。

ＥＶＤの流行を世界的な拡大の前に統制する最善の方法は何か。それにたいして一部の人びとは、**ビッグデータ分析法**が有益な道具となることを示している。一つの分かりやすい例は、流行期間に、電波塔から携帯電話のデータを監視し、救急通話の発信地をマッピングして、治療機関が最も効果的に動員されうる場所を示すというものである。また電話自体も医療的助言を送る対象となりうる。ビッグデータ分析法は、将来的には、（感染者及びリスク保有者の）接触履歴の追尾、「危険地帯《ホットゾーン》」への出入りの観察、空港や港や鉄道や車両特定システムからのデータを用いた国境を超える人の動きの追跡、携帯電話とソーシャルメディア上の行動の照合などにも用いられうるだろう。こうした資源はすべて、医療機関や政府が感染の形態を把握し、これを統制下に置くための重要な情報を提供する。ビッグデータ分析法は、既存の情報収集手段に加えて、様々な情報源から得られた膨大な量のデータを照合し、より包括的な全体像を描くことを可能にする（Wall 2014）。

＊デジタル革命についてのより詳細な議論は第19章「メディア」を参照。

もちろん、ビッグデータやデジタル機器は、それ自体では、起こりうるパンデミックを統制することができない。そのためには常に、政府から現場で活動する非政府機関にいたるまでの国際的な協調的努力が必要になる。しかし、ビッグデータやデジタル機器は、コミュニケーションにおけるデジタル革命以前にはそもそも利用することのできなかった重大な貢献をもたらす可能性を有している。つまり、グローバリゼーションの過程がエピデミックをより急速にパンデミックに変えてしまう危険性を高める一方で、グローバル・コミュニケーションにおける同様の過程は、この流れに抵抗する可能性を生みだしている。このことは私たちにカール・マルクスの格言（Marx 1970［1859］：21）を思い起こさせる。「したがって人類は必ずや、解決可能であるような課題のみを自らに課す。というのも、詳細に検討してみるならば常に、問題そのものが、その解決のための物質的条件がすでに存在するか、もしくは少なくとも、形作られつつある時にのみ現れることが示されるからである」。

二〇一四年にエボラウィルス病の流行が始まってから七か月後、国際的な反応が遅すぎると批判され、リベリアとシエラレオネにおいて少なくとも三〇〇〇病床が不足していることが確認された。国連の前事務総長コフィ・アナンは、先進諸国からの反応に自らも「ひどく失望している」と声明を出し、ウィルスがアメリカと西ヨーロッパに到達した時にようやく国際的支援が加速したことを指摘した（BBC News 2014b）。エボラウィルス感染症は、グローバルサウスとグローバルノースの間に利用可能な医療的ケアの際立った不均衡があること、したがってまた、地理的な居住地によって人びとが直面するリスクに様々なレベルがあることを例証している。実際に、社会階級、ジェンダー、エスニシティ、障害の有無に応じて生じる健康の不平等は、健康と病いに関する多くの経験的研究の焦点となっている。

「リスク」という概念は、20世紀終盤以降、ライフスタイルや健康や医療についての社会学的研究において中心的な概念の一つとなっており、ＨＩＶ／ＡＩＤＳの出現は、より一層「リスクを意識する」人口を生みだす契機となった。実際に、ウルリヒ・ベック（Beck 1999）によれば、私たちは今、人びとがリスクへの対処にかつてなく努力し、より多くの資源を費やす「世界リスク社会」に移行しつつある。そうであるとすれば、新型コロナウィルス感染症の世界的流行が示したように、パンデミックを予測し、それに備えることが、すべての政府と国際組織にとって最も重要な課題の一つとなるに違いない。

▼**批判的に考える**

エボラウィルス病が先進国の人口にたいして相対的にかなり小さな脅威しか及ぼさなかったのはなぜかを考えよ。グローバ

ルサウスにおけるエボラウィルス病の影響を食い止める、また
は小さなものにするために取りうる実践的な対策とは何か。

■ 健康の不平等

20世紀には、工業化された諸国において著しい寿命の伸長が
見られ、二〇一六年にWHOは世界人口の0歳時平均余命を七二
年と推定している。言うまでもなく、この漠然とした平均値の陰
には、大きな健康上の不平等が隠れている（第14章「ライフコー
ス」参照）。公衆衛生上の発展の多くは近代医療の効力を高める
ことに貢献し、医学研究が疾患の生物学的原因を明らかにし、有
効な治療法を開発することに成果をあげ続けるだろうという考え
方が広く支持されている。こうした見方に立てば、医学的知識と
専門知が増大するにつれて、公衆衛生の持続的改善を経験するこ
とになるだろう。こうした物の見方は極めて強い影響力を有して
きたが、社会学者にとっては満足のいくものではない。これまで
の一世紀間における公衆衛生の改善は、健康と病いが均等に配分
されるわけではないという事実を覆い隠しえない。他に比してよ
り良好な健康状態を享受する社会集団が存在し、健康上の不平等
はより広範な社会・経済的パターンと結びついている。
　社会学者、及び人口の内部での疾患と病いの分布や発生率につ
いての研究を行う社会疫学の専門家たちは、健康と、社会階級、
ジェンダー、人種、年齢、地理といった諸変数とのつながりを説
明しようとしてきた。多くの研究者が健康と社会的不平等の間に

相関関係があることを認めているが、その相関関係の本質につい
ても意見の一致は見られない。議論の主要な領域の一つは、ライフ
スタイルや行動や食事といった《個人的変数》と、社会階級や地
位や収入状況や貧困といった《環境的》または《構造的》要因の
どちらがどれほど重要なのかに関わっている。本節では、社会階
級、ジェンダー、エスニシティに応じた健康状態の差異を検討し、
それらの差異の持続性にたいするいくつかの競合する説明をふり
返る。

◎ 社会階級と健康

　調査研究は一貫して、死亡率や罹病率（疾病）のパターンと社
会階級上の位置の間に明確な関連があることを報告している。コ
ッカーハム（Cockerham 2020: 2）が論じるところによれば、
「社会的要因は、広範な人口の健康と諸個人によって生きられた
病いの経験に影響を及ぼすどころか、そうした要因が原因
となって身体的な病いと健康に直接的な帰結をもたらすのである。
社会階級や社会経済的地位（SES）は、医療社会学においては、
健康、疾患原因、及び寿命の最も強力な予測要因である」。イギ
リスでは、影響力のある全国的調査、ブラック・レポート
（DHSS 1980）が、階級に基づく健康上の不平等の大きさを広く
知らしめる上で重要であった。多くの人びとが、このような富裕
国における不平等を衝撃的なものと見た。社会全体としては良好
な健康状態に向かっているにもかかわらず、階級と交差する形で
大きな隔たりが存在しており、出生時の体重や血圧や慢性疾患や

第10章　健康、病い、障害

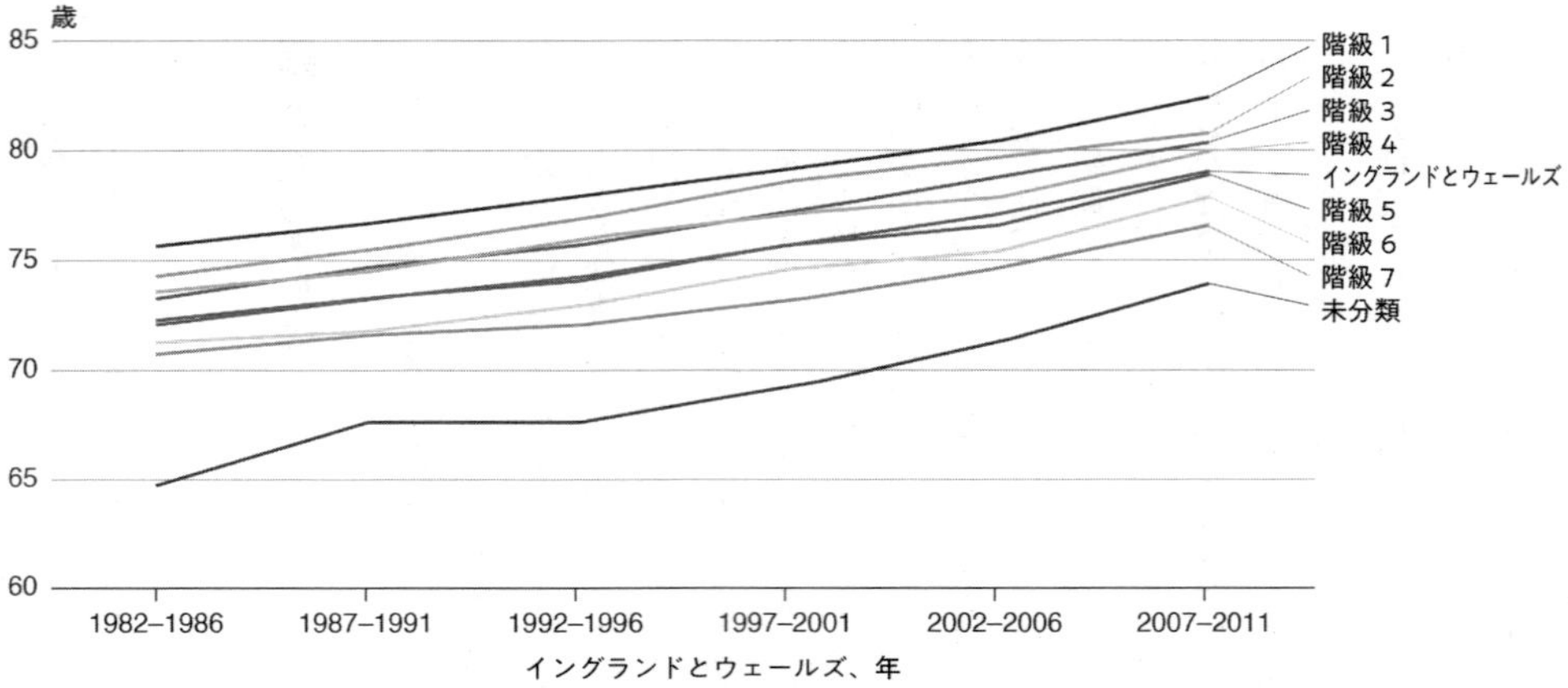

Fig. 10.5　拡張版国民統計社会経済階級（未分類者を含む）及びイングランドとウェールズ全体における男性の出生時平均余命、1982-86及び2007-11　出典：ONC（2015c: 18）

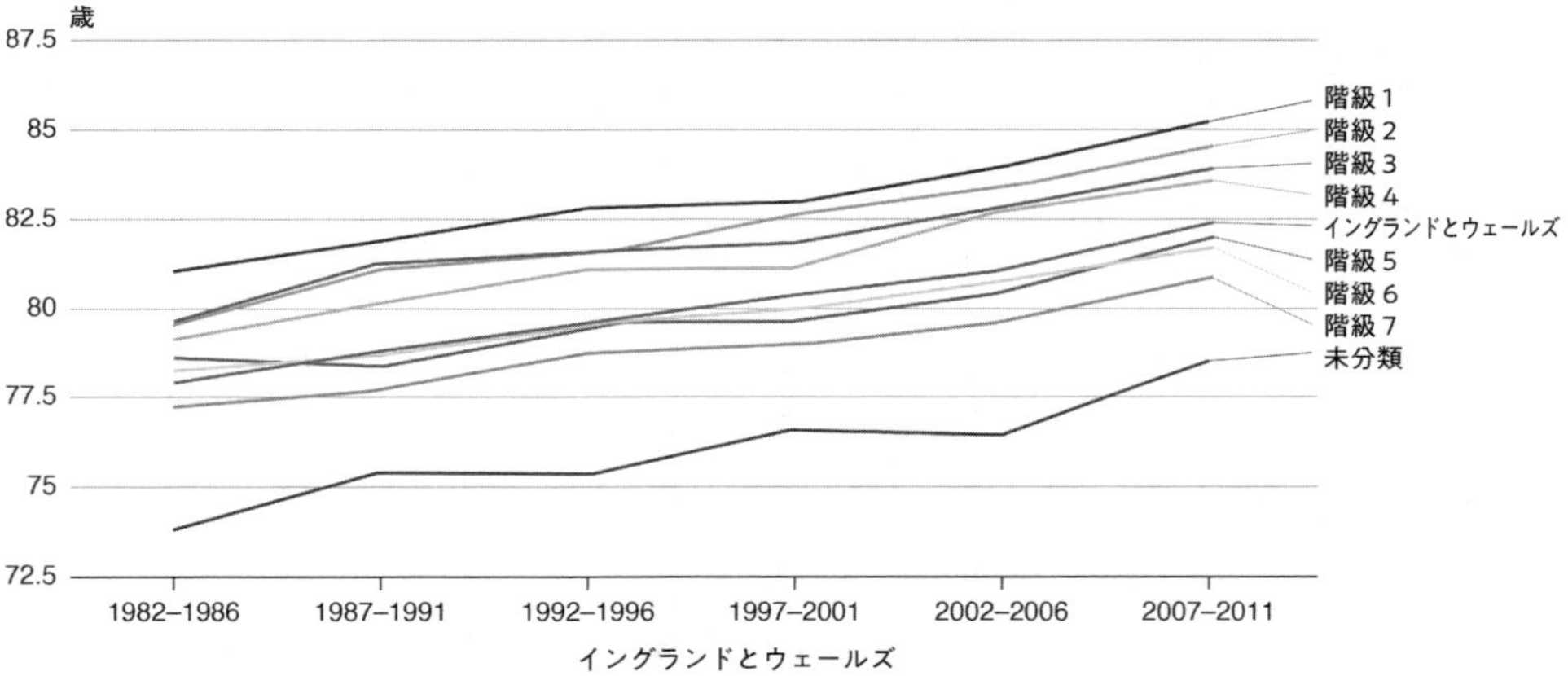

Fig. 10.6　拡張版国民統計社会経済階級（未分類者を含む）及びイングランドとウェールズ全体における女性の出生時平均余命、1982-86及び2007-11　出典：ONC（2015c: 18）

事故死のリスクなどといった健康上の指標に影響を及ぼしている。ドリーヴァーとホワイトヘッド（Drever and Whitehead 1997）は、社会経済的地位の高い集団は、低い集団に比べて、平均的により健康で、より長身で、より頑強で、より長寿であると報告している。

イギリス国家統計局（ONS 2015c）による長期的な分析によって、一九八二年から二〇一一年までのイングランドとウェールズにおける健康上の不平等が検討されている。それはすべての社会階級で平均余命全体が延びていた時期である（Fig. 10.5, 10.6を見よ）。驚くべきことに、とおそらく言えるだろうが、この研究では、この期間のほとんどにおいて、寿命の不平等がさらに《広がっている》ことが明らかにされており、単純労働者（階級7）と上級管理・専門職（階級1）の男性の平均寿命には開きがあり、一九八二〜八六年の時期には4.9年であったが、一九九七〜二〇〇一年には6.2年に拡大している。二〇〇二〜〇六年の階級1の男性の出生時平均余命は80.4歳であったが、階級7のそれは74.6歳であった。一九九七年から二〇〇一年までの時期には、階級1と階級7の間の健康上の不平等は少なくとも縮まり始めていたというデータがあるものの、その隔たりは一九八二〜八六年のそれよりも依然として大きなものである（ibid.:12）。

平均値において、女性は現在、一九八二〜八六年よりも長寿になっている（二〇〇七〜一一年で82.4歳、一九八二〜八六年は77.9歳であった）が、女性の出生時平均余命の伸びは男性のそれよりも小さいものであった。これによって、昔から続いてきた男性と女性の平均寿命の差異は、一九八〇年以降縮まってきた。階級の最上位と最下位の女性間の寿命の隔たりは、やはり一九八二〜八六年以降大きくなっているが、男性のパターンとは異なって、21世紀の最初の10年間にも広がり続けている。階級1の女性の平均寿命は二〇〇七〜一一年で85.2歳、これにたいして階級7の女性は80.8歳であった。

二〇一一年の国勢調査データの分析もまた、《自己申告による》健康状態に基づいて、階級1と階級7の間に大きな「健康格差」があることを明らかにした。階級7の男性と女性の30％以上が、自分の健康状態を「よくない」と回答しているのにたいして、階級1では同様の回答は15％以下であった（ONS 2013）。もちろんこれは、人びとの健康に関する主観的な尺度に基づくものであるが、その結果は、男性の肺がんによる死亡率、薬物依存率、糖尿病罹患率、事故による怪我や損傷の比率に明確な階級間の差異があることを示す他の諸研究によって補強される（White et al. 2003）。同様の階級間の差異は、メンタルヘルスにおいても明らかであり、調査によれば「最下層の社会階級で神経障害を患っていると思われる人の数は、最上層の社会階級の人びとの倍を超えている」（Nettleton 2013:159）のである。

社会科学者たちは、自分の生まれた階級上の位置が、平均してどれだけの寿命を期待しうるのかを規定する主要な要因であることを明確にしてきた。他の先進諸国の研究もまた一貫して、健康と寿命に関する明確な階級間の差異を報告している。しかし、調査研究の数が増えているにもかかわらず、研究者たちは、両者を結びつけている実際のメカニズムを完全に特定することには成功していない。この明確に確認される相関関係の背後にある原因については、競合しあういくつもの説明が提起されている。

ブラック・レポートは、《唯物論的》説明を採用し、健康上の不平等の原因を大きな社会構造、例えば貧困、富と所得配分、失業、住宅事情、劣悪な労働環境の内に見ている。したがって、健康上の不平等は物質的剝奪の結果として理解され、これを縮小するためにこれらの根本原因に取り組むことが求められた。結果として、ブラック・レポートは、包括的な貧困撲滅政策と教育改善の必要性を示唆している。

保守党政権（1979-90）は、文化的な行動様式による説明に基づく、これとは異なる視点を採用し、自由に選択された個人のライフスタイルの重要性を強調した。例えば、下層の社会諸階級は、喫煙や栄養に乏しい食事や大量の飲酒といった不健康な行動を取りやすいとして、政策の中心はライフスタイルに影響を与える公的な健康運動に置かれた。禁煙の唱導、健康的な食事、運動プロ

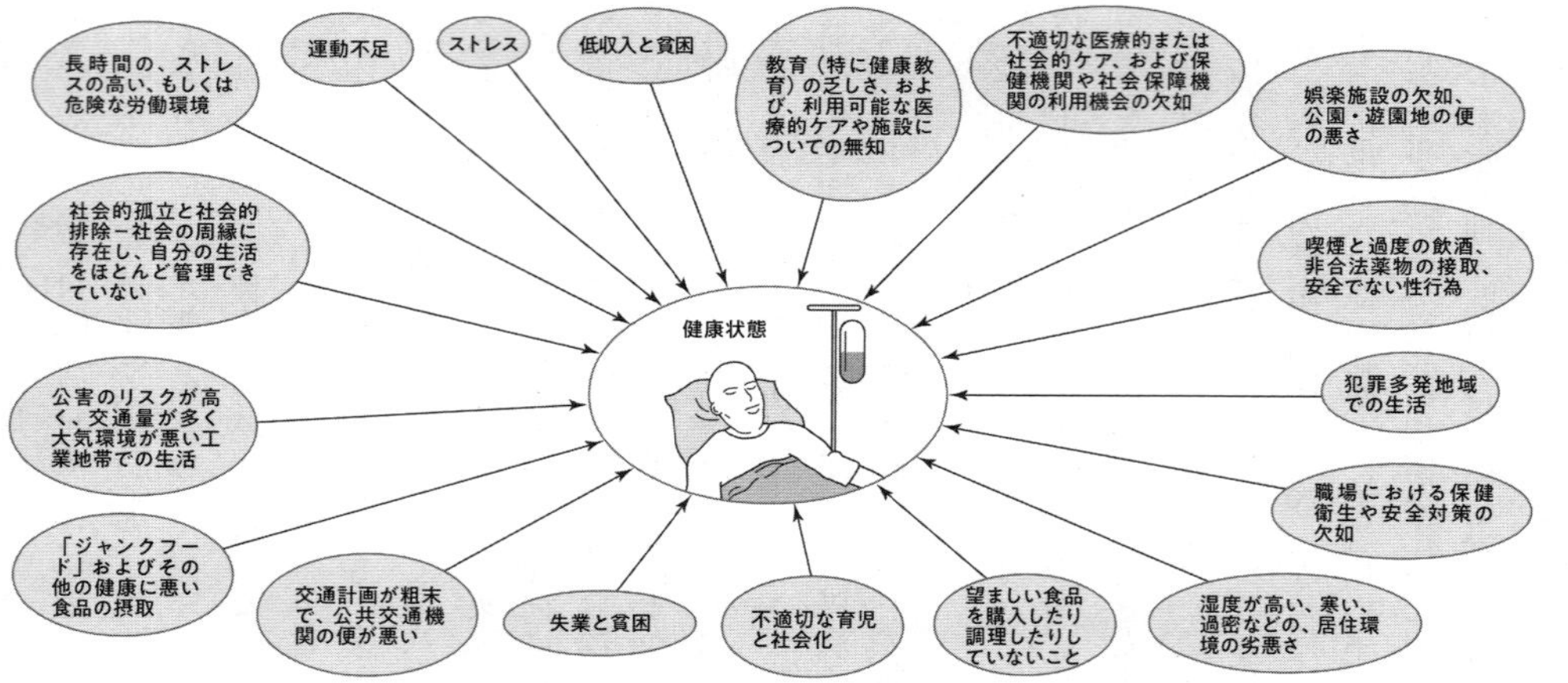

Fig. 10.7　健康にたいする文化的及び物質的影響　出典：Browne (2005: 410)

グラムなどが、行動を変え、諸個人が自分の健康に責任を負うように促す努力の例として挙げられる。しかし、批判者は、これが低収入という構造的な拘束要因を無視していると論じている。例えば、果物や野菜は高脂肪で高コレステロールの食品よりも高価であり、最も多く「健康的な」食品を消費しているのは、当然のことながら、高収入グループに多いのである。

次の労働党政権（1997-2010）は、健康にたいする文化的要因と物質的要因の双方の重要性を認めており（Fig. 10.7を見よ）、それらを分析したアチソン・レポート（Acheson 1998）は、一九七〇年以降、不平等は悪化していると断言している。健康状態が失業や標準以下の居住環境や教育と結びついた結果と見なされ、単に劣悪な健康上の症状だけでなく、その原因にも取り組むための行程が提案されている。

二〇〇三年、最も貧困レベルが高い地域を対象とした取り組みが開始された。その地域は、国の人口の28%、黒人及びその他のエスニック・マイノリティ集団の44%をカヴァーしていた。その到達目標は、二〇一〇年までに、子どもの死亡率と平均寿命における階級間の健康上の不平等を10%引き下げることにあった（DoH 2003）。しかし、二〇〇九年初めの時点で、選択された地域の内、目標に達しているのは19%だけで、66%の地域では、国の平均と比べて健康上の不平等の開きが拡大していた（Health Inequalities Unit 2009）。では、それは何故なのだろうか。相対的に豊かな社会階級は公的な健康促進のメッセージに従って行動する傾向が強く、したがってその健康状態が相対的に貧しい階級のそれよりも速く改善されているように見える。逆説的なことに、全体的な健康促進運動は、健康上の不平等を縮めるのではなく、むしろ拡大させている可能性があり、不平等は構造化された社会階級の分割によって特徴づけられた状態にとどまっているのである。

▼批判的に考える

政府が中核に据えて取り組むべきは、すべての社会階級の全体的な健康状態の改善なのか、それとも、階級間の健康上の不平等を縮小することなのだろうか。何故、階級1と階級7の女性の間にある出生時平均余命の隔たりが、男性間の隔たりが小さくなっている21世紀において、広がらなければならないのだろうか。

◎ジェンダーと健康

男女間に健康上の格差があることは、多くの調査研究の中で指摘されてきた。例えば、一般に女性は、世界中のほぼすべての国で男性よりも長い平均寿命を享受しており（UNDP 2004）、他方で、死因や疾病のパターンは男性と女性とで際立った差異を示している。例えば、先に見たように、男性の方が、新型コロナウィルス感染症による健康被害や死亡においてずっと深刻な影響を被りやすい。先進諸国では、心臓病は女性よりも男性に影響を与えているが、65歳以下の男女にとって最も頻度の高い死因であり続けている。男性は、事故や暴力が原因で死亡する比率が高く、また、薬物依存症やアルコール依存症になりやすい。

物質的環境が女性の健康状態に影響を及ぼしているが、女性の健康についてのデータが男性についてのそれほどには広範囲に得られていなかったため、従来この点は正確に評価することが難しい要素となっていた。多くの研究が女性をその夫の社会階級に従って分類しており、それによって、女性の健康について歪んだ像を生み出している（第9章「社会階層と社会階級」参照）。しかしながら、女性は男性よりも医学的治療を求める傾向にあり、病気であると自己申告する比率が高いことが分かっている。ただし、このパターンがライフコースを通じて反復されるわけではない。イングランドとウェールズについてのイギリス国家統計局（ONS）のデータを用いると、二〇〇二年に、16歳から44歳までは、調査前の二週間の内に男性の二倍の女性が医師のもとで受診していたが、この差は、45歳から64歳までの年齢層では実質的に消失している（Nettleton 2013: 168）。これによって示唆されているのは、16歳から44歳までの人びとに見られるジェンダー間の差異は、女性がより病理的な健康状態にあるということよりも、生殖に関連して日常的に医療機関の受診が行われていることによって説明されうるということである（MacFarlane 1990）。

ジェンダーによるパターンは、アフガニスタン、バングラデシュ、インド、パキスタンといった南アジアの国々では異なっており、これらの国々では、平均寿命の差異が著しく小さい（Arber and Thomas 2005）。これを説明する要因には、紛争や戦争、栄養失調、女性の低い社会的地位による不利、女性の医療機関へのアクセスの限定性が含まれる（Cockerham 2020）。

先進諸国においては、男性の二倍の女性が不安や鬱を訴えている。そして、何人かの研究者によれば、家事労働、育児、職業上の責任といった女性が担っている複数の役割が、そのストレスの水準を上げ、疾病率を高めることに寄与している。ドイアル（Doyal 1995）は、女性の生活は家事労働、生殖、出産と子育て、受胎調整による生殖能力の管理によって、男性の生活とは本来異なっているが、これはより多くの女性が労働力として参入するに従って変化しうることを示した。ドイアルは、女性の健康状態の形成において問題なのは、こうした課題の累積効果であると論じている。したがって、女性の健康についての分析を行うのであれば、社会的、心理的、生物学的影響要因の相互作用を重視しなければならない。

オークレーほか（Oakley and her colleagues 1994）は、カウンセリングサービス、電話相談《ホットライン》、自宅訪問といった社会的支援が、女性たち、とくに労働者階級の女性たちが広く経験しているストレスの健康への悪影響を抑える「緩衝装置」として機能しうると述べた。他の研究は、社会的支援は人びとが疾患や病いに適応することを助ける上で重要であること、女性は〔男性に比べて〕自助コミュニティを形成し維持する傾向にあることを示した。そうしたコミュニティの中には、母親たちのフォーラム、マムズネット（mumsnet.com）のような、サイバースペースにおける女性コミュニティが含まれる（Ell 1996; Drentea and Moren-Cross 2005）。グラハム（Graham 1987, 1994）は、白人労働者階級の女性の健康にたいするストレスの影響を研究する中で、社会経済的な地位の広がりにおいて下層にある女性は、中産階級の女性に比べて、生活上の危機の時期に支援ネットワークの利用が乏しいことに着目している。労働者階級の女性は、他のグループに比べて、失業、離婚、立ち退き、子どもの死亡といった生活上の危機に直面する頻度が高いが、一般的に、対処スキルに乏しく、不安のはけ口が少ない。これによって、身体的にも心理的にも有害なストレスがもたらされるだけでなく、採用された一部の対処戦略がダメージを与えるものとなってしまう。例えば喫煙は、人格的及び物質的な資源が限界点に及んだ時に、緊張を和らげる一つの方法である。したがって、喫煙は困難な状況に対処することを可能にする一方で、女性とその子どもの健康上のリスクを高めてしまう。

男性は自分自身の健康にたいしてさほど警戒心を持たず、より長期にわたって健康上の問題を無視する傾向にあることを示すいくつかの研究がある。若い男性は女性に比べて伝統的に、高速運転や薬物接種や若年からの性行動や飲酒など、よりリスクの高い行動を取ってきた（Lupton 1999）。しかし、このパターンは過去数十年の間にある程度変化してきた。例えば、ごく最近まで喫煙は圧倒的に男性と結びついていたが、今はもうそうではない。21世紀の初めにおいて、イギリスの若い成人の間では、男性よりも女性の方がタバコを吸う傾向にある（Nettleton 2020: 197）。

健康上のリスクが高い行動のジェンダーパターンの移行にたいする主な説明要因の一つは、経済体制の中での位置の変化にある。より多くの女性が男性と同じ就労部門に参入するようになっており、その一つの帰結として、広告業者がターゲットとする消費者になってきた。アナンデール（Annandale 2009: 8-9）は、男性を一家の稼ぎ手に、女性を主婦に位置づける、一九五〇年代には明確であったジェンダー・アイデンティティが、家父長制的資本主義の「新しい単一システム」の中で曖昧なものになってきたと言う。しかしそれは、ジェンダー間の平等がすでに存在している、もしくは達成されつつあるということを意味するわけではない。むしろ論点は、男性役割、女性役割に関する古い二項対立システムが崩壊し、女性にとっては多くの新たな自由と、また新たな統制を伴った複雑で不確実な状況が残されているというところにある。例えば、より多くの若い女性が夜の経済活動に参加し、より多くのアルコールと煙草を消費するようになると、彼女たちは、同類の男性よりもその不品行において上を行こうとするような、無責任で魅力のない「飲んだくれの女」として再定義されるようになる。このように、ジェンダー関係における多様性と流動性は、古い「住み分け」イデオロギーの相変わらずの突出によって抑えられているのである。

女性の健康がこれまで男性よりも悪い状態に置かれてきた一つの領域は、一部のエスニック・マイノリティ集団の内に見いだされる。人口全体に比してエスニック・マイノリティ集団では自己申告された病気の割合が高いだけでなく、一部の集団、特にパキスタン系やバングラデシュ系のコミュニティでは、女性が男性よりもより多くの病気を訴えている（Cooper 2002）。こうした事実は、階級やジェンダーやエスニシティによる社会的不平等の交差によって生み出される複雑な現実を例示しており、今後、インターセクショナリティ（交差性）により一層敏感な研究がなされることが期待される。

＊インターセクショナリティの概念については、第8章「人種、エスニシティ、人の移動」でより詳細に論じている。

◎エスニシティと健康

ある種の疾患の発生率は、アフリカ・カリブ海地域やアジア地域に出自を持つ人びとの間で高い。肝臓がんや結核や糖尿病による死亡率は、白人に比して、これらの人びとの間で高くなってる。アフリカ・カリブ海系の人びとは、高血圧や鎌型赤血球性貧血（赤血球に影響する遺伝性の病気）になる割合が平均よりも高く、他方、インド亜大陸に出自を持つ人びとは、心臓病による死亡率が高い。しかし、これらの発生率は、エスニシティに関わる健康と病いの持続的なパターン形成について、ごくわずかなことしか語っていない。増えつつある社会学的調査研究によって、アメリカやイギリスといったグローバルノースの国々では、人種差別に下支えされた「社会的及び経済的不平等」が、健康面での民族間の不平等の基本原因となっていることが明らかになっている（Nazroo 2003: 277）。新型コロナウィルス感染症のパンデミックがこれを明確に示しており、黒人及びエスニック・マイノリティ集団（ＢＡＭＥ）の人びとは、白人よりも高い死亡率を有している。

健康上の不平等はエスニシティに応じてパターン化されているが、その関係の説明については激しい議論がなされてきた。一部の研究者は、エスニック集団間の健康上の不平等を説明するために、社会構造論的な視点ではなく文化的で個人的な理由を用いてきた。階級間の健康上の不平等についての文化論的説明と同様に、個人や集団のライフスタイルが強調され、それが劣悪な健康状態をもたらすものと見なされているのである。こうしたライフスタイルはしばしば、食事や調理の習慣や血族関係（またいとこまでの近親婚の習わし）のような、宗教的または文化的信念に結びつくものと見られている。批判者は、文化論的説明が、工業化された社会の中でエスニック・マイノリティが直面している現実の問題、特に構造的不平等、人種差別、医療システムの中で遭遇する差別をとらえ損ねていると論じる。

実際に、医療的ケアの供給において、**制度的人種差別**が見いだされてきた（Alexander 1999）。エスニック・マイノリティ集団は、医療サービスへのアクセスにおいて不平等もしくは困難を経験することがあり、言葉の壁が問題となって情報がうまく伝えられなかったり、病気や治療についての文化的に特異な理解が医療サービスの専門職者によって考慮されなかったりする。イギリスの国民保健サービスは、そのスタッフに文化的及び宗教的信念への意識を高めることを求めておらず、主に白人以外の人びとに生じる疾患にたいして十分な注意を払っていないとして批判されてきた。

多くのヨーロッパ社会における、エスニシティに応じた健康パターンの形成にたいする社会‐構造的説明は、アフリカ・カリブ海系及びアジア系の人びとが生きている社会的状況に焦点を置いてきた。これらの集団はしばしば、健康を害しうる複数の不利益を経験しており、その中には、粗末もしくは過密な居住環境、高い失業率、危険で低賃金の仕事に就労する割合の高さなどがあげられる。このようにして、一部の説明は、単純に人種主義や人種差別の経験に焦点を置くのではなく、エスニシティに応じた健康上の不平等の社会‐経済的原因を前景に押し出す。つまり、「人種を健康との関係において最も重要なものにしているのは……人種と貧富との密接なつながりなのである」（Cockerham 2020: 19）。

しかしながら、エヴァンドルーほか（Evandrou et al. 2016: 660）が見いだしたように、パキスタン系及びバングラデシュ系の高齢者は、他の社会集団に比して高いレベルでの欠乏と低収入を経験しがちであり、これはおそらく「ライフコースを通じてのリスクの累積と、それ以前の生活において長期間にわたり危険（社会経済的な不利、乏しい医療的ケアの経験、人種差別）に晒されてきたこと」に起因している。エヴァンドルーらは、社会経済的要因が役割を果たしていることを認めつつも、同じ社会階級内の人びとと比較して、インド系、バングラデシュ系及びパキスタン系の高齢者は、白人のイギリス人よりも悪い健康状態にあると自己申告していることに注意を促している。すなわち、暴力や脅迫や排除といった形での人種差別、あるいは劣悪な居住条件や低賃金労働の比率の高さといった制度的な形をとった人種差別が、エスニック・マイノリティ集団の社会経済的地位の不利を下支えし、強化しているように見えるのである。

＊制度的人種差別については、第8章「人種、エスニシティ、人の移動」において論じられている。

◎健康と社会的結束

第1章で私たちは、デュルケムにとって、社会的連帯が社会にとって最も重要な性格の一つであることを見た。例えば、自殺についての研究において彼は、社会の内にうまく統合されている個人や集団は、そうでない人に比べて、自分自身の命を絶つことが少ないことを見いだした。今日の健康上の不平等の原因を解明しようと試みる中で、ますます多くの社会学者たちが、良好な精神的及び身体的健康を促進する上で、社会的結束の果たす役割に注意を向けるようになっている。

リチャード・ウィルキンソン（Wilkinson 1996）は、最も健康なのは、世界の中で最も富裕な社会ではなく、収入が均等に分配され、社会的統合の度合いが高い社会であると主張している。彼は世界中の国々から得られたデータを検討していく中で、死亡率と所得配分様式の間に明確な関連があることを発見した。世界でも最も平等な日本やスウェーデンのような国の住人は、アメリカやイギリスのような富裕層と貧困層の格差が際立っている国の市民に比べて、平均してより好ましい健康水準を享受している。

ウィルキンソンの見解によれば、所得配分における格差の拡大は社会的結束を徐々に損ない、人びとがリスクや困難に対処することをますます難しくしてしまう。社会的孤立の高まりやストレスへの対処の失敗が健康指標に反映される。社会的接触の密度、コミュニティ内の絆、社会的支援の利用可能性、安心感といった社会的要因が、その社会の相対的な健康状態を規定する主な要因である。二〇一〇年のイギリスの選挙活動において、保守党の党首デイヴィッド・キャメロンはイギリスを、修理を要する「壊れた社会」と言い表した。しかし、ウィルキンソンとピケット（Wilkinson and Pickett 2010: 5）に言わせれば、

二〇〇八年後半に加速した財政危機よりもずっと前から、コミュニティの衰退や多様な形の反社会的行動の増加に言及するイギリスの政治家たちは、折に触れこの国は「壊れた社会」だと言ってきた……、そして壊れた社会はしばしば貧困層の行動のせいにされ、壊れた経済は広く富裕層に起因するものとされてきた。……しかし真実は、壊れた社会も壊れた経済も不平等の増大の結果として生じたということにある。

ウィルキンソンとピケットのテーゼは、一部の政治家と研究者によって熱く受け止められた。彼らは、市場関係の特権的な強調と経済成長の推進が社会の多くのメンバーを見捨ててしまったということに同意している。その一方で、収入の不平等と劣悪な健康状態との因果関係を証明しえていないという理由から、ウィルキンソンの研究を批判した人びともいる。ジャッジ（Judge 1995）は、その当時用いられていた不平等についての標準的尺度を使って、ウィルキンソンの過去のデータを再分析し、不平等のレベルと平均寿命の間に明白な連関は存在しないことを見いだした。また、ウィルキンソンとピケットによる比較対象国の選択が非常に恣意的で、方法論的に瑕疵があるとも論じられている。例えば、その中に日本が含まれているが、シンガポールや香港は含まれていない。後者の二国は日本よりも不平等であるが、同程度の健康と良好な生活状態を経験している。同様に、ウィルキン

ソンとピケットはポルトガルにおける相対的に劣悪な健康状態をその不平等性の高さに起因するものとしているが、スノウドン(Snowdon 2010: 14)は、ポルトガルが彼らの分析の中では実際に最も貧しい国であり、物質的繁栄の欠如に本当に苦しんでいるのだと主張している。最近のいくつかのデータもまた、想定されたパターンはグローバルサウスでは支持されないことを示している。

「ウィルキンソンのテーゼ」は、一九九六年以降、データによって充分に裏付けられた命題としてではなく、おそらくは不当に、「データ探しの学説」(Eberstadt and Satel 2004: 118)として論じられてきた。しかし、ウィルキンソンとピケット(Wilkinson and Pickett 2018)はこのテーゼを拡張し、いかにしてより平等な社会がより低いストレス水準とより幸福度の高い生活状態を実現するのかを検討し続けており、こうした議論が将来に向けて継続されることが期待される。

▼批判的に考える

不平等な社会においては、健康状態においても不平等が存在することが予測される。しかし、いかにしてそれを小さくすることができるだろうか。健康的な食生活や運動や健康的なライフスタイルに基礎を置いた教育活動は、健康上の不平等を小さくできるだろうか。もしそうならば、いかにして。そうでないならば、それは何故だろうか。

■障害の社会学

健康についての生物医学モデルが長く、障害をその人の個人的な悲劇としての病気や異常として捉える慣習的理解を下支えしてきた。生物医学モデルへの反発を呼び起こす近年の社会的傾向は、障害についての医学的及び個人主義的理解への強力な異議の一端を担ってきた。本節では、支配的な障害の「個人モデル」を検討し、障害の「社会モデル」の発展を通して、いかにしてそれが、とりわけ障害者自身によって異議を申し立てられてきたのかを見る。ただし、これを始めるには、障害を語る言葉について考察することがふさわしいだろう。

社会学者は、社会問題にたいする私たちの意識や理解には、私たちが用いる言葉そのものと障害の論じ方によって形作られている部分があると主張する。例えば「ハンディキャップを負った(handicaped)」という言葉は広く使われないようになってきた。それが以前には「帽子を手に持って畏《かしこ》まっている(cap in hand)」、すなわち慈悲と施しを乞い求めていることと結びついていたからである。元々はある種の機能的損傷《インペアメント》を指していた他のいくつかの言葉は、侮辱的で人を傷つけるという理由で拒絶されている。「痙性麻痺(spastic)」や「不具(cripple)」がその例である。そして、日常的に使われるいくつかの隠喩表現、例えば「盲目になる=見て見ぬふりをする(turning a blind eye)」や「耳が聞こえない=人の話を聞かない(deaf ear)」といった表現も主流からの社会的排除を含意するという理由で批判されてきた。

これから見るように、「障害（disability）」という言葉さえも批判の対象となっている。

◎障害の個人モデル

歴史的に、西洋社会においては**障害の個人モデル**が支配的であった。それは、個人の心理的及び身体的損傷が、障害者によって経験される諸問題の主要な原因であるとするものである。身体的「異常」が機能的制約をもたらし、それが「障害」につながるとされる。個人モデルを下支えしているのは、障害を「個人の身に降りかかった悲劇としてとらえる考え方」であり、そこでは障害者は偶然の出来事の不運な犠牲者と見なされる。専門の医療者がこの個人モデルにおいては中心的な役割を演じる。彼らの仕事こそが治療と機能回復のための診断を提供するからである。この理由から、個人モデルは、障害者の生活にたいする医療専門職の権力を示すものとして、しばしば「医学モデル」として記述される。しかしこの数十年間、障害の個人モデルはその基盤の多くを失ってきた。

◎障害の社会モデル

個人モデルにたいする初期の重要な異議申し立てとなったのは、ポール・ハントの『スティグマ――障害の経験』である。その中で彼は、「障害の問題は機能の損傷とそれが私たちにたいして個別に及ぼす影響だけにあるのではなく、『正常な』人びとと私たちとの関係性の領域にもまた存在する」（Hunt 1966: 146）と主張した。ハントは、イギリスにおける障害者運動の初期を牽引した活動家で、隔離に反対する身体障害者連盟（ＵＰＩＡＳ）の創設メンバーの一人であった。その声明文においてＵＰＩＡＳ（UPIAS 1976: 14）は、「機能的損傷」と「障害」の間には決定的な相違があると述べ、根本から個人モデルに替わる考え方を打ち出した。

・機能的損傷：手足の一部またはすべての欠損、あるいは、手足や身体器官、身体メカニズムに欠陥があること。
・障害：同時代の社会組織によってもたらされた不利あるいは活動の制限。その社会組織は身体的な機能的損傷を負う人びとにたいしてまったくあるいはほとんど配慮を示さず、それによって社会活動の主領域からその人びとを排除するものである。

ＵＰＩＡＳは、個人の生物医学的特性としての身体の「機能的損傷」の定義を、後には、非身体的、感覚的、及び知的形態の損傷を包摂するものへと拡張したものの、おおむね受け入れている。しかし、障害は社会的条件において定義され、それは、この言葉の慣習的な理解に異論を唱えるものであった。障害はもはや個人の問題としてではなく、機能的損傷を負う人びとが社会の組織化の結果として直面する社会的障壁や抑圧として理解される。建物の構造や利用不可能な公共交通システム、雇用主や障害を負わない人びとの差別的態度が、様々な機能的損傷を有する人びとを実質的に「障害者にする＝できなくさせる」のである。

マイケル・オリヴァーは、「障害」の程度を評価するために一九八〇年代にイギリス人口センサス調査局（ＯＰＣＳ）によって

ＯＰＣＳの質問の諸前提に社会モデルを適用する

ＯＰＣＳの質問

「あなたのどこが悪いのかを話してください」
「あなたが物を持ったりつかんだり回したりすることを難しくしている身体上の問題は何ですか」
「あなたが人びとの話を理解することを難しくしているのは、主として聴覚上の問題によるものですか」
「あなたは、日々の活動を制限するような、傷痕や染みや変形を有していますか」
「あなたは、長期にわたる健康問題や障害のために、特別支援学校に通っていましたか」
「あなたの健康上の問題や障害が、頻繁に、もしくは好きな時に外出することを妨げていますか」
「あなたの健康上の問題や障害は、あなたがバスで旅行することを難しくしていますか」
「あなたの健康上の問題や障害は、現在何らかの形であなたの仕事に影響を及ぼしていますか」
「あなたは、健康上の問題や障害によって、あなたを助けてくれたり世話をしてくれたりするような近親者もしくは他の誰かを必要としていますか」
「あなたが現在生活している設備は、あなたの健康上の問題や障害のために改造が施されていますか」

オリヴァーの質問

「社会のどこに問題があるのか話してください」
「ポットや瓶や缶などの日用の道具のデザインにどんな欠点があって、あなたがそれを持つことを難しくしていますか」
「あなたが人びとの話を理解することを難しくしているのは、主として、その人びとがあなたとコミュニケーションする能力を持たないからですか」
「あなたが有しているかもしれない何らかの傷痕や染みや変形にたいする他の人びとの反応があなたの日々の活動を制限していますか」
「あなたは、健康上の問題や障害を持つ人びとをそのような場所に送るという教育当局の方針のために、特別支援学校に通っていたのですか」
「あなたが近隣を出歩くことを難しくしている、地域環境とはどのようなものですか」
「あなたが頻繁に、もしくは好きな時に外出することを妨げている交通上、または財政上の問題が存在しますか」
「あなたは、物理的環境や他の人びとの態度に起因する仕事上の問題を有していますか」
「地域のサービスが乏しいために、あなたに適切なレベルの個人的支援をもたらしてくれる近親者もしくは他の誰かに依存せざるをえなくなっていますか」
「あなたの家の設計が不十分であったために、あなたは自分のニーズに合わせて住まいを改造する必要が生じましたか」

（出典：Compiled from Oliver 1990: 7-8）

▼批判的に考える

障害者がコミュニケーション、就学、就労、公共サービス、住居に関して完全な参加ができるようになるために、具体的にいかなる変化がもたらされねばならないだろうか。あなたは、そうした変化のための、道徳的にも《財政的》にも可能な事例を示すことができるだろうか。

用いられた質問を書き直すことによって、障害の個人モデルの諸前提を反転させて見せた（「社会学的想像力10.3」を見よ）。オリヴァー（Oliver 1983）は、**障害の社会モデル**と個人モデルの区別を明確にした最初の理論家であった。社会モデルはさらに、ヴィク・フィンケルシュタイン（Finkelstein 1980, 1981）、コリン・バーンズ（Barnes 1991）、及びオリヴァー自身の研究成果（1990, 1996）によって、学術的信頼性を高めていった。

社会モデルの理論家たちは、障害者が直面する社会的及び文化的障壁がどのように作り出されてきたのかを説明することに関心を向ける。マルクスに影響を受けた一部の理論家たちは、障害についての史的唯物論的理解が必要であると主張している（唯物論については、第1章、第3章を参照せよ）。例えばオリヴァーは、障害者の社会への全面的な参加に課せられた厳しい制限は、産業革命まで遡ることができると論じる。その時期に障害者が労働市場から排除されたのである。初期の資本主義的な労働の場において個人の賃金労働に基づいて報酬が支払われるようになり、その過程が進んでいくにつれて、非常に多くの人びとが「障害者」と見なされ、仕事を続けたり維持したりすることができなくなり、その存在は資本主義国家にとって社会問題となった。そして資本主義国家は、すべての社会問題にたいしてまずは非情な抑制と施設収容によって応じようとしたのである（Oliver 1996: 28）。今日においても、障害者への差別を禁じる法的政策が施されているにもかかわらず、労働力に占める障害者の割合は低いままである。

社会モデルの評価　社会モデルは、今日の私たちの障害にたいする考え方を形作る上で大きな影響を及ぼしてきた。それは、世界的な影響力を持ち、イギリス障害者運動がもたらした「すごい発想」として語られてきた（Hasler 1993）。完全な社会参加のために社会的障壁を取り除くことに焦点を置いて、社会モデルは障害を抑圧の結果として再定義し、この動きは多くの障害者によって解放的なものと見なされた（Bereford and Wallcraft 1997）。こうした政治的戦略性ゆえに障害者こそが「新しい社会運動」を形成してきたのだ、と論じる者もいた（Oliver and Zarb 1989）。

＊新しい社会運動については、第20章「政治、政府、社会運動」においてさらに論じられる。

一九八〇年代終盤以降、**障害学**及び主流の社会学の研究者たちから、社会モデルにたいしていくつかの批判がなされてきた。第一に、社会モデルは、多くの障害を負った人びとの生活の中心的な部分を占めている、しばしば苦痛な、あるいは不快な機能的損傷の《経験》を軽視するように思われること。シェイクスピアとワトソン（Shakespeare and Watson 2002: 11）は、「私たちは障害者であるだけでなく、機能的損傷を負った人間でもある。それをそうではないかのように装うのは、私たちの生活史の主要な部分を無視することである」と主張している。この批判にたいして、社会モデルの擁護者たちは、日々の機能的損傷の経験を否定するのではなく、障害者に向けられる社会的障壁の方に関心の的を移行させようとしているだけなのだと論じる。

第二に、多くの人びとは自分が機能的損傷を負っていることを受け入れているが、「障害者」とラベルづけされることを望んでいないということ。障害給付金を申請した人びとについてのイギリスでの調査では、自分自身を障害者として規定することを選択した人は半数以下であった。多くの人びとは、自らの健康上の問題を障害ではなく病気としてとらえているがゆえに、あるいは、障害者とカテゴライズされるほど悪い状態であるとは考えていないがゆえに、そのラベルを拒否しているのである（DWP 2002）。しかしながら、バーンズ（Barnes 2003）が指摘するように、障害が今も異常性や社会的逸脱と結びつけられてしまう社会にあって、機能的損傷を負った人びとが、スティグマを伴う「障害者」というラベルを拒否するのは不思議なことではない。実際に、障害のスティグマ化を問い直す上で、社会モデルは強い影響力を持ってきた。

第三に、多くの医療社会学者が、その立脚点である機能的損傷と障害の区分は誤っているとして、社会モデルを拒否している。彼らは、障害と機能的損傷の《いずれも》社会的に構築されたものであり、相互に関連しているのだと主張する。シェイクスピアとワトソン（Shakespeare and Watson 2002）は、「どこまでが機能的損傷でどこからが障害なのですか」という問いが向けられた時点で、機能的損傷と障害の区分は崩壊するのだと言う。場合によっては、その区分は明確であるかもしれない。建物への車椅子でのアクセスに適した設計がなされていないことが、車椅子使用者にとって障害となる障壁を生みだしているのだ。しかしながら、障害をもたらす原因が社会内の抑圧的な条件によって生み出されているわけではないために、そのすべてを取り除くことが不可能であるような事例が数多く存在する。例えば、慢性的な痛みや顕著な知的制約による機能的損傷のために個人が社会へ全面的に参加することができなくなる時、その状態は環境の改善や社会の変化によっては取り除くことができない。したがって、十分な説明を行おうとするならば、社会の組織化によって作り出されたものだけでなく、機能的損傷そのものによってもたらされた障害を考慮に入れなければならない。

社会モデルの支持者たちは、この最後の要求が障害と機能的損傷の区分を曖昧なものにしてしまうのであり、それはかつての、障害の個人モデルを下支えする生物医学的モデルに根ざしているのだと主張する。社会モデルは、機能的損傷が痛みの原因でありうることや、特定の機能的損傷のために個人が一人ではできないことがあることを否定しているわけではない。実際に、社会モデルの支持者であるキャロル・トーマス（Thomas 1999, 2002）は、「機能的損傷の効果」という考え方を用いて、障害者にとって機能的損傷がもたらす心理‐感情的意味を取り入れている。

社会モデルへの批判が障害者運動の中から生じるのは奇妙に思えるかもしれない。このモデルは、障害者運動の活動家たちの間の議論から生まれたものであるのだから。しかし、こうした内部での論争は、おそらく議論の成熟のしるしとして、また障害の意味を医学的な概念ではなく政治的なものとして形作り直すことに社会モデルが成功したしるしとして見ることがふさわしい。

◎障害に関する法と公共政策

障害の社会モデルはイギリスにおいて現れたものであるので、イギリスの法律が、ある程度までは障害者運動の活動の結果として、どのように展開してきたのかを見るのが有益である。

障害者差別禁止法（ＤＤＡ）は一九九五年に成立し、雇用や商品やサービスの利用を含むいくつかの領域で、差別にたいする法的保護を障害者にもたらした。さらなる法律が一九九九年に導入され、これが、「障害者にたいする差別の撤廃」に向けて活動する障害者権利委員会（ＤＲＣ）の創設につながった。また、より多くの領域と活動を包摂する新たなＤＤＡが二〇〇五年に導入されている。二〇〇七年十月一日、ＤＲＣは、新たな全国的人権団体、平等と人権委員会のもとに組み込まれる。そして、二〇一〇年には、より全般的な平等法が成立し、先のＤＤＡのほとんどがこれに置き換えられ、障害者のケアをする人や家族が差別に苦しまない権利が新たに包摂された。

一九九五年のＤＤＡは、障害者を「通常の日々の活動を行う能力に実質的かつ長期的な負の影響を及ぼす、身体的または精神的損傷を負っている者」と定義しており、この定義が二〇一〇年の平等法にまで引き継がれている。それは、例えば精神的な健康問題を抱えている人や顔貌に変形のある人を含めており、障害とは本来、出生時ないし通常は出生以前から存在する生得的な機能的損傷または疾患、あるいはその双方の結果であるというよくある誤解を回避している。実際に、イギリスでは障害者の内、機能的損傷をもって生まれた人は約17％だけであり、障害を有する人口の割合は年齢とともに増加する（Papworth Trust 2013: Fig. 10.8を見よ）。ただし、この定義は、機能的損傷それ自体が障害を引き起こすとしている点で、社会モデルとは異なっている。

平等法の定義の下で、二〇一一〜一二年にイギリスではおよそ一一六〇万人が障害を負っている。これは人口の約19％にあたり、比率は二〇〇二‐〇三年と同じである。その内、五七〇万人が生産年齢の成人で、五一〇万人が公的年金の支給開始年齢を超えており、八〇万人が子どもであった（DWP 2014）。障害に結びつく機能的損傷を負っている人びとは今も、イギリスにおいて最も不利な状態に置かれた集団の一つである。彼らは、健常な身体を有する人びとに比べて就労しにくく、低収入で雇用されやすい。ただし、政府による障害に関する支出は、他の多くの領域で使われている額に比して高額である。最も富裕な国々は障害関連のプログラムに、失業手当の支給に比して少なくとも二倍の額を費やしている。

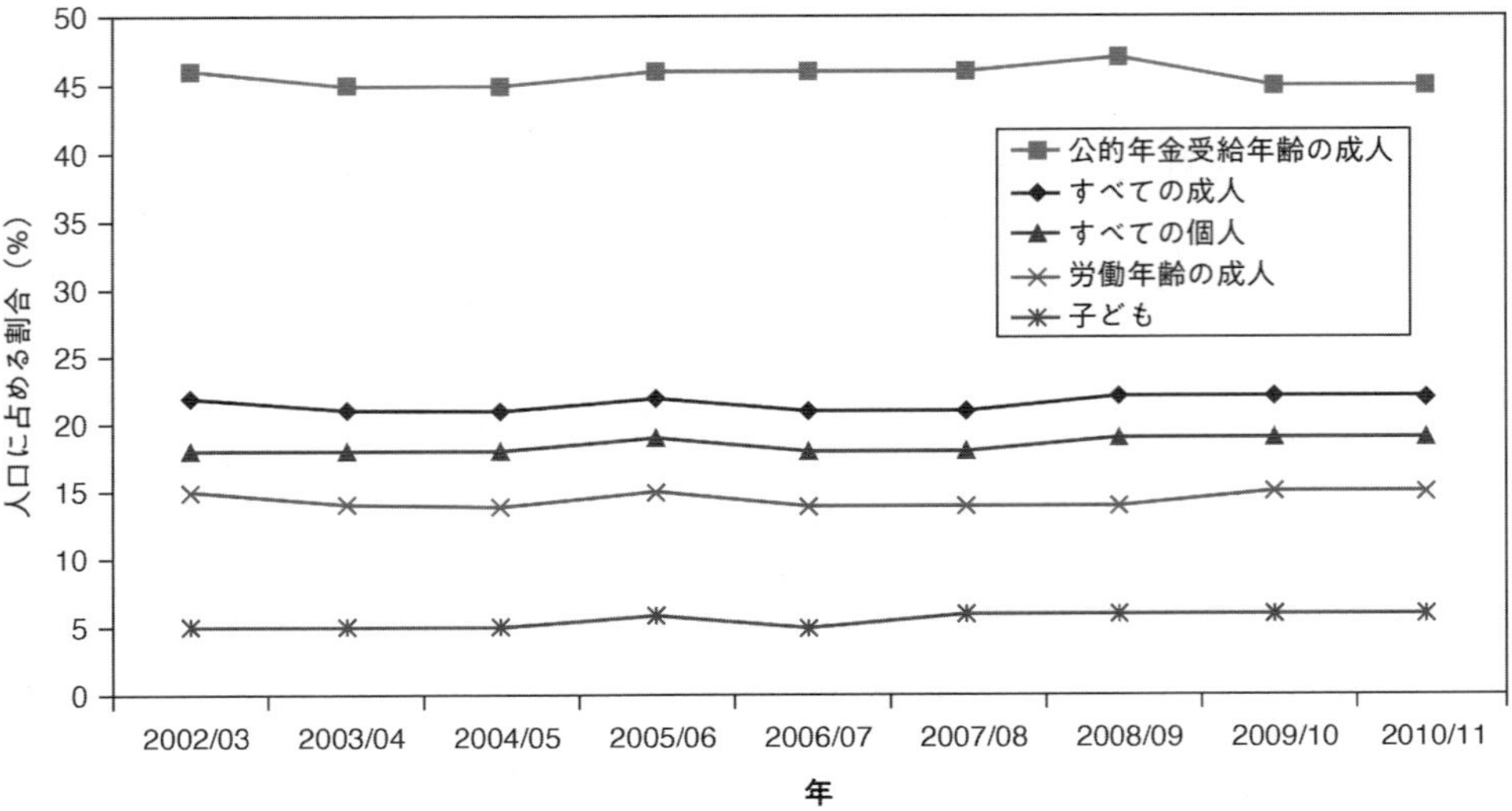

Fig. 10.8　2002/3〜2010/11の英国における年齢別障害有病率（年齢層の割合）　出典：DWP（2012: 79）

◎世界各地における障害

二〇一八年に、WHOは、世界中で一〇億人以上の人びとが何らかの障害とともに生活していると推定しており、これは世界人口の15％にあたる（WHO 2018b）。一九七〇年代の約10％という推定に比べて顕著に高い比率である（WHO 2011: 7-8）。障害の世界的な広がりは、人口の高齢化や慢性疾患の増加の結果として拡大しており、障害者の80％がグローバルサウスに生活している（Iriate et al. 2016: 3）。《先進国》における損傷の主な原因は慢性疾患と長期的な機能的損傷であり、他方、《開発途上国》での主な原因は貧困と不適切な衛生状態、乏しい食事、劣悪な居住環境である。骨折などのけがは、グローバルサウスではしばしば長期的な機能的損傷につながるが、それは治療とリハビリテーションの設備が使用可能であったならば起きなかったことであろう。鉄分の欠乏（貧血）や骨盤の慢性感染もまた、機能的損傷の大きな要因となっており、一年に約二五万人の子どもが、緑色野菜に含まれるビタミンAを欠いた食事のために失明すると推定されている（Charlton 1998）。戦争とその余波、例えば、未撤去の地雷もまた、多くの機能的損傷をもたらす。グローバルサウスにおける障害は、グローバルノースにおけるそれとは大きく異なっているように見える。

二〇〇六年、国連は、45か国にとどまる少数の国でしか障害者の権利を保護する法が導入されていないと指摘した。多数の国では、障害者は人口の残りの人びとと対等の権利を有していなかった。インドは差別禁止法を有する国であるが、七〇〇〇万人の障害者の内、二〇〇四年には一〇万人程度しか就労していなかった。

社会学的想像力 10.4

理論と政治を「クリップする」

障害者運動の内部での議論が時を経て展開されていく中で、一部の活動家と研究者が、障害をめぐる言説を「損傷」や「障害」そのものから切り離して論じるようになった。その一例が**クリップ理論**として知られるもので、これは、クイア理論と同様に、文学作品や芸術作品、及び政治言説や日常生活を批判的に検討し、これらの中に深く埋め込まれた、語られざる「能力主義的《エイブリズム》」前提を明らかにしている（McRuer 2006）。例えば、デイヴィッドソン（Davidson 2008: 168）は、経済のグローバル化に関する議論はいまだに病気や損傷への不用意な言及に満ち溢れていると指摘する。「国々は足枷となる（障害となる crippling）負債に苦しんでいる。国のリーダーたちは国民の要求を聞く耳をもたない（聾者である deaf）。貧困が癌として地域全体に広がっている」。障害を健康と病いに並べて本章の内に位置づけていることも、障害は政治や社会運動ではなく、まず何より「健康」や「病い」に関わるものなのだという前提を表すものだと見なされるかもしれない。

ここでの「クリップ（crip）」という言葉の使用は、かつて障害者、特に可視的な身体的損傷を負う人びとを侮蔑的に中傷するために用いられた「身障者（cripple）」という語を再生させ、新たに組み換えるものである（McRuer 2012）。それはまた、障害者の間で、内集団の連帯を高めていくアイロニカルな自己同定の形としてしばしば使用される言葉でもある。障害は、「正常な」能力を持つ身体のアイデンティティを基準として二次的に派生するのではなく、それ自らの権利において一つのアイデンティティであると見なされる。クリップ理論は、クイア理論に倣って、「クリップ」は事態ではなく、遂行されるものなのだと言う（クイア理論については第7章「ジェンダーとセクシュアリティ」を参照せよ）。例えば、国の支援事業を利用するためには、しばしば評価《アセスメント》があり、その間、人びとは積極的に「障害を演じ」なければならない（Rydström 2012）。したがって、「クリップする」こと、すなわち表向きは中立的ないし普遍的な社会現象の基底にある差別を暴露することは障害者運動の有効な形となりえ、それによって障害者は、差別を問い直すのではなくむしろ強化してしまうような善意の忠告や介入や治療を拒否したり、「歓迎されざるもの」としたりすることができる。

しかしながら、一部の人からはクリップ理論への批判が向けられてきた。ボーン（Bone 2017）は、クリップ理論に伴う真の問題は、学問的言説を障害者の現実の生活世界に結びつけ損なっていることにあると主張する。同様にシェリー（Sherry 2013）は、「『クリップ』が障害研究者の間で新たな流行語となっている」と論じる。「それは特に、文献研究に焦点を置いた研究者の間で流行りのものとなったのである。しかしながら、彼らがより障害者とともに過ごす時間を増やし、障害についてテクスト分析やナラティヴとして障害を考える時間を減らすのであれば、また別の見方を取るであろうと私は考える」。彼は、多くの障害者が「クリップ」を不快な言葉だと感じていると言う。

ジェンクス（Jenks 2019）に言わせれば、機能的損傷概念を脇に措くのは間違いである。その概念は、障害学にとっても、実効的な障害政策にとっても不可欠なものであると彼は主張する。シェリー（2013）は、イギリスの社会モデルが単純すぎる機能的損傷／障害の区分ゆえに長く批判されてきたと論じる。しかし、イギリスモデルから離れることを急ぐあまりに忘れられてきたことは、これらの概念が障害者との深い関わりから生まれたということである。機能的損傷と障害の区分とともに、ひとつの障害者組織、隔離に反対する身体障害者連盟が成立した。アメリカの障害学は、その鍵概念や用語をこれに照らして評価する基盤となるべきコミュニティを持たない。障害研究において「クリップ」理論のような概念が、研究者の世界で広く使用される一方で、コミュニティの中で信頼を失うのであれば、研究者の側が問い直されなければならない。

とはいえ、特にカナダとアメリカにおける、この分野での多くの若い研究者たちは、クリップ理論を熱く受け止めてきた。そして、それはこれからさらに展開されていくように見える。

▼批判的に考える

社会モデルは、社会的規範と社会的配置がある種の損傷を負う人びとを「障害者にしている」ことを示すために障害と損傷を区別した。なぜ、この区分が障害政策に役立たないと考える人がいるのだろう。「クリップの政治」はいかにしてより有効なものとなりうるだろうか。

アメリカでは、非障害者人口の就労率が78％であったのにたいし、生産年齢の障害者の内わずか35％しか就労していなかった（UN Convention on Rights of Person with Disabilities 2006）。

明らかに、差別を禁止する法や政策は世界中に不均等な形で分布しており、多くの障害者が自国において完全な市民権を認められていないのである。障害者にたいする対策を「レベルアップ」するために、国連は、21世紀の最初の人権協定を始動させ、二〇〇六年、国連障害者の権利に関する条約が採択された。これは、障害者にたいする態度の世界的な「パラダイムシフト」を促すことを狙ったものである。署名の開始日（二〇〇七年三月三〇日）に、99の国がこの条約に署名した。二〇一六年末までに、加盟国の87％（168か国及び欧州連合）がこれを批准している（UN 2016）。条約は各国の政府に「この条約において認められる権利の実現のため、すべての適切な立法措置、行政的処置その他の措置をとること、差別を生み出している法律、規則、慣習及び慣行を排すること」を義務付けている。そしてまた、障害者が同等の基盤の上に生活する権利を享受し、障害を有する女性や少女にたいする平等の権利とそのさらなる前進を確実にし、障害を有する子どもを保護することを保障している。そしてこの条約は初めて、障害者のための平等の権利を促進する世界的な政策課題を設定している。障害政策は明らかに、短期間の内に大きな進展を遂げてきた。しかし、現代の世界は同時に、過去には知られていなかった、そして障害をもたらす新たな障壁を生みだしかねない諸課題をもたらしている。

■ 変容する世界の中の健康と障害

世界中の人びとが出会う健康、病い、機能的損傷、障害の非常に多様な経験が、本章の中心的な考え方を例証している。それは、私たち自身の身体と他者との相互作用の経験は、健常な身体であれ障害を負っている身体であれ、病気であれ健康であれ、移り変わっていく社会的文脈によって形作られているということである。今日私たちは、人間の生活の世界的次元をますます鋭敏に自覚するようになり、それは、状況や機会の大きな不平等、とりわけグローバルノースとグローバルサウスの間の不平等を強く思い知らしめるものとなっている。その点は、新型コロナウィルス感染症、HIV／AIDS、エボラウィルス病のようなパンデミックの影響において、何よりも明らかになっている。

新型コロナウィルス感染症の影響の多様性に始まり、医療的ケアへのアクセスの大きな隔たり、世界中での障害の経験にいたるまで、比較社会学的研究は、政府や政策決定者にとって必要な根拠や理解のいくつかを提供している。衛生基準を押し上げるための介入は、信頼のおける根拠を必要とし、社会学者は、どこに支出と支援が最も必要とされるのかを指摘することによって、自らの役割を果たすことができる。また、デジタル技術の革新力や医療における新たな治療法についての比較的根拠の乏しい主張にたいして通常の地道な評価を行うことも、構造化された社会的不平等が人びとの健康と病いを予測させる最も重要な要素であり続けているというありのままの事実を人びとに思い起こさせることも、社会学の有益な貢献となりうる。

本章をふりかえって問う

1. 《健康》についての三つの定義を示せ。私たちはいかに「病い」を定義するべきだろうか。
2. 《生物医学》とは何を意味しているか。いかなる形でこのモデルは批判されてきたか。
3. 近年の《革新的保健技術》の例を二つ挙げて、それぞれの応用例を示せ。もしもこれらの技術が普及したならば、何らかの社会問題が生じうることが予見されるだろうか。
4. いかなる社会変動が、補完的及び代替的医療の興隆の原因となったと言われているか。
5. 《エピデミック》と《パンデミック》の違いは何か。なぜ一部のウィルス学者は、将来においてさらにパンデミックが生じるであろうと主張するのか。
6. 《病人役割》の三つの「主要な柱」とは何か。病人役割論は障害の研究には適さないだろうか。
7. 特定の事例を用いて、《社会階級》と《健康》がいかに密接に関わっているかを述べよ。階級についての知見はまたいかにして、イギリスにおける一部のエスニック・マイノリティ集団の健康状態の劣悪さを理解する助けになるだろうか。

8. 「女性の健康のパターンは、女性の生物学的性格に強く結びついている」。社会学者はなぜこの言明を受け入れないのかを説明せよ。

9. 「《障害の社会モデル》は社会組織に革命的な変化を要求している」。いかなる組織上の、実践上の変化が必要であると社会モデルは示しているか。

実際に調べてみよう

イギリスにおいては、国民保健サービスが、すべての主要政党の政治家たちによって長く支持されてきた。その財源は、国政選挙の期間中にはいつも論争の的となっているが、サービスにたいする公衆の支持は依然として高く、それは二〇二〇年の新型コロナウィルス感染症のパンデミックの期間に特に明確であった。しかしながら、政治家たちにとっては、反対の事態が生じている。政治と政治家にたいする信頼は近年を通じて低下してきた。経費スキャンダル、一〇年間に及ぶ緊縮政策、長引くブレグジットの過程が世論に悪影響を与えたからである。さてそれでは、人びとの健康状態と政治にたいする信頼との間には何らかの関係が存在しているだろうか。例えば、良好な健康状態の人は、健康状態の悪い人よりも政治を信頼しているだろうか。そして、このパターンは他の地域にも存在するだろうか。西ヨーロッパの19か国を検討し、比較によってこの問いに取り組んでいる、下記の論文を読むこと。

Mattila, M., and Rapeli, L. (2018) 'Just Sick of it? Health and Political Trust in Western Europe', *European Journal of Political Research*, 57(1): 116-34; https://doi.org/10.1111/1475-6765.12218.

1. これはどのような種類の研究か。いかなるデータが使用され、それはどのように収集され、比較されているか。

2. そのデータを説明するために二つの「理論的可能性」が示されている。それらがどのようなものであるか、それぞれがこの文脈でいかに使用されうるのかを明確にせよ。

3. この調査は、健康水準と政治的信頼の間の関係に一つのパターンがあることを示している。このパターンを記述し、研究された国々の文脈の間にある何らかの差異について述べよ。

4. 政治的信頼の水準において、公的サービスの供給にたいする人びとの《期待》が果たす役割とは何か。

5. 健康と福祉の領域では、集団的経験よりも個人的経験が政治的信頼に関する世論の形成に影響を及ぼすという著者たちの主張にあなたは同意するか。根強い左翼的な政治的意見が、良好な健康状態の人びとと劣悪な健康状態の人びとの差異を強調するとすればそれはなぜか。

さらに考察を深めるために

健康において社会階級間の差異が存在することはすでに明らかにされている。低い階級では高い階級に比して、平均的に、健康状態が劣悪で寿命が短い。一部の社会学者たちは、貧困とこれに関連した物質的環境への取り組みが政府の政策の中心となるべきであると論じてきた。しかしながら、二〇一二年のイギリスにおけるキングス・ファンドの報告によれば、学位を持たない人びとは、持つ人の五倍喫煙し、大量の酒を飲み、運動や健康な食事についてのアドバイスを避ける傾向にある。

なぜ、学歴の欠如と不健康なライフスタイルの選択の間に相関が存在しなければならないのだろうか。なぜ、鍵となる健康とライフスタイルについてのメッセージが、上層及び中層階級の社会経済的集団にはまじめに受け取られ、かつ実行されるのかに焦点を置いて、存在しうる理論的つながりを指示せよ。健康促進のメッセージはより効果的なものになりうるだろうか。それとも政府は、一部の社会集団にはこうしたルートを介して接近することができないのだということを単純に受け入れるべきなのだろうか。

芸術作品に描かれた社会

障害者運動は生活の多くの領域における差別を問い直すことに成功してきた。そして、障害はもはや、個人の損傷や疾患によってのみ、あるいはまず第一にそれらによってもたらされるものとは見なされていない。同時に、胎児のスクリーン検査が、より侵襲性が低くより正確なものとなりつつあり、親となる人にダウン症のような病気についてより多くの情報が与えられ、それによって家族が妊娠を中絶することも起こりうる。

二〇一六年一〇月、イギリスの俳優サリー・フィリップス（彼女の息子オリーがダウン症を患っている）によるドキュメンタリー映画が、非侵襲的な出生前診断（ＮＩＰＴ）を国民健康サービス（ＮＨＳ）に組み入れることに《反対》の意思を示した。このドキュメンタリーを観よ。

www.youtube.com/watch?v=x16wGajCHIw または
https://marchforlife.org/world-without-down-syndrome/.

ドキュメンタリーを観た後、以下の論文を読むこと。

Burch, L., (2017) 'A World without Down's Syndrome? Online Resistance on Twitter: #worldwithoutdowns and #justaboutcoping', *Disability and Society*, 32(7):
https://doi.org/10.1080/20550340.2017.1330453.

1. この事例においては、ドキュメンタリー制作者は明確に問題に「関与」しており、映画は伝えるべきメッセージを有している。より「中立的」なアプローチではもたらすことができないであろうこの作品から、私たちはダウン症について何を学ぶことができるだろうか。
2. バーチの論文を検討し、その後のオンラインでの議論が、人間の発達における「正常性」の観念にいかなる異議を唱えたかを述べよ。障害の社会モデルが、明示的に述べられることがなくとも、この議論の中に根づいているという証拠はあるだろうか。
3. 『オブザーバー』紙の記事によれば、ＮＩＰＴがアイスランドで導入された時、ダウン症の子の中絶率が100％まで上昇した

（McVeigh 2016）。NIPTは、ある種のカテゴリーの人びとに向けられる「新しい優生学」を促進するのか。それとも単に、女性の選択する権利を高めているだけなのだろうか。

読書案内

健康と病いの社会学は充分に確立された領域であり、多くの入門的な教科書が存在する。二つの非常に優れたものとして、健康と病いの概念をめぐる卓越した議論を示した、ミルドレッド・ブラクスターの『健康』*Health*, 2nd edn, Cambridge: Polity, 2010と、最新の議論を概観している、アンヌ＝マリー・バリーとクリス・ユイルの『健康の社会学を理解する――入門』*Understanding the Sociology of Health: An Introduction*, 4th edn, London: Sage, 2016がある。

ここから、より詳細にわたる重要な議論、データ、政策をカヴァーするものに挑むこと。例えば、サラ・ネトルトンの『健康と病いの社会学』*The Sociology of Health and Illness*, 4th edn, Cambridge: Polity, 2020とケヴィン・ホワイトの『健康と病いの社会学入門』*An Introduction to the Sociology of Health and Illness*, 3rd edn, London: Sage, 2017はいずれも包括的に論述している。

アレクサンドラ・ホーソンの『社会における身体――入門』*The Body in Society: An Introduction*, 2nd edn, Cambridge: Polity, 2012とブライアン・S・ターナーの『身体と文化――身体社会学試論』*The Body and Society*, 3rd edn, London: Sage, 2008（藤田・小口・泉田・小口訳、文化書房博文社、一九九九年）はこの領域を広くカヴァーしている。社会学における障害研究については、コリン・バーンズとジョフ・マーサーの『ディスアビリティ・スタディーズ――イギリス障害学概論』*Exploring Disability: A Sociological Introduction*, 2nd edn, Cambridge: Polity, 2010（杉野・松波・山下訳、明石書店、二〇〇四年）とジョン・スウェイン、サリー・フレンチ、コリン・バーンズ、キャロル・トーマスによって編まれた非常に有益な論集『イギリス障害学の理論と経験――障害者の自立に向けた理論と実践』*Disabling Barriers-Enabling Environments*, 3rd edn, London: Sage, 2013（竹前栄治監訳、明石書店、二〇一〇年）を見よ。

健康と病いの領域を網羅する有益な参考書は、ジョナサン・ゲイブとリー・モナハンの編による『医療社会学のキーコンセプト』*Key Concepts in Medical Sociology*, 2nd edn, London: Sage, 2013である。

健康と身体の社会学に関する原書文献をまとめた関連書『社会学――入門読本（第四版）』*Sociology: Introductory Readings*, 4th edn, Cambridge: Polity, 2021を参照せよ。

インターネット・リンク

本書に関する追加情報とサポート（ポリティ）
www.politybooks.com/giddens9

欧州保健制度政策観測所　ヨーロッパ全体の保健制度を網羅した情報

www.euro.who.int/en/about-us/partners/observatory

世界保健機構　世界中の健康と病いに関する優れたデータの源泉

www.who.int/en/

国連合同エイズ計画　多くの情報源と統計を持つ国連のエイズ対策プログラム

www.unaids.org/en/

革新的保健医療技術研究プログラム　イギリス、ヨーク大学の研究プログラム。「テーマごとのプロジェクト（Projects by Theme）」を見よ

www.york.ac.uk/res/iht/introduction.htm

ウェルカム図書館、イギリス　医療とその社会内での役割の歴史に関する非常に有益な素材

https://wellcomelibrary.org/

ヘルストーク　患者視点からの健康問題を網羅するイギリスのサイト

https://healthtalk.org/

リーズ大学障害学アーカイヴ　障害のあらゆる側面を網羅する広範な素材源

https://disability-studies.leeds.ac.uk/library/

欧州障害フォーラム　欧州連合における権利の平等を促進する障害者によって運営される非政府組織

www.edf-feph.org/

イギリスの平等と人権委員会　障害者差別と平等法 2020 に関する情報源

www.equalityhumanrights.com/

国連障害者の権利に関する条約　障害者権利条約が何を語っているか。世界中の障害関連法を網羅する情報を伴う

www.un.org/development/desa/disabilities/convention-on-the-rights-of-persons-with-disabilities.html

（鈴木訳）

第11章

貧困、社会的排除、福祉

近年、ロンドン、ブライトン、カーディフ、ブリストルで、新しく建設された明るい宿泊施設が次々と誕生している。一見すると、自分で家を建てることに熱中している人たちが、テレビで放映されている建築物の設計・デザイン番組のためにデザインしたように見える。けれども、こうしたユニット住宅は、実のところ、金属製の輸送用コンテナを改造したもので、多くの地方自治体が直面している住宅危機に対する革新的な解決策を意図したものである。公営住宅が十分に供給されず、ホームレスが増加するなかで、一部の地方自治体では民間開発業者と提携し、地方自治体が所有する土地に小規模なユニット住宅群を短期間で建設している。

コンテナは一時的な休息場所であり、危険で不健康なアパートや家を借りているよりはましだと考える入居者もいる。例えば、28歳のクリスティンは、コンテナを改造した西ロンドンのミース・コートに住んでいる。「ここにずっと住みたいとは言いません。でも、状況や選択肢としては悪くないんです」(引用：Butler 2019)。住宅の専門家は、この「解決策」を、事態が悪い方向に進んでいることの最も明確な兆候と見ている。ユニット住宅は非常に狭く、子どもが遊ぶスペースはほとんどなく、収納も非常に限られており、金属製の構造と不十分な断熱材のため、入居者は夏場には耐えられないほど暑くなると報告している。また、一時的な解決策に過ぎないにもかかわらず、入居者が半年、時には一年以上も同じユニット住宅で過ごすことも珍しくない。

ホームレスになって緊急避難所に頼るということは、貧困にあえぐ家庭の定義と捉えられるかもしれない。しかし、それは「貧しい」ことを意味するのだろうか。ロンドン北部の別のタイプの仮設住宅に住むひとり親で、三人の障害児を持つジェニーは、自分が貧しいと思っている。「つまり、ある意味、そう、私は貧しいんです。貧しいということは、何も買えないということです。必要なものを買う余裕がないんです」。貧しいということは、まともな生活をするために必要なもの（欲しいものではなく）を買う余裕がないということだ、という考え方が一般的だが、ジェニーの末っ子で11歳のマイケルはそうは考えていないようだ。「ぼくらは路上生活者みたいに貧しいわけじゃない。ほかの子どもたちが持っているような完璧な服は持っていないけど、自分たちが生きていけるなら、今あるもので満足しているんだ」。ジェニーは社会保障給付を受けているが、そのほとんどは食費、学生服、光熱費、交通費にあてられ、家賃は住宅手当でまかなわれている。テレビ、洗濯機、冷蔵庫はあるが、あまり外出はせず、一緒に休暇を過ごしたこともない。彼らは貧しいと思うだろうか。彼らは貧困の中で生きているのだろうか。

ジェニーの状況は、ランズリーとマックによるイギリスの貧困に関する調査（Lansley and Mack 2015）で語られている。21世紀に行われたこの調査研究によると、イギリスの貧困は減少しているのではなく、むしろ増加している。しかし、もしジェニーが本当に貧しいのなら、あるいは貧困のなかで生活していると言えるのなら、それはグローバルサウスのいくつかの国に存在するような、住居、清潔な水、教育、手軽に受けられる医療といった生活に必要なものさえ、多くの家庭にとって手に入らない貧困とは違う。私たちが貧困と考えるものは、それぞれの国の状況において大多数の人びとが受け入れている生活規範によって異なるのである。

＊より広範で、グローバルな文脈における貧困と不平等に関する集中的な議論については、第6章「グローバルな不平等」を参照せよ。

ジェニーのような人に出会うと、多くの人は彼女の人生について思い込んでしまう。貧困は生い立ちのせいだと考えるかもしれない。また、彼女を「仕事嫌い」と決めつけたり、十分に働かないことを責めたり、社会保障給付で暮らすのは安楽にすぎると指摘したりする人もいるかもしれない。このようなメディアや政治的な論評が増えるなか、シルドリックらによる貧困と不安に関する研究（Shildrick 2012: 2-3）は次のように結論づけている。「私たちの全体的な発見は、研究対象者が何年にもわたって失業や低賃金の仕事に出たり入ったりする一方で、ほとんどの人が長く働き続けたいと表明しているということである」。

社会学では、私たちは個人主義的な説明で満足することは、ほとんどない。貧困は単なる「個人的な悩み」ではなく、根強い「公共の問題」であり、ジェニーと同じような立場にある多くの人びとの経験を理解できるような、より広い社会観を身につけることが社会学者の仕事である。本章では、貧困の概念と経験をより詳細に検討し、一九九〇年代に隆盛を極めた社会的排除というより射程の広い概念について考察している。最後の節では、福祉国家がどのように、またなぜ生まれたのかについて、そして最近の改革の試みについて見ていく。

11章と6章はかなり密接に関連していることに読者は留意してほしい。この章では、主に先進工業国における貧困、排除、福祉について、イギリスを事例とし、ヨーロッパとの比較も行っている。しかし、第6章「グローバルな不平等」では、グローバルな文脈における貧困と不平等の問題を取り上げるためにその視野を広げているが、特にグローバルサウスに焦点を当てている。

■ 貧困

◎ 貧困の定義

誰しもが貧困は何かを直感的に理解しているように思われるが、社会科学で使用するための合意された定義に到達することは困難であることがわかる。二〇〇〇年に、世界銀行（World Bank 2000: 15）は、貧困を「幸福の著しい剥奪」と定義した。この簡潔な言明は出発点であるが、何をもって幸福とするかという問題を提起している。健康を維持できることなのか、よい教育を受けられることなのか、十分な食料が手に入ることなのか。それとも、それらすべてなのだろうか。比較的豊かな社会では、これらを享受することは、そのための資源があることを意味し、他の基準が用いられることもあるが、通常は所得で測られる。逆に、「貧困」または「顕著な剥奪」にあることは、そうした資源を得るための十分な所得がないことを意味する。

社会学者は通常、貧困を**絶対的貧困**（しばしば「極度の」貧困と呼ばれる）と**相対的貧困**の二種類に区別している。絶対的貧困は、身体的に健康な生活を維持するために満たされなければならない基本的な条件である生計手段という考え方に根ざしている。

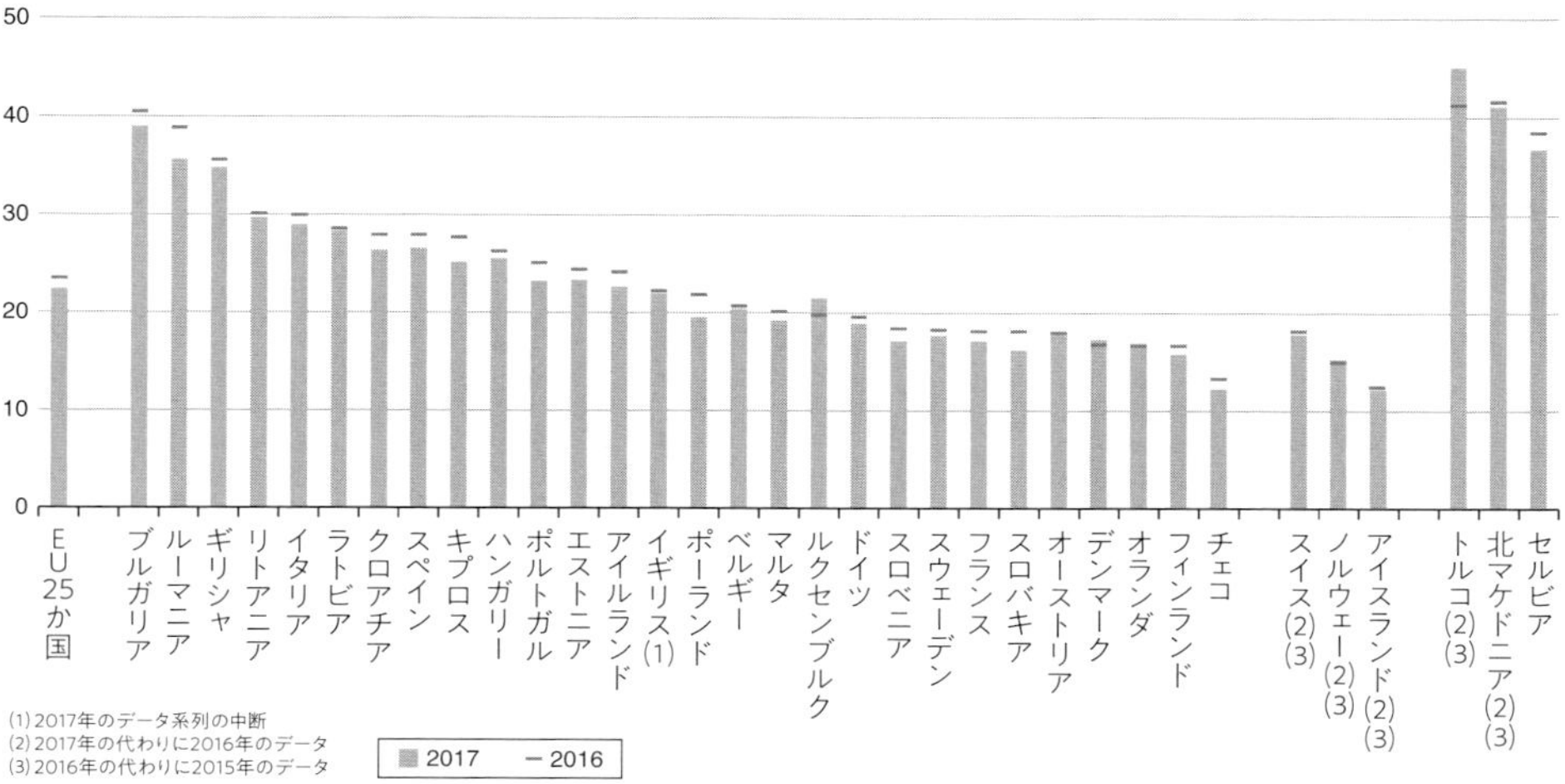

Fig. 11.1　EUの貧困リスク率、2016-27　出典：EU統計局（2019a）

十分な食料、シェルター、衣服などの基本的な条件を欠いている人びとは、絶対的貧困の状態にあると言われている。人間の生活水準は、年齢や体格が同等であれば、ほぼ同じであると考えられており、この普遍的な基準を満たさない人は、世界のどこにいても、絶対的貧困状態にあると言える。この定義では、先進工業国では絶対的貧困は稀である。

しかし、これらの国々では、依然として多くの人びとが相対的貧困のリスクにさらされている。純粋に経済用語では、相対的貧困の一般的な基準は、可処分所得がその国の中央値の60%以下の世帯で暮らしていることである。この尺度では、二〇一七年に欧州連合（EU）の当時の28か国で約一億一二八〇万人が「貧困または社会的排除」の危機にあった（社会的排除については本章で後述する）。これはEU人口の22.4%にあたる（Eurostat 2019a）。もちろん、Fig. 11.1が示すように、貧困率はEU-28諸国で相当大きく異なっている。

しかしながら、《国内》における経済的不平等の観点から見ると、国家間の経済的地位が大きく異なるにもかかわらず、国民全体の下位五分の一が受ける国庫収入の割合は、それほど変わらないことが多い。例えば、ルワンダでは、二〇〇七年には、国庫収入の5.3%が人口の最貧困層五分の一に分配され、アメリカでは、5.4%であった（IBRD/World Bank 2007）。第6章「グローバルな不平等」が示すように、グローバルノースでは、極端な貧困が解消されたにもかかわらず、慢性的な不平等が依然として存在している。貧困と不平等は関連しているが、同じものではない。

多くの学者は、普遍的な絶対的貧困の基準を特定することが可能であることを認めていない。彼らは、相対的貧困という概念を用いることがより適切であると主張している。相対的貧困は、特定の社会における生活水準全体と困窮を結びつけるものである。人間のニーズはどこでも同じというわけでは《なく》、社会内でも社会間でも異なる。ある社会で必須とされるものが、別の社会では贅沢品とみなされるかもしれない。ほとんどの先進工業国では、水道水、水洗トイレ、果物や野菜の常食は基本的な必需品とみなされており、それらを持たない人びとは相対的貧困の中で暮らしていると言えるだろう。グローバルサウスの多くの国々では、これらの要素は人口の大多数にとって標準的なものではなく、その有無によって貧困を測ることは意味をなさないであろう。《絶対的》貧困の認められた定義も、特定の時代に入手可能な既存の知識に従って、時代とともに変化してきた（Howard et al. 2001）。要するに、絶対的貧困の定義も、時間や場所によって相対的であることが判明し、この概念が提唱する普遍性が損なわれている。

＊グローバルサウスの不平等と貧困の問題に関して、より詳細は、第6章「グローバルな不平等」を参照せよ。

相対的貧困の概念には、それ自体の複雑さがある。社会が発展するにつれ、相対的貧困の基準も変化し、社会がより豊かになるにつれ、相対的貧困の基準も徐々に上方修正されていく。20世紀初頭には、冷蔵庫、テレビ、セントラルヒーティング、電話はすべて贅沢品とみなされていたが、今日の先進工業国では必需品とみなされている。このような商品を持たない、あるいは買えない家庭は、社会の多数派が享受しているようなライフスタイルを送ることができないため、相対的貧困状態にあると考えられるだろう。もちろん、彼らの両親や祖父母はそのようなものを持っていなかったかもしれないが、その当時は貧困とはみなされなかっただろう。

実質的にすべての家庭にさまざまな消費財が置かれている先進国において、本当に「貧困」が存在すると言えるのか、という疑問さえ抱く人もいる。こうした議論を説明するために、次の節では、イギリスにおける公式の貧困測定方法と、それを改善するための社会学的な試みをいくつか検証している。

◎どの程度の貧困か？

貧困の公的測定　一九九九年頃まで、歴代のイギリス政府は、他の多くのヨーロッパ諸国とは異なり、公式な「**貧困線**」を認めず、代わりに様々な個別指標を用いることを好んだ。そのため、研究者たちは、貧困レベルを測るために、特定の社会保障給付の受給資格などの統計指標に頼らざるを得なかった。一九八〇年代以降、ほとんどのＥＵ諸国は、貧困を、通常は直接税控除後、住宅費を除く世帯所得の中央値の60%以下の所得の家庭で暮らすことと定義している。これはしばしばＨＢＡＩ（House-hold Below Average Income　平均所得以下世帯）と略称される。所得の中央値とは、人口のちょうど半分がそれを上回り、残りの半分がそれを下回る所得水準である。

この指標は、一九九九年からイギリス労働党政権が、一〇年以内に子どもの貧困を半減させ、二〇年以内になくそうとする試みの中で採用された（Lansley and Mack 2015）。相対的貧困の指標としてHBAIを一貫して使用することで、貧困レベルを時系列で追跡することができる。例えば、イギリスで貧困状態にある人の数は一九八〇年代を通じて劇的に増加し、一九九一〜九二年にピークに達し、一九九〇年代半ば以降に減少した。二〇〇九年から二〇一〇年にかけて、労働年金省は、この指標によると一〇四〇万人（人口の17%）が貧困状態にあると報告した（DWP 2011: 11）。この割合は一九九四〜九五年以降、驚くほど安定している。二〇〇八年の金融危機の後、一時的に約19%まで上昇したが、二〇一三年までに16%まで下がった（ONS 2015a: 4）。

ＥＵは、「貧困または社会的排除のリスク率」（ＡＲＯＰＥ）として知られる、ＨＢＡＩと類似しているが同じではない別の指標を採用している。これは、所得貧困のリスクのある人、物質的剥奪にある人、「労働強度」が非常に低い世帯で暮らす人という三つの指標を含んでいる（Eurostat 2015a）。「所得貧困リスク」指標は、等価可処分所得が国民所得の中央値の60%を下回る個人を指す。物質的剥奪とは、洗濯機、テレビ、車などの商品の代金を支払うことができないこと、家賃や光熱費の支払いや予期せぬ出費を賄うことができないことを余儀なくさせられていることを意味する。低労働強度とは、ある世帯の構成員がまとめて一年間に働けるはずの時間の五分の一以下しか働いていないことを指す。二〇一六〜一七年、ＥＵ諸国では五三五〇万人が所得貧困、一三八〇万人の物質的剥奪、一一九〇万人の労働強度が非常に低い世帯に分かれている。さらに二六五〇万人が、これらのリスクのうち二つを経験している世帯に属している。三つともある世帯は、七一〇万人である（Eurostat 2019a）。

このように貧困と社会的排除を組み合わせることで、国を超えた不利や不平等の幅広い比較が可能になるが、比較統計分析に複雑さを加えることにもなる。明らかに、相対的貧困の定義が異なり、変化していることを考えると、時間や国を超えた貧困率の比較は、不可能ではないものの、困難が伴う。他の機関は、所得の貧困に加え、独自の貧困指標を使用しているため、状況はさらに複雑である。

イギリスの独立系シンクタンクである新政策研究所（ＮＰＩ）は、所得、住宅、雇用（および失業）、給付、サービスにわたる貧困と社会的排除の五〇の指標に着目している。貧困を「日常生活の規範を大きく下回っている状態」と定義し、貧困と社会的排除の両方の問題を効果的に対象としている（MacInnes et al. 2014: 6）。二〇一〇年の第13回ＮＰＩ『貧困と社会的排除の観察』報告書によると、二〇〇八〜〇九年のイギリスの全体的な貧困レベルは前年と変わらなかったが、所得の中央値の40%以下という「深刻な貧困」を経験している世帯の人数は増え続け、今では五八〇万人となり、貧困層全体の44%を占めるに至っている。これは、一九七九年以降で最も高い割合である（NPI 2010: 23）。

ＮＰＩの二〇一五年の報告書（MacInnes et al. 2015）は、貧困状態にある人びとの半数が、誰かが有給で働いている家庭で暮らしていることを指摘している——当然のことながら「ワーキング・プア」として知られている。この知見は、貧困が社会保障給付の受給者や失業者だけに関係しているという社会的な固定観念を永続させないよう注意しなければならないことを示している。本章で後述するように、この分野におけるより最近の調査研究は、仕事や全体的な状況の変化に伴い、人びとが生涯を通じて貧困に陥ったり、脱出したりしていることを実証している。

▼批判的に考える

イギリス政府の方針は、貧困から抜け出す最良の方法として、人びとに正規の経済活動に従事することを奨励することである。しかし、「ワーキング・プア」が増加しているのであれば、政府は今、仕事を見つけた人が貧困から抜け出せるようにするために、どのような実際的な対策をとることができるだろうか。

貧困と相対的剝奪　研究者の中には、上述のような公式の測定は、貧困の正確なイメージを与えてくれないと主張する人もいる。貧困を剝奪の一種として定義するいくつかの重要な研究が行われてきた。このアプローチの先駆者の一人は、ピーター・タウンゼントであり、彼の仕事が、一九五〇年代後半以降、「貧困にあえぐ生活」が実際に何を意味するのかについて、一般市民の認識を高めた（「古典研究11.1」参照）。

タウンゼントの剝奪としての貧困という定義に基づいて、マックとランスリーは、イギリスにおける相対的貧困について、一九八三年に一回目、一九九〇年に二回目の影響力のある研究を行った（それぞれ一九八五年と一九九二年に出版された）。一九八三年に放映されたテレビ番組『ブレッドライン・ブリテン』の中で、彼らは、人びとが「受け入れられる」生活水準のための「必需品」は何であると考えるかについて、世論調査を実施した。その結果、回答者の50％以上が「普通の」生活を送るために重要であると考えた22の基本的な必需品のリストが作成された。マックとランスリーは、回答者に《彼らが》必需品と考えるものを尋ねることで、タウンゼントの最初の調査にたいして向けられた批判、すなわち剝奪指標の項目の選択が恣意的であるという批判を回避したのである。一九八三年の調査では、イギリスで約七五〇万人（人口の約14％）が貧困状態にあると推定された。マックとランスリーは、一九九〇年にこの調査を繰り返し、一九八〇年代に貧困が著しく《増加》し、貧困状態にある人の数は約一一〇〇万人であることを明らかにした。

二〇〇〇年には、デイヴィッド・ゴードンらが同様の調査「貧困と社会的排除に関するミレニアム調査（Millennium Survey of Poverty and Social Exclusion）」（通称：ＰＳＥ調査）を実施した。この調査チームは、人びとがイギリスで許容できる生活水準のために「必需品」と考えるものを質問用紙で調査した。その回答に基づいて、回答者の50％以上が必需品と考える35項目のリストを作成した（Tab. 11.2 参照）。そして、《二つ以上》の必需品がないことを強いられていることと、低所得であることを基準に、剝奪の閾値を設定した。

ＰＳＥ調査では、サンプルの28％が二つ以上の必需品を欠いていることがわかったが、これには、現在貧困から抜け出したと思われるほど所得が高い２％が含まれており、調査対象者の26％が相対的貧困状態にあると分類されている。研究者たちは、マックとランスリーが用いたのと同様の方法を採用したため、その二人

古典研究 11.1

ピーター・タウンゼントの貧困と剥奪に関する研究

研究課題

社会学者は、所得やその他の統計を照合することで、社会における貧困の程度を明らかにするが、貧困を経験することはどのようなものであろうか。低所得者はどのように生活費を捻出し、人びとは何を我慢しなければならないのだろうか。ピーター・タウンゼントの研究は、貧困に対する人びとの主観的な経験や理解に焦点を当て、貧困とは何か、つまり、特定の社会にとって不可欠と考えられる物質的収益が欠如していたり、あるいは拒絶されているという剥奪の観点から正確に確認しようとするものであった。タウンゼントは、その古典的研究『イギリスにおける貧困』(Townsend 1979)のなかで、一九六〇年代後半にイギリス中の世帯が記入した二〇〇〇枚以上の調査票への回答を検討している。回答者は、所得とともに、生活環境、食習慣、レジャー、市民活動を含んだライフスタイルに関する詳細な情報を提供した。

タウンゼントの説明

タウンゼントは、収集した情報のなかから、特定の社会集団ではなく、サンプル集団全体に関連する12項目を選び、これらの項目で剥奪されている人びとの比率を算出した(Tab. 11.1参照)。そして、各世帯に剥奪指標(点数が高いほど、より剥奪されている)を与え、各世帯の人数、成人の

Tab. 11.1 タウンゼントの剥奪指標(1979)

項目	%
1 過去12ヶ月間に家を空ける休暇を取ったことがない。	53.6
2 大人のみ。過去4週間、食事やおやつを食べに親戚や友人を家に呼んだことがない。	33.4
3 大人のみ。過去4週間、親戚や友人のところへ食事やおやつを食べに出かけたことがない。	45.1
4 子どものみ(15歳未満)。過去4週間、遊んだりお茶をしたりする友達がいなかった。	36.3
5 子どものみ。前回の誕生日にパーティをしなかった。	56.6
6 過去2週間、午後や夜に娯楽に出かけたことがない。	47.0
7 週に4日も生肉(外食を含む)を食べていない。	19.3
8 過去2週間に1日以上、調理済み食品を食べない日があった。	7.0
9 一週間のうち、ほとんど毎日朝食をとっていない。	67.3
10 家に冷蔵庫がない。	45.1
11 普段、日曜大工をしない家庭(4回に3回)。	25.9
12 四つの設備(水洗トイレ、洗面台と冷水栓、固定式バスタブまたはシャワー、ガス/電気調理器)を単独で使用しない世帯である。	21.4

出典:Townsend (1979:250)

就労の有無、子どもの年齢、障害のある人の有無のような要因を考慮し、総収入にたいするその指標にもとづいて世帯の順位を比較した。

タウンゼントは、この調査によって、社会的剝奪が急速に進む所得水準の閾値が明らかになった、と結論づけた。そのような閾値を下回る世帯が貧困に苦しんでいるとし、その世帯は人口のうち22.9％を構成し、これまでの数字よりはるかに高い、と計算された。タウンゼントの研究によると、世帯収入が減少するにつれて、そうした家庭はごく普通の活動への参加が減少していることが示された。つまり、「社会的排除」を受けるようになっているのである。

批判のポイント

タウンゼントのアプローチは非常に影響力のあるものであったが、デイヴィッド・ピアショー（Piachaud 1987）をはじめとする数人の批判者は、タウンゼントが剝奪指標に選んだ項目には恣意性があると論じている。つまり、これらの項目が「貧困」とどのように関連しているのか、あるいはどのような根拠で選択されたのかが不明確なのである。いくつかの項目は、貧困や剝奪というよりも、社会的・文化的な決断と関係があるように思われる。もし誰かが肉を食べないことや朝食を作って食べることをしないという選択をしても、あるいは定期的に人付き合いしなかったり、休暇に家から外出しなかったりすることを決めても、その人が貧困に苦しんでいるかはただちには明らかにはならないのである。

現代的意義

こうした文化的批判は重要なものであるが、長期的には、貧困と剝奪の研究に対するタウンゼントのアプローチは、その意義を保ってきた。実際、この手法は数多くの社会学的研究の基礎を形成し、そしてそれらの社会学的研究はタウンゼントの最初の研究に向けられた文化的批判を回避しようと努めてきたのである。貧困と剝奪がいかに表裏一体であるかを理解するために、特定の要因に基づいた剝奪指標を構築する試みは、今もなお貴重なものである。また、タウンゼントの研究は、現代の貧困に関する議論を、貧困にあえぐ人びとから完全な市民権を奪う社会的排除という隠されたプロセスに対する評価へと向かわせるのに貢献した。

によるデータを使って、イギリスの貧困水準が時間とともにどのように変化したかを比較することができた。社会通念上の必需品（マックとランスリーの研究では貧困の閾値として設定されている）が三つ以上欠けている世帯の数は、一九八三年の14％から一九九〇年には21％、一九九九年には24％と大幅に増加した。このように、一九八〇年代初頭からイギリス人全体が豊かになったにもかかわらず、二〇〇〇年までに貧困も劇的に増加したのである。

二〇〇六年のある研究は、ゴードンのＰＳＥ調査のデータの一部を再分析している（Palmer et al. 2006）。35の「生活必需品」尺度から類似の項目を組み合わせた結果、その大部分が直接「金銭関連」であることが明らかになった。つまり、回答者がそれらをまかなえる余裕があるほど十分な高い所得を得ていないことを

Tab. 11.2　成人の必需品に対する認識と不足している人の数（成人人口比）

	検討項目		回答者が回答した項目	
	必要不可欠である	必要不可欠ではない	持たないし、欲しくない	持たないし、買えない
家族成員みんなのベッドと寝具	95	4	0.2	1
家のリビングを暖める暖房	94	5	0.4	1
湿気のない家	93	6	3	6
入院中の友人や家族の見舞い	92	7	8	3
1日2食	91	9	3	1
医師から処方された薬	90	9	5	1
冷蔵庫	89	11	1	0.1
新鮮な野菜と果物（毎日）	86	13	7	4
防寒・防水コート	85	14	2	4
壊れた電気製品の交換・修理	85	14	6	12
友人や家族への訪問	84	15	3	2
クリスマスなどの特別な日のお祝い	83	16	2	2
自宅の装飾を維持するための資金	82	17	2	14
学校訪問（運動会など）	81	17	33	2
冠婚葬祭への参列	80	19	3	3
肉、魚、または菜食主義者に相当するものを一日おきに	79	19	4	3
住居の家財の保険	79	20	5	8
趣味・余暇活動	78	20	12	7
洗濯機	76	22	3	1
子どもたちの学校への送り迎え	75	23	36	2
電話番号	71	28	1	1
就職面接に適した服装	69	28	13	4
冷蔵庫／冷凍庫	68	30	3	2
リビングルームとベッドルームのカーペット	67	31	2	3
雨の日や老後のために定期的に貯金（月10ポンド）	66	32	7	25
全天候型シューズ2足	64	34	4	5
友人や家族で食事に行く	64	34	10	6
家族のためではなく、毎週自分のために使う少額のお金	59	39	3	13
テレビ	56	43	1	1
週1回、ローストビーフ／ベジタリアンに相当する料理	56	41	11	3
年に一度の友人・家族へのプレゼント	56	42	1	3
年に一度の遠出の休日	55	43	14	18
使い古した家具の交換	54	43	6	12
辞書	53	44	6	5
社交の場での一着	51	46	4	4

出典：Gordon et al.（2000:14）

単に意味している（Fig. 11.2）。二〇〇四～〇五年の家族資源調査をもとに、調査チームは、10の選択された生活必需品との関連で、低所得世帯と平均的な所得の世帯を比較することができた（Fig. 11.3参照）。ここでも、低所得世帯のかなりの割合が、これらの品目を購入する余裕がないと回答している。60％近くが月10ポンド以上の貯蓄ができず、50％以上が年次休暇をとる余裕がなく、三分の一が家財に保険をかける余裕がないとしている。

パルマーのチームは、平均的な所得を得ている世帯のうち、これらの項目に対する金銭的余裕がないと答えた世帯がかなり少数派であることを指摘している。したがって、この報告書は、主観的に定義された尺度を用いることに批判的である。この尺度は、「本当の」貧困の信頼できる有効な尺度を提供するうえで、限られた価値しか持たない。例えば、平均的な所得の人のほぼ三分の一が「月に10ポンド以上の貯蓄」をする余裕がなく、四分の一が「年に一週間家を離れる休暇」をとる余裕がない場合、その人たちも「貧困状態にある」ことになるのだろうか。さらに必要なのは、なぜそのような項目を実現できる余裕がないのかについての定性的な情報である。そうすれば、各項目の欠如が、社会経済的状況による「強制的貧困」の例なのか、それとも他のものを優先させるという個人の選択の結果なのか、その程度を評価することができるようになる。

▼批判的に考える

もし「相対的貧困」の測定が社会の発展とともに変わるなら、それは「貧困層がつねに存在する」ことを示唆しているのだろうか。なぜこれが、相対的貧困にある人びとを特定するために用いられる概念と測定の誤解であるのか説明しなさい。

◎ 貧困に陥るリスク

多くの人が生涯を通じて貧困状態に陥ったり、脱出したりしているため、貧困は流動的で社会的に類型化されていないという印象を与えるかもしれない。しかし、私たちも知っているのは、ある社会集団が貧困に陥る《リスク》が、他の集団よりも高いということである。例えば、子どもや女性、一部のエスニック・マイノリティ集団、高齢者などは、最もリスクの高い集団である。特に、生活の他の側面で不利な立場に置かれている人や差別されている人は、貧困に陥る可能性が高い。例えば、EU圏外からの最近の移民は、長年にわたってヨーロッパで暮らしてきた人びとよりも高い貧困率を示している。移民は貧困のリスクが高いだけでなく、職場で搾取されるリスクも高い（Lelkes 2007）。また、本項では主にイギリスに焦点を当てるが、こうしたパターンは程度の差こそあれ、グローバルノース全域で繰り返されている。

＊ グローバルサウスの貧困と不平等については、第6章「グローバルな不平等」で取り上げている。

子どもたち　子どもたちは貧困の高いリスクにある社会的カテゴリーとして長く認められてきており、プラット（Platt 2013: 328）は、「子どもは貧困の高いリスクに直面しているだけ

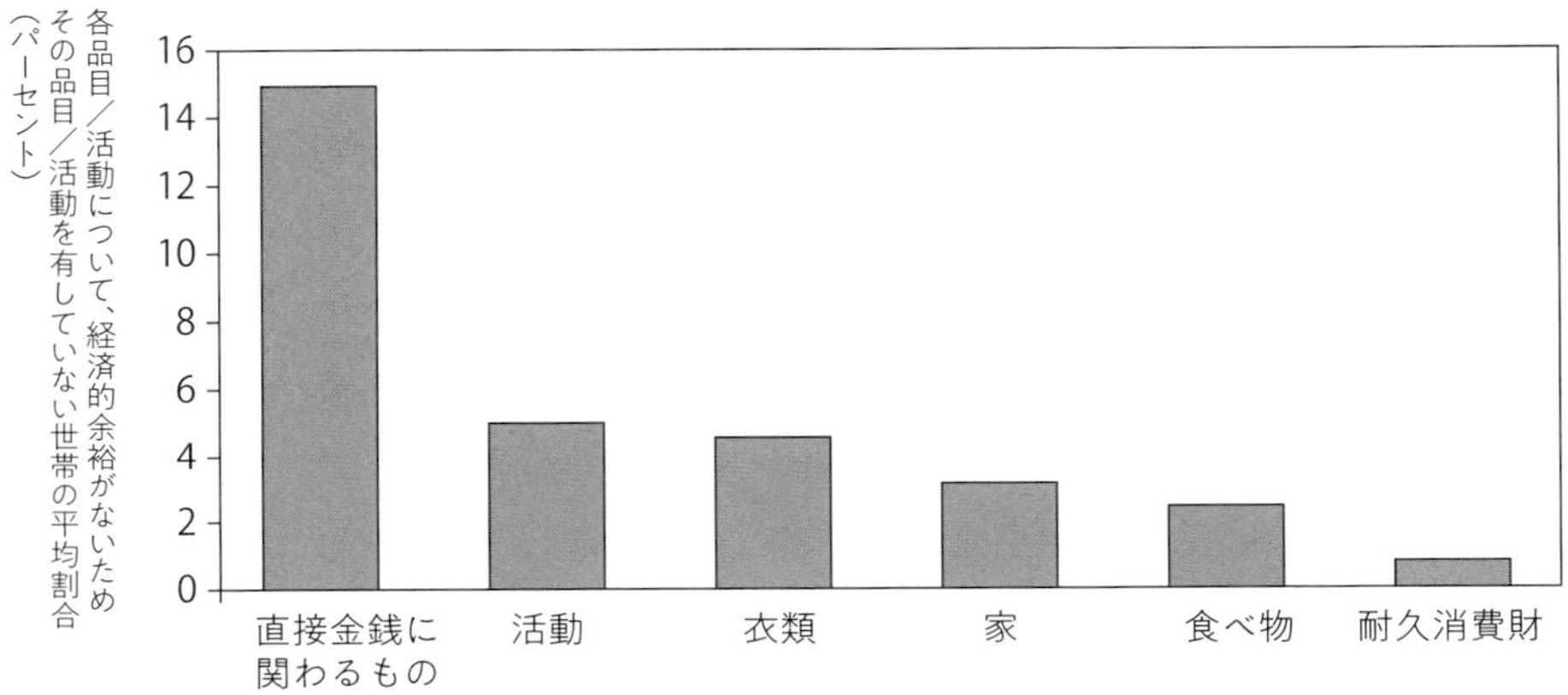

Fig. 11.2　最も一般的に欠如している生活必需品（カテゴリー別）　出典：Palmer et al.（2006:35）

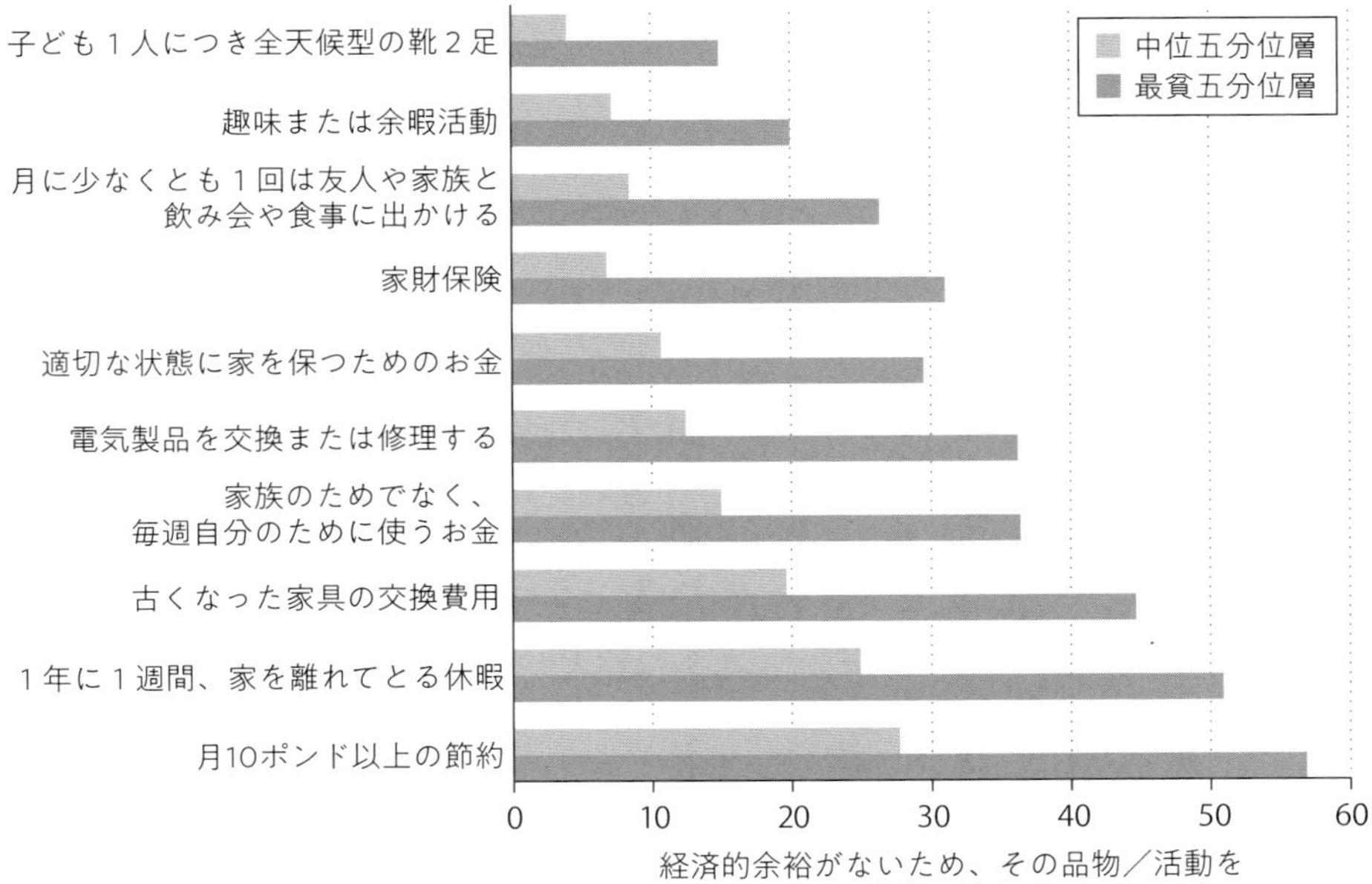

Fig. 11.3　イギリスにおける選択された「生活必需品」を購入することができない世帯比率（平均所得世帯と低所得世帯別）
出典：イギリス労働・年金省（2005）

でなく、特にそれが長期にわたって続く場合、その負の結果にたいして特に脆弱である。影響は長期的（成人期まで）であり、人生の初期に現れることが示されている」と主張している。例えば、貧困のなかで暮らす子どもたちは、そうでない子どもたちに比べて健康状態が悪い傾向がある。また、低出生体重児、交通事故による負傷や死亡（歩行を主な移動手段とし、安全な遊び場や庭を利用できる可能性も低いため）、虐待や自傷行為、自殺未遂を起こす可能性も高くなる。貧困層の子どもは学校での成績が悪く、成人してから貧困層になる可能性が非常に高い（Lister 2020）。イギリスのような裕福な国で、子どもの貧困の問題はどれほど大きいのだろうか。

　イギリス《全人口》のうち、平均所得（住宅費控除前）以下の世帯で暮らす人の割合は、一九七九年から一九九一～九二年の間に着実に増加し、22％に達した。しかし、一九九一～九二年以降は下降傾向にあり、二〇〇七～〇八年には18％に低下した。貧困状態にある《子どもたち》の割合は、一九九〇～九一年に27％であったが、二〇〇四～〇五年には21％に減少した（ONS 2010a: 71）。一九九七年に選出された労働党政権は、子どもの貧困を減らすという野心的な目標を設定した。一九九八年から二〇一〇～一一年までの間に子どもの貧困を50％削減し、「一世代以内に」なくすというものだが、前者さえ達成できていない。二〇〇九～一〇年でも子どもの貧困は19.7％で、削減目標に九〇万人足りなかった。

　労働党による二〇一〇年の子どもの貧困法は、二〇二〇年までに子どもの貧困を根絶することを法的要件とし、保守党・自由民主党の連立政権（2010-15）はこれを政策目標として確認したが、実際には公約は積極的に推進されることはなかった（Lansley and Mack 2015）。その後、二〇一五年の保守党政権は、二〇一六年に子どもの貧困法を廃止し、教育達成度、失業度、依存症度に関するより簡素化した報告義務に置き換えた。しかし、政府は、子どもの貧困レベルに関する統計を定期的に公表することには同意したが、これを解決する義務は負わなかった。

　新政策研究所（New Policy Institute（NPI））の分析（Aldridge et al. 2015）では、二〇一三年から貧困が増え始め、二〇一五年にはすでに約30万人増加し、イギリスの子ども29％が貧困状態にあると示唆された。二〇一九年、子どもの貧困アクショングループ（Child Poverty Action Group）は、二〇一七～一八年までにイギリスの子どもの30％（四一〇万人）が貧困状態にあり、その数はまだ増加していると報告した。

　二〇二〇年までに子どもの貧困をなくすという称賛に値する目標は、政権交代だけでなく、二〇〇八年の金融危機を背景に、貧困緩和に関する政治・経済政策論議が一変してしまい、打ち消されてしまった。結論として言えることは、子どもの貧困の解消は、短期的な経済・社会政策では達成できず、長い時間をかけて一貫した施策が必要であるということである。イギリス政治の五年ごとの選挙サイクルを考えると、また、子どもの貧困の「本当の」レベルに関する基本的な政治的コンセンサスが存在しない以上、現時点ではこの可能性はきわめて低いように思われる。

女性　本章のいくつかの箇所で見るように、女性は男性よりも貧困に陥りやすい。ゴードンらが行ったPSE調査（Gordon, Levitas and Pantazis, et al. 2000）では、女性は貧困状態にある全成人の58％を構成している。しかし、この原因は複雑である。というのも、女性の貧困は、「男性が家長である世帯」に焦点を当てた研究の陰でしばしば覆い隠されてきたからである（Ruspini 2000）。このことは、社会学者がこのような研究を利用しようとするさいに、問題を提起する。

重要な要素のひとつは、家庭内外の性別役割分業に関わる。家事労働の負担、子どもや親戚の世話をする責任は、依然として女性に偏っており、このことは女性が家庭外で働く能力に重要な影響を及ぼしている。これはつまり、女性がパートタイムの有給雇用に就く可能性が男性よりもはるかに高く、その結果、収入が少なくなり、また、一人親世帯になる可能性も高いことを意味する。

イギリスの低賃金委員会（LOW Pay Comission 2009: 15）は、全国最低賃金の対象となる仕事の約三分の二（64.3％）が女性によって担われていることを明らかにした。イギリスではかつてないほど多くの女性が有給労働に就くようになったが、労働力における職業上の隔離――「男性の仕事」と「女性の仕事」とされるもの――は依然として根強いままである。女性は給与の低い産業に偏っており、これは後年の個人年金からの収入にマイナスの影響を及ぼしている（Flaherty et al. 2004）。

エスニック・マイノリティ集団　イギリスでは、すべての黒人およびエスニック・マイノリティ集団が、白人の多数派集団よりも高い貧困率を示している（Barnard and Turner 2011）。また、イギリスのエスニック・マイノリティ集団は、低賃金の仕事に就き、学校で苦労し、貧困地域や質の悪い住宅に住み、健康問題に悩まされる傾向が強い（Salway et al. 2007）。子どもの貧困アクショングループ（Child Poverity Action Group 2019）は、二〇一七～一八年に黒人やエスニック・マイノリティ集団の子どもたちの45％が貧困状態にあったのに対し、白人イギリス人家庭の子どもたちは26％であったと報告している。

イギリス（およびその他の地域）では、エスニシティによって貧困レベルが異なり、著しく変化しにくいことが証明されている。二〇〇八年の金融危機以前、相対的貧困レベル（住宅費控除後〔AHC〕）は、バングラデシュ系（67％）、パキスタン系（58％）、黒人アフリカ系集団（47％）で最も高く、人口の過半数を占める白人多数派（20％）、インド系（27％）、その他の白人集団（28％）で最も低かった（Fisher and Nandi 2015: 25-8; Fig. 11.4を参照）。金融危機後の二〇〇九年から二〇一二年にかけて、パキスタン系とバングラデシュ系は他の集団よりも「持続的貧困」（観察された三年間のうち少なくとも二年間）を経験したが、同じ期間に白人多数派の72％は一度も貧困状態にあることが観察されなかった。

特に、イギリスのように地域によって住宅コストが大きく異なる場合、AHCの尺度が有用であることは注目に値する。例えばロンドンでは、二〇一三年に貧困状態にある人の数は、住宅費を加味するとほぼ倍増する（Tunstall et al. 2013: 34）。Fig. 11.4は、どの測定方式を採用するかによって貧困のレベルがどのように異なるかを説明するために、住宅費控除前（BHC）と住宅費控除後（ＡＨＣ）の両方の貧困の測定値を含んでいる。

所得貧困レベルのエスニシティによる差の理由の一部は、イギリスにおける一部のエスニック・マイノリティ集団の高い失業率と比較的低い就業率に見出すことができる。二〇一六〜一七年、パキスタン系集団の53.8％（二〇一〇〜一一年から10％上昇）、白人イギリス人集団の59.1％、黒人の62.7％（二〇一〇〜一一年から8.7％上昇）と比較して、バングラデシュ系の就業率は48.4％と最も低かった（EHRC 2019: 47-50）。パキスタン系とバングラデシュ系は、白人イギリス人集団に比べ、不安定な雇用形態にある可能性が二倍高かった。平等と人権委員会（ＥＨＲＣ）の報告書はまた、バングラデシュ系とパキスタン系集団の失業率が最も高く、それぞれ13.4％、10.2％であったことを明らかにした。

また、労働市場の分断もきわめて進んでいる。パキスタン系集団は、一九七〇年代後半から一九八〇年代にかけて不況に陥ったヨークシャーやバーミンガムなど、かつての重工業や繊維産業地域に集中している。カリブ系黒人の男性は、特に運輸・通信業界の低賃金の肉体労働者に多く、中国系とバングラデシュ系は、とりわけ飲食業に集中している。このような職業上の隔離は、エスニック・マイノリティ集団が特定の産業や雇用を「白人のもの」と認識することによって生じているが、採用過程における人種差別の証拠もある（Wood et al. 2009）。

近年、貧困だけでなく社会生活全体の差異化された経験を理解する試みとして、**インターセクショナリティ（交差性）**という概念が重要視されるようになってきた。インターセクショナリティとは、個人のアイデンティティのさまざまな側面、たとえば階級、エスニシティ、ジェンダー、障害、居住地などが相互に影響しあい、不平等、貧困、差別の複雑なパターンを生み出すことを指す。ある報告書はこう指摘している。

> ミルトン・キーンズに住むインド系ヒンドゥー教徒三世で、学位を持っている中流階級の女性の経験は、インド系イスラム教徒二世であり、イギリスの教育システムにおけるレベル3の資格を持ち、ブラッドフォードに障害のある夫と二人の子どもと住んでいる女性とは、ほとんど共通点がないかもしれない（Barnard and Turner 2011: 4）。

個人のアイデンティティの様々な要素が交差し、貧困に関連して大きく異なる結果を生み出すやり方を分析することは、社会学や政策研究においてより一般的になっていくと思われる。しかし、イギリスや他の国々でエスニック・マイノリティ集団に対する構造的な不利益の傾向が存在し、それが個人の生活機会や将来を形成するための選択に影響を与えていることも重要な点として忘れてはならない。

＊ インターセクショナリティは第9章「社会階層と社会階級」でより詳細な議論をしている。

高齢者　平均余命が延びるとともに、人口に占める高齢者の数も増えている。一九六一年から二〇〇八年にかけて、イギリスでは年金受給年齢者（その時点で女性60歳以上、男性65歳以上）の

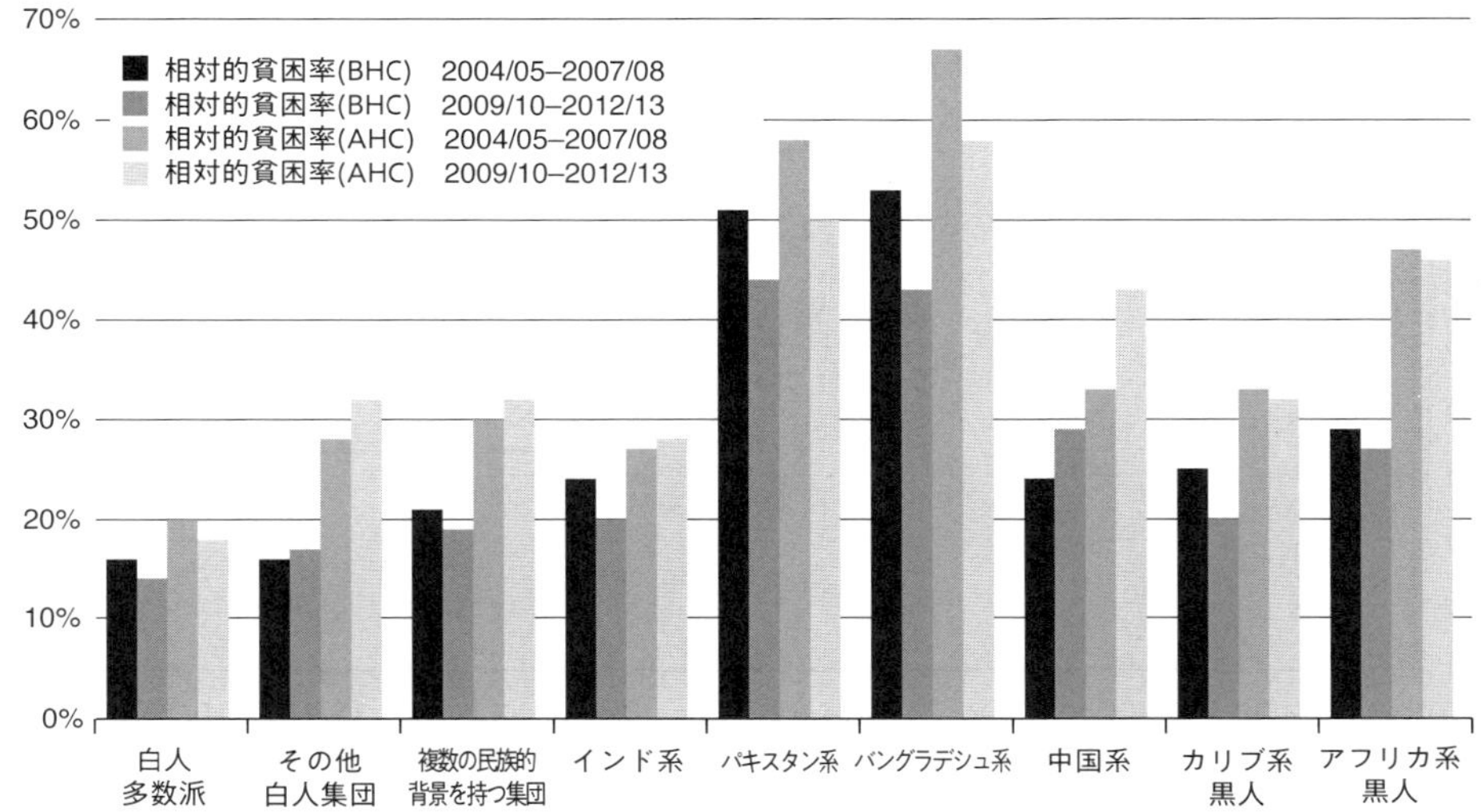

Fig. 11.4　エスニック集団ごとの相対的貧困レベル、2008年金融危機前と後、イギリス（北アイルランドを除く）
出典：Fisher and Nandi（2015:26）
注：AHC　住宅費控除後；BHC　住宅費控除前

割合が、一一八〇万人へと二倍以上に増加し、それは全人口の約19％にあたるものである（ONS 2010a: 3）。伝統的に、現役時代はかなり高収入だった多くの人びとが、退職すると収入と地位が急激に低下し、かなりの割合で相対的貧困に陥ることがある。しかし、この歴史的な状況は大きく変化していることが、証拠によって示されている。

Fig. 11.5が示すように、二〇一〇〜一一年を基準年とすると、（インフレを考慮した）相対的貧困指標では、年金生活者の貧困の程度は急激に低下しているが、単純な年次相対的貧困指標では、二〇一七〜一八年までの減少傾向が明確に残っている（Fig. 11.6）。なお、「絶対的低所得」とは、インフレ率を考慮して増額した二〇一〇〜一一年の所得の中央値の60％以下の世帯に属する人びとを表した著者らの用語であることに注意して欲しい。それは、「絶対的貧困」を意味するものではない。「相対的低所得」とは、ある年の所得の中央値の60％である世帯のことである。

＊世界の平均余命は、第14章「ライフコース」で詳しく解説される。

平均所得以下世帯（住宅費控除後）の指標に基づくと、貧困状態にある年金生活者の割合は、一九九〇年の40％超から、二〇〇九〜一〇年には15.6％（一八〇万人）に減少し（IFS 2011: 55）、その後、二〇一七〜一八年には16％（二〇〇万人）とわずかに上昇した（Francis-Devine et al. 2019: 13）。一九九六〜九七年から二〇〇九〜一〇年の間に、年金生活者の貧困は特に急速に減少し、期間中に46％も減少した。この着実な改善の主な理由は、長期に

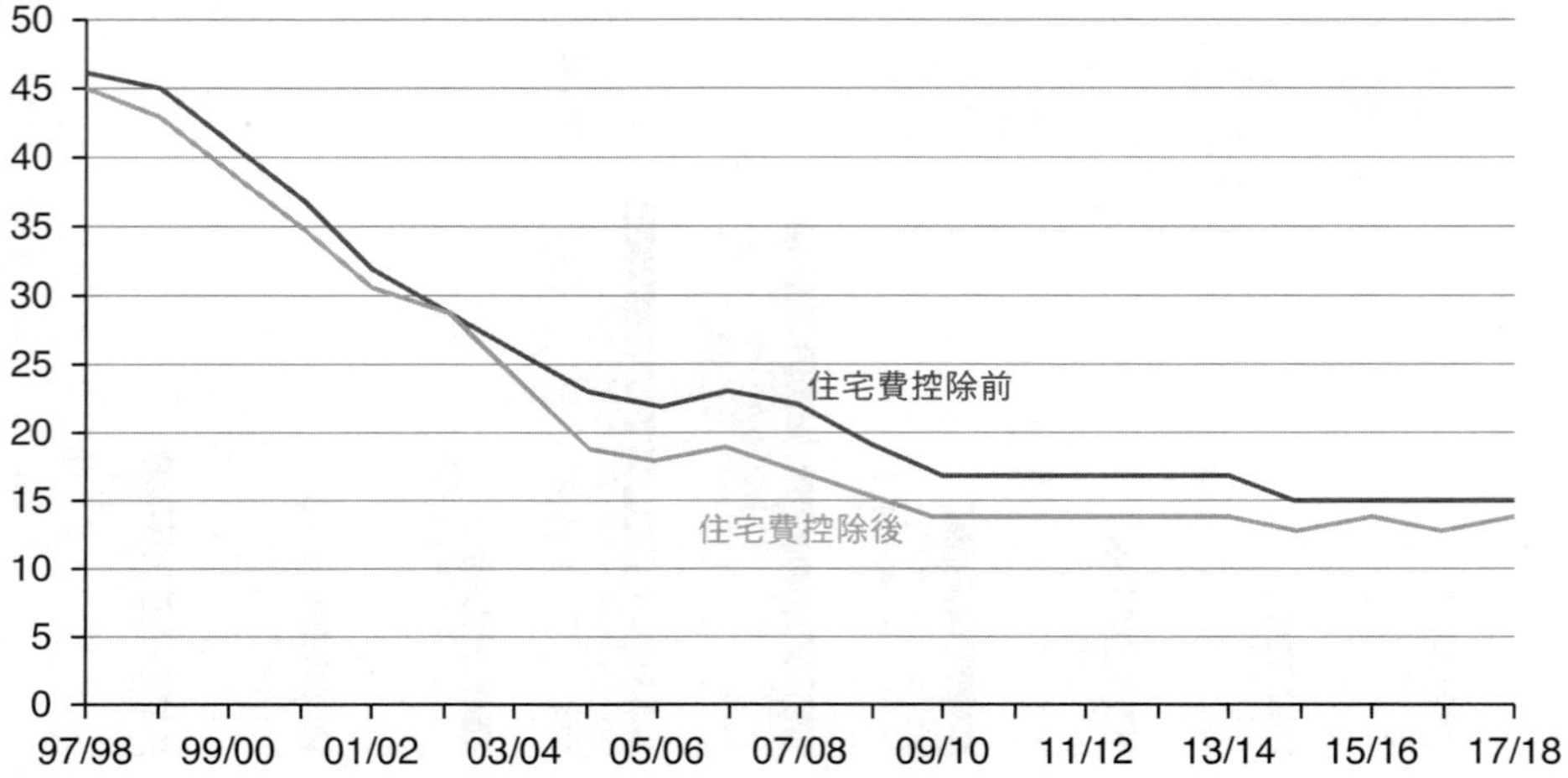

Fig. 11.5　「絶対的低所得」の年金生活者の割合（住宅費控除前と控除後）、1997-8～2017-18年
出典：Frabcis-Devine et al.（2019:13）
注：1997-2002年の数値はイングランド、スコットランド、ウェールズのみである。

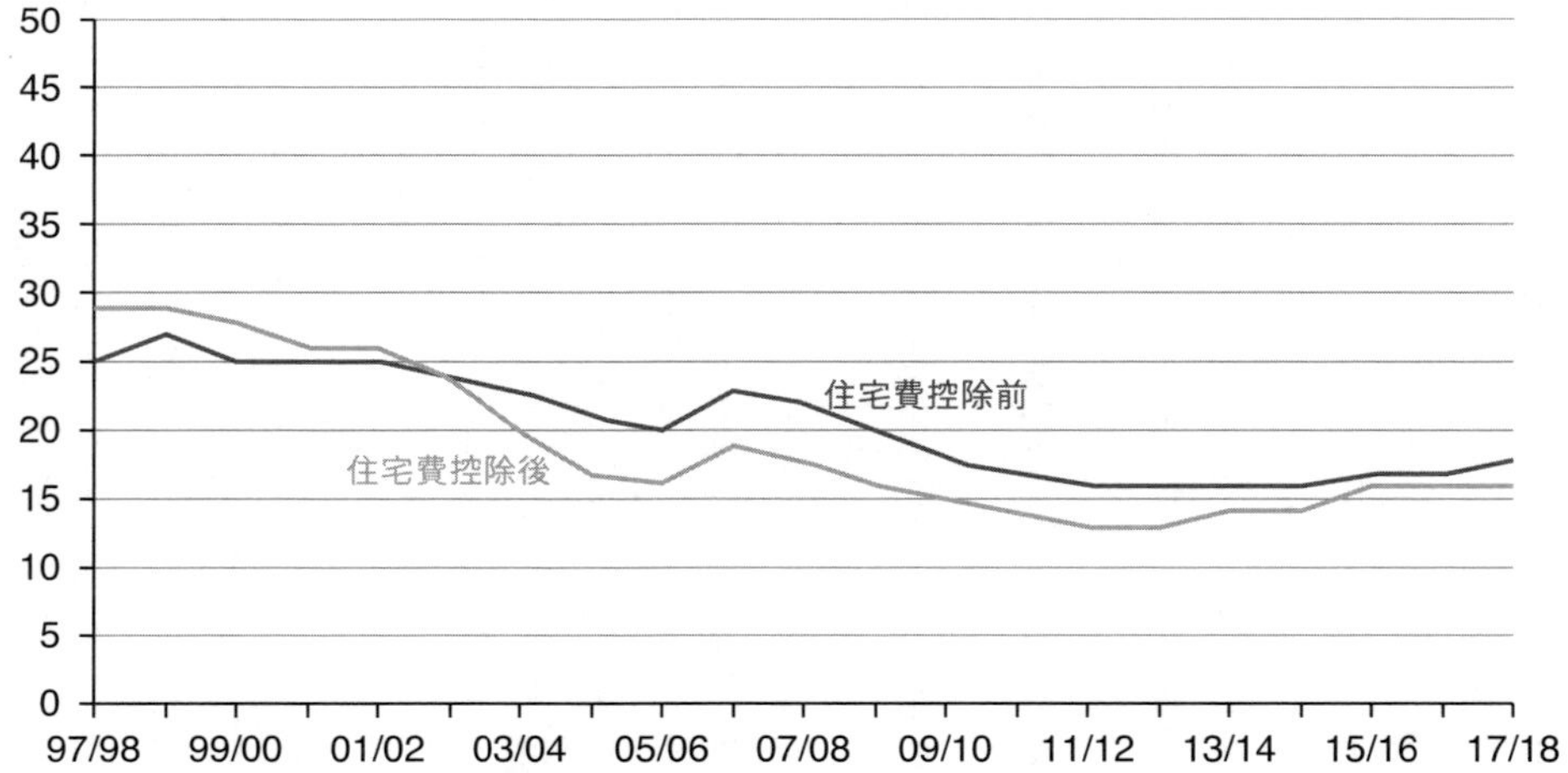

Fig. 11.6　「相対的低所得」の年金生活者の割合（住宅費控除前と控除後）、1997-8～2017-18年
出典：Frabcis-Devine et al.（2019:13）
注：1997-2002年の数値はイングランド、スコットランド、ウェールズのみである。

わたってインフレ率が比較的低かったときに給付金の受給額が増加したことにあると思われる。

▼批判的に考える

今日では，過去と比べると，貧困に陥っている年金生活者は数少ないようである。高齢者から若者へ富の再配分を行うべき時代なのであろうか。課税，資産税，国の給付金を通じて，高齢者を貧困に陥らせることなく，どのようにしてこうしたことを試みることができるだろうか。

低所得の年金生活者の数は年齢とともに増加する傾向にあるが，すべてのグループにおいてそうではない。個人年金を追加で受給している人は，貧困に陥る可能性が低く，これには明確なジェンダーの側面がある。二〇〇四年には，個人年金を追加していた女性はわずか30%であったが，男性の70%以上は個人年金を追加していた（Wicks 2004）。ここ数十年で，高齢の女性やエスニック・マイノリティ集団の人びとは，他の年金受給者グループよりも貧困を経験する可能性が高く，このことは，貧困とその緩和の分析において，社会的分裂とインターセクショナリティの問題に敏感である必要を示すものである。

◎貧困の説明

貧困の説明は，二つの大きなグループに分類することができる。貧困の原因は個人にあるとする理論と，貧困は社会の構造的な力によって生み出され再生産されるとする理論の二つである。これらの対立するアプローチは，それぞれ「被害者を責める」理論，「システムを責める」理論と呼ばれることもある。ここでは，それぞれについて順に，簡単に説明しよう。

貧しい人びとが自分たちの不利な立場に責任を持つという社会的態度には，長い歴史がある。19世紀の救貧院など，貧困の影響に対処するための初期の取り組みは，貧困は個人の能力不足や病理の結果であるという信念に基づくものであった。貧困層は，技能の欠如，道徳的・身体的弱さ，やる気の欠如，平均以下の能力のために，社会で成功することができないのである。成功する価値のある者は成功し，能力のない者は失敗する運命にあった。「勝者」と「敗者」の存在は，人生の単なる事実と見なされていたのである。

貧困を主に個人の失敗として説明する見解は，20世紀半ばには支持を失ったが，一九七〇年代から一九八〇年代にかけて再び注目を集めることになった。こうした見解に関する影響力を持った一つの解釈が，アメリカの社会学者チャールズ・マレーによって提唱されたものである。マレー（Murray 1984）は，自身の貧困にたいして個人的な責任をとらないアンダークラスが出現していると主張した。この層は，労働市場に参入するよりも，福祉を当てにする**依存の文化**の一部を形成していた。マレーは，福祉国家の発展が，このような個人の野心や自助能力を損なうサブカルチャーを生み出したと強く主張した。要するに，セーフティネットを提供するはずの福祉が，人びとの労働意欲を減退させているのである。ただし，マレーは，寡婦や障害者など，「自分のせいではない」理由で貧しい人びととは除外している。

＊マレーの研究は、第9章「社会階層と社会階級」でより詳細に検討している。

マレーの考えは、多くの先進国、特にイギリスで共感を呼んだ。けれども、彼の考えは、貧困の現実を反映していない。これまで見てきたように、社会の中で最も高齢な者たちと最も年少な者たちはしばしば最貧困層であり、彼らは働ける状況にないか、法律で働くことを禁じられているのである。福祉手当を受給している他の多くの人びとは、実際には働いているが、貧困の閾値を超えるほどの収入を得ていない。貧困と仕事嫌いのアンダークラスとを結びつける説得力のある証拠はない。それでも、少なくともイギリスとアメリカでは、アンダークラスという考え方が定着していた。二〇一一年の保守党大会での演説で、政府の労働・年金担当のイアン・ダンカン・スミス大臣は、その夏のイギリス暴動の犯人について論じる際に、再び一九八〇年代の「アンダークラス」という言葉に立ち戻った。

第二の視点は、個人が克服することが困難な貧困状態を生み出す、より大きな社会的プロセスに重点を置く。社会階級上の地位、ジェンダー、エスニック集団、職業上の地位など、社会の構造的な力が、資源の分配のあり方を形成している。この見解によれば、しばしば「依存の文化」とみなされる貧困層の野心の欠如は、実際には人びとの制約された状況のひとつの《結果》であって、その《原因》ではない。

この議論の初期の提唱者はR・H・タウニー（Tawney 1964［1931］）で、彼は貧困を社会的不平等の一側面として捉えていた。タウニーにとって、社会的不平等は富と貧困の両極端をもたらし、両者とも人間性を失わせるものであった。極端な貧困は生活を単なる自給自足にとどめ、極端な富は金持ちを甘やかすことにつながる。どちらも非難されるべきことだが、貧困に取り組む鍵は、単に個人の状況を非難するのではなく、構造的な社会的不平等を軽減することであった（Hickson 2004）。貧困を削減するには、単に個人の態度を変えるという問題では済まない。社会全体で、より平等に所得と資源を分配することを目的とした政策手段が必要である。

ウィル・ハットン（Hutton 1995）は、一九七〇年代と一九八〇年代の経済再編のプロセスが、《不利な立場にある人びと》（仕事はないが求職中）、《周縁化された不安定な人びと》（仕事はあるが固定契約や短期契約で低収入）、《特権階級》（より安定した正規雇用か自営業で高収入）の間に新しい社会的分断を作り出したと論じている。ハットンは、貧困のレベルは、個人の動機や個人的な態度では説明できないと結論づけている。むしろ、社会の構造的、社会経済的な変化と密接に関係しているとみなければならない。資本主義企業が生産コストを抑えようとするにつれ、製造業は労働力が安く、労働組合の弱い、世界の他の地域へと移っていった。新しいグローバルな分業が形成されるにつれ、古い労働形態も変容し、安定した仕事がより不安定な形態に取って代わられる。

二〇〇八年の金融危機は、これまでの社会学の社会階級図式にはなく、近年、地球規模で「形成途上の階級」**プレカリアート**の出現に注意を導いた、とスタンディング（Standing 2011）は論じる。この用語は、《プロレタリアート》（マルクスの産業労働者階級）と、「フレキシブルな働き方」、ギグ・エコノミー、ネオリベラリズム的経済、グローバリゼーションといった状況のもとで、多くの労働者の集団が自らを見出す、ますます不確実な状況から生じる《不安定なもの》との組み合わせである。スタンディングは、プレカリアートを多くの国の成人人口の25％ぐらいを構成するものと見ており、それは産業経済における市民権によって与えられる安全の主要な側面のいくつか、あるいはすべてを欠いているのである。すなわち、欠如しているのは、適切な労働市場の機会、雇用保護（安全衛生や規制、恣意的な解雇に対する保護を含む）、雇用保障（昇進の機会も含む）、技能習得の機会、所得保障、労働組合代表権などである。

産業労働者階級は、こうした機会と保護のために戦い、今も多くの恩恵を享受しているが、非正規雇用、短期契約、ゼロ時間契約で働き、雇用の出入りが激しく、完全な**失業**であったり、または**不完全雇用**状態にある人びとは、安心感や安定性を享受することができない。けれども、プレカリアートは均質ないし統一された階級ではない。スタンディング（Standing 2011: 13-14）は、以下のように言及している。

> インターネットカフェに出入りしながら、つかの間の仕事で生き延びている十代の若者と、警察の心配をしながら必死に人脈を頼りに、知恵を絞って生き延びる出稼ぎ労働者は同じではない。来週の食費をどうしようかと悩むシングルマザーとも、医療費支払いのために非正規雇用で働く六十代の男性とも違う。しかし彼らの労働において、道具的（生きるため）、日和見的（来るもの拒まず）、不安定（不安）であるという感覚は共通している。

ハットン同様、スタンディングはプレカリアートの台頭と拡大について、経済構造改革的な説明を採用している。一九七〇年代初頭からのグローバリゼーションのプロセスは、比較的労働コストの低い新興工業国をグローバル市場に参入させ、競争条件を強化し、より柔軟な労働市場慣行を導入する動きをもたらした。後者は労働組合のような集団的連帯の源泉をより厳しく規制・管理することを必要とし、アメリカやイギリスのようなネオリベラリズム的経済の議題を掲げる政府はこれを実現するために多くの新しい法律を導入した。中国、インド、ベトナム、タイ、インドネシアなどの国々がグローバルな経済システムに引き込まれるにつれて、企業もまたこれらの国々に生産施設を建造したり、移動したりして、グローバルな労働供給が途轍もなく成長した。そのきわめて重要な結果として、先進工業国における労働者の交渉の立場が著しく弱体化し、それと並行して慢性的な不安感が増大したのである。

この節の冒頭で述べた二つの幅広い視点、すなわち個人の選択としての貧困と構造的に引き起こされたものとしての貧困は、社会学における行為作用－構造論争の両側面を表している。しかし、どちらかの側に立つ必要はない。第3章での議論が主張するように、構造と行為作用は必ず絡み合うものであり、社会学者の仕事は、特定の調査研究において、それぞれの重要性を探ることである。個人によってなされる決定や選択は、つねに、完全に彼ら自身の手によるものではない社会的文脈のなかで行われ、貧困の生産における人間の行為作用と社会構造の間の相互作用を理解しようとすれば、私たちはそれらの「文脈における決定」を理解する必要がある。

＊社会学における構造－行為作用の議論は、第3章「理論と観点《パースペクティブ》」を参照せよ。

◎貧困と社会移動

過去に行われた貧困に関する研究のほとんどは、人びとが貧困に陥り、時間の経過とともに貧困の水準が変化していくことに焦点を当てたものであった。従来、貧困の「ライフサイクル」、つまり、人びとが時間の経過とともに貧困になり、貧困から抜け出す（そしてしばしば再び貧困に陥る）軌跡にはあまり注意が向けられてこなかった。スティーブン・ジェンキンス（Jenkins 2011）は、所得分配を複数階建てのアパートに例えている。貧困層は地下に、富裕層はペントハウスにいるが、大多数はその間のフロアにいる。多くの「スナップショット」調査は、特定の時間に各階に何人の人がいるかを教えてくれるが、階数間の移動に関する情報は与えてくれない。

同様に、広く持たれている貧困の常識的な見解は、貧困がそこから逃れることができない制約条件であるということである。こうした見解にとってよい根拠がある。持続的貧困とは、当年および過去三年間のうち二年間で相対的に低所得を経験することと定義され、イギリスの国家統計局（ONS 2019k: 2）は、二〇一七年に人口の7.8％（四七〇万人）が持続的貧困状態にあり、二〇〇八年とほぼ同じ割合であったと伝えている。EUでは、その比率は二〇一七年に11.3％とより高くなっている。しかし、縦断的研究やパネル研究（同じ世帯や人びとを長期にわたって追跡するもの）は、個人が実際に最下層から移動したかどうか、移動した場合、そのまま留まるか、再び最下層に戻るかについて有用な情報を提供することができる。もちろん、最上階から下層階への移動についても知ることができる。イギリス家計パネル調査（BHPS）は、一九九一年から二〇〇八年にかけて九〇〇〇世帯、一万六〇〇〇人の個人を追跡した、まさにそのような縦断的な調査である。

一九九〇年代の一〇年間で、BHPSのデータによると、一九九一年に所得下位五位（五分位）だった人の半数強が、一九九六年にも同じカテゴリーにいたことがわかった。このことは、彼らが五年間ずっとそこにいたことを必ずしも意味しない。そのような人もいれば、下位五位から抜け出し、再び下位五位に戻った人もいる。Fig. 11.7が示すように、二〇〇四年から二〇〇七年の間に最貧困層五分位に一時的に滞在した人のうち、その状態が継続した人は約18％に過ぎない。四分の三はこの間、下位五分位を一度か二度出たり入ったりしている。BHPSの調査は、貧困から脱却した家庭の多くが、その後再び貧困層に入るリスクが高いことを示している。これらの知見は、他の先進国でも見出される、貧困に出入りする極めて流動的なパターンについての新たな理解につながっている（Leisering and Leibfried 1999）。
二〇〇九年から二〇一二年の数字をもとに、シッソンズら（Sissons et al. 2018）は、宿泊・飲食サービス部門の従業員の約四分の一が貧困状態にあり、行政・支援サービス部門の従業員の15.6％、居宅介護に従事する従業員の14％もそうであったことを明らかにしている。逆に、金融・保険、行政、鉱業・採石業部門では、貧困率は5％を下回っていた。こうした部門間の違いは、典型的な労働時間によって部分的に説明することができるが、フルタイム労働者の比較でも、宿泊・飲食サービス業ではほぼ15％、居宅介護では10.7％が貧困状態にとどまっている。これらやその他の低賃金部門では、フルタイムの労働時間に移行しても、これらの世帯を貧困から救うにはまだ十分ではないだろう（ibid.: 1085-7）。

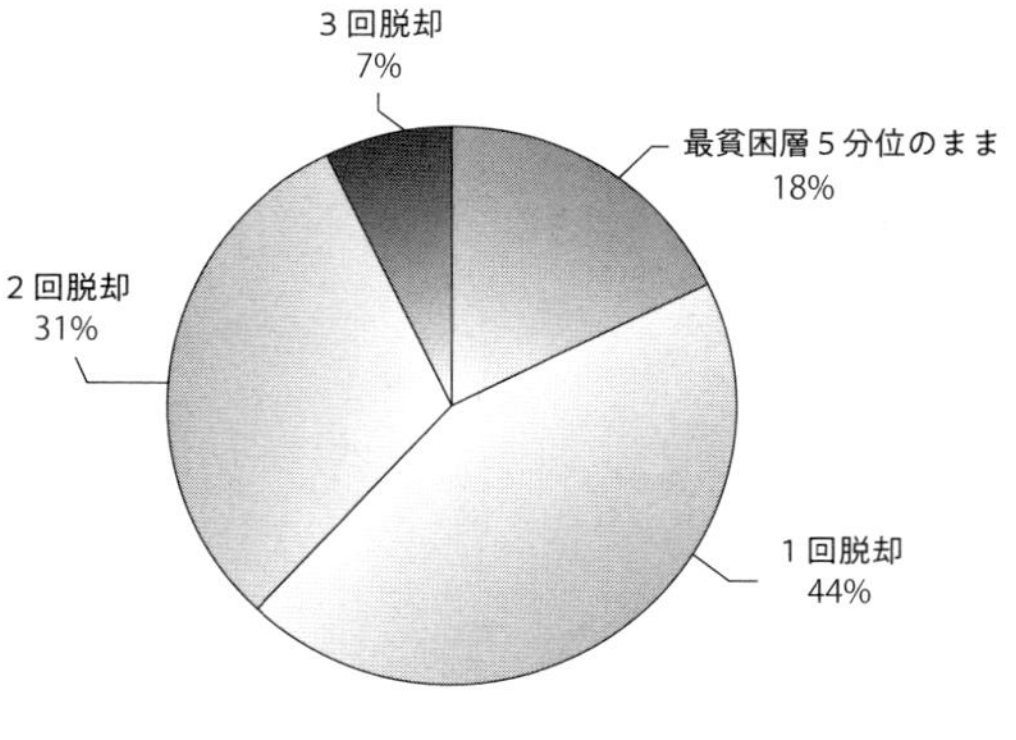

Fig. 11.7　2004〜7年の間に最貧困層5分の1に1年以上滞在した人のうち、最貧困層5分の1への移動と最貧困層5分の1から抜け出した人の移動数
出典：The Poverty Site（2011）- www.poverty.org.uk/08/index.shtml.

ジェンキンス（Jenkins 2011: 3）は、貧困の流動性に関するイギリスBHPSデータの分析から、低賃金労働者の流動性の低さについて同様の結論を導いている。

各年で、階層の間のかなりの移動があるけれども、しかし、ほとんどの居住者は短距離の移動しかしない。最下層から最上層までエレベーターで移動する人はほとんどおらず、逆方向の移動もほとんどない。最下層に長期滞在している人は一〇人に一人以下である。ある年の最下層居住者の約半数は翌年には退去するが、その後一〜二年の間に再びそこに戻る確率もかなりある。転職や昇給は底辺から上への移行と密接に関連し、失職は底辺への下降と密接な関係にある。離婚、パートナーの死、子どもの誕生などの人口統計学的なイベントも運勢の変化の重要な相関関係であるが、上昇よりも下降の方がより関係が深い。

縦断的な研究により、貧困は単に受動的な個人に作用する社会的な力の結果ではないことが示されている。ひどく不利な立場にある人でも、経済的情勢を改善する機会をつかむことができるのであり、このことは、人間の行為作用の力が変化をもたらすことを例証している。にもかかわらず、貧困から脱却することは難問や障害が明らかに多く、長期的に貧困から脱し続けることは困難であると思われる。

貧しいことが必ずしも永久に貧困に陥ることを必然的に意味するわけではないが、何百万人もの人びとにとって、貧困に伴う物質的な困窮は依然として顕著に根強く残っている。

＊社会移動については、第9章「社会階層と社会階級」および第16章「教育」でより詳細に議論している。

■社会的排除

社会的排除の概念はフランスで生まれ、欧州連合や他の国の政府の社会政策に組み込まれるようになった（Pierson 2010: 8）。この概念は、社会学者によって不平等の新たな原因を探るために用いられ、不利な状況の複数の原因に関する応用的な社会調査に情報を提供し続けている。

社会的排除とは、個人がより広い社会への完全な参加から切り離されるようになるかもしれないあり方を指す。例えば、荒廃した住宅地に住み、学校もろくになく、その地域に雇用の機会もほとんどない人びとは、社会のほとんどの人びとに利用可能である自己改善の機会を、事実上、否定されている可能性がある。社会的排除の概念はまた、その反対の意味である《社会的包摂》を含意し、疎外されたグループの包摂を促進する試みは、現在、現代政治の課題の一部となっているが、その《やり方》は社会によって異なっている（Lister 2020）。

社会的排除は、個人の責任という問題を提起する。結局のところ、「排除」という言葉は、ある人びとが「取り残される」過程を意味するのである。個人は、他者が下した決定の結果として排除されていることに気づくことができる。銀行は、特定の地域に住む人びとへの預金口座やクレジット・カードの発行を拒否するかもしれない。保険会社は、申請者の個人的な経歴や背景を理由に保険契約の申請を拒否するかもしれない。人生の後半で解雇された従業員は年齢に基づいて次の仕事を断られるかもしれない。しかし、社会的排除は、人びとが排除される結果だけではない。人びとが自分自身を排除することによっても生じることがある。ある人びとは、教育から脱落すること、仕事のオファーを断って、経済的に余裕がなくなること、あるいは選挙での投票を棄権することを選択する。社会的排除の現象を考えるうえで、私たちは人間の行為作用と、人びとの状況を形成する社会的な力の役割との間の相互作用を改めて意識しなければならない。

社会的排除について考えるには、その概念の「弱い」型と「強い」型を区別することが有効である（Veit-Wilson 1998）。弱い型では、中心的な問題は、単純に、現在社会的に排除されている人びとを確実に包摂することと考えている。強い型も同様に社会的包摂を求めるが、それに加えて、比較的強力な社会集団が「排除する能力を行使できる」いくつかの過程に取り組むことを試みる（Macrae et al. 2003:90）。これは重要な違いであって、政府が採用する型が社会的排除に対する政策を形成することになるからである。

例えば、素行不良を理由にした学校からの退学者の増加に関する議論では、弱い手法では、個々の子どもをいかにして主流の教育に戻すことができるかに焦点が当てられ、強い手法では、教育システム自体の潜在的問題や排除する力を持っている内部での有力グループの役割にも焦点が当てられるだろう。「弱い」型の問題は、構造化された不利益の形態に焦点を当てずに、彼ら自身の状況のせいとして排除された人びとを非難するリスクがあることである。

◎ **社会的排除の諸次元**

社会的排除の概念は、大多数に開かれているのと同じ機会を個人や集団が得ようとした際に妨げとなる幅広い要因に注目している。リスター（Lister 2020）は、この広範な概念は社会科学者にとって有用なものであるが、貧困の代替案と見なさない限りで、不平等と不利を理解するうえで中心であり続けると主張している。二〇〇〇年のＰＳＥ調査では、社会的排除の四つの側面、すなわち、貧困や適切な所得や資源からの排除（前述）、労働市場の排除、サービスの排除、社会関係からの排除が区別されている（Gordon et al. 2000）。

個人にとって、仕事は適切な所得を得るためだけでなく、労働市場への参加が社会的相互作用の重要な場となるがゆえに、重要である。したがって、労働市場の排除は、貧困、サービスの排除、社会関係からの排除につながる可能性がある。その結果として、有給労働者の数を増やすことは、社会的排除を減らすための重要な方法であると政治家は考えてきた。しかし、「無職世帯」であることは、必ずしも失業と結びつけて考えるべきではない。労働市場で活動していない人の最大のグループは、実際、退職者である。その他のグループには、家事や介護に従事している人、障害のために働くことができない人、学生などがいる。労働市場が不活発であることは、それ自体で社会的排除の兆候とみなすことはできないが、より広い社会的排除のリスクを著しく増大させる可能性がある。

社会的排除のもう一つの重要な側面は、家庭内（電力や水道の供給など）でも家庭外（交通、店舗、金融サービスの利用など）でも、基本的なサービスを利用できないことである。サービス排除には、経済的余裕がない、あるいはサービスの存在を知らされていないなどの理由でサービスを利用できない個人的なものと、コミュニティ全体がサービスを利用できない集団的なものがある。後者は、例えば、不利な立場にある住宅地から店や銀行や他のサービスが移転し、大多数の人びとによって享受される消費財や金融サービスをコミュニティが受けられなくなった場合に起こる。

人びとがより広い社会関係から排除されうる方法は数多くある。友人や**家族**を訪ねたり、特別な日を祝ったり、友人と食事をしたり、休暇をとったりといった一般的な社会活動に参加することができない場合がある。友人や家族から孤立することもあれば、家事を手助けしてくれる人、落ち込んだときに相談できる人、人生の重要な転機についてアドバイスをもらえる人など、いざというときに実用的・精神的なサポートが得られないこともある。投票する、地方や国の政治に参加する、自分が強く感じている問題について運動することができるなど、市民としての参加ができないことで、社会関係から排除される人びともいる。

社会的排除の多面性は、母国以外の国に亡命を求める人びとのケースで最も顕著に見られる。実際、大衆紙によるセンセーショナルな報道を受けて、近年では「庇護希望者」という言葉そのものが汚名を着せられるようになっている。しかし、ピアソン（Pierson 2010: 7）が指摘するように、庇護希望者は「雇用市場への障壁があること、自身の支援ネットワークが弱かったり、存在しなかったりすること、福祉国家のセーフティネットの恩恵を受けることがきわめて困難であること」に直面しているのである。

この例はまた、社会的排除が「自然」でも「必然」でもなく、政府、個人、コミュニティがこの問題に取り組むためにできることがあることを説明している。

ホームレス　ホームレスは、排除の極端な形態である（Tipple and Speak 2009: 195）。定住地を持たない人びとは、仕事に行く、銀行口座を持つ、友人をもてなす、手紙を受け取るなど、多くの

社会学的想像力 11.1

頂点の人たちの社会的排除？

排除は、不利な立場に置かれた人びとの間で起こるケースばかりではない。近年、「頂点における社会的排除」という新たな動向が現れつつある。これは、社会の最上位にある少数の人びとが、自らの財力、影響力、人脈を活かして、主流の制度への参加を「選択的に回避すること」ができることを意味する。

このような社会の最上位にあるエリートの排除は、多くの形態を取ることが考えられる。富裕層は、公的な教育や医療サービスの領域から完全に退き、民間のサービスやケアに支払うことを好むかもしれない。富裕層の住宅地は、高い壁と防犯のための検問所の背後にある、いわゆるゲーテッドコミュニティとして、他の社会からますます閉鎖的になっている。税金の支払いや財政上の義務は、慎重に管理し、民間のファイナンシャルプランナーの助けを借りれば、大幅に軽減することができる。特にアメリカでは、エリート層が積極的に政治に参加する代わりに、自分たちの利益を代表すると思われる政治家候補に多額の献金をすることが多い。さまざまな方法で、超富裕層は、社会的財政的責任から社会の他の部分から大きく切り離された閉鎖的で私的な領域へと逃れることができるのである。ちょうど「底辺」での社会的排除が、社会の連帯と結束を弱めるのと同様に、「頂点」での排除は、統合された社会にとって有害なものである。

▼批判的に考える

社会の「底辺」と「頂点」における社会的排除の違いは主に何か。少数の富裕層の行動を「社会的排除」という言葉で説明するのは誤用だろうか。他にどのような形でこれらの行動を特徴づけることができるだろうか。

日常的な活動から締め出されるかもしれない。**ホームレス**の多くは、友人や家族の家に短期間滞在したり、ホステルや夜間避難所、不法占拠地のような法的権利のない場所で寝たりと、何らかの形で一時的な住まいを得ている。少数の人びとは、財産や所有物の束縛から解放されて路上で寝ることを選択するが、野宿者の多くは、家庭内暴力、失業、パートナーの喪失、立ち退き、軍隊からの離脱、刑務所からの出所などによってホームレス状態に追い込まれる（Daly 2013）。

複数の調査が、路上生活者の約四分の一は精神科に入院した経験があるか、精神疾患の診断を受けたことがあることを首尾一貫して示している。したがって、医療政策の変更は、ホームレスの発生率に不釣り合いな影響を与える可能性がある。しかし、ホームレスになる人の多くは、精神疾患を抱えているわけでもなく、アルコール依存症や違法薬物の常用者でもない。彼らは、さまざまな個人的な危機を経験したために、路上生活を送ることになったのである。

ホームレスになることは、直接的な「因果関係」の帰結であることはほとんどない。いくつかの不幸が立て続けに起こり、その結果、強力な下降への連鎖的変動に陥ることがある。例えば、ある女性は離婚すると同時に、家だけでなく仕事も失うかもしれない。若者は家庭で問題を抱えて、何の支援も受けられずに大都市に飛び出てしまうかもしれない。ホームレスになりやすいのは、特定の職能を持たず、所得も非常に低い下層労働者階級出身の人たちである。しかし、ホームレスは単に個人的な問題ではない。ホームレスの増大は、政府の政策やより広範な経済的要因の変化の産物である。

二〇一八年末、イングランドでは、十二万四〇〇〇人の子どもを含む六万二〇〇〇の家族が仮設住宅に住んでおり、二〇一〇年以降80％増加した（Children's Commissioner 2019: 5）。この数字でさえも、通常は窮屈な環境で友人や家族と暮らしている家族や、自治体の住宅課ではなく社会福祉事業によって認められる子どもの数が少ないことを考慮していないため、ホームレスの規模を過小評価している。イングランドの児童委員会は、報告書『荒涼たる家（Bleak Houses）』の中で、二〇一六〜一七年に約九万二〇〇〇人の子どもが「他人の家に宿泊させてもらう」家庭にいたと推定し、次のように指摘した。「B＆B、輸送用コンテナ、改造されたオフィス街で育つ子どもたちは、まともな家庭で育つ権利がある。この豊かな国で、何千人もの子どもたちがそうした家庭を持たずに育っていることはスキャンダルだ」（ibid.：2-3）。

仮設住宅は、ゲストハウス、集合住宅、オフィスビルの改造、そして（冒頭の例にあるように）輸送用コンテナなど、短期的かつ緊急の解決策であるが、多くの家族は、より恒久的な施設が利用できるようになるまで、数ヶ月から数年を費やすことになる。一九八〇年代の購入権施策による公営住宅ストック売却政策、十分な社会住宅建設の失敗、民間家賃の高騰、さらに二〇〇八年の金融危機後の福祉改革により、二〇一〇年以降ホームレスが急速に増加した。住宅慈善団体シェルター（二〇一九年）の推計によると、二〇一九年のイギリスの社会住宅は一九八〇年に比べて一五〇万戸減少している。明らかに、大規模な社会住宅建設計画がなければ、ホームレスは社会的排除と持続的貧困の最大の原因の一つであり続ける可能性が高い。

■ 福祉国家

グローバルノース、およびグローバルサウスの多くで、貧困と社会的排除は**福祉国家**によってある程度緩和されている。このことが意味するのは、国家が社会保障と福祉の提供において中心的役割を演じるということであり、健康管理、教育、住宅、最低賃金レベルで市民の基本的ニーズに適うためのサービスと給付を提供することによって、それを実現している。これからみていくように、福祉国家は、それが供給する給付の種類と水準と、それを基礎づけている哲学、すなわちそれが何を達成しようとしているかにおいて、異なっている。あるものは、基本的な「セーフティ・ネット」を与えており、別のものは「揺り籠から墓場まで」提供するという理念に根ざしている。さらに、アメリカのような別のタイプのものは、労働への人びとのコミットメントに給付を結びつけて、最低限の福祉を提供している。これらの異なった哲学は、福祉の支出にも反映されており、デンマーク、スウェーデン、フランスにおいて相対的に高く、韓国、アメリカ、日本において比較的低い。

＊環境市民という概念は、第5章「環境」で議論される。

福祉の顔は国ごとに異なっており、福祉国家は時代を経て変わってきた。二〇〇八年の金融破綻を通じて起こったのは、世界の諸社会はパンデミック（Covid-19）によって、ウィルスの蔓延を減速させたり、食い止めたりするために緊急手段を使うことを余儀なくされたのであり、少なくとも短期においては、社会保障の提供が根本的に拡大するに至った。パンデミックに対処する長期の財政の影響はいまだ明らかではないけれども、一つの帰結は、福祉国家が供給すべきであり、供給することができることに新たな関心が寄せられることに違いない。しかしながら、私たちは、福祉国家がいかに発展し、国家の福祉モデルにおいてどのような変種が説明されてきたのか、ということを理解する必要がある。

◎ 福祉国家の理論

今日、世界のたいていの国は、程度は異なれ、福祉国家であるが、これは「福祉」以上のものが関与しているので、何か誤った呼び方である。ガーランド（Garland 2016: 3）が言うように、「福祉国家は、主に「福祉」に関するものではなく、また、確かに主として貧しい人びとのための福祉に関するものでもない。社会保険、社会的権利、社会的供給、そして経済活動の規制についてであって、その主な受益者は貧困層ではなく、中産階級や雇用されている人びとである」と述べている。

福祉国家の重要な役割は、病気、障害、失業、老齢など、人びとが生涯にわたって直面するリスクを管理することである。福祉国家が提供するサービスやそのための支出は、国によって異なる。福祉なかには、制度が高度に発達し、国家予算の大きな割合を割いている国もある。例えば、スウェーデンでは、二〇〇五年の税収は国内総生産（ＧＤＰ）の51.1％を占めているが、ベルギーでは、そ

古典研究 11.2

T・H・マーシャルとイギリスにおける市民権の進化

研究課題

あなたは、ある特定の国の「市民」として、ある種の「所属」を意味する言葉で記述されたことがあるかもしれない。しかし、国の「市民権」という考え方はいつ生まれ、どのように発展してきたのだろうか。具体的には、市民権とはそもそも何なのか、そしてそれは国家による福祉の提供とどのような関係があるのか。この問題に取り組んだ一人の重要な理論家がトーマス・ハンフリー・マーシャル（1893-1981）であり、その思想は非常に大きな影響を及ぼしている。一九四〇年代後半から執筆活動を行ったマーシャルは、近代社会の根本的な特徴として工業化とともに浮かび上がってきたものとして市民権を理解していた。

マーシャルの説明

マーシャル（Marshall 1973）は、歴史的なアプローチをとって、イギリス（特にイングランド）における市民権の「進化」と呼ぶべきものを辿り、三つの重要な段階を特定したが、それぞれが「市民権」の意味を拡大させるものであった。18世紀は、市民権が獲得された時代であった。その中には、言論、思想、宗教の自由、財産を所有する権利、公平な法的扱いを受ける権利など、重要な個人の自由が含まれていた。これらの権利を基礎として、19世紀には、政治的権利が獲得された。これらは、選挙権、公職に就く権利、政治的プロセスに参加する権利を含むものであった。第三の権利である社会的権利は、20世紀に獲得されたが、特に、教育、医療、住宅、年金などのサービスを通じて経済的・社会的な保障を受ける市民の権利であり、これらはすべて福祉国家において正式に定められた。社会的権利が市民権の概念に組み込まれたことで、すべての人に十分で活動的な人生を送る権利が与えられ、社会におけるその立場に関係なく、正当な所得への権利を持つことを意味した。この点で、社会的市民権に関連する権利は、万人の平等という理想を大きく前進させるものであり、マーシャルの説明は、すべての市民の権利が拡大していくとする楽観的なものであったと評されることが多い。

批判のポイント

マーシャルの説明の直接的な問題点は、それがイギリスという単一の事例に基づいていることであり、批判者は彼の進化論的アプローチが、スウェーデン、フランス、ドイツなど、他の国の事例に適用できないことを示している（Turner 1990）。マーシャルの「進化論的」説明もまた、完全には明確ではない。それは市民権がイギリスでどのように発展したかという記述にすぎず、なぜ、そうなったかという因果関係の説明ではないのだろうか。マーシャルは権利のタイプの漸進的発展を決め込む傾向にあるが、それらの間の関連や、例えば市民権がどのように必然的に政治的権利に、そして社会的権利につながるのかを説明していない、と批判者たちは主張している。

最近では、グローバリゼーションの認識がマーシャルの理論――国民国家の影響に基づいている――をかなり時代遅れのものとしており、市民権が国家社会の内部力学から発展すると仮定しているようである、と批判者は主張した。現在では、社会学者は、世界における社会間の関係や影響に、より敏感である。最後に、本章で後述するように、マーシャルの進化論は、一九七〇年代後半以降、多くの社会で福祉の給付を「引き下げる」試みによって厳しく問われることになる。このことは、彼の歴史的な命題とは合致しないように思われるからである。市民は、権利の拡大を目の当たりにするのではなく、国の福祉支援を受ける権利がこれまで以上に厳しく制限されることに気づくかもしれない。

現代的意義

マーシャルの見解は、市民権の本質をめぐる議論に影響を与え、近年では、社会的包摂と排除に関する政治的な問題や学術研究に活気を与えていた。権利と責任は市民権の概念と密接に絡み合っているという彼の中心的な考え方は、「能動的市民権」を促進する方法の議論において、新たな人気を博している。また、彼の説明は確かにあまりにも国家中心的で、グローバル化する時代には完全に満足できるものではないが、進化する権利と責任という考え方は、市民権とは何かという私たちの理解を啓発し続けている。例えば、現在、比較的新しいタイプの市民権である、自然環境に対する人びとの権利と責任に基づいた環境市民権ないしエコロジカル市民権が出現しているように思われる（M. J. Smith 1998; Dobson and Bell 2006）。したがって、その欠点にもかかわらず、マーシャルの一般的なアプローチはまだ少しばかり命脈が保たれるのかもしれない。

の数字は45.4％、オーストリアでは49.7％であった。それに比べて、他の先進国は税金を取る額がはるかに少ない。イギリスでは、二〇〇六年の税収はＧＤＰの37.2％、ドイツでは、二〇〇六年の税収はＧＤＰの34.7％、アメリカではわずか26.8％であった（OECD 2006）。このことが社会保障の整備水準に直接的に影響することは明らかである。

福祉国家の進化を説明するために、数多くの理論が提唱されてきた。マルクス主義者は、福祉は資本主義、市場主義社会を維持するために必要なものであり、健康で教育水準の高い労働力の再生産を保証するものであると考えた。機能主義者は、福祉制度が産業発展の条件下で社会統合と連帯の維持に寄与していると考えた。これらの一般的な視点は有用な方向づけであるが、イギリスのＴ・Ｈ・マーシャルとデンマークの社会学者イエスタ・エスピン＝アンデルセンの考え方は、福祉国家の理論に特に大きな影響を与えた。マーシャルの議論は、「古典研究11.2」で概説されており、後の福祉と市民権に関する議論に移る前にこれを読んでおくべきである。

＊「ギグ・エコノミー」での仕事の議論については、第17章「仕事と雇

用」を参照のこと。

イエスタ・エスピン＝アンデルセン――福祉の三つの世界

イエスタ・エスピン＝アンデルセンの『福祉資本主義の三つの世界 *The Three Worlds of Welfare Capitalism*』(Esping-Andersen 1990)は、それまでの福祉国家論に比較の視点を持ち込んだものである。エスピン＝アンデルセンは、マーシャルの一般的な進化論的視点、すなわちそれぞれの国家社会が、市民権に向けてそれぞれの道を歩み、その結果それぞれの「福祉レジーム」を作り出した、というものにたいする批判を真摯に受け止めたと考えられる。この重要な仕事のなかで、エスピン＝アンデルセンは、西洋の福祉システムを比較し、そのレジームを三つに類型化している。

エスピン＝アンデルセンは、この類型を構築するさいに、**脱商品化**の水準、つまり、労働者が商品として扱われる度合いを意味する用語であるが、それを評価した。労働運動と労働組合は、労働の脱商品化と労働者を市民として完全に認めるために長い間活動してきた(Pintelon 2012)。脱商品化が進んだ福祉システムでは、福祉は公的に提供され、所得や経済的資源とは無関係である。商品化されたシステムでは、福祉サービスは、他の商品やサービスと同様に市場で販売される商品のように扱われる。エスピン＝アンデルセンは、年金、失業、所得支援に関する各国の政策を比較し、三つのタイプの福祉レジームを明らかにした。

1．**社会民主主義**　社会民主主義福祉レジームは、高度に脱商品化されている。福祉サービスは国から補助され、すべての国民が利用できる(**普遍的給付**)。スウェーデンやノルウェーなど、北欧のほとんどの国が社会民主主義福祉レジームをとっている。

2．**保守的－コーポラティズム**　フランスやドイツのような保守的－コーポラティズム国家では、福祉サービスは高度に脱商品化されているかもしれないが、必ずしも普遍的なものでない。国民が受けることのできる給付の量は、社会における地位によって異なる。この種のレジームは、不平等をなくすことではなく、社会の安定、強固な家族、国家への忠誠を維持することを目的としているのだろう。

3．**自由主義**　アメリカは、自由主義福祉レジームの最もよい例である。福祉は高度に商品化され、市場を通じて販売されている。**資力調査にもとづく給付**は、極めて困窮している人びとが受給できるものの、強い社会的烙印を伴うものとなっている。これは、国民の大多数が、市場を通じて自分たちの福祉を購入することが期待されているからである。

イギリスは、これら三つの「理念型」のいずれにもすっきりと収まるわけではない。以前は社会民主主義モデルに近かったが、一九七〇年代以降の一連の変化によって、より商品化の進んだ自由主義的な福祉レジームに大きく近づき、それは現在も続いている。一つのモデルから別のモデルへの移行は、イギリスを興味深い研究事例としている。

◎ イギリス福祉国家

福祉モデルの主な違いの一つは、公的給付を受けるための資格基準である。単純な区分は、普遍性と資力調査の違いである。普遍的な給付を行う制度では、福祉はすべての人が平等に享受できる権利であり、市民の基本的な福祉ニーズが満たされることが保証される。資力調査に基づく制度は、困難な状況に陥り、生活するために助けを必要とする人びとに、基本的な、通常は短期間のセーフティネットを提供するために設計されている。イギリスでは、以前は収入や貯蓄に関係なく、16歳未満の子どもの親や保護者に児童手当が支払われていた。この普遍的給付は、連立政権の公共支出圧縮の一環として二〇一三年に事実上終了し、児童手当の全額支給は、個々の家族成員が年間五万ポンド以上稼いでいない世帯に限定された。

普遍的給付と資力調査にもとづく給付の区別は、政策水準では、福祉に対する二つの対照的なアプローチで表現される。制度論者は、福祉サービスを受けることはすべての人の権利として提供されるべきであると主張する。他方、残余論者は、福祉は本当に助けを必要とし、自分ではニーズを満たすことができない人にのみ提供されるべきだと主張する（Ginsberg and Miller-Cribbs 2005: 257）。

残余論者は「セーフティネット福祉国家」を提唱し、最も困っている人たち（資力調査によって証明される）だけが給付を受けられるようにすべきであると主張している。また、福祉国家は費用がかかり、効果がなく、過度に官僚主義的であると考える。一方、制度論者は、福祉国家が適切に資金を供給される必要があるため、課税水準は比較的高くあるべきと主張する。市場の厳しい偏向的な影響に対抗するために、たとえ税負担が増えるとしても、福祉国家は維持され、さらに拡大されなければならないというのである。制度論者にとって、市民を養い保護することは文明国家の責任である。

制度モデルと残余モデルのこの違いは、一九七〇年代半ば以降、福祉改革に関するイギリスの議論の中心となってきた。今日、グローバルノースの国々では、二〇〇八年の金融危機以降、各国政府が多額の国家債務を抱え、高齢化が進み、医療サービスに対する需要が高まるなか、福祉国家の将来がかつてないほど激しく検討されている。同様に、グローバリゼーションが国家社会を変化させ、新しい移住のパターンが生まれ、家族、個人生活、雇用が変化するなかで、福祉のあり方も変化しつつある。ここでは、イギリスにおける福祉国家の歴史と最近の改革の試みを簡単にたどってみる。

▼批判的に考える

残余論者のアプローチは賢明であるように思われる。国家の援助を必要とする人のみ、それを受けるべきである。残余論者に、かれらの立場がより多くの貧困と、公共サービスの質の低下を招くと、どのように説得したらよいだろうか。

イギリス福祉国家の創立　イギリスの福祉国家は20世紀に創造されたが、フレイザー（Fraser 2009: 2）が指摘するように、無から有を生んだわけではない。「それは非常に長い歴史的プロセスの最終産物である」。イギリスの福祉国家の起源は、一六〇一年の救貧法と修道院の解散にさかのぼる。修道院は貧しい人びと

を養っていたが、それが閉鎖された結果、極度の貧困と病人へのケアがほとんど行われなくなったのである。産業資本主義が発展し、農業社会から工業社会へと移行していくなかで、家族や地域社会における伝統的で日常的なサポートも崩壊し始めた。

社会秩序を維持し、資本主義がもたらす不平等を是正するためには、社会生活の周辺に位置する社会成員に援助を与えることが必要であった。その結果、一八三四年に制定されたのが、「救貧法改正法」である。この法律のもとで救貧院が建設されたが、そこで提供される生活水準は外の世界で利用可能なものより低かった。その考え方は、救貧院の生活条件を厳しいものにすることで、人びとが貧困を避け、救貧院に入ることを何としても避けようとする動機づけになるというものであった。時を経て、国家建設の過程で、国家は困窮者のための行政に中心的役割を果たすようになった。一八〇〇年代後半に教育や公衆衛生の国家管理を確立する法律が制定されたが、これは20世紀に実現する、より大規模なプログラムの前触れであった。

第一次世界大戦前の自由党政権下で福祉国家はさらに拡大し、年金や健康保険、失業保険などが導入された。第二次世界大戦後の数年間は、福祉制度の改革と拡大がさらに強力に推進された。福祉は、貧困者や病人だけを対象とするのではなく、社会のすべての構成員を対象とするようになったのである。戦争は国民全体にとって強烈なトラウマとなり、強い連帯感を生み、不幸や悲劇は不利な社会集団に限られたものではないという認識をもたらした。

選別的福祉から普遍的福祉への転換は、一九四二年のベヴァリッジ報告に集約されている。この報告は、しばしば現代イギリスの福祉国家の青写真と見なされている。この報告書は、「窮乏、疾病、無知、不潔、怠惰」という「五つの巨人」を対象としていた。戦後の労働党政権下で、このヴィジョンを具体的な政策に落とし込むための一連の立法措置が始まった。新しい普遍的な福祉国家の核となったのは、いくつかの主要な法律である。戦時中の政府はすでに教育法（一九四四年）を導入し、学校教育の欠如に取り組んでいたし、一九四六年の国民健康法は国民の健康の質の向上に関心を寄せていた。「窮乏」については、一九四六年に制定された国民保険法によって、失業、病気、退職、未亡人となった結果としての収入減に備えるための制度が導入された。一九四八年の国民扶助法は、国民保険法の適用を受けない人びとにたいして、資力調査にもとづく支援を提供し、最終的に旧救貧法を廃止した。その他にも、家族のニーズ（一九四五年家族手当法）や住宅事情の改善要求（一九四六年ニュータウン法）に対応する法律が制定された。

したがって、イギリスの福祉国家は、特定の条件下で、社会の本質に関する一般的な概念とともに誕生したのである。福祉国家が成立した前提は三つある。まず、労働と有給労働を同一視し、完全雇用の可能性を信じることが前提であった。福祉は、失業や障害によって市場経済の外に置かれた人びとのニーズに応えるものであった。これと関連して、福祉国家の構想は、家父長制的な家族観に基づいていた。つまり、稼ぎ手の男性が家族を経済的に支え、女性が家庭内の世話をするというものだった。福祉プログラムは、この伝統的な家族の責任モデルに沿って設計された。

第二に、福祉国家は国家の連帯の源泉と見なされた。それは、国民全体を共通のサービスに参加させることによって、国家を統合するものである。福祉は国家と国民との結びつきを強める手段であった。第三に、福祉国家は、ライフコースの一部として自然に発生するリスクを管理することに関心をもっていた。この意味で、福祉は一種の社会保険、社会保障であり、予測不可能な将来における潜在的なトラブルにたいして利用されるものであると考えられていた。失業、病気、その他の不幸は、こうして、家族が貧困に陥ることなく、解決することができたのである。

これらの原則は、一九四五年以降の三〇年間における福祉国家の桁はずれの拡大を支えてきた。工業経済が成長するにつれて、福祉国家は階級の「取引」が成功したことを意味していた。つまり、労働者階級のニーズを満たすと同時に、健康で教育水準の高い労働力に依存する経済エリートのニーズも満たしたのである。しかし、一九七〇年代には、福祉国家に関する政治的合意が崩れ、政治的意見が制度論と残余論に分裂することが次第に明らかになった。一九九〇年代には、左右両派の政治家が福祉国家に大きな改革が必要であることを認めたが、どの程度の、どのような改革が必要であるかについては、依然として大きな相違がある。

福祉国家の改革：1979-97　一九八〇年代初頭、イギリスのマーガレット・サッチャー政権とアメリカのロナルド・レーガン政権が福祉国家を大幅に「後退」させようとしたとき、社会保障の提供に関する政治的合意は崩壊した。福祉を削減しようとする試みの中心には、いくつかの批判があった。第一は、財政コストの増大である。一九七〇年代の一般的な経済不況、失業率の上昇、大規模な官僚機構の出現により、福祉支出は増加の一途をたどり、その割合は経済全体の伸びを上回った。福祉支出をめぐって激しい論争が繰り広げられ、「後退」論の支持者は、福祉制度に対する財政圧力の増大を指摘した。政策立案者はまた、「人口時限爆弾」がもたらす圧倒的な影響を強調した。人口が高齢化するにつれて福祉サービスに依存する人の数は増加し、一方で福祉制度に支払う現役世代の数は減少していたのである。このことは、財政危機が迫っていることを示唆していた。

＊世界人口の「高齢化」については、第14章「ライフコース」で述べている。

第二の批判は、**福祉依存**の概念に関連するものである。アメリカのチャールズ・マレー（前述）のような既存の福祉制度の批判者たちは、手厚い国家補助が意図しない結果として人びとを依存させ、物質的にだけでなく心理的にも福祉給付が届くことに依存し、人生にたいして諦めや受動的なアプローチを採用させると論じた。福祉に依存するアンダークラスの増加に関するマレーらの研究は、一九八〇年代から一九九〇年代にかけて、福祉の提供に関する政治的・政策的な議論の枠組みを形成した。

イギリス保守党政権は、公共福祉の責任を国から民間企業、ボランティア部門、地域社会へと移行させる数々の改革を実施した。それまで国が高い補助率で提供していたサービスは、民営化されたり、より厳しい手段によるテストが行われたりした。その一例が、一九八〇年代に行われた公営住宅の民営化である。一九八〇年の住宅法では、公営住宅の家賃の大幅な値上げが認められ、大規模な売却の下地がつくられた。この残余論への移行は、住宅手当の資力調査にもとづく受給資格ラインのすぐ上に位置する人びとにとりわけ害を及ぼし、そうした人びとはもはや公営住宅を利用することができなくなり、市場価格で住宅を借りる余裕もなかった。批判者は、公営住宅の民営化がホームレス増加の直接の原因となり、一九八〇年の六万三〇〇〇人から一九九〇年までに十四万六〇〇〇人へと倍増した、と主張している（Malpass and Murie 1999）。

福祉支出を減らし、その効率を高めるためのもう一つの試みは、公共サービスに市場原理を導入することであった。保守党政権は、医療や教育などのサービスに一定の競争を導入することで、国民に選択の余地を与え、より高い質を確保することができると主張した。消費者は、学校や医療機関を選択することで、事実上「意思表示」することができる。標準以下のサービスを提供する機関は、ビジネスと同じように、改善するか閉鎖することを余儀なくされる。批判者たちは、公共サービスの「内部市場」は、すべての国民に平等なサービスを提供するという価値を守るどころか、質の低下と階層化されたサービス提供システムをもたらす、と主張した。

一九八〇年代と一九九〇年代の保守党政権は、実際にどの程度、福祉国家の後退に成功したのだろうか。その著作『福祉国家を解体する?』で、ピアソン（Pierson 1994）は、イギリスとアメリカにおける福祉の「縮小」の過程を比較し、福祉国家は保守党時代から比較的無傷で抜け出したと結論づけている。両政権とも支出を削減するという明確な意図をもって政権に就いたが、ピアソンは、福祉を後退させるための障害は、結局のところどちらの政権も克服し得ないものであったと論じている。その理由は、社会政策が時間とともにどのように展開されたかにある。福祉国家とその制度は、その発足以来、労働組合や子どもの貧困アクショングループ（ＣＰＡＧ）のようなボランティア団体といった特定の構成員を生み出し、彼らは給付を削減しようとする政治的努力に抗して積極的に擁護してきたのである。社会支出はほぼ一定で、数々の政策転換にもかかわらず、福祉国家の中核的な構成要素はすべて維持されたままであった。

マーガレット・サッチャー政権とその後の保守党政権（1979-97）の政策の基礎となった理論は、個人と企業の税率を下げることで高い経済成長を実現し、その成果が貧困層に「トリクルダウン（滴り落ちる）」するというものであった。アメリカでも同様の政策が実施され、一九八〇年以降、1％の富裕層に帰属する国民所得の割合が、数十年にわたる削減の後、再び上昇し始めた。その命題は、このプロセスが、経済活動の水準の上昇と低所得労働者の所得の上昇の両方につながるはずであることを示唆している。にもかかわらず、これは起こっていないようである。バナジーとデュフロ（Banerjee and Duflo 2019）は、アメリカでは二〇一四年の平均実質賃金は一九七九年よりも上昇しておらず、最も教育水準の低い労働者の賃金は実際に低下していると論じている。したがって、論文が予測するように賃金上昇を加速させるのではなく、実際には逆のことが起こったのである。なぜだろうか。

ペッティンガー（2016: 141-2）は、富裕層は減税で増えた所得を事業拡大に費やしたり再投資したりするのではなく、貯蓄に回す可能性があると指摘している。また、納税を避けるためにタックスヘイブン（租税回避地）に資金を移動させる者も多い。したがって、社会全体にたいして提案されている利益は、論文が示唆するよりもはるかに少ないかもしれない。富裕層は高い所得に見合うよりよい収益を求め、不動産価格の「資産バブル」を引き起こすこともある。これは今日、多くの大都市の一部で見られることだが、低・中所得層の生活をより困難なものにする。減税政策は経済発展の一助となるが、この政策は貧困の水準を下げる最も効果的な方法とはならないだろう。

▼批判的に考える

エスピン＝アンデルセン（Esping-Andersen 1990）の三つの福祉レジーム（上述）を参考にすると、「福祉依存度」が最も高いと思われる国はどこか。長期失業率と持続的貧困率が最も高いのはどの国か調べてみよう。レジームのタイプと福祉依存度の間に相関関係はあるのだろうか。

福祉国家の改革：1997-2010　福祉改革は、一九九七年に誕生した労働党政権の最優先課題であった。「新」労働党は、保守党の福祉批判に同意する部分もあり（したがって、伝統的な左派政治とは一線を画す）、貧困と不平等に対処し、保健と教育を改善するために新しい政策が必要であると主張した。労働党は、残余論と同様に、福祉国家はしばしば問題の一部であり、依存を生み、「手上げ」ではなく「手渡し」を提供するものであると考えた。

その代わりに、労働党は貧困の根源に取り組もうとし、**第三の道**を追求すると主張した。それは、「古い」左翼の政治とサッチャー政権の「新しい」右翼の政治を超え、残余論と制度論の分裂を超えるという意味での第三の道であった。そうすることで、少なくとも当初は、労働党は社会学者アンソニー・ギデンズ（Giddens 1994, 1998）のアイデアのいくつかを利用し、グローバル時代に向けて左派の政治を近代化することを目指した。これには、市民社会の強化、国民国家からの地方分権化、不平等よりも社会的排除への注目、公共サービス提供にダイナミックな要素を加えるための民間部門の利用、それによる「社会投資国家」の創出が含まれていた。

当初、労働党は、個人主義、消費主義、グローバリゼーションの時代には、旧来の左翼の政策は時代遅れであると否定し、「新左翼」の政治的立場とプログラムを作ろうとした。たとえば、労働党は、福祉制度の主な問題のひとつは、それが作られた条件がもはや存在しないことだと主張した。しかし、一九九〇年代までには、家族構成が変化し、男性の稼ぎ手という家父長制的な考え方は成り立たなくなった。膨大な数の女性が労働力となり、一人親世帯の増加により、福祉国家に新たな需要が生じた。女性の所得は家計に不可欠なものとなり、その影響は非常に大きなものとなった。実際、共働き世帯の成功は、そのとおりである。このことは、所得分配のパターンが変化していることの最も重要な要因の一つである。

労働党は当初から、国家と市民の間に権利と責任の両方を網羅した新しい「福祉契約」を結ぶ、一種の「積極的福祉」に焦点をあてていた。労働党は、国家の役割として、失業中の人びとを経済的に支援するだけでなく、人びとが仕事に就き、それによって安定した収入を得られるように支援することだと考えていた。同時に、国民が自らの状況を変えるために責任を持つことを期待したのである。雇用は労働党の社会政策の要となった。人びとを働かせることが貧困を減らす主要な手段のひとつであると信じられていたからである。最も重要な改革は、労働党の「ワークフェアのプログラム」であった（「社会学的想像力11.2」参照）。

労働党政権の福祉政策のなかには、特に若者の就労を支援し、公共サービスへの資金供給を増やしたものもある。しかし、福祉に対する全体的な取り組みには、より厳しい評価が下されている。給付が、仕事を探す、あるいは求職者の面接に出席するといった義務に依存されることは、市民の「権利」の原則を侵食する「忍び寄る条件づけ」と評されてきた（Dwyer 2004）。労働党の仕事に焦点を当てたプログラム（および一部の欧州諸国における他のプログラム）は、「社会的包摂」という言葉によって推進されたが、排除が社会的不平等の根本的問題にどう関係するのかは明らかではない。歴史的には、後者の懸念が政府における労働党の政策プログラムの基礎を形成していた。

ルース・レヴィタス（Levitas 2005）は、『包摂社会 *The Inclusive Society*』において、一九九七年以降に労働党が用いた三つの主要な言説（福祉政策を論じ、枠組みを作る方法）を研究している。第一に、労働党は再分配主義的な言説を採用し、社会的排除を貧困や社会的不平等の原因ではなく、結果であるとみなしている。第二に、労働党はアンダークラスに関する道徳的な言説を確認した。この言説は、排除された人びとを非難する傾向があり、彼ら自身の状況に責任があり、時には特定の特徴を持つ別の社会集団であるとみなすものであった。第三に、労働党は、社会的排除と社会的包摂を雇用にしっかりと結びつけ、社会的排除の解決策として労働市場への参加を奨励する社会統合主義的な言説に言及している。

レヴィタスにとっての主要な問題は、労働党の言説と政策が、歴史的に支配的であった福祉への再分配主義的手法から離れ、以前の保守党の手法とほとんど変わらなくなってしまったことである。これは、社会的排除を社会的不平等から切り離し、富裕層と貧困層の間の格差ではなく、排除された者と包摂された者の間の格差に集中させ、富裕層がより広い社会に対する責任からうまく逃れられるようにするものであった。同様に、マクレガー（MacGregor 2003: 72）は、労働党が主に貧困層の受け入れがたい行動に対処し、「ふさわしい」失業者と「ふさわしくない」失業者、本物の「庇護希望者」と「経済移民」などを分離していると主張した。「これは、貧困層の悪い行動に集中し、金持ちや裕福な人びとと、貧困ではない人びとに見られる薬物摂取、不倫、詐欺、ごまかしなどの人間の弱点は無視するのである」。

緊縮時代における福祉国家：2010-　労働党政権が十三年間続いた後、二〇一〇年の総選挙では、明確な勝者がいない「宙吊り」または「均衡」議会となったが、保守党が最多の議員を獲得した。新政権の経済的優先事項についての合意に基づいて、保守党と自由民主党による連合政権が成立した。公共サービスと福祉の抜本的な改革を行い、政府債務の削減を最優先課題としていた。もちろん、福祉改革は労働党の前政権でも中心的な課題であったが、二〇〇八年の金融危機、それに続く不況、政府支出削減の必要性の認識が、連立政権の福祉国家に対する再考にさらなる弾みをつけた。テイラー－グッビー（Taylor-Gooby 2013）は、イギリスの福祉国家は、厳しい歳出削減とサービスの断片化を招いた再構築計画の結果として、二重の危機に直面したと論じている。

連立政権の改革の根底にあるのは、「働けば報われる」という中心的な考え方であった。すなわち、福祉に頼って生活するよりも、働いている方がつねによい暮らしができるはずである。労働・年金担当の大臣、イアン・ダンカン・スミスは、新しいイギリスの社会保障給付制度であるユニバーサル・クレジットの構想の中で福祉改革の中心を打ち出した（DWP 2010）。

ダンカン・スミスは、新制度は就労をめざす人びとに罰を科すのではなく、つねに報酬を与えるべきであると主張した。ユニバーサル・クレジットは、給付から労働に移行する人びとが、給付を徐々に減らすことによって、より多くの収入を維持することを可能にする。その目的は、給付制度を簡素化し、理解しやすく、管理コストを削減することであり、そうすれば、受給資格を持つ個人が給付を受けやすくなり、「制度を利用」したり不正をしたりする機会も減る。これを達成するために、イギリスの新しい社会保障給付であるユニバーサル・クレジットは二〇一三年から段階的に新規申請者に適用され、六つの所得関連給付に取って代わることになった（DWP 2010: 14）。ユニバーサル・クレジットは所得に関連しているため、政府は勤労者世帯の貧困レベルを下げると主張した。

福祉改革法（2012）では、他にもさまざまな変更が行われた。年間二万六〇〇〇ポンドの給付上限額により、各世帯が受給できる福祉給付の総額が制限された。これは、世帯が就労者の税引き後所得の中央値よりも多くの福祉給付を受けるような事態に陥らないようにすることが目的であった。しかし、この上限は、ロンドンが特に高いといった、各地域の家賃や生活費を考慮していない。児童手当は、年収五万ポンド以上の家庭には引き続き支給されるが、所得税の増税によって事実上「取り戻し」が行われることになった。間接的にこの動きは、この長年の給付の普遍性に終止符を打つものであった。障害者手当も変更され、二〇一三年から障害者生活手当に代わって、新たに個人自立支援給付（ＰＩＰ）が導入された。ＰＩＰは引き続き資力調査なしのままであるが、受給者は個々のニーズについて新たに「客観的評価」を受けることになり、この動きは多くの障害者にとって苦痛であることが判明したのだが、その制度で彼らは障害者であることをいまや「正当化」しなければならなくなったからである。

最も論議を呼んだ新しい措置の一つは、公営住宅や住宅協会の借主に支払われる住宅手当の変更であった。政府は、寝室が余っている公営住宅の入居者は、事実上「空き部屋補助金」を支払われていると主張した。そこで、寝室が「多すぎる」借家人には、住宅手当を減額することにした。例えば、寝室が一つなら14％、二つ以上なら25％減額され、家賃の一部を負担するよう強制される。労働党の反対派は、これを不公平な「寝室税」と呼び、特に、

社会学的想像力 11.2

アメリカにおけるワークフェア（福祉から労働へ）政策

一九九七年以降、労働党政権は、福祉から就労に移行するための政策と目標を数多く打ち出した。障害者、長期失業者、若者、五十歳以上の人など、特定のグループにたいして「ニューディール」プログラムが導入された。同様のプログラムはアメリカでもある時代から存在し、その意味するところが研究されてきた。

フリードランダーとバートレス（Frielander and Burtless 1994）は、福祉受給者に賃労働を見つけることを奨励するために設計されたアメリカ政府主導の四つの異なるプログラムを検討した。そのプログラムはおおよそ類似していた。積極的に仕事を探す人には金銭的な給付を行い、仕事探しのテクニックの指導や教育・訓練の機会も提供した。対象者は、主に一人親の世帯主で、その国で最大の現金給付型福祉プログラムである「扶養家族を持つ家庭への援助 Aid to Families with Dependent Children」の受給者であった。フリードランダーとバートレスは、そのプログラムが成果を上げていることを発見した。プログラムに参加した人は、参加しなかった人よりも早く仕事に就くか、仕事を始めることができた。四つのプログラムすべてにおいて、生み出された収益はプログラムの純費用の数倍であった。しかし、そのプログラムを最も必要とする人びと（長期にわたって仕事から遠ざかっている人びと、つまり長期失業者）を支援する効果は、最も低いものであった。

ワークフェアのプログラムは、アメリカの公的扶助申請を約40%減らすことに成功したが、いくつかの統計は、その成果が完全に肯定的でなかったことを示唆している。アメリカでは、公的扶助受給者の約20%の人が働かず、独立した収入源を持たず、就職しても三分の一近くが一年以内に再び公的扶助を申請している。仕事に就いている公的扶助離脱者の三分の一から二分の一が、以前の給付水準よりも所得が低くなっていることが分かっている。いち早くワークフェアのプログラムを導入したアメリカのウィスコンシン州では、公的扶助離脱者の三分の二が貧困線以下の生活を送っている（Evans 2000）。批判者は、このような取り組みが事例の絶対数を減らすという点では一見成功しているが、公的扶助を失った人びとの経験には厄介なパターンがあることを隠していると主張する。

イギリスでは、社会的排除に対抗するための地域の能力賦与「地区」の有効性に疑問が持たれている。多くの政府のプログラムは、あたかも貧しい人びとがみな一緒に暮らしているかのように対象としている。しかし、イギリスでは、政府の社会的排除ユニットは、労働党が政権を握った一九九七年当時、失業者の三分の二が国内で最も貧しい44の行政区以外に住んでいたと主張している。このことは、多くの人びとが能力賦与地区の枠外にいるため、地域的な取り組みが全国的な反貧困戦略にとって代わるものではないことを示唆している。

▼批判的に考える

これらのプログラムが、長期失業者の就職支援に失敗しているのはなぜだと思うか。一年以上失業している人びとが直面している障害をリストアップしてみよう。このような障害を取り除くために、政府は何ができるのだろうか。

親族が断続的に空き部屋を使用する高齢者や、器具の保管や介護者・ヘルパーの宿泊のために空き部屋を必要とする障害者に大きな影響を及ぼすと指摘した。

二〇一五年、保守党の多数派政権の選出により、連立政権の福祉改革の推進は継続されることになった。この政権は、福祉予算をさらに一二〇億ポンド削減し、福祉国家を縮小する戦略をもって発足した。新政権は、民間住宅協会の入居者に賃貸住宅を市場価格より安く購入させ、地方議会に最も価値のある住宅を売却させる方針を打ち出し、マーガレット・サッチャーの住宅民営化政策との連続性を明確に打ち出した。また、「国民生活賃金」という名目で最低賃金の引き上げが発表され、「労働に対価を支払う」という保守党の主要テーマが継続された（Stewart 2015）。

イギリスの事例は、福祉支出を削減し、受給資格者の数を制限し、人びとを福祉から分離してますます不安定になる労働市場に移動させるという方策に向けて、緊縮財政の政治と言説が、いかに国民の支持を集めたかを示している。これに伴って、国家福祉をあからさまに批判し、市民を「給付請求者」として悪者扱いし、公的部門よりも民間部門の提供を優遇する政治的言説が生まれた。リスター（Lister 2011）は、「責任の時代」に入ったのであり、社会の最貧困層は、「責任ある」市民としての義務を感じ、果たすことを負わされる、と主張した。しかし、ヒルズ（Hills 2014: viii）は、緊縮財政の影響が出始めると、世論調査によって人びとの態度が変化していることを指摘している。「裕福な人」から「裕福でない人」への所得の再分配への支持が高まり始め、二〇一三年には約42％が再分配はよい考えであると同意している。それにもかかわらず、テイラー＝グッビーとストーカー（Taylor-Gooby and Stoker 2011: 14）は、福祉国家の変化に対する抵抗力は最も弱まっており、ヨーロッパ各国政府は「国家をアメリカ以下の介入レベルまで後退させている――これは前例がないことである」と論じている。

しかしながら、二〇一六年から二〇二〇年初頭にかけての長引くEU離脱プロセスに政府の時間が多く割かれ、さらに二〇二〇年のパンデミック（Covid-19）により、社会と経済に対する国家の介入が平時としては過去最大規模に拡大されることになった。その結果、今後一〇年間に社会保障の提供や福祉改革政策について大きな議論と見直しが行われることは、今や不可避のように思われる。

■古い福祉国家への新たな挑戦

一九四五年以後の、現代の福祉国家は、経済再建と工業化の発展の時代に作り出されたものであるが、それは男性が「家族手当」を獲得する「一家の稼ぎ手」と理解される時代であった。[21]

世紀には、ヨーロッパ社会はそうした状態からはかけ離れたものに移行し、結果として、福祉国家は、かなり長い間、徐々に変化してきた。

けれども、福祉改革の過程が継続的に見えるにも関わらず、福祉国家は実際には、根本的な変化にたいしてかなり耐性があることがわかっている（Pierson 2011）。福祉政策は、抜本的な政策変更を選挙民が経験することを危険なものとし、現状を擁護する、ある種ものぐさな利益共同体を生み出すと主張する者もいる。にも関わらず福祉国家が卓越したモデルとして存続しているのは、ギグ・エコノミーの台頭、不安定な就労形態、ワーキング・プアの拡大といった最近の問題と並んで、根強い貧困、低賃金、高齢化、不十分な住宅ストックといった長年の社会問題が残っていることが主な理由である。市民のための社会保障の国家給付は、一九四〇年代と同様に今日も相変わらず必要なままである。

ヘメレイク（Hemerijck 213: 15）は、グローバルな文脈で適切な新しい福祉国家モデルを模索するよう政府を促す社会経済的要因が存在していると論じる。彼は、これらを外生的、内生的、歴史的、超国家的、政治的なものと見なしている。主な外生的要因は、特に新興経済国との国際競争の激化であり、これはヨーロッパの再配分型福祉国家の安定性に新たな課題をもたらす。内生的な要因としては、製造業からサービス業への経済的移行、仕事の「女性化」として知られる女性の就業者の急増、高技能労働市場と雇用関係の断片化、医療サービスや長期介護の需要増大をもたらす高齢化社会などが挙げられる（ibid.: 127）。

「古い社会的リスク」の歴史的遺産は、今でも多額の公的資金が失業保険、障害者手当、比較的手厚い老齢年金に向けられていることを意味する。これらは新しい政策の挑戦がどのように取り組まれるかという財政的制限を課すが、しかし、二〇〇八年の金融危機以降、一〇年間続いた緊縮政策に続いて、パンデミック（Covid-19）後の復興計画が、今後数年間の社会保障の規模と範囲に影響を及ぼす可能性は十分にある。ＥＵの超国家的制度は、各国の福祉国家が国内の需要を管理する能力にも影響を与える。非常に現実的な意味で、福祉国家は「半独立国家」になってしまったのである（Ferrera 2005）。《政治的》な課題は、政党への忠誠心の低下、選挙の不安定さ、反移民感情とともにＥＵ統合の進展に対する反感がますます広まっていることに起因する。これらはすべて、二〇一六年にイギリスがＥＵからの離脱を票決したさいの重要な要因であった。これらの五つの要素が総合的に生み出すのは、グローバルなパンデミックとその社会的、経済的、政治的な帰結以前であってさえ、福祉国家の根本的な改革を求める圧力の高まりである。

本章をふりかえって問う

1．絶対的貧困と相対的貧困の違いを説明しなさい。グローバルノースの比較的裕福な国々から絶対的貧困はなくなっただろうか。

2．貧困がどの程度存在するかを測る主な方法は何か。そのことから貧困の程度についてどんなことがわかるだろうか。

3．多くの人がそのライフコースにおいて貧困に陥ったり、貧困から脱け出したりしている。人びとが貧困に陥る原因となることが多い状況をいくつか挙げなさい。

4. 子どもの貧困は、根強い社会問題であることが証明されている。子どもの頃の貧困はどのような結果をもたらし、なぜ解消が難しいのだろうか。

5. 社会学者は、高所得国における貧困の存続をどのように説明しようとしてきたのか。より強力な説明の枠組みを作ろうとするならば、個人主義的な説明と社会構造的な説明の両方の要素が必要なのだろうか。

6. 社会的排除が貧困と密接に関連していることは、どのように主張され得るだろうか。社会的排除の例を二つ挙げ、インターセクショナリティの概念が現実での排除に対する私たちの理解をどのように強化するかを示しなさい。

7. 「福祉国家」とは何かを説明し、福祉国家モデルがどのように普及したかを論じなさい。福祉国家のあるべき姿に関する議論において、制度論者と残余論者の主な相違点を概説しなさい。

8. イギリスの福祉国家の形成と発展における重要な転換点は何だったのだろうか。イギリスの福祉国家は、他のヨーロッパの福祉国家とどのような点で異なっているのだろうか。

9. 一九七〇年代まで存在した「福祉の合意」とは何だったのだろうか。一九七九年以降、この合意にどのように異議が唱えられたのだろうか。

10. イギリスにおける福祉改革の議論において、残余論者が決定的に勝利したという政治的・政策的な証拠は何か。

実際に調べてみよう

一般に、貧困状態にある個人や世帯は、仕事を見つける努力を怠ることによって、自分自身の状況に大きな責任を負っていると考えられている。国の手厚い給付が、貧困に苦しむ多くの人びとの福祉依存の状況を作り出していると言われている。近年、研究者たちが「ワーキング・プア」が広く存在することを発見し、こうした見方が大きく覆されつつある。しかし、どのような種類の仕事、どのような就業分野において、人びとは貧困の状況に陥りやすいのだろうか。人びとや世帯が自らの行動によって状況を変えることができるという証拠はあるのだろうか、それとも、国の介入が貧困レベルを下げる唯一の方法なのだろうか。以下の論文を読んで、過去三〇年ほどの間にイギリスで起きた労働市場の大きな変化に照らして、これらの問題を探ってみよう。

Sissons, P., Green, A. E., and Lee, N. (2018) 'Linking the Sectoral Employment Structure and Household Poverty in United Kingdom', Work, Employment and Society, 32(6):1078-98.

1. この研究をどのように特徴づけるか、またその主な証拠となるものは何か。

2. 「低賃金が必ずしも世帯レベルでの貧困につながるわけではない」。なぜそうではないのか。著者はどのような緩和要因が影響していると示唆しているのか。

3．貧困率が最も高い就業分野と最も低い就業分野はどれか。この論文は、最も高い就業分野の貧困率をどのように説明しているか。

4．「世帯の主たる稼ぎ手に続く二番目の稼ぎ手の存在は、貧困のリスクを大幅に減らす」。これは、家計の貧困を個人主義的に説明することを示唆しているかもしれないが、著者らは、貧困率はこれよりも複雑であると主張している。この複雑さの本質を、労働市場の変化、仕事の質、個人の行動、国の政策との関連で論じなさい。

5．この論文は、個人主義的な貧困理論と構造的な貧困理論との間の二極化した議論について、私たちに何を語りかけているのだろうか。例えば、どちらかの理論を支持しているのか、それとも両方に代わるものを主張しているのか。

さらに考察を深めるために

21世紀に入ってから、福祉国家はどうあるべきか、どのように生き残るかという議論が活発になっている。このことが示唆するのは、一九四〇年代から発展してきた福祉国家モデルは、現在の形では存続できず、いまや大きな改革が必要になっているということである。二〇一七年に、ロンドン・スクール・オブ・エコノミクス（ロンドン大学政治経済学院）のミノーシュ・シャフィク学長がこのテーマで講演を行い、問題点と、「ベヴァリッジ2.0」の福祉国家に向けたいくつかの可能な解決策を提示した。講演の記録は、以下のサイトに掲載されている。

www.lse.ac.uk/Events/Events-Assets/PDF/2017/2017-MT03/20171129-MinoucheShafik-Transcript.pdf

この分析結果を読み、既存の福祉の提供に対する脅威と、より持続可能な社会のためのシャフィクの提案する変革について、要約しなさい。最後の議論の部分では、ベヴァリッジ2.0が実際に実現するかどうかを評価しなさい。特に、そのような変化が直面する社会的・政治的な障害について考察しなさい。

芸術作品に描かれた社会

貧困生活の現実は、マスメディア、特にテレビではもはや取り上げられることが少なくはない。ここ数十年、貧困にあえぐ人びとや家庭の日常生活を記録すると称した、いわゆるリアリティ番組が流行している。たとえば、イギリスでは、『無一文 Skint』（チャンネル4）、『福利厚生と誇りについて On Benefits and Proud』（チャンネル5）、『福利厚生の道 Benefits Street』（チャンネル4）といったタイトルのシリーズを数多く目にする。番組制作者は、これらの番組は明らかに娯楽として作られているものの、貧困や国の給付制度の影響に対する意識を高め、教育的な意味合いもあると主張している。

しかし、批評家や多くの学者にとって、このような番組は「貧困ポルノ」と呼ぶほかなく、貧困は「給付金目当ての不正受給者」個人のものであって、彼らはその状況を非難されるという、一方的でステレオタイプな見方を示すものである。また、コミック・リリーフのような慈善団体が制作したキャンペーン用の映画にも、貧困ポルノの概念が使われている。これらの映画は、貧困とその原因についての理解を深める助力となってはいない、やはり役立たずの、ステレオタイプなイメージを提示している。

貧困ポルノと呼ばれる番組（またはチャリティ・ドキュメンタリー）をネットで検索し、視聴しなさい。貧困とその原因について社会学的研究が教えてくれることと、これらのリアリティ番組で紹介されるケースとを比較し、レポートを書きなさい。撮影された人びとは、自分たちの状況に責任があるのだろうか。こうした番組は、仕事、雇用、社会保障、国の給付制度について何を語らねばならないのだろうか。この種の番組は、見ている人びとに前向きで教育的な利点をもたらすのだろうか。

読書案内

貧困と社会的排除の問題のよい入門書としては、スティーブン・アームストロングの『新しい貧困』*The New Poverty*, London: Verso, 2017が、生き生きとしていて非常によく書けており、信頼できる。スチュワート・ランスリー、ジョアンナ・マックの『ブレッドライン・ブリテン――大量貧困の出現』*Breadline Britain: The Rise of Mass Poverty*, London: Oneworld, 2015は、貧困とそれに対する国民の認識についての説明を提供している。貧困とそれがどのように定義され測定されるかについてのより広い視点は、アンソニー・B・アトキンソンの『世界中の貧困の測定』*Measuring Poverty around the World*, Princeton, NJ: Princeton University Press, 2019に見ることができる。そして、社会的排除という概念は、ジョン・ピアソンの『貧困と社会的排除への取り組み――社会福祉における社会的公正の促進』*Tackling Poverty and Social Exclusion: Promoting Social Justice in Social Work* 3rd edn, London: Routledge, 2016で探究されている。この書籍は社会福祉士向けでありながら、社会学の重要な問題をすべて網羅している。

福祉国家について刺激的でわかりやすい入門書は、デイヴィッド・ガーランド『福祉国家 入門』*The Welfare State: A Very Short Introduction*, Oxford: Oxford University Press, 2016である。

イギリスの事例については、デレク・フレーザー『イギリス福祉国家の進化 第五版』*The Evolution of the British Welfare State* 5th edn, Basingstoke: Palgrave Macmillan, 2017が信頼に足る内容である。ここから先は、クリストファー・ピアソン、フランシス・G・キャッスルズ、インゲラ・K・ナウマン編『福祉国家リーディングス』*The Welfare State Reader* 3rd edn, Cambridge: Polity, 2014が広範で非常に有用な資料である。

インターネット・リンク

本書に関する追加情報とサポート（ポリティ）
www.politybooks.com/giddens9

所得生活条件についての欧州連合統計　EU全域の貧困や社会的排除などの生活状況に関する統計データを収録している

https://ec.europa.eu/eurostat/statistics-explained/index.php?title=Living_conditions

ジョセフ・ラウントリー財団　貧困と社会的排除を理解し根絶することを目的とした研究に資金を提供するイギリスの団体
www.jrf.org.uk/

ブリストル大学タウンゼント国際貧困研究センター　貧困および社会的排除に関する非常に有用な資料をいくつか紹介
www.bris.ac.uk/poverty/

イギリス子どもの貧困アクショングループ　最もよく知られた、評判の高いキャンペーン団体。このサイトには、子どもの貧困に関する多くの情報や出版物がある
https://cpag.org.uk/

ガバナンスと社会開発資料センター　二〇〇五年にイギリス国際開発省（ＤｆＩＤ）によって設立され、社会的排除のあらゆる側面をカバーする
https://gsdrc.org/topic-guides/social-exclusion/

社会・福祉問題に関するＯＥＣＤサイト　貧困削減計画およびＯＥＣＤ目標を網羅
www.oecd.org/social/

世界銀行の貧困削減と公平性のサイト　読書リストや情報など盛りだくさんである
www.worldbank.org/en/topic/poverty

（田邊訳）

第 12 章

社会的相互行為と日常生活

第12章｜目次

フェイスブック、X（Twitter）、インスタグラムといったオンラインのソーシャルメディアの現状を実際のこととするなら、今日まで人びとがこれほど多くの友人をもったことはない。だが、オンラインの友人なんて本当の友人だろうか、単なるフォロワー、接触者、知っている人にすぎないのではないか。ピュー・リサーチセンターの行った調査では、アメリカのティーンエイジャー（13歳から17歳の若者）の57％は、最近できたオンライン友達を一人以上もっており、ほとんどがゲーム（36％）、またはソーシャルメディア（64％）を通じてである。かれらの29％ほどは、そうした新しい友人を五人以上もっていた。男子はより多くネットワーク化されたゲームから友人をつくっており、71％の者はプレイの最中、友人と音声接触でコミュニケーションをとっていた。女子は、より多くの友達をソーシャルメディアでつくっており、三分の一近く（32％）の者は友人たちとの毎日のコミュニケーションを即時のメッセージ交換によって行っていた（Lenhart et al. 2015: 2-5）。こうしてみると、オンライン相互行為が友人関係ネットワークを拡大する可能性をもっているのは明らかだ。

　この調査は、若者たちがこのデジタル時代にあってどのように友人との繋がりをさぐっているか、そのやり方を開示する一つの窓を押し開いたが、その調査結果は、社会学者には見逃せない重要な問題を提起している。オンラインの友達づくりとその縁切り、いい換えるとフォローするか、フォローをやめるかのそれは、友達関係そのものの定義、意味を変えつつあるのではないか。この調査から分かったことは、ティーンエイジャーの八割は、人としてのオンライン友達の誰にも一度として会ったことはないことである。オンラインの友人関係はオンラインにとどまっているというのだ。たしかに68％のアメリカの十代若者はこうも言う。ソーシャルメディアの友人とそのコンタクトは、自分が何らかの困難に出遭ったときに助けになった、重要な点でかれらが「よき友」であることを意味している、と。おそらく、オンラインのみの相互行為でも、真の友人関係に期待できる要素のいくらかを生み出すことは《できる》。

　さらにピュー調査は、オンライン相互行為のいくつかのネガティヴな側面に暗にふれている。回答者のおよそ88％は人びとがソーシャルメディアで個人的《パーソナル》情報をあまりにも共有しすぎていると思っており、39％は自分をより人気者にするようなコンテンツを投稿しなければならないというプレッシャーを感じ、26％はオンライン上の投稿をめぐって友人とのいさかいにいたり、21％はソーシャルメディア上に見たもののせいで自分の生活に居心地の悪さを感じた、とする（lenhart et al. 2015: 6-11）。そして68％は、ソーシャルメディアのユーザーが「ドラマをあおっている」のを見たと報告しており、これはいじめ問題を論じる時によく使われる表現である。

　いじめ《ブリング》とハラスメントは、いじめがやんだ後も久しく、厳しい心理的な結果を残してきた。ローラ・マートッチ（Martocci 2015: xi-xii）は、自身が博士課程で学んでいた時にいじめを受けたことの記憶がどうよみがえってくるかを記述している。「（しかし）今でも、コンピュータの前に座ってこの話をシェアすることを考えると、私は身震いし、心がかすかに動揺するのを感じる。《彼女》がそれらの言葉を読んで破壊的言いふらし作戦を再開するのを想像する。大げさな驚いたという目つきが私の自信をごらせ、軽蔑的な調子の『ねぇえぇ、お、願、い……』という言葉に続いて……」。マートッチにとって、いじめという攻撃を受けることは、自身のアイデンティティの根本をなす自己概念を変えさせてしまう経験にほかならなかった。彼女は問うている。「なぜ、私は自分の業績をつまらないものとみなし、自己イメージを偽りのものとみなすようになったのだろうか。どうして、怒りっぽく不安になってしまった自分が、ついに正体を明かしたいつわらざる自分の姿であると信じるようになってしまったのだろうか」。

われわれの個人的な自己とは、「物」ではないこと、生物学的人体という殻の中に納まっている「真珠」のような物ではないこと、これを自覚することで、社会学的解答の基礎が与えられる。自己とはむしろ、一部、他の人びととの一連の関係性と相互行為の全体から打ち立てられた社会的所産である。そうであればこそ、われわれが他者との間でとり行う相互行為の型と質は、われわれが「本当は」何者か、いわば真の自己とは何かについての認知を変える可能性をもっている。他にどのような性格づけを行うとしても、いじめは、他者に権力を行使する試みを含む社会的相互行為の特殊な一タイプである。

＊自我形成とアイデンティティの社会学理論には、第14章「ライフコース」と第3章「理論と観点《パースペクティブ》」でふれている。

ネットいじめは、「集団または個人によって、電子的形式の接触を用いて、自らを守ることが容易でない被害者にたいして、長期間にわたって繰り返し行われる攻撃的で意図的な行為である」(Smith et al. 2008: 376)。これは物理的攻撃の拡大でありうるが、しかし多くの場合、もっぱらオンラインによるもので、文字、Eメールやソーシャルメディアによって行われる。この相互行為のなかに巻き込まれた者は、対面で向き合うことはないかもしれないが、サイバー形式は、伝統的ないじめと同様、ゴシップ、スティグマ化、ステレオタイプ化、仲間はずし、恥ずかしめ、などを利用する。しかし伝統的形式とちがい、ゲームサイトやインターネットフォーラムへ書き込まれたコメントは、はるかに広く拡散される。

ジョン・ハリガン（Halligan 2012: vii）の13歳の息子ライアンは、いじめられた結果として彼自身の命を絶った。ジョン・ハリガンは、「二、三人の子供たちの前でいじめられ、恥をかかされることは一つの重要なことである。一人の少女に拒絶されたと感じ、自分の心をつぶされるのも一つの重要なことである。しかし、これらの打撃と辱めをはるかに多くの思春期の観客に目撃されてしまうことは、一世代前と比較して全く異なった経験であるに違いない」と指摘している。対照的に、インターネット上のいじめや（フォーラムを妨害しようとするか、または感情的な反応を挑発しようと企てる）いわゆる荒らしは、匿名で作業をおこない、かれらの標的を非人格化することができ、それによって感情的な結果を避けて、彼ら自身の自己イメージを守ることができる。友情とオンライン上のいじめ行為の新しい形は、社会学者が理解しようと努力をしている、デジタル時代のまさに二つの局面である。

しかし、社会的相互行為から生まれた既存の理論と概念は、その作業を始めるためのかっこうの足場となる。

次に、私たちは、ミクロレベルの社会的相互行為を研究するために社会学者たちが使用してきたいくつかの鍵となる観念と考えを説明する。これらの考えや観念のすべてではないが、多くは、社会学において一般的に普及するに先立ち、相互行為論の伝統内で発達せしめられてきた。まず、相互行為における不文「律」や、その規則を破ったときに起こることを見ていく前に、気づかれていないボディランゲージやジェスチャーのような、人間のコミュニケーションのいくつかの「隠された」側面から始める。ここから、移り行く社会的文脈のなかで私たちの出会いを設定することができ、最後の節で、オンライン上の環境において新たに出現したいくつかの行為のルールと規範をさぐることにする。この章は、日常生活がデジタル化された装置やオンライン環境であふれるようになっているとき、人びとがまだ、サイバーコミュニケーションよりも対面コミュニケーションの方に特権を与えようとするのかどうかを問うことになる。

＊ 相互行為の伝統についての詳しい議論は、第三章「理論と観点《パースペクティブ》」のなかに見出されうる。

■ミクロレベルの研究

人でごった返すショッピングセンターを通って行くか、あるいは混んでいる電車に乗り込んでみなさい。すると、あなたは、人びとが、たいてい会話をすることなく、お互いをすばやくちらりと見たあと、ふたたび目をそらして歩き続けるか、座席を見つけようとすることに気づくだろう。私たち自身もそうだが、これらの人びとは、アーヴィン・ゴッフマンが**儀礼的無関心**と名づけたことを実際に演じている（Goffman 1967, 1971）。それは、ただお互いを無視することと同じではない。人はそれぞれ、他の人びとを認識していることをそれとなく相手に知らせるが、でしゃばりすぎと見なされる素振りまたは敵意を抱いていると受け取られる素振りは少しでも避けるのである。ある意味で、儀礼的無関心は、いじめの対極にある。いじめは特定の個人に焦点を絞り標的にする行為であるが、儀礼的無関心はうまく務めて、ほとんど無意識のうちに直接接触を《回避》する行動を表している。

儀礼的無関心は、私たち誰しもが認めるものであるが、社会学者たちは一体なぜこのような明らかに取るに足りない人生の側面に関心をもつのだろうか？　誰かと路上ですれ違うとか友達と数語を交わすことは、数えきれないほど何度も毎日行っていることである。しかし、私たちが自分の日常の出来事について考える必要はないからといって、それが社会学的分析から外れるということを意味しない。実際、アルフレッド・シュッツ（1899-1959）は、それらを**現象学**——どのように人びとが自明視している態度に至り、どのようにそれが相互行為のなかで再生産されているのかについての研究——にとっての出発点であると見なした。（シュッツと現象学についての議論のためには、第3章「理論と観点《パースペクティブ》」を参照せよ）。

従来、相互行為は、フェイス・トゥ・フェイスの出会いまたは

「お互いが直接、物理的に存在しているときに、個人が互いの行動に及ぼす相互の影響」(Goffman 1990 [1959]: 26) を意味するとされてきた。チャットルーム、ブログ、ソーシャルメディアのようなオンライン環境の出現に伴い、これらの新しいかたちを取り入れるより広い定義がふさわしいように思われる。アレックス・デニスとかれの同僚 (Dennis.A and his colleagues 2013: 1) は、社会的相互行為は、「人びとのお互いの活動に対する行為と応答」と定義されうるとした。**社会的相互行為**の、一見、重要でなさそうな形態の研究は、社会学においては、非常に重要であり、この学問領域のもっとも興味がつきないテーマの一つである。その主要な理由を三点にわたり指摘できる。

まず、私たちの毎日の型にはまった行いと不断の相互行為は、私たちのふるまいに構造と形式をもたらす。この構造と形式の研究をとおして、社会的存在としての私たち自身について、さらに社会生活とは何かについて、多くの事柄を学ぶことができる。私たちの生活は、同じような行動パターンを毎日繰り返すことを軸に成り立っている。そして、私たちは、たぶん、その同じような行動様式を中断されたときにはじめてこれに気づくのだろう。二〇一九～二〇年のパンデミック (Covid-19) は、まさにそのような完全な中断であり、多くの職場、学校、大学は閉鎖され、人びとは自宅にとどまるよう強いられ、友達や親類とも会わないように言われた。通常のソーシャルスペースは、事実上閉鎖され、多くの人びとは、自分たちが、日々を満たそうと苦しみ、あるいは、意味ある新しい日々のルーティーンを構成しようと苦労したと報告している。

あなたが昨日と一昨日行ったことを思い出してほしい。かりに二日とも平日であれば、二日ともほぼ同じ時間に起床した可能性が高い。もしもあなたが学生であれば、授業のために朝自宅を出て、平日はほぼ毎日おこなうように家から大学へと移動したはずである。もちろん、毎日したがう型にはまった行いは、決してすべての点で同一ではないし、また週末の活動様式は、通例、平日の様式とは対照的である。かりに大学を退学して就職するというような大きな変更を行うならば、毎日の型にはまった行いの修正が必要になる。新たな、かなり規則的な一連の習慣を最初からやり直して確立していく。

二つ目に、日常生活の研究は、人間が社会的現実を形づくるためにいかに創造的に行為するのかを明らかにする。私たちの行動が社会的役割や規範、共有された期待によって導かれるとはいえ、諸個人は、その人のこれまでの経歴や利害関心，動機づけにしたがって現実を別々のかたちで知覚している。諸個人は、創造的に行為する潜在能力を備えているため、自分の行う意思決定や行為をとおして、絶えず現実を創りだしている。いいかえれば、社会的現実は、固定されたあるいは静止した「物」ではなく、人びとの総行為によって創りだされている。この「現実の社会的構成」という考え方は、象徴的相互行為論の視座の核心をなしており、第1章で簡潔に紹介されている（社会構築主義のより詳しい概説に関しては、第5章「環境」を参照せよ）。

三つ目に、社会的相互行為の研究は、社会制度に光を当てることができる。およそすべての社会制度は、私たちが毎日かかわる社会的相互行為のパターンに基礎をおく。もう一度、街の通りですれ違うふたりの見知らぬ人のケースについて考えみたい。その出来事は、規模が大きく、構造化された、そしてもっと永続性のある社会組織形態とは、直接ほとんど何の関連性もないように思えるかもしれない。しかしこうした相互行為を数多く考慮に入れた場合、もはやそうとは言えなくなる。現代の世界では大多数の人が町部や都市に住み、個人的によく知らない人びとと絶えず相互行為をおこなっている。しかし、せわしなく立ち回る人びとやその束の間の非人格的接触は、都市生活にその活気に満ちた特性を与える。都市生活は、居住者と訪問者の両者の多彩な相互行為によって効果的に再生産されている。

ミクロ－レベルの毎日の活動は、私たちが他の章で探究した、社会生活の大規模なマクロ的な特徴から切り離されえないことを忘れてはならない。実際、一部の非常に優れた社会学的研究は、社会的世界のより詳細で成熟した形姿を私たちに与えるために、ミクロ的現象とマクロ的現象を結び付けている。

＊社会構造が日常的「生活世界」に与えた強い影響についての理論は、第3章「理論と観点《パースペクティブ》」に見出すことができる。

■ 非言語コミュニケーション

社会的相互行為は、数多くの形態の**非言語コミュニケーション**――顔の表情や身振り、動作による情報や意味の交換――を含んでいる。非言語コミュニケーションは、時として「ボディ・ランゲージ」と称されるが、誤解を招きやすい。なぜなら、人びとは、通常は、言葉で告げたことがらを消去するか拡張するために、諸々の非言語的信号を用いるからである。

◎人の顔、身振り、感情

非言語的コミュニケーションの主要な特徴は、感情の顔面表出である。私たちが人の顔を他の種と比較すると、人の顔は、際立って柔軟性があり巧みな操作が可能であるように見える。ドイツ人の社会学者ノルベルト・エリアス（1897-1990）は、顔の研究は、人間が、他のすべての種と同じように、長期間にわたって自然に発達したことを示すが、また、この生物学的な基礎が、《社会的発達》の過程で、どのように文化的特徴で覆われてきたのかも示すと論じた。

人の顔を私たちのもっとも近い進化上の近縁である猿と比較してみる。猿の顔は、柔毛でおおわれており、構造上強ばっていて、限定的にだけ動かすことができる。それにたいして人間の顔は、毛が生えておらず大変柔軟で、状況の幅広い多様性に合わせて制御することができる。世界の一部の地域では、もっとも変な顔の表情をすることができる人を見るために「変顔」コンテストまでもが開催され、これらの人びとのうちの何人かは実際に奇妙奇天烈な表情をみせる。この進化した生理学上の順応性なしには、私たちが知っているような人のコミュニケーションはありえなかっただろう。それゆえ、エリアス（1987a）は、人の顔の発達が、効果的なコミュニケーション・システムという進化上の「生存価値」と緊密に関連していると見なしている。猿は、「全身」のコミュニケーションを広範囲に使用するが、人は、さまざまな種類の感情を顔というまさに「信号盤」の上で伝えることができる。

エリアスにとって、顔面コミュニケーションは、人において生物学的なものと社会的なものが解きほぐせないほど絡み合っているということを証明している。マルトゥッチが記録したように、単純に目をギョロギョロと動かすことやそれが伝える意味でさえ、生涯にわたって残るような衝撃を与えることがある。

アメリカの心理学者ポール・エックマンとその同僚たちは、特定の表情を生じさせる顔の筋肉の動きを記述するために、顔面動作符号化システム（FACS）を開発した。このシステムは、一貫性を欠いて矛盾した解釈に陥りやすいことで悪名が高い研究領域に、厳密さを注入することを目指した。というのは、感情をどのように特定し、分類すべきかについて、ほとんど合意が得られてこなかったからである。チャールズ・ダーウィンは、人類全体に共通の感情表現の基本的様式があると主張した。この見解は論争の的になっているが、広く異なった文化出身の人びとを対象にするエックマンの調査は、ダーウィンの見解を支持するいくつかの証拠を提出している。エックマンとフリーセン（Ekman and Friesen 1978）は、ニューギニアで、その構成員が外部社会の人間とほとんど接触したことがない孤立したコミュニティの研究を実施した。

▼批判的に考える

エックマンの指示は、写真の左から右へ、もし以下のような場合ならば、あなたの顔はどのように見えるのかを示すようにということだった。

1. 友達がやって来て、あなたは《幸せ》である
2. 自分の子どもが死んで、あなたは《悲しい》
3. あなたは《怒っていて》今にも闘おうとしている
4. あなたは、長いあいだそこに横たわっている死んだ豚を見た——《嫌悪感》

その背景を知っているとき、表出された感情を理解することはより容易だろうか。

あなたは、今まで、誰かがどのように感じているかを誤解したことはあるだろうか。もしあるならば、なぜ彼らの顔の表情は、その感情の状態を明らかにしなかったのだろうか。

ニューギニアの人びとは、六つの感情（喜び、悲しみ、怒り、嫌悪、恐れ、驚き）を表出した顔の写真を見せられると、どの感情が表現されているのかを特定することができた。

エックマンは、彼自身や類似した研究から得られた結果は、感情の顔面表出と感情の解釈が人間生来のものであるという見解を裏づけていると論じた。とはいえ彼は、もっとも広く共有されている文化的学習が関与しているかもしれないので、自分の示す証拠がこの見解を決定的に証明してはいないことを認めてはいる。それでも、他の種類の調査も、彼の結論を裏付けている。人間行動学者イレネウス・アイブル＝アイベスフェルト（Irenäus Eibl-Eibesfeldt 1973）は、視覚と聴覚に障害をもって生まれた六人の子どもを研究して、子どもたちが特定の感情的場面で示す顔の

表情は、視覚や聴覚に障害のない個人が示す表情とどのくらい類似しているのかを見ようとした。この子どもたちも、明らかに楽しい活動に加わったときにはにっこりと微笑み、物を嗅いで異常な臭いがしたときには驚いて眉を吊り上げ、嫌いな物を繰り返し勧められたときには顔をしかめることを、彼は見いだした。エックマンとフリーセンは、FACSを用いて、大人の感情表現に見いだす個別の筋肉活動が、新生児にも数多く見られることを確認した。たとえば、幼児は酸っぱい味に反応して、大人がおこなう嫌悪の感情（唇をすぼめたり顔をしかめる）と類似した顔の表情を示すように見える。

感情の顔面表出は生得的であるように思えるが、個人的要因や文化的要因は、顔の動きがとる具体的な形状や、そうした顔の動きが適切と判断される脈絡に影響を及ぼす。正確にいうと《どのように》人は微笑むのかという点、唇や他の顔の筋肉の正確な動きや、その微笑みがどのくらい束の間のそれなのかといった点は、文化間でまったく異なる。

それにたいして、すべての、ないしはほぼすべての文化を特徴づけると証明されている身振りや身体の構えは、ひとつとして存在しない。ある社会では「イエス」を意味する際に人びとはうなずくのに、「ノー」を意味する際に人びとがうなずく社会がある。指差しのような欧米人が頻繁に用いがちな身振りは、他の文化では存在しないようである（Bull 1983）。同じように、イタリアの一部地域では、まっすぐ伸ばした人差し指を頬の真ん中にあてて回転させ称賛の身振りとしているが、別の場所ではこうした身振りは知られていないように思える。顔の表情と同じく、身振りや

ポール・エックマンによるニューギニアの人里離れたコミュニティ出身の部族民の表情の写真は、感情表現には、基本的な様式があるという考えを検証した。注意深くそれぞれの顔の表情を見なさい。エックマンによって使用された上記の6つの感情のどれを、各写真は伝えていると思うだろうか。「批判的に考える」の枠内を読み確認せよ。

身体の構えも、実際には何も言われないときにも意味を伝えるだけでなく、私たちの発話を肉づけするためにも用いられる。この顔の表情と身振り、身体の構えはいずれも、冗談を言ったり、皮肉を込めたり、疑念を表すために用いられる。

私たちが伝える非言語的印象はしばしば、口に出して述べることが、私たちの意味したことそのものとはいえないことを、意図せずして示している。赤面は、身体上の標識が、口で述べた意味といかに矛盾しうるかを示す、おそらく最も明白な例である。しかし、他人によって捕捉されうる微細な徴候がもっと存在する。訓練された眼で見れば、非言語的信号を手懸りにして虚偽をしばしば見破ることができる。発汗、そわそわ落ち着かない動作、相手への凝視ないしきょろきょろ動く視線、長いあいだ持続する顔の表情（心底からの顔の表情は、四、五秒もたてば消えやすい）は、人が何か欺瞞的に行為していることをおそらく暗に示す。だから私たちは、たとえば他の人びとが言葉で伝えたことにたいして何かを付け加えるために、またその人びとが口にすることに偽りがなく、どのくらい誠実であり、信頼できるかをチェックするために、その人びとの顔の表情や身振りを利用している。

◎ジェンダーと身体

マルセル・モース（Mauss 1973）は、身振りや身体的動きは、単に自然なだけではなく、社会的脈絡に関連づけられていると真っ先に論じた者のひとりだった。人びとは歩いたり、穴を掘ったり、食べたりなどする際にどのように自分の身体を使うかを学び、これらの「身体技法」は、世代から世代へと伝えられていく。ところで、日常の社会的相互行為にもジェンダーに関係する側面はあるのだろうか。相互行為は、より大きな社会的脈絡によって形づくられているため、男性と女性が、言語コミュニケーションにしても非言語コミュニケーションにしても異なるかたちで知覚し、表現する可能性があり、実際、これは意外なことではない。身体化された相互行為には、社会階級と民族的局面もまた関係している。

政治哲学者アイリス・マリオン・ヤング（1949-2006）は、有名な論文「女の子みたいに投げる」（young 1980, 2005）のなかで、性別を反映した身体的経験を研究している。ヤングは、ボールや石を投げるというような、女性たちによって行われる明らかに独特な「中途半端な」動作は、生物学的に決定されているのではなく、その身体を「他者のためのもの」として経験するように少女や若い女性に仕向ける言説や実践の産物であると論じた。そのような身体の訓練は、制限された身体の行動と動作という女性の規範を反映して、「抑圧された志向性」を具象化した。要するに、男性支配の社会は、本質的に「身体的に不利な条件を負った」大多数の女性を生み出している。対照的に、男性は、自分たちの身体を行動的で力強い「彼ら自身のためのもの」として経験することを学び、それは、より積極的な身体的動作、特に、スポーツにおいて目立つ身体的動作に反映されている。若い男子にとって、それゆえ、「女の子みたいに投げている」と非難されることは、恐ろしい侮辱であり、男性としてのアイデンティティへの攻撃である。

これらの力学は、まさに日常の社会的相互行為において明らかである。最もありふれた非言語的表現のひとつ、アイコンタクトを選ぼう。人は、さまざまな仕方でアイコンタクトを利用するが、多くの場合、誰かの注意を引いたり、社会的相互行為をはじめるのに、アイコンタクトを用いる。しかし、多くの家父長制的社会では、行動規範により、男性は女性を凝視することができるが、女性からの同様の応答は予想しておらず、力関係のはっきりした非言語的表現となっている。また男性は、他の男性を凝視することもあまりない。男性が他の男性を凝視すると、「『おまえは誰を見てるんだ』という攻撃的な反応」を呼ぶ危険がある（Jeffreys 2015: 22)。このような事例は、個々にとり上げれば取るに足りないことのように思えるかもしれないが、全体としてはジェンダー不平等のパターンを強化する一因になっている（Burgoon et al. 1996)。ジェンダー関係がより平等になり、女性が日常的に公的空間に立ち入るようになるにつれ、以前は支配的だった男性の凝視は次第に疑問視されるようになり、「不快な注目」と日常的性差別の一形態として再定義されるようになっている。

非言語コミュニケーションには、ジェンダーによる他の差異が見出される。男性は足を広げて上体を後ろにそらし、女性よりもリラックスして椅子に座る傾向が強いが、女性の方は、両手を膝の上に置き、足を組み、背筋を伸ばして座り、より閉じた体位をとる傾向がある。女性は、人と話をするときに、男性よりもその相手の近くに立ちがちであるが、男性は、会話のあいだ、女性が男性にたいしてそうするよりずっと多く、女性の身体に接触をしている。他の研究は、女性は、自分の感情を顔の表情を通してよりはっきりと示し、男性よりも頻繁に視線を合わせたりそらしたりするということを示している。

これらの一見取るに足らないミクロレベルの相互行為が、社会におけるより幅広いマクロレベルの不平等を強化していく。男性は、立っているときも座っているときも、女性よりも空間を支配している。そして、かなり頻繁な身体接触によってその場の支配権を明示する。女性は、視線を合わせることと顔の表情によって承認を求める傾向があるが、男性がアイコンタクトをすると、他の男性に比べて目をそらす可能性が高い。こうしたすべてのやり方で、コミュニケーションの非言語的様式は、より広い社会における男性の女性に対する権力を明らかにする微妙な手掛かりを与える（Young 1990)。

ジュディス・バトラーは著書『ジェンダー・トラブル』(Butler 1990) のなかで、ジェンダー化されたアイデンティティの表現は、ジェンダーが主に「遂行的《パフォーマティヴ》」であるということを論じている。こう論じることで彼女は何を意味しているのか。多くのフェミニストは、ジェンダーは、生物学的にあるいは生まれながらに決定されているという考えを拒否してきた、とバトラーは述べている。しかし、その際、フェミニストたちは、行為のジェンダー的規範は、生物学的に決定された男性の身体と女性の身体のうえに築かれていると論じつつ、ジェンダー（文化）を性（生物学）から区別していた。バトラーは、この立場を拒否して、その代わりに、ジェンダーの文化的表現のもとには、生物学的に決定されたアイデンティティなどは《存在しない》、と論じた。

ジェンダー・アイデンティティは、まさしくかれらの持続的な遂行を《通して》作られる。それゆえに、たとえその思い込みが広く残っているとしても、ジェンダーにとって本質的で生来的または生物学的な基礎といったものは存在しない。バトラーの見解では、ジェンダー・アイデンティティは、《あなたは誰であるか》という問題ではなく、《あなたは何をするのか》という問題であり、それゆえ、以前に考えられていたよりもずっと変わりやすく不安定ということになる。これは、人びとがジェンダー・アイデンティティについて完全に自由な選択権をもっていることを意味しない。というのは、遂行は、禁止や排斥やその他のかたちの非難によって強要された、規則化され繰り返し生み出されたジェンダー規範を必然的に含んでいるからである（Butler 1993）。もしもバトラーが正しいなら、人びとにとっては、どのようにジェンダーを演じるかについて自発的に選択をする余地や、ジェンダー化されたアイデンティティの支配的または覇権主義的なかたちに抵抗する余地はより大きく存在している。

＊ジェンダーとアイデンティティに関する覇権主義についてのコンネルのより広範な理論については、第7章「ジェンダーとセクシュアリティ」を参照せよ。

◎ 身体化とアイデンティティ

前述した身体上の経験と動作のジェンダー化は、ジェンダー・アイデンティティの理論を補足しており、第14章の「ライフコース」のなかで詳しく論じられている。その第14章が示しているように、人びとはごく幼い頃からジェンダー役割とジェンダー化された行動を、**家族**のメンバーのような重要な他者との相互行為のなかで《学ぶ》。私たちが、身体上の経験や非言語コミュニケーションに関する社会学的研究からこれに付け加えることができることは、人のジェンダー・アイデンティティもまた、自身の経験や、他の人びとの身体や身体の動きを通して表現されるということである。したがって、ジェンダー・アイデンティティは、社会的に創造されもするし、「身体化され」もする。実際に、アイデンティティの一般的概念は、近年、社会学の多くの領域で重要になっている。しかし、アイデンティティとは何か。

リチャード・ジェンキンス（Jenkins 2008: 5）は、次のように述べている。「アイデンティティとは、『誰が誰であるか』を（したがって、『何が何であるか』を）知る――言語に根をもつ人の能力である。このことは、私たちが誰であるのかを知り、彼らが誰であるかを知ること、彼らにとって私たちを誰であるかを知っていること、私たちにとって、彼らが私たちが誰であると思っているかを知っていること、などを含んでいる」。すべてのアイデンティティは、相互行為の持続している過程において形成されているので、「社会的アイデンティティ」ということになる。アイデンティティは、つくられるのであって与えられるのではない。そしてその結果として、時の経過とともに変わりやすい。それでも、アイデンティティは、本質的に内面的に一貫性があり、相対的には安定しているかのように、個人によって体験される。（Scott 2015: 2）。アイデンティティには三つの重要な側面がある。すなわちアイデンティティは、部分的には、個人的ないし私的であり、部分的に集合的ないし社会的であり、そして、それらはいつも「身体化されている」ということである。ジェンキンス

(Jenkins 2008: 68) は、それを以下のように表現している。

> 身体のない自己は、人間に関わる言い方としてはあまり意味がない。幽霊や霊魂でさえ、私たちがもし人間的なものと認めるならば、かつては身体をもっていたことになる。サイバースペースという脱身体化した世界でさえ、最後の手段ではないが、コンピュータのディスプレイの前にある身体を当てにしている。私たちは、自分自身を使って手を差し伸べ、他者は、私たちに手を差し伸べる。

社会的アイデンティティと**身体化**とのあいだの緊密な連携をますよい例は、アーヴィン・ゴッフマン(Goffman 1963)の「スティグマ」の研究である。ゴッフマンは、たとえば、一部の障害のある人びとが、目に見える身体上の機能的損傷《インペアメント》に基づいてどのように烙印を押される可能性があるかを示している。これは、自己呈示と個人のアイデンティティの管理へのコントロールを喪失していることを意味しているので、ゴッフマンは、「信用できない(discredited)スティグマ」と呼んだ。他方で、容易には観察できない(てんかんのような)一部の機能的損傷は、もっとたやすく世間の目から隠すことができるので、個人にとって、かれらのアイデンティティの管理をより統制することは可能になるかもしれない。この理由により、ゴッフマンは、この型の障害を、潜在的に「信用を損なう可能性があるスティグマ」と呼んだ。

　アイデンティティは、また、多層的でいくつかの原因から構成されているが、《第一次的》アイデンティティと《第二次的》アイデンティティは、単純に区別されうるのであり、それぞれ、第一次的な社会化の過程と第二次的な社会化の過程とつながっている。**第一次的アイデンティティ**は、幼小児期に形成される、ジェンダー、人種/民族、そして多分障害も含んでいる。**第二次的アイデンティティ**は、第一次的アイデンティティの上に築かれ、職業的役割や地位関係のような**社会的役割**と**獲得的地位**とに関連している。社会的アイデンティティは、かなり複雑で流動的であり、人びとが新しい役割を得るとか古い役割を背後に棄て去るときに変化する。

　ここまでの議論の重要な結論は、アイデンティティが《類似点》と《相違点》を区別するということである。特に個人化された現代社会においては、個人、または個人のアイデンティティは自分を唯一で他の人と異なっていると《感じさせ》、他者からもそのように知覚される。私たちの個人名は、この個人的差異の一つの例である。多くの社会において、親は自分の子供に、家族に関する名前や一般に使われている名前を選ぶのではなく、むしろ大衆とはかけ離れた珍しい名前を探し求めるようになっている。今日の多くの人びとにとって、子どもに名前をつけることは、家族のつながりの表現であるよりも、親の選択の問題なのである。

　それに反して、集合的アイデンティティは、類似性を表している。あなた自身を同定し、エスニック集団の、労働者階級の、環境保護主義者の、あるいは、専門的社会学者の一員として認定されることは、集団的連帯、誇り、または多分、恥の源泉になり得る。しかし、私たちの社会的アイデンティティについて、私たちがどのように知覚しているとしても、個人的アイデンティティと

社会学的想像力 12.1

公的空間における日常的性差別

小規模の対面的相互行為の研究と、社会構造と制度の研究は、密接に関連している（Knorr-Cetina and Cicourel 1981; Giddens 1984）。たとえば、ガードナー（Gardner 1995）は、多くの場面で、男性からの狼の口笛や性的なコメントの類の不快な言いよりが、「セクシュアル・ハラスメント」として女性によって頻繁に経験されていることを確認している。このセクシュアル・ハラスメントとは、一九七〇年代のフェミニズム運動に起源をもつ言葉である。このようなハラスメントは街頭の会話や行動にありがちで、ガードナーは、男性による女性へのハラスメントを、公的空間における男性の特権、女性の肉体的脆弱性や、暴行や強姦といった脅威が常にあることに代表される、より広範なジェンダー不平等というシステムに関連づけた。

それから二〇年後、職場、路上、買い物中などにあふれ繰り返される性差別の経験を人びとが記録できるように、日常の性差別プロジェクトが生み出された（イギリスのインターネットを使ったプロジェクトで、現在はローラ・ベイツの著書（Bates 2014, 2018）を収録）。たとえば、匿名の投稿者——弁護士——は、裁判で運送会社を弁護することに成功した後で、その会社の取締役は、彼女の方を向いて「いい子だ」と言ったと報告している。他にも、仕事に行く途中、男性が車のなかから、または歩きながら、「俺にもちょっとやらせろよ」といった性的コメントやありふれたヤジを発するという報告がある。一九九〇年代中頃にガードナーによって観察されたこの種の行動が許されないことは認識されてきてはいるのだが、今世紀も続いている。

言葉によるハラスメントの個々の例は、それらが正しく理解されるならば、明らかに公的規範や法的基準の変化に関連するに違いない。ミクロレベルとマクロレベルのあいだのつながりを理解するなら、人びとに良いマナーを教えようとすることだけでは不十分なことも明らかになる。性的ハラスメントの問題に取り組むためには、人生のすべての領域におけるジェンダー不平等に挑戦することも必要である。

▼批判的に考える

日常的な性差別のウェブサイト（この章の末尾にあるリンク）から、性差別主義者の行動のいくつかの個別のケースを読みとりなさい。これらの個別ケースを私たち自身の観察と結びつけることは比較的容易だが、社会の至るところでジェンダー平等の方向へ向かういくつかの運動もまた存在している。平等化へと向かう変化を証明するかもしれない、どのような男性や女性による身体上の身のこなし、観察上の変化や非言語的サインをあなたは目撃したことがあるか。

社会的アイデンティティとは、身体化された自己の内部でしっかりと結合されていると、ゴッフマンは主張している（Burkitt 1999）。

▼批判的に考える

あなた自身のアイデンティティの多様な源泉すべてを、個人的なもの社会的なものの両方をリストアップせよ。あなたの個人的なアイデンティティの感覚にとっての重要な順にそれらを順位付けせよ。この序列は、時間の経過とともにどのように変化をしただろうか。あなたにとっていくつかの源泉は重要性が小さくなったが、他の源泉は重要性を増したのはなぜだろうか。あなたのアイデンティティの帰属的側面と達成的側面とのあいだのバランスについて、どのような結論を引き出せるだろうか。

■行為者、舞台装置と補完的な役割

これまで学んできたことを、要約しよう。毎日の相互行為は、私たちが自分の顔や身体で伝えることと、言葉で伝えることとの微妙な関係性に依拠している。私たちは、他の人が言葉によって意思疎通することがらを補足し、相手の言うことに偽りがないかどうかを点検するために、相手の顔の表情や身振りを利用する。また、以下で見るように、同じ目的を達成するために自分の活動を社会生活の脈絡のなかで組み立てている。

◎出会い

私たちは、多くの社会的状況で、他者との**焦点の定まらない相互行為**に加わっている。焦点の定まらない相互行為は、人びとが、相手の存在に気づいていることを相互に示し合ったときにはいつも生じている。こうした相互行為は、普通は、人通りの激しい路上や映画館のなか、パーティー会場といった多くの人が一緒に集まるところで見られる。人は、他人を目前にしている場合、自分の態度や姿勢、顔の表情、身振りを通じて非言語コミュニケーションに絶えず加わっている。

焦点の定まった相互行為は、人びとが互いに相手の発言や行いに直接耳を傾けたり、注目したりする際に生ずる。社会的相互行為は多くの場合、焦点の定まったやりとりと焦点の定まらないやりとりをともに含む。焦点の定まった相互行為の事例は**出会い**と名づけられており、私たちの日々の生活のほとんどは、その場にたまたま居合わす他者との焦点の定まらない相互行為を背景にして、頻繁に生ずる家族や友人、仕事仲間との出会いから成り立つ。なにげないお喋り、ゼミでの討論、ゲーム、改札係や店員との型にはまった対面接触は、いずれも出会いの具体例だ。

会話と同様に、出会いはつねに「幕あけ」を必要とし、「幕あけ」は儀礼的無関心が不要になったことを示す。見知らぬ人どうしが出会って話をはじめる場合、儀礼的無関心をやめるタイミングにはつねにリスクをともなう。なぜなら、出会いの性質をめぐって、誤解が生じやすいからである（Goffman 1971）。したがって、アイコンタクトをおこなうことは、最初はおそらく曖昧でためらいがちな動作になる。かりにその予備交渉に快く応じてもら

社会学的想像力 12.2

「危険人物」と出会うということ

あなたは、今まで誰かの振る舞いに脅威を感じて道路の向こう側に渡ったことがあるだろうか。イライジャ・アンダーソン（Anderson 1990）は、アメリカの二つの隣接した都市の近隣で、そうした現象の調査を実施した。彼は、日常生活を研究することで、社会秩序がミクロレベルの相互行為の個々の構成要素からどのように構成されているかを明らかにできることを確認した。アンダーソンは、少なくとも一方が脅威であると見なされている相互行為を理解することに関心をもっていた。彼は、多くの黒人や白人が路上で相互行為するその仕方は、確立された人種的ステレオタイプによるところが多く、そのステレオタイプは、社会の経済的構造に結びついているということを示した。あらためて、私たちは、社会学的研究が、ミクロな相互行為を社会のより大規模なマクロ的構造に結びつけていることを理解する。

アンダーソンは、社会的役割や地位が特定の脈絡や位置のなかでどのように成立するかについてのゴッフマンの説明を想起することから、研究を始めた。ゴッフマン（Goffman 1990［1959］：13）は、以下のように書いている。「ある人が他の人たちの面前に登場するとき、普通、他の人たちは、その人物に関する情報を得ようと努めるか、すでにもっている情報を活用しようとする。……その人物に関する情報は、当の状況を定義する上で役立ち、その人物が自分たちに何を期待しているか、そして自分たちがその人物に何を期待してもよいかを前もって知ることを可能にする」。

しかし、行動上のどのような合図や手がかりが、そのような期待を生み出す公の場での相互行為の語彙を作り出しているのか。アンダーソンは、肌の色、年齢、衣服、そして装身具のような要素はすべて、識別の目印と見なされることを見いだした。同様に、どのくらい速く人びとが動くかということや、どのような型の動作を行うかということが、これらの目印の上に加えられ、より首尾一貫した仮説を作り出す。しかし、一日のうちの時間帯によって、またその時間帯にやってきそうなのは誰なのかによって説明がつくことがあり、その場合、見知らぬ人物への不安は払拭される。しかしながら、見知らぬ人物が、「安全」と評価されない場合には、それに代わる「略奪者」というイメージが優勢になる可能性があり、人びとは潜在的な問題を避けるように行為をする。

アンダーソンは、この検査に最も合格しそうな人びとは、「危険な人物」という共通のステレオタイプには分類されないということを示した。子どもと女性は、この検査に合格しそうなグループに入り、いくらか差がつくが、これに白人男性が続く。黒人女性が次にきて、それに黒人男性が続き、最後に一〇代の黒人男性がくる。この調査は、相互行為の緊張が、人種や階級、ジェンダーのような社会的立場と結びついていることを明示することで、完全に理解するには、マクロレベルとミクロレベルの過程を把握する必要があることを示している。人びとは、暴力や犯罪と折り合いをつけるための「回避術」のようなスキルを発達させるとき、「都会生活に通じる」のである。

この研究は、社会における幅広い制度的形態が社会生活においてどのように作用しているかに光をあてる上で、ミクロ社会学がどれほど有益であるかを示している。それはまた、社会的不平等についての大規模な構造理論に重要な経験的次元を加え、日常的な経験の内にそれを基礎づける助けとなる。

▼批判的に考える

アンダーソンの研究は、一九九〇年に公刊された。当時、彼が説明した「危険な人物」のカテゴリーは、今と変わっているだろうか。今日どの社会的集団が、このステレオタイプに合致する可能性があるかよく考えてみよ。あなたの考えを試すために小さな予備研究をどのように実施するか説明せよ。どの研究方法があなたの研究課題に取り組む際にもっとも効果的であるかを示せ。

えなかった場合、アイコンタクトを求めた人は、あたかもまったく直接何の働きかけもしなかったかのように振る舞うことができる。焦点の定まった相互行為では、それぞれの人が、交わされる言葉によるコミュニケーションと同じくらいに、顔の表情や身振りによってもコミュニケーションをしている。ゴッフマンは、人が「意図的に伝える」表現と「意図せずに発する」表現とを区別する。意図的に伝える表現は、人びとが相手に特定の印象を生じさせるために用いる言葉や顔の表情をいう。意図せずに発する表現は、他の人が相手の誠実さや正直さを点検する際に、見極める手懸かりになる。たとえば、レストランの経営者は、出された料理が大変おいしかったという客が《意図的に伝える》一言に、愛想よく微笑みながら耳を貸す。しかし、同時に経営者は、《客が意図せずに発する》信号——たとえば客が食事中どれだけ満足そうな顔をしていたか、食べ残しが多くなかったか、さらに客が満足の意を表した際の口調——にも、注意を向ける。

ウェイターや他のサービス業の従業員は、客との相互行為において、微笑んで丁寧に接することを通常教えられている。航空産業の有名な研究で、アーリー・ホックシールド（Hochschild 1989）は、このことを「感情労働」と呼んだ（第1章を参照せよ）。

◎印象管理

ゴッフマンのような相互行為論者たちは、彼らの研究において、しばしば演劇の概念を利用している。たとえば、**社会的役割**という概念は、演劇的環境のなかで、昔、役者によって使用された「丸めた」台本から発生した。社会学における役割は、所与の**地位**ないし**社会的位置**にいる人がしたがう、社会的に定義づけられた期待である。たとえば、教師になることは、特定の位置を占めることである。そのため教師の役割は、生徒や親、その他の教師たちにたいして特定の仕方で振る舞うことから構成されている。ゴッフマンは、社会生活を一つの、より正確に言えば数多くの舞台の上で演じている俳優たちに少し似ていると論じている。なぜなら、私たちがいかに振る舞うかは、私たちが特定の状況や時間に演じている役割に依拠しているからである。

人びとは、自分が他の人たちからどのように見られるかを非常に気にしていて、後者が自分たちに反応する仕方に影響を与えようと、多くの形態の**印象管理**を用いている。この印象管理をときとして計算しておこなう場合もあるが、通常、ことさら意識せずにおこなっている。たとえば、ダンは、仕事上の会合に出席するときは、スーツを着て、ネクタイを絞め、最良の振る舞いをする。しかし、その後、フットボールの試合で友人たちとリラックスしているときには、ジーンズとスエットシャツに着替えて、彼らと一緒に多くの下品な冗談を言う。これが印象管理である。実際に、フィンケルスタイン（Finkelstein 2002）は、西洋では長いあいだ、身体的外見と人の根底にある性格とのあいだには、関連性が認識されてきたと述べている。今日の消費社会では、ファッション産業は、身体を飾って相互行為のあいだに望ましい自己イメージを伝えるのに使用されることがある、衣服や化粧品やその他の「小道具」の様相に変化をもたらしている。

先に見たように、社会的役割は、私たちの社会的地位に基づいており、人の社会的地位は、しばしば社会的脈絡次第で異なっている。あなたは、「学生」として一定の地位を占め、セミナー室や講義室では、一定の仕方で行為することを期待される。しかしまた、「息子」あるいは「娘」として、学生と異なる地位を占めており、それに応じていだかれる期待は異なる。同じように、あなたは「友人」として、社会的秩序のなかでさらにもう一つの異なる位置を占めており、もう一つの役割期待のセットに出会う。したがって人は同時に多くの地位をもち、この地位の集合は、**地位群**と呼ばれている。

社会学者はまた、生得的地位と獲得的地位を区別している。**生得的地位**とは、「人種」や性、年齢といった生物学的要素にもとづいて「割り当てられた」地位である。したがって、あなたの生得的地位は、「白人」や「女性」、そして「ティーンエイジャー」である。**獲得的地位**は、その人自身の努力によって手に入れた地位である。たとえば、あなたの獲得的地位は、「大学卒業者」や「運動選手」、「従業員」である。そして私たちは、自分の獲得的地位の方がより重要だと思うだろうが、社会の他の人びとは、そうした考え方を認めないかもしれない。どの社会でも、一部の地位は、他のすべての地位に優先し、通常、人の全体的な位置を規定している。社会学者は、こうした地位を**最優勢の地位**と名づけている（Hughes 1945; Becker 1963）。最も一般的な最優勢の地位は、ジェンダーや人種にもとづいており、これらは、人びとが互いに最初に気づくものであると、社会学者たちは示してきた（Omi and Winant 1994）。

補足的な役割――内密な検査の演出　ゴッフマンのドラマトゥルギー的取り組みは、「行為者たち」が特定の成果を達成するために協力する状況に役立てることができる。良い例は、ヘスリンとビッグス（Henslin and Biggs 1997［1971］）の、女性の通院患者と男性の婦人科医とのあいだの、潜在的に決まり悪さを感じさせるデリケートな出会いの研究である。ヘスリンとビッグスは、産科の看護師として熟練したビッグスによって収集された一万二〇〇〇から一万四〇〇〇の調査を分析した。患者と医者とのあいだの相互行為をスムーズに進めるためには、「ドラマトゥルギー的

古典研究 12.1

アーヴィン・ゴッフマン ――「この世は（ちょっとした）舞台だ」

研究課題

頻繁に公共の場で「パフォーマンスを行っている」とか、「群衆にたいして演奏をしている」ようにみえる人びとを見かける。私たちが正直に言えば、自分も時には、他人の利益のためにショーをしたりして、世界をやや舞台のように扱うことをよしとするだろう。しかし、私たちはなぜ、このようなことをするのだろうか。そして、このようなことを行うとき、それは「本当の自分」がパフォーマンスを行っているのだろうか。もしも、「世界はすべて舞台である」ならば、公演の《背後で》何が起きているのだろうか。アーヴィン・ゴッフマン（1922-82）は、いくつかの出版物や調査研究のなかでこの問題を研究し、人びとの「パフォーマンス」と舞台裏の行動のもっとも詳しい記述を行った。

ゴッフマンの説明

ゴッフマンが示唆するように、社会生活のほとんどは、表局域と裏局域に分類できる。**表局域**とは、人びとがフォーマルな役割を演じる生活上の機会や出会いである。つまり、それらは本質的に「舞台上のパフォーマンス」である。表局域でのパフォーマンスを創りだす際には、《連係した行い》と関係する場合が多い。同じ政党の政治家たちは、たとえ個人的には互いにひどく嫌い合っていても、テレビカメラ向けにはもっともらしく仲の良さや友好のショーを披露する。妻と夫は、自分たちの口げんかを子どもたちに知られないように気をつけ、表面上仲睦まじさを保つが、いったん子どもたちが安全にベッドに入った後には、激しく争うことになる。

裏局域は、もっとフォーマルな舞台での相互行為のために、「小道具」を集め、心の準備をする場である。それは劇場の楽屋や、映画撮影でいえばカメラが回っていないときの人びとの行動に似ている。人びとは、舞台裏という安心できる状態で、くつろいだり、舞台に立った際に抑える感情や態度を露わにすることができる。裏領域では、「ばちあたりな言動、あからさまなセックスに関する言及、くどい愚痴……垢ぬけない服装、『だらしない』立ち居振る舞い、方言や卑俗な言葉の使用、ぼそぼそした話し方や大声をたてること、冗談半分のけんか腰の態度や『からかい』、あまり重要でないとはいえ象徴的意味を秘めた行為を他人におかまいなくすること、さらには、鼻歌や口笛、くちゃくちゃ音をたてる食べ方、爪かじり、げっぷ、おならといったあまり品のよくない振る舞い」が黙認される（Goffman 1990 [1959]：129）。だから、ウェイトレスは、お客に給仕するときは手際が良く、お客の欠点にたいしても礼儀正しく振る舞うかもしれないが、厨房のスイングドアの後ろでは、おそらく声高でけんか腰になる。

スペンサー・カヒル（Cahill 1985）の調査チームは、ゴッフマンが「パフォーマンス・チーム」と呼んだものが、集合的パフォーマンスに失敗したときに、自分たちの当惑を隠すために公用トイレに逃げ込むことを発見した。カヒルは、大学構内の学生センターの化粧室における若い三人の女性が交わした会話について記述している。

A　ほんとうに困った。あんなことが起きるなんて信じられない（みんなの笑い声）

B　彼、私たちを最大の駄目な連中だと思ったに違いないわ。

A　私がみんなに聞こえるような大声で叫んだなんて、信じられないわ。

C　そんなに大きな声じゃなかったわよ。彼は、あなたの声を聞いてないわよ。

B　——私たち、彼がいることに、すぐには気づかなかった。だから、私、あなたに知らせようとしたのよ。でも、あなたがお喋りに忙しかったから、私は……

A　あんなことになるなんて信じられない。私って最低ね。

B　そんなに気にしないほうがいいよ。少なくとも彼は今、あなたが誰かを知っている。覚悟はできてる？

防御策は、パフォーマンス・チームが、表舞台の「オーディエンス」ともう一度対面をする前に、自分たちで集まる時間を稼ぐことである。パフォーマンス・チームは、この時間稼ぎという目的のために裏局域を日常的に利用しており、表舞台の「オーディエンス」と再度対面する前に、パフォーマンスについて議論をし、下稽古をおこなっている、とゴッフマンは述べている。

ゴッフマンの取り組みは、通常、劇場のアナロジーに基づいて「ドラマトゥルギー的」と表現されている。しかしながら、これは一つのアナロジーであることを心に留めておかねばならない。ゴッフマンは、社会的世界は、本当に舞台《である》とは言って《いない》が、**ドラマトゥルギー分析**を使用すれば、それの特定の局面を研究することができ、なぜ人びとがそのように行動するのかを学ぶことができると示唆している。

批判点

ゴッフマンの取り組みの批判者たちは、他のミクロ社会学に向けられたものとの類似したいくつかの点を強調している。すなわち、ミクロ社会学は、社会についての理論をもっていないし、それらの記述のなかで階級やジェンダー、民族の不平等を認識しているにもかかわらず、どのようにそれらが発展したか、あるいは、なぜそれらが持続するのかを説明できない。また、ドラマトゥルギー的な類推も、疑問視される可能性がある。これは、組織や「**全制的施設**」の研究にとって良いモデルであるかもしれないが、他のところでは、あまり役に立たないかもしれない。同様に、ゴッフマンの劇場のアナロジーは、生活の公的領域と私的領域のあいだの明確な区分を発展させた近現代の西洋社会においてもっともよく機能する（表局域と裏局域）。しかし、他の社会では、この区分は、あまり明瞭ではないか、単に同じ形式では存在しないかであり、それゆえ、ゴッフマンの視座は、これらの社会の内部では、生活についてのまったく同じような手掛かりをもたない可能性がある。

現代的意義

ゴッフマンの研究は、社会学にも、また彼の著作を読んで専門的な社会学者になろうと奮起させられた数多くの学者にも、大きな影響を与えてきた。ゴッフマンは、社会学にたいしてきわめて思慮に富む、刺激的な貢献をおこなったと広く認められている。多くの社会学者は、今日もまだ、たとえば、ミクロ社会学をいかに実施するのかということについてのゴッフマンの独創的な業績に言及しており、ゴッフマンが発達させた概念（スティグマ、最優勢の地位、表局域と裏局域など）は、多様な領域を超えて社会学のまさに骨組の一部になっている。その業績は、第14章「ライフコース」、第10章「健康、病い、障害」、そして、第22章「犯罪と逸脱」においても論じられている。

▼批判的に考える

表局域と裏局域という考えは、多くの社会学的研究において有用であることをはっきりと示した。しかし、世界全体が多少なりとも舞台に似ているならば、裏局域もまたパフォーマンスを必要とする舞台なのだろうか。あなた自身の役割と、どのような期待が世界全体の舞台裏の領域に存在しているのかについて考えよ。どの役割または脈絡において、あなたは、「本物の」自己であることができるのだろうか。個人的、社会的アイデンティティについてのあなたの答えは何だろうか。

脱性別化」が行われなければならない。それは、医師が彼らの高度に専門化された役割を演じ、患者が検査のあいだ快適で安心できるように、患者の個人性は一連の「場面」によって効果的に隠され、「身体」だけを残すということである。

ドラマトゥルギー的隠喩を用いると、骨盤検査は、エピソードが展開するにつれて行為者によって演じられる役割を変化させながら、いくつかの別個の場面を通して進む。序幕では、人物が患者という役割を身につける心の準備をして待合室に入っていく。診察室に入るように呼ばれると、彼女は、「患者」役割に身を置き、第一場面が始まる。医師は、事務的な職務に徹した態度をとるが、患者には、まともな相応の能力をもつ人として応対し、アイコンタクトを保ち、患者が言うことに如才なく耳を傾ける。もしも彼が、検査が必要と判断した場合、医師は患者にそう告げて、診察室を出ていく。――ここで第一場が終わる。

その時、次に女性の看護師が入ってきて、主要な場面で大切な舞台進行係の役を務める。看護師は、「女性たちが我慢しなければならない事態」について知っているため信頼できる親友の役と同時に、次に生じることがらでの協力者の役も演じて、患者の不安を和らげる。看護師は、患者の脱衣を見守りながら、患者が一個の人格から肉体に変わる手助けをする。看護師は患者の服を受け取ってたたみ、ほとんどの女性が下着を私秘的なものと感じているので、医師が戻ってきたときに下着がその目に入らないことを確かめる。それから看護師は患者を診察台に案内し、医師が診察室に戻ってくる前に患者の身体の大部分をシーツでおおい隠す。

　看護師と医師が参加して、中心をなす場面がはじまる。看護師の立ち会いは、医師と患者の相互行為が性的な含みをもたないことを保証し、診察は、あたかも患者には人格がないかのように進められることを助ける。患者の身体を覆うシーツは、性器周辺を身体の他の部分から隔離し、また、特定の医療関連の質問を除いて、医師は患者の視界の外に座り、患者の存在を無視する。患者は自分から話しかけたりせず、一時的に非人格となることに協力し、身動きも最小限にとどめる。

　この場面と最後の場面の幕間で、看護師は、再び舞台進行係の役割を演じて、患者がもう一度普段の人格となる手助けをする。医師が部屋を出たあとで、患者と看護師はおそらく再び会話を交わす。患者は衣服を着て、身繕いを整え、最後の場面に向かう心の準備ができる。医師は再登場する。そして医師は、患者にたいしきちんとした責任能力のある人間として応対しながら、診察結果について説明する。エピローグは、患者が微妙な相互行為を演じる役割を終え、診察室を出て、自分のアイデンティティを再び取り戻したところで終わる。

＊医師－患者関係と「病人役割」に関する機能主義的見解について議論するために、第10章「健康、病い、障害」を参照せよ。

公共的場所における脱性化された身体　内密な医療検査は、人の身体に関わる難しい社会的状況の一例に過ぎない。社会学的研究は近年、公共のスイミングプールと「温水浴槽文化」の「協定された秩序」を探究してきた。その両方とも身体の呈示にかかわる問題を提供する。公共のスイミングプールや温水浴槽において人びとは、性的に感じられるリスクのある出会いの場に身をおきながら、自分たちの裸に近い身体を他者のすぐ近くで「呈示する」。それゆえ、これらの相互行為の場所は、非性化されたアリーナとして構築、組織化されているが、許容される振る舞いの指針となる規則やしきたりが発達している（Scott 2009, 2010）。たとえば泳ぎ手は、アイコンタクトを避け、他の人びとによって採用されている多様な「規律体制」を守ろうと努力する。各泳ぎ手が、許容できるパーソナルスペースの規則を意識して、他者のスペースを害するような規則違反を、日常的にしないこともまた重要である。

　過去二〇年にわたって、温水浴槽は、多くの先進諸国において、公共のスイミングプールと並んで、またはスイミングプールの代わりとして人気が高まってきた。多くのホテルや個人宅でも、屋内または屋外に温水浴槽を設置し、温水タブは、今や地域生活で承認された一部分となっている。しかしそれは、大きなスイミングプールよりも小さな社会的な場所であり、相互行為を管理する規則や「水生儀式」は、より厳しくなる可能性がある。アイスランドにおける屋外の温水浴槽の利用についての研究のなかで、ヨンソン（Jónsson 2010: 247）は、「最小限の接触」が重要であると記している。

お互いに握手をしながら挨拶をしない。うなづくことで十分……。温水浴槽の会話は、一般的で没個性的である。たとえ、常連客のあいだでも個人的質問は許されない。プール通いの常連が、数年以上、一言も発することなく、頻繁に温水浴槽に行っていた場合もある。よそ者との会話は、「アイスランドはいかがですか?」という境界をめったに超えることはない。

　諸文化を超えて、温水浴槽の儀式にはバリエーションがある可能性がある。浴槽が個人宅に設置されて、「標準的な」家庭生活の一部になったところでは、会話や身体にかかわる公共の規範は、当てはまらないかもしれない。

　両方の例が示すのは、露出した人体が、社会的規則や**儀礼**やふるまいによって対処されるような公共の出会いにおいて、性的作法の問題を提起するその仕方である。これらの相互行為にとっての重要なしきたりとは、正しいパーソナルスペースないし一部で個人を取り巻く「泡の内部のように外部と遮断された状態」と呼ばれていたものの維持管理である。

◎ 個人空間《パーソナルスペース》

　個人空間の定義には、文化的差異が見られる。欧米の文化では、人びとは、他人との焦点の定まった相互行為をおこなう際に、通常、少なくとも3フィート〔約90センチ〕の距離を保つ。ただし並んで立つときは、人びとはもっと接近して立つかもしれない。中東では、人びとは、欧米で容認されている以上に互いにもっと近接した立ち方をする場合が多い。中東を訪れる西洋人は、この予想もしなかった身体的接近におそらく当惑する。

　非言語コミュニケーションについて幅広い研究をおこなってきたエドワード・T・ホール（Hall 1969, 1973）は、個人空間の四つの距離幅を区別している。1.5フィートまでの《密接距離》は、極めて数少ない社会的接触のためにとる距離幅である。恋人どうしとか親子のように身体に触れることが平素許されている関係の人たちだけが、こうした私的空間の距離幅のなかで行動する。1.5フィートから4フィートまでの《個人距離》は、友人や親しい知人との出会いの際に保つ通常の間隔である。ある程度の親密な接触は許容されるが、その度合は厳しく限定されがちである。4フィートから12フィートまでの《社会距離》は、インタビューの際のようにフォーマルな相互行為の場で通常保つ距離幅である。四つ目は、12フィート以上の《公的距離》で、観衆にたいして演じる人びとが保つ距離幅である。

　日常の相互行為で、最も危険をはらむのは、密接距離と個人距離の距離幅である。かりにこれらの空間を侵略されれば、人びとは、自分の空間を取り戻そうと努める。私たちは、「あっちに行け!」というかのごとく侵入者を凝視するか、侵入者たちを肘で押しやるかもしれない。人びとは、自分たちが望ましいと考えているより以上の接近を強要された場合、何らかのかたちで物理的境界を定める場合がある。たとえば混雑している図書館では、利用者は、机の縁を取り囲むかたちに本を積み上げることで、私的空間の境界を物理的に示そうとするかもしれない。

　ここでもジェンダーの問題が関係している。男性たちは、親密な相手でもなく、気心の知れた知り合いでさえないような女性たちの個人空間への移動も含めて、空間の使用では、伝統的に女性たちよりも大きな自由を享受してきた。女性と一緒に歩くときにその女性の腕をとって導く男性や、女性がドアを通り抜ける際にドアを開けながらその女性の腰の上に手を置く男性は、親切心や礼儀正しい仕草としてそうするのかもしれない。とはいえ、逆の現象、つまり男性の個人空間に進入する女性は、多くの場合、いちゃつきとみなされる。西洋の多くの国で性的嫌がらせに関して示された新たな法律や判断基準は、個人空間における他人による望まない接触や関与から人びと——男性や女性、さらには子どもたちも——を保護しようと努めている。

■ 社会的相互行為の諸規則

私たちは、自分自身の行動においても、他の人たちの行動の意味を理解する場合にも、非言語的信号を日常的に用いている。その相互行為はほとんどの場合、他の人たちとの会話のなかで進行するお喋り、つまり何げない言葉のやり取りを伴っている。社会学者たち、特に、象徴的相互行為論者たちは、言語が社会生活の基礎であることをつねに認めてきた。しかし、一九六〇年代後半には、人びとが日常生活の普通の脈絡のなかで言語をどのように用いるのかにとくに関係する研究方法が考案された。

ハロルド・ガーフィンケル（「古典研究12.2」で論じられている）は、「エスノメソドロジー」という語を作り出した。**エスノメソドロジー**とは、他者がおこなうことがら、とりわけ他者が述べることがらの《意味を理解する》ために人びとが用いる「エスノ－メソッド」、すなわち人びとの方法、あるいは、一般の方法の研究である。私たちは誰もが、この方法を、通常はその存在に意識的な注意を払うことなしに適用している。多くの場合、私たちは、言葉そのもののなかに現れない社会的脈絡について知ることで、はじめて会話のなかで述べられたことがらの意味を理解できる。

この簡単な会話において何が進んでいるのかをあなたが理解できるかを見よ（Heritage 1984: 237）。

A　私には、十四歳の息子がいます。
B　そうですか、承知しました。
A　犬も一匹います。
B　エッ、それは残念ですネ。

この会話が住まいを借りようとする人と家主の会話であると言われたならどうだろうか。そのときには、会話の内容は理解可能になる。入居者に子どもがいるのは認めるが、ペットは認めない家主もいるからである。しかし、かりにこうした社会的脈絡を知らなければ、Bの応答は、Aの述べたことがらと一見まったく何の関連性ももたないように思える。述べられたことがらの意味の《一部》は言葉のなかにあり、また《一部》は述べられたことがらを組み立てていく社会的脈絡の態様のなかに存在する。

◎ 共有された理解

まったくとるに足りない毎日のお喋りの表し方でさえ、複雑な**共有された理解**と知識の存在を前提にしている。そして、意味は個人に属しているのではなく、相互行為の過程で生み出される。意味は、完全に他者に伝えられることができ、広く共有されている（Dennis et al. 2013: 15）。普段のお喋りで使われる言葉は、つねに正確な意味を有しているわけではないので、実際、私たちのちょっとしたお喋りでさえも非常に複雑である。私たちは、自分の述べたいことがらを、その根底にある明言されていない前提をとおして「決めていく」。かりにマリアがトムに「あなたは昨日何をしていたの」と質問したとしても、質問の言葉は何が答えになるのかをまったく規定していない。一日は長い時間である。かりにトムが「そうだね、七時一六分に目を覚ました。七時一八分にベッドから出て、バスルームに行って、歯を磨きはじめた。七時一九分にシャワーのノブを回して……」と言ったとしても、おそらく理にかなっている。私たちは、この質問をしたマリアのことを知り、マリアとトムがどのような活動を実際に重要と考えているのか、さらにトムが特定の曜日にいつも何をしているかを知ることで、この質問がどのような類の応答を求めているのかを理解する。

◎ 相互行為の破壊

すでに見てきたように、会話は、毎日の生活を、安定した、首尾一貫したかたちで維持する主要な手段のひとつである。私たちはとるに足りないお喋りでも、お喋りをする上での暗黙の約束事が守られている場合、心地よさを感ずる。しかし、そうした暗黙の約束事が破られる場合、脅威を感じ、困惑し、不安に陥る。毎日のお喋りのほとんどで、会話する人は、会話をスムーズに進めるために、相手が発する声の抑揚や語調の変化、わずかな間合い、身振りといった合図に、注意深く同調していく。会話する人たちは、互いに相手を意識することで、相互行為を始めたり終わりにするときや、発言を代わる代わるおこなうときに「協力しあう」。一方の側が会話する上で「非協力的」な態度をとる相互行為は、緊張を生む可能性がある。

ガーフィンケルの実験に加わった学生たちは、社会学的実験の一環として、会話のルールを破ることで、意図的に緊張状況を作りだした。では、人びとが会話の習わしを通じて「面倒な事態を起こす」現実の場合は、どうだろうか。一九九〇年代のアメリカのある研究は、ニューヨーク市での通行人と浮浪者の言葉のやりとりを調査して、なぜ通りすがりの人たちは、こうした相互行為が問題をはらむと思うのかを解明しようとした。研究者たちは、**会話分析**を利用して、街頭でのやりとりから選り抜いたものと毎日のお喋りの事例とを比較している。会話分析とは、意味を理解するために、会話の、（「えーと」や「うーむ」、「あー」といった）最も小さな「間を埋める」言葉にはじまり、話の間合いや話への割り込み、発話の重なり合いといったやりとりの正確なタイミングに至る、すべての側面を検討しようとする技法である。

その研究は、ホームレスやアルコール依存症者、薬物依存症者を多く含む黒人の男性たちと、街頭を通りすがる白人女性のあいだで生じる相互行為を調査した。男性たちは、女性に声を掛けた

古典研究 12.2

ハロルド・ガーフィンケルのエスノメソドロジーにおける実験

研究課題

誤解は、社会生活においてありふれたことである。時々、その誤解は未解決に終わるが、立腹と欲求不満を引き起こす。「私が話しているときは聞きなさい」と言われたことがある人は誰でも、取るに足らない誤解が、いかに素早く怒りと攻撃性へと変わりうるか知っているだろう。しかしなぜ、話のささいな慣例が守られなかっただけで、人はそのように怒るのだろうか。ガーフィンケル（Gerfinkel 1917-2011）は、この問題について、彼の学生と調査した。

ガーフィンケルの説明

日常が円滑に進むためには、人びとは生活のある側面を当たり前のこととして受け入れることができなければならない。こうした「背後期待」には、話すべき時とそうでない時への理解、正式に述べなくても想定できることなど、日常会話の系統だてが含まれる。ガーフィンケル（Garfinkel 1963）は、日常生活の慣例に「違反すること」を試みる有志学生たちと一緒に、暗黙の前提を調査した。実験に参加した学生たちは、友人や身内と会話をして、相手の何気ない言葉や漠然とした評言を聞き流さずに、その意味を明確にしてくれるよう相手にしつこく求めるよう依頼された。かりに誰かが「楽しい一日を（Have a nice day）」といった場合、実験に加わった学生は「楽しいとは、一体どういう意味ですか」と応答した。これらのやり取り（Heritage 1984: 80 で言及されている）の一部分は、次のとおりであった（Eは有志学生、Sはその夫、彼らはテレビを見ている）。

S　これらの古い映画には、みな、同じ種類の古い鉄のベット枠がある。

E　どういう意味？　あなたは、すべての古い映画のことを言っているの？　それともそれらのうちのいくつかのことを言っているの？　または、あなたが見たまさにその一つのことを言っているの？

S　どうしたんだ？　私が何を言っているのかわかっているよな。

E　私はあなたにもっとはっきりと言ってほしい。

S　私が何を意味しているか分かっているだろう！　くたばっちまえ！

友人や身内はなぜこのようにすぐに怒るのだろうか。ガーフィンケルによれば、私たちの毎日の社会生活が有する安定性と有意味性は、述べられたことがらとその理由についての、明言されていない文化的諸前提の共有に基づいているからということである。かりに私たちがこうした文化的諸前提を当然視できないのであれば、おそらく意味のあるコミュニケーションはほとんど不可能となる。会話でのいかなる問いも発言もすべて、ガーフィンケルの学生たちがおこなうような類の、膨大な「探索手続き」にしたがわなければならないとすれば、おそらく相互行為は行き詰まってしまう。それゆえ、お喋りの際の一見重要でない約束ごとと思えるものが、結果的に社会生活の枠組みそのものの基盤となっていることがわかる。その意味で、こうした約束ごとの違反は、非常に由々しい事態になる。

日常生活において人はときどき、こうした明言されていない知識を故意に無視したふりをする。このようなことは、他者を拒絶したり、からかったり、当惑させたり、または述べられたことがらが二様の意味にとられる可能性に注意を喚起するためにおこなわれる。たとえば、次のような親（P）と一〇代の若者（T）とのあまりにも典型的なやり取りを考えてみたい。

P　どこへ行くの？
T　外。
P　何しに行くの？
T　別に何も。

この一〇代の若者の応答は、上記の学生有志のものとは正反対の応答である。この一〇代の若者は、通常は質問の意味が追求されないような場合には、質問の意味を追求するよりも、むしろ、適切な応答は何も与えない。つまり、「よけいなお節介だ！」と言っているのである。

最初の質問は、状況を異にすれば別の人からまったく違った応答を引き出すかもしれない。

A　Where are you going?
　どこへ行くの（＝どうしたの）？
B　I'm going quietly round the bend.
　そろそろ曲がり角にさしかかるよ（＝もう我慢の限界だよ）。

BはAの質問を、悩みや不満を皮肉っぽく伝えるために、故意に誤読している。喜劇や冗談では、お喋りのなかに含まれた明示されていない諸前提を、このように故意に誤解することを糧にして成功する。当事者たちが笑いを起こさせる意図から発していると認める限り、こうした誤解に脅威となる要素は何も存在しない。

日常世界を深く探究することによって、ガーフィンケルは、他の社会学者たちが単純に当たり前と見なしている、日常スムーズに運ばれている社会秩序は、実は毎日、持続的に再生産されているにちがいない相互行為の社会的過程であることを示している。社会秩序は、骨の折れる仕事である！　しかしながらガーフィンケルは、その「違背実験」において日常生活の仕組みが、まさにいかに安定しているかということを明らかにすることもできた。学生たちは、いったん実験が終わったときには、彼らの友人や家族に説明をして謝罪することができたが、彼らが、このような杓子定規で非協力的なやり方を続けたならば、何が起こっただろうか。精神病に罹ったとして、医者に付託されるか、精神科医のところに送られてしまったかもしれない。社会的現実は、社会的に構成されているかもしれないが、無視することのできない構成物なのである。

批判点

エスノメソドロジーは、主流の社会学の批判を目的とし、その主流の社会学に代わるものと見なされているため、多くの批判にさらされてきたことは驚くに当たらない。ここではもっとも重要な点のみを記そう。第一に、エスノメソドロジーは、「普通の行為者」の視点から世界を理解しようとした。この視点は有益な洞察をもたらすかもしれないが、エスノメソドロジストたちは研究される特定の対象にたいしてのみこの視点を適用しているため、エスノメソドロジー的発見は主観主義だという非難にさらされたままである、と批判者たちは論じた。第二に、ミクロレベルの秩序と無秩序に焦点を当てることは、エスノメソドロジーを、ジェンダーや人種／エスニシティ、そして社会階級のような人びとの生活の機会に影響を与える重要な構造的決定要素から、明らかに切り離されたままにする。社会的構造分析や社会についての一般理論に対するエスノメソドロジーの反感は、この研究を、権力と社会生活の構造化についての決定的な問題から離れたままにしているように見える。最後に、エスノメソドロジーは、社会的現象の原因を探らず、どのように彼らが経験をし、理解をしているかを記述しようとしている。多くの社会学者は、この因果的説明の欠如を、社会生活の研究は常に「科学的」でありうるという考えを排除する大きな問題だと見なしている。

現代的意義

エスノメソドロジーは、現象学や象徴的相互作用論のような他のミクロ社会学と並ぶ、日常生活や相互行為を研究する重要な取り組みである。大規模な社会構造や権力関係、国民国家の国際的な組織、そして長期にわたる社会的・歴史的変動に関心がある社会学者は、いつもエスノメソドロジーに失望している。しかし独自の視点に立つならば、この取り組みは、人びとがどのように彼らの世界を構成し、再生産し、理解しているのかを示す、多くの洞察力のある研究を生み出してきたといえる。

り、お世辞を言ったり、問い掛けたりして、多くの場合、女性たちと会話をはじめようと試みた。しかし、これらの試みられた会話は、何かが「うまくいかなかった」。なぜなら、女性たちは、応答を滅多にしなかったからである。以下の内容は、五〇代後半の黒人男性「マドリック」が、女性たちと会話をしようと試みた具体例である（Duneier and Molotch 1999: 1273-4）。

《二五歳くらいに見える）白人女性が落ち着いた足取りで近づいてきたので、［マドリックは］次のような相互行為を開始する》

1 **マドリック**　愛してるよ、かわい子ちゃん。

《この二五歳くらいの白人女性は、掛けられた声を無視し、身を固くして歩を速める》

2 マドリック　結婚してくれよ。
《次は、二人連れの白人女性たちで、同じく二〇代半ば》
3 マドリック　ねえ、彼女たち。今日はふたりとも素敵だよ。お金もっているの？　本を買ってくれないかな。
《この二〇代半ばの白人女性たちは、マドリックを無視する。次は、若い黒人女性》
4 マドリック　ねえ、可愛いね。ねえ、可愛いよ。
《この若い黒人女性は、マドリックの存在に気づいた素振りも見せず、歩きつづける》
5 マドリック　ちょっと、ちょっと。俺の言ってること、聞こえてるよね。
《それから、マドリックは、三〇代の白人女性に話しかける》
6 マドリック　見とれちゃったよ。素敵だね。本当だよ。
《この三〇代の白人女性は、マドリックを無視する》

会話のスムーズな「はじまり」と「終わり」を取り決めることは、都会での礼儀正しい振る舞いにとって基本的な必要条件である。しかし、女性たちが、会話をはじめようとする男性たちの企てに抵抗したとき、男性たちは抵抗を無視して、会話を執拗につづけた。同じように男性たちは、かりに会話をはじめるのに成功すると、はじまりだした会話を終えようとする女性たちからの合図に応ずるのを、ここで起きているように、しばしば拒否する。

1 マドリック　ねえ、ねえ。かわい子ちゃん。
2 女性　ああら、どうも。
3 マドリック　ちょっといいかな？
4 マドリック　とてもかわいいよ。髪をピンで止めている姿が好きだよ。
5 マドリック　結婚してるの？
6 女性　してるわ。
7 マドリック　何だって？
8 女性　結婚してるわ。
9 マドリック　結婚指輪は？
10 女性　家に置いてあるわ。
11 マドリック　家に置いてあるって？
12 女性　そうよ
13 マドリック　名前を聞いてもいいかな？
14 マドリック　俺の名前はマドリック。きみは？
《その女性は何も答えず、歩きつづける。》
(Duneier and Molotch 1999: 1274)

この事例では、マドリックは、相手女性に会話を仕掛けて、応答をさらに引き出すために、この一連の相互行為のなかで一四の発話のうち九つを行っている。この速記録を見ても、相手女性がお喋りに関心がないことは明白である。しかし、テープ録音された音声を会話分析すると、相手女性の気乗りしない態度がもっと明確になる。この女性は、すべての応答を、何らかの応答をする場合も、ぐずぐず延ばしている。それにたいして、マドリックは即座に応答しており、マドリックの掛けた言葉は時として相手女性の発する言葉と部分的にかち合っている。会話でのタイミングは、明確な指標である。応答をほんの一瞬でも先に延ばすことは、会話の成り行きを変えたいという要求を伝えるための適切な合図になる。マドリックは、「原則からすれば、不作法」であった。お返しに、相手の女性もまた、彼女をお喋りに参加させるためにマドリックがおこなった再三再四の企てを無視したという点で、「原則からすれば、不作法」であった。そして、その相互行為を、通行人にとって問題があるものにするのは、この側面である。会話をはじめたり終わらせるための広く使われている合図がしっかり守られない場合、人びとは、不安感を心底いだく可能性がある。

相互行為の破壊という用語は、権力をもつ人たちにとって価値がある、相互行為の暗黙の基盤を、従属的な立場にいる人が打ち破るような事例を指し示している（Duneier & Molotch 1999）。路上の男たちは、その男たちどうしや、地元の商店主、警察官、近親者、知り合いとの相互行為では、多くの場合、標準の発話にしたがっている。しかし、路上の男たちが別な選択した場合、会話を破壊し、通りすがりの人たちが混乱して、何が起こったかを明確に話すことができなくさせる。

相互行為の破壊に関するこの研究は、ミクロレベルの相互行為と、マクロレベルで作動する力との結びつきを示すもう一つの事例になっている。路上の男たちにとって、会話しようとする自分たちを無視する白人女性はよそよそしく、冷淡で、思いやりを欠いており、それゆえ正当な「標的」であった。一方で女性たちは、路上の男たちの行動を、実際にとても危険で避けるべき存在であることの証拠と考えた。相互行為の破壊は、階級、ジェンダー、人種構成が社会全体を支配する状況と密接に結びついている。こうした相互行為のなかで生じた恐怖と不安はやがて、その相互行為自体に影響を及ぼしうる外部の地位や勢力を構成するのを助長する。

◎反応の叫び

発話のなかには、実際は「お喋り」ではなく、つぶやくかたちの叫び声、または、ゴッフマン（Goffman 1981）が、**反応の叫び**と名づけたものがある。たとえば、マーシャがコップの水をひっくり返して、「おっと！」（Oops!）と叫ぶ場合、この「おっと！」は、誰かがあなたの顔に向けて突然手を振り動かしたとき反射的にでる瞬きと同じような、不幸な出来事にたいするつまらない反応のように思える。とはいえ、人びとが「おっと！」という叫びを自分ひとりの場合には口にしないという事実は、この叫びが単なる反射ではないことを示している。「おっと！」は、通常、他の人たちに向けられている反応的な叫びである。その突然の声は、その失敗が些細な一時的なもので、マーシャの行動について疑問をいだくべきものでないことを示している。

「おっと！」は、重大な事故や惨事ではなく、些細な失敗にたいして用いられ、こうした叫びが、社会生活の細々とした出来事に自制して対処できる私たちの能力の一部であることを示している。さらに、マーシャ自身よりもマーシャの行動を見守っている人が、この突然の声を用いる場合もある。「おっと！」は、通常短く発音されるが、「お（oo）」が引き伸ばされて発音されることがある。何かの作業をおこなっているときに際どい瞬間を覆い包むために、この音を引き伸ばして発音することもあるか

社会学的想像力 12.3

なぜ他の人びとはこのように無礼なのだろうか

誰でも、「無礼だ」と思う人に出くわしたことがある。一部の人びとを無礼だと判断することによって、私たちは、彼らを無礼でない仲間である私たち自身とどうしても比較してしまう。しかし、生まれつき無礼な人びとなど本当にいるのだろうか。スージー・スコット（Susie Scott 2015: 44-8）は、イギリスにおける買物客とレジ係とのあいだの、おおいにメディアの注目を集めた二〇一三年の出会いの一つのケースを詳しく論じている。

ある顧客が、ロンドンの南西部にあるスーパーマーケットのレジに到達したが、彼女の携帯電話で話し続けていた。レジ係はこの行動を無礼と解釈し、その顧客の会計を拒み、その後の騒動がメディアで大きく報道された。スコットは、レジ係の解釈では、彼女が当面の対話者であるところ、顧客は電話で話し続けることによって彼女を認識しそこない、むしろ彼女を「人間でない存在」として取り扱ったのだ、と論じた。けれど顧客のほうは、レジ係に役目を果たすこととサービスすることを拒否するという無礼があったので、自分が道徳に適っている信じていた。その出会いは、相互行為の規則が、相互行為の秩序の破壊を通して見えるようになるという一般的な見解の例証となっている。しかし、このやりとりにおいては誰が「無礼な人」なのだろうか。

相互行為論の観点をもって、「無礼さ」を特定の個人の個人的特徴としてではなく、社会状況の創発的特性として見るならば、私たちはこの状況をよりよく理解することができる。無礼さは、当事者や聴衆がそれを無礼かどうか定義するという相互行為によって無作法の一類型として再定式化されうるものである。スコット（2015: 46）は、「誰も自分自身を無礼な人間と考えたくない……そしてずっと容易に自分自身を社会的道徳の支持者として見なす一方で、すぐに立腹して他人の無礼さを非難する」。この意味で私たちはみな、自分は「無礼な人間」ではないという強い見解にもかかわらず無礼になる可能性があり、自分の行為が他者によって「無礼である」と定義されてしまう可能性がある。

▼批判的に考える

待ち行列や旅行や友達と会話をしているあいだに、あなたやあなたが知っている誰かが、他の人びとによって無礼と言われたときのことを考えてみよ。その出会いの展開を再現して、なぜその行動が無礼と見なされてしまったのかを説明せよ。あなたはその時、その行動を無礼と思っただろうか。後になってから考えて、今、その行動は無礼だったと思うだろうか。無礼さとは、社会生活に機能的であるだろうか。もしそうならば、どのように機能的なのだろうか。

もしれない。親が子どもをふざけて空中にほうり上げるときに、親は引き伸ばされた「おーっと！」や「おー っとっとっと！(Oopsadaisy!)」と口にする場合がある。その音声は、子どもが、制御が失われたかもしれないと感ずる束の間の局面で、彼らを安心させ、反応の叫びについての彼らの理解を発達させる働きをする。

このような見方はいずれも、極めて作為的で誇張された見解のように聞こえるかもしれない。確かに私たちは、自分の口にすることに、この例が示唆するほどには注意を払っていないのではないか。もちろん、そうしてはいないし、少なくとも意識レベルではそうしていない。しかし、私たちはみな、自分の外見と行為の非常に複雑かつ持続的な統制を当然視している。相互行為の状況で、私たちは、ただ「その場に居合わす」だけでは決してない。ゴッフマンのいう「統制された警戒心」、すなわち毎日の生活の型にはまった行いのなかで、自分たちが有能であるということを他の人たちに示すことを、他の人たちは、まさに私たちが彼らに期待するのと同じように期待している。

時空間における相互行為　前節で、浸透しているルーティーン、日常的相互行為の暗黙のルールというくつかの重要な側面について紹介した。しかしながら、すべての私たちの行為は、時空間において配分されており、特定の場所と時間において生じながら配置されている。キム（Kim 2012）は、アメリカでグレイハウンドバスに乗る人びとの行動を研究するための参与観察を行い、二年間以上をバスターミナルのなかで過ごした。彼女は特に、人びとがこれらの場所で他人との相互行為を、なぜ、どのように避けるのか説明しようとした。

長いグレイハウンドバスでの旅行は、目的地まで八時間から七二時間続き、乗客たちは見知らぬ人であることが多い。相互行為は生じるが短い。見知らぬ人は疑わしく、時間は荷物を見守ることに使われることが最も多い。他人が隣接する席を取ることを阻止しようとする。旅行者たちは、携帯電話を使用するとか、バッグを点検するとか、財布の中身を調べるとか、窓の外を見つめるとか、眠るか眠ったふりをするなど、忙しいか無関心であるかに見えるあらゆる種類の行動をとる。キムは、この意図的な相互行為の回避を、「非社会的一時的行動」と呼ぶ。儀礼的無関心は、他者の存在を認め、尊重するが、他方、非社会的な一時的行動は、「不可視性」を指向し、他者の存在を尊重も認識もしない。それにもかかわらず、行為者たちは、事実上、「私を一人にしておいて」とか「私は、煩わされたくない」と他者に伝える演技を行うことには身を入れている。

キムは、これらのパフォーマンスは主に、人びとが長い時間一緒に過ごさざるを得ない、閉鎖空間において生じるとしている。しかしそれらはまた、ナイトクラブ、ポップコンサート、スポーツ施設、犯罪多発地域のような、危険の可能性がある非社会的な一時滞在空間でも生じる。人びとが、長時間のバス旅行において非社会的一時的行動をとる理由の一つは、自身を、盗難の可能性や物理的な攻撃から守るためである。同乗者も疑わしい可能性があるので、乗客が他者に荷物を「見張って」と頼むことは珍しい。二つめの理由は、バスの遅延がその後にいらだちを招くからである。遅延自体はあまり苦情にはつながらないが、互いに関わりをもたず沈黙を守る傾向を強化するのである。最後に乗客は、このような長い旅行では肉体的、心理的疲労を経験するので、会話を最小限に維持し、不必要に他者を煩わせないというルールに行き着く。キム（2012: 9）の議論の中心点は、非社会的一時的空間では、新しい通勤客が「非社会的になる」ために学ぶ規範と行動ルールのセットが存在するということである。

インターネットは、社会生活の諸形態が、時空間の管理といかに密接に結びついているかを示すもう一つの良い例であり、私たちが一度も会ったことも知り合いになったこともない人たちと、世界のどこにいても相互行為ができるようにしている。このようなテクノロジーの変化は、空間を「再配置」する。私たちは移動することなく誰とでも相互行為を行うことができるからである。同時にまた、テクノロジーの変化は、私たちの時間経験を変えている。というのは、コミュニケーションがほぼ瞬時になされるからである。インターネットが現れるまで、空間を横断したコミュニケーションの多くは、長い時間を必要とした。手紙を海外に送る場合、船、列車、トラック、または飛行機で目的地に運ばれるまでの時間がかかる。人はまだ手紙を書くが、すでに瞬時のコミュニケーションが社会生活の基本となっており、次にこうした環境の発達を見ることとしよう。

■デジタル時代にとっての相互行為規範

情報通信テクノロジー（ＩＣＴ）の迅速な成長と利用は、先進国と発展途上国とのあいだの著しい格差はあるが、驚異的で純粋にグローバルな現象である（このテーマの詳細については、第19章「メディア」を参照せよ）。二〇一八年末までに約三九億人、世界人口の半分以上の人びとがインターネットを利用しており、その内60％の人びとが自宅でインターネットにアクセスしている（ITU 2018: 2）。二〇一七年には、世界中のほとんどすべての人びとが、モバイルネットワークにアクセスしたことがあり、モバイルブロードバンド契約数は、四〇億件を超えた。一五歳から二四歳までの若者は、インターネットの普及と利用を主導し、約八億三千万人がオンラインの状態であった（ITU 2017）。個人の人生や社会にこれらのデジタルテクノロジーが与える影響とは何なのだろうか。

◎距離をおいた相互行為とコミュニケーション

ＩＣＴ機器は、すばやく広がり、自宅と職場の両方で、ますます人びとの日常のルーティーンへと組み込まれていった（Kraut et al. 2006）。これは、中国、日本、イギリス、アメリカ、カナダ、メキシコを含む一六か国にわたる一万八〇〇〇人の八歳から二四歳の若者を対象とした二〇〇七年のＭＴＶネットワークス／ニコロデオンの調査結果である。その調査で分かったのは次のことであった。「若者は、『テクノロジー』を分離した実体と見なしていない。――それは、彼らの生活の有機的な一部分である。……彼らのライフスタイルにおけるテクノロジーの役割について語ることは、一九八〇年代の子どもたちに、公園のブランコや電話が、彼らの社会生活において果たしていた役割――目には見えずらいもの――について語ることと似ているだろう」（Reuters 2007）。

しかし、人はどのようにスマートフォンやインターネットやEメール、さらにソーシャルメディアのサイトを利用して、お互いにコミュニケーションをとり、相互行為を行っているのか。チェンバース（Chambers 2006）は、家族や近隣の関係、そして、共同体のかなり安定し固定化された結びつきは、より自発的で流動的な結びつきへと道を譲っているという調査をした（Putnam 2000）。彼女は、アソシエーションや社会的絆の新しい型は「友情」という理想に基づいて出現し、その多くはＩＣＴネットワークによって維持されていると結論づけた。また他の形態も、たとえば「クィア共同体」のような、以前には社会から疎外されていた集団の間で、新しい社会的アイデンティティを通じて築かれ、「自己」とアイデンティティを探究するための安全な空間を生み出している、と論じている。しかし同時に、ＩＣＴは、いじめや金銭詐欺のような新しい問題をもたらす可能性がある。

チェンバースは、ほとんどのソーシャルメディアが、その積極的な側面にもかかわらず、規則的な対面的接触と長期間の関与を必要とするケアと配慮という関係を確保するための十分な基盤を提供しない可能性がある、と指摘している。また、多くの学校や両親は、社会的ネットワークとスマートフォンに、オンライングルーミングや大人による子どもの虐待について不安を感じている。そのような恐れは、まったく根拠のないものではない。ソーシャルネットワークのサイトの一つ、MySpaceは、世界中の一億八〇〇〇万人の会員のなかに、二万九〇〇〇人以上の性犯罪者を見つけたと二〇〇七年に認めた（Johnson 2007）。これは、会員全体のなかの大変小さな割合ではあるが、急変する、多くは匿名のオンライン環境が、新しい問題を引き起こすことは明らかである。

＊ 友情と関係性は、第15章「家族と親密な関係性」でより詳しく論じられている。

今日のつながりへの参加の多くは、インターネットやモバイル・コミュニケーションの他の形式を通して生じているが、これらの傾向は社会的関係の質にどのように影響を与えるのだろうか。ほとんどすべての人間の歴史において、人びとは、手近にいる他者と対面的な相互行為を行ってきた。手紙や電報や電話はみな長く続けられてきたが、インターネットは「離れた相互行為」をはるかに革新的な方法で可能にしている。たとえば、スカイプは、何千マイルも離れている人びとのあいだの（ほとんど）即時の「対面的な」相互行為を可能にする。デジタル革命は、社会性や、一部の人びとにとっての私的な親密性について新たな意味を与える可能性があるが、孤立と他者に対する社会的距離を意味する可能性もある。明らかに思われることは、人びとが、デジタルメディアを、既存の対面的関係と並んで、彼らの日常的習慣にすでに適合させていることである。

◎ネチケットあるいは「サイバーマナー」

ここまで見てきたように、オンラインによるコミュニケーションと相互行為には危険性も機会もあり、社会学的研究では、発展しつつあるサイバースペースの輪郭を探っている。オンライン生活を人間の経験の異なる領域と見なすよりも、より正確には、物理的な社会的世界の拡張と見なしうるかもしれないとする社会学的研究もある。たとえば、ソーシャルメディアのサイトでは、ほとんどの人は、主に、友人、親類縁者、すでに対面的交流で知っている人びとと相互行為を行っている（Holmes 2011）。他のフェイスブックの「友達」あるいは、X（Twitter）上の「フォロワー」は、少し距離を保っているように思われる。ベイム（Baym 2015: 6）が論じているように、私たちは、「サイバースペース」を、対面的、すなわち身体から身体への相互行為の真正の「現実世界」から切り離された、本物ではない領域と見なすべきではない。なぜなら、「オンラインとオフラインは、現代の人間関係である生活世界のなかを同時に流れている」。

より対話形式のオンラインサービスの「第二世代」――しばしば「Web 2.0」と呼ばれている――の登場により、より多くの人びとが情報を共有し、実際にウェブベースの内容に貢献している。この「Web 2.0」において重要で広く利用されている実例は、オンライン上の百科事典《ウィキペディア》である。ウィキペディアは、ユーザーが内容を書き加えることや入力の真偽を他者と議論すること、そして、実質的な共著者になることを許可している。世界的なウェブは、モバイル電話、ラップトップコンピュータ、タブレットを含むより多くのモバイルインターネット機器上でも見ることができる。したがって、日常生活のより多くの側面へとインターネットを組み込んでいる（Beer and Burrows 2007: 第19章「メディア」を参照せよ）。たとえば、人びとは、その毎日の活動と移動について「ツイート」し、そのソーシャルメディア履歴に、彼らの位置、ジェンダー、関係の状況などの私的な詳細を含めるので、私的なことと公的なことの境界があいまいになっている。オンライン上のコミュニケーションは、相互行為ややりとりを規定する規範や規則――しばしば**ネチケット**と表現される――の出現をうながす。そして今や、オンライン上のコミュニティにおいてどのように行動《すべき》かということに関する多くの情報源が存在する（Chiles 2013）。

ソーシャルメディア上の相互行為のためのマナーガイドでは、これらは「現実の生活」に似ているけれども、重要なことは誰でも「友達」になれることだ、と助言している。いくつかのマナーガイドは、「友達の追加」は、既知の人だけとすることを勧めているが、他のガイドでは、後からその人を削除したり、「友達リストから外す」こともできるので、見知らぬ人を受け容れることは良いと述べている。一つのマナーガイドは、フェイスブックに（Weinberg 2008）、ユーザーを「適当な紹介なしに、『友達』として加えてはいけないし、あなたの本当のアイデンティティを偽ってはならないし、『ウォール（wall）』（一般公開）投稿上に私的な会話を公表してはいけない」と忠告している。同じガイドは、「あなたのあらゆるソーシャルサイトへの関与の結果について考えるように、あなたのコメントを実際に投稿する前に、それがどのように受け止められるかを考えるように、そしてどのようなときも、感情よりも論理について考えるように」と私たちに注意を促している。別なガイドは、X（Twitter）の利用者にこう述べている。「あなたをフォローした人にたいし、（お返しとしてそうすることは丁寧なふるまいとして見なされうるけれども）あなたがフォローする必要はない。しかし彼らが、あなたの公的なサービスの一つに返事をしたり、リツイートをしたとき、彼らに応答することは重要である」（Steinberg and Brown 2013）。

ユーザーによる変化に対応できるウェブベースのサービスの性質を考えると、オンライン上のマナーコードは技術とともに発展し続ける可能性が高い。現在、ネチケットは、全く新しいシステムを作るのではなく、既存の行動規範やマナーコードをオンラインで適切な形式に翻訳しようとする試みに大きく基づいているように思われる。例えば、ホームズ（Holmes 2011）が行ったネチケットの調査では、「現実の世界」と同様に、従業員と雇用者、または教師と学生の間の社会的地位の違いは問題があり、潜在的にやっかいであると見られていた。同様に、階級や民族の社会的区分は慎重な取り扱いが必要であると考えられていた。

もしもオンライン上のマナーが社会的マナーの亜種であるのならば、主流の社会学的理論と概念は、なおも有益であろう。たとえば、「役割葛藤」の概念は、ユーザーたちが、他者に見せている異なった「顔」との関連で、彼らの異なった役割を果たそうと試みるときの状況を理解するのを助ける。この状況は、情報が同時にこれらの多様な聴衆《オーディエンス》すべてに公開されている可能性があるソーシャルメディアに関しては、ますます難しくなる。たとえば、どれくらい多くの労働者たちが、彼らの上司がフェイスブックの「友達」であるとか、X（Twitter）の「フォロワー」であると分かったら心地よいと思うだろうか。個人が演じている多様な役割と、見せている顔との分離を維持することは、より複雑になってきていることだろう。この結論は、インターネットは、社会的世界の延長であり一部であって、社会的世界から明確に分かれてはいないという見解と一致する。このことは、オンライン上でどのように「信頼」が築かれ、対処されるかを見れば簡単に明らかとなる。

◎オンライン上における信頼の構築

食料品を買う、銀行で預金をする、あるいは、公共料金を支払う、といった私たちが毎日おこなう多くのやりとりは、私たちを、見知らぬ他人と《間接的》に接触させている。銀行に電話をして、数千マイルも離れた匿名のコールセンターにつながれたことがある人なら誰でも、この現象を経験している。Eメールやテクスト・メッセージ、インスタント・メッセージ、ネット上での討論グループ、チャット・ルームやソーシャルメディアが広く日常生活に組み入れられるようになった現在、その影響や、出現しつつあるオンライン行為の規範を理解することへの関心が高まっている（Baym 2015）。

インターネットの可能性と危険性に関する議論は、長い間、二極分化してきた。懐疑論者にとって、インターネット上のコミュニケーションは、しばしばＣＭＣ（= computer mediated communication／コンピュータ媒介コミュニケーション）と呼ばれ、じかに顔を合わせた社会的相互行為には見られない新しい問題が生じている。カッツら（Katz et al. 2001: 407）は、「キーを叩くのは人間的なことがらではないし、サイバースペースにいるのは現実のことがらではない。すべては見せかけであり、疎外

eトラストの創造と維持

インターネットの安全性に関する公開討論は、オンラインバンキング詐欺や、偽のＩＤの使用、そして小児性愛者によって監視されている可能性があるチャットルームを子供たちが使用することについての諸問題に焦点を当てる傾向がある。このような懸念は、人びとを不安にし、オンライン環境における信頼を侵食している。あらゆる種類の社会的相互行為を成功させるためには、信頼が重要な要素となる。クックと彼女の同僚（Cook et al. 2009: 1）によると、「信頼は社会的相互行為を促進する。それは連携を強め、リスク・テイクの基盤を与え、関連する当事者たちに余裕を与える。信頼が存在しない場合には悪用から保護するために多様な仕組みが必要となる」。これは特に、対面なしの取引において明らかである。こうした間接的で地理的に離れた取引は、通常のしぐさ、ボディランゲージ、非言語的な合図が一切機能しないため、双方が相手の誠実さを確信できる重要な要素を奪われ、問題が生じる可能性がある。

もっとも大きく、定評もあるインターネットオークション会社は、イー・ベイ（eBay）である。どれほどの人びとが、収入のほとんどをイー・ベイから得ているのかをはっきりさせることは難しいが、二〇〇六年に、約一六万五〇〇〇人のアメリカ人が独力で、主としてサイトでの販売で生計を立てていたと推定されている（Epley et al. 2006）。一九九五年に始められたイー・ベイは、どの商品にもいかなる保証書も提供できないにもかかわらず、世界中の一億人以上の人びとをすばやくひきつけた。買い手と売り手は、あらゆるリスクを引き受ける。この取り決めは大規模な不正と詐欺へと開かれていると予想されるかもしれないが、実際は、イー・ベイを介した取り引きでの債務不履行率は、驚くほど小さい。

その理由の一つは、効果的な対面的相互行為の合図に取って代わるイー・ベイの「評価管理システム」にある（Kollock 1999; Rensnick et al. 2006）。イー・ベイのシステムは、買い手と売り手の相互で、ポジティブ（よい）・ネガティブ（よくない）・ニュートラル（普通）の評価を依頼し、短いコメントも加えられる。こうしたオンライン上の評判管理システムは、お互いについての見解が、励まされもするし、広く共有されもするので、社会生活における「ゴシップ」に相当するものと説明されてきた。しかし、コミュニティの内部に局在化し、制限される傾向のあるゴシップと異なって、オンラインシステムは、世界中の数百万人の人びとを巻き込む可能性があり、悪い評判による影響は、取引業者と売り手の両方にとって深刻なものになりうる（Lev-On 2009）。

時が経つにつれ評判が確立され、イー・ベイのユーザーは取引業者を比較対照して、オンラインで負うリスクを最小限に抑えることができる。つまり、オンライン上のイー・ベイ・オークション会社や、似たようなシステムを使用する他のオークション会社に対する電子信頼は、コミュニティの自己監視の形式から生み出される。しかし取引業者から見れば、フィードバックシステムは、オンライン版の印象管理と自己紹介を提供するものでもある。

であり、実在する事物のお粗末な代替物である」と書いている。この見解の支持者たちは、CMCテクノロジーは、ユーザーが偽りの身元の背後に隠れるのを防ぐことができず、それが策略や詐欺、ハラスメントやごまかし、感情的欺瞞、そして子どもの性的グルーミングを許していると論じている。その結果として生じているのは、オンライン上の環境だけでなくより広い社会にも広がっている相互の信頼の段階的な低下である。タークル（Turkle 2017: 11-12）は、オンライン上のコミュニケーションは、離れたつながりのように見えるが、これは、錯覚であるという。「ネットワークゲーム上のアバター対アバターの話し合いの夕べの後で、私たちはある瞬間、完全な社会生活をわがものにしていると感じ、次の瞬間には不思議なことに孤立して、見知らぬ人との危うい共犯関係にあると感じる」。オンライン環境は、私たちがつながっている人びとについての期待を低下させ、その結果、物理的な社会で荒廃した関係が生じる。

他方、インターネットの熱心な支持者は、オンライン上の相互行為は、会話の形式にたいしていくつかの優位な点をもっているという。会話が身体と共にあることは、より広い感情と、意味のわずかな変化の表示を可能にするが、このことはまた、人に烙印を押したり、差別をするのに使われる可能性がある、話し手の年齢、ジェンダー、人種、社会的位置についての情報も伝える。電子コミュニケーションは、こうした話し手を特定する標識のほとんどまたはすべてを覆い隠し、注意がメッセージの内容に正確に集中することを保証する。このことは、エスニック・マイノリティ集団、女性をはじめ、その意見が公共の状況において軽んじられてきたような、そうした伝統的に不利益を被ってきた集団にとって、大きな利益になる可能性がある（Locke and Pascoe 2000）。

楽観主義者は、インターネットユーザーも、非ユーザー以上に、電話や対面などの従来の手段で他者と会話をする傾向があると主張している。したがって、社会的孤立と信頼の破壊が増加するどころか、Eメール、ブログ、チャット・ルーム、そして、ソーシャルメディアは、コミュニケーションにとっての新しい機会と友情の構築を提供する。ネット上の相互行為は、解放とエンパワーメントとして経験されうる。なぜなら、人びとは、ネット上のアイデンティティを創出して、他の場所でおこなうよりも、自由に発言できるからである（Katz et al. 2001）。

■ 結び　接近は、必要か、不要か

間接的コミュニケーションの興隆にもかかわらず、人間は、依然としてじかに接することを大切にしているように思われる。たとえば、ビジネスマンたちは、電話やスカイプやテレビ電話を利用して商談を行うほうが、はるかに安価で効率的で、環境にやさしく思える場合でも、飛行機で世界中を飛び回り会議に出席し続けている。親類縁者たちは、ネット上のリアルタイムのコミュニケーション手段を用いて、「ヴァーチャルな」再会や休日の集まりを取り決めることができるかもしれないが、こうした集まりは、差し向かいでおこなう祝い事のもつ温かな雰囲気や親密さに本当に匹敵するだろうか。二〇一九〜二〇年のパンデミック

《Covid-19》では、厳しい身体的地理的制約にある人びとが、友達や家族との社会的交流を維持するためにオンラインのコミュニケーションを利用した点が注目された。Eメール、ソーシャルメディア、ビデオ会議アプリなど、多くのツールによって、人びとはとても困難な長期間、連絡を取り合うことができた。しかし多くの人にとって、デジタル形式のコミュニケーションは身体的接触に匹敵していない。人びとは、自分の孫を抱きしめること、社会的グループで一緒に集まること、そして握手といった簡単なことでさえ、できるようになりたいと切なる願いを語っていた。

ボーデンとモロッチ（Boden and Molotch 1994）は、**接近強迫観念**と名づける感情について研究してきた。接近強迫観念とは、互いにそこに居合わせる状況で会いたいという欲求である。人がともにそこに居合わせる状況を好むのは、その状況が、いかなる種類の電子コミュニケーションと比べても、人の誠実さについて、もっとも豊かな情報を提供するからである。他者の身体的存在のなかにいることで、はじめて「実際に」何が生じているかを学ぶことができると感じるからだ。同様に、ジェイミソン（Jamieson 2013: 20）は、ウェブによる活動が対面関係に取って代わると信じることに対して警告している。彼女は、インターネットによって、売春やポルノなどの既存の商業的な性産業が拡大したと主張し、「デジタルを介した性行為が『肌と肌の触れ合い』の性関係を変えたり、取って換わったりする兆候は見られない」と述べている。アーリ（Urry 2003）は、インターネットとデジタル・テクノロジーを日常生活の一部として成長してきた今日の若者であっても、世界規模の抗議の場、休日の経験、ボランティア・キャンプ、大規模な野外音楽のコンサートにおいては身体的な共在を求め続けていると書いている。

しかしながら、この結論を出すのは、比較的最近のオンライン環境や「世界」を、そして、これらがまだ発達途上にあることを考慮に入れると時期尚早かもしれない。インターネットは、時空間を超えた相互行為の可能性をまだ十分に発揮できていないが、二千万人以上の登録ユーザーを擁する三次元仮想世界《セカンドライフ》では、その未来を垣間見ることができる。ただし一部の推定では、これらのうち約六〇万人のみが、活動している「住民」としている。《セカンドライフ》において、人びとは自身の仮想身体「アバター」を作成し、それを通じてオンライン上で「セカンドライフ」を体験する。このゼロからオンライン上にアイデンティティを作り出す可能性は、現実世界において得られるファッション産業の小道具や素材、身体の変化よりも、はるかに幅広いアイデンティティ構築のパレットを提供する。

この仮想世界では、ユーザーたちが、自身の音楽を演奏し、ライブやステージコンサートを行うか、あるいは、他の人たちが開催したそれらに参加することができるという。このことは、従来のやり方では注目を集めることが難しいと思われる新しい音楽活動を「公表」する良い方法かもしれない。仮想世界とそこでの出来事を、「現実世界」のそれと比較すると、前者はいつも見劣りのする模倣品であり、現実世界のロックコンサートがもっている、たとえばにおいや音響のような身体的リアリティを欠いていると見なされるだろう。しかし、バーチャルヘッドセットは発達し、仮想現実《バーチャル・リアリティ》は、一層、臨場感にあふれるようになっているので、その欠点の一部は解消されているかもしれないともいえる。他方で、現実世界のイベントがもつ身体性を避ける仮想環境には、明瞭な長所がある。ビールとギーシン（Beer and Geesin 2009: 124）は、今後について、以下のように述べている。

> 人をひきつけるのは、ライブ体験の物理的な面ではなく、想像上のアバターとしてイベントに参加し、仲間のアバターと一緒にモッシュ、ポゴ、足踏みをしながらロックすることかもしれない。これらのイベントは、近づきたいという衝動よりもむしろ、ライブの音楽イベントに「参加する」ことがもつリスクや不快感、つまり、押《お》し競饅頭《くらまんじゅう》、手や肘や足の振り回し、匂い、ダイブ、不快な身体接触、いやいやながらの前進、湿気、ほこり、そして特に熱気などなしで、ライブの音楽イベントに参加する機会を与えてくれるのかもしれない。

対面的相互行為を分析することに大きな成果をあげてきた既存のミクロ社会学的概念と理論が、オンライン上の仮想世界における人間とそのアバターのコミュニティの相互行為を理解することができるかどうかを検証することは、社会学者にとって興味深い研究展望である。ジョンソン（Johnson 2010）は、「あなたは、アバターとして仮想のヒナギクのなかを散策するという考えを嘲笑するかもしれない。しかし、あなたが参加しようとしまいと、セカンドライフやその他の仮想コミュニティは、私たちの生活に影響を与えており、私たちがメディアの役割を理解する仕方を変えつつあるということを知っておくように」と論じている。

本章をふりかえって問う

1. 「ミクロレベルの相互行為の研究は、心理学の領域であり、社会学の領域ではない」。なぜミクロレベルは、社会生活の均整の取れた理解にとって重要なのかを説明せよ。
2. 「日常生活のなかにある性差別」とは、何を意味しているのかを、例を挙げて説明せよ。
3. 非言語的コミュニケーション（ＮＶＣ）は、ボディランゲージを含んでいる。ジェンダー化されたＮＶＣの例をいくつか挙げよ。
4. エスノメソドロジーの定義を簡潔に述べよ。エスノメソドロジーは、もっぱらミクロ社会学、または何か別なものの形式なのだろうか。
5. 日常会話の社会的文脈は、どの程度まで会話の意味に貢献しているのだろうか。この章から例をいくつか挙げて、あなたの答えを説明せよ。
6. ゴッフマンの「ドラマツルギー的比喩」について、舞台、小道具、表領域と裏領域、そして「パフォーマンス」という彼の概念に言及しながら説明せよ。
7. 「デジタル革命は、友情や共同体とは相容れない」。私たちは、ソーシャルメディア利用に関するこの主張に、どのように反論することができるだろうか。
8. ネットいじめとは何であり、従来からのいじめとどのように違っているのだろうか。当局がもっと効果的にネットいじめと取り組むにはどのようにしたらよいのだろうか。

9．私たちがソーシャルメディアに適用するようなネチケットの規則と規範をいくつかリスト化しなさい。人びとがオンライン上の印象管理を行うとき，どのような方法を彼らは利用するだろうか。

実際に調べてみよう

妊娠中絶反対運動は，通常，アメリカでは宗教集団と関連しており，特に，医療センターの外で組織された抗議運動である。しかしながら，近年，イギリスにおいては，アメリカにおけるよりは小さい規模であるとはいえ，クリニックの外で妊娠中絶反対運動が存在してきた。アメリカでは暴力行為や騒々しいデモに焦点が当てられるため，単にそこにいるというかたちの活動を含む，他の形態の活動が覆い隠されがちになる。叫んだり公然と抗議したりせず，イギリスのクリニックに行き，観察することで「証言」する活動家の行動も，妊娠中絶を求める女性に大きな影響を与える可能性がある。

この問題は以下の記事で焦点を当てられており，ゴッフマンの相互行為論的考えをもとにして，その問題に取り組んでいる。記事を読んで以下の問いに答えよ。

Lowe, P., and Hayes, G. (2019)「妊娠中絶反対クリニック運動，儀礼的無関心とジェンダーハラスメント」，Sociology, 53(2): 330-46; https://journals.sagepub.com/doi/pdf/10.1177/0038038518762075.

1．この調査は，混合方式のアプローチを採用している。どの方法がここでは用いられているのか。
2．著者は，アメリカとイギリスとのあいだのどのような文化的差異や政治的差異を，中絶に対する態度に関して確認しているのか。
3．この記事は，イギリスの中絶反対運動が，本質的に「路上での声かけ」に似ていると論じている。どんな風にこれは似ているのか。
4．観察された運動は，どのような影響をクリニックに行った女性たちに与えたのか。特に，ゴッフマンの儀礼的無関心という概念や，焦点の定まった／焦点の定まらない相互行為という概念は，その状況を理解するのにどのように役立つだろうか。
5．この論文は，女性たちをハラスメントから守る「緩衝地帯」の導入を支持する証拠を提供しているという著者に，あなたは同意するだろうか。そのようなやり方は，中絶反対運動の戦術にどのような影響を及ぼすだろうか。

さらに考察を深めるために

多くの相互行為論者の社会生活についての説明は，人びと自身の生活経験内で理解することができるので特に説得力があるように思われる。たとえば，ゴッフマンの印象管理や自己呈示に関する研究は，私たちがこれらを私たち自身の行動内で認識することができるので，まさしく共感を与える。しかしながら，多くの社会学的研究は、階級、エスニシティやジェンダー、社会－歴史的変動や個人への「社会的権力」の影響のような《マクロ社会的》構造の検討に焦点を絞ってきた。

議論のなかでマクロ社会的現象や社会構造が暗示されたり、想定されたり、言及されたりしているところすべてに注意しながら、この章の初めから、「デジタル時代にとっての相互行為規範」という見出し（六二一頁）のところまで目を通しなさい。相互行為論的社会学は、構造化された社会区分の出現と存続を満足のいくように説明できないのだろうか。他の社会学的見方は、社会階級や民族やジェンダーの区分をどのように説明してきただろうか。相互行為論は、社会生活を《記述する》側面は得意だが適切にそれを《説明する》ことはできないという批判はどのくらい妥当だろうか。

芸術作品に描かれた社会

私たちのオンライン上の「友情」は、私たちが対面的な相互行為を通して築く友情と本当に同じものだろうか。デジタル時代には、ソーシャルメディアの興隆とコミュニケーションの普及に伴って、そもそも友情は、どのように見えているのだろうか。一つの興味深い実験は、アメリカのビジュアル・アーティストであるターニャ・ホランダーのものであるが、彼女は二〇一一年より彼女のソーシャルメディア上の六二六人の「友達」すべてと会って写真を撮ることを始めた。そのプロジェクトは、完了するのに五年間かかった。

ホランダーは、二〇一七年に作品のいくつかを、「あなたは本当に私の友達ですか?」というタイトルのマルチメディア展示会において展示した。彼女のウェブサイト（http://areyoureallymyfriend.com/portraits.html）は、このプロジェクトからのいくつかの写真を展示しているが、彼女の旅行のあいだに集めた他の材料も一緒に展示している（http://areyoureallymyfriend.com/）。このプロジェクトの第2のアカウントは、www.pressherald.com./2017/01/29/tanja-hollander-finds-answers-to-are-you-really-my-friend/ に見いだすことができる。ホランダーの考えと芸術作品についてのあなた自身の研究を加えなさい。

1. そのプロジェクトの初めに、ホランダーは、「フェイスブックは、実際の人間関係の代わりではなく、関係を始める方法である」と示唆している（O'Neill 2012 に引用されている）。これは本当だろうか。ソーシャルメディア上の友情は、あらゆる点で、対面関係における友情と同じくらい「本物」だという議論を組み立てなさい。
2. その芸術家と「友達」とのあいだの相互行為は、どの客観的な調査結果とも対立するものであった可能性があると、なぜ主張できるのだろうか。これは芸術作品であり、社会科学ではないけれど、それは問題なのだろうか。私たちは、芸術作品から友情について何か違ったことを学ぶことを期待すべきだろうか。

読書案内

この章のすべての理論と論点を網羅している入門テキストとしては、スージー・スコットの『日常生活を理解する』*Making Sense of Everyday Life*, Cambridge: Polity, 2009は、優れている。同様に、ブライアン・ロバーツの『ミクロ社会の理論』*Micro Social Theory, Basingstoke:* Palgrave Macmillan, 2006も優れている。両書は、良く書かれており、信頼できる入門書である。特定の視点は、ミカエル・ヴィード・ヤコブセンによって編集された『日常との出会い――気づかれざる者の社会学入門』*Encountering the Everyday: An Introduction to the Sociologies of the Unnoticed*, Basingstoke: Palgrave Macmillan, 2008において、さらに追求することができる。

ガーフィンケルたちの研究については、デヴィッド・フランシスやスティーヴン・ヘスターの『エスノメソドロジーへの招待――言語・社会・相互行為』*An Invitation to Ethnomethodology: Language, Society and Interaction*, London: Sage, 2004を試したらどうだろう。マーティン・ハマズリーの『エスノメソドロジーの過激主義――情報源と原則の評価』*The Radicalism of Ethnomethodology: An Assessment of Sources and Principles*, Manchester: Manchester University Press, 2018は、ガーフィンケルの考えをジンメルやゴッフマンの考えと比較しながら、感心するほど良く書かれており、非常に明瞭である。

ゴッフマンの方法は、彼自身の本、相互行為社会学の輝かしい例である『日常生活における自己呈示』*The Presentation of Self in Everyday Life*, Harmondsworth: Penguin 1990［1959］を読むのが一番である。ゴッフマンの著作の多くの二次的説明のなかに、グレッグ・スミスの『アーヴィング・ゴッフマン』*Erving Goffman*, London: Routledge, 2006と、ミカエル・ヴィード・ヤコブセンとゾレン・クリスチャンセンの『アーヴィング・ゴッフマンの社会思想』*The Social Thought of Erving Goffman*, Thousand Oaks, CA: Sage, 2014がある。両方とも生き生きとした議論となっている。

オンライン上のコミュニケーションと相互行為に対する包括的な入門のためには、ナンジー・K・ベイムの『デジタル時代の個人的つながり』*Personal Connections in the Digital Age*, 2nd edn, Cambridge: Polity, 2015または、クリスピン・サロー、ラウラ・レンゲルとアリス・トミックの『コンピュータ仲介通信――社会的相互作用とインターネット』*Computer Mediated Communication: An Introduction to Social Interaction Online*, London: Sage, 2004を参照せよ。これらは、CMCへの実践的な案内書である。

相互行為とコミュニケーションに関する原書文献をまとめた関連書『社会学――入門読本（第四版）』*Sociology: Introductory Readings*, 4th edn, Cambridge: Polity 2021を参照せよ。

インターネット・リンク

本書に関する追加情報とサポート（ポリティ）

www.politybooks.com/giddens9

非言語的コミュニケーションの探究　読解例の自己テスト付きのNVC入門
https://nonverbal.ucsc.edu/

日常的性差別プロジェクト　現実世界における性差別経験のカタログ化のための専用サイト
https://everydaysexism.com/

象徴的相互作用の研究のための学会　文字通り、雑誌と多くの情報源を伴っている。
https://symbolicinteraction.org/

アーヴィング・ゴッフマンの人生と業績に関する情報が掲載されているウェブサイト
http://people.brandeis.edu/-teuber/goffmanbio.html

ハワード・ベッカーのウェブサイト　彼自身の業績と一部の役に立つリンクも含んでいる。
http://howardsbecker.com

エスノメソドロジーと会話分析の国際的協会　多くの情報源とリンク
https://iiemca.com/

（宇都宮訳）

訳者紹介

宮島《みやじま》　喬《たかし》　お茶の水女子大学名誉教授

著書に『デュルケム社会理論の研究』(東京大学出版会)、『文化的再生産の社会学』(藤原書店)、『社会学原論』(岩波書店)。訳書にギデンズ『社会理論の現代像』(みすず書房、共訳)。

宇都宮京子《うつのみやきょうこ》　東洋大学名誉教授

著書に『クリティークとしての社会学』(東信堂、共編著)、『呪術意識と現代社会』(青弓社、共編著)、『マックス・ヴェーバー研究の現在』(創文社、共編著)、『行為論からみる社会学』(晃洋書房、共著)。

鈴木《すずき》智之《ともゆき》　法政大学社会学部教授

著書に『村上春樹と物語の条件』『郊外の記憶』(青弓社)。訳書にライール『複数的人間』(法政大学出版局)、アルヴァックス『記憶の社会的枠組み』(青弓社)。

田邊《たなべ》　浩《ひろし》　金沢大学大学院人間社会環境研究科教授

著書に『文化の社会学』(有信堂高文社、共著)、『現代社会学のパースペクティブ』(学文社、共著)、『社会の構造と変動(社会学ベーシックス2)』(世界思想社、共著)、『公正な社会とは』(人文書院、共著)。

本田《ほんだ》量久《かずひさ》　東海大学観光学部教授

著書に『「アメリカ民主主義」を問う』(唯学書房)、『公正な社会とは』(人文書院、共編著)、*The Oxford Handbook of W.E.B. Du Bois* (Aldon Morris et al. eds., Oxford University Press. 共著)。訳書にデュボイス『平和のための闘い』(ハーベスト社)。

小ケ谷千穂《おがやちほ》　フェリス女学院大学文学部教授

著書に『移動を生きる——フィリピン移住女性と複数のモビリティ』(有信堂高文社)、『国際社会学』(有斐閣、共編)、『家事労働の国際社会学』(人文書院、共著)、『多様性との対話』(青弓社、共著)。

西口里紗《にしぐちりさ》　アジア福祉教育財団難民事業本部、津田塾大学兼任講師

著書に『21世紀国際社会を考える』(旬報社、共著)、「フィリピン人女性の滞日形態——国際結婚の背景」(「グローバル都市研究　第2号」立教大学グローバル都市研究所)、『外国人の子どもと日本の教育』(東京大学出版会、共著)。

[著者略歴]

アンソニー・ギデンズ（Anthony Giddens）

1938年生まれ。ロンドン・スクール・オブ・エコノミクス（London School of Economics and Political Science）元学長、現イギリス貴族院議員。ここ数十年で最も影響力のある社会学者の一人。著書に『第三の道』『近代とはいかなる時代か？』ほか。

フィリップ・サットン（Philip W. Sutton）

リーズ大学、ロバート・ゴードン大学を経て、現在は独立研究者。主に社会運動と環境社会学の分野の研究と執筆を行っており、著書に *Nature, Environment and Society* (Palgrave Macmillan) や *The Environment: A Sociological Introduction* (Polity) など。

社会学 第九版　上

2025年 4月30日　初版第1刷発行

著　者　アンソニー・ギデンズ、フィリップ・サットン

訳　者　宮島喬、宇都宮京子、鈴木智之、田邊浩、
本田量久、小ヶ谷千穂、西口里紗

発行所　有限会社 而立書房
東京都千代田区神田猿楽町2丁目4番2号
電話 03（3291）5589／FAX 03（3292）8782
URL http://jiritsushobo.co.jp

印刷・製本　株式会社 丸井工文社

落丁・乱丁本はおとりかえいたします。
Printed in Japan
ISBN 978-4-88059-446-0　C3036

アンソニー・ギデンズ／松尾精文、小幡正敏 訳

1999.11.25 刊
Ａ５判上製
460 頁
本体 4000 円（税別）
ISBN978-4-88059-264-0 C3036

国民国家と暴力

冷戦が終結したからといって、戦争のない時代を人類は迎えることができたわけではない。必要なのは、政治的暴力にたいする新たな批判理論の構築である。本書は、近現代の政治的暴力の根源を問う好著である。

アンソニー・ギデンズ／松尾精文、小幡正敏 訳

1993.12.25 刊
四六判上製
256 頁
本体 2500 円（税別）
ISBN978-4-88059-181-0 C3036

近代とはいかなる時代か？　モダニティの帰結

「これから私が展開するのは、文化論と認識論を加味したモダニティの制度分析である。その際、私の意見は近年の多くの議論とかなり見解を異にするが、それは、互いに正反対の点を強調しているからである」（序論）。

アンソニー・ギデンズ／松尾精文、松川昭子 訳

1995.7.25 刊
四六判上製
304 頁
本体 2500 円（税別）
ISBN978-4-88059-208-4 C3036

親密性の変容　近代社会におけるセクシュアリティ、愛情、エロティシズム

現代社会では、人はつねに自己変革を遂げざるをえない。それゆえに、現在進行中の性革命――女性たちが引き起こしてきた感情革命が、既成の男性中心社会に、いかなる変容をどのような意味でもたらし始めたかを問いかける。

アンソニー・ギデンズ／松尾精文、藤井達也、小幡正敏 訳

2000.8.25 刊
四六判上製
304 頁
本体 2500 円（税別）
ISBN978-4-88059-270-1 C3036

社会学の新しい方法規準　第二版

ウェーバー、マルクス、デュルケムに始まり、パーソンズ、シュッツ、ガーフィンケル、ガダマー、ハーバーマスにいたる、錯綜した社会理論の潮流を鳥瞰、デュルケムの提示した方法規準に対峙する注目の著作。

アンソニー・ギデンズ／松尾精文、立松隆介 訳

2002.12.25 刊
Ａ５判上製
352 頁
本体 3800 円（税別）
ISBN978-4-88059-296-1 C3036

左派右派を超えて　ラディカルな政治の未来像

《今日では、左派と右派の区別はまったく存在しない》というギデンズは、モダニティが意図せずに育んできた「害悪」を克服するための社会的理念の検証と提示を本書で展開している。

W・ベック、A・ギデンズ、S・ラッシュ／松尾、小幡、叶堂 訳

1997.7.25 刊
四六判上製
416 頁
本体 2900 円（税別）
ISBN978-4-88059-236-7 C3036

再帰的近代化

モダニティ分析の枠組みとして「再帰性」概念の確立の必要性を説く三人が、モダニティのさらなる徹底化がすすむ今の時代状況を、政治的秩序や脱伝統遵守、エコロジー問題の面から縦横に論じている。

アンソニー・ギデンズ、C・ピアスン／松尾精文 訳

2001.9.25 刊
四六判上製
368 頁
本体 2500 円（税別）

ギデンズとの対話 いまの時代を読み解く

ISBN978-4-88059-280-0 C3036

1970 年代初めから 98 年（本書刊行年）までのギデンズの思索を網羅するインタビュー。古典社会学の創始者とのやりとりに始まり、「再帰的モダニティ」の概念に基づく世界政治の実態についての見解まで、明断かつ簡潔な表現でとことん語る。

ウンベルト・エコ／谷口伊兵衛、G・ピアッザ 訳

2019.5.25 刊
A 5 判上製
224 頁
本体 2400円（税別）

現代「液状化社会」を俯瞰する

ISBN978-4-88059-413-2 C0010

情報にあふれ、迷走状態にある現代社会の諸問題について、国際政治・哲学・通俗文化の面から展覧する。イタリア週刊誌上で 2000 年から 2015 年にかけて連載された名物コラムの精選集。狂気の知者U・エコ最後のメッセージ。

ウンベルト・エコ／谷口勇 訳

1991.2.25 刊
四六判上製
296 頁
本体 1900 円（税別）

論文作法 調査・研究・執筆の技術と手順

ISBN978-4-88059-145-2 C1010

エコの特徴は、手引書の類でも学術書的な側面を備えている点だ（その逆もいえる）。本書は大学生向きに書かれたことになっているが、大学教授向きの高度な内容を含んでおり、何より読んでいて楽しめるロングセラー。

M・ブルール、X・ティリエッテ 編著／谷口伊兵衛 訳

2004.4.25 刊
四六判上製
120 頁
本体 1500円（税別）

ヨーロッパ学事始め 観念史の立場から

ISBN978-4-88059-313-5 C1010

《ヨーロッパ》をどう捉えなおすか——。
古くて新しい《ヨーロッパ》をめぐる、独・伊・仏・ポルトガル・チェコ各国の当代の学者によるシンポジウムの記録集。

與那覇 潤

2023.11.20 刊
四六判並製
240 頁
本体 1800 円（税別）

危機のいま古典をよむ

ISBN978-4-88059-439-2 C0095

コロナ、ウクライナ、そして……危機の時代こそ専門家任せにせず、先人が本気で思考した書物にあたり、自分の頭で考えることが必要だ。E.トッド、苅部直、佐伯啓思・宇野常寛・先崎彰容、小泉悠との対話も収録し、現代日本の諸問題に迫る。

加藤典洋

2017.11.30 刊
四六判並製
384 頁
本体 2300円（税別）

対 談 戦後・文学・現在

ISBN978-4-88059-402-6 C0095

文芸評論家・加藤典洋の 1999 ～ 2017 年までの対談を精選。現代社会の見取り図を大胆に提示する見田宗介、今は亡き吉本隆明との伯仲する対談、池田清彦、高橋源一郎、吉見俊哉ほか、同時代人との「生きた思考」のやりとりを収録。